MAX-PLANCK-INSTITUT
FÜR AUSLÄNDISCHES UND INTERNATIONALES PRIVATRECHT

Deutsche Landesreferate zum VII. Internationalen Kongreß für Rechtsvergleichung in Uppsala 1966

Herausgegeben
von
ERNST von CAEMMERER und KONRAD ZWEIGERT

Sonderveröffentlichung von
RABELS ZEITSCHRIFT
für ausländisches und internationales Privatrecht

1 9 6 7

WALTER DE GRUYTER & CO. J. C. B. MOHR (PAUL SIEBECK)
BERLIN TÜBINGEN

Gedruckt mit Unterstützung
der Stiftung Volkswagenwerk

Printed in Germany
Satz und Druck: Buchdruckerei Eugen Göbel, Tübingen
Einband: Großbuchbinderei Heinr. Koch, Tübingen

VORWORT

Die deutsche Rechtswissenschaft hat sich auch am VII. Internationalen Kongreß für Rechtsvergleichung 1966 in Uppsala mit zahlreichen Beiträgen beteiligt. Sie werden in dem vorliegenden Band zusammen mit den beiden Generalreferaten der Herren Professoren Dr. *Thieme* und Dr. *Kroeschell* der Öffentlichkeit vorgelegt. Allen Referenten, die sich an dieser für das Ansehen der deutschen Rechtswissenschaft wichtigen Gemeinschaftsarbeit beteiligt haben, sei für ihre Mühe herzlich gedankt. Besonderen Dank schulde ich meinem Mitherausgeber, Herrn Professor Dr. *Zweigert*, der bei der Vorbereitung des Drucks bereitwillig Hilfe gewährt hat. Sie kommt auch darin zum Ausdruck, daß die deutschen Landesreferate, wie schon früher, als Sonderveröffentlichung von „Rabels Zeitschrift für ausländisches und internationales Privatrecht" erscheinen können. Nicht zuletzt haben sich Herr Assessor Dr. *Wolfgang Weber* und nach ihm Herr Assessor Dr. *Clausdieter Schott* als geschäftsführende Sekretäre der Gesellschaft für Rechtsvergleichung durch die organisatorische Betreuung der Beiträge besonders verdient gemacht. Die Gesellschaft für Rechtsvergleichung hatte für den Kongreß in Uppsala die Aufgaben eines deutschen Nationalkomitees übernommen.

Professor Dr. Ernst von Caemmerer

Vorsitzender des Vorstands
der Gesellschaft für Rechtsvergleichung
Vizepräsident des
VII. Internationalen Kongresses für Rechtsvergleichung

INHALTSVERZEICHNIS

Académie internationale de Droit Comparé

VII. Internationaler Kongreß für Rechtsvergleichung
vom 6.–13. August 1966 in Uppsala

ÜBERSICHT ÜBER DIE KONGRESSTHEMEN

SECTION I (GÉNÉRALE)

A. Histoire du Droit

1. Droit public; droit privé
   (ohne deutsches Landesreferat)
2. La notion de loi
   (deutsches Landesreferat von Max Kaser)

B. Droit Canonique

1. Droit public – droit privé en droit canonique
   (deutsches Landesreferat von Sten Gagnér)
2. La notion de loi chez les canonistes
   (ohne deutsches Landesreferat)

C. Ethnologie Juridique

1. La modernisation du droit dans les nouveaux Etats
   (ohne deutsches Landesreferat)

D. Droit Oriental

1. La conception nouvelle de la famille musulmane dans les récentes réformes législatives en matière de mariage, divorce et successions
   (deutsches Landesreferat von Erwin Gräf)
2. Le lien entre le droit et la religion dans les systèmes juridiques orientaux
   (ohne deutsches Landesreferat)
3. Le concept de droit subjectif selon le droit musulman
   (ohne deutsches Landesreferat)

E. Philosophie du Droit

1. L'apport du droit naturel au droit positif
   (Generalreferat von Hans Thieme)
2. Le rôle actuel de la maxime «nul n'est censé ignorer la loi»
   (deutsches Landesreferat von Hans Kiefner)

F. Etude et Enseignement du Droit Comparé et Unification

1. Le problème de la coordination des mouvements d'unification du droit
   (ohne deutsches Landesreferat)

2. L'enseignement du droit et ses rapports avec les sciences politiques et économiques
   (ohne deutsches Landesreferat)
3. L'usage qui est fait par la jurisprudence du droit comparé
   (deutsches Landesreferat von Bernhard Aubin)

SECTION II

A. Droit Civil

1. La transformation du patrimoine dans le droit civil moderne
   (deutsches Landesreferat von Fritz Rittner)
2. L'évolution de la législation sur la filiation naturelle
   (deutsches Landesreferat von Wolfram Müller-Freienfels)
3. La sanction de l'inexécution du contrat y compris «l'anticipatory breach»
   (ohne deutsches Landesreferat)

B. Droit International Privé

1. Les régimes juridiques d'investissement du capital étranger
   (ohne deutsches Landesreferat)
2. La détermination du tribunal compétent en droit international privé
   (deutsches Landesreferat von Horst Müller)

C. Procédure Civile

1. La procédure civile non contentieuse
   (deutsches Landesreferat von Walther J. Habscheid)

D. Droit Rural

1. Le remembrement rural
   (deutsches Landesreferat von Robert Scheyhing; Generalreferat von Karl Kroeschell)
2. La planification en agriculture, instrument de stabilisation et d'harmonisation des systèmes normatifs de celle-ci, dans le cadre et pour les fins des grandes communautés régionales et de l'O. N. U.
   (ohne deutsches Landesreferat)

SECTION III

A. Droit Commercial

1. Les méthodes de groupement des sociétés
   (deutsches Landesreferat von Spiros Simitis)
2. La société d'une seule personne
   (deutsches Landesreferat von Hans Würdinger)
3. Les traveller's cheques
   (ohne deutsches Landesreferat)

B. Droits Intellectuels

1. Les marques notoirement connues ou de haute renommée
   (ohne deutsches Landesreferat)
2. Les droits d'auteur sur les films cinématographiques
   (ohne deutsches Landesreferat)

C. Droit du Travail

1. L'évolution de l'entreprise à l'égard du droit du travail
   (deutsches Landesreferat von Kurt H. Biedenkopf)

2. Le statut juridique des syndicats
   (deutsches Landesreferat von Th. Mayer-Maly)

D. Droit Aérien

1. Les éléments internationaux dans le transport aérien
   (deutsches Landesreferat von Gerd Rinck)

SECTION IV

A. Droit International Public

1. La protection de l'atmosphère en droit international
   (ohne deutsches Landesreferat)
2. Les conflits de la loi nationale avec les traités internationaux
   (deutsches Landesreferat von Rudolf Bernhardt)

B. Droit Constitutionnel

1. Le contrôle parlementaire de l'administration (y compris l'ombudsman)
   (ohne deutsches Landesreferat)
2. Le rôle des organes de l'Etat dans la planification
   (deutsches Landesreferat von Joseph H. Kaiser)
3. La primauté de l'Exécutif
   (ohne deutsches Landesreferat)

C. Libertés Publiques

1. Restrictions apportées par la loi aux libertés individuelles
   (ohne deutsches Landesreferat)

D. Droit Administratif

1. Le régime des activités commerciales et industrielles des pouvoirs publics
   (deutsches Landesreferat von Klaus Vogel)
2. Les limites du pouvoir discrétionnaire des autorités administratives
   (deutsches Landesreferat von Klaus Obermayer)

E. Finances Publiques et Droit Fiscal

1. Les autorisations budgétaires s'étendant au – delà de l'année
   (ohne deutsches Landesreferat)
2. Les mesures fiscales destinées à favoriser les investissements
   (deutsches Landesreferat von Gerhard Wacke)

SECTION V

A. Droit Pénal

1. Responsabilité pénale pour négligence professionnelle
   (ohne deutsches Landesreferat)
2. La protection pénale de la famille
   (deutsches Landesreferat von Rudolf Schmitt)

B. Procédure Pénale

1. Compétence des juridictions pénales pour les infractions commises à l'étranger
   (ohne deutsches Landesreferat)

SECTION SPÉCIALE

Exposé et analyse des revues juridiques depuis la deuxième Guerre mondiale et l'avenir de la presse juridique.

Erster Teil

RECHTSGESCHICHTE

KANONISCHES RECHT

ORIENTALISCHE RECHTE

RECHTSPHILOSOPHIE

RECHTSVERGLEICHUNG UND RECHTSVEREINHEITLICHUNG

RECHTSGESCHICHTE

LEX UND IUS CIVILE

Von Dr. Dr. h. c. MAX KASER

Professor an der Universität Hamburg

I

Für das römische Recht[1] ist der Begriff der *lex* in den mannigfaltigen technischen und untechnischen Bedeutungen dieses Worts in einem umfassenden Schrifttum untersucht und der Klärung nähergebracht worden. Dabei ist auch die zentrale Frage nach dem Verhältnis von *lex* und *ius* vielfach erörtert worden; zuletzt in der reichen und wohlabgewogenen Übersicht, die B. Biondi diesem Problemkreis gewidmet hat[2]. Bei diesem Forschungsstand darf ich mich für befugt halten, mein Landesreferat auf eine Einzelfrage zu beschränken, nämlich auf die Beziehung, in der die Römer die *lex* zu dem mehrdeutigen und darum insoweit erst der Bestimmung bedürftigen Begriff des *ius civile* gesehen haben. Es soll versucht werden, von hier aus die römische Auffassung von Gesetz und Recht noch etwas zu verdeutlichen.

Das Verhältnis von *lex* und *ius civile* hat am Beginn dieses Jahrhunderts E. Ehrlich an Hand der Quellen eingehend untersucht[3]. Ihm zufolge haben die Römer *lex (ius legitimum)* und *ius civile* in einen schroffen Gegensatz gestellt. Er sieht als *ius civile* im eigentlichen Sinn *(proprium)* das an, was mit einem später bevorzugten Wort ‚Juristenrecht' genannt wird, also Recht, das zum Teil auf der Grundlage der *leges* oder anderer Quellen gesetzten Rechts, zum Teil aber auch ohne eine solche Anlehnung von den Juristen entwickelt wurde. Dieses *ius civile* schließt die Gesetze selbst nicht ein, sondern steht ihnen gegenüber. In diesem Juristenrecht glaubt Ehrlich die älteste und noch in der klassischen Zeit technische Be-

---

[1] Die im folgenden gebrauchten Abkürzungen sind die gleichen wie in meinem Römischen Privatrecht (= RP) I und II (1955/59). Meth. = Kaser, Zur Methode der römischen Rechtsfindung: Nachr. d. Akad. d. Wiss. zu Göttingen (phil.-hist. Kl.) 1962, 49 ff.

[2] Biondi, Lex e ius: Bull. 67 (1964) 39 ff. = RIDA[3] 12 (1965) 169 ff.

[3] Ehrlich, Beiträge zur Theorie der Rechtsquellen 1 (einz., 1902) pass., bes. 1 ff.; 47 ff. (im folgenden abgekürzt zitiert).

deutung des *ius civile* zu erkennen. In dieser Bedeutung sei *ius civile* auch noch von GAIUS verstanden worden, wo er es dem *praetor* und seinen Rechtsschöpfungen gegenüberstellt[4]. Und auch im Gegensatz *ius civile* – *ius gentium* bezeichne der erste Begriff bei CICERO noch das Juristenrecht[5] und erst bei GAIUS ein „nur für Bürger geltendes, den Bürgern gegebenes Recht“[6].

Der Darlegung EHRLICHS wurde vereinzelt zugestimmt[7], häufiger allerdings widersprochen, hauptsächlich starke Übertreibung vorgeworfen[8]. Eine Nachprüfung anhand der Quellen blieb jedoch auf Teilfragen oder einzelne Zeugnisse beschränkt. Auch EHRLICHS eifrigster Widersacher H. ERMAN hat in seiner etwas übereilten und teilweise unberechtigten Kritik[9] die Deutung des *proprium ius civile* ohne Widerspruch hingenommen. Er wendet sich im wesentlichen nur gegen die Annahme, daß *ius civile* ‚im weiteren Sinn‘, d. h. mit Einschluß der Gesetze selbst, als Gegenbegriff des *ius honorarium* erst spät aufgekommen und untechnisch geblieben sei[10]. Erst A. BERGER hat EHRLICHS Hauptthese als Ganzes bekämpft[11], ohne sich aber auf die Frage näher einzulassen, wie denn das Verhältnis von *ius civile* und *leges* positiv zu bestimmen sei.

Es ist nun weder meine Absicht, hier dem Ursprungsverhältnis von *ius* und *lex* im römischen Frührecht nachzugehen[12], noch der Frage nach den

---

[4] Dazu unten N. 95.

[5] EHRLICH 87 (zu Cic. de off. 3, 17, 69; top. 2, 9): „*Ius civile* ist hier dasselbe, was es sonst in der Regel ist: Gericht, Prozeß, Rechtswissenschaft, Juristenrecht, Gewohnheitsrecht.“

[6] Gai. 1, 1 u. a.; EHRLICH 88 f.; siehe auch unten N. 92, 93.

[7] So von ROTONDI, Scr. giur. 1, 32 f.; 384 A. 1; im wesentlichen auch von DE FRANCISCI, Scr. Ferrini Mil. 1 (1947) 197 f.

[8] Vgl. besonders KIPP, Geschichte der Quellen⁴ (1919) 55 A. 21; 105 A. 73; COSTA, Cicerone giureconsulto 1² (1927) 22 A. 3. Siehe ferner P. KRÜGER, Geschichte der Quellen und Literatur² (1912) 29 A. 11; MITTEIS, Römisches Privatrecht (1912) 33; WEISS, RE 10, 1206 ff. (Ius civile); KÜBLER, Geschichte des römischen Rechts (1925) 129 A. 2; BIONDI, Scr. giur. 1, 250 = Prospettive romanistiche (1933) 27; KASER, AJ (= Das altrömische ius, 1949) 71 A. 35; 79 A. 20; BROGGINI, Ius et lex, in: Festschrift Gutzwiller (1959) 41 f.; schlechthin ablehnend wegen methodischer Verfehltheit SCHULZ, Geschichte der römischen Rechtswissenschaft (1961) 87 A. 3. – Allgemein zum Gegensatz *ius* – *lex* vgl. außerdem BIONDI, Scr. giur. 1, 340 ff. = Bull. 43 (1935) 159 ff.; GROSSO, Premesse generali al corso del dir. rom.⁴ (1960) 84 ff.; 90 ff.; Storia del dir. rom.⁵ (1965) 125 ff. Weitere Literatur im folgenden.

[9] ERMAN, SZ 24 (1903) 421 ff. Der fortgesetzte, wenig erquickliche Wortwechsel – EHRLICH, GrünhutsZ 31 (1904) 331 ff.; ERMAN, SZ 25 (1904) 316 ff. (wo er vieles wieder zurücknehmen mußte); EHRLICH, GrünhutsZ 32 (1905) 599 ff. – hat die beiderseitigen Positionen etwas geklärt, aber kaum neue Gesichtspunkte gebracht.

[10] Siehe insbes. SZ 24 (1903) 435 ff.

[11] A. BERGER, Festschrift G. Kisch (1955) 129 ff.

[12] Nur erwähnt sei hier die (von mir nicht geteilte) Hypothese DE FRANCIS-

Grenzen, die der Gesetzgebung gegenüber dem bestehenden Recht gezogen sind[13]. Auch der in vielen inschriftlichen und literarischen Quellen bezeugte Doppelausdruck *ius lexque* soll nicht erneut untersucht werden[14]. Wir begnügen uns damit festzustellen, daß nach der heute wohl unbestrittenen Auffassung die Römer *ius* und *lex* als zwei zwar begrifflich verschiedene Dinge aufgefaßt haben[15], so daß erst beide zusammen die ganze Rechtsordnung ausmachen; daß aber *ius* und *lex* zueinander in enger Sachbeziehung stehen. Über die Art dieser Sachbeziehnung wird indessen diskutiert, indem bald die Gleichwertigkeit betont[16], bald die *lex* als Quelle des *ius* gekennzeichnet wird[17]. Vielleicht läßt sich aus den Quellen zu *lex* und *ius civile* der Eigenart dieser Sachbeziehung noch näherkommen.

II

Die Hauptquelle für den angeblichen Gegensatz zwischen dem *ius civile* als Juristenrecht und den *leges* sieht Ehrlich[18] in den beiden vielbemühten Äußerungen aus dem Enchiridion des Pomponius in D. 1, 2, 2, 5 und 12. In § 5 wird vom *ius quod sine scripto venit compositum a prudentibus* ausgesagt, daß es dafür nicht wie für andere Rechtsgebiete einen besonderen Namen gibt, sondern nur den allgemeinen des *ius civile*[19]. Auch in § 12

cis (oben N. 7) 192 ff., vgl. auch Arcana imperii 3, 1 (1948) 130 ff.; 138 ff.; 157 ff., der diese beiden Kategorien mit den einander gegenüberstehenden rechtsschöpferischen Organen *rex* und *civitas* verbindet.

13 Vgl. zur Klausel vieler Gesetze *si quid ius non esset rogarier, eius ea lege nihil rogatum* die Lit. in meinem RP 1, 26 A. 14, dazu noch die bei Broggini (oben N. 8) 39 A. 59 Angeführten.

14 Zu ihm eingehend Broggini (oben N. 8) 23 ff. (zur Auswertung 41 ff.); vgl. außer der Lit. ebda. 23 A. 1 noch Ehrlich 17 ff.; Baviera, St. Brugi (1910) 384 ff.; Tibiletti, Studi De Francisci 4 (1956) 599 A. 7; Lauria, Ius, visioni romane e moderne[2] (1962) 61 ff.

15 Auf die Tendenz zur Assimilierung und Identifizierung weist hin Gioffredi, SD 13/14 (1947/48) 76, siehe überhaupt 75 ff.; 85 f.

16 Lauria (oben N. 14) 64 „*ius-lex, iura-leges* uguali, illimitati, non prevalgono l'uno sull' altro negli abbinamenti costanti, tradizionali".

17 Broggini (oben N. 8) 43 „L'intiero complesso delle *leges* è fonte di *ius*", gestützt auf Mommsen, RStR 3, 310. Vgl. auch d'Ors, M. T. Cicerón De legibus (1953) 29 und schon Rotondi (oben N. 7) 33 (von 1910); er deutet hier die Antithese zwischen beiden weniger als eine solche der ‚correlazione' als der ‚subordinazione'; dagegen Gioffredi (oben N. 15) 77.

18 Ehrlich 1 ff.

19 Das läßt sich so deuten, daß *ius civile* eigentlich alles Recht bezeichnet, dem die Bürger unterworfen sind, also mit Einschluß des *ius pontificium (sacrum)* und des *ius publicum*, an die bei den Gebieten mit ‚besonderen' Namen am ehesten gedacht sein wird; vgl. u. A. 30, 31. Offensichtlich war dem Verfasser des § 5 die Bezeichnung *ius privatum* im Sinn von Ulp. D. 1, 1, 1, 2 noch unbekannt; vgl. die Lit. in RP 1, 175 A. 23; Kaser, SD 17 (1951) 273 ff. – Mißverstanden ist *proprium* von Erman, SZ 24, 430, der ihm ein *ius civile commune-*

wird dieses *proprium* (d. h. im eigentlichen Sinn) *ius civile* als das bezeichnet, *quod sine scripto in sola prudentium interpretatione consistit.* Abgesehen von mechanischen Entstellungen schreiben wir diese Textstücke im wesentlichen dem Verfasser des ganzen Berichts zu[20].

Den Schlüssel für das Verständnis dieser Stücke enthält der Bericht über die Tripertita des SEX. AELIUS mit der Dreiteilung in *lex, interpretatio* und *legis actiones*[21]. Wie dort geht auch hier der *interpretatio* der XII Tafeln, mit der in § 5 das *ius civile* gleichgesetzt wird, der Wortlaut dieses Gesetzes voran (§ 4) und folgen ihm die *legis actiones* nach (§ 6). Das gleiche Schema kehrt in § 12 wieder. Offenbar war diese Darstellungsform die seit SEX. AELIUS typische.

Den scheinbaren Gegensatz zwischen *ius civile* und *leges* unterstreicht in § 5 wie in § 12 das *sine scripto,* das nur als Anspielung auf das *ius scriptum* im Sinn des gesetzten Rechts[22] verständlich ist. Ob die im Zusammenhang ungeschickten Worte unecht sind[23], oder ob sie der Textverfasser mechanisch aus seiner Vorlage übernommen hat, ist kaum zu entscheiden. Aber auch wenn man sie für echt nimmt, wollen sie nicht mehr sagen, als daß, ganz äußerlich betrachtet, das *ius civile* als Juristenrecht den Wortlaut der Gesetze nicht mehr mitumfaßt; bildet doch dieser Wortlaut in der älianischen Dreiteilung eine andere *pars iuris.* Ein stofflicher Gegensatz ist damit nicht beabsichtigt; den legen erst die modernen Deuter in die Worte hinein.

Der § 12 faßt die im römischen Staat geltenden Rechtsquellen und Rechtsmassen aus der vorangehenden Aufzählung rekapitulierend zusammen[24]. Den Ausgang bildet wieder die XII-Tafelgesetzgebung mit *lex,*

(mit Einschluß des *legitimum*) gegenüberstellen will; dagegen EHRLICH, GrünhutsZ 31, 335 (weniger glücklich 32, 611 f.).

[20] Für die reiche Lit. sei auf die sorgfältigen und überlegten Ausführungen von BRETONE, Labeo 11 (1965) 12 ff. verwiesen, besonders gegen die einschneidende Kritik bei SCHULZ (oben N. 8) 89 A. 5.

[21] D. 1, 2, 2, 38 *Tripertita autem dicitur, quoniam lege duodecim tabularum praeposita iungitur interpretatio, deinde subtexitur legis actio.* Die Hypothese, daß schon der erste Teil außer dem Text die Auslegung im Sinn von eod. §§ 5, 6, 8 enthalten habe, der zweite aber die den XII T. nachfolgende Fortbildung (so P. KRÜGER [oben N. 8] 59), wird schon durch den Wortlaut des § 38 widerlegt. Nach SCHULZ (oben N. 8) 42 folgte jedem einzelnen Satz jeweils sogleich die Auslegung und, soweit möglich, die *legis actio.* Das ist eher denkbar, aber gleichwohl wenig wahrscheinlich.

[22] Ulp. (inst.) D. 1, 6, 1; Inst. 1, 2, 3/9; Literatur zu dieser aus dem griechischen Bereich stammenden Kategorie, insbes. zur Echtheitsfrage, in RP 2, 35 f.

[23] PEROZZI, Istit. 1², 42 A. 2; BAVIERA, Scr. giur. 1, 62; KRELLER, SZ 41 (1920) 264 A. 4; BETTI, ACI Ver. 2, 113; zuletzt insbes. BERGER (oben N. 11) 131 f. (vorjustin.); anders ohne nähere Begründung BRETONE (oben N. 20) 13 A. 13 mit Lit.

[24] Der Anfang des § 12 *Ita in civitate nostra aut iure, id est lege, constituitur* ist sicher verdorben. Rekonstruktionsvorschläge bei BRETONE (oben N. 20) 13 (mit Lit.).

interpretatio und *legis actiones* (§§ 4–6), daran schließen sich die *plebiscita* (§ 8), die *senatusconsulta* (§ 9), die *edicta magistratum* (§ 10) und die *constitutiones principum* (§ 11)[25]. Aus diesem schulmäßig resümierenden Inhalt des § 12 erklärt es sich, daß das Juristenrecht nur erwähnt wird, soweit es XII-Tafelauslegung ist[26]. Die Auslegung der Plebiszite, Senatuskonsulte, Jurisdiktionsedikte und Kaiserkonstitutionen wird schweigend übergangen, obschon doch vor allem die Edikte, die ihre Gestalt und ihre praktische Funktion in überragendem Maß der Juristenarbeit verdanken, einen Hinweis nahegelegt hätten. Aber unser Textstück folgt offensichtlich der älteren Literatur, in der die *interpretatio* der *prudentes*, dem Schema des Sex. Aelius entsprechend, nur bei der XII-Tafelauslegung erwähnt wurde. Ein vollständiges Bild von den Leistungen der Juristen und ihrem Anteil an den sämtlichen Rechtsquellen war nicht beabsichtigt. Da *ius civile* in diesem ganzen Abschnitt (§§ 5–8, 12) nur solches Juristenrecht ist, das an die XII Tafeln anknüpft, ist folgerichtig der Stoff des *ius honorarium* und des *ius gentium* darin nicht mitverstanden[27].

III

Im Enchiridion des Pomponius ist uns die Meinung des antiken Rechtshistorikers entgegengetreten, der den älteren literarischen Darstellungen folgend *ius civile* auf die Juristenverarbeitung des XII-Tafelgesetzes beschränkt, ohne damit doch einen begrifflich-systematischen Gegensatz zum Gesetz selbst herstellen zu wollen. Wenden wir uns nun Cicero zu. Von ihm besitzen wir zahlreiche Äußerungen, die indes, weil dieser Autor mehr die Rhetorik repräsentiert als die Jurisprudenz, mit der gebührenden Vorsicht aufzunehmen sind.

1. Cicero stellt *leges* und *ius civile* zwar häufig nebeneinander[28], doch bedarf es keiner ausführlichen Exegesen, um nachzuweisen, daß keiner

[25] Die Schlußworte des § 12 (*id est* rell.) vielleicht unecht, Bretone (oben Nr. 20) 13 mit A. 11, 12.

[26] § 5 *His legibus* (sc. *duodecim tabularum*) *latis coepit, ut evenire solet, ut interpretatio desideraret prudentium auctoritatem* ... Der Text ist auch hier verdorben, doch sehe ich keinen zwingenden Grund, um mit Bretone (oben N. 20) 14 A. 15 die *disputatio fori* zu streichen.

[27] Es geht darum nicht an, alles Juristenrecht als *interpretatio* zu kennzeichnen; so etwa (unter Berufung auf D. 1, 2, 2, 5/12) Esser, Grundsatz und Norm (1956) 244, 255. Auch eine Auffassung des gesamten *ius honorarium* als *interpretatio* des *edictum (perpetuum)* ist uns erst bei Boeth. ad Cic. top. 5, 28 (u. A. 36) bezeugt. Sie ließe gleichfalls den Anteil der Juristen an der Schöpfung des Edikts unberücksichtigt.

[28] Vgl. etwa de leg. 1, 21, 56; de orat. 1, 10, 40; 1, 34, 159; 1, 43, 193; orat. 34, 120; phil. 9, 5, 10 f.; de off. 1, 16, 51; 3, 17, 69. Siehe auch Seneca de benef. 2, 20, 2. Ehrlich 17 ff., auch die Stellen ebd. 3 ff. (dazu unten N. 32, 34, 35).

dieser Belege einen systematischen Gegensatz erkennen läßt[29]. Sie wollen mit der Nennung beider Begriffe nur die g a n z e Rechtsordnung erfassen, die Gesetze als die vornehmste der Rechtsentstehungsquellen und, weil die Gesetze die Rechtsordnung nicht erschöpfen, auch das übrige Recht, soweit es nach seinem stofflichen Inhalt *ius civile* ist, also weder *ius pontificium (ius sacrum)*[30] noch *ius publicum*[31]. Das Nebeneinander von *leges* und *ius civile* erklärt sich mithin auf die gleiche Weise wie in dem erwähnten Binomion *ius lexque* (o. A. 14).

2. Für Cicero ist *ius civile* nicht nur der angestammte, gesetzlich geregelte oder mit der Fortbildung der Gesetzesnormen von den Juristen entwickelte Rechtsstoff[32]; vielmehr bezieht er auch die h o n o r a r r e c h t l i c h e n Neuerungen ein[33], wie beispielsweise das *interdictum de vi armata*[34] oder den Interdiktenbesitz[35]. Am eindeutigsten äußert er sich dazu in top. 5, 28 *si quis ius civile dicat id esse, quod in legibus, senatus consultis, rebus iudicatis, iuris peritorum auctoritate, edictis magistratuum, more, aequitate consistat*[36]. Er rechnet mithin zum *ius civile* auch den Inhalt der Jurisdiktionsedikte; und daß er damit ihren g a n z e n Inhalt meint, also neben den zivilen Judizien auch die honorarischen Rechtsmittel, wird nicht

---

[29] Gegen Ehrlich siehe Costa (oben N. 8) 23 A. und die anderen oben in N. 8 Genannten.

[30] Zu diesem Cic. de orat. 1, 43, 193; Cat. mai. 11, 38; 15, 50; Brut. 42, 156; de leg. 2, 18, 46; 2, 21, 56; *sacrum* in de orat. 3, 33, 136. Vgl. Kaser, AJ 78; 306 mit Lit. Auf die Frage seiner ursprünglichen Einheit mit dem *ius civile* – dazu zuletzt Franciosi, Usucapio pro herede (1965) 111 ff. mit weit. Lit. – ist hier nicht einzugehen.

[31] Zur Doppeldeutigkeit siehe die Literatur in RP 1, 174 f. Das Recht, das den staatlichen Bereich angeht (Ulp. D. 1, 1, 1, 2), ist mindestens mitgemeint in Cic. Brut. 59, 214, wo dem *ius publicum* das *ius civile* gegenübergestellt wird. Vgl. ferner de orat. 1, 46, 201 *(in causis publicis iudiciorum, contionum, senatus omnis haec et antiquitatis memoria et publici iuris auctoritas et regendae rei publicae ratio*); siehe außerdem Brut. 77, 267/269; p. Balbo 15, 34. S. die Quellen bei Ehrlich 159 ff., 168 ff., 195 ff.; anders G. Lombardi, RIL 72 (1938/39) 465 ff., der *ius publicum* überall als vom Staat ausgehendes Recht verstehen will im Gegensatz zur Privatautonomie (s. Cic. de part. orat. 37, 129 f.; in diesem Sinn noch Kaser, AJ 76), doch vgl. Berger, Iura 1 (1950) 112 f.; Kaser, SD 17 (1951) 269.

[32] Für diese Anwendung vgl. etwa Cic. de off. 3, 16, 65 (zu XII T. 6, 2); p. Caec. 24, 67 bis 25, 70 (zur *causa Curiana,* also zum zivilen Erbschaftsprozeß); ebd. 33, 97 und 34, 100 (zum zivilen Freiheitsprozeß), s. auch p. Balbo 11, 28. An fehlenden zivilen Schutz in bestimmten Arglistfällen denkt auch de off. 3, 17, 69 *neque aut lege sanciri aut iure civili.*

[33] Siehe Kaser, AJ 81. [34] p. Caec. 12, 35.

[35] de leg. agr. 3, 3, 11 (Costa [oben N. 8] 23 f. A. gegen Ehrlich 28).

[36] Vgl. auch Boeth. adhl. (Migne, PL 64, 1094 C/D) *iuris peritorum auctoritas est eorum qui ex duodecim tabulis vel ex edictis magistratuum ius civile interpretati sunt.* Die Anstrengungen Ehrlichs 81 f.; 247 ff., um die Topicastelle seiner Theorie dienstbar zu machen, sind einhellig als mißglückt anerkannt; s. insbes. Kipp (oben N. 8) 105 A. 73; De Francisci (oben N. 7) 218 A. 2.

bezweifelt. Damit ist vereinbar, daß ihm ein zusammenfassender Name für die magistratischen Neuschöpfungen noch gefehlt hat[37].

IV

Aus den Äußerungen des VARRO[38] und den erwähnten des CICERO folgt, daß bei ihnen unter *ius civile* das ganze Privatrecht[39] zusammen mit dem Zivilprozeßrecht verstanden wird; mithin alles Recht, das in der Gerichtsbarkeit über privatrechtliche Streitsachen zu beachten ist[40], namentlich im Gegensatz zur Kriminalgerichtsbarkeit[41]. Es versteht sich, daß in diesen Äußerungen die Gesetze, auch soweit sie neben dem *ius civile* nicht ausdrücklich genannt werden, doch mitbegriffen sind; von einem Gegensatz zwischen *ius civile* und *leges* kann mithin auch insoweit keine Rede sein[42].

Gleiches gilt für die zahlreichen Belege, in denen unter dem *ius civile* das Wissensgebiet vom Privatrecht und seinem Verfahren verstanden wird[43]. Hierher rechnen die Werke der Rechtsliteratur, die ihren Stoff als *ius civile* bezeichnen[44], ferner Äußerungen, die einen Juristen wegen seiner

---

[37] Unten VII 2.

[38] Unsere ältesten überlieferten Quellen mit *ius civile* sind Varro de r. r. 2, 1, 15; 2, 10, 4; siehe auch 2, 2, 5; KASER, AJ 69 A. 26; 79.

[39] Mit Einschluß der Geschäftsformeln; s. A. 38, ferner Cic. de off. 2, 19, 65; de leg. 1, 4, 14; 1, 5, 17; auch de orat. 1, 48, 212; EHRLICH 26 ff., der außerdem auf Gai. 2, 65 verweist, wo dem *civile ius* der *mancipatio, in iure cessio* und *usucapio* das *naturale ius* der *traditio* gegenübergestellt wird; s. auch Fest. 58 *(Censui censendo)*; Cic. p. Flacco 32, 80.

[40] EHRLICH 28 ff. nennt Cic. top. 2, 9; de orat. 1, 42, 188; orat. 34, 120; Brut. 93, 322; part. or. 28, 99 f. Auf den Ausschluß der weltlichen Gerichtsbarkeit von Streitigkeiten über Familiengräber bezieht sich die inschriftlich überlieferte Klausel *huic monumento dolus malus abesto et ius civile* (bisweilen *et iuris consultus:* der im Zivilprozeß beratende Jurist), CIL 6, 2, 8862 (Bruns Nr. 141, 4 = FIRA 3 Nr. 106 c); 12133 u. a.; LUZZATTO, Studi Redenti 2 (1951) 1 ff.; einseitig ERMAN, SZ 24, 430 gegen EHRLICH 71. Auch in de off. 3, 23, 91; p. Caec. 26, 73–75 liegt der Gedanke an die Gerichtsbarkeit nahe (EHRLICH 72 ff. mit weit Hinw.). Die Juristen haben diese pointierte Verwendung von *ius civile* gemieden.

[41] Auf die zivile Gerichtsbarkeit im Gegensatz zur kriminellen gehen die Stellen bei EHRLICH 67 ff.: ad Her. 1, 12, 20; Cic. de inv. 2, 19, 57 f.; de orat. 1, 40, 182; 1, 46, 201; in Verr. II 1, 42, 109; KASER, AJ 81 A. 23. S. ferner lex Ursonensis (Bruns Nr. 28 = FIRA 1 Nr. 21) cap. 61 *iure civili vinctum habeto* (vgl. XII T. 3, 3): Privathaft im Gegensatz zu den *vincula publica*. Vgl. auch Paul. D. 48, 20, 7 pr., u. A. 50.

[42] Vgl. auch Cic. p. Balbo 8, 21: Nach der *lex Furia testamentaria* und der *lex Voconia de mulierum hereditatibus innumerabiles aliae leges de iure civili sunt latae;* anders EHRLICH 69 f.

[43] Zum folgenden insbes. BERGER (oben N. 11) 132 f. mit Recht gegen EHRLICH 38; 77; 89 u. ö. Vgl. auch KASER, AJ 78 ff.

[44] Zu *ius Aelianum, ius Flavianum* (die Bezeichnung als *civile* ist fraglich),

Kenntnis des *ius civile* rühmen [45] oder die Beherrschung dieses Stoffes vom Gerichtsredner fordern [46], sodann Aussprüche, die das römische *ius civile* vor fremden Rechten hervorheben [47]. Dieser Wissensstoff ist gemeint, wenn Cicero das *ius civile* in ein dialektisches System bringen [48], Caesar es gesetzlich ordnen wollte [49]. Bei alldem ist undenkbar, daß mit *ius civile* nur die Juristenverarbeitung erfaßt werden sollte und nicht auch die Gesetze, von denen diese weithin ausgeht.

Ganz unbefangen auf die Rechtswissenschaft und ihr gesamtes traditionelles Stoffgebiet beziehen sich auch noch allgemeine Äußerungen der klassischen Juristen [50], wie etwa das bekannte Wort des Javolen, daß *omnis definitio in iure civili periculosa est* (D. 50, 17, 202), oder das des Celsus, daß *incivile est nisi tota lege perspecta una aliqua particula eius proposita iudicare vel respondere* (D. 1, 3, 24) [51], oder endlich das des Cervidius Scaevola, daß das *ius civile vigilantibus scriptum est* (D. 42, 8, 24, i. f.) [52].

V

Welche Bedeutung aber legen dem *ius civile* die klassischen Juristen in solchen Stellen bei, in denen sie sich in ihren technischen Bereichen bewegen? Wir fassen die Quellen zusammen, lassen dabei aber die besonderen Verwendungen als Gegenbegriff zu *ius honorarium (praetorium)* und *ius gentium* einstweilen beiseite [53].

---

ius civile Papirianum siehe Kaser 78 mit Lit.; Schulz (oben N. 8) 11 ff.; 41 f.; 107 f. Vgl. ferner zur Geschichte der Rechtswissenschaft Pomp. D. 1, 2, 2 §§ 39, 40, 43, 46.

[45] Cic. de off. 2, 14, 50; de orat. 1, 37, 171; Val. Max. 5, 8, 3; 8, 7, 4.

[46] Cic. de leg. 2, 19, 47 und insbes. die Diskussion in de orat. 1, 36, 165 ff.; 42, 188 ff. (dazu Schulz [oben N. 8] 52 f.; 83), s. 1, 36, 167; 1, 44, 197; 1, 46, 201.

[47] Cic. de orat. 1, 44, 197; de leg. 1, 5, 17.

[48] Vgl. Ciceros verlorene Schrift *De iure civili in artem redigendo* (P. Krüger [oben N. 8] 85; Schulz [oben N. 8] 83); ferner de orat. 2, 32, 142.

[49] Suet. Caes. 44, 2; Kunkel, SZ 66 (1948) 448 f., anders Pólay, Acta Ant. Hung. 13 (1965) 90 ff.

[50] Vielleicht kann man (mit Ehrlich 36 f.) hierher auch rechnen Iul. D. 19, 5, 3 (*contractus ... quorum appellationes nullae iure civili proditae sunt;* wohl trotz De Francisci, Synallagma 1 [1913] 342 f. echt); dagegen nicht Paul. D. 48, 20, 7pr., wo mit *ius civile* offensichtlich auf die *sui heredes* der XII Taf. hingewiesen wird, also auf Privatrecht im Gegensatz zum Strafrecht.

[51] Nach Lenel, Paling. 1, 141 zum Titel *De re uxoria,* eine Zuweisung zu einer bestimmten Gesetzesnorm aber ist nicht möglich. Vgl. auch Betti, Riv. it. 3 (1948) 13.

[52] Zum Sachzusammenhang vgl. Solazzi, La revoca degli atti fraudolenti 2[3] (1945) 140 ff.; Ankum, De geschiedenis der actio Pauliana (1962) 92 f.

[53] *Ius civile* als Gegenbegriff zu *ius militare* in Iul. D. 29, 1, 20pr.; Gai. eod. 17, 4; Ulp. D. 28, 3, 7; Alex. C. 3, 28, 9. Vgl. u. A. 62.

1. Man beruft sich mit Vorliebe auf das *ius civile,* um einen althergebrachten Grundsatz festzustellen; eine *iuris civilis* (oder einfach *civilis*) *regula*[54], *ratio*[55], *constitutio*[56], ein *argumentum iuris civilis*[57], ein *iure civili receptum*[58] oder einen sonstigen Erfahrungssatz[59]. Bei alledem geht es um Regeln oder Argumente, die nicht einfach aus einem Gesetzeswortlaut abgelesen werden können, sondern von den Juristen entwickelt wor-

---

[54] Iul. D. 28, 2, 13, 1 *(hereditatem adimi non posse;* dazu Biondi, Successione ereditaria² (1955) 169; 591 f., wo gezeigt ist, wie die Regel später ausgehöhlt wurde); Gai. 2, 114 = D. 28, 1, 4 und 29, 1, 17, 4 (unten N. 62); Gai. D. 2, 14, 28pr. (kein *pactum contra iuris civilis regulas,* z. B. nicht ohne erforderliche *auctoritas tutoris);* Ulp. D. 26, 8, 1pr. (kein Tutor kann *auctor in rem suam* sein; siehe Labruna, Rescriptum divi Pii [1962] 15 mit Lit.). Allgemein zu *regula iuris* in diesem Sinn Pringsheim, Ges. Abh. 1, 421; Kaser, Meth. 61.

[55] Gai. 1, 158 (Agnation wird durch *capitis deminutio* aufgehoben, nicht aber Kognation, *quia civilis ratio civilia quidem iura corrumpere potest, naturalia vero non potest;* vgl. auch D. 4, 5, 8; zuletzt Cornioley, Naturalis obligatio [1964] 134 ff. mit Lit.); 2, 110 (Ausschluß Peregriner vom Erbschafts- und Legatserwerb); 3, 158 (*civili ratione* Gleichstellung der *capitis deminutio* mit dem Tod). *Iuris civilis ratio* in Ulp. 24, 16 (kein Legat *ab heredis herede;* anders formuliert in Gai. 2, 232); Marci. D. 35, 1, 33pr. *(falsa demonstratio non nocet).* Auf die Textkritik gegen *ratio* bei Beseler, Beitr. 5 (pass.) gehe ich nicht ein.

[56] Gai. D. 46, 3, 53 *Solvere pro ignorante et invito cuique licet, cum sit iure civili constitutum licere etiam ignorantis invitique meliorem condicionem facere* (Solazzi, L'estinzione dell' obbligazione² [1935]13); Ulp. D. 47, 1, 1pr. *Civilis constitutio est poenalibus actionibus heredes non teneri* (wohl echt, doch vgl. auch den Ind. Itp.).

[57] Ulp. D. 41, 1, 34 (die *hereditas* vertritt den Erblasser, nicht den Erben, *ut multis argumentis iuris civilis comprobatum est).*

[58] Iul. D. 9, 2, 51, 2 (*multa autem iure civili contra rationem disputanti pro utilitate communi recepta esse innumerabilibus rebus probari potest;* echt? s. den Ind., dazu noch Beseler, TR 10 [1930] 190; St. Riccobono 1, 304; Steinwenter, Festschrift Koschaker 1, 99); Iul. D. 35, 1, 24 = Ulp. D. 50, 17, 161 (Eintrittsfiktion bei der Bedingung; den Ursprung im *ius civile* bezweifeln Riccobono, Mélanges Cornil 2, 341 ff.; Donatuti, SD 3 [1937] 74 f., doch vgl. Biondi, Succ. test. 538).

[59] Iul. D. 5, 1, 26 *Qui in utero sunt, in toto paene iure civili intelleguntur in rerum natura esse (in toto paene* verdächtigt Albertario, St. giur. 1, 20 ff.; 24 f.); Pomp. D. 18, 1, 67 *Alienatio cum fit, cum sua causa dominium ad alium transferimus . . . idque toto iure civili ita se habet* (bis hierher unangefochten). Vgl. ferner Iav. D. 41, 3, 23pr. *quod absurdum et minime iuri civili conveniens est, ut una res diversis temporibus capiatur* (sc. *usu;* doch s. Beseler, Beitr. 2, 152); Paul. D. 10, 4, 19 *respondit non oportere ius civile calumniari neque verba captari* (Textkritik in der Lit. bei Marrone, APal. 26 [1958] 266 f.; Burillo, SD 26 [1960] 240, die beide für Echtheit eintreten); Pap. D. 50, 17, 79 *Fraudis interpretatio semper in iure civili non ex eventu dumtaxat, sed ex consilio quoque desideratur* (unecht nach Beseler, TR 10, 210; SZ 57 [1937] 31; 66 [1948] 287; Solazzi, Revoca 2³, 1 A. 1).

den sind[60]. Auf einen Gegensatz zum Gesetzesrecht wird aber auch hier nirgends angespielt[61].

Bisweilen beruft man sich auf *ius civile,* um allgemeines Recht im Gegensatz zu Sondergebieten zu bezeichnen; etwa zum Soldatentestament[62] oder zum Fideikommißrecht, das der ‚außerordentlichen' Gerichtsbarkeit angehört[63].

2. Soweit die Rechtsregeln, die hiernach dem *ius civile* zugewiesen werden, einen bestimmten Zusammenhang erkennen lassen, können sie sämtlich auch der ‚Bürgerordnung' als Gegenbegriff des *ius honorarium* zugeordnet werden oder sind mindestens von diesem ‚zivilen' Bereich ausgegangen und auf den honorarischen erst nachträglich übertragen worden. Das ist erschließbar für das Recht des Testaments[64], der *hereditas* und des *legatum*[65], der *tutela*[66], der Agnation[67], der Ehe[68], der Adoption[69]; viel-

---

[60] Das gilt auch für die Bestimmung der *tutela* bei Serv.-Ulp. D. 26, 1, 1pr. = Inst. 1, 13, 1 *vis ac potestas in capite libero ... iure civili data et permissa* (dazu willkürlich Ehrlich 78); Lit. in RP 1, 77 A. 11. Wird mit *ius civile* auf die privatrechtliche Gewalt im Gegensatz zur öffentlich-rechtlichen Bezug genommen?

[61] Aufschlußreich ist vielleicht PS 4, 8, 20 = coll. 16, 3, 20 *Feminae ad hereditates legitimas ultra consanguineas successiones non admittuntur: idque iure civili Voconiana ratione videtur effectum.* Der erste Satz entstammt nicht einfach dem Wortlaut der *lex Voconia,* sondern ist von den Juristen aus dem Gesetz abgeleitet worden; vgl. Inst. 3, 2, 3/3a; Ehrlich 13 f.; 39 und zur Sache Solazzi, Dir. ered. rom. 1 (1932) 188 ff., doch ist kein wirklicher Gegensatz zwischen *lex* und Juristenrecht beabsichtigt. Der Gedanke an Honorarrecht *(bonorum possessio)* liegt fern.

[62] Gai. 2, 114 = D. 28, 1, 4; 29, 1, 17, 4. Doch ist hier der Gegensatz der zwischen ‚militärisch' und ‚zivil', oben N. 53, 54.

[63] Ulp. 25, 1 *Fideicommissum est, quod non civilibus verbis, sed precative relinquitur, nec ex rigore iuris civilis proficiscitur, sed ex voluntate datur relinquentis;* s. auch Pap. D. 28, 6, 7. Hierher gehört vermutlich auch Lic. Ruf. D. 28, 5, 75 *Si quis ita institutus fuerit ‚excepto fundo, excepto usu fructu heres esto', perinde erit iure civili, atque si sine ea re institutus esset, idque auctoritate Galli Aquilii factum est.* Die ausgenommenen Gegenstände können – zwar nicht schon nach Aqu. Gallus, auf den sich nur der Erbschaftserwerb bezieht, aber nach klassischem Recht – als Fideikommiß den Intestaterben zufallen (anders deutet die Stelle Ehrlich 15; 39); zur Sache vgl. Voci, Dir. ered. rom. 2, 1 [1960] 104 f.; 2, 2² [1963] 143; Biondi, Succ. test. 231 f. – Vgl. auch u. VI 1 b (zum *SC Trebellianum).*

[64] Für Gai. 2, 114 = D. 28, 1, 4 folgt das aus dem Zusammenhang (s. 2, 115; 118; von der *bonorum possessio* spricht er erst in 2, 119). Gleiches ist anzunehmen für Gai. D. 29, 1, 17, 4 cit., ferner zur Pupillarsubstitution für Cic. Brut. 52, 194–197 *(causa Curiana);* Paul. D. 28. 6, 43pr. – Inwieweit die Regeln auf das prätorische Siebensiegeltestament erstreckt worden sind, ist hier nicht zu verfolgen.

[65] Iul. D. 28, 2, 13, 1 (oben N. 54); Gai. 2, 110; Ulp. 24, 16 (oben N. 55).

[66] Ulp. D. 26, 1, 1pr. (oben N. 60); 26, 8, 1pr. (oben N. 54). Unergiebig Paul. D. 44, 7, 43 *Pupillus sine tutoris auctoritate non obligatur iure civili* (wohl echt;

leicht der Servituten[70]. Auch das Schenkverbot unter Ehegatten bewirkt zivile Nichtigkeit[71]. Hier überall handelt es sich um Grundsätze der alten Bürgerordnung, die teils gesetzlich geordnet wurden, teils ‚Gewohnheitsrecht' blieben[72] und ihre Ausgestaltung von den Juristen empfangen haben.

VI

Mit der vorangehenden raschen Quellenbetrachtung haben wir uns den Boden bereitet für die Untersuchung, wie die Juristen das Verhältnis von *lex (legitimus)* und *ius civile (civilis)* gesehen haben.

1. In einer Stellengruppe wird dem Gesetz, das eine Neuerung bringt, die bisherige Regelung, gleichgültig, auf welcher Rechtsquelle sie beruht, als *ius civile* gegenübergestellt[73]. Der Gegensatz ist hier der zwischen alt und neu, nicht zwischen Juristen- und Gesetzesrecht[74].

a) Von Fällen volksgesetzlicher Regelung gehören hierher: Gai. 2, 110 (Peregrinen ist der Erwerb von *hereditates legataque* schon *ratione civili* verboten, den Latinern *per legem Iuniam);* 206 (Schranken des Legatserwerbs: *ante legem Papiam hoc iure civili ita fuisse; post legem vero Papiam deficientis portio caduca fit;* ähnlich Ulp. 17, 1; 25, 12/13); Ulp. 22, 19 (Erbeinsetzung der Ungeborenen ist zulässig, *si quidem post mortem nostram nascantur, ex iure civili, si vero viventibus nobis, ex lege Iunia*); Ulp. D. 24, 2, 11 pr. (das Scheidungsverbot der *lex Papia* für die *liberta* macht das erklärte *divortium, quod iure civili dissolvere debet matrimo-*

---

anders die Lit. im Ind., doch s. zuletzt Cornioley, Nat. obl. 163 f.); angespielt ist hier auf die *naturalis obligatio.*

[67] Gai. 1, 158; D. 4, 5, 8 (oben N. 55).

[68] Verbot der Verwandtenehe nach PS 2, 19, 3 = coll. 6, 3, 1; s. mein RP 1, 269. Zu Ulp. D. 24, 2, 11pr. s. u. VI 1 a.

[69] Iul. D. 1, 7, 27 *Ex adoptivo natus adoptivi locum optinet in iure civili.* Dagegen wenden sich Gord. C. 8, 47, 1 und Diocl. C. 4, 19, 14 gegen volksrechtliche Formen, s. RP 2, 149 A. 26.

[70] Ulp. D. 43, 20, 1, 7 (dazu Biondi, La categoria romana delle servitutes [1938] 611; ist als Gegensatz an *ius publicum* gedacht?).

[71] Ulp. D. 23, 3, 5, 9 (wohl unecht, s. den Ind.; anders Ehrlich 45 A. 17); 24, 1, 3, 12; eod. 5, 18; Paul. D. 23, 4, 5, 1; 24, 1, 26 pr.; 41, 2, 1, 4; vat. 96; Alex. C. 5, 16, 4; Diocl. eod. 20; vgl. auch Diocl. C. 5, 71, 8; Leo C. 5, 9, 6pr.

[72] Darauf, daß den Römern die Gewohnheit als Rechtsquelle nicht bewußt geworden ist (RP 1, 173 f. mit Lit. zum Problem), kommt es hier nicht an.

[73] Ehrlich 19 f. – Nicht hierher gehört Tryph. D. 16, 3, 31pr. *(si tantum naturale et gentium ius intuemur ... si civile ius et legum ordinem).* Auch wenn die Stelle echt wäre (dagegen G. Lombardi, Sul concetto di ius gentium [1947] 169 ff. mit Lit.), enthielte sie insoweit wieder nicht mehr als das Binomion *ius lexque* (oben N. 14).

[74] Das hat Wlassak, Kritische Studien zur Theorie der Rechtsquellen (1884) 68 richtig gesehen; anders Ehrlich 23.

nium, nicht unwirksam). *Ius civile* sind hier überall die allgemeinen Grundsätze des Erbschafts-, Legats-, Eherechts usw., die teils auf Gesetz, teils auf der alten ungeschriebenen Ordnung beruhen.

b) Für die *senatusconsulta* ergibt sich eine gleichartige Handhabung aus Gai. 2, 197/8; 218; 220 (zum *legatum per praeceptionem),* wo dem bisherigen Rechtszustand *(ius civile)* der aus dem *SC Neronianum* folgende gegenübergestellt wird. Ähnliches gilt für Ulp. 24, 26/27 zu dem *SC* über den sog. *usus fructus irregularis* und nach Gai. 2, 253/255; Paul. D. 28, 6, 38, 3; 36, 1, 41 pr. zum *SC Trebellianum*[75].

c) Auch die Texte, die *ius civile* und Kaiserkonstitutionen nebeneinanderstellen, lassen sich in diesem Sinn deuten[76].

2. Kein anderes Bild geben die Quellen zum Begriffspaar *civilis* und *legitimus*[77].

a) Ehrlich beobachtet, daß die Quellen bei der (zivilen) Erbfolge *ab intestato* von *legitimum ius* sprechen, bei der *ex testamento* von *civilis*[78]. Aber das hat sich in Rom offenbar in gleicher Weise eingebürgert wie heutzutage: Die ‚gesetzliche' Erbfolge beruht nur auf dem Gesetz, bei der testamentarischen tritt vor das Gesetz der gestaltende Rechtsakt des Testators, der freilich selbst wieder gesetzlich geregelt ist.

b) Für das Recht der Aktionen[79] ist aufschlußreich die Einteilung der *obligationes* in *civiles* und *honorariae,* von denen die zivilen *aut legibus constitutae aut certe* (?) *iure civili comprobatae sunt*[80]. Das wird sich, ähnlich wie soeben bei der Erbfolge, damit erklären, daß die große Masse der zivilen Aktionen (und der Obligationen, die ihnen zugrunde liegen)

---

[75] Mißdeutet wird Gai. 2, 253/255 von Erman, SZ 24, 423 f., gegen ihn Ehrlich, GrünhutsZ 31, 336; 340 ff.

[76] Ulp. D. 50, 16, 10 (*vel iure civili ... vel extraordinario,* dazu RP 1, 188 A. 15 mit weit. Hinw.); Paul. D. 28, 6, 43pr.; Marci. D. 35, 1, 33pr.; vielleicht auch Ulp. D. 37, 14, 17pr.

[77] Ehrlich 47 ff. (zu Cic. or. 34, 120 s. o. N. 28, zu Tryph. D. 16, 3, 31pr. oben N. 73).

[78] Gai. 2, 148/49; 3, 36/37. Es ist darum auch nicht verwunderlich, daß, wo der *heres legitimus* oder die *hereditas legitima* dem Erwerb der *bonorum possessio* gegenübertreten, immer die Intestaterbfolge gemeint ist; Iul. D. 29, 7, 3pr.; Ulp. D. 29, 4, 1, 9; Inst. 2, 23, 10 *(vel legitimo iure vel honorario)* u. a. (Ehrlich 49 f.). Aber die römische Terminologie ist nicht so starr, daß die Römer nicht auch bei der *hereditas legitima* den Gedanken an die zivile Ordnung (im Gegensatz zur honorarischen) mitempfunden hätten. – Ob die Stellen, in denen Mommsen, SZ 12 (1891) 273 den Testamentserben als *heres legitimus* bezeichnet finden will, Pap. D. 28, 7, 28; 31, 77, 23; 40, 5, 23, 2, so auszulegen sind, ist mir zweifelhaft.

[79] Ehrlich 50 ff.

[80] Inst. 3, 13, 1. Ähnlich äußert sich Inst. 4, 6, 3 (justinianisch, aber aus klassischem Material geschöpft).

wirklich auf Gesetzen beruhen[81]. Demgemäß werden die zivilen Aktionen bald als *legitimae* bezeichnet[82], bald als *civiles* oder *iuris civilis*[83].

Nicht auf Gesetz beruhende *actiones civiles* sind in der klassischen Zeit die *bonae fidei iudicia* (und einige ihnen gleichstehende)[84], die in der frühen Klassik, auch was ihre Grundlage anlangt, nicht mehr dem Honorarrecht, sondern dem *ius civile* zugerechnet werden[85].

c) Nach dem Quellenstand schwierig zu beurteilen ist schließlich das Verhältnis zwischen *iustus (civilis)* und *legitimus* bei der Ehe. Nach Ehrlich[86] wurde als *matrimonium iustum, nuptiae iustae* o. ä. die nach allgemeinen Rechtsgrundsätzen vollgültige Ehe bezeichnet[87], als *matrimonium legitimum, nuptiae legitimae* dagegen die Ehe, die bestimmten Gesetzen genügt[88], besonders den *leges Iulia et Papia*[89]. Doch räumt er selbst ein, daß

---

[81] Vgl. für die Legisaktionen Kunkel, Festschrift Koschaker 2, 4 A. 4, weitere Lit. in meinem RP 1, 26 A. 11. Vgl. ferner meine Abh. ‚Oportere und ius civile' in SZ 83 (1966) A. 202.

[82] Pomp. D. 39, 3, 22, 2; Maec. D. 35, 2, 32pr.; Ulp. D. 9, 3, 5, 12; Paul. coll. 2, 5, 4/5; D. 39, 1, 19; Erman, SZ 25, 329 f. Vgl. auch Gai. 4, 110 f. *(ius legitimum)*; Inst. 4, 6, 13 *(legitimam causam)*. Weitere Belege zu *legitimus* bei Kaser, AJ 74 A. 48.

[83] Iul. D. 9, 4, 39pr.; Pomp. D. 19, 5, 16, 1; Paul. D. 43, 26, 14. Zur Terminologie vgl. die Vermutung bei Magdelain, Les actions civiles (1954) 5 ff.: zunächst *actiones legitimae*, dann *quae iure civili competunt*, dann *actiones iuris civilis*, dann *actiones civiles;* zweifelnd Pugliese, SD 20 (1954) 375 (anders und nicht annehmbar Ehrlich 53 f.). Zum *SC Trebellianum* vgl. Gai. 2, 253 *actiones quae iure civili competunt*, doch hat der Wortlaut in Ulp. D. 36, 1, 1, 2 *actiones quae dari solent* (m. E. gegen Wlassak, Erman u. a. [siehe den Ind.] nicht anfechtbar).

[84] Vgl. zu den *actiones commodati, rei uxoriae, incerti (in factum) civilis* die in A. 81 zit. Abh. unter VIII–X.

[85] Magdelain (oben N. 83) 54 ff.; siehe Kaser, SZ 71 (1954) 438; auch Wieacker, SZ 80 (1963) 37 ff.; Wlassak, Rechtshistorische Abhandlungen (1965) 75 f. Vgl. meine zit. Abh. unter VII.

[86] Ehrlich 55 ff.

[87] Ulp. 5, 1/2; Gai. 2, 241 *(quae iure civili non intellegitur uxor);* Tryph. D. 28, 2, 28, 3 *(uxor iusta, civiliter nupta);* Ulp. D. 1, 5, 18 *(ex iustis nuptiis);* 38, 11, 1pr. *(iustum, iniustum matrimonium);* PS 4, 10, 2 *(matrem civilem)* u. a. *Illicitum:* Scaev. D. 33, 2, 27; Pap. D. 23, 2, 61.

[88] In Pap. D. 48, 5, 12, 12 bezieht sich *legitimae nuptiae* auf die *lex Iulia de adulteriis*, doch vgl. Pap. D. 34, 9, 13 *(iustum matrimonium*, allerdings in der Anfrage; Gaudemet, RIDA 2 [1949] 338), auch 23, 2, 34, 1 *(iure contractum;* Gaudemet 337 A. 103). Daß Cels. D. 1, 5, 19 *(legitimae nuptiae)* Gültigkeit *ex lege Aelia Sentia* meint, ist möglich, vgl. Lenel, Paling. 1, 163 f. – Allgemein lautet Ulp. D. 24, 1, 3, 1 *si matrimonium moribus legibusque nostris constat;* Kaser, SZ 59 (1939) 90 A. 4.

[89] Vgl. Ulp. vat. 168 *iustos secundum has leges* (ebd. divi fr.: *iustorum mentio ita accipienda est, ut secundum ius civile quaesiti sint)* mit PS 4, 8, 4 = coll. 16, 3, 4 *secundum legem Iuliam Papiamve quaesiti;* ferner divi fr.-Marci. D. 23, 2, 57 a *(legitime concepti)*; Paul. eod. 65, 1 *iustas nuptias effici: et ideo postea liberos natos ex iusto matrimonio legitimos esse* (doch vgl. den Ind. Itp. und Gord.

die Terminologie nicht streng eingehalten wurde[90]. Die Frage bedarf erneuter Untersuchung.

VII

Wir kommen zu folgender Zusammenfassung.

1. *Ius civile* ist in der jüngeren Republik der Inbegriff des römischen Privatrechts mit Einschluß des Verfahrensrechts. Ihm stehen *ius pontificium (sacrum)* und *ius publicum*[91] gegenüber. Bei *ius civile* denken die Römer in erster Linie an das Recht, das für die römischen Bürger verbindlich ist[92]; darum stellt man dem *ius civile* als dem *ius proprium civium Romanorum* das *ius proprium* anderer *civitates* gegenüber[93].

2. *Ius civile* in diesem alten, ursprünglichen Sinn ist das gesamte Privat- (und Prozeß-)recht mit Einschluß auch der Einrichtungen und Sätze, die die Gerichtsmagistrate vermöge ihrer Jurisdiktionsgewalt geschaffen haben. Davon zeugt der Sprachgebrauch Ciceros (o. III 2), namentlich sein Hinweis in top. 5, 28 auf die Edikte als Quelle des *ius civile*. Die ‚amtsrechtlichen' Neuerungen zählen zum *ius civile* nicht nur, soweit sie bei den gesetzlich geregelten anknüpfen, wie die *formulae ficticiae* oder die *bonorum possessio unde legitimi*. Auch die selbständig aus freier Hand von den Prätoren oder den Ädilen geschaffenen Institutionen gehören hierher, wie z. B. die Interdikte, die Cicero unbefangen zum *ius civile* rechnet (o. A. 34), oder die *bona fidei iudicia*, bei denen der Prätor ohne gesetzliche Grundlage die außerrechtliche *fides*-Bindung rechtlich konkretisiert und prozessual durchsetzbar gemacht hat[94].

C. 5, 4, 6). Dagegen betrifft Ulp. D. 23, 2, 31 *(iusta uxor)* den Sonderfall kaiserlicher Indulgenz.

[90] Zu *matrimonium contra legem Iuliam Papiamque Poppaeam contractum* s. Ulp. 16, 2 (Nardi, SD 7 [1941] 115 ff.; Gaudemet 331 ff.); zur Frage der Gültigkeit der gesetzwidrigen Ehen die Lit. RP 1, 272 A. 10. Schwer oder überhaupt nicht nachweisbar ist die Beziehung auf die *leges Iulia et Papia* bei Pomp. D. 23, 2, 4 *(legitima uxor)*; Call. D. 50, 1, 37, 2 und Ulp. D. 1, 5, 24 *(matrimonium legitimum)*; sicher itp. ist D. 23, 2, 10.

[91] Vgl. oben N. 30, 31.

[92] Mit Einschluß dessen, das zugleich für Peregrine gilt und darum *ius gentium* ist, Cic. de off. 3, 17, 69 *maiores aliud ius gentium, aliud ius civile esse voluerunt; quod civile non idem continuo gentium, quod autem gentium idem civile esse voluerunt;* d. har. resp. 14, 32. Vgl. auch Gai. 1, 1.

[93] Gai. 1, 1; Inst. 1, 2, 1 f.; fr. Dosith. 1/2 u. a.; Ehrlich 88 f. Vgl. auch Cic. top. 2, 9 *ius civile est aequitas constituta eis, qui eiusdem civitatis sunt, ad res suas obtinendas;* de orat. 1, 44, 197. Hiernach ist mir zweifelhaft, ob noch Cicero, wie Ehrlich 89 ff. will, ausländische Rechte nicht als *ius civile*, sondern nur als *leges* bezeichnet hat.

[94] Dazu Kaser, SZ 82 (1965) 418 ff.; 421 f. (mit Lit.), siehe auch meine Abh. (oben N. 81) unter III und VII. Mit dieser Einschränkung ist es berechtigt, wenn Wieacker, SZ 80, 21; 27 ff.; 29 ff. die *bonae fidei iudicia* zum alten *ius civile* rechnet.

Diesen ‚amtsrechtlichen' Neuschöpfungen gegenüber, die man zunächst noch nicht als einen besonderen Zweig des *ius* kennzeichnet, erscheint die angestammte Bürgerordnung schon im 1. Jh. n. Chr. als *ius civile*[95], auch hier zunächst verstanden als die Masse des überkommenen Rechts, der die Neuerungen gegenübertreten. *Ius praetorium* ist noch bei Cicero einfach die prätorische Gerichtsbarkeit[96]. Davon beeinflußt ist offenbar noch Pomp. D. 1, 2, 2, 10 (mit § 12), wo von der Rechtweisung des Prätors die Rede ist[97], aber als *ius honorarium* augenscheinlich der gesamte Inhalt des Edikts verstanden wird, also alles Recht, das für die magistratische Rechtspflege maßgebend ist, mit Einschluß der zivilen Aktionen. In der besonderen Bedeutung des Inbegriffs der ‚amtsrechtlichen' Schöpfungen erscheinen *ius praetorium, ius honorarium* frühestens erst im 2. Jh.[98].

3. Das *ius civile* im alten Sinn ist Juristenrecht, weil es von den Juristen artikuliert, konkretisiert, positiviert wurde. Diese Umsetzung des allgemeinen Rechtsbewußtseins in bestimmte rechtliche Aussagen vollziehen die Juristen zunächst in der Kasuistik und sodann in den daraus abgeleiteten Regeln. Dieses Werk der Rechtsfindung sehen auch die Römer selbst als die Leistung der Juristen an; das zeigt ihr Ausdruck *iura condere*[99]. Bei dieser Aufgabe waren die Juristen an die Gesetze gebunden, die ihnen die Richtlinien wiesen, wie sie das *ius civile* zu gestalten hatten. Insofern lassen sich die *leges* als eine Quelle des *ius* deuten; doch darf dieser Einfluß nicht aus unserer neuzeitlichen Sicht überschätzt werden; dazu unten VIII 2.

Ein einziges Mal in ihrer Geschichte haben die Römer – aus politischem Anlaß – die Weisung, wie ihr Recht zu finden ist, in einem umfassenden Gesetzeswerk vollzogen. Aber gerade von den XII Tafeln[100] ist anzunehmen, daß sie am Rechtsstoff selbst nicht viel geneuert, sondern nur die im allgemeinen Rechtsbewußtsein bereits geltenden Grundsätze festgelegt und hier und da verdeutlicht haben.

---

[95] Ehrlich 104 ff. Zur Alternative *ius civile – praetor* vgl. Nerat. D. 36, 3, 13; Ner.-Ulp. vat. 83; häufig bei Gaius, siehe 2, 115 mit 118 f.; 128 f.; 135/136; 151/151a; 170; 3, 34; 36 f. (gegen 3, 34 und 37 unannehmbare Echtheitszweifel bei Ehrlich 107 f.); 56; 71; 4, 38; 116; siehe auch D. 29, 2, 57pr.; 33, 2, 29; 38, 8, 2. Vgl. damit Gai. 4, 112 *(aut ipso iure competunt aut a praetore dantur)* und das weitere Material bei Erman, SZ 24, 422 ff. gegen Ehrlich 101 ff.; 119 ff., der ein dem Honorarrecht gegenübertretendes und dieses ausschließendes *ius civile* erst in der Severerzeit aufkommen lassen will.

[96] Vgl. p. Caec. 12, 34 *(ex iure civili ac praetorio);* in Verr. II 1, 44, 114; 2, 12, 31; phil. 2, 2, 3; de off. 1, 10, 32; Kaser, AJ 93; Magdelain (oben N. 83) 65, anders Schulz (oben N. 8) 99.

[97] *Iura reddere;* vgl. damit Ulp. D. 44, 3, 1 i. f.; Paul. D. 1, 1, 11.

[98] Gai. 4, 34; Pap. D. 1, 1, 7, 1; zu Gai. D. 29, 4, 18pr. siehe Kaser, AJ 96 A. 27, zu Maec. D. 36, 1, 67, 3 und zu Pomp. D. 50, 17, 27 s. SZ 70 (1953) 156 A. 111, 112, zu den weiteren Belegen AJ 96 A. 28; SZ 70, 155 f.

[99] Gai. 1, 7; 4, 30; Inst. 1, 2, 8.

[100] Vgl. Wieacker, RIDA³ 3 (1956) 459 ff.; Vom röm. Recht² (1961) 46 ff.

Die spätere Zeit kennt nur noch Einzelgesetze[101], sie sind gering an Zahl und zu allermeist auf engbegrenzte Tatbestände beschränkt. Jede neue *lex* dieser Art tritt zu dem bereits bestehenden Recht zunächst nur als modifizierende oder ergänzende Auflagerung hinzu; daraus ergibt sich der scheinbare Kontrast zum *ius civile,* von dem sich EHRLICH hat täuschen lassen. Aber sobald das Gesetz einmal geschaffen ist und die Jurisprudenz sich seiner bemächtigt, um es in die hergebrachte Ordnung, das *ius civile,* einzufügen, vollzieht sich ein Absorptionsprozeß, durch den die *lex* selbst mit ihren dogmatischen Auswirkungen als ein organisches Element in das *ius civile* einbezogen wird; mag sie auch nach wie vor ihre selbständige Gestalt behalten. Mit diesem Eingliederungsvorgang erklärt sich die Gegenüberstellung von *ius civile* und *lex* im Sinn von alt und neu[102]. Die *lex* wird damit selbst zu einem Erkenntnismittel für das *ius civile;* aber als ein von außen kommendes, zum Unterschied von den Rechtsregeln, die die Juristen vermöge ihrer eigenen Schöpfungskraft aus dem Wesen und den Funktionen der Rechtseinrichtungen ableiten.

Die Bezeichnung des *ius civile* als *interpretatio* bei Pomp. D. 1, 2, 2, 5/12 darf an dieser Deutung nicht irremachen. Sie leitet sich, wie wir sahen, von dem äußerlichen Darstellungsschema des SEX. AELIUS für das *ius civile* her, gestattet aber keine darüber hinausreichenden Schlüsse allgemeiner Art. In der Zeit nach der XII-Tafelgesetzgebung mag man wirklich geglaubt haben, alles Recht sei nunmehr bloße Auslegung der XII Tafeln als des *fons omnis publici privatique iuris* (Liv. 3, 34, 6). Bei den ebenerwähnten Rechtsregeln, die immerhin von den altzivilen Erscheinungen ausgehen, mochte das, wenn man den Begriff der *interpretatio* weit auslegte, noch hingehen. Bei den amtsrechtlichen Schöpfungen dagegen wurde die Schwierigkeit handgreiflich. Dennoch zeigen die §§ 5/12 keinen Versuch, sie zu überwinden. Der dort gebrauchte Begriff des *ius civile* ist antiquiert, wie immer man ihn wendet, und es bleibt erstaunlich, daß sich ein Klassiker vom Rang des POMPONIUS seiner noch kritiklos bedient haben soll. Doch muß ich die noch immer ungelöste Frage nach der Urheberschaft dieses ganzen Traktats der Quellengeschichte überlassen.

VIII

1. Die Anschauung der Römer von ihrer Rechtsordnung läßt sich nur verstehen, wenn man sich von Vorstellungen freimacht, die unser heutiges kontinental-europäisches Rechtsdenken beherrschen[103]. Das römische Recht, besonders das Privatrecht, ist kein geschlossenes System, wie es den heuti-

---

101 WIEACKER, Vom römischen Recht 57 ff.; 61 ff.

102 Oben V. Auf die vortreffliche Kennzeichnung bei MITTEIS, RPr. 33, nachdem er zuvor (31 ff.) anderweitige Deutungen kritisiert hat, sei verwiesen.

103 Für das folgende verweise ich auf meine Abh. Zur Methode (oben N. 1).

gen Kodifikationen mit ihrer festgefügten Begriffspyramide und ihrem Anspruch auf erschöpfende Regelung der gesamten Materie eigentümlich ist. Das ‚offene' System der Römer ist vielmehr niedergelegt in den Rechtsgedanken, die die Juristen seit alters in ihrer Kasuistik entwickelt und vorgetragen haben. Hinter der Fülle dieses verzweigten Stoffes stehen zwar allgemeine Prinzipien, deren Handhabung aber beweglich bleibt und damit eine unfruchtbare Erstarrung verhütet. Die Regeln, die die Juristen aus der Kasuistik ableiten, bleiben im allgemeinen auf das enge Stoffgebiet der bearbeiteten Einzelfälle beschränkt. Nur ausnahmsweise entschließen sie sich zur Entwicklung allgemeiner Rechtsregeln *(regulae)*, die sie dann als feststehende Größen handhaben, nicht viel anders als die Gesetze[104].

2. Mit dieser Gestaltung steht das römische Recht der Antike seinem Typus nach den angelsächsischen Rechten näher als unseren heutigen kontinentalen; mag auch im englischen Rechtskreis die Kasuistik nicht in bloßen Gutachten *(responsa)* niedergelegt sein, sondern in Gerichtsurteilen (Präjudizien), an die die späteren Richter – im allgemeinen – gebunden sind[105]. Das Gesetz aber ist in Rom nicht anders als in England ein zwar bindender, aber singulärer Eingriff.

Der vereinzelte Versuch einer Gesamtgesetzgebung in den XII Tafeln hat, wie wir sahen, die Vorstellung der Römer nur für begrenzte Zeit dahin bestimmt, es sollte künftig alles Recht auf eine *interpretatio* dieser *lex* zurückgeführt werden können. Indem sich die Verhältnisse dahin entwickelten, daß sich das XII-Tafelgesetz rasch als überholt und lückenhaft erwies, verlor sich die Anschauung, daß man die gedanklichen Schöpfungen der Juristen ohne weiteres auf dieses Gesetz zurückführen könnte. Das gilt namentlich für die immer stärker hervortretenden Schichten des *ius gentium* und *ius honorarium*, aber auch für viele Stücke in der Kernsubstanz des *ius civile*.

Das spätere Einzelgesetz ist unter den Quellen, die die Rechtsordnung aufbauen, nicht die Regel, sondern die Ausnahme. Dies gilt ebenso von den *leges* und *plebiscita* wie in jüngerer Zeit von den *senatusconsulta*, die zwar verfassungsrechtlich den Volksgesetzen nicht völlig gleichstehen, in der praktischen Rechtspolitik aber ihre Funktion erfüllen. Als Eingriffe des

---

[104] Ebenda 60 ff. Als solche *regulae* allgemeineren Charakters mögen gelten etwa die *regula Catoniana* (Cels. D. 34, 7, 1pr.), aber auch *nemo plus iuris transferre potest quam ipse habet; nemo sibi ipse causam possessionis mutare potest; nemo pro parte testatus, pro parte intestatus decedere potest; bis de eadem re agere non licet* u. a. m. Vgl. soeben HAUSMANINGER, Gedächtnisschrift Rud. Schmidt (1966) 399 ff.; 407 ff.

[105] Hinweise in Meth. 73. Ein interessantes Vergleichsstück bietet das Recht Südafrikas, das unter englischem Einfluß Fallrecht, Präjudizienrecht, geblieben ist, dessen Grundlage aber, vermittelt durch die importierte holländische Rechtswissenschaft, die rezipierte römische Begriffswelt bildet; Näheres dazu bei KASER, SZ 81 (1964) 1 ff.

Gesetzgebers zur Befriedigung der rechtspolitischen Bedürfnisse, die den Anstoß gegeben haben, treten diese Normen gesetzten Rechts neben die Regeln des Juristenrechts. Indem die gesetzte Norm für ihren inhaltlichen Bereich eine bindende Regelung schafft, ist insoweit die freie Entfaltung des Juristenrechts ausgeschlossen. Aber die *leges* enthalten zu allermeist nur die punktförmige Regelung von Spezialfragen, und diese inhaltliche Begrenzung bestimmt auch ihren Charakter. Ihre Geltung reicht nicht weiter, als ihnen die Juristen bei der Auslegung ihres Wortlauts zubilligen; und ob sie ihnen eine Erweiterung durch Analogie zugestehen wollen, liegt bei ihnen[106]. Niemals erzeugt die *lex* eine Bindung der Juristen an den ‚Geist des Gesetzes', die sie verpflichtet hätte, das Recht im ganzen auch über die gesetzlich geregelte Materie hinaus nun der Begriffswelt und den Leitgedanken des Gesetzes anzupassen und unterzuordnen, wie dies etwa den modernen Kodifikationen wesentlich ist[107]. So hat man namentlich die Terminologie der einzelnen Gesetze, die ja aus verschiedenen Zeiten und von verschiedenen Urhebern stammen und keiner festen und einheitlichen Technik folgen, nicht notwendig als allgemeinverbindlich angesehen[108]. Diese eingehende Handhabung stimmt zu den Grenzen, die der Gesetzgebung gegenüber dem *ius* gezogen sind[109], ebenso wie zur Macht der Juristen, veraltete Gesetze, die in *desuetudo* geraten sind, nicht mehr anzuwenden[110].

Das Gesetz ist zwar die angesehendste und als Ausdruck des Volkswillens die vornehmste unter den Rechtsquellen, aber ihr praktisches Wirkungsfeld gegenüber der allgemeinen Rechtsordnung – dem *ius civile* – bleibt begrenzt. An diesem Spannungsverhältnis zwischen *ius* und *lex* hält man fest, solange die Prinzipien der republikanischen Staatsform noch lebendig sind. Sie gehen unter dem Prinzipat allmählich verloren und weichen in der absoluten Monarchie einer veränderten Staatsidee, die auch den Charakter der Gesetze und ihr Verhältnis zur Rechtsordnung von Grund aus wandelt.

---

106 Zu den Grenzen der römischen Analogie s. Meth. 59 A. 45 mit Lit., insbes. Steinwenter, St. Albertario 2, 105 ff.; St. Arangio-Ruiz 2, 169 ff.; Festschrift Schulz 2, 345 ff.; F. Schwarz, AcP 152 (1952) 207 ff.

107 Das Gesetz wird in den angelsächsischen Rechten als Eingriff in die Freiheit der Rechtsfindung eng ausgelegt; Lit. in Meth. 51 A. 13; für Rom im Vergleich mit England von Lübtow, Studi Arangio-Ruiz 2, 359 ff.

108 Die Erscheinung ist noch kaum untersucht. Sie gilt auch für die Edikte. Dort liefert ein eindrucksvolles Beispiel zur Frage, ob das *agere* die *exceptiones* einschließt oder nicht, einerseits Ulp. D. 44, 1, 1 (dazu Lenel, Ed. perp.[3] 64 A. 7), andererseits Paul. D. 50, 16, 8, 1 (dazu Lenel 59 A. 12).

109 Dazu oben N. 13.

110 Vgl. zuletzt Thomas, RIDA[3] 12 (1965) 469 ff. Ein typisches Beispiel gibt die XII-Tafelklage aus *iniuria* auf 25 As (8, 4), die mit der Geldentwertung sinnlos geworden ist; vgl. Gell. 20, 1, 13.

RÉSUMÉ

La doctrine de Ehrlich affirmant l'existence d'une opposition nette entre *ius civile* et *lex* se fonde sur le célèbre texte de Pomp. D. 1, 2, 2, 5/12, texte qui exige cependant une explication différente. Les textes nombreux de Cicéron et des juristes classiques mentionnant *ius civile* emploient ce terme d'une façon très générale pour désigner toute la matière du droit privé et de la procédure civile, y compris les lois. Le terme *ius civile* est employé aussi chez Cicéron et Gaius pour mettre en rapport *ius civile* avec *ius gentium*. Cette conception plus ancienne du *ius civile* embrasse également les créations juridiques des préteurs, c'est-à-dire, la matière désignée comme *ius honorarium, ius praetorium* dans le IIe siècle de notre ère. Les textes classiques qui ont l'air d'opposer le *ius civile* aux *leges* ne veulent autre chose que distinguer le nouveau vieux, c'est-à-dire, l'ensemble des institutions et des règles juridiques en vigueur jusqu'ici vis-à-vis de la loi nouvelle qui va s'y ajouter. Mais cette loi, une fois adoptée, est considérée immédiatement, par les juristes, comme faisant partie du *ius civile*. L'ordre juridique romain, par opposition au droit moderne continental, n'a jamais connu une législation exhaustive. Le droit romain privé est essentiellement du droit des juristes: les lois ne disposent que des questions bien déterminées. C'est pourquoi les *leges* – l'exception que constitue la loi des XII Tables ne saurait ébranler la règle générale – ont un caractère ‚pointilliste' dans la grande masse de droit créé et développé par les juristes. Aussi le droit préclassique et classique est-il plus proche du droit anglo-saxon que des droits codifiés continentaux.

KANONISCHES RECHT

ÜBER VORAUSSETZUNGEN EINER VERWENDUNG DER SPRACHFORMEL „ÖFFENTLICHES RECHT UND PRIVATRECHT" IM KANONISTISCHEN BEREICH

Von Dr. STEN GAGNÉR
Professor an der Universität München

I. Prolegomena

Zu den Paradoxen unserer Rechtswissenschaft gehört, daß eine Dichotomie öffentliches Recht–Privatrecht ziemlich durchgehend behauptet wird, und daß es offenbar niemandem gelungen ist, eine einigermaßen einwandfreie Darstellung dieser Zweiteilung zustande zu bringen. Wer sich einen Überblick über die einschlägige Literatur verschaffen will, gerät sehr schnell nicht nur ins Uferlose, sondern auch in das Groteske. Gesichtspunkte und Kriterien werden manchmal als maßgebend dargelegt, obwohl der betreffende Rechtsgelehrte im nächsten Atemzug doch bekennen oder wenigstens andeuten muß, es sei fraglich, ob sich nun ihre Gültigkeit weit über seinen eigenen Schreibtisch hinaus erstrecke. So finden wir beispielsweise bei ENNECERUS-NIPPERDEY, daß der Kommentator, nach ein paar Seiten autoritativer Grenzziehung, zu einer näheren Erörterung der Kriterien folgendermaßen übergeht: „Was die Theorie begrifflich sondert, ist im Leben (in den Lebensverhältnissen, in den Gesetzen, in Rechtseinrichtungen) vielfach verwoben." [1] In diesen quasiweisen Worten, ebenso wie in einer folgenden Bemerkung, daß es „sich im Grunde nicht um die Einteilung des Rechtsstoffs in zwei Kategorien, sondern um eine juristische Qualifikation" handle, wird nur allzu deutlich, daß hier jene theoretischen Ausführungen zur Grenze zwischen öffentlichem Recht und Privatrecht eine Kartenzeichnung darstellen, nach der sich das Terrain der Wirklichkeit zu richten habe und nicht umgekehrt.

„Im modernen Rechtsstaat ist", sagt dasselbe zivilistische Handbuch, „öffentliches und Privatrecht zu scheiden", wobei als Begründung parenthetisch hinzugefügt wird: „historisch bedingt, nicht logisch notwendig",

---

[1] ENNECERUS-NIPPERDEY, Allgemeiner Teil des Bürgerlichen Rechts I (15. Aufl. 1959) 227.

ohne daß jedoch erklärt wird, wie nun eine historische „Bedingung" zu einem zwingenden Maßstab der Gegenwart werden könnte[2]. Wenden wir uns einem verwaltungsrechtlichen Lehrbuch zu, sieht die Problemlage nicht viel ermutigender aus: die Unterscheidung entstamme dem klassischen römischen Recht, schreibt HANS J. WOLFF, „ist aber wissenschaftlich immer noch nicht erklärt, obwohl sie von großer praktischer Bedeutung" sei[3]. Zwar könnte man auch aus all der Mühe, die von unzähligen Autoren zwecks Beseitigung jener Unklarheit aufgewandt worden ist, auf eine große praktische Bedeutung der Dichotomie schließen, aber wenn man die Hinweise beispielsweise bei ENNECERUS-NIPPERDEY und WOLFF in bezug auf eine solche Wichtigkeit etwas näher betrachtet, bekommt doch das Bild irgendwie andere Dimensionen. Das Wesentliche, worauf sie hinweisen, ist die mit § 13 Gerichtsverfassungsgesetz verbundene Problematik. Nun ist natürlich der in diesem Paragraphen verwendete Ausdruck „alle bürgerlichen Rechtsstreitigkeiten und Strafsachen" ein Niederschlag aus Vorstellungen über die Grenze zwischen privatem und öffentlichem Recht ebenso wie die hier gegebene Regelung an sich, nach der diese Sachen vor die ordentlichen Gerichte gehören, aber eben nur in dem Maß, daß für sie „nicht entweder die Zuständigkeit von Verwaltungsbehörden oder Verwaltungsgerichten begründet ist oder auf Grund von Vorschriften des Bundesrechts besondere Gerichte bestellt oder zugelassen sind". Abgesehen von den durch die Unklarheit und Zeitbedingtheit der Dichotomie verursachten Schwierigkeiten bei der Auslegung dieser Regel, die schon eine „große praktische Bedeutung" der Grenze auszuschließen scheinen – ERNST FORSTHOFF stellt fest, man könne aus dem Zusammenhang mit der Unterscheidung des öffentlichen und des privaten Rechts „nur geringen Nutzen ziehen. Denn die Unterscheidung ist ihrerseits außerordentlich zweifelhaft und wird heute wesentlich anders verstanden als zur Zeit der Entstehung des GVG"; für die Auslegung des § 13 könne es nicht ihre Aufgabe sein, „sich in privaten Theorien zu ergehen. Sie sieht sich in der Judikatur des Reichsgerichts einer Lösung der Interpretationsprobleme gegenüber, welche das praktische Rechtsleben entscheidend bestimmt. Von ihr muß sich daher auch die Auslegung des § 13 GVG leiten lassen, wenn sie nicht an der Wirklichkeit vorbeigehen will"[4] –, ergibt eine Analyse der Rechtsprechung des Reichsgerichts und des Bundesgerichtshofes zu § 13 etwas zunächst Verblüffendes. Zwar hat man, oft wortreich, in den gewohnten Kategorien aus der Diskussion über öffentliches Recht und Privatrecht gesprochen und dabei verschiedene Theorien vertreten, z. B. eine Fiskustheorie 1884, eine

---

[2] ENNECERUS-NIPPERDEY (vorige Note) 224.

[3] H. J. WOLFF, Verwaltungsrecht I (6. Aufl. 1965) 85.

[4] FORSTHOFF, Lehrbuch des Verwaltungsrechts I (8. Aufl. 1961) 98 und 101. Siehe weiter STEIN-JONAS, Kommentar zur Zivilprozeßordnung, bearbeitet von RUDOLF POHLE I (19. Aufl. 1964) 71 ff.

Subjektstheorie 1959[5]. In keinem der Fälle wäre aber, soweit ich es zu beurteilen vermag, die Entscheidung anders gefallen, wenn § 13 GVG anstatt des Ausdruckes „alle bürgerlichen Rechtsstreitigkeiten und Strafsachen" etwa die mit einem Wort weniger qualifizierte Bestimmung „alle Rechtsstreitigkeiten und Strafsachen" enthalten hätte. Wenn diese Beobachtung richtig ist, dürfte die vielerörterte Frage der näheren Bestimmung der „bürgerlichen" Rechtsstreitigkeiten nach § 13 immer mehr oder weniger ein Scheinproblem gewesen sein, während es dagegen in diesen Fällen immer die Kernfrage war, ob die im Paragraphen als Ausnahme formulierte Zuständigkeit vorliege oder nicht. Um diese Frage aber entscheiden zu können, hatte man es in der Tat nie nötig, die Grenze zwischen privatem Recht und öffentlichem Recht zu bestimmen, sondern nur zu prüfen, ob in dem gegebenen Fall die Detailregelung gewisser einschlägiger Gesetze einen Rechtsweg vor Verwaltungsgerichte oder andere besondere Gerichte vorschreibe oder zulasse. Die praktische Bedeutung unserer Dichotomie löst sich also hier auf, was eigentlich auch mit den Ergebnissen übereinstimmt, zu denen Peter Lerche in einer Arbeit 1953 gekommen ist, wo die Auslegung des § 13 mit Nachdruck auf die „öffentlichrechtlichen Streitsachen" behandelt wird[6]. Umgekehrt läßt auch nicht das Vorkommen des Ausdrucks „öffentlichrechtliche Streitigkeit" in der neuen Verwaltungsgerichtsordnung vom Jahre 1960 die Dichotomie an praktischer Bedeutung dazugewinnen – was bei der Anwendung des § 40 VwGO getan werden muß, ist keine Grenzziehung zwischen Privatrecht und öffentlichem Recht, sondern eine Prüfung, ob gewisse, ziemlich genau angegebene Voraussetzungen der Zuständigkeit der Verwaltungsgerichte vorliegen oder nicht[7].

Mithin dürfte sich ziemlich schnell aus einer Untersuchung des klassischen Bereiches der sogenannten praktischen Bedeutung der Unterscheidung zwischen Privatrecht und öffentlichem Recht[8] ergeben – wenn man nicht schon von vornherein hauptsächlich auf die Frage eingestellt ist, welche von den Unterscheidungstheorien die richtige sei –, daß die bei der Behandlung dieser Kompetenzfragen verwendete Terminologie aus den Dichotomielehren Erwägungen ausdrückt, die eigentlich nicht auf ein möglichst objektives Bild der Gedankengänge eines Gesetzgebers oder einer Judikatur der Vergangenheit zielen, sondern vielmehr rechtspolitischer Art sind. Lerche hat in seiner Rechtswegsuntersuchung einmal hervorgehoben, daß wir in diesem Sektor „doch keinen aus einem Guß gefertigten Plan eines weitschauenden Architekten vor uns" haben, sondern „eine Mehrzahl von Plänen älteren und jüngeren Datums", und er macht dazu die

---

[5] RGZ 11, 65; dazu Forsthoff (vorige Note) 101; BGHZ 29, 187.

[6] Lerche, Ordentlicher Rechtsweg und Verwaltungsrechtsweg (1953) 40 ff., 56 ff.

[7] Siehe dazu Forsthoff (oben N. 4) 103 ff.

[8] Vgl. Walter Antoniolli, Allgemeines Verwaltungsrecht (Wien 1954) 41 ff.

Bemerkung: „Daraus erhellt auch, warum der wissenschaftlichen Diskussion in diesem Raume in allen entscheidenden Punkten kein klarer und eindeutiger Maßstab zur Hand ist, wie ihn die Logik liefert. Eine solch bestandfeste Basis mangelt, da Wertgesichtspunkte sich sehr schnell in den unkontrollierbaren Bereich rechtsphilosophischer Grundvorstellungen flüchten: Die jeweils verschieden ausgestaltete Auffassung von der Idee des Rechtsstaates prägt die Anworten.“ [9] Irgendwie spricht auch eine ähnliche Einsicht aus den Worten von Wolfgang Siebert, wenn er „die Ausweitung der öffentlichen Verwaltung“ als „eine entscheidende Ursache für die gegenwärtige Problematik der Abgrenzung und Verflechtung von privatem und öffentlichem Recht“ bezeichnet und gewissermaßen eine Gefährdung der Geltung des Privatrechts bei der Entwicklung der modernen Sozialordnung sieht [10]. Ein anderes Beispiel der Erkenntnis, daß diese Problematik eine rechtspolitische sei, liefert wohl im Grunde genommen auch Heinz Peter Rill, wenn er im Anschluß an Nawiaskys Interessentheorie eine teleologische Methode als den einzigen Weg zur Beantwortung der Frage nach dem Sinngehalt der betreffenden Gesetzesausdrücke hervorhebt: „Der durchgehenden Abgrenzung ist nur ein inhaltliches Kriterium dienlich: Die Differenzierung zwischen öffentlichem und privatem Recht muß auf die in den Regelungen zum Ausdruck kommende Interessensabwägung abgestellt werden“, was er „von der historischen Entwicklung und der politischen Bedeutung“ aus beweisen zu können meint [11]. Und wenn man von einem völlig entgegengesetzten Standpunkt, wie dem der sogenannten reinen Rechtslehre aus, jede teleologische Methode als metajuristisch ablehnt, kommt man eben nur zu gewissen rechtspolitischen Realitäten hinter der Dichotomie, wie es beispielsweise Hans Kelsen ausdrückt: „Der logisch ganz unhaltbare Dualismus hat aber keinen theoretischen, sondern nur einen ideologischen Charakter. Von der konstitutionellen Doktrin entwickelt, soll er der Regierung und dem ihr unterstellten Verwaltungsapparat eine – aus der Natur der Sache gleichsam deduzierte – Freiheit sicherstellen; eine Freiheit nicht vom Recht, das wäre ja schließlich doch unmöglich, aber vom Gesetz, von den durch die Volksvertretung oder unter ihrer wesentlichen Mitwirkung geschaffenen generellen Normen... Andererseits erzeugt die Verabsolutierung des Gegensatzes von öffentlichem und privatem Recht auch die Vorstellung, als ob nur der Bereich des öffentlichen Rechts, das ist vor allem des Verfassungs- und Verwaltungsrechts, die Domäne der politischen Herrschaft, diese aber aus dem Gebiet des Privatrechts völlig ausgeschlossen sei“, oder mit anderen Worten: man stelle die Dichotomie „als

---

9 Lerche (oben N. 6) 22.

10 Siebert, Privatrecht im Bereich öffentlicher Verwaltung, in: Festschrift Niedermeyer (1953) 245 ff.

11 Rill, Zur Abgrenzung des öffentlichen vom privaten Recht: ÖstZöffR 11 (1961) 469.

den absoluten Gegensatz von Macht und Recht oder doch zumindest von Staats-Macht und Recht" dar und erzeuge damit die Vorstellung, daß auf dem Gebiet des öffentlichen Rechts „das Rechtsprinzip nicht in dem gleichen Sinn und nicht in der gleichen Intensität Geltung habe wie auf dem Gebiete des Privatrechts, das man sozusagen für den eigentlichen Bereich des Rechtes hält" [12].

Aber nicht nur solche Gesichtspunkte und auch nicht nur die Frage des Rechtswegs sind der Antrieb gewesen, wenn auf dem gemeinsamen Markt der Lehr- und Handbücher verschiedener Fächer und der zahllosen monographischen Versuche eine Theorie nach der anderen zum wahren Wesen des öffentlichen und privaten Rechts aufgeworfen und mit verfügbaren Werbemitteln zum geistigen Verkauf dargeboten wurde oder wird. Es scheint auf diesem Markt ein Zwang zu herrschen, unter keinen Umständen eine Stellungnahme zu jener Grenzfrage zu vermeiden. Und aus welchen Gründen?

Fragen wir führende Neukantianer, beginnt es uns einigermaßen verständlich zu werden. Gustav Radbruch leitet seine Behandlung der Dichotomie mit folgenden Worten ein: „Die Begriffe ‚privates' und ‚öffentliches Recht' sind nicht positivrechtliche Begriffe, die einer einzelnen positiven Rechtsordnung ebensogut fehlen könnten, sie gehen vielmehr logisch jeder Rechtserfahrung voran und verlangen für jede Rechtserfahrung von vornherein Geltung. Sie sind apriorische Rechtsbegriffe." [13] Daß sie apriorisch seien, bedeute, „daß in bezug auf jeden einzelnen Rechtssatz sinnvoll die Frage gestellt und die Antwort verlangt werden kann, ob er dem privaten oder dem öffentlichen Rechte angehöre". Als apriorische Rechtsbegriffe müßten sie „aus dem apriorischen Begriff des Rechts ableitbar sein". Die Unterscheidung privaten und öffentlichen Rechts sei in der Tat „im Rechtsbegriff selber verankert", sei aber auch „schon in der Rechtsidee" angelegt. Das „Wert- und Rangverhältnis" zwischen den beiden Rechtsarten sei „der geschichtlichen Wandlung, der weltanschaulichen Wertung unterworfen" – der Charakter einer Rechtsordnung drücke sich „durch nichts so deutlich aus wie durch das Verhältnis, in das sie öffentliches und privates Recht zueinander stellt, und durch die Weise, wie sie die Rechtsverhältnisse zwischen Privatrecht und öffentlichem Recht aufteilt" [14] –, aber diese Begriffe selber seien nicht an die rechtsgeschichtliche Wandlung gebunden, seien außerhalb der Erfahrung da, apriorisch. Es ist nun völlig klar, daß in diesem Denken die Frage der Dichotomie keine selbständige Problematik darstellt, sondern daß sie ein Teil der Gesamtanschauung in bezug auf Rechtsidee und Rechtsbegriff, Rechtsordnung und Rechtsverhältnisse ist. Wenn man sich auf diese oder ähnliche Weise ein weitgehend außerhalb

---

[12] Kelsen, Reine Rechtslehre (2. Aufl. 1960) 286.

[13] Radbruch, Rechtsphilosophie (3. Aufl. 1932) 122.

[14] Radbruch (vorige Note) 126.

der Erfahrung stehendes Schema des Rechts aufbaut und es als Klärung der relevanten Zusammenhänge betrachtet, kann man also Privatrecht und öffentliches Recht als apriorische Begriffe hineinbauen, und man versetzt sich dadurch in die Lage, einerseits immer die Frage ob privatrechtlich oder öffentlichrechtlich beantworten zu können – da ja das erfundene Denkschema des Rechts und nicht die unmittelbare Wirklichkeit den Maßstab darstellt –, anderseits sich dem Zwang untergeordnet zu haben, bei jeder Gelegenheit jene Frage klar beantworten zu müssen, denn sonst wäre ja das Denkschema, soweit es diese apriorischen Begriffe anbelangt, falsch.

Unter solchen Voraussetzungen, und, meines Erachtens, nur unter solchen Voraussetzungen, läßt sich eine Argumentation mit Behauptung einer Dichotomie Privatrecht – öffentliches Recht einigermaßen sinnvoll durchführen. Wenn wir, sozusagen in der Sprache des juristischen Alltags, Worte wie „Privatrecht", „privatrechtlich", „öffentliches Recht", „öffentlichrechtlich", verwenden, bemerken wir keine besonderen Schwierigkeiten: die Ausdrücke führen zu den erwünschten Gedankenverknüpfungen, die Begriffe haben die zum Zweck notwendige Schärfe. Erst wenn wir es versuchen, sie durch eine sogenannte juristische Logik zu vergewaltigen, indem wir von ihnen eine größere Schärfe verlangen, als es ihr sprachlicher Kontext bieten kann, entstehen die schwierigen Komplikationen. Beim Versuch, Privatrecht und öffentliches Recht auf einen Vergleichsnenner zurückzuführen, eine Dichotomie herzustellen, ist die Komplikation eingetreten. Eine, soweit ich sehen kann, ziemlich unmögliche Forderung wird an die Terminologie gestellt, und dies scheint damit zusammenzuhängen, daß man mehr oder weniger bewußt nach dem Denkschema irgendeiner allgemeinen Rechtslehre vorgeht, die mit solchen Forderungs- und Deutungsgesichtspunkten aufgebaut worden ist und in ihrer Art einen Weg zur Lösung der Komplikation zeigt. Sie stellt, jenseits der Erfahrung, eine andere Wirklichkeit zur Verfügung, manchmal als „überpositiv", „apriorisch", als das „Wesen", im Verhältnis zu der gegebenen Wirklichkeit, bezeichnet[15]. Eine solche Rechtslehre ist also mehr oder weniger weitgehend mit metaphysischen Bestandteilen versehen. Auf metaphysischer Ebene läßt sich endlich die Dichotomie Privatrecht – öffentliches Recht durchführen.

Wie wichtig es ist, die metaphysischen Einschläge der betreffenden Argumentation bei einer Analyse der Diskussion zur Dichotomie nicht zu vernachlässigen, geht beispielsweise aus Radbruchs Darstellung hervor, in der auch für solche Fälle, wo der Unterschied nicht „erkannt" worden war – „das alte deutsche Recht kannte ihn nicht, erst die Rezeption des römischen Rechts hat ihn gebracht" –, folgerichtig doch die Frage ob privatrechtlich oder öffentlichrechtlich als angebracht betrachtet wird, da ja die beiden Begriffe „für jede Rechtserfahrung von vornherein Geltung"

---

[15] Vgl. Sten Gagnér, Zur Methodik neuerer rechtsgeschichtlicher Untersuchungen (Uppsala 1966) 25 ff.

verlangen[16]. Die prüfbare Wirklichkeit ist hier offenbar nur ein Teil des Bildes, das man sich von dem Recht einer bestimmten Zeit macht. Neben den verschiedenen Wertungen im Hinblick auf die Gestaltung des Rechtsstaats gehört dies zur Erklärung, wie man eigentlich so lange und intensiv die Dichotomie habe diskutieren können, ohne je zu einwandfreien Kriterien zu gelangen. Gleichzeitig bedeutet dies alles die unbedingte Notwendigkeit, wenn man die Diskussion und die verschiedenen Theorien zur Dichotomie mit Erfolg analysieren will, sich nicht auf dieses engere Problem zu beschränken, auch nicht wenn der betreffende Autor es so getan haben mag, sondern das gesamte Feld der rechtstheoretischen Anschauung in jedem Fall zu prüfen. In dieser allgemeinen theoretischen Einstellung liegt die Voraussetzung für die Stellungnahme des Betreffenden zur Dichotomie. So wie ein anderer Neukantianer, RUDOLF STAMMLER, von RADBRUCH als der Neubegründer unserer Rechtsphilosophie betrachtet, den größeren Rahmen seiner Bemerkungen über öffentliches und bürgerliches Recht mit ein paar Worten andeutet: „Der Unterschied von öffentlichem und bürgerlichem Recht kann also nur von dem Begriffe der für sich abgeschlossenen Rechtsordnung aus klargestellt werden. Andere Methoden haben nicht zum Ziele geführt.“[17] Und der Ausdruck „Rechtsordnung“ impliziert hier die ganze Ideologie des Rechts, aktualisiert „reine Denkformen des rechtlichen Begreifens“, „rechtliches Wollen“, „objektive Rechte“, „Rechtsverhältnisse“, „ob in dieser rechtlichen Zusammenfassung der Gedanke der Rechtshoheit die Möglichkeit seiner Durchsetzung besitzt“ und anderes mehr. Die Rechtsordnung ist „eine besondere Anwendung des allgemeingültigen Rechtsgedankens“[18]. So hat hier die Dichotomie am Ende ihre Verankerung in dem, was dem Wandel und Wechsel der Zeiten nicht unterworfen wäre, da der Begriff des Rechts „ein Gedanke von unbedingter Allgemeingültigkeit“ sei und „die sich gleich bleibende Art eines Teiles menschlicher Bestrebungen“ bedeute[19]. Und so ist die Rechtsphilosophie für STAMMLER „die Lehre von dem, was sich in rechtlichen Erörterungen mit unbedingter Allgemeingültigkeit aufstellen läßt“.

II. Metaphysik und Dichotomie bei Savigny

Es besteht eine auffallende Affinität zwischen den Stammlerschen Gedankengängen und der Denkart der Pandektistik, die immer noch so ungeheuer viel von dem Rechtsdenken mancher europäischer Länder beherrscht. WOLFGANG KUNKEL hat einmal jene Denkart in ihren wesent-

---

[16] RADBRUCH (oben N. 13) 122.
[17] RUDOLF STAMMLER, Lehrbuch der Rechtsphilosophie (3. Aufl. 1928) 282.
[18] S. 281. [19] S. 1 f.

lichen Zügen beschrieben: „den Systemglauben der Pandektenjuristen, d. h. die Überzeugung, daß es einen immanenten Sinn der Rechtsinstitute geben müsse, der vom Wandel äußerer Bedingungen mehr oder weniger unabhängig sei und allein mit den Mitteln einer formellen Systematik erfaßt werden könne"[20]. Es ist nun kein Zufall, daß wir bei Neukantianern wie STAMMLER und RADBRUCH[21] bisher am besten einige wesentliche Voraussetzungen der Dichotomiebehauptung Privatrecht – öffentliches Recht aufzeigen konnten. Die Kantische Vernunftkritik ist die Grundlage der Rechtsphilosophie dieser Autoren, und ein interessantes Ergebnis moderner philosophiegeschichtlicher Forschung ist die Darlegung, wie KANTS Kritik der reinen Vernunft doch auf eine metaphysische Theorie hinauslief, und daß weiter gerade diese Metaphysik den Romantikern als philosophische Grundlage diente[22]. Es gehört nun zu den großen Forschungsaufgaben der rechtlichen Ideengeschichte, zu untersuchen, was diese Transzendentalphilosophen und nebenbei auch direktere kantische Strömungen dem Rechtsdenken der historischen Schule und der Pandektisten gegeben haben – wir erkennen schon die Konturen und die Bedeutsamkeit des Verlaufes[23]. Was jetzt die Dichotomiefrage Privatrecht – öffentliches Recht betrifft, läßt sich beobachten, daß ein derartiges Problem, geschichtlich gesehen, eigentlich erst innerhalb des Rahmens eines kategorialen Denkens gestellt wird. Auch wenn wir STAMMLER als einen Vertreter eines „Naturrechts mit wechselndem Inhalt" betrachten können[24] und im Systemdenken der Pandektistik weitgehend ein Erbe des Naturrechts feststellen, so wie es ANDREAS SCHWARZ und FRANZ WIEACKER nachgewiesen haben[25], sind es doch nicht allein die naturrechtlichen Bestandteile solcher Denkarten, die zur Behauptung der Dichotomie zwangsläufig führen. Eine bis zu einem gewissen Punkt fortgebildete kategoriale Metaphysik scheint für diese Entwicklung entscheidend zu sein.

Nehmen wir ein Werk eines prominenten Naturrechtlers, beispielsweise *Institutiones juris naturae et gentium* von CHRISTIAN WOLFF 1750, so finden wir eine Aristotelische Lehre vom *bonum publicum* und auch Ausdrücke wie *imperium publicum* und *imperium civile,* aber nicht als Dichotomie des Rechts verwendet, sondern für gewisse Unterabteilungen, und über-

---

[20] KUNKEL, Bericht über neuere Arbeiten zur römischen Verfassungsgeschichte I: SavZ/Rom. 72 (1955) 289.

[21] Zum ideengeschichtlichen Standort von STAMMLER und RADBRUCH siehe KARL LARENZ, Methodenlehre der Rechtswissenschaft (1960) 83 ff., 98 ff.

[22] Am besten ANDERS WEDBERG, Filosofins historia II (Stockholm 1959) 140 ff.

[23] Vgl. FRANZ WIEACKER, Privatrechtsgeschichte der Neuzeit (1952) 217 ff.; GAGNÉR (oben N. 15) 114 ff.

[24] Siehe HANS THIEME, Das Naturrecht und die europäische Privatrechtsgeschichte (2. Aufl. Basel 1954) 48.

[25] SCHWARZ, Zur Entstehung des modernen Pandektensystems: SavZ/Rom. 42 (1921) 578 ff.; WIEACKER (oben N. 23) 194.

haupt nicht als Charakteristika der ganzen Doktrin[26]. Das Wort *publicum* kommt hier zunächst als Niederschlag der staatsrechtlichen Lehre der Zeit vor, die uns im sechsten Teil dieses Aufsatzes etwas beschäftigen wird. Auch bei den bedeutenden Wolffschülern JOACHIM GEORG DARJES und DANIEL NETTELBLADT liegen ganz andere Gesichtspunkte als die einer Dichotomie Privates – Öffentliches der Rechtsdarstellung zugrunde[27], und wenn, um eine andere Richtung auszuwählen, ein Schüler von JOHANN STEPHAN PÜTTER wie EBERHARD HABERNIKKEL es 1764 unternimmt, die *Institutiones juris Romani* darzustellen, teilt er das *jus* in sechs Teile ein, von denen *jus publicum* einer ist und die anderen von *jus rerum in rem* bis zu *jus criminale* laufen[28]. Ziehen wir uns zu älteren Generationen zurück und vertiefen wir uns in CHRISTIAN THOMASIUS' *Fundamenta juris naturae et gentium* oder in SAMUEL PUFENDORFS *De jure naturae et gentium*, suchen wir die Dichotomie vergebens[29]. HUGO GROTIUS stellt in *De jure belli ac pacis* die beiden Adjektive einander gegenüber, aber nur in seiner Behandlung der Lehre vom *bellum publicum* und *bellum privatum*[30], JOHANNES ALTHUSIUS teilt seine *consociationes* in *una simplex, privata: altera mista, publica* ein, die privaten wiederum in *consociatio naturalis necessaria* und *consociatio spontanea civilis*, die anderen in *consociatio publica particularis minor* und *consociatio publica universalis maior*[31]. Nirgendwo also in dieser ziemlich repräsentativen Auswahl von Vertretern des sogenannten Zeitalters des Vernunftrechts und des späteren aufklärerischen Naturrechts eine Rechtslehre, wo die Dichotomie Privatrecht – öffentliches Recht eine grundlegende Bedeutung haben könnte. Beschließen wir die Beispielssammlung mit ein paar Worten von THOMAS HOBBES in *Leviathan* 1651, der auch *political* und *private* gegenüberstellen kann[32], aber in seinem Kapitel *Of Civil Laws* sich über die Frage der Einteilung des Rechts überhaupt äußert: „The difference and division of the laws, has been made in divers manners, according to the different methods, of those men that have written of them. For it is a thing that dependeth not on nature, but on the scope of the writer; and is subservient to every man's proper method"[33]. Soweit

---

[26] Man vergleiche zu seiner Handhabung der Ausdrücke §§ 833, 834, 972, 980 und 983, in der mir zugänglichen Ausgabe Venedig 1768 S. 344, 395 ff.

[27] Vgl. ERIK WOLF, Große Rechtsdenker der deutschen Geistesgeschichte (3. Aufl. 1951) 429 f.; ERNST LANDSBERG, Geschichte der deutschen Rechtswissenschaft III/1 (1898) 288 ff.; siehe auch SCHWARZ (oben N. 25) 589 ff.

[28] LANDSBERG (vorige Note) 358 ff.; SCHWARZ (oben N. 25) 591.

[29] Vgl. THOMASIUS I: IV–VI (Ausg. Halle 1718) 119 ff.; PUFENDORF I: VI (Ausg. Frankfurt 1716) 85 ff.

[30] GROTIUS, De iure belli ac pacis III: 1 (Ausg. Leiden 1939) 89 f.

[31] Darüber PETER JOCHEN WINTERS, Die ‚Politik' des Johannes Althusius und ihre zeitgenössischen Quellen (1963) 192 ff.

[32] Vgl. Kap. 22 *Of Systems Subject, Political and Private* (Ausg. von MICHAEL OAKESHOTT, Oxford 1960) 146.

[33] HOBBES (vorige Note) 185.

ich sehen kann, blieb dies mehr oder weniger der Standpunkt der allgemeinen Rechtslehre bis zu der Epoche, wo Transzendentalphilosophie, Historische Schule und Pandektismus ein bemerkenswert gleichgeschaltetes Weltbild des Juristen erzielten.

Programmatischer Name dieser Epoche ist FRIEDRICH CARL VON SAVIGNY. Wenn er gegen Ende des 18. Jahrhunderts den Plan hegt, „ein KANT in der Rechtswissenschaft" zu werden, sind uns diese Träume als Ausdruck der Richtung seines philosophischen Interesses beachtenswert, das sein ganzes Leben lang die Anerkennung der Kantischen „kritischen Philosophie" impliziert[34]. ALEXANDER HOLLERBACH hat mit besonderem Nachdruck darauf hingewiesen, wie bei SAVIGNY eine Rezeption dieses kategorialen Denkens schnell vor sich geht und daß schon 1802 die Kategorie des „organischen Ganzen" ihm nicht fremd war: „möglicherweise war er vom Studium Kants her damit vertraut. Schellings Leistung, den Organismusgedanken zu einem metaphysischen Grundbegriff gemacht zu haben, konnte so bei Savigny allenfalls zu einem deutlicheren Bewußtsein von der grundlegenden Bedeutsamkeit dieses Begriffes geführt haben. Auch insofern ist Schelling an der Prägung der geistesgeschichtlichen Umwelt Savignys zweifellos wesentlich mitbeteiligt"[35]. Über manche Probleme beim weiteren Verlauf der Entstehung der Lehre der Historischen Schule über den organischen Zusammenhang des Rechts, über Volk und Volksgeist, herrschen verschiedene Meinungen[36], aber was uns jetzt besonders interessiert, ist die unstreitige Bedeutung des kategorialen Denkens und der Transzendentalphilosophie als Grundlage der Rechtslehre SAVIGNYS. Die daraus herzuleitenden metaphysischen Elemente geben dieser Rechtslehre ihren besonderen Charakter, die organische, allumfassende und geschlossene Darstellung vom Recht, Volk und Staat. So wie aus diesem, eine neue Epoche einleitenden und veranschaulichenden Fall herauszulesen ist, wird weitgehend die Rechtslehre der Folgezeit durch dieselben metaphysischen Elemente geprägt.

In diesem Rahmen tritt nun die Dichotomie des öffentlichen und des privaten Rechts hervor, und zwar in fundamentaler Wichtigkeit. SAVIGNY schreibt in seinem *System des heutigen Römischen Rechts* folgendes: „Übersehen wir von dem nun gewonnenen Standpunkt aus das gesammte Recht, so unterscheiden wir in demselben zwey Gebiete, das Staatsrecht und das Privatrecht. Das erste hat zum Gegenstand den Staat, das heißt die organische Erscheinung des Volks: das zweyte die Gesammtheit der Rechtsverhältnisse, welche den einzelnen Menschen umgeben, damit er

---

[34] Siehe dazu STEN GAGNÉR, Studien zur Ideengeschichte der Gesetzgebung (Uppsala 1960) 98 f. mit Hinweisen.

[35] HOLLERBACH, Der Rechtsgedanke bei Schelling (1957) 314 f., siehe weiter 276 f., 302 ff.

[36] WIEACKER (oben N. 23) 221 ff.; HOLLERBACH (vorige Note) 316 ff.; GAGNÉR (oben N. 34) 32 ff. mit Hinweisen.

in ihnen sein inneres Leben führe und zu einer bestimmten Gestalt bilde. Nicht als ob es, wenn wir diese beiden Rechtsgebiete vergleichen, an Übergängen und Verwandtschaften fehlte. Denn die Familie hat in ihrer dauernden Gliederung, so wie in dem Verhältnis des Regierens und des Gehorchens, unverkennbare Ähnlichkeit mit dem Staate: und eben so treten die Gemeinden, die doch wahre Bestandtheile des Staates sind, nahe an das Verhältniß der Einzelnen heran. Dennoch bleibt zwischen beiden Gebieten ein fest bestimmter Gegensatz darin, daß in dem öffentlichen Recht das Ganze als Zweck, der Einzelne als untergeordnet erscheint, anstatt daß in dem Privatrecht der einzelne Mensch für sich Zweck ist, und jedes Rechtsverhältnis sich nur als Mittel auf sein Daseyn oder seine besonderen Zustände bezieht.“ [37] In einer metaphysischen Konzeption der organischen Ganzheit besteht also „zwischen beiden Gebieten ein fest bestimmter Gegensatz“. Überhaupt kann „das hier angegebene innere Wesen dieser Rechtsdisciplinen nicht umgeändert werden“ [38], heißt es im Hinblick auf die Beziehung einzelner Fächer auf eine der beiden Seiten. Die Vorstellung des Volksorganismus dient jedem Glied der Argumentation zur Erklärung, so z. B. wenn SAVIGNY den „mannichfaltigsten“ Einfluß beschreiben will, den der Staat auf das Privatrecht, zunächst auf „die Realität des Daseyns desselben“ habe: „Denn in ihm zuerst erhält das Volk wahre Persönlichkeit, also die Fähigkeit zu handeln. Wenn wir also außer demselben dem Privatrecht nur ein unsichtbares Daseyn, in übereinstimmenden Gefühlen, Gedanken und Sitten zuschreiben können, so erhält es im Staat, durch Aufstellung des Richteramtes, Leben und Wirklichkeit“ [39]. Aber, bemerkt SAVIGNY – und das ist für die Immergültigkeit der Dichotomie wesentlich – sofort dazu: „Das hat jedoch nicht den Sinn, daß in dem Leben der Völker in der That eine Zeit vor Erfindung des Staats vorkäme, worin das Privatrecht diese unvollkommene Natur hätte (Naturzustand). Vielmehr wird jedes Volk, sobald es als solches erscheint, zugleich als Staat erscheinen, wie auch dieser gestaltet seyn möge“. Die Behauptung einer Unvollkommenheit der privatrechtlichen Seite sollte deswegen „blos gelten von demjenigen Zustand des Volkes, welcher uns in Gedanken übrig bleibt, wenn wir von seiner Eigenschaft als Staat künstlich abstrahiren.“

SAVIGNY beschreibt, wie in dieser Konzeption „das Verhältniß des Einzelnen zu dem allgemeinen Recht seine Realität und Vollendung“ erhalte: „Das Recht hat sein Daseyn in dem gemeinsamen Volksgeist, also in dem Gesamtwillen, der insofern auch der Wille jedes Einzelnen ist. Allein der Einzelne kann sich, vermöge seiner Freiheit, durch Das was er für sich will, gegen Das auflehnen, was er als Glied des Ganzen denkt und will. Dieser Widerspruch ist das Unrecht, oder die Rechtsverletzung, welche vernichtet werden muß, wenn das Recht bestehen und herrschen soll“ [40]. Und,

[37] SAVIGNY, System des heutigen römischen Rechts I (1840) 22.

[38] S. 27. [39] S. 23. [40] S. 24.

sagt Savigny etwas später: „Um die hier aufgestellte Klassification der innerhalb des Staates geltenden Rechte gegen den Vorwurf der Unvollständigkeit zu sichern, ist jedoch folgende Ergänzung nöthig“ [41]. Der Staat sei nicht auf die Zwecke des Rechts beschränkt, aber „seine erste und unabweichlichste Aufgabe“ sei „die Idee des Rechts in der sichtbaren Welt herrschend zu machen“. Dazu führe eine „zwiefache Thätigkeit“ des Staats: „Erstlich hat derselbe dem Einzelnen, der in seinem Recht verletzt wird, Schutz zu gewähren gegen diese Verletzung; die Regeln unter welchen diese Thätigkeit steht, nennen wir den Civilprozeß. Zweytens hat er das verletzte Recht an sich zu vertreten und wiederherzustellen, ohne Rücksicht auf das individuelle Interesse. Dieses geschieht durch die Strafe, durch welche der menschliche Wille, im beschränkteren Gebiet des Rechts, das in der höheren Weltordnung waltende Gesetz sittlicher Vergeltung nachbildet. Die Regeln, unter welchen diese Thätigkeit steht, nennen wir das Criminalrecht, von welchem der Criminalprozeß nur einen Theil bildet. Civilprozeß, Criminalrecht und Criminalprozeß, sind demnach Theile des Staatsrechts, und wurden bey den Römern auch so angesehen.“ Man hätte zwar in neuerer Zeit, gewissermaßen durch die praktische Unausführbarkeit einer vollständigen Trennung der Tätigkeit des Staates von der des Einzelnen vor Gericht verwirrt, dies nicht richtig verstanden, und, sagt Savigny, um nun sowohl dem Wesen der Sache als den praktischen Beziehungen ihre Anerkennung zu verschaffen, „erscheint es, wie es nicht ungewöhnlich ist, so auch zweckmäßig, neben dem Namen des Staatsrechts noch den allgemeineren Namen des öffentlichen Rechts zu gebrauchen, unter welchem der Civilprozeß und das Criminalrecht mitbegriffen sind. Diese Bezeichnung soll hier ferner angewendet werden“ [42].

Dieser Savignysche Text ist uns überaus lehrreich. Zunächst einmal, weil die Ideologie, die Anschauung metaphysischer Verhältnissse in ihrer geschlossenen Einheit, eindrucksvoll dargestellt worden ist. Dies ist die kategorische Bahn, in welcher der Volksgeist sich rechtlich manifestiere, in welcher die Idee des Rechts in der sichbaren Welt zur Herrschaft gelange. Dies ist nicht ein System, sondern das System. Und in ihm wiederum ist das Gesetz der Dichotomie Privatrecht – öffentliches Recht ausnahmslos geltend. Ohne die völlige Durchführbarkeit der Dichotomie kann diese Rechtslehre überhaupt nicht bestehen. Ein einziges Gebiet des Rechts gibt es, das nach Savigny neben dem Staat stehe und deswegen nicht von der Dichotomie betroffen sei: das Kirchenrecht – darauf werden wir am Ende des sechsten Teils dieses Aufsatzes zurückkommen.

Rechtsideologie mit System bei Savigny, in metaphysisch begründeter Geschlossenheit, hebt sich von den Rechtslehren einer älteren Generation ab. Daß dies auch seinem Vorgänger Gustav Hugo gegenüber zutrifft,

---

[41] S. 25. [42] S. 27.

geht ziemlich deutlich hervor, wenn man beispielsweise die Savignysche Dichotomielehre mit den Ansätzen zu einer solchen Lehre bei HUGO vergleicht, die sich, ohne nähere Anknüpfung an ein Gesamtbild des Rechts, in ein paar vagen und knappen Bemerkungen dazu erschöpft, daß das bei einem Volk geltende Recht in *jus privatum* und *jus publicum* zerfalle: „Jenes enthält die Grundsätze, nach welchem ein Volk Rechte seiner einzelen Mitglieder über äußere Gegenstände anerkennt und schützt, und diese Grundsätze betreffen den Begriff, die Entstehung und das Ende solcher Rechte; Dieses hingegen enthält die Rechtssätze über die Verbindung des Ganzen und die Anstalten, bey welchen nicht blos auf Einzele gesehen wird" [43]. Zunächst klingt dies als Gedankengut aus römischen Quellen, und der Hinweis, den HUGO hier gibt, betrifft eben die in der späteren Dichotomiediskussion immer wiederkehrende Ulpianusstelle D. 1,1,1,2. Gleichzeitig hängt aber augenscheinlich sein Interesse für die Frage auch mit der regen staatsrechtlichen Literatur der jüngeren Vergangenheit zusammen, wenn er folgendermaßen glossiert: „*jus publicum, droit public,* auch bey den bekanntesten Schriftstellern *droit politique* (was der Ableitung nach ganz dasselbe ist, und doch den deutschen Schriftstellern so sehr auffällt), erst seit etwa dreyßig Jahren im Deutschen nicht mehr blos *StaatsRecht*, sondern *öffentliches Recht*". Auch vor diesem Hintergrund von Elementen, die dann SAVIGNY verwertet, wird die Eigenart seiner im *System* vollbrachten Leistung sichtbar.

Die Erkenntnis, daß eben das Savignysche Werk die Grundlage einer neuen juristischen Ära gerade durch die geschlossene Systematik sei, die ich als metaphysisch begründet kennzeichne, liegt schon bei GEORG FRIEDRICH PUCHTA vor. Im zusätzlichen § 9a seiner *Pandekten* hat er es unternommen, eine Methodengeschichte seiner Wissenschaft in kurzem Umriß zu geben, über ihren Weg von einer exegetischen Methode aus zu einem wissenschaftlichen System. In der Kernfrage sei, bei allen Fortschritten, das Niveau einer eigentlichen Wissenschaft früher kaum erreichbar gewesen: „Bey den meisten Schriftstellern müßte es, wenn es der Fall wäre, ein glücklicher Instinct gewesen seyn, denn ein Bewußtseyn der Sache gaben sie wenigstens nicht zu erkennen" [44]. Was als „Bewußtseyn der Sache" ererforderlich gewesen wäre, sei Savignys Entdeckungstat, das System als Form der rechtlichen Manifestation des Volksgeistes, dargelegt in dem großen Werk über die Gemeinfragen der Rechtswissenschaft: „Epoche aber macht als Grundlage für die freiere Entfaltung der Wissenschaft des gel-

---

[43] HUGO, Lehrbuch eines civilistischen Cursus I (5. Aufl. 1817) § 6, S. 8 f. Vgl. GERHARD WESENBERG, Neuere deutsche Privatrechtsgeschichte (1954) 150. Siehe weiter WILHELM EBEL, Gustav Hugo, Professor in Göttingen (1964) 20 f., 27 f.

[44] PUCHTA, Pandekten (9. Aufl. 1863) 15. Über den Sinn der Darstellung bei PUCHTA siehe GAGNÉR (oben N. 15) 196 ff.

tenden römischen Rechts Savignys System des heutigen R. R., von welchem acht Bände 1840 bis 1849 erschienen sind, und die (allgemeinen) Lehren von den Rechtsquellen, den Personen, von Natur, Entstehung, Untergang der Rechtsverhältnisse, Klagen und Einreden, Litiscontestation, Urtheil, Geständniß und Eid, von der Restitution, von örtlicher und zeitlicher Collision der Rechtsregeln enthalten"[45]. Wenn Puchta seine eigene systematische Darstellung nach diesen Gesichtspunkten aufbaut, gehört dazu selbstverständlich auch, in der Lehre über die Rechtsverhältnisse und über das Recht, „welches den Verhältnissen ihre Regel gibt", die Dichotomie des öffentlichen und privaten Rechts, das alles betrifft, was nicht Kirchenrecht ist[46].

Was bei Savigny im ersten Band des *Systems* vom Jahre 1840 in abschließender Darstellung vorliegt, ist aus seiner Forschung und Lehrtätigkeit während vier Jahrzehnte entstanden. Wieacker sprach einmal vom „Eisernen Bestand der Lehrstücke, welche die 37 Jahre zwischen der Methodenlehre und dem ersten Band des Systems überdauert haben"[47]. Dazu gehören auch wesentliche Teile der Dichotomielehre. Es kann im Rahmen dieses Aufsatzes nicht näher dargelegt werden, wie sich der Werdegang der Lehre bei Savigny gestaltet hat. Als Referenzpunkt benützen wir einstweilen das *System des heutigen Römischen Rechts,* mit seiner Widerspiegelung des Rechtsdenkens aus früheren Jahren der Historischen Schule, und in seiner Rolle als Inspirationsquelle der Zukunft.

III. Die Savignysche Dichotomie in Zivilistik und Prozeßlehre

Der Text bei Savigny, mit dem wir uns oben ziemlich ausführlich beschäftigt haben, und der das Hervortreten der Dichotomie Privatrecht – öffenliches Recht im Kontext ihrer Voraussetzungen einer kategorialen Rechtsmetaphysik darstellt, scheint mir des weiteren ein Schlüssel zum Verständnis mancher Erscheinungen der späteren Rechtslehre zu sein. Schon diese kleinen Textstücke enthalten erstaunlich viel von solchem Gedankengut, das in heutigen Schriften der Zivilisten und der Prozessualisten lebendige Aktualität besitzt. Es ist ihm – seinem Kreis, seiner Schule, seinen Nachfolgern –, irgendwie gelungen, das Feld des allgemeinen Rechtsdenkens für mehr als ein Jahrhundert seiner Konzeption gemäß abzustecken. Die ihm bedeutungsgeladenen Grundvoraussetzungen seiner Rechtslehre, in Kantischen Kategorien und Transzendentalphilosophie wur-

---

[45] Puchta (vorige Note) 16.

[46] Puchta (oben N. 44) § 33, S. 50; vgl. Puchta, Cursus der Institutionen I (9. Aufl. 1881) §§ 22 ff., S. 31 ff.

[47] Wieacker, Friedrich Carl von Savigny: SavZ/Rom. 72 (1955) 26. Vgl. Hollerbach (oben N. 35) 314 ff.

zelnd, sind irgendwie und allmählich in weiten Kreisen so selbstverständlich geworden, daß sie als Axiome jenseits der Grenze der eigentlichen juristischen Diskussion gerieten und nur von wenigen Interessierten weiter geprüft wurden. Gerade die Entwicklung der Lehre zur Dichotomie Privatrecht – öffentliches Recht zeigt, wie man es weitgehend versucht hat, in Unkenntnis oder Vernachlässigung der einmal beim Hervortreten der dichotomistischen Problemstellung gegebenen metaphysischen Voraussetzungen, eine neue Lösung dieses am Ende doch durch sie gebundenen Problemes zu leisten [48].

Begnügt sich in dieser Weise die auf das Sonderproblem der Dichotomie eingestellte Forschung im allgemeinen damit, innerhalb des Labyrinths zu arbeiten, läßt sich anderseits beispielsweise bei einer Analyse zivilistischer Arbeiten zeigen, wie zentrale Lehrprobleme eine Gebundenheit in gewisser Hinsicht an das dichotomistische Denken aufweisen. Es gehört zu den großen Verdiensten des neuen Buches von WERNER FLUME über das Rechtsgeschäft, daß das, was zum heutigen Denken geführt hat, in weitem Umfang herangezogen wird: „Die Lehre vom Rechtsgeschäft ist das Ergebnis einer geschichtlichen Entwicklung, und zwar insbesondere das Ergebnis der Entwicklung der letzten 200 Jahre. Als Ergebnis der geschichtlichen Entwicklung und in Fortsetzung derselben wird die Lehre in diesem Buche behandelt. Damit steht das Buch im Gegensatz zu einer verbreiteten Meinung. Das Selbstverständnis von Rechtslehre und Rechtspraxis ist heute, wenn man den literarischen Äußerungen folgt, weithin derart, daß man sie in Antithese zur Vergangenheit sieht... Der ständige Umgang mit den Juristen des 19. Jahrhunderts und insbesondere den Verfassern des BGB möge den Leser des Buches allgemein dazu führen, diese Jurisprudenz als seine Tradition zu verstehen und zu respektieren" [49]. In der Tat gehört dieses Buch zu den Arbeiten, die uns zur Befreiung von dem dann und wann eintretenden Gefühl dienen können, einer Gegenwartsdoktrin des Rechts ohne Relief halb wehrlos ausgeliefert zu sein, die manchmal Gültigkeit beansprucht ohne nennenswerte Rechenschaft über ihre Voraussetzungen abzulegen. So wie der Verfasser schon im zitierten Vorwort seine Wissenschaftsauffassung mit einem Zitat aus SAVIGNYS *System* erläutert, hat sein Interesse ihn mit der ganzen Savignyschen Arbeit vertraut gemacht, und sein Überblick über die neuere Privatrechtsgeschichte gibt ihm die Möglichkeit zu beurteilen, wo SAVIGNYS Lehre von entscheidender Bedeutung für die Gegenwart gewesen sein mag. Ein Leitgedanke der Rechtsgeschäftslehre bei FLUME ist „die Privatautonomie". Die Darstellung fängt an: „Privatautonomie nennt man das Prinzip der Selbstgestaltung der Rechtsver-

---

[48] Zum Überblick siehe etwa die Darstellung bei ERICH MOLITOR, Über öffentliches Recht und Privatrecht (1949) 15 ff.

[49] FLUME, Allgemeiner Teil des bürgerlichen Rechts II – Das Rechtsgeschäft (1965) S. V f.

hältnisse durch den einzelnen nach seinem Willen“ [50]. Die Privatautonomie setzt „private Rechtsverhältnisse“ voraus, und sie „erfordert begrifflich die Rechtsordnung als Korrelat“. Es ist uns schon klar, daß sich der Verfasser völlig nach den Linien der Konzeption bewegt, die uns aus den früher zitierten Textstücken von SAVIGNY bekannt ist. Bei der Affinität dieser Rechtsgeschäftslehre dem Savignyschen Denken gegenüber impliziert sie die Dichotomie Privatrecht – öffentliches Recht. So hat das Buch auch eine Abteilung mit dem Titel „Das Rechtsgeschäft als Begriff des Privatrechts und das öffentliche Recht“ [51]. Folgerecht weist FLUME ausdrücklich darauf hin, die Lehre vom Rechtsgeschäft habe „ihre klassische Ausprägung erfahren durch SAVIGNY in seinem System des heutigen Römischen Rechts“ [52]. Immer wieder wird die grundlegende Bedeutung der Savignyschen Lehre durch direkte Hinweise sichtbar, wie hier in bezug auf Rechtsgeschäft und Willenserklärung, so auch zur Autonomie, zum Irrtum, zur Auslegung usw. [53]. Eben hinsichtlich der Irrtumslehre macht FLUME eine Beurteilung, die, was die Ursachsangabe betrifft, wir eigentlich auf das Gesamtgebiet der Rechtsgeschäftslehre ausdehnen könnten: „Die Irrtumslehre ist so, wie sie der Regelung des BGB zugrunde liegt, im wesentlichen von SAVIGNY geprägt worden, und zwar durch seine berühmte Darstellung der Irrtumslehre im dritten Bande seines Systems des heutigen Römischen Rechts, erschienen 1840. Die Bedeutung der Darstellung der Irrtumslehre durch SAVIGNY beruht nicht so sehr darauf, daß er für die Irrtumsproblematik neue Lösungen entwickelt hätte. Die besondere Leistung SAVIGNYS besteht vielmehr in der konsequenten systematischen Einordnung der Irrtumslehre in die Lehre von der Willenserklärung“ [54]. Gerade durch diese, aber eigentlich noch viel weitsichtigere „konsequente systematische Einordnung“ hat SAVIGNY das heutige Rechtsdenken anscheinend unauflösbar an eine Metaphysik gefesselt. Insoweit diese „Einordnung“ die Doktrin unserer Gegenwart von Rechtsverhältnis, Privatautonomie und Rechtsgeschäft geprägt hat, ist durch sie im Grunde auch die heutige Lehre der Dichotomie Privatrecht – öffentliches Recht bestimmt worden.

Es ist deswegen auch kein Wunder, daß die herrschende prozeßrechtliche Doktrin dieselbe Gebundenheit wie die der Zivilistik an die Savignysche Dichotomie aufweist. Auch hier läßt sich, wenn die allgemeinen Grundprobleme behandelt werden, die Savignysche Gesamtkonzeption schnell erkennen. Wenn beispielsweise ARWED BLOMEYER in die Frage des Rechtsschutzanspruches, des Klagerechts einführen will, fängt er folgendermaßen an: „Da der Rechtsschutz des Staats der Allgemeinheit Vorteile bringt, ließe sich denken, daß er den Parteien nur deswegen und gleichsam gnadenhalber zuteil wird. Umgekehrt spricht gerade der Schutz des Individualinteresses für ein Recht des Einzelnen gegen den Staat auf Rechtsschutz

[50] S. 1. [51] S. 34 ff. [52] S. 30.
[53] Siehe beispielsweise S. 5, 291 ff., 440 ff. [54] S. 440.

durch die Gerichte, den sog. *Rechtsschutzanspruch*. Das Problem hat eine tief ins 19. Jahrhundert zurückreichende Geschichte: (1) Nach der Lehre SAVIGNYS gehört das Klagerecht (‚Aktionsrecht‘) ‚nur zu dem Entwicklungsprozeß oder der Metamorphose, die in jedem selbständigen Rechte eintreten kann‘: Das subjektive Recht selbst verwandelt sich mit seiner Verletzung in ein Klagerecht gegen den Verletzten“ [55]. Hingewiesen wird auf den fünften Band von SAVIGNYS *System*, wo wiederum gerade die Anschauung der Rechtsverletzung, die wir in den oben herangezogenen Textstücken aus dem ersten Band des *Systems* gefunden haben, den Ausgangspunkt bildet [56]. Die Darstellung SAVIGNYS über die „Schutzanstalten für die Rechtsordnung“ ist eine weitere Anwendung der Gesamtkonzeption, und an ihre Untrennbarkeit von den zivilistischen Fragen der Rechte, Rechtsverhältnisse und Rechtsgeschäfte wird auch im zweiten Teil jener Äußerung von SAVIGNY erinnert, deren ersten Teil wir im Zitat bei BLOMEYER zur Metamorphose eines Rechtes sahen: die „Klagerechte“ stehen, schreibt SAVIGNY, „daher auf gleicher Linie mit der Entstehung und dem Untergang der Rechte, welche gleichfalls nur als einzelne Momente in dem Lebensprozeß der Rechte, nicht als Rechte für sich, aufgefaßt werden dürfen“ [57]. Ohne Gesamtkonzeption kein „Lebensprozeß der Rechte“, der wiederum das Arbeitsobjekt für Zivilisten und Prozessualisten gestaltet, in neuerer Arbeitsteilung so getrennt, wie eben die alte Savignysche Dichotomie es natürlich gemacht hat – wir sehen ja auch im Savignyschen Text des ersten Bandes des *Systems*, daß unter anderem der Zivilprozeß mit der Aussage gemeint wurde, daß „das hier angegebene innere Wesen dieser Rechtsdisciplinen nicht umgeändert werden“ könne, sondern der immergültigen Dichotomie gemäß festliege. Von SAVIGNY aus, dessen Theorie laut BLOMEYER „die spätere gemeinrechtliche Lehre verfeinerte“, über die völlige Entfaltung der Rechtsanspruchslehre bei ADOLF WACH bis zu ihrer heutigen Vertretung bei etwa BLOMEYER und STEIN-JONAS-POHLE [58] macht sich in wesentlichen Gesichtspunkten ein und dieselbe Gesamtkonzeption des Rechts geltend. Diese hat offenbar ihre Auswirkung nicht nur auf die Behandlung der Frage des Rechtsschutzanspruches, sondern auf alle möglichen allgemeinen Problemkreise, wie beispielsweise den der Bestimmung der Verurteilungs- und Feststellungsklagen bzw. Gestaltungsklagen oder den der Rechtskraft [59]. Überhaupt könnte man, wie KARL OLIVECRONA es in seinem an sehr beachtenswerten doktrinhistorischen Bemerkungen reichen Buch *Rätt och dom* es tut, das wesentliche Merkmal der der modernen Prozeßdoktrin zu-

---

[55] BLOMEYER, Zivilprozeßrecht – Erkenntnisverfahren (1963) 4 f.

[56] Vgl. SAVIGNY (oben N. 37) V (1841) 1.

[57] SAVIGNY (oben N. 37) 3.

[58] Siehe STEIN-JONAS-POHLE (oben N. 4) I, 17 ff.

[59] Vgl. KARL OLIVECRONA, Rätt och dom (Lund 1960) 21 ff., 34 ff., 343 ff., 361 ff.

grundeliegenden Anschauung als den Dualismus bezeichnen, da sie immer mit der Frage ringt, wie die Brücke zwischen den getrennten, aber doch zusammenhängenden Bereichen Prozeßrecht und Zivilrecht eigentlich konstruiert sei[60]. Das Vorherrschen dieser Problematik von materiellem Recht und Rechtsschutz ist irgendwie auch ein Eingeständnis der Savignyschen Dichotomie Privatrecht – öffentliches Recht gegenüber.

IV. Zur Frage der anachronistischen Zurückprojektion

Ein Vergleich einiger Disziplinen untereinander in bezug auf gewisse ideengeschichtliche Voraussetzungen macht es also deutlich, daß die Fesseln der von SAVIGNY vorgeschriebenen kategorialen Metaphysik viel stärker sind, als man sich dessen im allgemeinen bewußt ist. Eine ideologische Herrschaft, die sich bisher über ein Jahrhundert und noch ein Menschenalter dazu erstreckt hat, wird oft mit Immergültigkeit verwechselt, beispielsweise wie es ERICH MOLITOR zur Dichotomie behauptet, „daß der Unterschied von öffentlichem und Privatrecht auch abgesehen von der Bedeutung, die er durch die besondere liberale Gewaltenteilungslehre in den kontinentalen Staaten Mittel- und Westeuropas gewonnen hat, jeder verfeinerten Rechtsbildung immanent ist“[61]. Diese Behauptung und ihre nähere Ausführung stellt einen Fall der Zurückprojektion einer sogenannten Selbstverständlichkeit der eigenen Zeit des Autors dar, so wie sie uns innerhalb der rechtsgeschichtlichen Methodik oft ein großes Problem ist, mit den Schwierigkeiten einer Emanzipation vom Pandektismus verbunden[62]. Was die Dichotomie betrifft, wird wohl die gewöhnlichste anachronistische Zurückprojektion mittels der oben angedeuteten Ulpianusstelle ausgeführt. Wenn wir aber die Dichotomie in ihrer metaphysischen Bedingtheit verstanden haben, hat es offenbar keinen Sinn, in den römischen Rechtsquellen zu suchen. Sie „entstammt dem klassischen römischen Recht (Dig. I 1.1 § 2 ULPIAN)“, sagt das verwaltungsrechtliche Lehrbuch so, wie es Hunderte von Autoren gesagt haben, aber das ist nur zu einem sehr beschränkten Teil wahr. Die europäische staatsrechtliche Diskussion, die schon im Hochmittelalter einsetzende Erörterung von *status regni* und *utilitas publica*[63], hat Jahrhunderte hindurch ebenso wie die Zivilistik mit lateinischen Termini und weitgehend mit römisch-rechtlichem Gedankengut gearbeitet – das alles gehört zu den Tatsachen, die uns überhaupt das Arbeitsfeld einer europäischen Rechtsgeschichte ermöglichen. Wie im einzelnen Falle die Verbin-

---

[60] OLIVECRONA (vorige Note) 11; vgl. 57 ff., 163 ff.

[61] MOLITOR (oben N. 48) 23.

[62] Siehe näher GAGNÉR (oben N. 15) 100 ff.

[63] Siehe CAINES POST, Studies in Medieval Legal Thought (Princeton 1964) 241 ff.

dung zu diesem Nährboden aussieht, ob eine Anschauung oder wesentliche Bestandteile einer Anschauung weitergelebt haben, oder ob losgelöste römische Quellenstücke von einer späteren Zeit als theoretische Bausteine verwendet werden, nachdem man ihre in der Quelle vorhandene Bedeutung durch anachronistische Interpretation umgeformt hat, bleibt immer zu prüfen. Auch die letztgenannte Alternative hat ihr großes rechtsgeschichtliches Interesse, vielleicht vor allem, wenn eine Quelle, obwohl in falscher Auslegung, zur Inspiration einer Gedankenentwicklung der Folgezeit dient. Was aber die Dichotomie betrifft, ist dies kaum der Fall gewesen. Keine spezifische Verwertung römischer Stellen prägt die Entstehung dieser Lehre bei SAVIGNY, die römische Vorratskammer ist nur im Hintergrund da, entscheidend ist die Rechtsmetaphysik. Gelegentlich gibt die Ausdrucksweise darüber Bescheid, wie SAVIGNY zuerst die Konzeption der metaphysischen Wahrheit in bezug auf die Unterscheidung ausführt und dann beiläufig eine vergleichende Bemerkung über Rom fällt: „Civilprozeß, Criminalrecht und Criminalprozeß, sind demnach Theile des Staatsrechts, und wurden bey den Römern auch so angesehen"[64]. Er schreibt ja über das „heutige römische Recht" in Deutschland, verweist natürlich auch zu gegebener Gelegenheit auf die Ulpianusstelle[65], so wie wir den Hinweis auch bei HUGO sahen. Mit Termini ebenso wie mit Sondergesichtspunkten zu *publicus* oder *privatus* im Bereich des Rechts konnten ihn die römischen Texte versehen, aber daß das gesamte Recht in zwei Gebiete aufzuteilen wäre, Privatrecht und öffentliches Recht, hätte er in keiner römischen Quelle lesen können[66]. Noch weniger hätte ihm ein römischer Jurist beibringen können, wie der Volksgeist sich der Dichotomie gemäß rechtlich manifestiere, wie die Idee des Rechts sich in der sichtbaren Welt herrschend mache. Mithin stellt seine Dichotomielehre nicht eine Wiederbelebung römischer Rechtstheorie dar, sondern einen Niederschlag des kategorialen Denkens und der Transzendentalphilosophie.

Bezeichnend für die Lage scheint mir auch zu sein, daß dann, wenn einmal der Versuch unternommen wird, durch eine Untersuchung des römischen Rechts zur Erklärung der Entstehung der modernen Dichotomielehre beizutragen, das Ergebnis sehr eigentümlich ausfällt. Ich denke an den Aufsatz von GERHARD DULCKEIT vom Jahre 1935 mit dessen Fragestellung, „wo die geschichtlichen Wurzeln des überwundenen Dogmas von der Trennung zwischen Privatrecht und öffentlichem Recht zu suchen sind"[67]. Den

---

[64] SAVIGNY (oben N. 37) I, 26; vgl. auch oben.

[65] SAVIGNY (oben N. 37) 22.

[66] Siehe den Überblick bei MAX KASER, Das römische Privatrecht I (1955) 174 f. mit Hinweisen; HANS MÜLLEJANS, Publicus und Privatus im Römischen Recht und im älteren Kanonischen Recht unter besonderer Berücksichtigung der Unterscheidung Ius publicum und Ius privatum (1961) 4 ff.

[67] DULCKEIT, Öffentliches und Privatrecht im römischen Recht: ZAkDR 2 (1935) 277.

Zeitrahmen der Veröffentlichung spürt man gerade in der Anschauung, daß das „Dogma" überwunden wäre, und in den Gründen, aus welchen es dazu gekommen sei. Hier geraten wir nämlich in eine Situation hinein, wo sich die Rechtspolitik in die metaphysische Sphäre begeben hat und damit die Grundlage der Dichotomielehre berührt. Der Effekt wirkt sich wie mechanisch auch auf die Dichotomielehre aus, was wiederum als eine Bestätigung unserer Auffassung von deren wesentlicher Grundlage dienen mag. Die offiziöse Rechtsideologie des deutschen Dritten Reiches, begründet etwa von CARL SCHMITT in seiner Lehre des „konkreten Ordnungsdenkens", schöpft aus einer verschwommenen Transzendentalphilosophie[68]. Mit den großen Leistungen der deutschen idealistischen Philosophie hat sie nur die abergläubische Seite gemeinsam. Immerhin wird auf diese Weise eine Rechtsmetaphysik kolportiert, nach der sich die in der „Volksseele" vorhandene „Rechtsidee" in der Rechtsordnung „konkretisieren" müsse, die „konkrete Rechtsordnung" gestalte[69]. Dieses Denken verträgt sich eben nun nicht mit dem Savignyschen, trotz der mit der Transzendentalphilosophie gegebenen Affinität. Der Unterschied ist nicht nur durch das Fehlen des Rationalismus und der überlegenen Denkkraft eines SAVIGNY bedingt, sondern dadurch, daß die mit dem politischen Totalitätsanspruch des Nationalsozialismus[70] verbundene Spekulation die Struktur der „Volksgemeinschaft" mit völlig anderen Kriterien und ohne die inneren Linien der Savignyschen organischen Ganzheit gestaltete. Damit war aber auch die Grundlage der Lehre einer Dichotomie Privatrecht – öffentliches Recht nicht mehr vorhanden, und, darüber hinaus, diese Lehre war überhaupt nicht mit der neuen Metaphysik vereinbar. Folgerichtig gehört sie zu den Dingen, gegen die die Rechtslehre des Dritten Reiches mit Pauken und Trompeten zum Angriff geht[71]. Wenn die Dichotomielehre im Grunde nicht eine Konsequenz metaphysischer Voraussetzungen gewesen wäre, wäre der lärmende Angriff nie nötig gewesen. Nun besteht aber auch zwischen der Metaphysik hinter dem Angriff und dem hegelianischen Denken die transzendentalphilosophische Affinität, und zwar ohne daß zwischen den beiden sofort eine Abweichung in der metaphysischen Staatsstruktur zu erkennen sei[72]. Wenn man dann, wie DULCKEIT, durch und durch Hegelianer war[73], konnte man offenbar aus diesem Grund an dem Angriff teilnehmen: „Wenn wir heute die starre Trennung vom öffentlichen und privaten

---

[68] Vgl. LARENZ (oben N. 21) 138 f.

[69] Siehe etwa J. DUQUESNE, Sur l'esprit du peuple allemand comme source d'origine du droit allemand, in: Introduction à l'étude du droit comparé, Recueil d'Études en l'honneur d'Édouard Lambert V (1938) 225 ff.

[70] Vgl. MOLITOR (oben N. 48) 19.

[71] Siehe dazu MOLITOR (oben N. 48) 18 ff.

[72] Vgl. etwa FREDERICK COPLESTON, A History of Philosophy VII (London 1963) 204 ff.

[73] Siehe näher DULCKEIT, Philosophie der Rechtsgeschichte (1950) 12 ff.

Recht nicht mehr anerkennen, so beruht das auf der Einsicht in das Wesen alles Rechtlichen als der einheitlichen Lebensform eines Volkes. Auch die abstrakte Scheidung von Recht und Sittlichkeit muß darum fallen. Denn das wirkliche Leben des Volkes findet, auch empirisch gesehen, seinen Ausdruck ebenso im positiven Recht wie in Moral und Sittlichkeit"[74]. Das „Dogma" der Trennung sei also „überwunden", und „von der veränderten Grundhaltung aus" sehe sich der Rechtshistoriker, meint DULCKEIT, erneut vor die Frage nach dessen geschichtlichen Wurzeln gestellt. Nun ist dies aber etwas eigentümlich. Wenn es schon, wie aus den Glaubenssätzen über Volk und Lebensform hervorgeht, durch metaphysische Spekulation feststehe, daß keine Trennung da sein sollte, das heißt bei richtiger Einsicht nicht da sei, und wenn es, „auch empirisch gesehen", eigentlich immer so gewesen wäre, erhält ja eine Untersuchung der Wurzeln der Trennung mehr oder weniger den Charakter der Jagd nach der Schimäre. Wenn anderseits eine tatsächlich vorhandene Trennungslehre historisch untersucht werden soll, versteht man es nicht so leicht, warum eine „veränderte Grundhaltung" der Gegenwartsstruktur des Rechts gegenüber den Rechtshistoriker vor die Frage nach einer Vergangenheit erneut „stellen" könne, die ja, von den Schwankungen einer Gegenwartsdoktrin unabhängig, ein und denselben geschichtlichen Ablauf aufzuweisen habe. Diese Schwierigkeiten zeigen offenbar, daß die Dichotomieproblematik etwas anderes ist als das, was man beispielsweise aus einer Exegese der Ulpianusstelle herausholen mag. So bleibt eigentlich zwischen dem römischrechtlichen Teil und den Erwägungen zur Dichotomie in DULCKEITS Aufsatz nur der Zusammenhang übrig, daß er sozusagen als eine Ehrenrettung des klassischen römischen Rechts das dortige Vorkommen einer Dichotomie verneint und „erst aus der Zeit des politischen und kulturellen Verfalls der ausgehenden Antike, frühestens aus dem 3. Jahrhundert nach Chr." eine Trennung festzustellen behauptet: „Diese unrömische Lehre in ihrer byzantinistischen Fassung ist es dann gewesen, die die Nachwelt als angebliches Vermächtnis der römischen Rechtswissenschaft übernommen hat und die sich als sogenannte ‚Interessentheorie' bis in die jüngste Vergangenheit hinein zu behaupten vermocht hat, mit dem einzigen Unterschied, daß nun auch außer dem Staatsrecht das Recht der öffentlichen Verbände und Körperschaften zum öffentlichen Recht gezählt wurde"[75]. Warum es ehrenvoller gewesen wäre, etwas von den „klassischen" als von den „byzantinistischen" Juristen zu lernen, vermag der Leser nicht recht einzusehen. Und der Faden von ein paar „interessentheoretischen" Bemerkungen in einem antiken Quellenstück, das zumal nun in einem völlig anderen zeitlichen Kontext zu bewerten wäre, genügt ihm nach wie vor nur zu einem Schlag im

---

[74] DULCKEIT (oben N. 67) 277.

[75] DULCKEIT (oben N. 67) 280 f. Vgl. auch DULCKEIT (oben N. 73) 129 Anm. 1.

komplizierten Gewebe der Dichotomielehre[76]. Mithin benutzt auch DULKKEIT kein Ergebnis des römischrechtlichen Teiles seiner Untersuchung, wenn er diese mit einem Plädoyer dafür schließt, daß man anstatt der unsinnigen Teilung „den organischen Aufbau des Volkes und seiner Wirklichkeit selbst" einer allgemeinen Lehre zugrunde legen müsse: „So allein ist es möglich, die verschiedenen Teile unter voller Wahrung ihrer Eigenart als Glieder eines sinnvollen Ganzen zu begreifen, es ist beispielsweise nicht mehr erforderlich, das Verfahrensrecht als ‚öffentliches' Recht auf die eine Seite, das Vertragsrecht als ‚bürgerliches' Recht auf die andere Seite eines formalen ‚Begriffs'schemas zu verweisen, wo doch das erste offenkundig nur der Verwirklichung des zweiten dient"[77]. Es handelt sich also im Grunde auch bei DULCKEIT um ein Ringen mit den Fesseln der von SAVIGNY vorgeschriebenen kategorialen Metaphysik. Aber eine reelle Veränderung des Denkens dadurch zustande zu bringen, daß man eine Transzendentalphilosophie gegen eine andere und dazu ungleich vergröberte austauschte, war schon von vornherein zum Mißlingen verurteilt.

V. Austins Alternative

„Warmly admiring German literature, and profoundly respecting German scholarship, I cannot but regret the proneness of German philosophy to vague and misty abstraction", schrieb JOHN AUSTIN einmal während seiner Tätigkeit an der Universität London in den Jahren um 1830[78]. Er klagte über „misapplication of terms borrowed from the Kantian philosophy", über „mere metaphysical speculators"[79]. Eine Vorliebe für deutsche Universitäten, eine profunde Kenntnis der deutschen juristischen Literatur seiner Zeit, eine große Bewunderung für ANTON THIBAUT und für SAVIGNY, vereinigte AUSTIN mit einer starken Skepsis der philosophischen Grundlage der deutschen allgemeinen Rechtslehre gegenüber. In den späten zwanziger Jahren hatte er aus seinem Bonner Studienaufenthalt in einem Brief geschrieben: „philosophy of law is in a backward state amongst the Germans"[80]. Zu dieser Zeit hatten, wie ANDREAS SCHWARZ es ausdrückt,

---

[76] Zu einer weiteren Untersuchung der römischrechtlichen Problematik sind die wichtigen Bemerkungen bei WOLFGANG KUNKEL, Untersuchungen zur Entwicklung des römischen Kriminalverfahrens in vorsullanischer Zeit (1962) 136 f. besonders zu beachten (die Ulpianusstelle scheint in gewisser Hinsicht eher ein Relikt als eine Neuschöpfung zu sein).

[77] DULCKEIT (oben N. 67) 282.

[78] Siehe H. L. HARTS Ausgabe von AUSTIN, The Province of Jurisprudence Determined and the Uses of the Study of Jurisprudence (London 1954) 343; GAGNÉR (oben N. 34) 92 ff.

[79] AUSTIN (vorige Note) 287.

[80] Siehe ANDREAS SCHWARZ, John Austin and the German Jurisprudence of his Time: Politica 2 (1934) 188. Dazu GAGNÉR (oben N. 34) 100 ff.

Savigny und seine Schule beinahe den Zenit ihrer Wirkung erreicht, und der engste Berater Austins in Bonn war ein Schüler von Hugo und Savigny[81].

Austins Einblick in die Gedankenwelt der Historischen Schule einerseits, und anderseits jene Skepsis, gewissermaßen mit der großen empiristischen Tradition in England verbunden[82], verleihen nun meines Erachtens seiner Behandlung der Dichotomiefrage eine besondere Wichtigkeit. Dazu kommt, daß Austin die spätere Entwicklung der allgemeinen Rechtslehre in England entscheidend beeinflußt hat. H. L. A. Hart, der eher als irgendein anderer zu einem Urteil darüber berufen sein dürfte, charakterisiert Austins Bedeutung folgendermaßen: „within a few years of his death it was clear that his work had established the study of jurisprudence in England. And it is now clear that Austin's influence on the development in England of the subject has been greater than that of any other writer" [83].

Wenn John Austin die Frage einer Dichotomie Privatrecht – öffentliches Recht behandelt, hat das Rechtsdenken an den deutschen Universitäten der zwanziger Jahre des 19. Jahrhunderts den Anstoß dazu gegeben. Er ist mit der Savignyschen Lehre der organischen Ganzheit des Rechtssystems vertraut[84], ist aber anderseits offenbar nicht hinter das Geheimnis der engen Verbindung zwischen Gesamtkonzeption und Dichotomielehre gekommen. Auf einigen Blättern, die von Sarah Austin aus seinem handgeschriebenen literarischen Nachlaß mit den Vorlesungen herausgegeben worden sind, hat er Notizen zur Methodenfrage gemacht, über Blackstone und Bentham, über römische Juristen und französische Gesetze, über Falck und Hugo[85]. In den letzten beiden Fällen bezieht er sich auf Niels Falcks *Juristische Encyclopädie* – es kann sich hier um die erste Auflage 1821 oder die zweite 1825 handeln –, bzw. auf Hugos Kompendienwerk in, soviel ich es sehen kann, der siebenten Auflage 1823[86]. Gerade auf den Blättern über die Methode bei Falck und Hugo wird auf die Dichotomie hingewiesen, durch eine Erwähnung des § 21 jener Enzyklopädie bzw. durch die Notiz eines ersten Punktes für die Austinsche Analyse von Hugo: „Opposition of Public and Private Law." [87]

Schon in seiner *Outline* schreibt Austin über eine Schwierigkeit, was er dann im Haupttext der Vorlesungen wiederholt: „It is somewhat difficult

---

[81] Schwarz (vorige Note) 186.

[82] Vgl. etwa Wedberg (oben N. 22) 9 ff.

[83] S. XVI der Einleitung zu Austin (oben N. 78).

[84] Vgl. Schwarz (oben N. 80) 190.

[85] John Austin, Lectures on Jurisprudence or the Philosophy of Positive Law (4. Aufl. London 1873) 760 ff.

[86] Siehe Austin (vorige Note) S. IX, über das einzige Exemplar des ersten Bandes, wo wohl die in der Ausgabe S. 770 vermerkten Marginalnotizen zu finden wären.

[87] Austin (oben N. 85) 769.

to describe the boundary by which the conditions of political subordinates are severed from the conditions of private persons. The rights and duties of political subordinates, and the rights and duties of private persons, are creatures of a common author: namely, the Sovereign of State. And if we examine the purposes for which their rights and duties are conferred and imposed by the sovereign, we shall find that the purposes of the rights and duties which the sovereign confers and imposes on private persons, often coincide with the purposes of those which the Sovereign confers and imposes on subordinate political superiors. Accordingly, the conditions of parent and guardian (with the answering conditions of child and ward) are not unfrequently treated by writers of jurisprudence, as portions of *public* law. For example: The *patria potestas* and the *tutela* of the Roman Law, are treated thus, in his masterly *System des Pandekten-Rechts,* by Thibaut of Heidelberg: who, for penetrating acuteness, rectitude of judgment, depth of learning, and vigour and elegance of exposition, may be placed by the side of Savigny, at the head of all living Civilians." [88]

Aus AUSTINS gesetzespositivistischer Grundanschauung entstehen ihm auf diese Weise Zweifel an der deutschen Lehre der festen, mit einer bestimmten Auffassung der Rechtsverhältnisse und der subjektiven Rechte verbundenen Dichotomie[89]. Er führt nun seine Opposition von diesem Punkt aus: „I cannot see how any precise line of demarcation between political and private conditions can possibly be drawn, unless it be this: that when the condition is private, the powers vested in the person who bears it more peculiarly regard persons determined specifically; when public, those powers more peculiarly regard the public considered indeterminately... This, however, is so extremely vague, that different persons might refer the same condition, some to political, others to private conditions. Accordingly, such is the case. The *patria potestas* and the *tutela* of the Romans are placed by Thibaut and other German writers under the head of public law, while by others, of equal eminence, they are placed in private law. I am not aware, however, that this is of very great importance." [90]

Den größeren Rahmen dieser Ausführungen gibt AUSTIN folgendermaßen an: „The term ‚*public law*' has two principal significations: one of which significations is large and vague; the other, strict and definite. Taken with its strict and definite signification (to which I will advert in the first instance), the term public law is confined to that portion of law which is

---

[88] AUSTIN (oben N. 85) 773. THIBAUTS System benutzt er in der Auflage 1823, vgl. a.a.O. S. X. Zur Dichotomiefrage bei THIBAUT siehe etwa dessen System des Pandekten-Rechts (6. Aufl. 1823) 3 ff., 49, 164 ff., 265 f.

[89] Zur Grundanschauung und über die Vorliebe für THIBAUTS Denkart siehe GAGNÉR (oben N. 34) 100 mit Hinweisen.

[90] AUSTIN (oben N. 85) 773.

concerned with political *conditions*: that is to say, with the powers rights duties capacities and incapacities, which are peculiar to political superiors, supreme and subordinate. Taken with its strict and definite meaning, public law ought not (I think) to be *opposed* to all the rest of the law, but ought to be inserted in the Law of Persons, as one of he limbs or members of that supplemental department." [91] Zwei Schwierigkeiten – „which, it appears to me, are the only difficulties that the subject really presents" –, werden berührt: einmal die der Unterscheidung des öffentlichen Rechts, „public law" als „positive laws", von „laws set by general opinion, or merely ethical maxims which the Sovereign spontaneously observes"; anderseits die oben zitierten Beziehungsprobleme etwa bei *patria potestas* oder *tutela,* die aber nie ernsthaft seien: „Most of the so-called public conditions evidently regard primarily the public indiscriminately; while most of the private conditions, manifestly primarily regard specifically determined persons, and would therefore be put into that class without hesitation.„

Der große Unterschied zwischen dieser Eröffnung der Problematik und der bei SAVIGNY liegt offenbar darin, daß AUSTIN eine empirisch-semantische Untersuchung beginnt, während SAVIGNY dagegen immer vom Ausgangspunkt einer spekulativen Metaphysik aus arbeitet. Für AUSTIN sind die Klassifizierungsprobleme hochinteressant, aber praktisch-logischer Art, nie durch überpositive Wahrheiten gebunden. Die Bedeutung von „public law", die er als „strict and definite" bezeichnet, entspricht etwa dem, was ich oben die Sprache des juristischen Alltags genannt habe. Hier begegnen keine übermäßigen Schwierigkeiten, unterstreicht AUSTIN, sondern nur wenn man die Versuche der Aufteilung in *jus publicum et privatum* (nach römischen Muster immer wieder) unternehme, und, wegen der Fülle der damit tatsächlich verbundenen logischen Fehler und subjektiver Willkür, findet AUSTIN in diesen Fällen keine klaren Bedeutungen, sondern „public law with its large and vague signification." [92]

Aus den eingehenden Darlegungen bei AUSTIN gebe ich hier einiges zur Begründung seines Abrückens von der Dichotomie wieder. Zunächst behandelt er das öffentliche Recht „in its strict and definite meaning": „There can be no more reason for opposing public law to the rest of the legal system, than for opposing any department of the Law of Persons to the bulk of the *corpus juris*. What should we say to a division of law which opposed the law of bankruptcy, or the law of marriage, to *the* Law? And yet the division of law into *jus publicum* and *jus privatum* involves the same absurdity. For *jus publicum* is the law of political conditions, and *jus privatum* is all the law, *minus* the law of political conditions." [93]

Die Dichotomie habe auch lauter Mißverständnisse verursacht: „The opposed terms public and private law tend moreover, in my opinion, to

---

[91] AUSTIN (oben N. 85) 770 f. [92] Siehe AUSTIN (oben N. 85) 777 ff.
[93] S. 776.

generate a complete misconception of the real ends and purposes of law. Ever part of the law is in a certain sense public, and every part of it is in a certain sense private also. There is scarcely a single provision of the law which does not interest the public, and there is not one which does not interest, singly and individually, the persons of whom that public is composed. Some parts indeed of the law, as, for instance, the law of political conditions, primarily regard perhaps more peculiarly the public considered generally; while other portions regard primarily the single individuals of whom the public is composed. But this line of demarcation is too loose to justify the division; which seems to import that some portions of the law exclusively regard the public, and others exclusively regard single individuals." Was solche durch die Dichotomie bedingte Mißverständnisse betrifft, kennen wir ähnliche Gesichtspunkte aus späterer Zeit beispielsweise von KELSEN und DULCKEIT, die jedoch beide in ihrer Kritik der Dichotomie irgendwie eigenen Gesamtkonzeptionen des Rechts Platz machen wollen, welche für sie weitgehend außerhalb der Erfahrung gültig sind – in KELSENS Normengebäude wird die Dichotomie in einen „Unterschied zweier Rechtserzeugungsmethoden" umgewandelt[94], in der Totalität des hegelianischen Volksgeistes bei DULCKEIT erstickt die Dichotomie. Bei AUSTIN lernen wir dagegen, daß es gar keiner geschlossenen Gesamtkonzeption bedürfe, um die Dichotomie ablehnen zu können.

Inwieweit ein Empirismus wie der Austinsche oder sagen wir Klassifizierungsfreiheit in diesen Fragen bei den Vertretern einer transzendentalen Rechtsmetaphysik völlig unverständlich erscheinen kann, geht aus ein paar Worten bei AUSTIN über eine Konfrontation hervor: „This placing the law of political persons in the Law of Persons as one of its limbs or members, instead of opposing it to the rest of the *corpus juris,* is nearly peculiar to Hale and Blackstone; and originated with Hale. Among continental jurists, many of whom I have diligently perused, I have not met with a single instance: though Falck of Göttingen says that the Danish Code, and the systematic expositions of the Danish Code, follow this arrangement. The German jurists treat this arrangement as a great absurdity, importing great *Verwirrung,* or confusion of ideas, though the direct contrary appears to me to be the truth" [95].

„Diese Verwirrung der Begriffe kommt bei uns gar nicht vor", hatte FALCK seinerseits dänischen und englischen Gelehrten gegenüber zu der betreffenden Frage behauptet[96]. Über gewisse Grundzüge des Weltbilds der deutschen Juristen der Zeit lasse sich offenbar nicht diskutieren. AUSTIN dagegen versucht es, Argument nach Argument aus der dichotomistischen Lehre zu prüfen, „public law with its large and vague signification" analysierend[97]. Ihm bleibt es unverständlich, was eigentlich die Grundlage

[94] Vgl. KELSEN (oben N. 12) 285 und 3 ff.

[95] AUSTIN (oben N. 85) 777. [96] S. 769, 777. [97] S. 777 ff.

der Dichotomie sei: „many of the definitions and explanations contained in *jus privatum* are equally applicable to *jus publicum*. Where then, with this division, are they to be placed? Are they to be placed under *jus publicum?* or repeated in both? or separated from both, and treated under a common head?" [98] Von einem anderen Gesichtspunkt her heißt es: „Public Law, in this (or any other sense) is not distinguishable from any other portion of internal law by its final cause: viz. the good of the Public. Law in this sense, is adjective, instrumental or sanctioning: but so is the law of crimes and civil injuries, of rights *ex delicto,* and of procedure: nay, so are many portions of primary, or civil, rights, etc. If, therefore, the distinction into private and public law is to be observed, *these* must enter into public law" [99]. Die innere Sinnlosigkeit der Dichotomie hebt er hervor: „so that here is a division, of which one of the members contains much that belongs to the other" [100]. So kann für AUSTIN das Endergebnis seiner Untersuchung nur lauten: „The distinction between private law and public law (considered as *co-ordinate* departments) rests upon no intelligible basis, and is inconvenient" [101].

Mithin erscheint uns das Austinsche Ringen, getragen von offener intellektueller Ehrlichkeit und unermüdlichem Forscherdrang, als eine fast laboratorienmäßige Prüfung der Dichotomie. Diese „analytical jurisprudence" geht nicht nur einen Weg, von irgendeinem Weltbild vorgeschrieben, sondern erwägt alle ihr vorgelegten oder denkbaren Möglichkeiten, um zu einer Kenntnis zu gelangen. Und doch endet die Prüfung in diesem Fall nur negativ, in der Feststellung einer Intelligibilität. Dieser Ausgang ist uns wieder eine Bestätigung dessen, daß die Dichotomiefrage im Grunde nur als Teil einer Gesamtproblematik der metaphysischen Rechtsanschauung verstanden werden kann. Für die metaphysischen Voraussetzungen aber interessierte sich die Austinsche Analyse wenig. Einen Schlüssel zu jenem Zusammenhang zu finden wäre nur bei einem Überblick über das Rechtsdenken der Epoche möglich gewesen, den wohl erst eine zeitliche Distanz gewährt. Und vor dem Erscheinen des ersten Bandes von SAVIGNYS *System* im Jahre 1840 gab es im Grunde keine Zusammenfassung dessen, was sich eigentlich in den ersten Jahrzehnten des 19. Jahrhunderts im Bereich der deutschen Jurisprudenz ereignet habe.

VI. Die Kirchenrechtslehrer

Vor dem Hintergrund dessen, was wir bisher durchdacht haben, läßt sich die Verwendung der Sprachformel „öffentliches Recht und Privatrecht" bestimmen, die der kanonistische Bereich bisweilen aufweist.

Wir erkennen sofort, daß es sich hier nicht um ein Gemeingut der Rechtswissenschaft handelt, als welches im weltlichen Bereich die Behaup-

[98] S. 785. [99] S. 783. [100] S. 786. [101] S. 783.

tung der Dichotomie auftritt. Meinungen führender Gelehrter zu einschlägigen Fragen unterscheiden sich auffällig voneinander. KLAUS MÖRSDORF schreibt etwas vorsichtig zum Problem einer kirchenrechtlichen Dichotomie in seinem Handbuch folgendes: „Die Unterscheidung zwischen öffentlichem und privatem Recht, die im kanonischen wie im weltlichen Recht sehr umstritten ist, hat keinen Eingang in das Rechtssystem des CIC gefunden“ [102]. GABRIEL LE BRAS dagegen erklärt, vom Anfang der Kanonistik im 12. Jahrhundert in seiner Bemerkung ausgehend: „Dès les origines, cependant, *publicum* et *privatum,* obscurs dans la pensée de l'Église, existent, nous le verrons dans les faits. Le moyen âge ... est le temps de la croissance, d'abord empirique, puis, du XIe au XVe siècle, scientifique. Quand la bipartition fut remise en honneur, ce fut au profit du droit public, le droit privé ayant pour l'Église un certain relent de protestantisme. Au XXe siècle, le *Codex juris canonici* se réfère au double concept (par exemple c. 87, 1256, 1618, 1619) et des manuels font résolument la distinction“ [103].

Zunächst scheinen die beiden Behauptungen, die ich hier einander gegenübergestellt habe, nur völlig unvereinbar zu sein, besonders was den *Codex Iuris Canonici* betrifft. Bei einer näheren semantischen Betrachtung werden aber die Nuancen der von beiden Verfassern gewählten Worte interessant, die zwischen den beiden Standpunkten vermitteln bzw. auch noch stärker unterscheiden könnten. MÖRSDORF schreibt von der auch im weltlichen Recht sehr umstrittenen Unterscheidung, das heißt von der Dichotomielehre, die uns eben beschäftigt hat. Er stellt das Problem als die Verwendung oder Nichtverwendung dieser weltlichen Lehre im kirchenrechtlichen Bereich dar, was an anderer Stelle noch klarer hervorgeht: „Die besonders bei römischen Kanonisten beliebte Scheidung in öffentliches und privates Kirchenrecht verträgt sich nicht mit der Struktur des kirchlichen Rechts. Übrigens wird diese Unterscheidung auch für das staatliche Recht, wenigstens bei uns in Deutschland, sehr fraglich“ [104]. Zur Beurteilung der kirchlichen Verwendbarkeit greift er auf die klassische Frage der sogenannten praktischen Bedeutung der weltlichen Dichotomie zurück: „Im Bereich des kanonischen Rechtes, dem die Unterscheidung zwischen öffentlichem und privatem Recht fremd ist, gestaltet sich die Frage nach einem inneren Unterscheidungsmerkmal zwischen Gerichts- und Verwaltungssachen besonders schwierig“ [105]. Um seine Argumentation ideengeschicht-

---

[102] MÖRSDORF, Lehrbuch des Kirchenrechts auf Grund des Codex Iuris Canocici I (11. Aufl. 1964) 23.

[103] LE BRAS, Naissance et croissance du droit privé de l'Église, in: Études d'histoire du droit privé offertes à Pierre Petot (1959) 340 Anm. 8.

[104] MÖRSDORF, Die Rechtssprache des Codex Iuris Canonici (1937) 43 Anm. 20.

[105] MÖRSDORF, Rechtsprechung und Verwaltung im kanonischen Recht (1941) 41.

lich analysieren zu können, ist es mithin unerläßlich, gerade den Hintergrund zu kennen, den die Savignysche Dichotomiedoktrin und ihre Erfolge in allgemeiner Rechtslehre, Zivilistik und Prozeßlehre darstellen. Ebenso wie eine Reihe von deutschen Kanonisten vor ihm, die etwa in den vierziger Jahren des 19. Jahrhunderts mit George Phillips beginnt[106], sieht sich Mörsdorf mit dieser Dichotomielehre konfrontiert, und seine Argumentation setzt an dem Punkt an, wo es gilt, das expansive weltliche Dichotomiedenken für den kirchlichen Bereich abzulehnen oder zu verwerten. Und im Hinblick auf die Dichotomie kann er feststellen, daß der *Codex* keine Unterscheidung zwischen öffentlichem und privatem Recht aufweist.

Le Bras dagegen scheint als der Exponent einer anderen Tradition aufzutreten. Er schreibt nicht von Unterscheidung zwischen zwei Rechtsbereichen, sondern daß der *Codex* „se réfère au double concept", *publicum* und *privatum*. Überprüfen wir seine Hinweise auf einige *canones* – die er offenbar im Anschluß an Giuseppe Forchielli heranzieht[107] –, so finden wir, daß hier unmöglich eine Dichotomie im Rechtssystem des *Codex* gemeint sein kann. C. 87 leitet das zweite Buch *De personis* damit ein, daß der Mensch durch die Taufe *constituitur in Ecclesia Christi persona cum omnibus christianorum iuribus et officiis*, c. 1256 erwähnt zwei Formen von *cultus, publicus* und *privatus*. In c. 1619 wird von *de publico bono vel de animarum salute* gesprochen, so auch in c. 1618, wo ebenfalls das Wort *privatus* begegnet: *In negotio quod privatorum solummodo interest, iudex procedere potest dumtaxat ad instantiam partis: sed in delictis, et in iis quae publicum Ecclesiae bonum aut animarum salutem respiciunt, etiam ex officio*. In diesen *canones* fehlt offenbar jede Spur einer Dichotomielehre. Le Bras führt uns also irre, wenn er diese Ausdrücke mit den in den Handbüchern vorkommenden Dichotomien gleichstellt. Was er jedoch im Grunde zu suchen scheint, ist nicht die Dichotomie, sondern vielmehr Niederschläge etwa einer politischen Diskussion, so wie wir sie oben in einer kurzen Bemerkung zu der schon im Hochmittelalter einsetzenden Erörterung von *status regni* und *utilitas publica* berührt haben, die ja am Anfang weitgehend von Kanonisten getragen wurde und auch *status ecclesiae* und *salus animarum* galt[108]. Wenn sich Le Bras in dieser Hinsicht für öffentliches Recht interessiert, verfolgt er, genauer gesagt, eine Linie der französischen Debatte, die auf die Hugenottenliteraten des späten 16. Jahrhunderts zurückgeht und die sich immer wieder mit *politicus* und *droit*

---

[106] Vgl. A. Van Hove, Prolegomena (2. Aufl. 1945) 44. Siehe weiter Erwin Melichar, Der Gegensatz von öffentlichem und privatem Recht im weltlichen und kirchlichen Recht: Jur.Bl. 70 (1942) 582 ff.

[107] Siehe Forchielli, Il concetto di pubblico e privato nel diritto canonico, in: Studi di storia e diritto in onore di Carlo Calisse II (1940) 540 f.

[108] Vgl. Post (oben N. 63) und z. B. Alfons Stickler, Alonus Anglicus als Verteidiger dem monarchischen Papsttums: Salesianum 21 (1959) 380 ff.

publique auseinandersetzt, ohne eine Dichotomie zwischen diesen Materien und dem Privatrecht zu erstreben[109]. Es handelt sich in dem Fall um einen geistesgeschichtlichen Verlauf, mit politischen Ereignissen verbunden, der unter anderem auch die Konsolidierung eines neuen staatsrechtlichen Wissenschaftsbereiches zur Folge hat.

An dieser Entwicklung einer Rechtslehre, wie sie AUSTIN in seinen Beobachtungen „public law in its strict and definite meaning" nennt, nahmen auch französische Zivilisten Teil. HUGO DONELLUS verkörpert viel von den Bedingungen der juristischen Ideenverbreitung jener Zeit: ausgebildet und lehrtätig an der damals führenden französischen juristischen Fakultät Bourges, nach der Bartholomäusnacht nach Genf geflohen, ab 1537 in der Heidelberger Fakultät, die er 1579 wegen der Lutheraner verließ, dann neue Professur in Leiden, 1587 im Konflikt mit den Generalstaaten abgesetzt und von 1588 bis zum Tode 1591 Professor im fränkischen Altdorf[110]. Lesen wir seine *Commentarii de jure civili,* so finden wir auch ein paar staatsrechtliche Kapitel, wo *jus publicum* behandelt wird, aber keineswegs als der eine Teil einer Dichotomie des Rechts, sondern als ein kleiner Wissenschaftsbereich an der Seite des Zivilrechts[111]. Die *Observationes* eines JACOBUS CUJACIUS, die drei Jahrzehnte früher als die Doneauschen *Commentarii* zu erscheinen beginnen, begnügen sich dagegen mit kurzen Zeilen, was *jus publicum* betrifft[112]. Ist also gewissermaßen das letzte Viertel des 16. Jahrhunderts eine Entstehungszeit der französischen Staatsrechtslehre, nimmt aber die Debatte bald an Intensität ebenso wie an geographischer Verbreitung zu. In der ersten Hälfte des 17. Jahrhunderts entsteht eine Wissenschaft von Politik und Staatsrecht an den deutschen Universitäten[113]. In Frankreich läßt sich gegen Ende dieses Jahrhunderts die Debatte im Wortschatz ablesen, wie *ministère public, homme public, officier public,* ein wenig später auch *droit public* gang und gäbe werden[114]. Im Rahmen dieses Aufsatzes kann nicht dargelegt werden, wann sich dann Spuren eines Dichotomiedenkens in der französischen Diskussion feststellen lassen. Diese komplizierte Frage bleibt vorläufig ungeklärt – GEORGE CHEVRIERS bahnbrechende Übersicht, die zunächst einige feste Punkte aus der Entwicklung eines staatsrechtlichen Denkens bietet, müßte durch eine Analyse der Texte ergänzt werden, und die vorsichtigen Worte von CHEVRIER sind deswegen besonders hervorzuheben: „Ce serait antici-

---

[109] Siehe GEORGE SABINE, A History of Political Theory (1937) 372 ff.; WINTERS (oben N. 31) 79 ff. Vgl. LE BRAS (oben N. 103) 329 f.

[110] Siehe RODERICH VON STINTZING, Geschichte der deutschen Rechtswissenschaft I (1880) 377 ff.; vgl. WIEACKER (oben N. 23) 87.

[111] DONELLUS, Opera omnia I (Ausgabe Florenz 1840) 215 ff.

[112] CUJACIUS, Opera I (Ausgabe Prati 1836) 1218 f.

[113] Siehe STINTZING (oben N. 110) I 663 ff. II (1884) 11 ff.

[114] Vgl. WALTHER VON WARTBURG, Französisches Etymologisches Wörterbuch II (Basel 1959) 506 f.

per dangereusement sur les faits que de rapporter au XVIe ce qui sera l'oeuvre – sinon le mérite – du XVIIIe, voire du XIXe siècle: une vue assurée de la division du droit public et droit privé" [115]. Wenn Jean Domat in seinem für die Systematik des *Code civil* grundlegenden *Traité des lois* Konstitution und Privatrecht miteinander vergleicht, scheint keine Dichotomielehre wegweisend zu sein [116]. Sogar wenn heute noch, wie beispielsweise bei der Gestaltung des juristischen Unterrichts, in Frankreich auffällig selbstverständlich die Ausdrücke *droit public* und *droit privé* herangezogen werden [117], scheint es sich weitgehend um eine allgemeine Fachcharakterisierung zu handeln, also irgendwie die Fortsetzung der Linie seit der hugenottischen Erörterung eines neuen Wissenschaftsbereiches neben dem alten Zivilrecht. Dafür ist meines Erachtens Charles Eisenmanns Standpunkt in der scharfen Auseinandersetzung repräsentativ, die es vor anderthalb Jahrzehnten zwischen ihm und René Savatier als Vertreter einer ausgesprochenen Dichotomielehre gab, und die sich im Grunde darüber hinaus mit der pandektistischen Dichotomie überhaupt beschäftigte: „En elle-même, la théorie de la distinction du droit public et du droit privé est plutôt simple; l'idée de la distinction elle-même, une donnée parfaitement justifiée, mais de portée extrêmement modeste. La théorie a été artificiellement compliquée et faussée, parce qu'on a cru pouvoir ou devoir magnifier l'importance de la distinction. D'une ‚summa divisio' en un sens formel, on a voulu faire une ‚summa divisio' en un sens qualitatif. D'où est sorti un monde de tentatives erronées, sans avoir l'excuse d'être nécessaires. Comme pour nombre de grands problèmes de théorie juridique, il n'est pour celui-ci d'autre méthode de le bien traiter que de le ramener à sa simplicité originelle, c'est-à-dire de reprendre contact avec les données immédiates, en écartant les constructions artificielles qui ont été édifiées, prétendûment sur elles, en vérité en dehors d'elles, sinon contre elles" [118]. In der Gegenwart – „et, si nous trompons, c'est en gros la conception qui a dominé à travers l'histoire" – sei die Unterscheidung zwischen öffentlichem Recht und Privatrecht „une division d'objets d'étude ou d'enseignement", eine rein praktische Aufteilung [119]. Nach einer kurzen Erläuterung einiger Merkmale der Gruppierung unterstreicht Eisenmann, daß mehr für den juristischen Alltag nicht erforderlich sei: „Voilà l'essentiel de la conception classique de ce couple de notions complémentaires, ou, si l'on veut, de cette

---

[115] Cheyrier, Remarques sur l'introduction et les vicissitudes de la distinction du „jus privatum" et du „jus publicum" dans les œuvres des anciens juristes français, in: Archives de philosophie du droit (Paris 1952) 41.

[116] Vgl. René Savatier, Du droit civil au droit public (2. Aufl. 1950) 3 ff.

[117] Vgl. beispielsweise Gabriel Lepointe, Histoire des institutions et des faits sociaux (2. Aufl. 1963) 2 f.

[118] Eisenmann, Droit public, droit privé – En marge d'un livre sur l'évolution du droit civil français du XIXe au XXe siècle: Rev. dr. publ. 68 (1952) 979.

[119] Eisenmann (vorige Note) 959 f.

division; c'est incontestablement à elle que pensent spontanément et la très grande majorité des hommes de droit, et tout ‚honnête homme', quand ils parlent ou entendent parler de droit public et de droit privé". Mit anderen Worten: „il faut bien comprendre qu'elle fut initialement et pendant longtemps, et que pour la très grande majorité des esprits, elle est demeurée encore toute simple et dépourvue de prétentions: une classification d'ordre, rien de plus". Dieser Text ist uns außerordentlich nützlich zum Verständnis dessen, wie man mit öffentlichem und privatem Recht umgehen kann, ohne sich zu einer Dichotomielehre zu bekennen. Er konkretisiert uns die erwähnte Gedankenlinie von den hugenottischen Autoren bis in unsere Gegenwart, und er macht uns dadurch, wie wir bald sehen werden, eine Phase der Verwendung jener Sprachformel im kanonistischen Bereich verständlicher. Zudem verweist uns EISENMANN auf Grundzüge des dichotomistischen Denkens im allgemeinen: „Mais voilà que des juristes s'avisèrent de vouloir découvrir à cette distinction d'ordre, d'esprit concret et utilitaire, un sens et des racines infiniment profonds; il leur parut qu'elle devrait procurer des vues sur des donnés essentielles; certains d'entre eux, qui n'obéissaient peut-être pas uniquement à des préoccupations de pure connaissance, voulurent même y attacher des conséquences pratiques considérables, touchant le fond des régles (il s'agit surtout de publicistes allemands de la fin du XIXe siècle et d'après). L'on pousse ainsi la distinction à l'opposition, à l'antithèse radicale; de deux séries de règles de droit on crut devoir faire deux types différants par leurs caractères primordiaux; de deux hémisphères d'un même monde, deux mondes contraires, sinon même antagonistes." [120] Wie seinerseits AUSTIN, aber offenbar ohne durch ihn beeinflußt zu sein, kommt mithin EISENMANN zum Ergebnis, daß die Dichotomie der tatsächlichen Wirklichkeit nicht entspreche.

Interessanterweise bezeugt diese Konfrontation mit der Dichotomielehre, die von dem französischen Gelehrten ausdrücklich auf deutschen Einfluß um die letzte Jahrhundertwende zurückgeführt wird, auch das Vorhandensein des transzendentalphilosophischen dichotomistischen Denkens auch in französischer Rechtslehre. Dies stimmt auch damit überein, was wir beispielsweise aus der Erörterung einschlägiger Fragen bei DUGUIT, DE LARNAUDE, MICHOUD und ESMEIN ersehen könnten [121].

Was nun LE BRAS betrifft, ist er offenbar durch beide Denkarten beeinflußt, ohne sich näher darüber Rechenschaft zu geben. Er sucht ein allgemeines Denken über *publicum* und *privatum,* sucht aber auch die Dichotomie. Synkretistisch nimmt er etwas von EISENMANN, etwas von dem eifrigen Dichotomiesystematiker JAKOB HOLLIGER [122]. Er versucht sich in

---

120 EISENMANN (oben N. 118) 961.

121 ERWIN RIEZLER, Oblitération des frontières entre le droit privé et le droit public, in: Recueil d'Études en l'honneur d'Édouard Lambert V (1938) 118.

122 Vgl. LE BRAS (oben N. 103) 330, 340. Siehe weiter HOLLIGER, Das Krite-

allgemeinen geschichtsphilosophierenden Bemerkungen, daß die Kirche zu dieser oder jener Zeit mehr „öffentlichrechtlich" oder mehr „privatrechtlich" gewesen sei. Gerade diese Art, etwas willkürliche Parallelen zwischen etwas in der Kirche und Erscheinungen im weltlichen öffentlichen Recht bzw. Privatrecht auszudenken, scheint mir eines der charakteristischen Merkmale der zeitgenössischen Verwendung der Sprachformel im kanonistischen Bereich zu sein. Ein solches Paralleldenken führt beispielsweise W. Bertrams zur Auffassung, „die Gliederung des Rechtes in öffentliches und privates werde gefordert von der Natur der Gemeinschaft und von der spezifisch übernatürlichen Struktur der kirchlichen Gemeinschaft" [123]. Ähnlich ist Angelo Criscito verfahren, um zur Schlußfolgerung zu kommen: „Il criterio dei *mezzi,* in cui necessariamente s'innestano anche l'imperatività, l'inderogabilità delle norme, la costituzione delle persone, è il criterio decisivo della distinzione del diritto canonico in pubblico e privato, come quello che chiaramente distingue, nella Chiesa, e pone su un piano d'*imparità* la società sopranaturale e i semplici fedeli." [124] Pierre Andrieu-Guitrancourt läßt ebenfalls die weltlichen verfassungs-, straf- und prozeßrechtlichen etc. Kriterien für die Einteilung des Kirchenrechts in „droit public interne", „droit public externe", „droit privé" entscheidend sein [125]. Auch wenn der „öffentliche" Charakter des Kirchenrechts besonders hervorgehoben wird, liegen solche Vergleichserwägungen zugrunde wie bei Javier Hervada – „El mismo hecho de que autores de nota estén divididos entre una y otra opinion demuestra al meno el prevalente carácter público del ordenamiento canonico" [126] – oder bei Pio Fedele in dessen großer Abhandlung über die „Natura pubblica del diritto canonico" [127].

Dieses sozusagen freie Botanisieren der Kanonisten vor allem im Garten des weltlichen öffentlichen Rechtsdenkens, was natürlich eigentlich beliebig lange und mit Ergebnissen *secondo gusto* fortgesetzt werden kann, entspricht jedoch gewissermaßen der Lage, in der die Kanonisten einmal begonnen haben, sich der Sprachformel „öffentliches Recht und Privatrecht" oder wenigstens des Ausdruckes *jus publicum ecclesiasticum* zu bedienen. Besonders durch Hans Müllejans' Forschungen sind wir darüber unterrichtet, daß weder die Dichotomie noch die allgemein zusammenführende

---

rium des Gegensatzes zwischen dem öffentlichen Recht und dem Privatrecht (Zürich 1904) 3 ff. (man beachte die Beziehung auf Savigny).

[123] Bertrams, Das Privatrecht der Kirche: Gregorianum 25 (1944) 319.

[124] Criscito, Diritto pubblico e diritto privato nell'ordinamento canonico (1948) 167 f.

[125] Andrieu-Guitrancourt, Introduction à l'étude du droit en général et du droit canonique contemporain (1963) 287.

[126] Herveda, Fin y características del ordenamiento canónico: Ius canonicum 2 (1962) 72.

[127] Fedele, Lo spirito del diritto canonico (1962) 823 ff.

Sprachformel der klassischen Kanonistik geläufig waren [128]. In FORCHIELLIS bahnbrechender Untersuchung zur Gesamtentwicklung der kanonischen Verwendung der Sprachformel wird eine entscheidende Wendung bei der deutschen Kirchenrechtswissenschaft des 18. Jahrhunderts dargelegt [129]. VAN HOVE faßt die Forschungslage folgendermaßen zusammen: *Partitio juris canonici in publicum et privatum inducta est sub influxu cum doctrinae a schola iuris naturalis propugnatae ae absolutismi regii, tum partitionis iuris Civitatum in publicum et privatum* [130]. Untersuchen wir aber näher beispielsweise JOHAN ADAM ICKSTATTS *De Studio Juris ordine atque methodo scientifica instituendo* vom Jahre 1731, das nach VAN HOVE *maioris momenti pro hac partitione fuit,* so ergibt sich eindeutig, daß hier überhaupt keine Dichotomie des öffentlichen und privaten Rechtes vorkommt, sondern das *ius ecclesiasticum publicum* und *ius canonicum privatum* als ein paar Glieder in einer langen Paragraphenkette auftreten [131]. Was hier passiert, ist das Eindringen der staatsrechtlichen Termini und Arbeitsgriffe auch in die kirchlichen Abschnitte. Anders ist es beispielsweise auch nicht in JUSTUS HENNING BÖHMERS *Institutiones iuris canonici* [132]. Politikwissenschaft und Wolffische Lehren gestalten eine Gesamtmethode der Zeit [133]. Und zu den Ergebnissen gehört, daß die Linie, die wir oben von den Hugenottenliteraten in eine Staatsrechtslehre und weiter hinaus angedeutet haben, über das deutsche Staatsrechtsdenken auch die deutschen Kirchenrechtler erreicht.

Suchen wir aber eine Dichotomie zwischen öffentlichem Recht und dem Privatrecht in der kanonistischen Diskussion zu finden, müssen wir bis zum 19. Jahrhundert abwarten. So wie die Dichotomiedoktrin jetzt beispielsweise bei WERNZ-VIDAL oder bei NAZ erscheint [134], ist sie eine Abspiegelung des kategorialen Denkens, das seit SAVIGNYS Tagen in weiten Teilen von Europa gang und gäbe war. Zwar hatte SAVIGNY selber das Kirchenrecht außerhalb seiner Dichotomie gelassen: „Vom rein weltlichen Standpunkt aus erscheint die Kirche wie jede andere Gesellschaft, und so wie andere Corporationen theils im Staatsrecht, theils im Privatrecht, ihre abhängige, untergeordnete Stellung erhalten, könnte man eine solche auch der Kirche anweisen wollen. Ihre, das innerste Wesen des Menschen beherrschende, Wichtigkeit läßt jedoch diese Behauptung nicht zu. In verschiedenen Zeiten der Weltgeschichte hat daher die Kirche und das Kirchenrecht eine sehr

---

128 MÜLLEJANS (oben N. 66) 62 ff. 129 FORCHIELLI (oben N. 107) 508 ff.

130 VAN HOVE (oben N. 106) 551.

131 Vgl. die Ausg. Opuscula juridition varii argumenti I (Ingolstadt 1747) 2, 4, 15 ff., 50 ff., 82 ff.

132 JUSTUS HENNING BÖHMER, Institutiones iuris canonici (Ausg. Halle 1738) 2 f., 50.

133 Vgl. LANDSBERG (oben N. 27) III/1, 277 ff., 368 ff.

134 Vgl. F. X. WERNS/P. VIDAL, Ius canonicum ad Codicis norman exactum I (2. Aufl. 1952) 72 ff.; RAOUL NAZ etc., Traité de droit canonique I (1947) 15 f

verschiedene Stellung gegen den Staat angenommen. Bey den Römern war das *ius sacrum* ein Stück des Staatsrechts, und der Staatsgewalt untergeordnet. Die weltumfassende Natur des Christenthums schließt diese reine nationelle Behandlung aus. Im Mittelalter versuchte die Kirche, die Staaten selbst sich unterzuordnen und zu beherrschen. Wir können die verschiedenen christlichen Kirchen nur betrachten als neben dem Staate, aber in mannichfaltiger und inniger Berührung mit demselben, stehend. Daher ist uns das Kirchenrecht ein für sich bestehendes Rechtsgebiet, das weder dem öffentlichen noch dem Privatrecht untergeordnet werden darf." [135] Jedoch bestanden schon in diesem Text, der wie so vieles andere, was SAVIGNY geschrieben hat, voll von inneren Spannungen ist, mehrere mögliche Ausgangspunkte für den Fall, daß man auch das Kirchenrecht unter die Dichotomie hereinziehen wollte – besonders wohl für eine kirchenrechtliche Wissenschaft, die schon seit dem vorigen Jahrhundert daran gewöhnt war, mit staatsrechtlichen Termini und Argumenten zu arbeiten. Das wesentliche ist jedoch, daß eine Gesamtkonzeption des weltlichen Rechts von Savignyscher Prägung bald eine solche Verbreitung fand, daß eine Dichotomie zwischen öffentlichem Recht und Privatrecht als Bestandteil der Rechtskultur empfunden wurde. Nicht zuletzt die Mühe, die nüchterne Kanonisten von PHILLIPS und VERING bis zu SÄGMÜLLER und MÖRSDORF zur Widerlegung der Dichotomielehre aufwenden mußten, zeigt, daß diese Problematik weit über den Bereich hinausgeht, in dem man sie gewöhnlich zu meistern versucht.

---

[135] SAVIGNY (oben N. 37) 27 f.

ORIENTALISCHE RECHTE

DIE NEUE AUFFASSUNG DER MUSLIMISCHEN FAMILIE IN DER MODERNEN IRANISCHEN GESETZGEBUNG BETREFFS EHE, SCHEIDUNG UND ERBFOLGE

Von Dr. ERWIN GRÄF
Professor an der Universität Köln *

Das islamische Gesetz (*šar'* oder *šarī'a*) als abschließend und endgültig offenbarte Schöpfungsordnung regelt alle Beziehungen des Menschen zu seinem Schöpfer und zu seinen Mitmenschen. Jede menschliche Handlung wird nach ihrem Verhältnis zu Gott und zum Mitmenschen beurteilt, wie aus dem folgenden Schema hervorgeht:

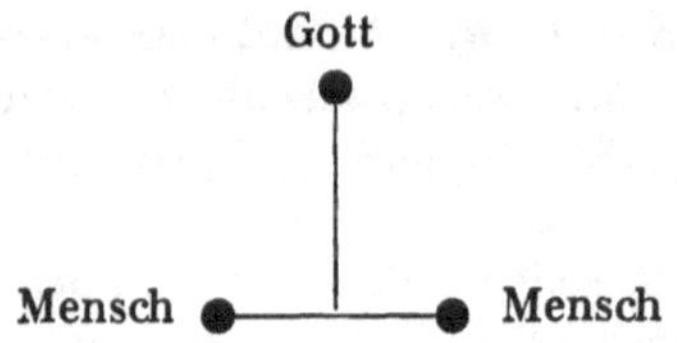

Ein Diebstahl z. B. verletzt nicht nur das Rechtsgut „Eigentum", sondern auch die von Gott gesetzte Vermögensordnung. Die Ehe bestimmt nicht nur Rechte und Pflichten der Ehegatten etc., sondern diszipliniert gleichzeitig die vom Schöpfer in die Menschen gelegten Fähigkeiten der Fortpflanzung und des intimen Zusammenlebens, die die Erhaltung der Menschheit bis zum Jüngsten Gericht sichern. Die vertikalen Beziehungen der menschlichen Handlung ordnet folgende Werteskala[1]: geboten (*wāǧib / farẓ*), wünschenswert (*mustaḥabb / mandūb*), erlaubt/indifferent (*mubāḥ*), verpönt (*makrūh*), verboten (*ḥarām*) [die Urteile beziehen sich eigentlich auf das Jüngste Gericht]. Die horizontalen Beziehungen werden wie folgt klassifiziert: gültig (*ṣaḥīḥ / nāfiḏ*), „verdorben" (*fāsid*)[2], zulässig (*ǧā'iz*), nichtig

* Die Ausführungen im Referat beschränken sich auf den Iran, weil über die arabischen Länder und Pakistan bereits ANDERSON und ROSENTHAL (332 ff., Kap. 12, Changes in Law; 338, Kap. 13, The Emancipation of Women) gehandelt haben. Der Beitrag von SYED HOSSEIN NASR in Changes, 54–56, ist sehr allgemein gehalten.

Eine ausführliche Bibliographie der abgekürzt zitierten Werke ist am Ende dieses Beitrages abgedruckt.

[1] Sie geht wohl auf ein stoisches Vorbild zurück.

[2] Dazu *O. Spies*, Das System der Nichtigkeit im islamischen Recht, in: Deutsche Landesreferate zum VI. Internationalen Kongreß für Rechtsvergleichung (1962) 92 ff.

(bāṭil). Letztere Gruppe achtet vor allem auf den Schutz der Rechtsgüter (Leben, Vermögen, Ehre, Abstammung, Religion[3]) und die Entschädigung ihrer Verletzung. Die erste Skala dagegen ist seelsorgerlich auf die religiöse Reinigung und Reinerhaltung, man könnte fast sagen: „Heiligung", des Menschen ausgerichtet, da Gott nicht geschädigt werden kann und keines Schadensersatzes bedarf. Es könnte zwar scheinen, daß die verschiedenen Sühneleistungen *(kaffārāt)* und das Nachholen *(qaẓā')* gottesdienstlicher Leistungen an eine Art Schadensersatz erinnern, aber sie sollen in Wirklichkeit nicht so sehr göttliche Forderungen begleichen, als helfen, das menschliche Leistungssoll zu erfüllen[4]. Leider hat die islamische Jurisprudenz *(fiqh)* es versäumt, die beiden oben genannten Werteskalen konsequent zu koordinieren, so daß manchmal, bei einseitiger Berücksichtigung der vertikalen Skala, der Eindruck entstehen konnte, das islamische Recht sei eigentlich „nur" eine Pflichtenlehre. Wie schon gesagt, ist das islamische Recht endgültig und unverbindlich in Gottes Offenbarung an Mohammed, das Siegel der Propheten, fixiert. Über denjenigen, welcher es nicht einhält, urteilt der Koran 5,48 Ende (Flügel, Übers. *Henning*/Reclam): „... und wer nicht richtet nach dem, was Allah hinabgesandt hat, das sind Ungläubige *(kāfirūn)*" [in 5,49 werden die gleichen Personen als Ungerechte *(ẓālimūn)* bezeichnet]. Ein islamischer Staat, der den Islam als seine Staatsreligion bezeichnet, kann eigentlich keine neuen Gesetze schaffen, er besitzt keine Legislative, sondern darf nur das überlieferte religiöse Recht *(šar')* zeitgemäß interpretieren und adaptieren, wie es auch schon früher, vor dem Einfluß des Westens, geschehen ist.

Wir fragen nun: wie hat sich der Iran auf die *šarī'a* festgelegt? Artt. 1 und 2 der Verfassung vom 8. 10. 1907 lauten (in der englischen Übersetzung des iranischen Außenministeriums): „1. The State religion of Iran is Islam, according to the true *ja'fariya* doctrine, recognizing 12 Imams[5]. The Shah of Iran must profess and propagate this faith. 2. At no time may the enactments of the sacred National Consultative Assembly, which has been constituted with the aid and favour of His Holiness the Imam of the Age (Imam Mahdi, the Twelfth Imam)... and under the supervision of the learned doctors of theology... and by the whole Iranian People, be at

---

[3] *H. Thielicke,* Theologische Ethik I (Tübingen 1951) 662, § 2049: "...Zu diesen unmittelbaren conclusiones ex principiis gehört für *Thomas* [scil. *von Aquin*] der Dekalog, der die Gottes- und Nächstenliebe beschreibt und der – ausgehend vom Menschen als willensfreiem, vernünftigem und sozialem Wesen – definiert, was das für den Schutz des Lebens (5. Gebot), für die Ehe (6. Gebot), das Eigentum (7. Gebot) und die Ehre (8. Gebot) bedeutet." – Das Rechtsgut „Religion" können wir im 1. und 2. Gebot finden.

[4] Bei ihnen spielt die Intention *(nīya)* des Handelnden eine entscheidende Rolle für die Beurteilung, während bei der horizontalen Skala der Erfolg der Handlung ausschlaggebend ist.

[5] Siehe HWI, *Shī'a* und *Ithnā 'Asharīya.*

variance with the sacred precepts of Islam and the laws laid down by His Holiness the best of Mankind (the Prophet)... It is plain that the learned doctors of theology... are charged with the duty of determining any contradiction between the laws made by the Assembly and the principles of Islam. It is therefore solemnly laid down that at all times there shall be constituted as follows a body of at least five devout doctors of Islamic Law and jurisprudence who shall at the same time be conversant with the exigencies of their age... This clause may not be modified until the Advent of the Imam of the Age"... (IranVerf., p. 8). Dies wird noch einmal feierlich bestätigt in einer Modifizierung von Art. 48 vom 8. 5. 1949: „This article does not affect any of the articles of the Constitution and the Supplementary Law which have reference to the Holy Religion of Islam and the official creed of the country which is the Ja'fari doctrine of the Shi'ah Sect with Twelve Imams and its tenets, or to the Constitutional Monarchy of Iran, which are unchangeable for eternity" (IranVerf., p. 15). In seiner Lausanner Dissertation von 1954 teilt Tavallali (260, N. 1) mit, daß das o. a. Gremium von Theologen seit mehreren Jahren nicht mehr existiert. Man wird auch nicht sagen dürfen, es habe alle Erwartungen erfüllt, die in den genannten Artikeln mit ihm verknüpft waren: es gibt iranische Gesetze (besonders das Strafgesetz), die nicht mit der *šarī'a* in Einklang zu bringen sind. Sollte man darum Schöpfer und Anwender solcher Gesetze als Ungläubige, Apostaten oder Tyrannen bezeichnen? Alle islamischen Staaten, die sich in der gleichen Kalamität sehen, suchen sich durch folgende Argumentation zu entschuldigen: die *šarī'a* kann nur in der wahren *umma* (islamischen Gemeinschaft) verwirklicht werden. Eine solche *umma* gibt es aber zur Zeit nicht, hauptsächlich infolge der verderblichen Einflüsse von Imperialismus, Kolonialismus und christlicher Mission. – Ein besserer Gedankengang ist folgender: Das Recht dient den Interessen *(maṣāliḥ)*[6] der Gesellschaft, in der es gilt. Ändert sich diese Gesellschaft und damit auch ihr Interessenkomplex, so muß sich das Recht dieser Entwicklung adaptieren. Es befindet sich dann in einem steten Wandel, und man fragt sich, warum Mohammed das Siegel der Propheten sein soll, wenn doch sein Kerygma nicht für alle Zeiten und Orte gelten kann. Die Interessentheorie ist übrigens nicht neu, sie basiert auf einem *mu'tazilitischen*[7] Glaubenssatz, Gott müsse das für die Menschen Zweckdienlichste schaffen. Will man das Bleibende der *šarī'a* in einigen allgemeinen Maximen nach Art der Regeln *(qawā'id)* in den ersten hundert Paragraphen der türkischen *Medschelle* erblicken, so fragt man sich, was denn daran typisch islamisch ist. – Für die folgende Betrachtung des iranischen Familienrechts sei noch an folgende Artikel der iranischen Verfassung erinnert: Art. 8 „The inhabitants of the

---

[6] Zur *maṣlaḥa* siehe jetzt *Muḥammad Sallām Madkūr, Madḫal al-fiqh al-islāmī* (Kairo 1964) 91 ff.

[7] Siehe HWI, *Mu'tazila*.

Empire of Iran shall enjoy equal rights before the law. Art. 9. All individuals are protected and safeguarded against offenses of any kind against their lives, their property, their homes and their honour. No one be molested, except in accordance with the laws of the land" (IranVerf., p. 8).

Zunächst sollen die Inhaltsverzeichnisse der Bücher über Erb- und Eherecht des iranischen Bürgerlichen Gesetzbuches und einige schiitische juristische Werke nebeneinander gestellt werden, damit das Interesse und der Gedankengang des iranischen Gesetzgebers und der schiitischen *fuqahā'* (jurisprudentes) wenigstens in groben Umrissen deutlich wird. Der Aufbau des QM stellt natürlich einen technischen Fortschritt dar.

2. Buch: Ursachen des Eigentumserwerbs *(tamalluk)*

4. Teil: Testamente und Erbfolge

1. Abschnitt: Testamente

§§ 825–834: 1. Titel: Allgemeine Bestimmungen
§§ 835–839: 2. Titel: Testator / Erblasser *(mūṣī)*
§§ 840–849: 3. Titel: Vermächtnisgut *(mūṣā bih)*
§§ 850–853: 4. Titel: Vermächtnisnehmer *(mūṣā lah)*
§§ 854–860: 5. Titel: Testamentsvollstrecker *(waṣī)*

2. Abschnitt: Gesetzliche Erbfolge

§§ 861–866: 1. Titel: Ursachen der Erbfolge und verschiedene Erbordnungen *(ṭabaqāt)*
§§ 867–874: 2. Titel: Verwirklichung der Erbfolge
§§ 875–885: 3. Titel: Bedingungen und Hindernisse der Erbfolge
§§ 886–892: 4. Titel: Erbausschluß bzw. Quotenminderung (*ḥaǧb, scil.* durch Konkurrenz näherstehender Erbschaftsanwärter)
§§ 893–905: 5. Titel: Erbquoten und Erbquotenanwärter
6. Titel: Erbschaftsanteile und verschiedene Erbanordnungen
§§ 906–915: 1. Untertitel: Erbschaftsanteil der ersten Ordnung
§§ 916–927: 2. Untertitel: Erbschaftsanteil der zweiten Ordnung
§§ 928–939: 3. Untertitel: Erbschaftsanteil der dritten Ordnung
§§ 940–949: 4. Untertitel: Erbe von Gatte und Gattin

2. Band: Personen

7. Buch: Ehe und Scheidung

1. Abschnitt: Ehe

§§ 1034–1040: 1. Titel: Werbung und Verlöbnis
§§ 1041–1044: 2. Titel: Gesundheitliche Ehetauglichkeit
§§ 1045–1061: 3. Titel: Ehehindernisse

§§ 1062–1070: 4. Titel: Bedingungen der Gültigkeit *(ṣiḥḥa)* der Ehe
§§ 1071–1074: 5. Titel: Vertretung bei der Eheschließung
§§ 1075–1077: 6. Titel: Zeitehe *(nikāḥ-i munqaṭiʿ* oder *mutʿa*/Genußehe)
§§ 1078–1101: 7. Titel: Brautpreis *(mahr* oder *ṣadāq)*
§§ 1102–1119: 8. Titel: Gegenseitige Rechte und Pflichten der Ehegatten
§ 1120: 2. Abschnitt: Auflösung der Ehe
§§ 1121–1132: 1. Titel: Möglichkeit der Annullierung *(fasḫ)* der Ehe

2. Titel: Scheidung / Verstoßung *(ṭalāq)*

§§ 1133–1142: 1. Untertitel: Allgemeine Bestimmungen
§§ 1143–1149: 2. Untertitel: (2) Arten der Scheidung
§§ 1150–1157: 3. Untertitel: Wartefrist *(ʿidda)*

8. Buch: Kinder

§§ 1158–1164: 1. Abschnitt: Abstammung *(nasab)*
§§ 1165–1179: 2. Abschnitt: Versorgung und Erziehung der Kinder
§§ 1180–1194: 3. Abschnitt: „Elterliche Gewalt" *(wilāyat-i qahrī* des Vaters und des Vatersvaters)

9. Buch: Familie

§§ 1195–1206: 1. Abschnitt: Unterhaltspflicht *(ilzām bi-infāq)*
§§ 1207–1266: 10. Buch: Entmündigung *(ḥağr)* und Vormundschaft / Pflegschaft *(qaimūmat)*

Die Kapitelfolge der schiitischen Jurisprudenz zu unserem Problemkomplex ist nicht einheitlich. In unserer Quellenauswahl lassen sich 3 Typen unterscheiden (selbst der gleiche Autor hat kein starres System): 1. *Ḫilāf*: Erbrecht, Testament, Ehe und Scheidung; 2. *Querry* und *Rauḍa*: Testament, Ehe und Scheidung, Erbrecht; 3. *Nihāya* und *Tahḏīb:* Ehe und Scheidung, Testament, Erbrecht. QM steht *Ḫilāf* am nächsten. Die innere Gliederung der Kapitel in den *Fiqh*-Werken ist verschieden und nicht so konsequent wie in QM.

Wir wollen die folgenden Ausführungen in 2 Hauptabschnitte einteilen, deren erster sich mit dem Neuen im Familienrecht des QM und seinen Kommentaren befaßt, deren zweiter die aus der schiitischen Jurisprudenz übernommenen Einrichtungen behandelt, welche die Stellung der Frau und des Nichtschiiten beleuchten.

Die klassische islamische Jurisprudenz definierte die Ehe etwa so: „Der Gesetzgeber (Gott) setzte den Ehevertrag ein, damit auf ihn die Nutzung des Geschlechtsteils der Frau und ihres übrigen Körpers durch den Mann zwecks Genusses gegründet werde. So erwirkt denn der Gatte durch den Ehevertrag diese Nutzung... (u. zwar nur zu persönlichem Genuß; wenn ein Fremder irrtümlich seiner Frau beiwohnt und deswegen ein durchschnittliches Brautgeld schuldet, so erhält diesen Betrag die Frau, nicht der Gatte)." [8] Die Ehe sollte dazu dienen, den Mann vor Unzucht zu bewahren, mit anderen Worten seinen Geschlechtstrieb in geregelte, in gesetzliche Bahnen zu lenken, und weiter dazu, eine klare Erbfolge zu sichern. Die gesellschaftliche Bedeutung des Nachwuchses als eines militärischen und wirtschaftlichen Potentials blieb weitgehend unbeachtet. Das heute gern zitierte Prophetenwort: „Heiratet und vermehrt euch!" ist in dieser Form mißverständlich. In seiner ursprünglichen Fassung folgt darauf: „damit ich beim Jüngsten Gericht mit euch prahlen kann". Demgegenüber bedeutet die Definition im QM-Kommentar von *Imāmī*, 4, 268 einen gewissen Fortschritt. Sie lautet: „Ehe bedeutet eine rechtliche Verbindung, die durch einen Vertrag zwischen Mann und Frau zustande kommt und zu gegenseitigem Geschlechtsgenuß berechtigt." Es wird also nicht nur an den Genuß des Mannes gedacht. *Imāmī* führt weiter aus, die modernen Juristen bezeichneten die Ehe als „eine Verbindung zwischen Mann und Frau zwecks Bildung einer Familie". Dies sei nach iranischem Recht nicht möglich, da unter den allgemeinen Ehebegriff auch die Zeitehe *(mut'a)* falle, die keine Familie begründe. In § 1102 QM wird von den gegenseitigen Rechten und Pflichten der Ehegatten gesprochen. § 1103 QM verpflichtet die Gatten zu harmonischem Zusammenleben. Etwas Neues steht in § 1104, insofern er den Aufbau der *Familie* [9] fordert (und auch die gemeinsame Erziehung der Kinder) [10]. Die Familie als Keimzelle der Gesellschaft, der Nation, des Staates: das ist eine für den modernen Islam neue Erkenntnis [11], die er aus der

---

[8] *Ǧazīrī* 4, 2. – *Muḥammad Zaid al-Abyānī, Muḫtaṣar šarḥ al-aḥkām al-šar'īya fī l-aḥwāl al-šaḫṣīya* (4. Aufl. Kairo 1924/1342), 4/5: Gesetzlich gesehen, ist die Ehe ein Vertrag, der bewirkt, daß der Mann die Frau legal genießen kann ... (Seite 3 wird aber betont, daß der Geschlechtsverkehr nicht nur die Befriedigung der Lust bezweckt, sondern auch der Zeugung von Nachwuchs dient). – Ähnlich *Šaḥāta* 1, 9.

[9] Das jordanische Ehegesetz Nr. 92 von 1951 trägt bezeichnenderweise den Titel: *qānūn ḥuqūq al-'ā'ila* (so § 1). Auch die Einführung von Familiennamen zeigt das Bewußtsein vom Wert der Familie, *Imāmī* 4, 198.

[10] § 1178. Die Erziehung ist eine gemeinschaftliche Pflicht, die von dem einen Partner abfällt, wenn der andere sie erfüllt. – Die Mutter besitzt keine *wilāya* (elterliche Gewalt), sondern nur die *ḥaḍāna* (Sorgepflicht; für Knaben bis zu 2, für Mädchen bis zu 7 Mondjahren, § 1169, *Šāhbāǧ* 8,56 oben). § 1174: Wenn die geschiedene Frau wieder heiratet, verliert sie ihr *ḥaḍāna*-Recht, hat aber Anspruch auf weiteren Kontakt mit ihrem Kind: *Šāhbāǧ* 8, 66.

[11] Siehe Šaltūt Fatāwā und Islām. – *'Abd al-Raḥmān al-Ǧazīrī, Adillat al-yaqīn fī radd 'alā kitāb Mīzān al-ḥaqq wa-ġairihī min maṭā'in al-mubašširin al-masīḥīyīn fī l-islām* (Kairo 1934/1353) 468 (Zweck der islamischen Ehe: Gründung einer gesunden Familie, die der Gesellschaft nützt). – *Farrukh,* La Famille dans la Jurisprudence Musulman. – *Fikr,* 235: Aufbau der Familie. Die klassischen fiqh-Werke nennen das entsprechende Kapitel *Kitāb al-nikāḥ* (Ehe), so auch *Kullīyāt,* 269. Siehe auch *Zawāǧ, Aulād* und *Bardīsī.* – *Imāmī* 4, 289 u. 365. Siehe

klassischen Jurisprudenz schwerlich gewinnen, die er ihr aber irgendwie adaptieren konnte. Denn man wußte schon immer, daß die Ehe kein reiner Tauschvertrag: Geschlechtsgenuß gegen Brautgeld war, sondern auch eine Art Gottesdienst *(ʿibāda),* weshalb das Kapitel über die Ehe in manchen Werken zwischen den eigentlichen *ʿibādāt* (Gebet, Almosen, Fasten, Pilgerfahrt, Glaubenskrieg) und den *muʿāmalāt* (Rechtsgeschäften) stand [12]. Daß man aber auch jetzt noch teilweise in den alten Kategorien denkt, zeigt *Šāhbāġ* 7, p. 128 oben, zu § 1085: „mit Erfüllung der (ehelichen) Pflichten... ist das gemeint, was den geschlechtlichen Genuß erleichtert. Die Gattin ist verpflichtet, sich jederzeit für den (sexuellen) Genuß des Gatten bereit zu halten. Deshalb darf sie ohne Erlaubnis des Gatten die Wohnung nicht verlassen. Denn es ist möglich, daß der Gatte just zu der Zeit sich geschlechtlich ergötzen will, und die Abwesenheit der Frau beraubt ihn dieser Möglichkeit. Aus dem gleichen Grunde muß sie sich für den Gatten schmücken und sauber halten.“ (Das alles aber erst, nachdem sie das Brautgeld ganz oder teilweise empfangen hat [13].) Das geht natürlich über § 1105 weit hinaus; er besagt: „In den Beziehungen der Ehegatten gehört die Führung der Familie zu den besonderen Rechten des Gatten.“ Die moderne Besinnung auf den Wert der Ehe für die Begründung der Familie mag zwar geeignet sein, die einseitige Bevorzugung des Mannes in gewissen Bereichen des Ehelebens zu brechen, sie birgt aber auch die Gefahr in sich, die Familie unter die Bevormundung oder auch Herrschaft des nationalstaatlichen Denkens zu stellen, durch welche die Frau die ihr gebührende Stellung nicht gewinnt und der Mann seine Freiheit verliert. Es würde wohl zweckmäßiger sein, auf Grund islamischer Vorstellungen die Ehe als eine Schöpfungsordnung zu beschreiben, ohne die weder der Mann noch die Frau ihre von Gott geschenkten Anlagen voll verwirklichen können.

Eine weitere Neuerung ist die Erweiterung der Erörterungen der *fuqahāʾ* über die *ḫiṭba* (Werbung) [14] um Ausführungen über das Verlöbnis (§§ 1034 bis 1040), die vor allem nach dem Vorbild des Schweizer Zivilgesetzbuches, §§ 90–95, gestaltet werden. In § 1039 wird die Verjährungsfrist für die Klage auf Rückgabe von Geschenken während des Verlöbnisses auf 2 Jahre

---

auch meinen Beitrag Geburtenkontrolle und Geburtenbeschränkung im Islam, in: Festschrift Spies (in Vorbereitung).

[12] *Imāmī* 4, 378, 384 u. 386; 451: Infolge der Ehe gibt die Frau einen Teil ihrer Freiheit auf und übernimmt Pflichten, welche man die ehelichen nennt. In den Dingen, die außerhalb dieser Pflichten liegen, bleibt die Frau frei und kann sich mit jeglicher Arbeit und jeglichem Beruf beschäftigen ... Gem. §§ 1103 und 1104 darf auch der Gatte keine der Ehe schädliche Tätigkeit ausüben. – Šāhbāġ 7, 124 zu § 1081.

[13] § 1085; *Šāhbāġ* 7, 128; *Imāmī* 4, 384.

[14] Siehe dazu jetzt: *Wilhelm Hoenerbach,* Spanisch-islamische Urkunden aus der Zeit der Naṣriden und Moriscos (Bonn 1965; Bonner Orientalistische Studien N. S., Bd. 15), eine sehr wertvolle, übersetzte und kommentierte Sammlung von Urkunden zur Ehepraxis (u. a.!).

nach Auflösung desselben festgelegt (Schweizer ZGB § 95: 1 Jahr). Dazu bemerkt *Šāhbāġ* 7, p. 57, daß Verjährung in der imamitischen Jurisprudenz den Rechtsanspruch nicht hinfällig macht, sondern nur beweisrechtliche Bedeutung hat, im Gegensatz zu den modernen Gesetzen, wo der Rechtsanspruch vernichtet werde.

Begrüßenswert ist die Festsetzung des Mindestalters für die Heirat[15] durch § 1041: „Die Heirat der Frau vor Vollendung des 15. Lebensjahres und die des Mannes vor Vollendung des 18. Lebensjahres ist verboten. Trotzdem ist in Fällen, in denen gewisse Interessen es verlangen, auf Antrag des Staatsanwaltes und durch Verordnung des Gerichts ausnahmsweise eine Befreiung von der o. a. Bedingung des Mindestalters möglich. Aber in keinem Falle kann diese Befreiung Frauen erteilt werden, die noch nicht das 13. Lebensjahr vollendet haben, ebensowenig Männern, die noch nicht volle 15 Jahre alt sind." Ehetauglichkeit bedeutet nicht Geschäftsfähigkeit *(rušd),* noch bedeutet Geschäftsfähigkeit Ehetauglichkeit. Zu § 1041 bemerkt *Šāhbāġ* 7, p. 60/1: „Der Sinn des Verbots einer Heirat vor den genannten Lebensjahren ist die Wahrung der gesellschaftlichen Ordnung; es bedeutet aber nicht, daß der Ehevertrag nichtig ist und die aus dem Ehestand erwachsenden rechtlichen Folgen aufgehoben sind. Wenn z. B. der *walī* (Inhaber der elterlichen Gewalt) ein Mädchen unter 9 Jahren verheiratet, so sind Vertragsschließender und *walī* auf Grund von § 3 des „Ehegesetzes von 1310 mit den Verbesserungen von 1316" zu bestrafen, und wenn der Gatte geschäftsfähig *(rašīd)* ist und den Vertrag geschlossen hat, so hat er sich ebenfalls schuldig und strafbar gemacht. Aber dieses Verbot hebt die rechtlichen Folgen der Heirat nicht auf. Die verbotene Heirat begründet den gegenseitigen Erbanspruch der Gatten sowie den Anspruch der Gattin auf Unterhalt. Wenn ein Gatte stirbt, ist der andere erbberechtigt... Wenn der Gatte seiner Unterhaltspflicht nicht nachkommt, kann die Gattin § 10 des o. a. Gesetzes in Anspruch nehmen und das Gericht anrufen..." § 3 des genannten Gesetzes lautet: „Jeder, der sich entgegen den Bestimmungen des § 1041 QM mit jemandem verheiratet, der das für die Heirat gesetzlich vorgeschriebene Mindestater noch nicht erreicht hat, wird zu Gefängnis *(ḥabs-i ta' dībī)* von 6 Monaten bis zu 2 Jahren verurteilt; falls das Mädchen noch nicht 13 Jahre alt ist, wird er zu Gefängnis von mindestens 2–3 Jahren verurteilt. In beiden Fällen ist es möglich, zusätzlich zur Gefängnisstrafe eine Geldstrafe in Höhe von 2000 bis 20000 *Riyāl* zu verhängen. Wenn der Geschlechtsverkehr infolge der o. a. gesetzwidrigen Heirat eine Schädigung irgendeines Körperteiles oder eine dauernde Krankheit verursacht, so wird der Gatte zu 5–10 Jahren Gefängnis mit schwerer Arbeit verurteilt. Wenn er den Tod der Frau verursacht, so besteht die Strafe des Gatten in lebenslangem Gefängnis mit

---

[15]) Nach schweizerischem und französischem Vorbild: *Imāmī* 4,288.

schwerer Arbeit. Der Vertragschließende, der Werber und die übrigen an dem Verbrechen Beteiligten werden zur gleichen Strafe oder zu einer für den Gehilfen des Verbrechers festgesetzten Strafe verurteilt. Die Aburteilung solcher Personen kann das Justizministerium Sondergerichten übertragen, deren Organisation und Untersuchungsverfahren durch eine besondere Verordnung bestimmt werden. Falls ein solches Sondergericht nicht gebildet ist, findet die Untersuchung durch die allgemeinen Gerichte statt." – § 10 besagt: „Falls der Gatte die Zahlung des Unterhalts verweigert, kann die Frau sich an das Gericht wenden. In diesem Falle bestimmt das Gericht die Höhe der Unterhaltskosten und verurteit den Gatten dazu, diese zu zahlen. – Wenn die Vollstreckung des genannten Urteils unmöglich ist, so kann die Frau sich über die ordentlichen Gerichte an die Gerichte des religiösen Rechts wenden [und die Scheidung verlangen, wie das islamische Recht es vorsieht]." [16]

Organisatorische Neuerungen sind die Verordnung von 1317 über die Vorlage eines ärztlichen Gesundheitszeugnisses durch Braut und Bräutigam sowie die obligatorische Registrierung von Heirat, Scheidung und Geburt (*Imāmī* 4, 177 ff. u. 5, 133 ff.) [17]. Sie sind zwar durch europäische Vorbilder angeregt, lassen sich aber ohne Schwierigkeit in die islamische Justiz einbauen.

Wir wenden uns nun der Frage zu: Enthält das islamische Ehe- und Erbrecht in der überlieferten Form Elemente, die für ein Mitglied der Vereinten Nationen, das die Allgemeine Erklärung der Menschenrechte von 1948 unterzeichnet hat, im Zeitalter der Gleichberechtigung und der Gewissensfreiheit irgendwie unpassend erscheinen und daher, falls möglich, abgeändert werden sollten? Wir beginnen mit der Mischehenfrage [18]. § 1059 besagt: „Die Ehe einer Muslimin mit einem Nichtmuslim ist unzulässig." D. h. eine solche Ehe wäre nichtig *(bāṭil)* und ohne irgendwelche Rechtsfolgen. Kinder aus einer solchen Ehe wären unehelich und würden weder vom Vater noch von der Mutter erben, falls die Eltern das Verbot kannten [19]. Über die Ehe eines Muslims mit einer Nichtmuslimin ist in QM

---

[16] Modern und demokratisch ist auch die Nichtbeachtung der „Ebenbürtigkeit" des Mannes gegenüber der Frau (nicht umgekehrt), die früher eine wichtige Rolle spielte, *Ḫilāf* II, 360 § 27.

[17] Siehe *Langrūdī, Dānišnāme-i Ḥuqūqi*, I (Teheran 1343; *Intišārāt-i Dānišgāh-i Tehrān*, Nr. 947) 423 ff.

[18] Vgl. dazu *Hermann Koch*, Die Russische Gesetzgebung über den Islam bis zum Ausbruch des Weltkrieges (Berlin 1918) 27 ff.: Eherecht. Eine ausgezeichnete Studie! Ich verdanke den Hinweis auf sie der Liebenswürdigkeit von Herrn Kollegen Klingmüller.

[19] § 884. Das Kind erbt von dem Elternteil, der in einem entschuldbaren Rechtsirrtum *(šubha)* befangen war (Trunkenheit, Schlaf, Geisteskrankheit z. B. gelten als *šubha*), der *ǧāhil bi-mawāni'* (wer die Ehehindernisse nicht kennt, die verbotenen Verwandtschaftsgrade ausgenommen), *Imāmī* 3, 185–188. Das Kind

nichts gesagt. Diese Lücke muß nach § 3 der Zivilprozeßordnung durch Bestimmungen des imamitischen/schiitischen Rechts geschlossen werden. Nach einhelliger Meinung ist die Ehe mit einer Heidin verboten und nichtig. Die herrschende Lehre besagt dasselbe über die Dauer-Ehe mit einer sogenannten *Kitābīya,* d. h. Christin, Jüdin, Zoroastrierin; sie erlaubt aber die Zeitehe mit diesen Personen (*Imāmī,* 4, 342 ff.; *Šāhbāġ* 7, 95 ff.) [20]. Es kann nicht ausbleiben, daß man fragt, ob es islamische Sekten gibt, mit deren Angehörigen ein Konnubium ausgeschlossen ist. Der iranische Schiit soll nicht heiraten: a) einen *nāṣibī,* d. h. einen praktisierenden Alidenfeind; b) einen Ultraschiiten, der z. B. die Göttlichkeit eines der Aliden behauptet. Solche Leute gelten als *kāfir* (ungläubig). Die Ehen von Nichtschiiten untereinander interessieren den Islam nicht; sie können frei nach ihren eigenen Vorschriften verfahren (siehe Bibliographie unter QM). – Wenn beide Ehegatten zum Islam übertreten, so bleibt ihre alte Ehe bestehen; es bedarf keiner islamischen Erneuerung oder Bekräftigung. Tritt nur die Frau zum Islam über, wird die Ehe getrennt. Tritt nur der Mann über und ist die Frau eine *Kitābīya,* so wird eine Dauerehe getrennt (nach der herrschenden Lehre), eine *mut'a* (Zeitehe) bleibt bestehen. Wenn einer der Gatten vom Islam abfällt, wird die Ehe aufgelöst [21]. Dazu sei ergänzend bemerkt, daß ein Nichtmuslim einen Muslim nicht beerben kann, wohl aber ein Muslim einen Nichtmuslim (*Šāhbāġ* 6, 178,2). Ist der Erblasser Ungläubiger und hinterläßt muslimische und nichtmuslimische Erben, so werden die Nichtmuslime von der Erbfolge ausgeschlossen (*Imāmī,* 3, 184 unten, 3; auch 185, 6 b). Der Nichtmuslim [nicht aber der Apostat *(murtadd-i millī)*] kann von einem Muslim ein Legat erhalten, § 850 (*Šāhbāġ* 6, 110). Dazu vergleiche man Koran 2,257: „Es sei kein Zwang im Glauben!" und 109, 1–6: „Sprich: O ihr Ungläubigen! Ich diene nicht dem, dem ihr dienet, und ihr seid nicht Diener dessen, dem ich diene, und ich bin nicht Diener dessen, dem ihr dienet... Euch euer Glaube und mir mein Glaube", zwei Stellen, mit denen der moderne, liberale Muslim die Toleranz seiner Religion beweisen will [22].

Verwandt mit der Mischehenfrage ist das Problem der Ehe eines Ausländers mit einer Iranerin, die durch § 1060 geregelt wird: „Die Heirat einer Iranerin mit einem Ausländer ist, vorausgesetzt, daß hier kein gesetzliches Hindernis vorliegt, von der besonderen Genehmigung seitens der Regierung abhängig." Dieser § wird in einem Merkblatt der kaiserlich iranischen Botschaft in der Bundesrepublik Deutschland wie folgt erläutert:

---

des Gezwungenen und des im Rechtsirrtum Befangenen *(walad-i mukrah* und *walad-i šubha)* gilt diesem gegenüber als ehelich. Siehe auch *Imāmī* 5, 173 ff.

[20] *Ḫilāf* II, 382 § 84 (Koran 2, 220; 60, 10; 5, 6).

[21] *Imāmī* 4, 344 ff. – Nach *Ḫilāf* II, 392 § 114 ist das eine Annullierung *(fasḫ),* kein *ṭalāq.*

[22] Ehe man aber die genannten Bestimmungen verurteilt, vergleiche man das oben N. 19 genannte Werk von *H. Koch.*

Bei einer Eheschließung zwischen einem Deutschen und einer iranischen Staatsangehörigen müssen gemäß der Anordnung No. 12597 vom 12. 9. 1325 (islam. Zeitrechnung) folgende Unterlagen beigebracht und eingereicht werden:

1. Ein gemeinsamer Antrag der Partner, mit welchem sie dieser Botschaft die Heiratsabsicht bekanntgeben. Die Unterschriften auf diesem Schreiben müssen behördlich beglaubigt sein.
2. Ein Gesundheitszeugnis des Mannes und der Frau.
3. Eine Bescheinigung der zuständigen Behörde, mit welcher bestätigt wird, daß der Mann unverheiratet ist, und daß gemäß den Gesetzen keine Einwände gegen die Eheschließung mit einer Iranerin bestehen.

3a. Eine Bescheinigung, daß der Mann finanziell in der Lage ist, den Unterhalt seiner Frau – gemäß Art. 1107 des Bürgerlichen Iranischen Gesetzbuches – zu bestreiten. Der Artikel 1107 lautet wie folgt: „Der Unterhalt besteht in Wohnung, Bekleidung, Ernährung und der Zimmerausstattung im üblichen Verhältnis zu der Stellung der Frau, ebenso in der Stellung von Dienstpersonal, wenn die Frau daran gewöhnt ist oder dessen wegen Krankheit oder Körperbehinderung bedarf."

4. Ein polizeiliches Führungszeugnis des Mannes.
5. Eine schriftliche Erklärung des Mannes, daß er nach einer Scheidung 1.) auch weiterhin für den Unterhalt seiner Frau und Kinder sorgen wird – falls die Scheidung von ihm veranlaßt wurde – und außerdem allen anderen Rechten, die die Ehefrau geltend machen kann, nachkommen wird und 2.) die Kosten der Rückreise zahlt, falls die Ehe im Ausland geschieden wurde.
6. Zwei Kopien des Passes, des Personalausweises und zwei Photos von jedem der beiden Partner.
7. Die Anschrift von beiden Partnern.
8. Eine Erlaubnis der Eltern der Frau, bzw. des Vaters oder Großvaters, daß sie in die Ehe einwilligen. Die Unterschrift auf diesem Schreiben muß behördlich beglaubigt sein. – Sollten der Vater und Großvater gestorben sein, so sind von beiden die Todesurkunden beizufügen, oder aber eine schriftliche Erklärung der Zeugen in Iran, aus der das Ableben der beiden hervorgeht. Diese Erklärung muß notariell beglaubigt sein.
9. Bei der Eheschließung mit einer Mohammedanerin ist es erforderlich, daß der Mann Moslem wird. Er muß dann eine Bescheinigung vorlegen, daß er zum mohammedanischen Glauben übergetreten ist. Dafür zuständig ist: Islamische Gemeinde – Herr Mohagheghi, Hamburg 13, Isestraße 13.
10. Alle diese Unterlagen müssen von einem beeidigten Dolmetscher in die persische Sprache übersetzt werden. Für den Bezirk der Kaiser-

lichen Iranischen Botschaft in Köln ist dafür zuständig: Herr Gholam Ali Tarbiat, Köln, Lütticher Straße 70. (Vgl. *Imāmī* 5, 142ff., die zugehörigen Durchführungsbestimmungen von 1319.)

Über die Ehe eines Iraners mit einer Ausländerin besagt § 1061 lediglich, die Regierung könne die Ehe von staatlichen Angestellten, Beamten und mit staatlichen Stipendien Studierenden von einer besonderen Erlaubnis abhängig machen. Der Begriff „Ausländer" ist modern und nichtislamisch. Das islamische Recht kennt nur *ḏimmī's* (Schutzgenossen), d. h. Juden, Christen und Zoroastrier, die dauernd auf islamischem Territorium wohnen, *musta'min's* (Schützlinge, die sich nur zeitweise auf islamischem Territorium aufhalten), und *ḥarbī's* (nichtmuslimische Einwohner nichtislamischen Territoriums)[23].

Betrachten wir nun die Einrichtungen, die uns mit der Würde der Frau schwer vereinbar erscheinen. Da ist zunächst die Polygamie (*ta'addud;* Höchstzahl 4 Frauen in Dauerehe), die in Iran gestattet ist, zwar nicht expressis verbis, doch mit Sicherheit aus den §§ 942, 1048 und 1049 zu erschließen. Die koranischen Belege sind 4,3 und 4,128, die sowohl von den Konservativen als auch von den Fürsprechern der Monogamie[24] zum Beweis ihrer Thesen herangezogen werden. Die konservative, von den schiitischen Kommentatoren gewählte, philologisch plausible Exegese bezieht die Gerechtigkeit in 4,3 auf den Unterhalt, die gleichmäßige Verteilung der Besuche bei den Frauen etc., die „Gerechtigkeit" in 4,128 auf die Liebe, Zuneigung etc. Es erscheint zumindest fraglich, ob letztere durch die gesetzliche Einführung der Monogamie garantiert werden kann. Man könnte aber überlegen, ob man nicht bei prinzipieller Anerkennung der Polygamie ihre praktische Durchführung wirksam erschweren sollte, so wie es das irakische Personenstandsgesetz von 1959, § 3, Ziff. 4–6, vorschreibt:

„4. Für den Mann ist nicht mehr als eine Frau zulässig, es sei denn mit Erlaubnis des Richters. Bedingung der Erlaubnis des Richters ist zweierlei: a) daß der Mann so vermögend ist, daß er zwei Frauen erhalten kann; b) daß ein gesetzliches Interesse dies erfordert.

5. Wenn die Nichtdurchführung der Gerechtigkeit gegenüber den Frauen zu befürchten ist, ist die Mehrzahl der Frauen unzulässig, und der Richter darf die Erlaubnis nicht geben.

6. Diejenigen, welche entgegen den Bestimmungen der Ziffern 4 und 5 Eheverträge schließen, werden zu einem Jahr Gefängnis oder zu einer Geld-

---

[23] Siehe dazu jetzt *Antoine Fattal,* Le statut légal des nonmusulmans en pays d'Islam (Beyrouth 1958); Recherches publiées sous la direction de l'Institut des Lettres Orientales de Beyrouth, X).

[24] *Ḫilāf* III, 74 § 1: Der Mann soll nur soviel Frauen nehmen wie er *nafaqa* hat. Nach einhelliger Ansicht der *Fuqahā'* ist es wünschenswert, sich mit einer Frau zu begnügen. Anderer Meinung sind die Ẓāhiriten wegen des Vorbildes des Propheten.

strafe von nicht mehr als 100 Dīnār oder zu beiden Strafen verurteilt." (Siehe Person Irak I, p. 115 ff., *Abbasi*, p. 12.)

Ein bedenklicheres Relikt aus dem imamitischen Recht ist die Zeitehe (*mut'a*[25] oder *nikāḥ-i munqaṭi'*), §§ 1075–1077. Eine solche Ehe kann mit beliebig vielen Frauen geschlossen werden, auch neben der Dauerehe. § 1075: „Sie ist dann befristet, wenn sie auf eine bestimmte Zeit abgeschlossen wird." Die Frist ist nach unten und oben unbegrenzt. § 1076: „Die Frist der Zeitehe muß vollkommen und genau bestimmt sein." Es genügt z. B. nicht, eine *mut'a* für 2 Beiwohnungen ohne Angabe der Zeitdauer abzuschließen. § 1077: „In der Zeitehe sind die Rechtsfolgen bezüglich Erbanspruch und Brautgeld der Frau dieselben wie im Kapitel über die Erbfolge und im folgenden Titel". *Šāhbāġ* 7, 117–119 führt zu letzterem § aus: „Bei der Exegese dieses § erscheint es angebracht, Gemeinsamkeiten und Unterschiede der Dauer- und der Zeitehe zu erläutern.

a) *Gemeinsamkeiten:* 1) Beide bedürfen eines Vertrages, der ein mündliches Angebot und eine mündliche Annahme enthält. Die bloße innerliche Zustimmung zum Rechtsgeschäft, bloßes Schreiben und Zeichengeben genügen nicht... 2) (Die Formeln für Dauer- und Zeitehe.) 3) Eine Muslimin kann nicht mit einem Ungläubigen eine Zeitehe schließen. Dies haben Dauer- und Zeitehe gemeinsam. 4) In einer *mut'a*-Ehe die Kousine zusammen mit ihrer Tante (väterlicher- und mütterlicherseits) zu heiraten, ist nur mit deren Erlaubnis zulässig. 5) 2 Schwestern zusammen durch *mut'a*-Ehe zu heiraten, ist unzulässig.

b) *Unterschiede:* 1) Der Unterhalt der Dauergattin, ihre Bekleidung und die Ausstattung der Wohnung gemäß den gesellschaftlichen Verhältnissen der Frau ist in der Dauerehe verpflichtend, im Gegensatz zur *mut'a*-Frau, es sei denn, diese habe sich das ausbedungen; dann besteht die Unterhaltspflicht auf Grund der Bedingung, nicht Kraft des *mut'a*-Vertrages. 2) In der *mut'a*-Ehe beerben die Gatten einander [wie in der Dauerehe]. Die *imamitischen fuqahā'* sind über die gegenseitigen Erbansprüche der Gatten in der *mut'a*-Ehe uneins... 3) Scheidung. In der Dauerehe erfolgt die Trennung durch die verschiedenen Arten der Scheidung. In der *mut'a*-Ehe braucht man keine Scheidung, sondern die Trennung tritt ein durch den Ablauf der festgesetzten Frist oder durch „Schenkung der restlichen Frist" (durch den Gatten)... 4) (*īlā'*-Schwur, siehe HWI s. v., gilt nur in der Dauerehe). 5) Der *li'ān*-Fluch, siehe HWI s. v., ist eine Besonderheit der Dauerehe. 6) In der *mut'a*-Ehe muß das Brautgeld genannt werden, im Gegensatz zur Dauerehe, die ohne Nennung des Brautgeldes gültig ist. 7) In der *mut'a*-Ehe erfolgt die Unehelichkeitserklärung des Kindes einfach durch Bestreitung der Vaterschaft, während sie in der Dauerehe nur durch den *li'ān*-Fluch möglich ist. 8) Der *ẓihār*-Schwur (s. HWI) ist nach einigen Autoritäten eine Besonderheit der Dauerehe." Wer Eherecht als Familien-

[25] Siehe HWI, *mut'a*. – *Ḫilāf* III, 394 § 119.

recht behandeln möchte, sollte die *mut'a* möglichst aus der Praxis verbannen, wenn sie schon prinzipiell und aus Prestigerücksichten im Gesetz geduldet werden müßte. Sie dürfte nur für seltene Ausnahmefälle gestattet sein.

§ 1108 QM über den ehelichen Ungehorsam der Frau lautet verhältnismäßig harmlos: „Sooft die Ehefrau ohne gesetzlichen Hinderungsgrund die Erfüllung der ehelichen Pflichten verweigert, hat sie keinen Anspruch auf Unterhalt." Die Kommentierung durch *Šāhbāġ* 7, 153 und 156 (Seiten falsch numeriert!) klingt weniger harmlos: „1) In diesem Gesetz wird als Folge des ehelichen Ungehorsams der Verlust des Anspruchs auf Unterhalt genannt. Von den übrigen Rechtsansprüchen des Gatten wird nichts erwähnt. Nach dem Rechtsgutachten der *imamitischen Fuqahā'* soll der Gatte sie zuerst ermahnen. Wenn das nichts nützt, soll er nicht mehr bei ihr schlafen; wenn auch das wirkungslos bleibt, darf er sie schlagen, aber nicht im Übermaß ... sonst macht er sich strafbar ... 2) Nach einhelliger Meinung der *imamitischen Fuqahā'* ist dieses Maß an Züchtigung erlaubt. Wenn die Gattin deswegen Strafantrag gegen ihren Gatten bei Gericht stellt, so ist er nach Meinung des Verfassers nicht strafbar, wenn auch im allgemeinen Strafgesetzbuch dieser Tatbestand (von der Strafverfolgung) nicht ausgenommen wurde, weil im islamischen Gesetz der Mann dieses Züchtigungsrecht besitzt..."[26] Demgegenüber ist man nicht verwundert, wenn die volljährige (d.h. über 18jährige) Jungfrau nicht ohne Erlaubnis ihres *walī* (Vaters oder Vatersvaters) heiraten darf[27]. § 1043 besagt: „Die Heirat eines Mädchens, das noch nicht verheiratet war, wenn es auch über 18 Jahre alt ist, hängt von der Erlaubnis ihres Vaters oder Vatersvaters ab. Wenn diese ohne vernünftigen Grund die Erlaubnis verweigern, kann das Mädchen ohne weiteres den von ihr gewünschten Gatten, die Bedingungen des Ehevertrags und das zwischen ihnen ausgemachte Brautgeld dem Standesamt bekanntgeben und durch eben dieses Amt die Maßnahmen dem Vater oder Vatersvater[28] mitteilen lassen. 15 Tage nach dieser Unterrichtung kann

[26] Übertreibt der Mann seine „erzieherischen" Versuche, kann die Frau wegen *šiqāq* (Zerrüttung) und Unerträglichkeit des Zusammenlebens auf Scheidung der Ehe klagen.

[27] Den sunnitischen Standpunkt behandeln *Maḥmūd Muḥammad Šaltūt* und *Muḥammad 'Alī al-Sāyis, Muqāranat al-Maḏāhib fī l-fiqh* (Kairo 1953/1373) 55 ff.: *in'iqād al-nikāḥ bi-'ibārat al-nisā'*. Bekanntlich gestatten die Ḥanafiten der volljährigen, geschäftsfähigen Jungfrau die selbständige Abschließung des Ehevertrages nach Analogie der übrigen Verträge, sofern sie sich nicht hinsichtlich Brautgeld und Ebenbürtigkeit schädigt.

[28] Nur diese beiden besitzen die *wilāyat-i qahrī* (die elterliche Gewalt). Sind beide tot, verschollen oder entmündigt, ist das Mädchen völlig frei, *Imāmī* 4, 287. Vgl. *Ḫilāf* II, 358 § 6 (einige Imamiten vertreten den ḥanafitischen Standpunkt); 359 § 7: „Wir haben bereits ausgeführt, daß die Ehe ohne *walī* zulässig *(ǧā'iz)* und gültig *(ṣaḥīḥ)* ist." – Der Vater kann seine Tochter übrigens schon nach klassischem islamischem Recht nicht zu einer Heirat zwingen; sie muß stets in irgendeiner rechtsverbindlichen Form ihre Zustimmung geben.

das Standesamt die Ehe als geschlossen erklären. Die erwähnte Unterrichtung des Vaters oder Vatersvaters kann auch durch andere Mittel erfolgen. Sie muß aber in Empfang genommen werden." Nach *Šāhbāġ* 7, 65/6 ist eine ohne Erlaubnis des *walī* geschlossene Ehe nicht nichtig, sondern besitzt alle Rechtsfolgen einer korrekt geschlossenen Ehe. Daß Vater und Vatersvater einer volljährigen Jungfrau, die alle sonstigen Rechtsgeschäfte selbständig abschließen kann, die Erlaubnis zu einer Ehe erteilen sollen, wird damit erklärt, daß eine züchtige Jungfrau sich üblicherweise schämt, ihren Heiratswillen kund zu tun und auch über keine Erfahrung mit Männern verfügt, daß weiter der Ehevertrag nicht allein das Mädchen, sondern auch seine Familie angeht, d. h. ihren Ruf und den „Kurswert" ihrer Schwestern, daß sie schließlich nach einer Scheidung ihrer Familie zur Last fallen wird.

Ein arger Stein des Anstoßes ist seit jeher der islamische *ṭalāq* (die Scheidung oder besser Verstoßung) gewesen (s. HWI, ṭalāḳ). § 1133 wird das Ohr eines jeden Frauenrechtlers beleidigen: „Der Mann kann jederzeit, wenn er will, seine Frau verstoßen." Er braucht also keinerlei rechtfertigende Gründe für seine Maßnahme; die Frau erscheint seiner Willkür ausgeliefert. Es ist bezeichnend, daß *Šāhbāġ* 8,2 zu § 1133 nur hervorhebt, eine unter Zwang ausgesprochene Verstoßung sei nichtig. Nach § 1134 müssen 2 *männliche* Zeugen die *ṭalāq*-Formel hören. Das Unzeitgemäße des „jederzeit" wird geflissentlich übersehen. Allerdings muß auch bemerkt werden, daß das islamische Recht selber eine Reihe von Maßnahmen kennt, die die Scheidungslust des Mannes[29] eindämmt. Zunächst einmal wird das gestundete Brautgeld fällig. Weiter kann der Mann während der *ʿidda* (Wartefrist)[30] der normalen, der widerruflichen Scheidung *(ṭalāq-i raǧʿī)* seine Frau ohne neuen Vertrag, d. h. ohne neues Brautgeld zurücknehmen [während dieser Frist gilt sie noch als seine Gattin und hat Anspruch auf Unterhalt, sofern sie nicht *nāšiza* (ungehorsam) ist; die Gatten erben noch voneinander], und zwar nicht nur durch eine ausdrückliche Erklärung, sondern auch durch

[29] Nur der Volljährige, also über 18 Jahre alte Mann kann verstoßen: *Imāmī* 5, 8 (*rušd*, Geschäftsfähigkeit, ist nicht erforderlich). Nach § 1139 kann der Vormund des Geisteskranken dessen Frau verstoßen. Dazu *Šāhbāġ* 8, 819: „Wenn der Geisteskranke seine Frau nicht nutzen kann und der Vormund aus dem Vermögen seines Pfleglings den Unterhalt für die Frau zahlen muß, so besteht der Vorteil des Geisteskranken darin, die Frau zu verstoßen, und sein Vormund kann kraft seiner Gewalt die Verstoßung aussprechen. Umgekehrt, wenn die Frau des Geisteskranken reich und auf den Tod erkrankt ist, so daß, wenn sie stirbt, ihr geisteskranker Mann von ihr erben wird, dann widerspricht die Verstoßung den Interessen des Geisteskranken. . ." Die Ehe eines Geisteskranken aus therapeutischen Rücksichten regelt § 88 des *qānūn-i umūr-i ḥasbī: Imāmī* 5, 301/2. Derartige Geisteskrankenehen passen wohl nicht in eine moderne Gesetzgebung. Allerdings ist zu bedenken, daß die betreffenden Frauen über die geistige Verfassung ihres Gatten nicht getäuscht worden sind, denn dann könnten sie die Auflösung der Ehe beantragen.

[30] *Imāmī* 5, 66 ff. zu §§ 1150–1157.

konkludente Handlungen, wie Küsse, Zärtlichkeiten, Geschlechtsverkehr, sofern er dabei die Intention des Widerrufes hat[31]. Nach dreimaliger Verstoßung kann er seine Frau erst dann wieder heiraten, wenn sie vorher mit einem anderen Mann, dem sog. *muḥallil,* eine echte Dauerehe geschlossen und vollzogen hat und von diesem regelrecht verstoßen worden ist (die Auswege und Kniffe der Praxis brauchen uns hier nicht zu interessieren)[32]. Die korrekte Verstoßung *(ṭalāq-i sunnī)* muß in der Reinheitsperiode erfolgen, in der kein Geschlechtsverkehr stattgefunden hat. Nach *imamitischer* Lehre ist die nicht fristgerechte Verstoßung *(ṭalāq-i bid'ī)* nichtig (die Sunniten sind hier großzügiger zugunsten des Mannes)[33]. Der Gatte kann also nicht unmittelbar seinen Gefühlsausbrüchen fröhnen. Interessant ist eine kurze Betrachtung der verschiedenen Wartefristen nach Auflösung einer Ehe. Die Dauer der *'idda* nach der Verstoßung dauert gem. § 1151 3 Reinheitsperioden oder – bei Frauen, die noch nicht, nicht mehr oder unregelmäßig menstruieren – 3 Mondmonate. Eine Reinheitsperiode beträgt mindestens 10 Tage. Die Juristen haben die kürzeste Wartefrist auf 26 Tage und 2 Augenblicke (für die Feststellung des Menstruationsblutes), die längste auf 3 Monate berechnet. Die *'idda* von Todes wegen *('idda-i wafāt)* nach einer Dauerehe und nach einer befristeten Ehe beträgt 4 Monate und 10 Tage (§ 1154)[34]. Hier erscheint es angebracht, einer frauenfreundlichen Anordnung zu gedenken, des § 944: „Wenn der Gatte während der Krankheit seine Frau verstößt und innerhalb eines Jahres nach dem Datum der Verstoßung an derselben Krankheit stirbt, so beerbt ihn seine Frau, auch wenn die Verstoßung eine trennende *(bā'in)* ist, vorausgesetzt, daß die Frau nicht inzwischen einen anderen Mann geheiratet hat." Der Mann dagegen kann nur während der *'idda* erben (*Imāmī* 5, 96). – Die *'idda* nach einer *mut'a*-Ehe dauert nur 2 Reinheitsperioden oder 45 Tage (§ 1152, *Imāmī* 5, 115). Wenn der Zweck der *'idda* die sichere Feststellung einer etwaigen Schwangerschaft ist – und darauf weist hin, daß es für eine *yā'isa* (eine Frau, die nicht mehr menstruiert), und eine Frau, der ihr Gatte noch nicht beiwohnte, keine *'idda* gibt, so müßte sie wohl in den 3 oben

---

[31] Der Widerruf *(ruǧū')* bedarf keiner Zeugen, ja, sogar die Frau braucht nichts davon zu wissen: *Šāhbāġ* 8, 22.

[32] *Šāhbāġ* 8, 20; *Imāmī* 5, 60: dreimalige Annullierung hat nicht die Wirkung dreier *ṭalāq's*. – *Ḫilāf* II, 395 § 120: wenn in dem Ehevertrag mit dem *muḥill* diese seine Eigenschaft als Bedingung eingefügt wird, ist der Vertrag gültig, die Bedingung nichtig.

[33] § 1140. Ausnahmen: die Frau menstruiert nicht mehr oder noch nicht oder ganz unregelmäßig oder ist schwanger; oder es hat noch kein Geschlechtsverkehr stattgefunden: *Šāhbāġ* 8, 12–17.

[34] Die *'idda* der Frau eines Verschollenen *(mafqūd)* dauert ebensolange: § 1156; *Šāhbāġ* 8, 34. – Während der Wartefrist von Todes wegen ist eine öffentlich sichtbare Trauer um den Toten religiöse Pflicht. Trauert die Witwe nicht, ist ihre *'idda* trotzdem gültig. – Die Trauer nach der *mut'a* ist gleich der nach einer Dauerehe: *Šāhbāġ* 8, 33.

genannten Fällen gleich sein. Man hilft sich heute mit der Behauptung, die *'idda* diene nicht nur der Reinerhaltung der Abstammung, sondern bedeute auch eine Ehrung der Ehegemeinschaft, weshalb sie bei der lockeren, der Gesellschaft wenig dienenden Form der *mut'a* nur die Hälfte der *'idda* für die Dauerehe betrüge (im Todesfall dagegen die *gleiche* Frist). Eine bescheidene Frage: Warum braucht im umgekehrten Falle nicht auch der Mann die Ehe durch eine Art Wartefrist zu ehren? Die *'idda* nach dem Tode des Gatten soll sein Andenken ehren. Warum braucht aber der Mann nicht ebenso das Andenken seiner Gattin zu ehren? –

Es sind jetzt noch 2 Formen des *ṭalāq* zu besprechen, bei der sich die Frau gewissermaßen freikaufen kann, der *ḫul'* und die *mubārāt*. § 1146: „Der *ḫul'* ist diejenige Scheidung, die die Frau wegen eines Widerwillens gegen ihren Gatten auf Grund eines Vermögenswertes, den sie dem Gatten gibt, erzielt; dieser Vermögenswert ist entweder das Brautgeld selber oder der entsprechende Gegenwert oder mehr oder weniger als das Brautgeld." § 1147: „Die *mubārāt* ist die Scheidung, bei der die Abneigung auf beiden Seiten besteht. Hierbei darf die Loskaufsumme nicht mehr als das Brautgeld betragen." [35] – Man wird vielleicht fragen, warum verbessert die Frau ihre Stellung in der Ehe dem Manne gegenüber nicht durch besondere Bedingungen im Ehevertrag, so wie man ja auch über die Höhe und die Zahlung des Brautgeldes verhandelt? Der Ehevertrag wird doch oft mit dem Kaufvertrag oder der Dienstmiete verglichen. Nun, die Möglichkeiten in dieser Richtung sind stark begrenzt (§ 1119) [36], da es einen allgemeinen Grundsatz gibt: „Die Bedingung, die nicht im Buche Gottes steht, ist nichtig." So sind alle ehewidrigen Bedingungen, z. B. keinen Geschlechtsverkehr zu üben, ungültig. Auch ein Passus, der den Mann hindern soll, mehrere Frauen zu heiraten oder von seinem ehelichen Züchtigungsrecht Gebrauch zu machen, gilt als eine ungesetzliche Einengung der ihm von Gott gegebenen Freiheit. Es gibt aber eine gesetzliche, im heutigen Iran immer

---

[35] Aus dem Koran und aus dem klassischen islamischen Recht ist der *li'ān* (siehe HWI) beibehalten worden, eine Formel, in der der Mann viermal beschwört, seine Frau habe Unzucht begangen, und sich für den Fall der Lüge selbst verflucht; in der die Frau ebenso oft das Gegenteil beschwört und für den Fall der Lüge sich selbst verflucht. Dieser *li'ān* wird angewandt, wenn der Mann seine Frau beim Geschlechtsverkehr mit einem anderen überrascht, aber nicht vier Zeugen dafür parat hat (er selber zählt nicht als Zeuge mit, weil er Partei, Kläger, ist). Durch den *li'ān* scheidet er sich auf immer von seiner Frau und erkennt das nach dem Fehltritt geborene Kind nicht als ehelich an. Die Frau ist durch den *li'ān* vor willkürlichen Verdächtigungen des Mannes geschützt, kann aber andererseits nicht die Weltfremdheit des islamischen Beweisverfahrens in Ehebruchsangelegenheiten zu amourösen Eskapaden ausnutzen. Siehe *Imāmī* 5, 166 ff.; *Šāhbāġ* 8, 12 (in der *mut'a*-Ehe genügt die einfache Unehelichkeitserklärung des Gatten); *Ḫilāf* III, 38, §§ 25 u. 26. – Durch den Ehebruch der Frau wird die Ehe nach der herrschenden Lehre nicht automatisch aufgelöst: *Imāmī* 4, 327, *taḏkira* 2; *Ḫilāf* II, 378 § 70.

[36] *Imāmī* 4, 363. 366; *Šāhbāġ* 7, 107 zu §§ 1068 und 1069; *Ḫilāf* II, 414 § 32.

häufiger angewendete Möglichkeit, alle diese Schwierigkeiten im fortschrittlichen Sinne zu lösen: der Mann erteilt seiner Frau als seiner Stellvertreterin die Vollmacht *(wakālat)*, dann die Verstoßung auszusprechen, wenn er eine zweite Frau nimmt, wenn er sie schlecht behandelt usw.[37]. Wenn diese Vollmacht geschickt formuliert wird (sie darf sich nicht zu früh, beim ersten Vorfall dieser Art erschöpfen), ist die Frau ebenso sicher wie die Abendländerin.

Fügen wir hier noch einige Vorzüge des islamischen Eherechts an. Die Frau ist alleinige Eigentümerin und Verwalterin ihres Vermögens (§ 1118)[37a]. Wenn sie hierin den Wünschen des Mannes nicht nachkommt, so gilt das nicht als ehelicher Ungehorsam (*Imāmī* 4, 458; *Šāhbāǧ* 7, 167 ad § 1118). – Durch den Abschluß des Ehevertrages wird die Frau Eigentümerin des Brautgeldes und kann darüber verfügen (§ 1082). Solange das Brautgeld nicht ganz oder zum Teil gezahlt ist, kann die Frau den Geschlechtsverkehr verweigern (§ 1085); andere Pflichten muß sie erfüllen (*Imāmī* 4, 394). Ganz ohne Brautgeld ist der Ehevertrag nichtig (*Imāmī* 4, 418). Die Frau kann die Festsetzung des *mahr* / *ṣadāq* dem Mann überlassen; dann ist sie eine *mufawwiẓat ul-buẓʿ* (eine, die die Vollmacht über ihren Geschlechtsteil überläßt, *Imāmī* 4, 418). Wenn der Mann der Frau die Bestimmung des *mahr* überläßt *(tafwīẓ ul-mahr)*, so darf sie nicht mehr als das durchschnittliche Brautgeld *(mahr ul-miṯl)* verlangen (§ 1090, *Šāhbāǧ* 7, 134). Verstößt der Mann die Frau vor Vollzug der Ehe, hat sie nur Anspruch auf die Hälfte des Brautgeldes (§ 1092). Wird die Ehe vor Vollzug annulliert, so hat die Frau keinerlei Ansprüche; etwaige Vorausleistungen des Mannes sind zurückzuerstatten. Das Brautgeld soll vorher gezahlt werden, weil Vermögensverluste heilbar sind, nicht aber der Verlust der Virginität (*Imāmī* 4, 397). Das Brautgeld steht zur alleinigen Verfügung der Frau. Wohnung, Möbel, Kleidung, Nahrung etc. muß der Mann beschaffen: das gehört zur *nafaqa* (Unterhaltspflicht), auch Arzthonorare und Kurkosten, *Imāmī* 4, 436. Verbrauchbare Dinge, wie Essen, Trinken, Seife, Parfüm etc. sollen spätestens vor Beginn des Tages, für den sie bestimmt sind, geliefert werden; sie werden Eigentum der Frau, falls sie nicht während der genannten 24 Stunden *nāšiza* (ungehorsam) wird (*Imāmī* 4, 436/7); dagegen werden die unterhaltsberechtigten Verwandten nicht Eigentümer der *nafaqa* und müssen etwaigen Überschuß zurückgeben (*Imāmī* 5, 239). Wohnung, Hausrat etc. bleiben Eigentum des Mannes und werden der Frau treuhänderisch zur Nutzung überlassen; sie können vom Manne beliebig ausgetauscht werden (*Imāmī* 4, 437). Über das Eigentumsrecht an den Kleidern etc. der Frau sind sich die Imamiten nicht einig. Nach Meinung von

[37] *Imāmī* 4, 373 ff.

[37a] Das bedeutet nicht so sehr, daß man der Ehefrau wirtschaftliche Freiheit einräumen will, als vielmehr, daß der Begriff der Familie, zu deren Existenz beide Partner beitragen sollen, im klassischen islamischen Recht fehlt, siehe oben S. 64.

Imāmī 4, 438, sollte man sich heute nach dem örtlichen Brauch richten. Es kann also vorkommen, daß die Frau bei Auflösung der Ehe aus irgendeinem beliebigen Grund die als *nafaqa* erhaltenen Kleider ihrem Mann oder dessen Erben zurückgeben muß (im letzteren Fall ist zu bedenken, daß sie Miterbin ist). Daß der Gatte sich durch den Ehevertrag nicht eine gehorsame Haushälterin einhandelt, geht daraus hervor, daß die Frau auf Grund von *mahr* und *nafaqa* nicht zu Hausarbeiten wie Kochen, Putzen, Waschen etc. verpflichtet ist, sogar nicht unentgeltlich ihren Säugling zu stillen braucht (*Šāhbāġ* 7, 151). Sie hat sich nur jederzeit für den Geschlechtsverkehr bereitzuhalten, ausgenommen während Menstruation und Krankheit (§ 1127, *Šāhbāġ* 7, 176). Der Mann darf sie aber nicht an der Erfüllung ihrer religiösen Pflichten, wie Gebet, *Ramaẓān*-Fasten und Pilgerfahrt hindern, wohl aber am Besuch ihrer Verwandten etc. (*Šāhbāġ* 7, 151). Brautgeld und Unterhalt richten sich nach der gesellschaftlichen Stellung der Frau (anders die *nafaqa* für die Verwandten); nur die *mut'a,* eine Art Abfindung bei einer Scheidung vor dem Vollzug der Ehe in dem Falle, wo noch kein Brautgeld festgesetzt ist, wird nach dem Vermögen des Mannes berechnet (*Šāhbāġ* 7, 131 u. 140, § 1093; *Ḫilāf* II, 408 § 16). Wenn die Frau gewohnt war, Gäste (auch männliche!) zu empfangen, so darf sie das auch in der Ehe (*Šāhbāġ* 7, 154). Wenn die auswärtigen Verwandten der Frau gewohnt sind, sie zu besuchen, so muß der Ehemann für die Kosten aufkommen (*Šāhbāġ* 7, 154). Der Unterhalt gehört zu den vorrangigen Forderungen *(ṭalab-i mumtāz)* [nach § 226 des *qānūn-i umūr-i ḥasbī* gehört die *nafaqa* zum 4. Rang, *Imāmī* 4, 443]. Der Unterhalt der Frau ist eine einklagbare Schuld des Mannes, anders als der Unterhalt für die Verwandten; hier kann in der Vergangenheit nicht geleistete *nafaqa* nicht eingeklagt werden (*Imāmī* 5, 240). – Wenn ein Vertragschließender seinen Partner über eine für das Eheleben wichtige Eigenschaft getäuscht hat, kann dieser die Annullierung der Ehe verlangen. Dazu gehört z. B. chronische Geisteskrankheit *(ǧunūn).* Wenn der Mann nach der Eheschließung geisteskrank (oder impotent) wird, so ist die Frau berechtigt, die Auflösung der Ehe zu verlangen (§ 1125). Wird dagegen die Frau in der Ehe geisteskrank, so kann der Gatte die Ehe nicht auflösen lassen (*Imāmī* 4, 462).

Wenn wir die rechtliche Stellung der Ehefrau nach iranischem bzw. imamitischem Recht kritisch betrachten, so dürfen wir wohl urteilen, daß bei Ausnützung aller gesetzlichen Möglichkeiten eine moderne Muslimin sich damit bescheiden kann; ich betone, eine moderne *Muslimin,* die von der Gültigkeit des Islams überzeugt ist, die weiß, daß die *šarī'a* nicht nur ihr irdisches Wohlergehen, sondern auch ihr jenseitiges Glück beabsichtigt. Beides kann nicht durch Unterdrückung ihrer Persönlichkeit geschehen – das weiß auch der islamische Gesetzgeber.

Das Erbrecht des QM ist gegenüber dem imamitischen Recht unverändert geblieben[38]. Es kann sich auch in einem Lande, in dem der Islam Staatsreligion ist, nicht gut ändern, weil der Koran sich gerade über das Erbrecht ziemlich ausführlich und verbindlich geäußert hat. Daß die Frau halbsoviel wie der Mann erbt, wird damit begründet, daß der Mann den Unterhalt der Familie zu tragen hat (zum Unterhalt der Verwandten in auf- und absteigender Linie wird auch die Frau im gleichen Maße wie der Mann herangezogen, *Imāmī* 5, 230). Die Zersplitterung der Vermögen durch Erbquoten ist bei den Imamiten nicht ganz so stark wie bei den Sunniten. Dieser Gefahr kann durch die schon seit langem übliche Methode der Errichtung von *waqf's* (Stiftungen; s. WHI, *waḳf*) begegnet werden. Es erscheint jedenfalls besser, sich mit solchen Auswegen zu behelfen, als die Grundlagen des Islam anzutasten. Abschließend wäre zu unserem Thema zu sagen: Eine bewußt neue Konzeption der *islamischen* Familie, zumal nach fremdem Vorbild, ist unmöglich. Auch der moderne Muslim, sofern er mit Ernst Muslim sein will, kann sich nur an seinen kanonischen Vorbildern orientieren, wobei er unbequeme Maximen nicht ausscheiden darf; die Maßstäbe seines Urteilens liegen somit fest. Das bedeutet nicht, daß das islamische Recht eine starre, lebensfremde oder gar lebensfeindliche Größe ist; es muß nur für neue Aufgaben immer wieder neu entdeckt und durch Analogieschluß, selbständiges Durchdenken und Nachdenken neu adaptiert werden.

AUSGEWÄHLTE BIBLIOGRAPHIE

Abbasi = *Khalil Abbasi,* Das Scheidungsrecht der Frau im irakischen Gesetz (Jur. Diss. Köln 1962).

Anderson = *J. U. D. Anderson,* Islamic Law in the Modern World (New York 1959).

Aulād = *Zakarīyā Aḥmad al-Barrī, Aḥkām al-aulād fī l-islām* (Kairo 1384/1964; *at-Ta'rīf bi l-šarī'a al-islāmīya,* 6).

Changes = Changes in Muslim Personal Law – A Symposium, ed. by Organizing Committee XXIV International Congress of Orientalists New Delhi (New Delhi 1964).

Farrūḫ = *'Umar Farrūḫ, al-Usra fī l-šar' al-islāmī* (Bairūt 1370/1951; frz. Titel: Dr. phil. *Omar A. Farrukh,* La famille dans la jurisprudence musulmane).

Fikr = *Fatḥī 'Uṯmān, al-Fikr al-qānūnī al-islāmī bain uṣūl al-šarī'a wa-turāṯ al-fiqh* (Kairo o. J.).

Ǧawāhir 3 = *al-Šaiḫ Muḥammad Ḥasan al-Naǧafī, Ǧawāhir al-kalām fī šarḥ šarā'i' al-islām,* Bd. III (6. Aufl. Naǧaf 1378).

Ǧazīrī 4 = *'Abd al-Raḥmān al-Ǧazīrī, Kitāb al-Fiqh 'alā l-maḏāhib al-arba'a, qism al-aḥwāl al-šaḫṣīya* (2. Aufl. Kairo 1357/1938).

Ḫilāf = *Abū Ǧa'far Muḥammad b. al-Ḥasan al-Ṭūsī, Kitāb al-Ḫilāf,* Bd. II und III (Qumm o. J.).

---

[38] Eine knappe Darstellung mit Hervorhebung der Unterschiede gegenüber dem sunnitischen Erbrecht gibt *Farrūḫ,* 176 ff.; auch *Waṣāyā.*

HWI = Handwörterbuch des Islam, hrsg. von *A. J. Wensinck* und *J. H. Kramers* (Leiden 1941). Artikel: *nikāḥ, mīrāṯ, ṭalāḳ, waṣīya, wilāya.*

Imāmī = *Dr. Saiyid Ḥasan Imāmī, Ḥuqūq-i madanī* Bd. III und IV (2. Aufl. 1342), Bd. V (2. Aufl. 1343).

Iran Verf = The Iranian Constitution with Amendments (1906–1949) = Iran, Basic Facts, no. 2, Ministry of Foreign Affairs, Information and Press Department.

Kullīyāt = *Muḥammad ʿAbduh Burūǧardī, Kullīyāt-i ḥuqūq-i islāmī* (2. Aufl. Ṭehrān 1339/1380) [=*Dāniškade-i ʿulūm-i maʿqūl wa-manqūl. Silsile-i intišārāt-i mu'assase-i waʿẓ wa-tablīġ-i islāmī*].

Mīrāṯ = *Muḥammad Zakarīyā al-Bardīsī, al-Mīrāṯ wa l-waṣīya fī l-islām* (Kairo 1384/1964; = *al-Taʿrīf bi l-šarīʿa al-islamīya*, 4).

Nihāya = *Šaiḫ al-Ṭā'ifa Muḥammad b. al-Ḥasan al-Ṭūsī, al-Nihāya fī muǧarrad al-fiqh wa l-fatāwā* (pers. Übers.) Bd. II (Ṭehrān 1334; = *Intišārāt-i Dānišgāh-i Ṭehrān* Nr. 250).

Person Irak = *ʿAlā' al-Dīn Ḫarūfa, Šarḥ qānūn al-aḥwāl al-šaḫṣīya, raqam 188, sanat 1959,* 2 Bde. (Bagdad 1381/1962–1383/1963; wichtig für iran. Jurisprudenz und Justiz wegen fortlaufender Erwähnung ǧaʿfarit. = imāmit. Lehren und der häufigen Zitate aus Urteilen ǧaʿfarit. Gerichte).

QM = *Qānūn-i madanī*, BGB (iran.) von 1307, in: *maǧmūʿa-i šumāre-i šiš* (Ṭehrān o. J.) I, 20–152. (in der gleichen Sammlung II, 38–62; pers. Übers. des irak. Personenstandsgesetzes von 1959; 63–67: *Qānūn-i izdiwāǧ-i Irān* (iran. Heiratsgesetz); 68–79: *Ā'īnnāme-i aḥwālāt-i šaḫṣīya-i Zarduštīyān* (zarathustr. pers. Recht); 79–85: jüdisches Erb- und Familienrecht; 85–90: protestant. Familienrecht; 91–102: Familienrecht der gregorianischen Armenier; 103–108: Familienrecht der russisch-Orthodoxen; 109–113: Familienrecht der kath. Armenier Teherans; 114–116: Erbrecht der kath. Gemeinschaften Irans. Vgl. für Ägypten Dr. *Šafīq Šaḥāta, Aḥkām al-aḥwāl al-šaḫṣīya li-ġair al-muslimīn min al-miṣrīyīn* (7 Hefte, Kairo 1957–63).

Querry I u. II = *A. Querry*, Droit Musulman, Recueil des Lois concernant les Musulmans Schyites. 2 Bde. (Paris 1871/2) (siehe I, S. V!).

Rauḍa = *al-Šahīd al-ṯānī, al-Rauḍa al-bahīya fī šarḥ al-lumʿa al-dimašqīya* Bd. II (Ṭehrān 1384).

Rosenthal = *E. I. J. Rosenthal*, Islam in the Modern National State (Cambridge 1965).

Šaḥāta = *Dr. Šafīq Šaḥāta, Ahkām al-ahwāl al-šaḫṣīya li-ġair al-muslimīn min al-miṣrīyīn* (7 Hefte, Kairo 1957–1963).

Šāhbāġ 6, 7, 8 = *ʿAlī Ḥā'irī (Šāhbāġ), Šarḥ-i qānūn-i madanī*, Bd. VI–VIII (§§ 771 bis 1247) (Ṭehrān 1339).

Šaltūt / Fat = *Maḥmūd Šaltūt, al-Fatāwā. Dirāsa li-muškilāt al-muslim al-muʿāṣir fī ḥayātihi l-yaumīya wa-l-ʿāmma* (Kairo o. J.) 254–342 *(fī l-usra wa-l-aḥwāl al-šaḫṣīya).*

Šaltūt / Islam = *Maḥmūd Šaltūt, al-Islām, ʿaqīda wa-šarīʿa* (Kairo o. J.) 151–257: *niẓām al-usra wa-l-mawārīṯ.*

Tahḏīb VII, VIII, IX = *Šaiḫ al-Ṭā'ifa abū Ǧaʿfar Muḥammad b. al-Ḥasan al-Ṭūsī, Tahḏīb al-aḥkām . . .*, Bd. VII, VIII, IX (2. Aufl. Naǧaf 1380/1961, 1382/1962).

Tavallali = *Djamchid Tavallali*, Le Parlement Iranien (Thèse Lausanne 1954).

Wasā'il = *al-Šaiḫ Muḥammad b. al-Ḥasan al-Ḥurr al-ʿĀmilī, Wasā'il al-Šīʿa ilā taḥṣīl masā'il al-šarīʿa*, Bd. XIV (Ṭehrān 1384).

Waṣāyā = *Muḥammad Ǧawād Maġnīya, al-Waṣāyā wa-l-mawārīṯ ʿalā l-maḏāhib alḫamsa: al-ǧaʿfarī, al-ḥanafī al-mālikī, al-šāfiʿī, al-ḥanbalī* (Bairūt ca. 1964).

Zawāǧ = *Zakī al-Dīn Šaʿbān, al-Zawāǧ wa-l-ṭalāq fī l-islām* (Kairo 1384/1964; = *al-Taʿrīf bi l-šarīʿa al-islāmīya*, 3).

RECHTSPHILOSOPHIE

DER BEITRAG DES NATURRECHTS ZUM POSITIVEN RECHT

Von Dr. HANS THIEME
Professor an der Universität Freiburg, Br.

(Generalreferat)

Der Bericht, der an dieser Stelle zu erstatten ist, wird im Rahmen des Programms in der Sektion I, Allgemeines, und in dem Abschnitt E, Rechts*philosophie,* geführt. Der Berichterstatter ist aber ein Rechts*historiker,* und er kann sich die Enttäuschung nur allzu gut ausmalen, die der Philosoph empfinden muß, wenn dieses schwierige und umfassende Thema nunmehr unter Gesichtspunkten behandelt wird, die den berechtigten Wünschen der Rechtsphilosophie nicht Genüge tun.

1. So ist es von vornherein nicht unsere Aufgabe, Betrachtungen darüber anzustellen, *ob es* überhaupt so etwas wie *ein Naturrecht,* ius naturale, *gibt*[1]. Bekanntlich wird das gerade vom Positivismus geleugnet; er könnte es also, streng genommen, auch nicht gelten lassen, daß das Naturrecht irgend einen Einfluß auf das positive Recht ausgeübt habe. Da nun aber auch der Positivist nicht bestreiten kann, daß sich zu verschiedenen Zeiten und auf mannigfältige Weise naturrechtliche Ideen und Postulate des geltenden Rechts bemächtigt und dasselbe umgestaltet haben, so muß er sich damit bescheiden, die hinter diesen Ideen und Postulaten steckenden Ideologien politischer und religiöser Art, die – nach seiner Auffassung verfehlte – Rechtstheorie zu entlarven; er spricht von einem Pseudo- oder Kryptonaturrecht, das sich im positiven Recht eingenistet habe, aber an der Tatsache jener Beeinflussung kommt auch er nicht vorbei.

2. Auch die unleugbare *Vieldeutigkeit* des Naturrechtsbegriffs sollte unsere Aufgabe nicht wesentlich erschweren[2]. Gewiß ist es ein weiter Weg von den Vorstellungen der heidnischen und der christlichen Antike über das mittelalterliche Naturrecht zu demjenigen der Neuzeit, zum Vernunftrecht der Aufklärung oder zu dem „Naturrecht mit wechselndem Inhalt" unserer

---

[1] Hierzu vgl. etwa F. Wieacker, Zum heutigen Stand der Naturrechtsdiskussion (1965) mit weiteren Nachweisen.

[2] Darüber umfassend Erik Wolf, Das Problem der Naturrechtslehre (3. Aufl. 1964).

Tage. Für unsere Frage können aber diese Unterschiede keine entscheidende Rolle spielen. Sie lautet vielmehr ganz schlicht: Wie haben sich diese verschiedenen Arten von Naturrecht – oder von dem, was man jeweils als Naturrecht ansah oder proklamierte – in unserem geltenden Recht ausgewirkt? Das enthebt uns einer näheren Untersuchung jener Vieldeutigkeit, die wir wiederum dem Rechtsphilosophen überlassen müssen.

3. Eine dritte Beschränkung ergibt sich aus der Begrenztheit von Raum und Zeit, an die wir uns halten müssen, aber auch aus dem derzeitigen Forschungsstand und unserer eigenen Interessenrichtung. Über den Beitrag des Naturrechts zum positiven Recht ist sehr viel mehr gearbeitet worden im Bereich des *öffentlichen Rechts,* der Allgemeinen Staatslehre, der politischen Ideengeschichte, als im Bereich des *Privatrechts*[3]. Wir werden uns daher im wesentlichen auf den letzteren beschränken. Ebenso werden wir uns in diesem Bericht vornehmlich an die deutsche und in zweiter Linie an die kontinentaleuropäische Entwicklung halten, während wir uns ein weiteres Ausgreifen, wie es dem Sinn der Académie internationale de Droit comparé und eines Generalreferats entspricht, für den französischen Vortrag vorbehalten.

I

Somit soll es nun unsere erste Aufgabe sein, den Beitrag des Naturrechts zur Lehre vom *Schadensersatz* zu erweisen. Mit der Überwindung des klassischen römischen Systems der Geldkondemnation durch die mittelalterliche Rechtslehre und mit der Klagbarkeit der pacta nuda wurde die Entwicklung einer allgemeinen Schadenslehre zur Notwendigkeit[4]. Was sich hier im Vertragsrecht abspielt, findet seine Entsprechung beim Deliktsrecht. Die allgemeine Verpflichtung zum Schadensersatz wird zunächst von der kanonistischen Doktrin betont: non remittetur peccatum, nisi restituatur ablatum. Hierauf ist es die Moraltheologie, welche die Verpflichtung zur Wiedergutmachung, restitutio, aufstellt, und zwar viel weitgehender, als das gemeine Recht: si culpa tua datum est damnum, iure super his satisfacere te oportet (Soto). Was hiernach erst für das forum conscientiae gilt, das wird nun von Hugo Grotius, dessen starke Beeinflussung durch die Spätscholastik ja heute bekannt ist[5], zur naturrechtlichen Norm erhoben: Hi vero qui legibus civilibus subjecti non sunt, id sequi debent quod aequum esse ipsis ratio recta dictat: imo et illi qui legibus subjecti sunt,

[3] Vgl. dazu H. Thieme, Das Naturrecht und die europäische Privatrechtsgeschichte (2. Aufl. 1954).

[4] Hermann Lange, Schadensersatz und Privatstrafe in der mittelalterlichen Rechtstheorie (Forschungen zur neueren Privatrechtsgeschichte Bd. 2; 1955) 10 ff.

[5] H. Thieme, Natürliches Privatrecht und Spätscholastik: SavZ/Germ. 70 (1953) 230 ff., 262 ff.

quoties de eo quod fas piumque est agitur, si modo leges non jus dant aut tollunt, sed juri duntaxat ob certas causas auxilium suum denegant (II, 12, 12). Das heißt in der französischen Übersetzung (Barbeyrac): Ceux qui ne dépendent point des Loix Civiles, doivent se régler sur ce que la droite Raison leur dit être juste et équitable. Ceux mêmes qui sont soumis aux Loix, doivent, malgré la permission que les Loix accordent, faire toujours en conscience ce que demande la Justice et l'Equité. Damit war aber zugleich der unüberhörbare Anspruch erhoben, einen Schadenersatz in jedem Falle, und unabhängig von dem Begriff der laesio enormis und des „ultra dimidium", durch das positive Recht zu gewährleisten, und so ist es denn auch in dem berühmten Artikel 1382 des Code civil endlich geschehen: Tout fait quelconque de l'homme, qui cause à autrui un dommage, oblige celui par la faute duquel il est arrivé, à le réparer. Der Weg, den wir soeben verfolgen konnten, führte also vom römischen Recht und seiner Auflockerung in der mittelalterlichen Rechtslehre über Scholastik und Kanonistik zum neuzeitlichen Naturrecht und den Kodifikationen und ist gewiß nicht zufällig, sondern ein Beispiel für eine auch anderwärts zu beobachtende Entwicklung.

II

Bei unserem zweiten thema probandum betreten wir bekanntes Terrain und können uns verhältnismäßig kurz fassen: es betrifft den Einfluß des Naturrechts auf die Systematik des Privatrechts. Sie hat sich schon seit dem 16. Jahrhundert von der Institutionenordnung – personae, res, actiones – allmählich gelöst und eigene Wege eingeschlagen, wobei die Naturrechtslehre in der einen oder anderen Weise maßgeblich wurde. So vor allem in ihrer mathematisch-deduktiven Richtung, wie sie ein Christian Wolff mit nachhaltigem Erfolg vertreten hatte; aber auch Jean Domat ist hier zu nennen. Nicht nur die Technik der Ableitung aus Obersätzen und der Verästelung des positiven Rechts in immer feinere Distinktionen ist dieser Naturrechtsschule zu verdanken, sondern auch die Herausarbeitung eines Allgemeinen Teils als „Schwerpunkt der juristischen Dogmatik" (A. B. Schwarz) [6], der die Pandektenwissenschaft des 19. Jahrhunderts entscheidend geprägt hat. Das Naturrecht suchte aus vorgegebenen Prinzipien wie der „goldenen Regel", dem „alterum non laedere" und „suum cuique tribuere" die gesamte Rechtsordnung zu erklären, und diese Vorstellung, die dem casuistischen und induktiven Denken der Römer gerade entgegengesetzt ist, hat unser positives Recht lange Zeit hindurch in Bann gehalten. Erst die neuere Jurisprudenz – in Deutschland beginnend mit der

[6] A. B. Schwarz, Zur Entstehung des modernen Pandektensystems, in: Rechtsgeschichte und Gegenwart (Freiburger Rechts- und Staatswiss. Abhandlungen Bd. 13; 1960) 8.

Freirechtsschule[7] – und die Kodifikationen unseres Jahrhunderts, beispielsweise die italienische von 1942, haben diesen Gedanken der Naturrechtslehre wieder verlassen, nachdem auch die Rechtsprechung mehr und mehr erkannt hatte, daß die Annahme von allgemeingültigen und abstrakten Obersätzen, die auf ganz verschiedenartige Sachverhalte anwendbar seien, nur begrenzt möglich ist. Trotzdem ist aber das Kernstück des Allgemeinen Teils, die Lehre vom *Rechtsgeschäft,* die also ein Kind der Naturrechtsschule ist, auch in die neuesten Entwürfe, z. B. Frankreichs, übernommen worden[8].

Besonders deutlich ist auch der Einfluß des Naturrechts auf die *Irrtumslehre*[9]. Durch Savigny ist sie, ebenso wie im Naturrecht, in die Lehre von der Willenserklärung eingeordnet worden, indem er den Irrtum als die Nichtübereinstimmung von Wille und Erklärung definierte und von dem Irrtum im Beweggrund unterschied. Diese Feststellung, welche Windscheid „eines der schönsten Verdienste Savignys" nannte, findet sich aber schon im Naturrecht, etwa bei Zeiller[10] und ist somit, um wiederum Windscheid zu zitieren, durch die Vermittlung Savignys „epochemachend geworden"[11]. Auch die Berücksichtigung veränderter Umstände, die sogen. clausula rebus sic stantibus, die in manchen naturrechtlichen Kodifikationen Gesetzeskraft erlangte, so im Kurbaierischen Landrecht (IV, 15 § 12) und im preußischen Allgemeinen Landrecht (I, 5 §§ 377 ff.) entspricht naturrechtlichem Gedankengut. Auch wenn der Irrende den Irrtum selbst verschuldet hatte, war er nach dem preußischen Allgemeinen Landrecht zu berücksichtigen (I, 4 § 78), ein Gedanke, der sich schon bei Grotius findet: Quod si promissor negligens fuit in re exploranda, aut in sensu suo exprimendo, et damnum inde alter passus sit, tenebitur id resarcire promissor, non ex vi promissionis, sed ex damno per culpam dato (II, 11, § 6, 3). Barbeyrac drückt dies folgendermaßen aus: Que s'il y a eu, de la part du Promettant, de la négligence à s'informer de la chose ou à exprimer sa pensée, et que celui, à qui il a promis, en aît reçu du dommage: le Promettant doit le réparer, non en vertu de la Promesse, mais en vertu de la maxime qui veut qu'on répare le dommage qu'on a causé par sa faute.

Wir beobachten somit, wie die Systematik und Methode der Naturrechtslehre, die den Allgemeinen Teil hervorgebracht hatte, gleichzeitig auch mit dem Rechtsgeschäft, dem negotium juridicum, und mit der Willenserklä-

---

7 Eine Zusammenfassung ihrer Lehren bietet jetzt der Sammelband von Ernst Fuchs, Gerechtigkeitswissenschaft (1965).

8 W. Flume, Allgemeiner Teil des Bürgerlichen Rechts II (1965) 31.

9 B. Oebike, Wille und Erklärung beim Irrtum in der Dogmengeschichte der beiden letzten Jahrhunderte (Diss. Münster 1935). P. Haupt, Die Entwicklung der Lehre vom Irrtum beim Rechtsgeschäft seit der Rezeption (1941).

10 F. v. Zeiller, Das natürliche Privatrecht (3. Aufl. Wien 1819) 145.

11 B. Windscheid, Lehrbuch des Pandektenrechts I (1862) § 76.

rung jene Begriffe ausgebildet und entwickelt hat, deren sich die Privatrechtswissenschaft in der Folgezeit bedienen mußte, ob sie nun ihres naturrechtlichen Ursprungs innewar oder nicht.

III

Sehr viel kürzer dürfen wir bei unserem dritten Gegenstand verweilen, der privatrechtlichen *Verwirklichung der Menschenrechte.* Es bedarf keines längeren Beweises dafür, daß die Lehre von den Menschen- und Bürgerrechten naturrechtlichen Ursprungs ist[12]. Der Weg zu ihrer Umsetzung in Normen des positiven Rechts war bekanntlich dornig und schwer; Revolutionen kennzeichnen ihn ebenso wie Reformen einsichtiger Männer, die das Notwendige ungezwungen zu bewirken trachteten, aber in ihrem Wollen immer wieder durch den Widerstand reaktionärer und verneinender Kräfte behindert wurden[13]. Stationen auf diesem Wege sind die großen Kodifikationen der Naturrechtszeit und die Reformgesetze des 19. Jahrhunderts; was man als „Fortschritte des Zivilrechts" in dieser Periode bezeichnet hat[14], ist doch in Wahrheit die Verwirklichung von Forderungen des Naturrechts, die der Liberalismus in der Folge auf seine Fahnen geschrieben hatte. „Die Rechtsgeschichte des 19. Jahrhunderts" – so lesen wir bei RUDOLF SOHM – [wird] „nicht durch Ideen der deutschen historischen Schule, sondern ununterbrochen durch die übermächtige Philosophie der Aufklärung, durch die mit elementarer Kraft noch heute die Gemüter beherrschenden Gedanken des Naturrechts bestimmt."[15]

Es mag dem heutigen Juristen vielfach gar nicht mehr bewußt sein, daß die *Freiheit der Person* oder die *Gleichheit vor dem Gesetz,* die heute jedenfalls zu den ehernen Grundsätzen der Privatrechtsordnungen in Ost und West rechnen, auch wenn es mit ihrer Verwirklichung vielfach nicht zum besten stehen mag, ursprünglich zum Gedankengut des Naturrechts gehören. Dort, wo solche Grundsätze Belastungen ausgesetzt sind, wie etwa bei Konflikten zwischen Weißen und Farbigen in den Vereinigten Staaten oder in England, oder bei der Gewährleistung der religiösen Freiheit, wie in Canada oder in Deutschland – wir denken an das Problem des Schul-

---

[12] Siehe beispielsweise Zur Geschichte der Erklärung der Menschenrechte, hrsg. von ROMAN SCHNUR (Wissenschaftliche Buchgesellschaft Darmstadt, Wege der Forschung Bd. XI; 1964).

[13] Als Beispiel möge die Geschichte der preußischen Kodifikation dienen; vgl. dazu neuestens H. CONRAD, Das Allgemeine Landrecht von 1794 als Grundgesetz des friderizianischen Staates (1965), und H. THIEME, Carl Gottlieb Svarez in Schlesien, Berlin und anderswo: JurJb. 6 (Köln-Marienburg 1965).

[14] Vgl. J.-W. HEDEMANN, Die Fortschritte des Zivilrechts im 19. Jahrhundert, 1. Teil: Die Neuordnung des Verkehrslebens (1910).

[15] SOHM, SavZ/Germ. 1 (1880) 1 ff., 80.

gebets als ein Beispiel aus jüngster Zeit –, wird aber der Appell an das Naturrecht sofort wieder vernehmlich. Die Verwirklichung dieser Grundsätze auf allen Teilgebieten des Privatrechts hat etwa HEDEMANN im einzelnen dargestellt: Gewerbe- und Handelsfreiheit, Beseitigung der alten Zinsschranken, Vertragsfreiheit im Schuldrecht, im Ehegüterrecht und im Erbrecht, Testierfreiheit, Freiheit der Vereins- und Körperschaftsbildung, Freiheit des Stiftungsrechts, Persönlichkeitsschutz. Jede dieser Freiheiten ist ein Thema für sich. Die Dogmengeschichte hat sie durch das ganze 19. Jahrhundert hindurch verfolgt und ihre naturrechtlichen Ursprünge dargelegt. Gewiß ist es nicht mehr nur das absolute, das ewige, das primäre Naturrecht, mit dem die Konkretisierung der Menschen- und Bürgerrechte unter wechselnden und jeweils besonderen Verhältnissen in einer sich wandelnden Welt gerechtfertigt werden kann. Es ist vielmehr ein relatives, hypothetisches, sekundäres Naturrecht – eine Vorstellung, wie sie schon dem späten 18. Jahrhundert zu eigen war [16]. Gewiß verbergen sich dahinter auch etwa politische oder religiöse Kräfte. Indem sie sich aber des Naturrechtsgedankens bedienen, berufen sie sich auf die Natur des Menschen, auf das Wesen der Dinge, auf die Schöpfungsordnung und damit unwillkürlich auch auf jene wissenschaftliche Tradition, die wir hier beschworen haben und deren Gewicht sie sich dann nicht entziehen können. Sie ist ein Teil unserer ältesten Überlieferung, von unserer Rechtskultur nicht zu trennen, aber als geschichtliche Macht zugleich die jüngste, in der wir noch gefangen sind und die sich gerade in der Gegenwart immer neue Gebiete erobert. Denken wir nur an die Vergesellschaftung, Dekolonialisierung, Selbstbestimmung, die sich alle ein naturrechtliches Gewand überwerfen. Naturrechtliche Postulate kennen keine Grenzen; die Menschenrechtskonvention der UNO ist ein Beweis dafür, und das alte Wort von LEIBNIZ erfüllt sich: Basis juris socialis inter gentes ipsum naturae jus est.

[16] Hierüber vgl. H. THIEME, Die Zeit des späten Naturrechts: SavZ/Germ. 56 (1936) 202 ff., 232.

DIE GEGENWÄRTIGE BEDEUTUNG DER MAXIME „NUL N'EST CENSÉ IGNORER LA LOI"

Von Dr. HANS KIEFNER
Professor an der Universität Münster i. W.

I

Die Parömie, die den Gegenstand des mir vorgelegten Themas bildet, lautet in ihrer französischen und in der englischen Version der Kongress-Agenda jeweils etwas verschieden: ‚Nul n'est censé ignorer la loi' – ‚Ignorance of the law is no excuse'. Die Aktualität dieser „Maximen" noch in der Gegenwart wird, wie es scheint – und insoweit stimmen beide Formulierungen meines Themas überein – vorausgesetzt (le rôle actuel, the current role), was man aufs erste unwillkürlich mit einem schlichten ‚nein' beantworten, jedenfalls aber eher mit einem Fragezeichen versehen, denn als feststehende Prämisse akzeptieren möchte.

Zwar ist die Problematik, um die es geht, für beide Sätze letzten Endes die gleiche, angefangen bei der Frage, welche lex denn hier gemeint sei – lex positiva, lex naturae, lex Dei. Insofern könnten wir über die verschiedenen Formulierungen als eine bloße façon de parler hinwegsehen. Indes legen zwei Umstände es nahe, es doch bei der in den beiden Versionen enthaltenen Nuançierung zu belassen und auf eine harmonisierende Übersetzung zu verzichten: Schon daß im französischen Rechtskreis der eine, im englischen der andere Satz offenbar der geläufigere ist, ist vielleicht kein Zufall[1]. Vor allem aber spiegeln beide Sätze historisch jeweils ganz verschiedene juristische Denk- und Argumentationsstile wider.

Die sehr viel ältere Regel ‚iuris ignorantia non excusat' beantwortet ein Schuldproblem; der wesentlich jüngere Satz ‚nemo ius ignorare censetur' ist technisch in die Form einer Präsumption gekleidet. Einige Bemerkungen zur – von vornherein zweifelhaft erscheinenden – aktuellen Bedeutung beider Sätze setzen einen gedrängten Überblick[2] über Genesis,

---

[1] ‚Nul n'est censé ...' geht auf die Vermutungslehre der kontinentalen mittelalterlichen Jurisprudenz zurück, s. unter III.; deshalb wird sich der Satz gerade in Frankreich durchgesetzt haben.

[2] Ohne Anspruch auf Vollständigkeit. Daß die folgenden Ausführungen weit-

ursprüngliche Funktion und Bedeutungswandel voraus, d. h. es wird sich implicite schon daraus mit eine Antwort ergeben müssen.

II

1. Die Regel von der Unentschuldbarkeit der Rechtsunkenntnis hat schon die römische Jurisprudenz der Republik geprägt: Regula est iuris quidem ignorantiam cuique nocere, facti vero ignorantiam non nocere, D. 22. 6. 9 pr. Ius ist hier zu verstehen als das ius civile auf der Grundlage der lex XII tabularum, dessen Kenntnis man bei allen cives Romani voraussetzte. Die regula hat also – was festgehalten zu werden verdient – ursprünglich keinerlei metaphysischen Bezug; nicht ist in ihr gemeint eine dem Menschen eingeborene lex naturae – eine den republikanischen und klassischen Juristen fremde Vorstellung[3]. Auch die Entgegensetzung von ius und factum ist hier völlig naiv und unbefangen zu verstehen. Der nur beschränkten Brauchbarkeit des Satzes war man sich im übrigen bewußt; soweit es die Rechtsunkenntnis anlangt, sah man sich zu Einschränkungen alsbald genötigt, so zugunsten von Minderjährigen[4]. Labeo grenzt ihn zu Beginn der klassischen Periode generell ein: iuris ignorantiam non prodesse Labeo ita accipiendum existimat, si iuris consulti copiam haberet vel sua prudentia instructus sit, D. 22.6.9.3; wer also nicht die Möglichkeit hatte, sich über das ius civile zu informieren, dessen Unkenntnis ist zu entschuldigen. Mit dem Bedeutungswandel von ius im Laufe der römischen Rechtsentwicklung[5] mußte sich auch der Sinn der Regel verändern; indes bezieht sich der Satz über die ignorantia iuris noch bei Justinian – D. 22. 6 und C. 1. 18: De iuris et facti ignorantia – auf die Unkenntnis des positiven Rechts.

2. Das naturrechtliche Umverständnis der Regel ist das Werk der mittelalterlichen Romanistik und Kanonistik. Für das weltliche Recht bezieht sie die Gl. Regula est zu D. 22.6.9 pr.[6] sofort und an erster Stelle auf das

---

hin geschichtlicher Natur sind, ist bei einem historisch so vorbelasteten Thema unvermeidlich. Die rechtsphilosophische Problematik ist indes in der Geschichte der Parömien enthalten.

[3] Für nicht zutreffend halte ich die Auffassung von Kaser, Römisches Privatrecht I (1955) 211, es sei fraglich, ob der Satz schon auf die alte Regularjurisprudenz zurückgehe: Ein Nachklassiker hätte angesichts der unübersehbar gewordenen Masse von ius und leges, deren die Epigonen nicht mehr Herr zu werden vermochten, schlechterdings nicht auf den Gedanken verfallen können, das (positive) Recht sei der Kenntnis jedermanns verfügbar. Ebensowenig dürfte ihm naturrechtliche Reflexion vindiziert werden. Die Regel muß deswegen in der Tat sehr alt sein und aus einer Zeit stammen, in der das ius civile wirklich noch jedem Bürger gegenwärtig sein konnte (anders schon z. Zt. Labeos; siehe gleich). Richtig deshalb Kunkel, Röm. Privatrecht (3. Aufl. 1949) 108 Anm. 14 Vgl. auch Cicero, de leg. 2, 59.

[4] D. l. c. [5] Kaser (oben N. 3) I 176 ff., II (1959) 32 ff.

[6] In der Glossa ordinaria des Accursius, Digestum vetus.

Naturrecht: Dic quod ignorantia alia facti alia iuris... Item iuris: alia iuris naturalis, alia quasi naturalis, alia civilis iuris[7]. Immerhin bleibt hier der Bereich der Regel inhaltlich noch gebunden an die justinianische Kompilation, wobei ihre Anwendungsfälle und die Ausnahmen von ihr freilich häufig uminterpretiert werden.

Der folgenreichste Schritt war deshalb ihre Rezeption in das kanonische Recht schon durch GRATIAN: Dict. Grat. zu c. 12 C. I q. 4 P. IV § 1, 2: Notandum quoque est, quod non omnis ignorantia aliquem excusat. Est enim ignorantia alia facti alia iuris... (2) Item ignorantia iuris alia naturalis, alia civilis. Naturalis omnibus adultis dampnabilis est; ius vero civile aliis permittitur ignorare, aliis non...[8], vor allem aber als regula XIII in den Liber Sextus BONIFAZ' VIII. (1298): Ignorantia facti, non iuris, excusat. Damit war sie zum selbständigen, von allen konkreten Anwendungsfällen gelösten naturrechtlichen Prinzip geworden und gerät so endgültig in den Bann der thomistischen quaestio: Utrum ignorantia sit peccatum[9]; d. h. sie erhält für Jahrhunderte ihren eigentlichen Sitz in der Moraltheologie. Der Begriff der ignorantia wird von THOMAS definiert als die scientiae privatio, als mangelnde Kenntnis dessen, was zu wissen der Mensch kraft seines Menschseins fähig ist (quae aptus natus est scire) – im Gegensatz zur bloßen nescientia, der simplex scientiae negatio zufälliger Objekte des Wissens. In dem Bereich dessen, was zu wissen der Mensch vermöge seiner natürlichen Beschaffenheit imstande ist, ist jeder verpflichtet, sich Kenntnis zu verschaffen über die Dinge, ohne deren Kenntnis rechtes Handeln nicht möglich ist. Alle sind deshalb verpflichtet zur Kenntnis der praecepta fidei und der praecepta universalia iuris. Offensichtlich ist deshalb auch, daß ‚peccat peccato omissionis', wer versäumt zu wissen, was zu wissen er verpflichtet ist. Insofern ist Unkenntnis der praecepta universalia iuris als negligentia vorwerfbar und mithin Schuld. Aber: nicht als vorwerfbar zugerechnet werden kann dem Menschen, wenn er nicht weiß, was er nicht wissen kann, d. h. die ignorantia invincibilis; unüberwindlich deshalb, quia studio superari non potest. Zum Schuldvorwurf gereicht also nur die ignorantia, die vincibilis ist.

3. Diese Distinktion zwischen der ignorantia invincibilis und der ignorantia vincibilis ist nicht nur für die Moraltheologie und das kanonische Recht maßgeblich geworden. Sie schränkt die regula XIII in VI^{0} entscheidend ein, indem sie das Schuldprinzip auf sie anwendet. Nur auf dieser Grundlage

---

[7] Zur Eigenart der mittelalterlichen Textinterpretation s. meine Abhandlung SavZ/Rom. 79 (1962) 262 Anm. 91 mit weiteren Hinweisen.

[8] Vgl. auch die Gl. Omnis ignorantia s. vv. Ignorantia iuris zu dieser Stelle (Glossa ordinaria des JOH. TEUTONICUS zum Dekret), und insgesamt HINSCHIUS, System des katholischen Kirchenrechts V (1893) 922 ff.

[9] Summa theologica I 2 q. 76 art. 2; vgl. auch CARON, L'ignorantia en droit canonique, Ephemerides iuris canonici II (1946) 5 ff., insbes. 46 ff., auch WELZEL, Vom irrenden Gewissen (1949) 8 ff.

ist ein Werk wie das des JOH. CHRYSOSTOMUS PHILIPPINUS überhaupt möglich geworden: De privilegiis ignorantiae[9a]. Fundament auch für die Lehre von der ignorantia invincibilis bleibt freilich das Axiom der Existenz und der Erkennbarkeit unwandelbarer praecepta universalia iuris.

Maßgebend geworden ist die Distinktion auch für das weltliche Naturrecht, allerdings nicht uneingeschränkt. Zwar an den Prämissen wird einhellig festgehalten, an den erkennbaren principia iuris generalia. Die Möglichkeit einer inevitabilis ignorantia legis naturae, die tollit peccatum – von GROTIUS voll anerkannt[10] – wird indes im späteren Naturrecht nicht mehr einhellig eingeräumt[11].

III

Der Satz, daß Kenntnis des Rechts bei jedermann vermutet werde – nemo ius ignorare censetur –, ist jüngeren Datums, d. h. er stammt nicht schon aus der römischen Antike. Das lehrt schon seine Technizität, d. h. die für ihn verwendete Form der Vermutung. Zwar den römischen Juristen nicht ganz unbekannt, insbesondere JUSTINIAN nicht[12], erhält die Präsumption doch erst in der mittelalterlichen Jurisprudenz in der Lehre vom Beweis ihre große Bedeutung[13], sicher unter dem Einfluß der rhetorischen Theorie über die probationes artificiales[14] mit ihren argumenta oder loci a persona, a re, a causa, a loco, a modo usw. Daß die antike, seit dem Mittelalter zum moraltheologisch-naturrechtlichen Topos gewordene regula über die ignorantia iuris, genauer: ihr kognitives Moment, das sie voraussetzt, nämlich die Erkennbarkeit der praecepta iuris universalia, nunmehr mit einer Vermutung in Verbindung gebracht wird, ist kein Zufall. Die Ausnahmen von der Regel machten das notwendig. Solange man eine unverschuldete Rechtsunkenntnis nicht anerkannte, bedurfte es des Beweises der Kenntnis nicht, denn sie mußte in jedem Falle ausnahmslos unterstellt werden – oder denn für überflüssig gehalten. Sowie indes die Relevanz der invincibilis ignorantia iuris anerkannt wurde, kam es auf den Beweis solcher Unkenntnis an, wodurch einmal das Problem der Beweisbarkeit eines nicht der Außenwelt angehörenden Faktums, zum andern die Frage der Beweislast akut wurde. Für die Lösung beider Probleme bot sich, der Neigung der Zeit ohnehin entsprechend[15], die Aufstellung einer Präsumtion an, sei es im Wege eines argumentum a persona, sei es auf Grund eines locus a causa: Vermutungs-

---

[9a] Dazu WELZEL (N. 9) 10 ff.

[10] De iure belli ac pacis II 20, 43, 2; WELZEL (N. 9) 12.

[11] Vgl. unten III 3.

[12] Vgl. KASER, SavZ/Rom. 71 (1954) 221 ff., bes. 231 ff.

[13] Siehe meine Abh. (oben N. 7) passim.

[14] Dazu LAUSBERG, Handbuch der literarischen Rhetorik I (1960) 193 ff., bes. 201 ff., 204 ff.

[15] Vgl. SavZ/Rom. 79, 299 f.

basis ist die animi natura, vermöge deren der Mensch generell in der Lage ist, die praecepta iuris generalia zu erkennen, woraus sich als Vermutungsfolge auch für den konkreten Fall die scientia iuris ergibt (argumentum a persona). Meist rechnet indes die dauernde seelische Verfassung, der habitus quidem animi, zum argumentum a causa [16]. Auch hier ist die Beschaffenheit des menschlichen Intellekts, das Richtige erkennen zu können, Grundlage der Präsumption, mit der sich daraus ergebenden Vermutungsfolge der scientia iuris. Es bedarf also des schwierigen, weil ein innerliches Faktum betreffenden, Beweises nicht. Damit ist zugleich die Beweislast geregelt: Da die unverschuldete, weil unvermeidbare ignorantia iuris anerkannt ist, wird ihr Beweis als Beweis des Gegenteils zugelassen. Es handelt sich also um eine praesumptio iuris, eine einfache Rechtsvermutung, die durch den Nachweis einer unüberwindbar falschen Meinung über Recht und Unrecht entkräftet werden kann. Dabei fließen ignorantia und error iuris der mittelalterlichen Jurisprudenz meist in eines; die Präsumptionen sind auch häufig negativ gefaßt: Rechtsunkenntnis wird nicht vermutet; eben, in modernerer Formulierung: nul n'est censé ignorer la loi. Eine übersichtliche Zusammenstellung der spätmittelalterlichen und frühneuzeitlichen Lehre vermittelt das Standardwerk ‚Conclusiones probationum' des JOSEPHUS MASCARDUS [17] s. vv. Error iuris regulariter an praesumatur (concl. 639) mit dem Grundsatz: error iuris regulariter non praesumitur, sed scientia, wohingegen ignorantia (facti) semper praesumitur (concl. 879).

2. Auf diesem Stand verharrt die Lehre im allgemeinen bis in das 19. Jh. hinein, auch nachdem die theoretischen Grundlagen der Naturrechtsdoktrin längst zerstört waren. Noch SAVIGNY sagt in seiner schönen und noch heute lesenswerten Abhandlung über ‚Irrthum und Unwissenheit', daß „die Nachlässigkeit bey dem factischen Irrthum als eine besondere Thatsache erwiesen werden muß, anstatt daß sie sich bey dem Rechtsirrthum von selbst versteht, und nur durch den Beweis ungewöhnlicher Umstände widerlegt werden kann", es sei also „die Beweislast... für beide Arten [des Irrtums] verschieden" [18].

3. Unbestritten war die Auffassung freilich nicht, so vor allem nicht in Frankreich. DOMAT anerkannte lediglich, daß l'ignorance des faits est présumée, lorsqu'il n'y a pas de preuves contraires, und zwar nur hinsichtlich von facta aliena [19]. Eine widerlegbare Vermutung der scientia iuris naturalis kennt er nicht, denn l'ignorance de droit ne doit s'entendre que du droit positif, et non du droit naturel, que personne ne qeut ignorer [20], weil

---

16 LAUSBERG (oben N. 14) 205, 209.

17 SavZ/Rom. 79, 273 und Anm. 126.

18 System des heutigen Römischen Rechts III (1840) 335 f. SAVIGNY steht hier ohne Zweifel, wie auch sonst nicht selten, in der mittelalterlich-naturrechtlichen Tradition.

19 DOMAT, Les lois civiles dans leur ordre naturel I (Paris 1777) 1, 18, 1, 9.

20 Vorige Note 1, 18, 1, 3.

les règles du droit naturel sont celles que Dieu a lui-même établies, et qu'il enseigne aux hommes par la lumière de la raison[21]. Das läuft der Sache nach auf eine praesumptio iuris et de iure, auf eine unwiderlegliche Vermutung hinaus. Und noch im Jahre 1813 erklärt MERLIN in bemerkenswerter erkenntnistheoretischer Unbefangenheit: Les préceptes de la loi naturelle... sont gravés dans tous les cœurs: il ne faut, pour s'en instruire, que rentrer en soi-même, et consulter sa propre raison. Man brauche also nur in sich zu gehen, um das natürliche Gesetz zu erkennen. On ne peut donc les ignorer que par une négligence coupable, weshalb l'ignorance... ne doit jamais être un motif d'excuse[22]!

IV

Beide Sätze, der über die Unentschuldbarkeit des Rechtsirrtums, wie der über die vermutete Rechtskenntnis, setzen in der Ausprägung, die sie historisch erfahren haben, eine objektive, der Vernunfterkenntnis des Menschen unmittelbar zugängliche materiale sittliche Ordnung voraus. Beide beruhen sie auf einem rational-optimistischen Verständnis des Menschen – das gilt noch für SAVIGNY und erst recht für den zuletzt zitierten MERLIN –, ein Verständnis, das nicht erst seit dem letzten Jahrhundert fragwürdig geworden ist. Schon vom voluntaristischen Standpunkt eines DUNS SCOTUS und OCKHAM her hätten sie mehr als zweifelhaft, ja nicht mehr nachvollziehbar erscheinen müssen: „Noch schroffer als Duns weist er [Ockham] die Anmaßung der Vernunft zurück, Gottes Willen in irgendwelche vorgegebenen Vernunftwahrheiten einzufangen" – malgré lui spricht OCKHAM dann freilich doch von unveränderlichen, evidenten principia iuris naturalis, deren Unkenntnis nicht entschuldbar sei[23].

Der erste große Einbruch in die traditionelle Rechtsmetaphysik erfolgt deshalb erst eigentlich mit der Rechtslehre LUTHERS: Die post lapsum korrupte Natur des Menschen verwehrt ihm die klare Einsicht in das göttliche Naturgesetz[24]. Die endgültige Zerstörung der theoretischen Grundlagen der Vernunftrechtsdoktrin hingegen war – nach vorhergegangenen, ohne Erfolg gebliebenen Anschlägen – das Werk der ‚Kritik der reinen Vernunft' und in ihrer Konsequenz der ‚Metaphysik der Sitten'[25]. Damit hatten

---

[21] Oben N. 19, Livre préliminaire 1, 18, 1, 3.

[22] MERLIN, Répertoire universel et raisonné de jurisprudence VI (4e éd. 1813), s. v. ignorance § I, II.

[23] WELZEL, Naturrecht und materiale Gerechtigkeit (4. Aufl. 1962) 82, 87.

[24] Vgl. JOH. HECKEL, Lex charitatis (1953) 72 ff. Zum recht verwickelten „Naturrecht" LUTHERS, seiner Geschichte und den Mißverständnissen, denen es ausgesetzt war und ist, braucht hier nicht Stellung genommen werden.

[25] WIEACKER, Privatrechtsgeschichte der Neuzeit (1952) 219.

auch die Vermutung der Rechtskenntnis jedermanns und die Regel über die Unentschuldbarkeit der Rechtsunkenntnis ihre metaphysische Rechtfertigung verloren.

V

Fortgewirkt haben beide Sätze dennoch, und zwar auf dem Gebiet des positiven weltlichen und des Kirchenrechts, wenngleich in unterschiedlicher Weise.

1. Schon der preußische Gesetzgeber hatte in § 12 der Einleitung zum Allgemeinen Landrecht die Bestimmung aufgenommen: „Es ist aber auch ein jeder Einwohner des Staats sich um die Gesetze... genau zu erkundigen gehalten; und es kann sich Niemand mit der Unwissenheit eines gehörig publicirten Gesetzes entschuldigen." In ähnlicher Weise bestimmte das österreichische ABGB in § 2, Unbekanntschaft mit dem Gesetz entschuldige nicht. Beide Vorschriften demonstrieren anschaulich den ambivalenten Charakter eines positivierten Naturrechts, das an sich noch von der Evidenz jedenfalls der Prinzipien ausgeht, sich darauf aber lieber doch nicht mehr verlassen mag und deshalb auf das „gehörig publicirte Gesetz" als Erkenntnisquelle verweist. Sachlich begründen im übrigen diese Bestimmungen eine unwiderlegliche Vermutung der Kenntnis des Gesetzes.

Dem entspricht für das französische Zivilrecht der Grundsatz, nul n'est censé ignorer les lois qui ont été régulièrement promulguées[26].

2. Im geltenden kanonischen Recht kann man von einer Herrschaft unserer Regeln nur noch in sehr beschränktem Maße sprechen. Auf dem Gebiet des kirchlichen Strafrechts ist durch c. 2202 § 1 CIC die entschuldigende bzw. schuldmindernde Kraft der Rechtsunkenntnis voll anerkannt: Violatio legis ignoratae nullatenus imputatur, si ignorantia fuerit inculpabilis; secus imputabilitas minuitur plus minusve pro ignorantiae ipsius culpabilitate. Das gilt auch für die Unkenntnis der lex naturae, wenngleich „eine Unkenntnis dessen, was das natürliche Sittengesetz gebietet oder verbietet,... ein Mensch, der sich des Vernunftgebrauches erfreut, nicht leichthin vorschützen" kann[27]. Lediglich bei irritierenden leges, die eine Rechtshandlung für nichtig erklären, und bei inhabilitierenden Gesetzen, die eine Person der Fähigkeit berauben, bestimmte Handlungen vorzunehmen oder an sich geschehen zu lassen, kommt es auf die Kenntnis nicht an, c. 16 § 1: Nulla ignorantia legum irritantium aut inhabilitantium ab eisdem excusat, nisi aliud expresse dicatur. Es handelt sich hier indes stets um Vorschriften des positiven kirchlichen Rechts, nicht um Sätze des ius naturale oder der lex divina[28]. Von einigen Autoren ist geradezu die Meinung vertreten wor-

---

[26] Vgl. etwa AUBRY/RAU, Cours de droit civil français I (6e éd. 1936) 96.

[27] EICHMANN/MÖRSDORF, Lehrbuch des Kirchenrechts III (8. Aufl. 1954) 313.

[28] Zum folgenden siehe GRAF, Die Leges irritantes und inhabilitantes (1936) 13 ff., 17 ff.

den, eine lex irritans (inhabilitans) liege nur dann vor, wenn die Handlung nach Naturrecht oder positivem göttlichem Gesetz erlaubt sei, bzw. die Person die Fähigkeit an sich habe, eine Handlung vorzunehmen oder an sich vornehmen zu lassen. Soviel jedenfalls ist sicher, daß sich die irritierende (inhabilitierende) Wirkung nicht primär auf ein naturrechtliches Verbot gründet, sondern auf positives Kirchengesetz. Man kann deshalb auch keinesfalls sagen, c. 16 § 1 liege der Gedanke einer unwiderleglich zu präsumierenden Kenntnis der leges irritantes et inhabilitantes ex iure naturali zugrunde, und daher sei ihre Unkenntnis unbeachtlich.

Im übrigen wird ganz allgemein „ignorantia ... circa legem ... generatim non praesumitur“, c. 16 § 2; eine einfache Rechtsvermutung also, die widerleglich ist. Insofern trifft die Beweislast für ignorantia legis freilich den, der sich auf sie beruft.

Es kann demnach für das heutige kanonische Recht, für das „die göttliche Gesetzgebung nächste Rechtsquelle [ist], weil alles göttliche Recht, sei es Natur- oder Offenbarungsrecht, auch ohne Dazwischenkunft einer kirchlichen Satzung oder Gewohnheit unmittelbar anwendbares Recht darstellt“ [29], von einer Geltung des Satzes ‚nul n'est censé ignorer la loi‘ nur im Sinne einer praesumptio iuris, und von der Geltung des Satzes ‚ignorance of the law is no excuse‘ überhaupt nicht die Rede sein, und zwar auch nicht im Blick auf naturrechtliche Vorschriften [30].

3. Ein erstaunliches Beispiel für die Zähigkeit, mit der sich Sätze fortvererben, deren Grundlage in jeder Hinsicht längst als unhaltbar desavouiert war, ist hingegen die strafrechtliche Judikatur des Reichsgerichts zur Unbeachtlichkeit des Rechtsirrtums. Das Reichsgericht hat zeit seines Bestehens an der Unterscheidung von error facti und error iuris festgehalten und innerhalb des letzteren zwischen dem strafrechtlichen und dem außerstrafrechtlichen Irrtum differenziert; der strafrechtliche wurde von ihm für schlechterdings unbeachtlich erklärt. Auf die spezifisch strafrechtliche Problematik braucht dabei hier nicht eingegangen zu werden [31]. Unverkennbar ist jedenfalls, daß dieser Judikatur letztlich – uneingestanden – das kryptonaturrechtliche Axiom zugrunde lag, die Kenntnis strafrechtlicher Normen könne und müsse bei jedem angenommen werden. Diese Lehre hat sich indes, von allen anderen Einwänden abgesehen, schon durch die willkürliche Scheidung des strafrechtlichen vom außerstrafrechtlichen Irrtum selbst ad absurdum geführt und ist denn heute auch allgemein aufgegeben.

---

[29] EICHMANN/MÖRSDORF (oben N. 27) I (11. Aufl. 1964) 26.
[30] Abgesehen von dem, auf positives Kirchenrecht bezüglichen, c. 16 § 1.
[31] Dazu MAURACH, Deutsches Strafrecht, Allgemeiner Teil (3. Aufl. 1965) 388 f.

VI

Es fragt sich, ob man nicht in der Irrtumsjudikatur des Reichsgerichts den verdienten Abgesang der Regeln über die bei jedem zu vermutende Kenntnis des Rechts und über die Unentschuldbarkeit der Rechtsunkenntnis zu sehen hat, unser Thema ‚Le rôle actuel…‘ also anachronistisch formuliert und im Grunde gegenstandslos ist.

Im Sinne eines DOMAT etwa sind die beiden Sätze allerdings nach der Kritik der reinen Vernunft nicht mehr aktualisierbar. Wenn selbst die kanonistische Theorie, die in einer ungebrochenen naturrechtlichen Tradition steht[32], sie in dieser Form nicht kennt (und nie so weit gegangen ist wie z.T. die Vernunftrechtsdoktrin), dann kann es für eine weltliche Rechtslehre erst recht nicht mehr den Schritt hinter KANT zurück geben: „Seit Kant ist uns… der Rückgriff auf das alte Naturrecht verwehrt, und kein moderner Restaurationsversuch wird es wieder zum Leben erwecken können“[33].

Unser Thema spricht von „Maximen“. Das will beachtet sein. Verstehen wir ‚Maxime‘ mit KANT als „die Regel des Handelnden, die er sich selbst aus subjektiven Gründen zum Prinzip macht“[34], dann müssen wir sagen, daß im vorkritischen Sinne die beiden Sätze über vermutete Kenntnis des Rechts und Unentschuldbarkeit der Rechtsunkenntnis gerade keine Maximen, als subjektiver Bestimmungsgrund des Handelns, sind, sondern letzthin Folgerungen aus der objektiven Feststellung quasi ontologisch verstandener Sachverhalte. Als Maximen betrachtet, müßte versucht werden, sie umzuverstehen. Das scheint mir allerdings nur für den Satz ‚nul n'est censé ignorer la loi‘ möglich zu sein.

1. Nul n'est censé ignorer la loi heißt als Maxime: Ich habe mich selbst als einen zu betrachten, der sich in den Akten seines Handelns jeweils des Rechts zu vergewissern und deshalb recht zu handeln vermag – ein unaufgebbarer Anspruch, den ich an mich selbst stellen muß, mag ich ihn auch noch und noch verfehlen. Die Problematik des Satzes von der „vermuteten“ Rechtskenntnis ist so ganz in den subjektiven Akt der Gewissensentscheidung verlegt – die einzige und allein noch legitime Möglichkeit, ihm Aktualität beizumessen. Damit ist freilich ein ganzes Bündel von Fragen impliziert, vor allem die nach dem Gewissen als dem Ort der Rechtsvergewisserung, nach den „normativen Instanzen“, die sich im Gewissen zu Wort melden[35], nach der Gewißheit meiner Entscheidung, d. h. ihrer Übereinstimmung mit dem als Recht Gesollten.

---

[32] Die wesentlich differenzierter war, als oft angenommen wurde; siehe WELZEL, Vom irrenden Gewissen (1949) 7 ff.

[33] WELZEL (vorige Note) 18.

[34] KANT, Metaphysik der Sitten (ed. K. Vorländer 1922; Philos. Bibl.) 28, vgl. auch 29.

[35] Vgl. THIELICKE, Theologische Ethik I (3. Aufl. 1965) 481.

Die Schwierigkeiten beginnen mit dem Gewissensproblem, das sich, lange von den Juristen vernachlässigt, nicht nur in der rechtsphilosophischen Diskussion[36], sondern auch in der Gesetzgebung[37], der strafrechtlichen Judikatur[38] und in der zivilrechtlichen Literatur[39] zunehmend, und gewiß nicht zufällig, Beachtung erzwungen hat. Der Jurist sieht sich hier auf eine allgemeine philosophische Phänomenologie des Gewissens verwiesen, für die unter spezifisch rechtsphilosophischen und juristischen Gesichtspunkten noch wenig geschehen ist[40]. Wie sehr hier mit einer vagen Instanz operiert wird, zeigt augenscheinlich die Rechtsprechung des Bundesgerichtshofes zum Verbotsirrtum, wonach sich dessen Entschuldbarkeit nach dem Kriterium der zumutbaren Anspannung des Gewissens richtet[41]. Der Ansatz ist sachgerecht; die Frage danach, was denn das Gewissen sei, bleibt gleichwohl[42]. Eine juristisch praktikable Phänomenologie des Gewissens kann hier nicht geleistet werden. Sie müßte vom Gedanken der Sozialität ausgehen[43]. Auch die jenseits des „unmißverständlichen phänomenalen Befundes“[44] einer von außen, nicht aus mir selbst kommenden Stimme einer „anderen Person“[45] einsetzende Problematik einer objektiven, wenngleich jeweils nur aktuell erfaßbaren Sollensordnung[46] muß hier dahinstehen, wie auch die des „irrenden Gewissens“[47]. Wie immer man sich hier entscheiden mag – wenn dem Satz ‚nul n'est censé ignorer la loi‘ noch Aktualität zuzuschreiben ist, dann als der Maxime des „rechtschaffenen Gewissens“[48].

2. Nicht dasselbe läßt sich von dem andern Satze ‚ignorance of the law is no excuse‘ sagen. Er ist keine ‚Maxime‘, kein rechtsphilosophisch zu legitimierender Grundsatz[49], sondern könnte allenfalls rechtstheologisch interpre-

---

36 WELZEL, oben N. 32; DERS., Gesetz und Gewissen, in: Festschrift Deutscher Juristentag I (1960) 383 ff.; WÜRTENBERGER, Vom rechtschaffenen Gewissen, in: Existenz und Ordnung, Festschrift Erik Wolf (1962) 337 ff.

37 Vgl. etwa Art. 4 I und III GG.

38 Vgl. N. 41.

39 „Vertrags- und Gewissenspflicht“; vgl. LARENZ, Lehrbuch des Schuldrechts I (7. Aufl. 1964) 113 Anm. 3 und die dort zit. Literatur.

40 Abgesehen vor allem von der Abhandlung WÜRTENBERGERS (oben N. 36).

41 BGHSt. 2, 201; 3, 366; 4, 5; 4, 243.

42 Vgl. die in ihrer Fragestellung berechtigten, in ihren Ergebnissen m. E. unbefriedigenden kritischen Überlegungen von MATTIL, Gewissensanspannung; Z. ges. Strafrechtswiss. 74 (1962) 201 ff., bes. 213 ff.

48 So WÜRTENBERGER (oben N. 36) 356 in Anlehnung an HEGEL, Grundlinien

44 WELZEL, Gesetz und Gewissen (oben N. 36) 389.

45 KANT (oben N. 34) 290.

46 Dazu WELZEL, Gesetz und Gewissen (oben N. 36) 390 ff.

47 WELZEL, Gesetz und Gewissen (oben N. 36) 393 ff.

48 So WÜRTENBERGER (oben N. 36) 356 in Anlehnung an HEGEL, Grundlinien der Philosophie des Rechts (ed. Hoffmeister; Philos. Bibl., 4. Aufl. 1955) 11.

49 Nicht umsonst ist er nicht von Philosophen, sondern als Faustregel altrömischer Regularjurisprudenz erfunden worden; vgl. oben II 1 und N. 3.

tiert werden[50]: Wenn es Gottes Anspruch an den Menschen ist, recht zu handeln, er diesem Anspruch aber nicht zu entsprechen vermag, da er das göttliche Naturgesetz post lapsum nicht mehr eindeutig erkennen kann, dann ist das vor dem forum Dei ein peccatum. Insofern müßte also auch und gerade das „rechtschaffene" Gewissen, weil es in diesem Sinne von schuldhaftem Irrtum ständig bedroht ist, stets auch ein beunruhigtes Gewissen sein.

---

[50] Was uns sein Ursprung nicht verbieten kann. Und allem Anschein zum Trotz könnte man sogar versucht sein zu sagen, in diesem uralten Satz stecke mehr Wahrheit, als sein Erfinder je ahnen konnte.

RECHTSVERGLEICHUNG UND RECHTSVEREINHEITLICHUNG

DIE RECHTSVERGLEICHENDE KONKRETISIERUNG VON KONTROLLMASSSTÄBEN DES VERFASSUNGSRECHTS UND DES KOLLISIONSRECHTS IN DER DEUTSCHEN RECHTSPRECHUNG

von Dr. BERNHARD AUBIN

Professor an der Universität des Saarlandes

I. Die Rechtsvergleichung in der deutschen Rechtsprechung

Während sich die deutschen Gerichte bis zum zweiten Weltkrieg relativ selten in ihren Urteilen auf rechtsvergleichende Argumente [1] stützten [2], machen zumindest die Obergerichte der Bundesrepublik seither von der Rechtsvergleichung in verstärktem Maße Gebrauch [3]. Dabei handelt es sich z. T. um die Bewältigung von Aufgaben, die auch vor dem Kriege schon mehr oder minder mit rechtsvergleichenden Mitteln gelöst wurden, wie die Auslegung völkerrechtlicher Verträge [4] und die Feststellung von völkerrechtlichem Gewohnheitsrecht [5], die Auslegung und Ergänzung von Regeln des (deutschen) Internationalen Privatrechts [6] sowie von Normen, die aus fremdem Recht übernommen [7] oder international vereinheitlicht worden

---

[1] Der Begriff „Rechtsvergleichung" wird hier unspezifisch und im weitesten Sinne gebraucht. In diesem Sinne ist ein „rechtsvergleichendes Argument" auch die Verwertung eines einzelnen ausländischen Rechtssatzes oder Urteils oder einer im Ausland vertretenen Lehrmeinung bei der Anwendung von inländischem Recht oder Völkerrecht.

[2] Wir sehen hier ab von der weitgehenden Berücksichtigung der französischen Judikatur und Doktrin im deutschen Geltungsbereich des Code civil („Rheinisches Recht") im 19. Jahrhundert.

[3] Die Anführung von Belegen in den folgenden Fußnoten erhebt keinen Anspruch auf Vollständigkeit.

[4] *Rheinschiffahrtsakte:* BGH 14. 10. 55, BGHZ 18, 267 (279 ff.).

[5] *Gerichtsbarkeit über fremde Staaten:* BVerfG 30. 10. 62, BVerfGE 15, 25 (36 ff.); BVerfG 30. 4. 63, BVerfGE 16, 27 (36 ff.); KG 1. 3. 57, IPRspr. 1956/57 Nr. 184 (585).

[6] *Reichweite der lex loci delicti commissi:* BGH 29. 1. 59, BGHZ 29, 237 (243). *Spaltungstheorie bei Konfiskation:* BGH 5. 5. 60, BGHZ 32, 256 (260 f.). *Schuldstatut:* LAG Stuttgart 24. 1. 56, IPRspr. 1956/57 Nr. 25 (98).

[7] *Franz. Recht* (Restbestände des „Rheinischen Rechts"): BGH 21. 5. 58, NJW

sind[8], sowie schließlich von Besatzungsrecht[9]. Sind in diesen Fällen rechtsvergleichende Erwägungen bei der Rechtsfindung schon von der Sache her geboten, so begegnen in der deutschen Rechtsprechung daneben – und das eigentlich erst seit Kriegsende – auch Fälle einer spontanen, „freiwilligen" Anwendung der rechtsvergleichenden Methode. Wir meinen damit ihre Heranziehung zur Auslegung oder Ergänzung solcher Normen, die weder nach ihrer Herkunft noch in ihrer Zielsetzung einen unmittelbaren Zusammenhang mit dem Ausland oder der internationalen Rechtsgemeinschaft aufweisen. In diesem Sinne haben deutsche Gerichte sowohl im Privatrecht[10] wie im Strafrecht[11] und im Öffentlichen Recht[12] für ihre Entscheidung allein auf Grund der Situationsgleichheit Anregungen aus der ausländischen Gesetzgebung, Rechtsprechung und Lehre verwertet[13] und da mit den Gedanken von ZWEIGERT wahrgemacht, der 1949 die „Rechtsvergleichung als universale Interpretationsmethode" proklamierte[14].

Außer diesem Vorstoß in das Gebiet der „freiwilligen" Rechtsvergleichung hat die vergleichende Rechtsprechung im Nachkriegsdeutschland noch in anderer Hinsicht Neuland betreten. Handelte es sich bisher in der

---

1958, 1439. *Schweiz. Recht:* BGH 22. 6. 56, BGHZ 21, 112 (119); BGH 22. 9. 56, BGHSt 9, 385 (387 ff.). *Österr. Recht:* BGH 26. 4. 60, BGHZ 32, 218 (220); ablehnend gegenüber rechtsvergleichender Auslegung jedoch BVerwG 8. 2. 61, BVerwGE 12, 42 (44).

[8] *Genfer einheitl. Wechselgesetz:* BGH 8. 7. 53, BGHZ 10, 149 (155); BGH 15. 11. 56, BGHZ 22, 148 (152). *Brüsseler Konnossementsabkommen:* BGH 26. 9. 57, BGHZ 25, 250 (263 f.).

[9] Wegen seiner im allgemeinen nur vorübergehenden Bedeutung verzichten wir hier auf Nachweise.

[10] Zu § 89 b HGB: BGH 13. 5. 57, BGHZ 24, 214 (218 f.); zu § 78 BinnenschiffG: BGH 20. 6. 52, BGHZ 6, 324 (329); zu § 200 pr. WasserG: BGH 23. 9. 59, BGHZ 30, 382 (388); zu dem auf Richterrecht beruhenden Institut des Schadenersatzes bei Verletzung des Persönlichkeitsrechts: BGH 19. 9. 61, BGHZ 35, 363 (369) („Ginsengwurzel-Fall"); zu der (damals auf Richterrecht beruhenden) Pflicht zum Vorschuß der Prozeßkosten unter Eheleuten: OLG Bamberg, Beschluß vom 7. 5. 53, NJW 1953, 903.

[11] Zu § 175 StGB: BGH 13. 7. 51, BGHSt. 1, 293 (297); zum Handeln auf Befehl: BGH 22. 1. 52, BGHSt. 2, 251 (257); zur Verwendung des „Lügendetektors" als Beweismittel: BGH 16. 2. 54, BGHSt. 5, 332 (337).

[12] Zu § 95 BVerfGG: BVerfG 19. 12. 51, BVerfGE 1, 97 (101); zu Art. 10 vorläufige niedersächsische Verf.: niedersächsischer Staatsgerichtshof 12. 12. 57, Entscheidungen der OVG Münster und Lüneburg 12, 470 (480 f.).

[13] Ablehnend jedoch: BGH 20. 5. 52, BGHZ 6, 127 (133), betr. § 566 HGB; BGH 8. 1. 58, JR 1958, 178, betr. Schadenersatz wegen ehelicher Pflichtverletzungen; BVerfG 19. 12. 51, BVerfGE 1, 97 (102), betr. § 90 BVerfGG. Besonders kraß VGH Bremen 18. 9. 56, IPRspr. 1956/57 Nr. 216 (677 f.) in einer Staatsangehörigkeitssache: „Die Gesetze anderer Staaten haben für ... die Bundesrepublik Deutschland keine Verbindlichkeit und vermögen über die Frage des Erwerbes und des Verlustes der deutschen Staatsangehörigkeit nichts auszusagen."

[14] ZWEIGERT, RabelsZ 15 (1949/50) 5 ff.

Regel um die rechtsvergleichende Auslegung oder Ergänzung von Rechtsvorschriften mit einem (wenn im gegebenen Fall auch auslegungs- oder ergänzungsbedürftigen) konkreten Inhalt, so verwenden deutsche Gerichte etwa seit den fünfziger Jahren rechtsvergleichende Erwägungen auch bei der Ausfüllung von unbestimmten Rechtsbegriffen und Generalklauseln, selbst solchen wertbezogenen Charakters. Zum Teil geht es dabei um Maßstäbe individuellen Verhaltens. So berief sich der Bundesgerichtshof für seine Feststellung, daß bestimmte Handlungen im Sinne des deutschen Gesetzes gegen „Treu und Glauben" verstießen (§ 242 BGB) oder „Sitte und Anstand" verletzten (§ 184 I Nr. 3a StGB), auf Entscheidungen, die das schweizerische Bundesgericht in ähnlich gelagerten Fällen getroffen hatte [15]. Besonders eindrucksvoll aber ist eine beachtliche Reihe von Entscheidungen, in denen die deutsche Rechtsprechung in den letzten beiden Jahrzehnten mit Hilfe der Rechtsvergleichung auch solche unbestimmten Maßstäbe konkretisiert hat, die das deutsche Recht zur Kontrolle von Maßnahmen der öffentlichen Gewalt bereitstellt. Derartige Kontrollmaßstäbe sind vor allem im Verfassungsrecht und im Kollisionsrecht enthalten.

II. Die Kontrollmaßstäbe und der internationale Regelungsstandard

Die politischen Ordnungsprinzipien (wie Demokratie, Gewaltenteilung, Sozialstaat usw.) und die Grundrechte, die das Grundgesetz zu Bestandteilen der Verfassung der Bundesrepublik Deutschland macht, setzen Maßstäbe für das Verhalten der öffentlichen Gewalt [16] und verpflichten das zu deren Kontrolle eingesetzte Bundesverfassungsgericht, maßstabswidrige Akte oder ihre Ergebnisse für ungültig zu erklären. In Betracht dafür kommen vor allem das „Normenkontrollverfahren" (Art. 100 GG) zur Feststellung der Ungültigkeit eines verfassungswidrigen Gesetzes (auf Betreiben eines mit der Anwendung dieses Gesetzes befaßten anderen Gerichts) und die Entscheidung auf eine „Verfassungsbeschwerde" (§ 90 BVerfGG) zur Nichtigerklärung jeder Art von grundrechtswidrigen Maßnahmen der öffentlichen Gewalt (auf Betreiben des in seinen Grundrechten Verletzten). Im Kollisionsrecht ist ein funktionell ähnlicher Kontrollmaßstab im Begriff des „ordre public" zu sehen, der in den einschlägigen deutschen Gesetzesvorschriften [17] – den sog. „Vorbehaltsklauseln" – regelmäßig mit dem Doppelbegriff „gute Sitten oder Zweck eines deutschen Gesetzes" umschrieben wird. Verstößt die Anwendung eines ausländischen Gesetzes

---

[15] Zu § 242 BGB: BGH 3. 12. 58, BGHZ 29, 6 (12); zu § 184 StGB: BGH 17. 11. 61, NJW 1962, 162.

[16] Zu der Frage ob die Grundrechte auch unmittelbar Maßstäbe für das Individualverhalten setzen, soll damit nicht Stellung genommen werden.

[17] Art. 30 EGBGB, § 328 Nr. 4 ZPO.

oder die Anerkennung eines ausländischen Urteils gegen den ordre public, so ist sie nach Anordnung der Vorbehaltsklauseln „ausgeschlossen“, d. h. unzulässig. Im Gegensatz zur verfassungsrechtlichen Kontrolle ist diese kollisionsrechtliche Kontrolle nicht Gegenstand eines besonderen Verfahrens und beim Bundesverfassungsgericht monopolisiert, sondern von Amts wegen im Rahmen des Sachverfahrens oder des Anerkennungsverfahrens vorzunehmen [18].

Diese Kontrollmaßstäbe nun bedürfen bei der Anwendung auf den einzelnen Fall jeweils der Ausfüllung oder *Konkretisierung* [19], d. h. der Verdeutlichung ihres Sinngehalts im Hinblick auf die Umstände des Falles. Ein gedanklicher Weg dazu ist die Vergleichung des zu beurteilenden Sachverhalts [20] – oder doch seines bestimmenden Elements – mit dem „Standard“ des in derartigen Fällen Üblichen [21]. Da bei den verfassungs- und kollisionsrechtlichen Kontrollen eine Norm entweder selbst Gegenstand der Kontrolle ist oder doch – soweit die Kontrolle einen Akt des Normvollzugs betrifft – das bestimmende Element des Kontrollgegenstandes bildet, kommt es hier (im Gegensatz zum individualrechtlichen Standard des „Verkehrsüblichen“) auf den Standard des „Rechtsüblichen“, d. h. den Normierungs- oder *Regelungsstandard* an. Er kann möglicherweise aus der Geschichte der eigenen Rechtsordnung oder aus ihrem Regelungsbestand auf verwandten Gebieten – in Bundesstaaten auch aus dem der Landesrechte – erschlossen werden. Er kann sich aber auch als *internationaler* Regelungsstandard [22] aus der vergleichenden Beobachtung einer Mehrzahl fremder Rechtsordnungen ergeben. Bei dieser *rechtsvergleichenden Konkretisierung* der Kontrollmaßstäbe findet demnach eine doppelte Vergleichung statt: einmal, zur Gewinnung des Standards, eine multilaterale Vergleichung fremder Rechte untereinander, und sodann eine bilaterale Vergleichung der relevanten Norm mit dem so ermittelten Standard. Dieses

---

[18] Das Ergebnis der Kontrolle ist daher auch nicht Gegenstand einer besonderen Entscheidung, sondern beeinflußt nur die Entscheidung im Sach- oder Anerkennungsverfahren.

[19] Genaugenommen handelt es sich bei den verfassungsrechtlichen Begriffen im vorliegenden Zusammenhang nur um die Konkretisierung ihres negativen oder Verbotsgehalts. Der Begriff des ordre public hat im Kollisionsrecht nach deutscher (aber heute wohl auch sonst vorherrschender) Auffassung *technisch* ohnehin nur eine negative (Verbots-)Funktion.

[20] Vgl. zur Konkretisierung durch „Fallvergleichung“: LARENZ, Methodenlehre der Rechtswissenschaft (1960) 220; ebd. N. 2 über den Unterschied zwischen Konkretisierung und Auslegung.

[21] Zum Begriff des Standards vgl. besonders ESSER, Grundsatz und Norm (1956) 96 f., 150 f. Ferner: WIEACKER, Gesetz und Richterkunst (1958) 12 f.; LARENZ (oben N. 20) 131 f.

[22] KAISER, ZaöRV 24 (1964) 399, spricht von dem durch Rechtsvergleichung zu gewinnenden, „der Natur der Menschen und seiner Gemeinschaften hic et nunc gemäßen Rechtsstandard“.

Verfahren liegt – jedenfalls der Idee nach – den verfassungs- und kollisionsrechtlichen Urteilen zugrunde, über die hier näher berichtet werden soll.

Sie geben zum Teil dem Gedanken der Maßstäblichkeit eines durch Rechtsvergleichung gewonnenen internationalen Regelungsstandards bereits in ihrem Wortlaut Ausdruck, obwohl sie sämtlich nicht diesen Terminus gebrauchen, sondern allenfalls von „einheitlicher Auffassung", „gemeinsamer Ansicht", allgemein „anerkannten Rechtsgrundsätzen" oder dem „Stand der Gesetzgebung und der öffentlichen Meinung in der Kulturwelt" sprechen. Ein erheblicher Teil der Entscheidungen begnügt sich allerdings mit rechtsvergleichenden Erwägungen von beschränkter Art; sie lassen sich indessen, wie zu zeigen sein wird, nur dann als zureichende Argumente verstehen, wenn man sie gleichfalls im Lichte des Standardgedankens betrachtet. Zur Ermittlung des Standards wie auch zu den beschränkten Vergleichen werden im übrigen, wie die Rechtsprechung erweist, nicht beliebige fremde Rechte, sondern nur solche herangezogen, die im Hinblick auf die jeweilige Kontrollaufgabe als vergleichbar angesehen werden. Man kann insoweit von einem *„Referenzkreis"* sprechen, dem diese Rechte zugehören. Standard ist, was im Referenzkreis allgemein, d. h. vorbehaltlich von unerheblichen Ausnahmen, als Regelung gilt.

Auf dieser gemeinsamen Grundlage zeigen die hier interessierenden Entscheidungen nun freilich eine gewisse Breite der Variationsformen. Die Unterschiede betreffen nicht nur die Fixierung des Referenzkreises, der teils institutionell, teils aber nach soziologischen Kriterien bestimmt wird; die Urteile unterscheiden sich auch darin, daß einige eine inländische Norm, andere eine solche des Auslands zum Ansatzpunkt der rechtsvergleichenden Prüfung machen, und schließlich nehmen sie zum Teil die Abweichung der relevanten Norm vom Standard, zum Teil aber ihre Übereinstimmung mit ihm als maßgebendes Entscheidungskriterium. Indessen lassen sich diese einzelnen Varianten im wesentlichen auf zwei Haupttypen der Anwendung des Standardgedankens zurückführen, die dem Unterschied zwischen verfassungsrechtlichen Kontrollmaßstäben und Vorbehaltsklausel entsprechen. In beiderlei Hinsicht begegnen aber auch Fälle mit einer vom Regeltyp abweichenden Anwendung der Standardmethode. Diese Einteilungsgesichtspunkte liegen der folgenden Darstellung der Rechtsprechung zugrunde.

III. Die Regelfälle

Im Regelfall gehen die Urteile, die einen verfassungs- oder kollisionsrechtlichen Kontrollmaßstab rechtsvergleichend konkretisieren, dabei von einem inländischen Rechtssatz (als der relevanten Norm) aus und prüfen ihn entweder auf seine Abweichung vom internationalen Standard – so in den verfassungsrechtlichen Fällen – oder auf seine Übereinstimmung mit diesem – so bei der kollisionsrechtlichen Kontrolle. Daß wir gerade dieses methodische Vorgehen als das im jeweiligen Zusammenhang reguläre und typische ansehen, beruht nicht so sehr auf dem (schwachen) zahlenmäßigen Übergewicht der dafür anzuführenden Entscheidungen[23] als darauf, daß es dem Sinn und Wesen der jeweiligen Kontrollaufgabe, sofern die Lösung überhaupt auf rechtsvergleichender Ebene gesucht wird, am meisten entspricht.

1. Verfassungsrechtliche Fälle

(Prüfung einer inländischen Norm auf ihre Abweichung vom internationalen Standard)

Gegenstand der richterlichen Kontrolle ist in den Fällen dieser Gruppe eine (inländische) *Norm*; sie bildet gleichzeitig die „relevante Norm" für die rechtsvergleichende Prüfung. Kontrollgegenstand und relevante Norm sind hier identisch. Insoweit wird der gesetzliche Kontrollmaßstab – politisches Ordnungsprinzip oder Grundrecht – in diesen Fällen *unmittelbar* rechtsvergleichend konkretisiert, nämlich durch Prüfung des Kontrollgegenstandes am internationalen Standard. Standardbildend sind dabei die Rechte, die das gleiche Verfassungsprinzip besitzen, das in casu als Kontrollmaßstab dient; der Referenzkreis wird hier *institutionell* bestimmt. Entscheidend für das Kontrollergebnis schließlich ist der Gedanke der *Standardabweichung:* die kontrollierte Norm ist im Sinne des jeweils fraglichen Verfassungsprinzips verfassungswidrig, wenn sie vom internationalen Regelungsstandard abweicht.

Aus dem Gedanken der Standardabweichung ergibt sich, daß die kontrollierte Norm andererseits nicht nur dann unbedenklich ist, wenn sie mit einem vorhandenen Standard übereinstimmt, sondern auch dann, wenn es an einem verbindlichen Standard fehlt, weil im Referenzkreis mehrere unterschiedliche Regelungen nebeneinander bestehen *(Standardmangel)*. Deshalb ist es zur Feststellung der Unbedenklichkeit praktisch auch nicht notwendig, alle Rechte des Referenzkreises auf ihren einschlägigen Regelungsgehalt zu prüfen. Ergibt sich im Laufe der Prüfung, daß die kontrollierte Norm jedenfalls mit der Regelung in einigen Referenzrechten (oder auch vielleicht nur in einem für den jeweiligen Problembereich als besonders typisch empfundenen Recht) übereinstimmt – wir können hier der Kürze halber von einer *Einzelübereinstimmung* sprechen –, dann steht ihre Unbedenklichkeit im Sinne des fraglichen Verfassungsprinzips bereits fest:

---

[23] Von den insgesamt 15 Entscheidungen und sonstigen gerichtlichen Äußerungen, die im folgenden dargestellt werden, sind i. S. der Anwendungsmodalitäten der Standardmethode 9 „Regelfälle" und 6 „atypische Fälle".

die weitere Prüfung könnte nur das Vorliegen entweder eines Standardmangels oder eines mit der Norm übereinstimmenden Standards ergeben, und beides führte zum gleichen Endresultat.

a) Ordnungsprinzipien

Diese Gedanken liegen zunächst zwei Richtersprüchen zugrunde, die sich mit der Konkretisierung politischer Ordnungsprinzipien befassen. Auch wenn ihr Wortlaut nicht alle rechtsvergleichenden Konstruktionselemente deutlich sichtbar werden läßt (das gilt vor allem für die Orientierung am Gedanken der Standardabweichung), setzt er diese doch notwendig voraus. Andernfalls wäre die bloße Bezugnahme auf einzelne ausländische Regelungen – in unserem Sinne: die Feststellung der Einzelübereinstimmung – ein mehr oder minder willkürliches, jedenfalls aber recht schwaches Argument. Das zeigt namentlich folgende Entscheidung:

> Nach Art. 20 GG ist die Bundesrepublik Deutschland „ein *demokratischer*... Bundesstaat". Damit genießen auch die einzelnen Grundsätze einer demokratischen Ordnung Verfassungsschutz. In einem Normenkontrollverfahren hatte das Bundesverfassungsgericht[24] zu entscheiden, ob zwei Bestimmungen aus der Geschäftsordnung des Bundestags diesen Grundsätzen widersprechen. Das Gericht begründete seine verneinende Entscheidung u. a. für die eine der angefochtenen Bestimmungen mit einem Hinweis auf die Geschäftsordnung des französischen Parlaments, für die andere mit einem solchen auf die Praxis des englischen Unterhauses, die jeweils eine der angefochtenen Bestimmung entsprechende Regelung enthielten.

Man wird hier unterstellen dürfen, daß das Bundesverfassungsgericht seinen Vergleichsmaßstab nur und gerade aus dem Kreis der (parlamentarisch-)*demokratischen* Rechtsordnungen entnehmen, sich also am demokratischen Standard orientieren wollte, und daß es dafür das französische bzw. englische Recht als hinreichend typisch ansah. Eine ausdrückliche Verweisung auf den institutionell maßgebenden Referenzkreis („Staaten..., die die Gewaltenteilung... anerkennen") findet sich demgegenüber in dem Gutachten des Bundesgerichtshofs zur Frage der richterlichen Einführung der Frauengleichberechtigung[25]:

> Zu den verfassungsrechtlichen Ordnungsprinzipien der Bundesrepublik gehört auch der Grundsatz der *Gewaltenteilung*[26]. Andererseits erklärte Art. 117 I GG alle Gesetze ab 1. 4. 1954 für ungültig, die dem Grundsatz der Gleichberechtigung der Geschlechter (Art. 3 II GG) widersprechen, und übertrug damit

---

[24] BVerfG 6. 3. 52, BVerfGE 1, 144 (155 f.).

[25] BGH, 1. Zivilsenat, Gutachten vom 6. 9. 53, BGHZ 11, 34* (52*ff.). Das Gutachten wurde anläßlich der Vorlage des Art. 117 I GG zur Normenkontrolle an das Bundesverfassungsgericht abgegeben. Es stellt selbst keine Entscheidung dar, sondern zeigt, wie das BVerfG nach Ansicht des BGH entscheiden sollte.

[26] Es folgt aus Artt. 20, 92 und 97 I GG.

stillschweigend der Rechtsprechung die Aufgabe, das Recht an diesen Grundsatz anzupassen, falls der Gesetzgeber inzwischen untätig geblieben sein sollte. Ein Normenkontrollverfahren sollte klären, ob Art. 117 I GG aus diesem Grunde dem (höherrangigen) Prinzip der Gewaltenteilung widerspreche. In seinem dazu erstatteten Gutachten verneinte der Bundesgerichtshof die Frage und führte dazu u. a. aus, der Richter habe nicht nur – wie Art. 1 schweiz. ZGB zeige – stets die Aufgabe, einzelne Gesetzeslücken durch ergänzende Rechtsfindung auszufüllen, ihm obliege es darüber hinaus auch, bei Ausfall der Gesetzgebung auf einem ganzen Rechtsgebiet „Richterrecht im angelsächsischen Sinne" zu setzen[27]. Daß solches Richterrecht auch in einem gewaltenteiligen Rechtsstaat als legitime Rechtsquelle entstehen könne, beweise die weittragende Bedeutung, „die dem Richterrecht in Staaten zukommt, die die Gewaltenteilung seit langem als verbindliches Konstitutionsprinzip eines demokratischen Rechtsstaates anerkennen, vor allem in den Vereinigten Staaten von Amerika."

Da das Gutachten auf die Bedeutung des Richterrechts nicht „in *den* Staaten" mit Gewaltenteilungsprinzip, sondern nur „in (solchen) Staaten" abstellt, begnügt es sich zur rechtsvergleichenden Begründung der Unbedenklichkeit der kontrollierten Norm, ebenso wie die vorher genannte Entscheidung, mit der Feststellung einer bloßen Einzelübereinstimmung.

Andere Arten der rechtsvergleichenden Argumentation finden sich demgegenüber in zwei weiteren Entscheidungen, die gleichfalls eine Verletzung des Gewaltenteilungsprinzips durch Art. 117 I GG ablehnen. So führte das Bundesverfassungsgericht[28] dazu u. a. aus:

„Dieses Prinzip [sc. der Gewaltenteilung] ist . . . nirgends verwirklicht. Auch in den Staatsordnungen, die das Prinzip anerkennen, sind gewisse Überschneidungen der Funktion und der Einflußnahme der einen Gewalt auf die andere gebräuchlich."

Wie vor allem der erste Satz des Zitats zeigt, geht dieses Urteil vom Vorhandensein eines internationalen Standards i. S. der Gewaltenüberschneidung aus und erklärt demnach die angefochtene Norm für unbedenklich, weil sie mit *diesem* übereinstimmt[29]. Das ist methodisch zwar nicht nötig,

---

[27] Gemeint ist damit nur „Richterrecht statt Gesetzesrecht". Darauf, daß sich solches Richterrecht in Deutschland nicht, wie in den angelsächsischen Staaten, durch Bindung an Präjudizien, sondern nur als richterliches Gewohnheitsrecht bilden kann, wird in dem Gutachten selbst hingewiesen.

[28] BVerfG 18. 12. 53, BVerfGE 3, 225 (247). Das Urteil erging in dem oben erwähnten Normenkontrollverfahren, in dem auch das Gutachten des BGH erstattet wurde.

[29] Diese Begründung hat in dem Urteil allerdings nur subsidiären Charakter. Es weist den Vorwurf der Verletzung des Gewaltenteilungsprinzips in erster Linie deshalb zurück, weil das Prinzip überhaupt nicht tangiert werde; die durch Art. 117 I GG dem Richter übertragene Aufgabe des Ersatzes von weggefallenem Gesetzesrecht sei „ihrem Wesen nach eine echt richterliche Aufgabe" (BVerfGE 3, 248); vgl. auch unten N. 32.

aber einwandfrei[30], ja es bietet sogar größere Gewähr für die Richtigkeit der rechtsvergleichenden Ableitung als die Feststellung einer bloßen Einzelübereinstimmung, vorausgesetzt, daß sich das Gericht im gegebenen Fall tatsächlich die Überzeugung verschaffen kann, daß „nirgends" im Referenzkreis etwas anderes gilt. Gerade umgekehrt begründete in einem anderen Verfahren der Bundesgerichtshof[31] die Verfassungsmäßigkeit des Art. 117 I GG mit dem Fehlen eines internationalen Standards für die Durchführung der Gewaltenteilung; es heißt dort:

„Die praktische Durchführung des Grundsatzes der Gewaltenteilung in den modernen Verfassungen ist im einzelnen außerordentlich verschieden, die Ausprägung, die dieser Gedanke in den verschiedenen Staaten erfahren hat, ist wechselnd." Zum Beleg wies der Gerichtshof auf die Befolgung des Grundsatzes durch die Verfassung der USA einerseits und „auf die Durchbrechung dieses Grundsatzes durch die Einführung des parlamentarischen Systems [sc. die Abhängigkeit der Regierung vom Parlament] in der Mehrzahl der Verfassungen der europäischen Staaten andererseits" hin.

Daß die beiden Entscheidungen trotz gegenläufiger rechtsvergleichender Operation zum gleichen Ergebnis kommen, beruht darauf, daß sie dabei auch von entgegengesetzten Ausgangspunkten ausgehen (hier: Gewaltenteilung, dort: Gewaltenüberschneidung). Gemeinsam ist ihnen die definitive Ermittlung der Standardsituation[32].

b) Grundrechte

Dem Schluß aus einer bloßen Einzelübereinstimmung begegnen wir dagegen wieder in mehreren Fällen, in denen das Bundesverfassungsgericht – auf Verfassungsbeschwerde oder bei inzidenter Prüfung – mit rechtsvergleichender Begründung eine inländische Norm vom Vorwurf der Grundrechtswidrigkeit freigestellt hat. Auch hier wird die kontrollierte Norm selbst zum Gegenstand rechtsvergleichender Prüfung gemacht und aus ihrer

---

[30] Vgl. oben S. 104.

[31] BGH 14. 7. 53, BGHZ 10, 266 (275). Der BGH befaßte sich hier nur inzident mit der Frage der Verfassungswidrigkeit von Art. 117 I GG.

[32] Aus Raumgründen bleibt in diesem Bericht ein Parallelproblem außer näherem Betracht, das in der Rechtsprechung gleichfalls zum Teil eine rechtsvergleichende Würdigung erfahren hat, nämlich die Frage des Verstoßes von Art. 117 I GG gegen das Verfassungsprinzip der *Rechtsstaatlichkeit* (aus Artt. 20 III, 28 GG) und das daraus abgeleitete Postulat der Rechtssicherheit. Das LG Lübeck hat in einem Beschluß vom 18. 5. 53 (NJW 1953, 906) die Frage bejaht und dazu ausgeführt, die Bundesrepublik sei ein „Rechtsstaat kontinentaleuropäischer Prägung" und der „kontinentaleuropäische Rechtsstaat" sei durch das Gesetzesrecht gekennzeichnet, während das BVerfG in seinem Urteil vom 18. 12. 53 (oben N. 28, hier S. 242 f.) entgegnete, der moderne Gesetzgeber verwende vielerorts unbestimmte Rechtsbegriffe und allgemeine Regeln, daher sei „diese Art rechtsfindender Lückenfüllung im modernen Rechtsstaat mehr und mehr zur echten richterlichen Aufgabe geworden".

Übereinstimmung mit der entsprechenden Regelung in einzelnen Rechtsordnungen des Referenzkreises auf ihre Unbedenklichkeit im Sinne des fraglichen Grundrechts geschlossen. Bezeichnend dafür ist das Urteil des Bundesverfassungsgerichts zum KPD-Verbot[33]:

Art. 5 I GG garantiert das Grundrecht der *Meinungsfreiheit.* Andererseits erklärt Art. 21 II GG anti-demokratische Parteien für verfassungswidrig; die Verfassungswidrigkeit ist in einem besonderen Verfahren durch das Bundesverfassungsgericht festzustellen. In dem Verfahren zur Feststellung der Verfassungswidrigkeit der Kommunistischen Partei Deutschlands prüfte das Bundesverfassungsgericht vorab, ob das Parteienverbot des Art. 21 II GG nicht dem (höherrangigen) Grundrecht der Meinungsfreiheit widerspricht. Seine verneinende Entscheidung unterstützte das Gericht u. a. mit einem Blick auf die Verfassungsentwicklung in den „liberalen Demokratien des Westens". Die liberalen, das Recht der Meinungsfreiheit garantierenden Verfassungen hätten zwar bis in die Anfänge des 20. Jahrhunderts kein Parteienverbot gekannt, da sie mit anti-demokratischen Parteien kaum gerechnet hätten. Die neueste Entwicklung zeige aber, daß auch die freiheitlichen Demokratien am Problem der Ausschaltung verfassungsfeindlicher Parteien nicht vorübergehen könnten, auch wenn sie dazu verschiedene Wege einschlügen. So sei in Italien die Faschistische Partei in der Verfassung selbst verboten; Frankreich (1939/40) und die Schweiz hätten die Kommunistische Partei durch Regierungsverordnung verboten, und in den USA unterliege sie zumindest einer Registrierungspflicht.

In allen bisher referierten Fällen wurden die vom Richter herangezogenen Vergleichsrechtsordnungen entweder konkret, oder doch wenigstens abstrakt (Referenzkreis) benannt. Wenn die folgende Entscheidung statt dessen lediglich auf die gleichliegenden Verhältnisse in „anderen Ländern" Bezug nimmt und auch keinen Referenzkreis bezeichnet, dann fehlt ihrer rechtsvergleichenden Begründung allerdings die Überzeugungskraft:

Das Grundrecht der *Gleichheit vor dem Gesetz* (Art. 3 I GG) umfaßt auch den Anspruch auf Unterlassung gesetzgeberischer Willkür. Das Bundesverfassungsgericht[34] hatte auf eine Verfassungsbeschwerde darüber zu entscheiden, ob der Gesetzgeber seine Pflicht zur Fürsorge für die Kriegshinterbliebenen – die das Gericht aus dem Sozialstaatsprinzip der Verfassung (Art. 20 GG)[35] herleitete – durch Festsetzung zu niedriger Rentensätze im Bundesversorgungsgesetz willkürlich versäumt habe. Das Bundesverfassungsgericht verneinte die Frage und verwies zur Begründung u. a. auch auf „Vergleiche mit der Kriegsopferversorgung anderer Länder", ohne diese jedoch näher darzulegen.

Das Urteil gehört auch nur formell zu den Grundrechtsfällen. Infolge des sachgebundenen Charakters des Willkürbegriffs konkretisierte das Gericht

[33] BVerfG 17. 8. 56, BVerfGE 5, 85 (134ff.).

[34] BVerfG 19. 12. 51, BVerfGE 1, 97 (105f.). Es handelt sich dabei um die älteste Entscheidung zum Thema unseres Berichts.

[35] „Die Bundesrepublik Deutschland ist ein ... sozialer Bundesstaat"; vgl. auch Art. 28 I GG („sozialer Rechtsstaat").

mit seinem vergleichenden Hinweis praktisch nicht das Gleichheitsrecht, sondern das *Sozialstaatsprinzip.*

2. *Kollisionsrechtliche Fälle*

(Prüfung einer inländischen Norm auf ihre Übereinstimmung mit dem internationalen Standard)

Gegenüber diesen verfassungsrechtlichen Fällen zeigt die rechtsvergleichende Konkretisierung der Vorbehaltsklausel in der Regel einen dreifachen Unterschied: (1) Sie erfolgt *mittelbar* und in zwei Etappen. Die rechtsvergleichende Prüfung setzt nicht am Kontrollgegenstand selbst an – das wäre der (hypothetische) Akt der Anwendung des ausländischen Rechts oder der Anerkennung des ausländischen Urteils[36] –, sondern sie bezieht sich auf die für diesen Akt relevante Normsituation. Das ist aber die „an sich maßgebliche" Auslandsnorm einerseits, und andererseits die „an sich ausgeschaltete" Inlandsnorm, d. h. die Norm, die zur Anwendung käme, wenn der Sachverhalt nicht grundsätzlich nach ausländischem Recht zu beurteilen wäre. Dabei spaltet sich das vergleichende Verfahren: einerseits wird die Auslandsnorm an der Inlandsnorm und andererseits diese am internationalen Standard gemessen. (2) Der Referenzkreis, der dabei für den Standard maßgebend ist, wird nicht institutionell, sondern *soziologisch* bestimmt, wobei die Kriterien zivilisatorischer („Kulturstaaten"), sozialethischer („Staaten gleicher sittlicher Anschauungen") oder ideologischer Art („europäisches Rechtsdenken", „abendländischer Kulturkreis") sein können. (3) Entscheidend für das Kontrollergebnis ist nicht die Abweichung der inländischen Norm vom Standard, sondern ihre *Übereinstimmung* mit ihm (während sich die Frage der Abweichung im Verhältnis zwischen inländischer und ausländischer Norm stellt): stimmt die Inlandsnorm mit dem Standard überein, dann ist die Anwendung einer von ihr abweichenden ausländischen Norm unzulässig. Das bedeutet aber, auf den Begriff des ordre public bezogen: der ordre public schützt den Rechtsgehalt derjenigen inländischen Normen, die mit dem internationalen Regelungsstandard übereinstimmen[37].

---

[36] Vgl. Art. 30 EGBGB: „Die Anwendung ... ist ausgeschlossen, wenn die Anwendung ... verstoßen würde"; entsprechend § 328 Nr. 4 ZPO für die Anerkennung eines ausländischen Urteils.

[37] Es zielt in die Richtung dieser Doktrin, wenn STREBEL, Einleitung zu: Staat und Privateigentum (1960) 1 f., unter Berufung auf die Rechtsvergleichung erwägt, bei der Prüfung der Vorbehaltsklausel „die Besinnung auf das Grundsätzliche auszudehnen auf gemeinsame Rechtsvorstellungen innerhalb der eigenen [sc. ideologisch fixierten] Staatengruppe und dadurch dem Inhalt des nationalen ordre public eine Orientierung an gemeinsamen Grundprinzipien der Staatengruppe zu ermöglichen und ihm auf breiterer Grundlage größere Überzeugungskraft zu geben". STREBEL irrte allerdings, wenn er damals

Auch in diesem Zusammenhang ist ein etwaiger *Standardmangel* bedeutsam. Besteht in der Gesetzgebung des Referenzkreises keine einheitliche Auffassung über die Regelung des Sachverhalts[38], dann kann sich die ihn betreffende inländische Norm, wie auch immer ihr Inhalt sein mag, nicht auf die Bestätigung durch den ordre public stützen; die „an sich maßgebliche“ Auslandsnorm ist also – selbst, wenn sie vom Inlandsrecht abweicht – endgültig anzuwenden. Da sich andererseits, wie wir eben sahen, beim Vorliegen eines verbindlichen Standards die gegenteilige Folge ergeben kann (wenn nämlich die Inlandsnorm mit ihm übereinstimmt), darf bei der rechtsvergleichenden Konkretisierung des ordre public die Beantwortung der Frage: Standard oder Standardmangel? nicht dahingestellt bleiben. Die Feststellung der bloßen Einzelübereinstimmung der relevanten Norm, wie sie in den verfassungsrechtlichen Fällen zur Begründung der Unbedenklichkeit ausreicht[39], genügt hier nicht; die vergleichende Untersuchung muß in den kollisionsrechtlichen Kontrollfällen soweit vorangetrieben werden, daß sichtbar wird, ob für die Regelung des Sachverhalts ein internationaler Standard besteht oder nicht.

Deutlich tritt dieses Regelschema einer rechtsvergleichenden Konkretisierung der Vorbehaltsklausel im ersten „Erfolgshonorar-Urteil“ des Bundesgerichtshofs[40] zutage:

Ein Washingtoner Anwalt hatte in Deutschland das Erfolgshonorar eingeklagt, das er für die Mitwirkung bei einer deutschen Vermögensangelegenheit vereinbart hatte. Der Vertrag unterlag dem Recht des District of Columbia, das Anwälten die Vereinbarung eines Erfolgshonorars gestattet, während sie in Deutschland – jedenfalls für deutsche Anwälte – damals verboten war[41]. Der Gerichtshof prüfte daher, ob die Anwendung des Rechts des District of Columbia in casu gegen die guten Sitten verstoßen würde (Art. 30 EGBGB). Dabei stellt er fest, daß „die Beurteilung der Frage [sc. der Zulässigkeit der Vereinbarung eines anwaltlichen Erfolgshonorars] im Ausland ... unterschiedlich“ sei. Während die Vereinbarung z. B. in England, Österreich und Frankreich sowie in wenigen Staaten der USA abgelehnt werde, sei sie „in anderen europäischen und außereuropäischen Ländern“ einschließlich des überwiegen-

---

(1960) annahm, die Praxis des internationalen Privatrechts habe „von dieser Orientierung des ordre public an außerhalb der eigenen Rechtsordnung bestehenden Grundvorstellungen bisher keinen Gebrauch gemacht“; vgl. demgegenüber die im Text gleich folgenden Entscheidungen und (zumindest ähnlich) unten S. 114.

[38] Dabei sind die Auffassungen des Inlandsrechts und des „an sich maßgeblichen“ Auslandsrechts außer Betracht zu lassen.

[39] Vgl. oben S. 104 f.

[40] BGH 15. 11. 56, BGHZ 22, 162 = IPRspr. 1956/57 Nr. 3 (S. 7); zur Tragweite des Urteils vgl. unten N. 84 a. Im Ergebnis übereinstimmend (mit bloßer Verweisung auf das vorstehende Urteil): BGH 24. 1. 57, IPRspr. 1956/57 Nr. 4 (S. 12); es handelte sich dabei um einen israelischen Anwalt und die Anwendung israelischen Rechts.

[41] § 93 II 5 RAGebO von 1879.

den Teils der USA zulässig und zum Teil sogar gesetzlich anerkannt. Daraus ergebe sich, „daß keine einheitliche Auffassung über die Zulässigkeit des Erfolgshonorars besteht". Das Gericht berücksichtigte diesen Umstand bei der Begründung seiner Ansicht, daß die Anwendung des – die Vereinbarung zulassenden – Rechts des District of Columbia keinen Sitttenverstoß i. S. des Art. 30 EGBGB darstellt[42].

Von besonderer Bedeutung für die dogmatische Konstruktion sind die „Grundsätze", die der Bundesgerichtshof in einem Urteil seinen rechtsvergleichenden Erwägungen vorausschickt:

Der Gerichtshof stellt hier in Übereinstimmung mit der Rechtsprechung des Reichsgerichts zu Art. 30 EGBGB[43] zunächst fest, daß sich die von dieser Vorschrift geforderte Prüfung der Sittenwidrigkeit nicht auf das fremde Gesetz „für sich allein", sondern auf die Folgen seiner Anwendung durch die deutschen Gerichte im konkreten Fall beziehe, daß dabei aber alle Umstände heranzuziehen seien, „die dem Geschehen seine besondere Färbung geben". Zu diesen Umständen – so fährt das Urteil dann in Erweiterung der reichsgerichtlichen Rechtsprechung fort – „können auch solche Ansichten gehören, die anderweit innerhalb des durch gemeinsame sittliche Anschauungen verbundenen Kulturkreises vertreten werden". Seien z. B. die Auffassungen über die Zulässigkeit einer bestimmten Vereinbarung in den verschiedenen Ländern geteilt, so werde die Frage der Sittenwidrigkeit auch nach dem eigenen Recht mit besonderer Vorsicht zu beantworten sein.

Hier finden sich die Vorstellung eines Referenzkreises („durch gemeinsame sittliche Anschauungen verbundener Kulturkreis") ebenso wie die Gedanken von Standard und Standardmangel („einheitliche Auffassung" – „geteilte Auffassungen") und schließlich auch die Folgerung, daß sich die inländische Regelung („Sittenwidrigkeit nach dem eigenen Recht") bei mangelndem Rückhalt an einem entsprechenden internationalen Standard gegen die abweichende „an sich maßgebliche" Auslandsnorm nicht durchzusetzen vermag[44].

In positiver Wendung begegnet diese Doktrin fünf Jahre später im „Kindersaugflaschen-Urteil" des Bundesgerichtshofs[45], das dabei die Formel für die Umschreibung des Referenzkreises aus dem „Erfolgshonorar-Urteil" übernimmt:

Der Bundesgerichtshof äußert sich darin abstrakt zu der Frage, wann die Anwendung ausländischen Wettbewerbsrechts gegen die guten Sitten i. S. des

[42] Das Gericht berücksichtigte im gleichen Sinne aber auch, daß das deutsche Anwaltsrecht nur für deutsche Anwälte gilt und daß nach allgemeinem deutschen Recht (§ 138 BGB) die Vereinbarung eines Erfolgshonorars an sich nicht als unsittlich angesehen werden kann.

[43] Das Urteil beruft sich auf RGZ 150, 283 und RGZ 150, 1 (5).

[44] Freilich will der BGH die Frage der ausnahmsweisen Durchsetzung der inländischen Auffassung nur „mit besonderer Vorsicht" beantwortet wissen; er hat sie aber in diesem Falle im Endergebnis tatsächlich negativ beantwortet.

[45] BGH 30. 6. 61, BGHZ 35, 329 (337).

Art. 30 EGBGB verstoßen würde. Ob ein solcher Verstoß vorliegt, könne nur nach den Folgen beurteilt werden, die sich im Einzelfall aus der Anwendung des ausländischen Rechts ergeben[46]. Es könne dagegen nicht davon ausgegangen werden, daß die Anwendung ausländischen Wettbewerbsrechts, das Wettbewerbshandlungen dulde, die im Inland als sittenwidrig angesehen werden, „schlechthin" gegen die guten Sitten verstoße. „Die Anwendbarkeit ausländischen Rechts" – fährt das Urteil fort – „findet aus dem Gedanken des ordre public im allgemeinen nur in Ausnahmefällen dort eine Schranke, wo das ausländische Recht, wie dies beispielsweise in den sog. unterentwickelten Ländern denkbar ist, einen völlig unzureichenden Schutz gegenüber Handlungen gewährt, die nach der gemeinsamen Ansicht der durch gleiche sittliche Anschauungen verbundenen Kulturstaaten Wettbewerbsverstöße darstellen."

Aus dem Zusammenhang – „nicht ... schlechthin ... [sondern] nur" ergibt sich, daß der Bundesgerichtshof auch hier, wie im „Erfolgshonorar-Fall", die ordre-public-Widrigkeit der ausländischen Norm nicht etwa aus ihrer Abweichung vom internationalen Standard herleitet, sondern aus ihrer Abweichung von der entsprechenden inländischen Regelung, sofern diese mit dem Standard übereinstimmt[47]. Damit hält die bundesgerichtliche Rechtsprechung zur rechtsvergleichenden Konkretisierung der Vorbehaltsklausel grundsätzlich an der nationalen Orientierung des ordre public fest und schränkt diese nur insofern ein, als die Sachentscheidungen des eigenen Rechts, wenn sie sich im Rahmen der Vorbehaltsklausel ausnahmsweise international durchsetzen sollen, des Rückhalts an einem entsprechenden internationalen Regelungsstandard bedürfen. Immerhin bedeutet diese *„relative" Internationalisierung des ordre-public-Gedankens* gegenüber der traditionellen, rein national bestimmten Auffassung eine Erweiterung des Wertungshorizonts von großer praktischer Tragweite[48].

Ein Ansatz in dieser Richtung findet sich auch schon in einem früheren, strafrechtlichen Urteil des Bundesgerichtshofs, das die Unanwendbarkeit einer ostzonalen Regelung aus Gründen des ordre public allerdings nur auf die Übereinstimmung des gegensätzlichen Rechts der Bundesrepublik mit dem Recht einiger Drittländer – also auf eine bloße „Einzelübereinstim-

---

[46] Das Urteil beruft sich dafür auf das „Erfolgshonorar-Urteil" (BGHZ 22, 162 [163]) und auf die dort zitierte Entscheidung RGZ 150, 283.

[47] Das ist nicht das gleiche: Stimmt die „an sich maßgebliche" Auslandsnorm mit der entsprechenden Inlandsnorm inhaltlich überein, während beide vom Standard abweichen, dann wäre ihre Anwendung nach der ersten Alternative ausgeschlossen, während sie nach der zweiten zulässig ist; vgl. auch unten S. 117.

[48] Nur mit dieser Präzisierung kann der Ansicht von NEUHAUS, Die Grundbegriffe des Internationalen Privatrechts (1962) 263 mit N. 627, zugestimmt werden, die beiden Urteile des BGH erwiesen eine Tendenz zur Bildung eines „gemeinsamen europäischen ordre public" i. S. eines „Bestands gemeinsamer Rechtsgrundsätze". Diese Kennzeichnung trifft dagegen uneingeschränkt auf die Urteile unten S. 114 ff. zu, denen in der Tat – uneingestanden – der Gedanke einer „absoluten" Internationalisierung des ordre public zugrunde liegt.

mung" – stützt[49]. Im übrigen zeigt diese Entscheidung, daß eine rechtsvergleichende Konkretisierung der Vorbehaltsklausel nicht nur unter dem Gesichtspunkt des Sittenverstoßes, sondern auch unter dem des Verstoßes gegen den „Zweck eines deutschen Gesetzes" vorkommt[50]; sie ist außerdem die einzige zum engeren Thema unseres Berichts, die im Wege der Rechtsvergleichung nicht zu einem Unbedenklichkeitszeugnis, sondern zur Ablehnung der kontrollierten Maßnahme gelangt[51].

Der Bundesgerichtshof lehnte nämlich hier die Anerkennung einer Verleihung der deutschen Staatsangehörigkeit durch die Behörden der SBZ die (offenbar in Übereinstimmung mit dem dortigen Recht) ohne Aushändigung einer Urkunde erfolgt war, deswegen ab, weil die Anerkennung gegen den Zweck des in der Bundesrepublik geltenden § 16 I RuStAG verstoßen würde; diese Vorschrift macht die Einbürgerung von der Aushändigung einer besonderen Urkunde abhängig. Zur Begründung verwies der Gerichtshof darauf, daß auch die Staatsangehörigkeitsgesetze „anderer europäischer Länder" derartige förmliche Einbürgerungsakte vorsähen, und führte das für das französische, belgische und englische Recht näher aus; der Zweck dieser Vorschriften sei es, klare Rechts- und Beweisverhältnisse zu schaffen.

Nach der immanenten Gesetzlichkeit der Standardtheorie, wie sie gerade auch in den beiden zuvor erwähnten Entscheidungen des Bundesgerichtshofs zum Ausdruck gekommen ist, genügt dieser beschränkte Hinweis indessen nicht, um die ausnahmsweise Durchsetzung des Rechtsgehalts der inländischen Vorschrift zu begründen. Das Ergebnis des Urteils wäre auf dem Boden der Rechtsvergleichung nur dann zureichend motiviert, wenn der Bundesgerichtshof einen dem eigenen Recht entsprechenden internationalen Standard ermittelt, d. h. dargetan hätte, daß die übrigen Rechte des Referenzkreises *ganz überwiegend* eine Regelung besitzen, die mit § 16 RuStAG (oder doch dem darin ausgedrückten Gedanken der Förmlichkeit der Einbürgerung) übereinstimmt[52]. Die Feststellung einer bloßen Einzel-

---

[49] BGH 23. 2. 54, BGHSt 5, 317 (323) („Fall Lachinger").

[50] Vgl. in diesem Sinne auch OLG Celle 20. 8. 63 (unten N. 60).

[51] Auf einem Parallelgebiet äußert sich gleichfalls ablehnend die in der folgenden Fußnote zitierte Entscheidung.

[52] Auf diese Weise begründete dagegen OLG Köln 26. 5. 61 (NJW 1961, 2312) einen ordre-public-Verstoß in einem Fall *intertemporaler* Gültigkeitsprüfung. Es handelte sich darum, ob eine deutsche Vorschrift aus dem Jahre 1938, die dem § 1598 BGB a. F. (Recht des Ehemannes zur Anerkennung der Frauenkinder als ehelich) aufgehoben hatte, als Träger von nationalsozialistischem Gedankengut zu beurteilen und daher nicht mehr anzuwenden war. Das Gericht hielt den § 1598 seinerseits für den „Ausdruck einer allgemeinen Rechtsüberzeugung"; entsprechende Bestimmungen fänden sich „in nahezu allen einschlägigen Kodifikationen" des Auslands (was das Urteil mit Hinweisen auf die Gesetzgebung von 21 Staaten belegt). Der nationalsozialistische Gesetzgeber habe sich somit über eine „für den gesamten abendländischen Kulturkreis verbindliche sittliche Grundüberzeugung" hinweggesetzt, als er

übereinstimmung ist zur rechtsvergleichenden Ausfüllung der Vorbehaltsklausel, wie schon früher dargelegt wurde[53], nicht ausreichend.

IV. Atypische Fälle

(Prüfung einer ausländischen Norm auf ihre Abweichung vom internationalen Standard)

Neben diesen beiden Typen einer rechtsvergleichenden Konkretisierung von Kontrollmaßstäben – sie entsprechen dem Unterschied zwischen der verfassungsrechtlichen und der kollisionsrechtlichen Kontrollsituation – begegnen in der rechtsvergleichenden Judikatur zur Vorbehaltsklausel und auf Verfassungsbeschwerden auch Urteile mit einem Ansatz anderer Art. Gemeinsam ist ihnen der Ausgang von einer *ausländischen* Norm, die sie, jedenfalls der Idee nach, auf ihre *Abweichung* vom internationalen Regelungsstandard prüfen. Die hierher gehörenden Grundrechtsfälle zeigen außerdem eine atypische Sachverhaltslage.

1. Kollisionsrechtliche Fälle

Statt bei der „an sich ausgeschalteten" Inlandsnorm setzen nicht wenige der rechtsvergleichend angelegten Urteile zur Vorbehaltsklausel mit der Standard-Prüfung bei der „an sich maßgeblichen" Auslandsnorm an[54]. Sie kommen dabei durch Feststellung eines in concreto bestehenden Standardmangels durchweg dazu, ihre Anwendung zu bejahen, beruhen also offenbar auf dem Gedanken, daß die Anwendung (nur, aber auch immer) dann ausgeschlossen ist, wenn die ausländische Vorschrift von einem vorhandenen Standard abweicht. Daß es im gegebenen Fall an einem verbindlichen Standard fehlt, wird im übrigen hier meist nur indirekt durch die Feststellung belegt, daß der ausländische Rechtssatz mit der Regelung in einem bestimmten Teilgebiet des Referenzkreises (meist in einem bestimmten „Rechtskreis") übereinstimmt. Im Gegensatz zur „Einzelübereinstimmung"[55] impliziert eine solche „*Teilübereinstimmung*" stets den Standard-

---

das Anerkennungsrecht des Ehemannes beseitigte. Demzufolge erklärte das Gericht die Aufhebung für nichtig und wandte § 1598 BGB a. F. an.

Die Entscheidung ist in ihrem sachlichen Gehalt in Deutschland auf Ablehnung gestoßen (vgl. GERNHUBER, Lehrbuch des Familienrechts [1964] 460 N. 1 mit Nachweisen), zumal der BGH die Frage bereits früher – ohne rechtsvergleichende Erwägungen – gegenteilig entschieden hatte (vgl. BGHZ 2, 130).

[53] Vgl. oben S. 110.

[54] Wo es sich um die Anerkennung eines ausländischen Urteils handelt, bezieht sich die Prüfung auf die ausländische materielle oder Verfahrensnorm, auf der das Urteil beruht.

[55] Vgl. oben S. 104.

mangel, da sie zu verstehen gibt, daß in anderen Teilen des Referenzkreises (in anderen, auch zu ihm gehörigen „Rechtskreisen") eine abweichende Rechtsauffassung besteht.

So hat das Landgericht Düsseldorf[56] es abgelehnt, in der Anwendung einer Vorschrift des früheren jugoslawischen Rechts, wonach der uneheliche Vater dem Kind nur bei Anerkennung der Vaterschaft unterhaltspflichtig ist, trotz Abweichung vom deutschen Recht (§ 1708 BGB) einen Sittenverstoß i. S. des Art. 30 EGBGB zu sehen, da sie im wesentlichen dem Recht des „romanischen Rechtskreises" entspreche. Es sei „nicht gut möglich, die Regelung des romanischen Rechtskreises, insbesondere des französischen und italienischen Rechts, unter der ein großer Teil der Europäer lebt, ... einfach als unsittlich zu kennzeichnen, zumal nicht abzusehen [sei], welche Anschauungen bei etwaigen späteren Zusammenschlüssen europäischer Staaten zum Siege gelangen werden".

Mit ähnlichen Erwägungen verzichtete das Oberlandesgericht Frankfurt a. M.[57], darauf, die Anwendung der Artt. 327, 335 niederländisches BW, nach denen ein Ehebruchskind, anders als nach deutschem Recht (§ 1719 BGB), nicht durch matrimonium subsequens legitimiert wird, auf Grund von Art. 30 EGBGB als sittenwidrig auszuschließen. Die niederländische Regelung sei nicht minder als die deutsche „aus europäischem Rechtsdenken hervorgegangen"; sie entstamme dem kanonischen Recht, gelte allgemein im Rechtsgebiet der romanischen Staaten[58] und bezwecke den Schutz der Familie und der Reinheit der Ehe. Der deutsche Gesetzgeber denke zwar über diese Dinge anders, doch sei der deutsche Richter deshalb noch nicht befugt, „sich auf dem Wege des Art. 30 allgemein über die abweichende Rechtsüberzeugung eines weiten Kulturkreises hinwegzusetzen".

Gemeinsam ist beiden Urteilen auch der Gedanke, die Nichtanwendung eines „an sich maßgeblichen" fremden Rechtssatzes bedeute, zumindest wenn er in einem erheblichen Teil des Auslandes gilt, die Mißachtung fremder Rechtsüberzeugungen und eine nationale Überheblichkeit. Eine besonders nachdrückliche Formulierung hat dieser *„Nicht-Diskriminierungsgedanke"* später im „Todesstrafen-Urteil" des Bundesverfassungsgerichts gefunden[59].

Daß auch die Frage eines „Zweckverstoßes" der ausländischen Vorschrift

---

[56] LG Düsseldorf 25. 6. 54, IPRspr. 1954/55 Nr. 2 (S. 4 f.).

[57] OLG Frankfurt a. M. 28. 2. 56, IPRspr. 1956/57 Nr. 5 (S. 15).

[58] Daß die Bestimmungen der sec. 1 (2) der britischen Legitimacy Act, 1926, die den im Text genannten niederländischen Vorschriften inhaltlich entsprechen, „vielen anderen ausländischen Rechten, besonders des romanischen Rechtskreises" bekannt sind, hatte vorher schon OLG Celle 13. 7. 54 (IPRspr. 1954/55 Nr. 106 b [S. 312]) hervorgehoben; doch stützt dieses Urteil das – auch von ihm bejahte – Nichteingreifen der Vorbehaltsklausel nicht auf diesen rechtsvergleichenden Hinweis.

[59] Unten N. 72. Anklänge daran finden sich auch in dem Beschluß des BGH vom 31. 3. 65 (unten N. 63).

den Anlaß zu rechtsvergleichenden Erwägungen geben kann, wird auch in dieser Urteilsgruppe bestätigt.

So prüfte das Oberlandesgericht Celle [60], ob die Anerkennung eines chilenischen Urteils, das eine von Deutschen in Chile geschlossene Ehe in Übereinstimmung mit dem chilenischen Eherecht deshalb für nichtig erklärt hatte, weil die Ehe vor einem unzuständigen Standesbeamten geschlossen worden war, i. S. von § 328 Nr. 4 ZPO gegen den Zweck der §§ 15 I, 16 des deutschen Ehegesetzes verstoßen würde; nach diesen Bestimmungen ist die Eheschließung in Deutschland auch vor einem unzuständigen Standesbeamten gültig. Das Gericht verneinte die Frage. Die Anerkennung des chilenischen Nichtigkeitsurteils greife die Grundlagen des deutschen Eherechts oder des deutschen gesellschaftlichen Lebens nicht an [61]. Dabei sei zu berücksichtigen, daß die Nichtigkeitsvorschrift des chilenischen Eherechts keine „allein dastehende, übermäßig strenge" sei, sondern „auch in Teilen des abendländischen Rechtskreises" gelte, so u. a. in Spanien, Frankreich und den Niederlanden (das Urteil verweist auf die einzelnen Gesetzesbestimmungen) [62].

Bei der Anerkennung ausländischer Urteile – namentlich im Zuge der Entscheidung über Ersuchen um Rechts- oder Vollstreckungshilfe – kann die Frage eines ordre-public-Verstoßes auch im Hinblick auf die Umstände des ausländischen Verfahrens bedeutsam werden. Sie wird dann von den Gerichten bisweilen als Frage nach der „Rechtsstaatlichkeit" der fremden Verfahrensvorschriften formuliert. Auch bei der Konkretisierung dieses Begriffs bedient sich die Judikatur gelegentlich rechtsvergleichender Argumente, wie der folgende Beschluß des Bundesgerichtshofs [63] in einem Auslieferungsverfahren:

Für die Zulässigkeit der Auslieferung kam es darauf an, ob ein belgisches Abwesenheitsurteil, gegen das der zu einer Gefängnisstrafe Verurteilte keinen Einspruch eingelegt hatte, als rechtskräftiges Erkenntnis i. S. der deutschen Vorschrift über die Vollstreckungsverjährung (§ 70 StGB) anzusehen war. Der Gerichtshof ging davon aus, daß das Urteil nach dem dafür maßgebenden belgischen Verfahrensrecht rechtskräftig war. Seiner Anerkennung stehe nicht entgegen, daß nach deutschem Recht (§ 277 StPO) die Verhängung einer Gefängnisstrafe im Abwesenheitsverfahren unzulässig ist. Eine Rücksichtnahme auf die deutsche Vorschrift „würde dazu führen, deutsche rechtspolitische Vor-

---

[60] OLG Celle 20. 8. 63, NJW 1963, 2235.

[61] Das ist eine Anlehnung an die Formel, mit der eine ständige Rechtsprechung den Begriff des „Zweckverstoßes" in der Vorbehaltsklausel einschränkend interpretiert. Danach verstößt die Anwendung ausländischen Rechts oder die Anerkennung ausländischer Urteile nur dann gegen den Zweck eines deutschen Gesetzes, wenn sie „direkt die Grundlagen des deutschen staatlichen oder wirtschaftlichen Lebens angreifen" würde; Nachweise bei Kegel, in: Soergel/Siebert, Kommentar zum BGB (9. Aufl. 1961) Anm. 10 zu Art. 30 EGBGB.

[62] Zusätzlich wird in dem Urteil noch berücksichtigt, „daß es in Chile wie in verschiedenen anderen Staaten, auch des abendländischen Rechtskreises, keine Ehescheidung gibt".

[63] BGH, Beschluß vom 31. 3. 65, NJW 1965, 1146.

stellungen dem fremden Staat aufzudrängen... Anders könnte es nur sein, wenn das dem Urteil zugrunde liegende Verfahren gegen übergeordnete, von allen Rechtsstaaten anerkannte Grundsätze verstoßen würde". Das sei jedoch bei dem belgischen Abwesenheitsverfahren (das zwar unbeschränkte Bestrafung ermöglicht, aber durch fristgerechten Einspruch annulliert werden kann) nicht der Fall. Ein Abwesenheitsverfahren in dieser Form gebe es „in mehreren Staaten, insbesondere des romanischen Rechtskreises". An anderer Stelle hatte der Beschluß schon ausgeführt, die Vorschriften für Abwesenheitsverfahren seien „auch in den Kulturstaaten sehr verschieden" und damit das Vorliegen eines Standardsmangels ausdrücklich festgestellt.

Der Leitgedanke – die Prüfung der ausländischen Regelung auf ihre Abweichung vom internationalen Standard – tritt hier besonders deutlich zutage, auch wenn er normativ eingekleidet ist („Verstoß gegen übergeordnete, von allen Rechtsstaaten anerkannte Grundsätze"); er beherrscht mehr oder minder unausgesprochen aber auch die anderen drei Urteile.

Damit legen diese Entscheidungen die Auffassung nahe, der ordre public sei für sie mit dem internationalen Standard identisch. Eine solche *„absolute" Internationalisierung* des ordre-public-Begriffs würde indessen zur Folge haben, daß das maßgebende ausländische Recht u. U. auch abzuweisen wäre, wenn es mit dem inländischen übereinstimmt, – dann nämlich, wenn beide Rechte vom Standard abweichen. Das ist aber nicht der Sinn der Vorbehaltsklausel (ganz abgesehen von ihrem Wortlaut, jedenfalls soweit er den „Verstoß gegen den Zweck eines deutschen Gesetzes" betrifft[64]). Sie soll bestimmte Werte der eigenen Rechtsordnung auch im Rahmen der internationalen juristischen Kooperation bewahren, nicht aber ausländisches Recht an einem internationalen Maßstab korrigieren[65]. Der Standard kann daher höchstens – im Sinne des „Erfolgshonorar-Urteils" und verwandter Entscheidungen – als Kriterium dafür dienen, ob der Rechtsgehalt einer inländischen Norm legitimiert ist, die Anwendung abweichenden Auslandsrechts auszuschalten. Wie der in den Entscheidungen z. T. hervorgehobene Gedanke der „Nicht-Diskriminierung" zeigt, beruht der Fehlansatz offenbar auf der Vorstellung, Gegenstand der ordre-public-Kontrolle sei die ausländische Norm als solche, und die rechtsvergleichende Prüfung müsse daher bei dieser ansetzen. Damit wird der Begriff des ordre

---

[64] Auch soweit die Vorbehaltsklausel auf einen Sittenverstoß abstellt, ist bisher anerkannt, daß für die Beurteilung grundsätzlich die deutschen Sittenvorstellungen maßgebend sind. Vgl. Dölle, Der Ordre public im Internationalen Privatrecht, in: Deutsche Landesreferate zum III. Internationalen Kongreß für Rechtsvergleichung (1950) 403; Kegel (oben N. 61) Anm. 6 zu Art. 30 EGBGB.

[65] Vgl. auch Neumayer, Zur positiven Funktion der kollisionsrechtlichen Vorbehaltsklausel, in: Festschrift Dölle II (1963) 207: „Im Vordergrund der Operation steht nicht die Ausschaltung des ausländischen Rechts, sondern die positive Durchsetzung der auch gegenüber fremdem Recht vorbehaltenen heimischen Grundsätze. Jene ist mechanische Folge, diese die bewegende Ursache des kollisionsrechtlichen Effekts."

public hier in gleicher Weise *unmittelbar* rechtsvergleichend konkretisiert wie im Regelfall die verfassungsrechtlichen Kontrollmaßstäbe. Daß sich das Urteil der Vorbehaltsklausel indessen nicht auf die ausländische Norm, sondern auf den inländischen Akt ihrer Anwendung bezieht, hat der Bundesgerichtshof im „Erfolgshonorar"- und im „Kindersaugflaschen-Urteil" gerade besonders hervorgehoben. Sie kann daher im Wege des Normvergleichs auch nur mittelbar konkretisiert werden.

Doch ist der hier eingeschlagene Weg praktisch ungefährlich. Führt er doch zu einem Fehlschluß nur in dem gewiß seltenen Fall, daß Auslands- und Inlandsrecht bei beiderseitiger Abweichung vom Standard inhaltlich übereinstimmen; dann aber wird der Richter kaum ordre-public-Erwägungen anstellen. Die Entscheidungen treffen auch im sachlichen Ergebnis zu: da sie vom Mangel eines jeweiligen Standards ausgehen, wären sie auch bei korrektem Ansatz zur Zulässigkeit der Anwendung oder Anerkennung der ausländischen Regelung gelangt. Bedenklich bleibt nach allem nur, daß sie verfehlten Vorstellung von einer grundsätzlichen Wandlung des ordre-public-Begriffs Nahrung geben können.

2. *Grundrechtsfälle*

Zum Unterschied vom Normaltyp rechtsvergleichender Grundrechtsentscheidungen[66] zeigen zwei Urteile des Bundesverfassungsgerichts das gleiche Ableitungsschema wie die atypisch aufgebauten Entscheidungen zur Vorbehaltsklausel. Ihnen lag allerdings auch eine Sachverhaltssituation zugrunde, die von dem typischen Sachverhalt der früher besprochenen Grundrechtsfälle abweicht. Ging es dort um die Grundrechtswidrigkeit einer inländischen *Norm,* so wurde mit der Verfassungsbeschwerde hier ein inländischer *Akt,* und zwar ein Akt der Rechts-oder Vollstreckungshilfe für ein ausländisches oder ostzonales Verfahren, als grundrechtswidrig angefochten. Die Beschwerdeführer leiteten den Grundrechtsverstoß der inländischen Hilfsmaßnahme indirekt daraus her, daß bestimmte, dem fremden Verfahren zugrunde liegende (materielle oder prozessuale) Normen den deutschen Grundrechtsvorschriften widersprächen. Bei diesen *„Verfassungsbeschwerden zur Abwehr fremder Gerichtsbarkeit"*, wie man sie nennen könnte, prüfte das Gericht nun nicht – wie im Regelfall – eine Inlandsnorm, sondern die angeblich anstößige Auslandsnorm auf ihre Abweichung vom internationalen Standard.

Im ersten Fall handelte es sich um eine strafprozessuale Vorschrift der SBZ:

Das Bundesverfassungsgericht[67] hatte hier auf Verfassungsbeschwerde darüber zu entscheiden, ob die in der Bundesrepublik erfolgte Anordnung der Vollstreckung einer Gefängnisstrafe, die in der SBZ – nach dortigem Recht zulässigerweise – im Abwesenheitsverfahren verhängt worden war, die Grund-

[66] Vgl. oben S. 107 f. [67] BVerfG 13. 6. 54, BVerfGE 1, 332 (346 f.).

rechte der *Menschenwürde* (Art. 1 GG) oder der *Freiheit der Person* (Art. 2 GG) verletzte; bekanntlich darf nach dem Recht der Bundesrepublik (§ 277 StPO) ein Abwesenheitsverfahren nicht stattfinden, wenn die Tat mit Gefängnis bedroht ist. Das Gericht verneinte das Vorliegen einer Grundrechtsverletzung mit dem Hinweis, „daß auch in anderen Kulturländern Abwesenheitsverfahren bei höheren Strafandrohungen [sc. als Haft, Geldstrafe oder Einziehung] zugelassen sind", und verwies dafür insbes. auf § 427 der österreichischen Strafprozeßordnung.

Sachlage und Entscheidung (einschließlich der rechtsvergleichenden Begründung) sind hier, mutatis mutandis, nahezu die gleichen wie bei dem elf Jahre später ergangenen Auslieferungsbeschluß des Bundesgerichtshofs auf Grund eines belgischen Abwesenheitsverfahrens [68], nur daß dieser den Rechtshilfeakt nicht unter dem Gesichtspunkt der Grundrechtsverletzung, sondern im Rahmen der Vorbehaltsklausel beurteilte. Doch ist auch das vorstehende Urteil nach seinem Wesensgehalt primär als Entscheidung über die ordre-public-Widrigkeit der Vollstreckungsanordnung anzusehen; nur sekundär, nämlich im Rahmen dieser ordre-public-Kontrolle, handelt es sich dabei auch um die Frage der Berücksichtigung von Grundrechten. Es ist heute im deutschen Schrifttum und ihm folgend auch in der Rechtsprechung anerkannt, daß die Anwendung des vom deutschen Kollisionsrecht berufenen ausländischen Rechts nicht unmittelbar auf ihre Vereinbarkeit mit den Grundrechten des deutschen Grundgesetzes geprüft werden kann, sondern ausschließlich der Kontrolle im Rahmen der Vorbehaltsklausel unterliegt; auf die Ermittlung des deutschen ordre public können dann jedoch auch die deutschen Grundrechtsvorschriften Einfluß haben [69]. Diese Überlegungen müssen entsprechend auch für die Leistung von Rechtshilfe bei fremden Verfahren gelten. Deren Anstößigkeit gegenüber grundsätzlichen deutschen Rechtsvorstellungen kann daher – sofern eine Berufung auf die Vorbehaltsklausel in diesem Rahmen überhaupt zulässig ist [70] – nur unter dem Gesichtspunkt des Verstoßes gegen den ordre public gerügt werden [71].

---

[68] BGH 31. 3. 65 (oben N. 63).

[69] Vgl. im *Schrifttum* insbes.: Dölle, GRUR 1957, 58; Gamillscheg, Internationales Arbeitsrecht (1959) 122; ders., JR 1961, 518; ders., Die Grundrechte bei der Anwendung ausländischen Rechts, in: Festschrift Nipperdey I (1965) 323 ff. (327 f.); Beitzke, Grundgesetz und Internationales Privatrecht (1961) 34 f.; Kegel (oben N. 61) Bem. 10 vor Art. 13 EGBGB; Neuhaus (oben N. 48) 223, 231 N. 565 a; Ferid, Wechselbeziehungen zwischen Verfassungsrecht und Kollisionsnormen, in: Festschrift Dölle II (1963) 118 ff. (143); Bernstein, NJW 1965, 2273.

In der *Rechtsprechung* insbes. BGH 29. 4. 64, BGHZ 42, 7 (12 f.), aber auch schon BGH 12. 2. 64, BGHZ 41, 136.

[70] Beruht die Rechtshilfe auf Vertragsbasis, so dürfte die Berufung auf den ordre public des ersuchten Staates nur zulässig sein, wenn sie im Vertrag ausdrücklich vorbehalten ist; vgl. dazu unten N. 76.

[71] Ob dafür das Bundesverfassungsgericht funktionell zuständig ist – da es

Als Überlegungen zum ordre public müssen wohl auch die rechtsvergleichenden Ausführungen im „Todesstrafen-Urteil“ des Bundesverfassungsgerichts[72] angesehen werden, zu dem die angebliche Anstößigkeit einer ausländischen Vorschrift des materiellen Strafrechts in einem Auslieferungsverfahren Anlaß bot. Im übrigen hebt gerade dieses Urteil – als Beitrag zu dem grundsätzlichen Anliegen unseres Berichts – den Gedanken der Maßstäblichkeit des internationalen Regelungsstandards (als Frage der „Unverträglichkeit“ der anstößigen Norm mit dem am „Stand der Gesetzgebung und der öffentlichen Meinung in der gesamten heutigen Kulturwelt“ abgelesenen „Stand der Zivilisation“) wieder anschaulich hervor:

Ein Nichtdeutscher hatte im französischen Hoheitsgebiet einen (nach französischen Recht mit Todesstrafe bedrohten) Mord begangen und war in die Bundesrepublik geflüchtet. Auf französisches Ersuchen wurde in Vollzug des deutsch-französischen Auslieferungsabkommens von 1951 seine Auslieferung angeordnet; nach Art. 18 des Abkommens ist die Bundesrepublik auch dann zur Auslieferung verpflichtet, wenn die Tat in Frankreich mit Todesstrafe bedroht ist. Der Täter erhob gegen die Anordnung seiner Auslieferung Verfassungsbeschwerde. Nach seiner Ansicht verletzte Art. 18 des Abkommens – und dadurch auch die darauf beruhende Auslieferungsanordnung – den Grundsatz des Art. 102 GG („Die Todesstrafe ist abgeschafft“) und damit das Grundrecht des Art. 2 II GG („Jeder hat das *Recht auf Leben*...“).

Das Bundesverfassungsgericht verneinte die Grundrechtsverletzung, da die Wirkung von Art. 102 GG nicht über den Bereich der deutschen Strafgewalt hinausgehe, und stützte diese Ansicht u. a. auch auf rechtsvergleichende Erwägungen. Die Abschaffung der Todesstrafe in Deutschland bedeute kein Werturteil über andere Rechtsordnungen, in denen die Todesstrafe bestehe. Es sei bekannt, daß nicht wenige Kulturstaaten, darunter gerade die führenden Demokratien der westlichen Welt, die Todesstrafe beibehalten hätten. „Angesichts des Standes der Gesetzgebung und der öffentlichen Meinung in der gesamten heutigen Kulturwelt läßt sich die Feststellung nicht treffen, die Todesstrafe sei mit dem heute erreichten Stand der Zivilisation dermaßen unverträglich, daß den Staaten, die sie abgeschafft haben, gestattet oder gar geboten wäre, ihre Auffassung unbedingt durchzusetzen, damit eine rechtsstaatliche Superiorität für sich in Anspruch zu nehmen und fremde Rechtsordnungen in diesem Punkt zu diskriminieren.“

Anders als im vorigen Fall stellte sich das ordre-public-Problem hier nur indirekt, und zwar im Zusammenhang mit der Auslegung der angeblich ver-

---

dann ja die Grundrechtsnorm nicht unmittelbar anwendet, sondern allenfalls im Rahmen der Vorbehaltsklausel berücksichtigt –, soll hier dahingestellt bleiben. Es spricht allerdings viel dafür, die Verfassungsbeschwerde auch dann zuzulassen, wenn sich nach Ansicht des Beschwerdeführers die Anwendung der Vorbehaltsklausel auf ein Grundrecht stützen läßt und die Vorinstanzen diesem Gesichtspunkt nicht Rechnung getragen haben. Das vorstehende Urteil enthält Ausführungen in dieser Richtung (BVerfGE 1, 342 f.); dabei ist allerdings die Besonderheit der interzonalen Fallsituation zu berücksichtigen.

[72] BVerfG 30. 6. 64, BVerfGE 18, 112.

letzten Grundrechtsnorm, genauer: des Art. 102 GG, den das Gericht offenbar als Spezialisierung dieser Grundrechtsnorm ansah[73]. Lief das Vorbringen des Beschwerdeführers, Art. 102 verbiete die Rechtshilfe in ausländischen Verfahren, in denen die Todesstrafe zu erwarten ist, doch auf die Ansicht hinaus, die Vorschrift sei neben ihrer Bedeutung für das eigene materielle Strafrecht auch eine *„spezielle Vorbehaltsklausel"*[74] für Auslieferungsverfahren. Das Gericht mußte daher Art. 102 auslegen, um diese Frage zu klären. Dafür spielte es auch eine Rolle, ob der Verfassungsgesetzgeber die Auslieferung bei drohender Todesstrafe überhaupt als Verstoß gegen den deutschen ordre public ansehen durfte, denn nur dann konnte er (möglicherweise) dem Art. 102 den zusätzlichen Charakter einer speziellen Vorbehaltsklausel beigelegt haben. In diesem Zusammenhang haben auch die rechtsvergleichenden Erwägungen des Urteils ihren Platz[75]. Wenn auch der Ausdruck nicht fällt, handelt es sich der Sache nach doch auch hier um die rechtsvergleichende Konkretisierung des ordre-public-Begriffs[76].

Die methodische Abweichung von den übrigen Grundrechtsurteilen unseres Berichts ist in den beiden Fällen auf diesen ordre-public-Einschlag zurückzuführen. Hätte sich das Bundesverfassungsgericht dabei an die Methode gehalten, die in den „typischen" Entscheidungen zur rechtsvergleichenden Konkretisierung der Vorbehaltsklausel benutzt wird[77], so hätte es allerdings auch hier von der inländischen Norm ausgehen und prüfen müssen, ob sich ihr Rechtsgehalt auf einen entsprechenden internationalen Standard stützen läßt. Daß es statt dessen beidemal die angeblich anstößige fremde Vorschrift auf ihre Standardabweichung untersuchte, könnte auf einen verfehlten Ansatz nach Art der „atypischen" ordre-public-Urteile schließen lassen; dafür spricht auch die besonders ausgeprägte Betonung des Nicht-Diskriminierungs-Gedankens im „Todesstrafen-Urteil". Legitimiert würde das Vorgehen jedoch dann, wenn man dem Bundesverfassungsgericht unterstellt, es habe gleichzeitig (und ebenfalls im Wege

---

[73] Letzteres nimmt auch Geck, JuS 1965, 222, an.

[74] Bei den „speziellen Vorbehaltsklauseln" hat der Gesetzgeber selbst die ordre-public-Erwägungen vorweggenommen und die Anwendung des ausländischen Rechts nur in dem Maße zugelassen, als es mit bestimmten inländischen Vorschriften übereinstimmt.

[75] Sie sind dort im Anschluß an Erwägungen, die zur Auslegung des Art. 102 auf seinem Wortlaut und auf seinem systematischen Zusammenhang aufbauen, und vor historischen Argumenten unter dem Gesichtspunkt der teleologischen Auslegung („Grund und Tragweite der Bestimmung") eingereiht.

[76] Auch Geck (oben N. 73) 228 f., bringt in seiner Analyse des Urteils das Anliegen des Verfahrens in Zusammenhang mit dem ordre-public-Gedanken, wenn er auch davor warnt, diesem im Rahmen des auf Gegenseitigkeit beruhenden Auslieferungsrechts und namentlich im Rahmen eines ohne Vorbehalt des ordre public geschlossenen Auslieferungsvertrags Rechnung zu tragen.

[77] Vgl. oben S. 109 ff.

der Rechtsvergleichung) eine inzidente Kontrolle der relevanten Inlandsnormen (§ 277 StPO, Art. 102 GG) auf ihre Grundrechtsgemäßheit vornehmen wollen. Bei einer solchen *Kombination von kollisionsrechtlicher und verfassungsrechtlicher Kontrolle* käme es – unter rechtsvergleichenden Gesichtspunkten – in der Tat letztlich auf die Frage der Abweichung des fremden Rechts vom internationalen Regelungsstandard an: da die Abweisung der fremden Norm auf Grund der Vorbehaltsklausel von ihrem Widerspruch zum Inlandsrecht abhängt, dieses aber im Zeichen der grundrechtlichen Kontrolle nur berücksichtigt werden kann, soweit es nicht dem Standard widerspricht, kann man hier die Auslandsnorm auch gleich direkt am Standard messen. Ob man diesen Gedankengang dem Bundesverfassungsgericht in den beiden Fällen unterstellen darf, sei dahingestellt. Dem Wesen des Bundesverfassungsgerichts als Hüter der Verfassungsmäßigkeit der Gesetze würde das kombinierte Vorgehen jedenfalls entsprechen, es müßte andererseits aber auf dieses Gericht beschränkt bleiben, da in der Bundesrepublik ihm allein eine inzidente Normenkontrolle obliegt.

V. Zur Anwendung des Standardgedankens

Daß sich hohe und höchste deutsche Gerichte, wie unsere Übersicht zeigt, zur Konkretisierung von Kontrollmaßstäben der Verfassung und des Kollisionsrechts heute in beachtlichem Maße – teils offen, teils doch nach der Art ihrer Argumentation – an der Idee eines internationalen Regelungsstandards orientieren, hat auf den beiden Gebieten nicht durchaus die gleichen Gründe. Ist es im Verfassungsrecht wohl vor allem die vom Grundgesetz selbst (Art. 79 III) geteilte Vorstellung vom überpositiven (und damit auch übernationalen) Charakter der hier bedeutsamen Grundrechte und Grundsätze, die deren Ausfüllung aus dem „gemeinsamen Rechtsbestand" sachverwandt denkender Nationen nahelegt[78], so ist es bei der rechtsvergleichenden Konkretisierung der Vorbehaltsklausel zweifellos das Gefühl – und das ist wohl das eigentliche Anliegen des „Nicht-Diskriminierungs-Gedankens" –, daß die ausnahmsweise Unterbrechung der internationalen juristischen Kooperation nur zugunsten von Rechtswerten tragbar ist, die nicht ausschließlich nationaler Selbstbestimmung entspringen. So erscheint im einen Fall der Standard unmittelbar, im andern mittelbar als der korrigierende Faktor. Gemeinsam ist beiden Fallgruppen aber die Verwurzelung in einem gegenüber der Vorkriegszeit verstärkten Bewußtsein der internationalen Abhängigkeit und Solidarität, zumindest innerhalb

---

[78] Im „gemeinsamen Rechtsbestand des Westens" sieht v. Simson, Die Souveränität im rechtlichen Verständnis der Gegenwart (1965) 262, ein Element der „überstaatlichen Bedingtheit des Staates". Zustimmend Kaiser (oben N. 22) 393 f.

der Verwandtschaft des „Referenzkreises“, bei zurücktretendem Empfinden der Eigenstaatlichkeit; gemeinsam ist ihnen auch das Streben, beim Verblassen verbindlicher außer- und vorrechtlicher Ordnungsvorstellungen in der eigenen Gesellschaft, die Ausfüllung unbestimmter, wertbezogener Rechtsbegriffe auf objektiv-tatsächliche Gegebenheiten äußerer Herkunft zu stützen und die Entscheidung damit zu rationalisieren und nachprüfbar zu machen.

In der praktischen Anwendung hat die Ausrichtung am Standardgedanken, so zeigt der Überblick gleichfalls, bisher zu einer weitgehenden Toleranz gegenüber den unmittelbar oder mittelbar kontrollierten Regelungen geführt. Von den 15 hier näher betrachteten Entscheidungen und sonstigen gerichtlichen Äußerungen kommt nur eine einzige zur Abweisung der kontrollierten Maßnahme[79], und gerade dabei handelt es sich um ein methodisch anfechtbares Urteil, das zudem in der besonderen Situation des interzonalen Rechts erging[80]. Daß die Rechtsvergleichung den Gerichten ganz überwiegend Argumente dafür geliefert hat, die beurteilte Maßnahme oder Regelung i. S. des jeweiligen Kontrollmaßstabs als unbedenklich anzusehen, ist nun allerdings die Folge davon, daß bei den fraglichen Sachproblemen regelmäßig entweder ein verbindlicher internationaler Regelungsstandard überhaupt fehlte („Standardmangel“) oder doch wenigstens kein entgegenstehender Standard ermittelt wurde („Einzelübereinstimmung“). Bei dieser Situation wirkt das rechtsvergleichende Verfahren naturgemäß als Vehikel der Toleranz. Indessen beruht seine Schlüssigkeit doch auf der gedanklichen Voraussetzung, daß wenigstens in bestimmten Fällen ein solcher Standard nachgewiesen werden kann und daß er sich dann gegenüber abweichendem nationalem Recht durchsetzt. Generalisiert man das, dann führt der Grundgedanke freilich im Wege fortschreitender Angleichung zur internationalen Standardisierung der Rechtsordnungen und damit schließlich zum Erstarren jeder weiteren Rechtsentwicklung. Das wäre also gerade das Gegenteil jener scheinbar toleranten Tendenz. Schon von daher müssen sich Bedenken dagegen erheben, die Rechtsprechung etwa zu ausschließlich an der Idee eines internationalen Regelungsstandards zu orientieren.

Das wird auch durch weitere Gesichtspunkte indiziert, die hier nur angedeutet werden können:

1. Die Standard-Methode ist als solche ein weitgehend *empirisch-quantitatives* Verfahren (allein in der Bestimmung des Referenzkreises liegt unter Umständen ein qualitatives Element); sie kann daher die *richterliche Wer-*

---

[79] BGH 23. 3. 54 (oben zu N. 49).

[80] Auch das ebenfalls zur Versagung der Anerkennung führende intertemporale Urteil des OLG Köln vom 26. 5. 61 (oben N. 52) ist nach seinen Umständen eher ein Sonderfall.

tung, die bei der Konkretisierung unbestimmter Wertmaßstäbe nötig ist[81], niemals völlig ersetzen. Gerade die Maßstabsbegriffe, mit denen wir es hier zu tun haben, sind aber wertbezogen[82]. Der Standard des Rechtsüblichen kann somit bei ihrer Konkretiserung nur als Erkenntnismittel für die eigene Wertentscheidung des Richters dienen[83].

2. Die Orientierung am internationalen Regelungsstandard zieht ausschließlich die *abstrakte Normsituation* in Betracht. Sie kann daher solchen Fällen nur ungenügend gerecht werden, in denen es darüber hinaus auch auf die besonderen *Tatsachenumstände des konkreten Einzelfalls* ankommt. Insbesondere läßt eine einseitige Ausrichtung der Vorbehaltsklausel am Standardgedanken die sog. „Relativität" des ordre public unberücksichtigt, d. h. die Bedeutung der Frage, ob und welche Inlandsberührung der zu beurteilende Fall (abgesehen vom inländischen Forum) in Tatbestand und Rechtsfolge aufweist[84]. Aber auch andere, mit dem bloßen Normenvergleich nicht zu erfassende Fallumstände können für das Kontrollergebnis erheblich sein[84a].

3. Die rechtsvergleichende Konkretisierung stellt vorwiegend auf *Gegebenheiten außerhalb der eigenen Rechtsordnung* ab, die nur durch das Band der Verwandtschaft im Referenzkreis mit dem Inland verbunden sind. Die Bestimmungskriterien dieser Verwandtschaft sind indessen zu allgemein, um in allen Fällen eine genügende Berücksichtigung auch *spezieller inländischer Entscheidungsfaktoren* – Besonderheit der eigenen Rechts- und Lebensordnung, der einheimischen Kulturtradition oder politischer und sozial-ethischer Leitideen – zu sichern. Hat der Richter bei der Ausfüllung unbestimmter Rechtsbegriffe eine Aufgabe, die der des Gesetzgebers nahekommt[85], so kann er

[81] LARENZ (oben N. 20) 217 ff., 228.

[82] Das ist für den Begriff des ordre public ohne Zweifel; für die Maßstäbe des Verfassungsrechts vgl. BERNHARDT, ZaöRV 24 (1964) 433, 451 Leits. I 1.

[83] Entsprechend für die „Verkehrssitte": LARENZ (oben N. 20) 219 f.

[84] So kritisiert GAMILLSCHEG, Festschrift Nipperdey (oben N. 69) 345, 350, das Erfolgshonorar-Urteil des BGH (oben zu N. 40) und das Urteil des OLG Celle zur Anerkennung des chilenischen Ehenichtigkeitsurteils (oben zu N. 60), weil in beiden Fällen erhebliche Inlandsbeziehungen vorlagen, die nach seiner Ansicht ein Durchgreifen der deutschen Rechtsvorstellungen gerechtfertigt hätten.

[84a] So hat es der BGH in einem späteren Erfolgshonorar-Fall (BGH 28. 10. 65, NJW 1966, 296) aufgrund der Vorbehaltsklausel abgelehnt, amerikanische Vorschriften über die Zulässigkeit der Vereinbarung eines anwaltlichen Erfolgshonorars unbegrenzt anzuwenden, weil (und insoweit) die *Höhe* des Honorars (35 %), das für die Mitwirkung in einem Schadensersatzverfahren vereinbart worden war, dem Zweck der deutschen Schadensersatzvorschriften widerspreche. Er erklärte dabei, der in seinem ersten Erfolgshonorar-Urteil (oben zu N. 40) aufgestellte Grundsatz der Unbedenklichkeit der Vereinbarung eines Erfolgshonorars gelte „nicht unbeschränkt", vielmehr seien *„stets die besonderen Umstände des Falls zu beachten"*. Damit hat der VII. Zivilsenat des BGH, auf den die beiden Urteile zurückgehen, bestätigt, daß der rechtsvergleichenden Konkretisierung der Vorbehaltsklausel mit Hilfe der Standard-Methode (wie sie das erste Urteil vorgenommen hatte) im Sinne unserer Textausführungen nur eine beschränkte Maßgeblichkeit für die Rechtsfindung zukommt.

[85] ESSER (oben N. 21) 150 f.

dabei, namentlich wenn die Begriffe dem Verfassungsrecht angehören, das Spezifische der nationalen Existenz nicht außer Betracht lassen[86].

Die Anwendung des Standardgedankens darf daher in unserem Bereich nicht auf sich allein gestellt bleiben; sie ist nur *ein* Element in der Konkretisierung von Kontrollmaßstäben für das Handeln der öffentlichen Gewalt. Auch die Entscheidungen dieses Berichts – das sei ausdrücklich vermerkt – verwenden großenteils den Gedanken nur neben anderen Argumenten. Hatte allerdings Zweigert[87] der Rechtsvergleichung bei der *Auslegung* einheimischen Rechts lediglich eine „Kontrollfunktion" zur Bestätigung des mit anderen Methoden erzielten Ergebnisses oder zur Aufdeckung ihrer Fehlerquellen zugeschrieben, so scheint uns bei der Konkretisierung verfassungs- und kollisionsrechtlicher Kontrollmaßstäbe die umgekehrte Abhängigkeit zu gelten. Wie wir gesehen haben, reichen die Maßstäbe der Verfassung mit ihren Wurzeln über den nationalen Bereich hinaus, der ordre public mit seinen Wirkungen. Die Rücksicht auf den internationalen Regelungsstandard hat daher hier eine besondere *Leitfunktion*. Sie bedarf aber jeweils der Überprüfung und notfalls der Korrektur durch andere Wertungsgesichtspunkte. Dabei spielen namentlich die konkreten Umstände des Falles und spezifisch nationale Ausprägungen der rechtlichen Grundwerte eine Rolle. Über allem aber bleibt oberster Beurteilungsmaßstab für den Richter, gerade hier, sein eigenes Gewissen.

---

[86] Skeptisch gegenüber der rechtsvergleichenden Auslegung von Begriffen des öffentlichen Rechts auch Bernhardt (oben N. 82) 443.

[87] Zweigert (oben N. 14) 17.

Zweiter Teil

ZIVILRECHT

INTERNATIONALES PRIVATRECHT

ZIVILPROZESSRECHT

LANDWIRTSCHAFTSRECHT

ZIVILRECHT

DIE VERÄNDERUNGEN DES VERMÖGENS IM MODERNEN DEUTSCHEN PRIVATRECHT

Von Dr. FRITZ RITTNER

Professor an der Universität Freiburg i. Br.

A. Zur Problemstellung

Das Thema zielt in zwei Richtungen: Einmal meint es die Veränderungen, die das Vermögen in seinem Bestande laufend erfährt (und dennoch eine Einheit bleibt). Zum anderen betrifft es das Problem, in welcher Weise ein Wechsel im Träger, im Inhaber, des Vermögens dieses verändert.

Beide Fragenkomplexe stellen sich nicht nur für das Vermögen der Einzelperson, sondern auch für das Vermögen der juristischen Personen (des Privatrechts) und die Personengesellschaften. Sie sind überdies noch zu verfolgen bei den Sondervermögen.

In dieser Aufgliederung läßt sich das Thema einerseits in einem vorwiegend rechtstechnischen Sinne begreifen: es soll untersucht werden, wie das moderne deutsche Privatrecht die sich aus der Annahme des Vermögensbegriffs ergebenden einzelnen Sachfragen der Veränderungen löst. Doch wird bei näherem Hinsehen alsbald auch eine andere Seite des Problems offenbar. Die Frage nach den Veränderungen des Vermögens nötigt dazu, die gesamten Zusammenhänge des Vermögensrechts unter einem bestimmten Gesichtspunkt, eben dem der Veränderungen, zu erforschen. Gibt es doch keine Einzelheit und kein Systemglied des Vermögensrechts, die nicht von dieser Frage berührt werden und nicht zugleich auch die Frage der Veränderungen stellen. Diese mehr prinzipiell-dogmatische Seite des Themas kann indes in dem Referat nur angedeutet werden.

Das Thema trifft nämlich das deutsche zivilrechtliche System und seine Dogmatik recht unvorbereitet. Das System, wie es sich vorwiegend im 19. Jahrhundert entwickelt hat, hat dem Vermögensbegriff die zentrale Position verweigert, die ihm der Sache nach gebührt[1]. Die weitgehend mehr als Trennung verstandene Gliederung in Schuld- und Sachenrecht, die da-

[1] Vgl. hierzu besonders WIEACKER, Zum System des deutschen Vermögensrechts (1941) insbesondere 30 ff., der mit Recht von der „Verkümmerung des Vermögensrechts" spricht.

mit zusammenhängende Vereinzelung der (subjektiven Vermögens-) Rechte, nicht weniger die Absonderung des Familienrechts und des Erbrechts von den ersten drei Büchern des BGB, endlich die Separierung des Handelsrechts, anderer „Nebengebiete" des Zivilrechts sowie des Vollstrekkungsrechts vom Bürgerlichen Recht – dies alles ließ die fundamentale Bedeutung des Vermögensbegriffs für die Privatrechtsordnung einer modernen freiheitlichen Gesellschaft zu sehr zurücktreten. Nachdem die Kodifikation (Bürgerliches Gesetzbuch von 1896) das System der Spätpandektistik zu dem seinen gemacht hatte, war es für die, überdies lange Zeit unter dem Zeichen des Gesetzespositivismus arbeitende, Dogmatik noch schwerer, zu einer umfassenden Lehre vom zivilrechtlichen Vermögen zu gelangen. Infolgedessen findet sich der Gesichtspunkt der Veränderungen des Vermögens in unserer Doktrin so gut wie gar nicht.

B. Begriffe und Funktionen des Vermögens im Rechtssinne

I. Begriffe

1. Die deutsche Rechtslehre des 19. und 20. Jahrhunderts hat *mehrere Vermögensbegriffe* herausgearbeitet[2].

a) In erster Linie wird definiert: Vermögen ist die Gesamtheit der Rechte, die zur Befriedigung der Bedürfnisse einer Person dienen, oder auch kurz, freilich logisch etwas anfechtbar gesagt, die Summe der Vermögensrechte einer Person[3], oder noch kürzer: das Bruttovermögen oder Aktivvermögen[4].

b) Daneben bezeichnet man auch als Vermögen den rechnerischen Überschuß, der nach Abzug der Schulden vom Brutto(Aktiv-)Vermögen verbleibt, das Nettovermögen[5].

---

[2] Vgl. dazu Rittner, Vermögen, in: Staatslexikon VIII (6. Aufl. 1963) 173 f. Der Begriff des Vermögensrechts als einer systematischen Kategorie ist hier nicht weiter zu verfolgen, obwohl selbstverständlich ein gewisser sachlicher Zusammenhang besteht; dazu etwa Esser, Privatrecht, in: Handwörterbuch der Sozialwissenschaften VIII (1964) 541 ff. (549 ff.) sowie besonders Wieacker (vorige Note).

[3] Enneccerus/Nipperdey, Allgemeiner Teil des Bürgerlichen Rechts (15. Aufl. 1959/60) § 131 I; Lange, BGB – Allgemeiner Teil (7. Aufl. 1964) § 32 I 2 a. – Diese Begriffsbestimmung entspricht im wesentlichen auch der der Nationalökonomie; vgl. Weisser, Vermögen und Vermögenspolitik, in: Handwörterbuch der Sozialwissenschaften XI (1961) 163: „die Gesamtheit der in Geld schätzbaren Güter einer Person oder Personengruppe"; ähnlich Dechl, Vermögen, in: Wörterbuch der Volkswirtschaftslehre III (4. Aufl. 1933) 707.

[4] So schon Regelsberger, Pandekten I (1893) 363.

[5] Grundlegend Savigny, System des heutigen Römischen Rechts I (1840) 376, der hinzufügt: „Die Totalität eines jeden Vermögens [kann] bald ein Plus, bald ein Minus, bald auch eine völlige Indifferenz oder eine Null darstellen"; vgl. ferner Regelsberger (vorige Note).

c) Endlich wird unter Vermögen auch die Zusammenfassung der Aktiva und Passiva einer Person verstanden, also ihr Vermögensstatus, ihre Vermögenslage[6].

2. Der erste Begriff macht logischerweise die beiden anderen erst möglich: Es muß zunächst gesagt werden, welche Rechte einer Person es sind, die als *Vermögensrechte* zum Vermögen zusammengefaßt werden, bevor ein Saldo von Aktivvermögen und Schulden oder eine Übersicht über Aktiven und Passiven ermittelt werden kann.

Welche Rechte[7] Vermögensrechte sind, sagt das Gesetz weder allgemein noch an den einzelnen Stellen, in denen es den Ausdruck Vermögen verwendet.

a) Die Lehre versucht den Begriff der Vermögensrechte einmal dadurch näher zu bestimmen, daß sie ihn als Unterart der subjektiven Privatrechte auffaßt und neben die Persönlichkeitsrechte, die Familienrechte und – zum Teil auch – die Immaterialgüterrechte stellt[8]. Über das entscheidende positive Kriterium des Vermögensrechts besteht indes noch Streit oder zumindest Unklarheit. Einzelne Eigenschaften des Rechts, wie die Übertragbarkeit, die Vererblichkeit[9] oder die Haftung haben sich nicht als in jedem Falle stichhaltig erwiesen. Die Gleichsetzung der Vermögensrechte mit den geldwerten Rechten wird zwar vielerorts vertreten[10], vermag aber ebenfalls nicht alle einzelnen Fragen zu lösen[11]. Die von ENNECERUS/NIPPERDEY vorgeschlagene Einteilung von Privatrechten nach ihrem Zweck[12] endlich hat gewiß das große Verdienst, jene formalen Kriterien überwunden zu haben, doch stellt die daraus folgende Begriffsbestimmung der Vermögensrechte[13] erst die Aufgabe zutreffend, für die einzelnen Rechte nachzuweisen, ob sie Vermögensrechte sind oder nicht.

b) Der deduktive Ansatz verbindet sich infolgedessen mit dem induktiven, der seinerseits sich bemüht, die verschiedenen Arten der Vermögens-

---

6 LANGE (oben N. 3) spricht von Gesamtvermögen. Diese Auffassung überwog im gemeinen Recht; vgl. WINDSCHEID/KIPP, Lehrbuch des Pandektenrechts (9. Aufl. 1906) I, § 42 N. 3.

7 Daß das Vermögen nur aus *Rechten* besteht, wird in der Lehre wiederholt betont, obwohl der Sprachgebrauch häufig – zumal beim Eigentum – statt des Rechts die Sache oder den Gegenstand nennt; vgl. VON TUHR, Der allgemeine Teil des deutschen bürgerlichen Rechts I (1910) 318 f.; SCHÖNFELD, in: Die Reichsgerichtspraxis im deutschen Rechtsleben II (1929) 250.

8 Vgl. REGELSBERGER (oben N. 4) § 50; VON TUHR (vorige Note) 313 ff.; ENNECCERUS/NIPPERDEY (oben N. 3) § 78.

9 Angesichts des § 1922 BGB wäre dies wohl auch eine petitio principii, von den Ausnahmen zum Grundsatz des § 1922 BGB ganz abgesehen; vgl. dazu C III 1, unten S. 140 f.

10 Vgl. DERNBURG, Pandekten I (7. Aufl. 1902) § 22 Abschnitt 1; WINDSCHEID/KIPP (oben N. 6) § 42 N. 1; VON TUHR (oben N. 7) 317.

11 Vgl. dazu ENNECCERUS/NIPPERDEY (oben N. 3) § 78 II.

12 ENNECCERS/NIPPERDEY a.a.O.

13 Vgl. oben zu N. 3.

rechte zusammenzustellen. Einigkeit besteht insofern, als die dinglichen oder Sachenrechte sowie die Forderungsrechte und das Erbrecht zu den Vermögensrechten zählen[14]. Die Immaterialgüterrechte und manche Mitgliedschaftsrechte (vor allem an den Kapitalgesellschaften) scheinen hingegen einer eindeutigen Klassifizierung zu widerstreben. Beide enthalten sowohl vermögensrechtliche wie nicht vermögensrechtliche (personen- oder persönlichkeitsrechtliche) Elemente[15]. Daran zeigt sich, daß der Vermögensbegriff in Wahrheit wohl nicht einfach in einer Ansammlung einzelner Rechte gefunden werden kann, sondern in einer „Summe von Rechtsmacht“[16].

3. Wo das *Gesetz* von „Vermögen“ spricht, meint es nicht immer dasselbe.

a) In der überwiegenden Anzahl der Fälle wird das Aktivvermögen angesprochen[17]. Was alles zu dem Vermögen in diesem Sinne gehört, ist aus der Ratio der einzelnen Vorschrift zu bestimmen[18].

b) Vom Nettovermögen spicht das Gesetz dort, wo es auf den Wert des Vermögens als solchen ankommt[19].

c) Die „Lage des Vermögens“, d. h. der Vermögensstatus, ist vor allem in den Fällen angesprochen, in denen eine Rechenschaftslegung gefordert wird[20]. Stellenweise redet das Gesetz auch von den „Vermögensverhältnissen“[21].

II. Funktionen

Das Vermögen im Rechtssinn stellt sich als eine Gesamtheit dar, deren einzelne Elemente dem Wechsel unterworfen sind[22]. Während die einzel-

---

14 Vgl. ENNECCERUS/NIPPERDEY (oben N. 3) § 79.

15 Vgl. ENNECCERUS/NIPPERDEY (oben N. 3) § 79 B für die Immaterialgüterrechte; die entsprechende Frage für die Mitgliedschaftsrechte ist noch kaum untersucht; vgl. vorerst RITTNER, Handelsrecht und Zugewinngemeinschaft (1961) S. XIX f. = FamRZ 1961, 1, 185, 505, hier 506 f., sowie neuestens WIEDEMANN, Die Übertragung und Vererbung von Mitgliedschaftsrechten bei den Handelsgesellschaften (1965) 39.

16 So LANGE (oben N. 3) § 32 I 2 b; vgl. auch schon VON TUHR (oben N. 7) 311.

17 Vgl. z. B. §§ 311, 419, 1374 Abs. 2, 1922, BGB.

18 Vgl. zu § 1922 insbes. ENDEMANN, Lehrbuch des Bürgerlichen Rechts III (7. Aufl. 1900) § 3; KIPP/COING, Erbrecht (12. Aufl. 1965) § 91; STAUDINGER (-BOEHMER), BGB V (11. Aufl. 1954) § 1922 Anm. 149 ff. Sehr instruktiv noch immer FÖRSTER/ECCIUS, Preußisches Privatrecht IV (7. Aufl. 1897) § 266. Zu §§ 1374, 1375 BGB vgl. RITTNER (oben N. 15).

19 Z. B. §§ 1374 Abs. 1, 1375 BGB.

20 Z. B. § 38 HGB, §§ 1760, 1802, 1841, 1890 BGB.

21 Z. B. §§ 321, 610 BGB.

22 Dies hat schon MÜHLENBRUCH besonders klar herausgearbeitet, siehe MÜHLENBRUCH, Lehrbuch des Pandektenrechts (2. Aufl. 1838) § 223; DERS., AcP 17 (1834) 373 ff. Später vor allem VON TUHR (oben N. 7) 321: „... eine den Wechsel der Zeiten überdauernde Einheit“.

nen Rechte vorwiegend zuständlich-statisch gesehen werden[23], erfordert das Vermögen eine dynamische, das Zeitmoment voll einbeziehende Betrachtungsweise[24]. Da das Vermögen notwendig auf Zeit hin angelegt ist, kann es sich nicht darin erschöpfen, eine Ansammlung von Gegenständen (oder Rechten) zu einem bestimmten Zeitpunkt zu sein. Die Einheit des Vermögens zeigt sich vielmehr gerade darin, daß es trotz aller Veränderungen stets dasselbe bleibt.

Die rechtlichen Funktionen dieser Einheit lassen sich allerdings nicht aus dieser selbst erklären. Um sie zu erkennen, ist es nötig, nach den Arten der Vermögensträger zu differenzieren.

1. Das *Vermögen der Einzelperson* ist funktionell in erster Linie auf den Vermögensträger, auf die Rechtsperson selbst, bezogen. Es ist eine Konsequenz der Rechtsfähigkeit. Die Rechtsfähigkeit entfaltet sich im Zivilrecht vor allem als Vermögensrechtsfähigkeit: Der Einzelne und zwar jeder Mensch soll prinzipiell unbeschränkt am Vermögensrechtsverkehr teilhaben. Er soll sich durch die Selbstgestaltung seiner Vermögensrechtsverhältnisse die materiellen Voraussetzungen für sein Dasein schaffen.

Daraus ergeben sich folgende Momente des Vermögens im Rechtssinn:

(1) das Vermögen ist subjektbezogen;

(2) das Vermögen ist für die Rechtsperson wesensnotwendig und unverlierbar;

(3) das Vermögen ist unteilbar: jede Person hat nur *ein* Vermögen[25];

(4) das Vermögen steht zur Person in unmittelbarer, nicht durch ein besonderes Recht (am Vermögen) vermittelter, Beziehung;

(5) das Vermögen bleibt dasselbe trotz aller Veränderungen.

Die diesen Fragestellungen zugrunde liegende subjektive Theorie hat sich in der deutschen Rechtswissenschaft weitgehend durchgesetzt[26]. Die Lehre vom Vermögen als „Gesamtsache", als objektive Einheit[27], konnte sich vor allem deswegen nicht behaupten, weil sie in sich widerspruchsvoll blieb; war GIERKE doch gezwungen, „nachträglich die subjektive Auffassung wieder ein(zu)schmuggeln"[28]. Die Theorien vom „Zweckvermögen", die das Einheitsmoment in der Zweckbestimmung finden wollten[29], waren zwar in sich konsequent, mußten sich aber vorwerfen lassen, daß sie den

---

[23] Vgl. aber etwa auch die Lehre vom Schuldverhältnis als Prozeß bei LARENZ, Lehrbuch des Schuldrechts I (7. Aufl. 1964) § 2 V.

[24] In diesem Sinne auch schon SAVIGNY (oben N. 5) 375.

[25] Zu den Sondervermögen vgl. sogleich unter 4.

[26] Vgl. ENNECCERUS/NIPPERDEY (oben N. 3) § 131 III; VON TUHR (oben N. 7) 320; RITTNER (oben N. 2) 171 mit weiteren Nachweisen.

[27] Vgl. O. VON GIERKE, Deutsches Privatrecht II (1905) 56.

[28] So zutreffend H. A. FISCHER, Subjekt und Vermögen (1923) 15.

[29] MESZLÉNY, Das Vermögen im BGB und im schweiz. ZGB (1908); G. SCHWARZ, ArchBürgR 32 (1908) 12 ff.; 35 (1910) 10 ff.; STAEMPE, Einführung in das Bürgerliche Recht (1920) 8.

Subjektbegriff „ausmerzen“[30], die Rechtsperson ihrer zentralen Stellung in unserem Privatrechtssystem berauben[31]. Das einigende Band in den Schulden zu suchen[32], erwies sich ebenso unbefriedigend[33].

Die subjektive Theorie läßt überdies für andere Funktionen des Vermögens als diejenigen, die sich aus seiner Subjektbezogenheit ergeben, hinreichend Raum: Das Vermögen ist Haftungsgrundlage für die Schulden seines Trägers. Das gesamte Vollstreckungsrecht (einschließlich des Konkursrechts) baut auf dem Vermögensbegriff auf. Für die Gläubiger des Vermögensträgers verblaßt die Subjektbezogenheit des Vermögens allerdings zu einem formalen Band. Für sie ist das Vermögen in der Tat nur eine „tote Masse“ von Gegenständen, die ihrem Zugriff dienen sollen. Das Vermögen soll nicht zuletzt auch materielle Grundlage für das Leben der Familie seines Trägers sein. Diesen Gesichtspunkt hat das positive Recht freilich nur sehr beschränkt berücksichtigt.

2. Das *Vermögen einer juristischen Person* ist nicht weniger subjektbezogen als das der natürlichen Person. Diese Erkenntnis setzt freilich voraus, daß man mit der juristischen Person Ernst macht und sie nicht als ein bloß fiktives Gebilde oder einen „Zurechnungspunkt“ auffaßt. Richtiger Ansicht nach ist die juristische Person eine personale, in sich gegliederte Handlungs- und Willenseinheit mit besonderen – bei juristischen Personen des Privatrechts – selbst gewählten Aufgaben[34]. Das Vermögen dient auch bei ihr der Selbstgestaltung ihrer Vermögensrechtsverhältnisse, wie sie die gewählte Aufgabe bedingt. Erst als Sekundäres treten die Haftungsfunktion sowie – bei den Körperschaften – die Funktionen hinsichtlich der Mitglieder und – bei den Stiftungen – die Funktionen hinsichtlich des Zwecks hinzu.

3. Das *Vermögen der Personengesellschaften* (Gesellschaft des bürgerlichen Rechts, OHG, KG) ist als Sondervermögen verselbständigt, um der Aufgabenerfüllung der Gesellschaft zu dienen. Insofern steht es funktionell dem Vermögen der juristischen Person sehr nahe. Seine Eigentümlichkeiten sind denn auch vorwiegend rechtstechnischer Art. Sie ergeben sich daraus, daß das deutsche Recht die Personengesellschaften nicht zu juristischen Personen erhoben, ihnen aber ein besonderes Vermögen – zur gesamten Hand der Gesellschafter – zugestanden hat.

4. Die eigentlichen *Sondervermögen*[35] zerfallen in Liquidations(sonder)-vermögen und Dauer(sonder)vermögen.

---

[30] H. A. Fischer (oben N. 28) 15. [31] Vgl. Rittner (oben N. 2).

[32] So insbes. E. J. Bekker, Pandekten I (1886) 142 f., 207.

[33] Des näheren H. A. Fischer (oben N. 28).

[34] Dies kann hier nicht näher ausgeführt werden. Vgl. vorerst die Andeutungen bei Rittner, Die handelsrechtliche Publizität außerhalb der Aktiengesellschaft, in: Gutachten zum 45. Deutschen Juristentag (1964) 128 ff.

[35] Des näheren Bögl, Der Begriff des Sondervermögens im Reichsprivatrecht (1933) sowie Rittner (oben N. 2) 172 f.

Bei der ersten Gruppe[36] steht der Liquidationszweck im Vordergrund: das Vermögen wird unter besondere Verwaltung gestellt, damit die Gläubiger oder auch andere Beteiligte ihren gesetzmäßigen Anteil erhalten. Das Vermögen ist „tote Masse" geworden, verselbständigt und zusammengefaßt zum Zweck der Auflösung.

Bei den anderen Sondervermögen bleiben hingegen die wesentlichen Funktionen des Vermögens der Einzelperson erhalten. Sie sind nur unter eine besondere Verwaltung gestellt wie etwa das Gesamtgut (§ 1716 BGB) und das Sondergut (§ 1417 BGB) bei der Gütergemeinschaft oder das Sammelvermögen (§ 1914 BGB).

C. Die Veränderungen des Vermögens einer Einzelperson

I. Erwerb und Verlust einzelner Rechte und Pflichten

1. Erwerb und Verlust von Rechten und Pflichten sind grundsätzlich der *privatautonomen Gestaltung* des Vermögensträgers anheimgegeben. Da das Vermögen sowohl die materielle Grundlage seines personellen Daseins bildet als auch den materiellen Erfolg seines Wirkens, seiner Arbeit darstellt, gibt die Rechtsordnung ihm die Freiheit zum Rechtserwerb, gleich ob das Erworbene seiner Lebensführung, seiner beruflichen oder geschäftlichen Tätigkeit oder seiner Kapitalbildung dienen soll.

a) Das wichtigste Instrument zum Rechtserwerb ist der *Austauschvertrag,* der entgeltliche, insbes. der synallagmatische Vertrag[37]. Der entgeltliche Vertrag beruht auf dem Gedanken und der Erfahrung, daß beim Vertragsschluß typischerweise jeder Beteiligte seine Leistung als zumindest der Leistung des anderen Beteiligten äquivalent wertet[38]. Soweit dieses (formelle) Äquivalenzprinzip funktioniert, läßt der Vertrag infolgedessen der Idee nach den Wert des Vermögens weder mindern noch mehren und läßt in praxi wenigstens regelmäßig Gewinn und Verlust des einzelnen Geschäfts nur sehr begrenzt zu.

Der gegenseitige (synallagmatische) Vertrag begründet allerdings nur Pflichten. Aber auch der Leistungsaustausch selbst und seine etwaigen Störungen werden vom Gesetz unter das Prinzip des (hier sogenannten funktionellen) Synallagmas gestellt (vgl. §§ 320 ff. BGB). Das im geneti-

---

[36] Hauptbeispiele: Konkursvermögen, Nachlaß bei der Erbengemeinschaft, bei Nachlaßverwaltung und Nachlaßkonkurs.

[37] Zu den beiden anderen Formen der Verknüpfung von Leistung und Gegenleistung, der konditionalen und der kausalen, vgl. OERTMANN, Entgeltliche Geschäfte (1912) insbes. 15 ff.

[38] Vgl. dazu vor allem SCHMIDT-RIMPLER, Grundfragen der Erneuerung des Vertragsrechts: AcP 147 (1941) 130 ff.; auch RITTNER, Vertragsrecht, in: Handwörterbuch der Sozialwissenschaften XI (1961) 163 ff.

schen Synallagma gegebene Äquivalenzprinzip wird so bis zum (erfolgreichen oder erfolglosen) Ende des Vertragsverhältnisses beibehalten.

b) Die *Erfüllungsgeschäfte,* mit denen die Vertragspartner ihren eingegangenen Verpflichtungen nachkommen, berühren infolgedessen regelmäßig nur den Bestand an Vermögensrechten: jeder der beiden Partner verfügt vertragsgemäß zugunsten des anderen über eines oder mehrere seiner Rechte. Der Wert des Vermögens im ganzen wird nicht oder nur wenig verändert.

Der Begriff der *Verfügung* spielt im Recht des BGB freilich eine bedeutende Rolle[39]. Er umfaßt – in Erweiterung des gemeinrechtlichen Begriffs der Veräußerung[40] – alle Rechtsgeschäfte, durch die ein Recht unmittelbar betroffen wird, insbes. seine Veräußerung, Belastung, inhaltliche Änderung und Aufhebung (Verzicht). Sämtliche rechtsgeschäftlichen Veränderungen des Aktivvermögens sind damit auf einen Nenner gebracht. Dennoch – oder gerade infolge seiner Abstraktheit – ist der dogmatische Wert des Begriffs recht begrenzt. Er ermöglicht im wesentlichen zweierlei: die Gegenüberstellung von Verfügungs- und Verpflichtungsgeschäften und die Einführung der Verfügungsmacht des Verfügenden als Wirksamkeitsvoraussetzung[41].

c) Anders als die bisher besprochenen entgeltlichen Geschäfte bewirken die *unentgeltlichen Geschäfte* nicht nur den Verlust eines Aktivpostens, sondern auch stets eine Minderung des Gesamtvermögenswertes. Das Gesetz läßt sie uneingeschränkt zu, freilich ebenfalls prinzipiell nur auf vertraglichen Wege und zum Teil durch Formvorschriften erschwert (Schenkungsversprechen, § 518 BGB). In ihrer Bestandskraft sind sie jedoch nicht so gesichert wie die entgeltlichen Geschäfte: der Schenker kann im Falle seiner Verarmung die Erfüllung des Versprechens verweigern (§ 519 BGB) oder das Geschenk zurückfordern (§ 528 BGB), bei grobem Undank des Beschenkten die Schenkung widerrufen (§ 530 BGB); der Empfänger ist bei der unwirksamen unentgeltlichen Verfügung gegen Ansprüche des Berechtigten weit weniger geschützt als im Falle einer entgeltlichen (§§ 816 Abs. 1 Satz 2, § 988 BGB).

d) Der Vermögensträger ist grundsätzlich frei in den Rechtsgeschäften, die sein Vermögen betreffen. In mehreren Fällen legt das Gesetz ihm jedoch *Beschränkungen* auf, vor allem in folgendem:

(1) falls er nicht oder nicht hinreichend imstande ist, seine Vermögensangelegenheiten selbst zu erledigen, also zu seinem eigenen Schutz (Geschäftsunfähige, beschränkt Geschäftsfähige; vgl. §§ 104 ff., 1626 ff., 1773 ff. BGB);

---

[39] Vgl. insbes. von Tuhr (oben N. 7) II/1 (1914) 238 ff.

[40] Vgl. Windscheid/Kipp (oben N. 6) § 69; Regelsberger (oben N. 4) § 123 III; Motive zum BGB, I, S. 128.

[41] Zu dieser Frage vgl. insbes. Flume, Das Rechtsgeschäft (1965) 142 ff.

(2) falls der Schutz seiner Gläubiger es verlangt (Beschlagnahme in der Zwangsversteigerung, Konkurs, Vergleichsverfahren) [42];
(3) in zwei durch das Gleichberechtigungsgesetz in das BGB eingeführten Fällen, in denen die materiellen Grundlagen der Ehe geschützt werden sollen (§ 1365 ff. BGB).

2. Verlust und Beeinträchtigung des Vermögensbestandes, die *nicht durch Rechtsgeschäfte* vor sich gehen, hat prinzipiell der Vermögensinhaber selbst zu tragen.

In einer Reihe von Fällen bemüht sich das Gesetz jedoch um die Erhaltung des Vermögens, wenn nicht seinem Bestande, so doch seinem Werte nach. Primärer Schutzgegenstand ist durchweg freilich nicht das Vermögen selbst, sondern das beeinträchtigte Recht. Es handelt sich um folgende Fallgruppen:
(1) die Tatbestände der unerlaubten Handlungen (§§ 823 ff. BGB), die dem Geschädigten einen Schadenersatzanspruch, primär gerichtet auf Naturalherstellung (§ 249 BGB), sekundär und in praxi regelmäßig auf Wertersatz (§ 251 BGB), geben;
(2) die Tatbestände der ungerechtfertigten Bereicherung (§§ 812 ff. BGB), bei denen primär die Herausgabe des Erlangten (einschl. der gezogenen Nutzungen sowie gewisser Surrogate), sekundär Wertersatz geschuldet wird, beides jedoch im allgemeinen nur soweit der Empfänger noch bereichert ist (§ 818 BGB);
(3) die Tatbestände der Gefährdungshaftung (insbes. § 833 Satz 1 BGB [Tierhalterhaftung]; § 1 Haftpflichtgesetz [Haftung des Eisenbahnunternehmers]; § 1a Haftpflichtgesetz [Elektrizitäts- und Gaswerkshaftung]; § 7 Straßenverkehrsgesetz [Haftung des Kraftfahrzeughalters]; § 33 Luftverkehrsgesetz [Haftung des Luftfahrzeughalters]; § 22 Wasserhaushaltsgesetz [Haftung für Wasserverunreinigung]; §§ 25 ff. Atomgesetz [Haftung für Kernenergieschäden]).

3. Gegen alle möglichen Änderungen des Vermögens vermag das Prinzip der *Surrogation* sowohl den Vermögensträger wie auch seine Gläubiger besonders wirksam zu schützen. Indem es den Wert des Vermögens zu erhalten versucht, zeigt es aber zugleich eine statische Tendenz, die bei konsequenter Durchführung zu einer weitgehenden Erstarrung der Rechtsverhältnisse führen würde.

a) Das BGB hat denn auch eine allgemeine Surrogationsvorschrift nicht aufgenommen. Der von der älteren gemeinrechtlichen Theorie zum Teil

---

[42] Außerdem gibt das Anfechtungsrecht – nach der Art der gemeinrechtlichen Actio Pauliana – dem Gläubiger in gewissen Fällen die Möglichkeit, Gegenstände, welche der Schuldner aus seinem Vermögen weggegeben hat, seinem Vollstrekkungszugriff wieder zu erschließen; vgl. Gesetz, betreffend die Anfechtung von Rechtshandlungen eines Schuldners außerhalb des Konkursverfahrens vom 21. 7. 1879 sowie – im Konkursfall – §§ 29 ff. Konkursordnung.

vertretene Satz: pretium succedit in locum rei, res in locum pretii wurde schon früh bekämpft[43] und später so gut wie ganz abgelehnt[44]. Das Gesetz läßt nicht die Herkunft der Erwerbsmittel darüber entscheiden, für wessen Vermögen erworben wird, sondern die Rechtsgeschäftsregeln, insbes. die Vorschriften über die Stellvertretung (§§ 164 ff. BGB). Nur für den Nachlaß, der sich in den Händen eines Erbschaftsbesitzers oder eines Vorerben befindet, ist bestimmt, daß alles, was „mit Mitteln der Erbschaft" erworben wird, in den Nachlaß fällt (§§ 2019 Abs. 1, 2111 Abs. 1 BGB).

b) Im übrigen wird die Surrogation lediglich für einzelne Rechte sowie bei einigen Sondervermögen angeordnet. Die hier allein interessierende erste Fallgruppe[45] setzt sich insbes. aus folgenden Vorschriften zusammen:
(1) nach § 281 BGB hat der Schuldner einer unmöglich gewordenen Leistung das herauszugeben, was er als Ersatz für den geschuldeten Gegenstand erlangt hat[46];
(2) nach § 818 Abs. 1 BGB erstreckt sich die Herausgabepflicht bei der ungerechtfertigten Bereicherung auch auf alles das, was der Empfänger aufgrund eines erlangten Rechtes oder als Ersatz für die Zerstörung, Beschädigung oder Entziehung des erlangten Gegenstandes erwirbt[47];
(3) eine Reihe von weniger bedeutsamen Fällen endlich, in denen eine Surrogation mit dinglicher Wirkung angeordnet ist: z. B. §§ 966, 975, 979 BGB (der Erlös tritt an die Stelle des Fundgegenstandes); §§ 1219, 1247 BGB (der Erlös tritt an die Stelle des Pfandes).

c) Zum Schutz der Gläubiger hat die Rechtsprechung aus § 419 BGB eine Regel entwickelt, die eine auf diesen Zweck beschränkte surrogationsähnliche Wirkung für die Haftung begründet: Wer eine oder mehrere Einzelgegenstände von einem anderen übernimmt, haftet dem Gläubiger des anderen (neben diesem), wenn die Gegenstände das Vermögen im wesentlichen ausmachen[48]. Die Regel führt in der Praxis freilich zu nicht unerheblichen Schwierigkeiten. Insbes. mit Rücksicht auf den Schutz des Rechtsverkehrs verlangt die herrschende, aber durchaus nicht unbestrittene Mei-

---

[43] Vgl. insbes. MÜHLENBRUCH in: AcP (oben N. 22) 321 ff., 326 ff.

[44] Vgl. etwa VANGEROW, Lehrbuch der Pandekten I (6. Aufl. 1851) § 71 N. 1; REGELSBERGER (oben N. 4) 365; WINDSCHEID/KIPP (oben N. 6) § 42 N. 6; Encyklopädie der Rechtswissenschaften, hrsg. von BIRKMEYER (2. Aufl. 1904) „Das Vermögen", S. 101 ff.; VON TUHR (oben N. 7) 335; anders freilich ZACHARIAE, Handbuch des französischen Civilrechts I (8. Aufl. 1894) § 112 (573).

[45] Zu der anderen siehe Abschnitt F, unten S. 146 f.

[46] Nach seit langem h. M. nicht nur das commodum ex re, sondern auch das commodum ex negotiatione; RGZ 105, 84; 138, 48; SOERGEL(-SCHMIDT) BGB I (9. Aufl. 1959) § 282 Anm. 6.

[47] Unter Auschluß des commodum ex negotiatione; RGZ 101, 309; BGHZ 24, 106 (110 f.); SOERGEL(-MÜHL), BGB II (9. Aufl. 1962) § 818 Anm. 10.

[48] RGZ 134, 125; 160, 13; ENNECCERUS/LEHMANN, Schuldrecht (15. Aufl. 1958) § 86 II 1 b; SOERGEL(-SCHMIDT) (oben N. 46) § 419 Anm. 5, die mit Recht betonen, daß es sich um eine analoge Anwendung des § 419 BGB handelt.

nung, daß der Erwerber weiß, daß es sich um das wesentliche Vermögen des anderen handelt[49].

II. Rechtsgeschäfte über das Vermögen im ganzen

1. Von den Rechtsgeschäften über das Vermögen im ganzen hatte die gemeinrechtliche Doktrin vor allem die donatio omnium bonorum herausgearbeitet[50]. Das BGB erwähnt die Verträge, in denen sich jemand verpflichtet, sein *gegenwärtiges Vermögen* oder einen Bruchteil davon an einen anderen *zu übertragen oder mit einem Nießbrauch zu belasten.* Sie werden qualifizierten Formvorschriften unterworfen (§ 311 BGB). Der Vertrag kann aber stets nur das gegenwärtige Vermögen zum Gegenstand haben. Ein Vertrag über die Veräußerung oder (Nießbrauchs-)Belastung des künftigen Vermögens ist nichtig (§ 310 BGB). Die Vermögensfähigkeit soll der Rechtsperson nicht genommen werden können, da sie zu ihrem Wesen gehört.

Gegenstand des Vermögensübernahmevertrages sind also effektiv sämtliche in einem bestimmten Zeitpunkt vorhandenen Vermögensrechte des Veräußerers[51]. Das Vermögen wird hier für einen Moment statisch gesehen. Damit verliert es aber zugleich seine Einheit und seinen Sinn als Vermögen: In die Hand des Übernehmers fallen nur einzelne Rechte, die sich wiederum zu seinem Vermögen integrieren. Beim Übergeber entwickelt sich – durch jeden neuen Erwerb – sofort wieder Vermögen, und zwar in dem spezifisch-dynamischen Sinne.

2. Bei der Vermögensübernahme nach § 311 BGB haftet der Übergeber weiterhin für seine Schulden. Zum Schutz seiner Gläubiger, denen das bisherige Vermögen als Haftungssubstrat verlorenzugehen droht, ordnet das BGB eine *Mithaftung des Übernehmers* an, jedoch beschränkt auf den Bestand des übernommenen Vermögens (§ 419 BGB)[52].

3. Nach dem Gleichberechtigungsgesetz von 1957 wird nunmehr auch der *Ehegatte* – freilich nur im gesetzlichen Güterstand – gegen Geschäfte, die ein anderer Ehegatte über sein Vermögen als Ganzes schließt, geschützt: derartige Geschäfte bedürfen seiner Zustimmung (§§ 1365, 1366 BGB).

Die Regelung hat zu vielen Kontroversen geführt. Insbesondere ist ihre Ratio zweifelhaft: Dem Schutz des Ehegatten selbst und des Ehe- und Familienvermögens dient sie nur unvollkommen, da sie nicht nur auf den gesetzlichen Güterstand beschränkt, sondern auch dispositiven (im Ehe-

---

[49] Nachweise bei SOERGEL(-SCHMIDT) (oben N. 46).

[50] Vgl. etwa MACKELDEY, Lehrbuch des heutigen römischen Rechts (1833) § 563; SAVIGNY (oben N. 5) IV, § 159.

[51] Die Gegenstände werden durch Einzelakte übertragen. Eine Universalsukzession ist nicht vorgesehen.

[52] Zur analogen Anwendung dieser Vorschrift auf die Übernahme von Einzelgegenständen vgl. I 3 c, oben S. 138.

vertrag abänderbaren) Rechtes ist. Den Schutz des Ausgleichsanspruches – im gesetzlichen Güterstand – kann sie eigentlich auch nicht bezwecken, da sie auch Platz greift, wenn für den Ehegatten, der zuzustimmen hat, kein Ausgleichsanspruch in Frage kommt[53].

4. *Dingliche Rechte* am Vermögen im ganzen können nach dem BGB nicht bestellt werden. Auch der Nießbrauch an einem Vermögen (§§ 1085 ff. BGB) ist sachlich eine Summe von Nießbrauchsrechten an den einzelnen Gegenständen, die sich zur Zeit der Bestellung des Nießbrauchs in dem Vermögen befinden[54]. Für eine einheitliche pfandrechtliche Belastung des Vermögens – etwa nach Art der Generalhypothek der Römer[55] – findet sich nicht einmal ein so bescheidener Ansatz, wie ihn das Gesetz für den Nießbrauch zeigt.

Wie bei der Vermögensübernahme zeigt sich auch hier, daß das Vermögen als solches einer anderen dinglichen Rechtszuständigkeit als der des Vermögensträgers nicht zugänglich ist. Wo eine solche anderweitige Zuordnung in Frage käme, wird die Vermögenseinheit aufgelöst, werden die Gegenstände vereinzelt in das Vermögen eines anderen überführt. Das hat seinen Grund nicht in der Schwäche des Vermögensbegriffs, sondern darin, daß er notwendigerweise subjektbezogen ist.

III. Das Vermögen im Erbgang

1. Der *Vermögensbegriff* hat im Erbrecht des BGB die Aufgabe, über die Vererblichkeit der subjektiven (Privat-)Rechte zu entscheiden: Das Vermögen geht auf den oder die Erben über (§ 1922 BGB).

§ 1922 BGB vermag allerdings die ihm zugedachte grenzsetzende Funktion nur unvollkommen zu erfüllen[56]. Auf der einen Seite werden wohl alle Rechte, die nicht Vermögensrechte sind, dadurch grundsätzlich vom Erbgang ausgeschlossen. Doch können manche dieser Rechte kraft anderweitiger positivrechtlicher Vorschrift oder wegen ihrer Eigenart doch vererbt werden[57]. Auf der anderen Seite gehören auch nicht alle privaten Vermögensrechte zur Erbschaft. Teils erklärt das Gesetz gewisse Vermögensrechte (stellenweise als zwingendes, sonst als dispositives Recht) für

[53] Zu den Einzelheiten vgl. Rittner, FamRZ 1961, 1 ff.; aus der Rechtsprechung vor allem BGHZ 35, 134; BGH, NJW 1965, 909.

[54] Vgl. Soergel(-Mühl) (oben N. 47) Vorbem. vor § 1085 Anm. 1; Wolff/Raiser, Sachenrecht (10. Aufl. 1957) § 123. Da keine Surrogation vorgesehen ist, werden später erworbene – und damit in das Vermögen fallende – Gegenstände nicht von dem Nießbrauch erfaßt (vgl. RGZ 153, 31). Umgekehrt besteht der Nießbrauch fort, wenn Gegenstände aus dem Vermögen des Bestellers – etwa durch Veräußerung – ausscheiden.

[55] Vgl. Wolff/Raiser (vorige N.) § 129 II 3.

[56] Vgl. dazu insbes. Staudinger(-Boehmer) (oben N. 18) § 1922 Anm. 64 f.; Binder, Die Rechtsstellung des Erben I (1901) 1 ff.

[57] Vgl. Staudinger(-Boehmer) a.a.O. Anm. 67 und die Übersicht in Anm. 40 ff.

höchst persönlich, unvererblich[58]. Teils muß die Frage aus Inhalt und Funktion des einzelnen Rechtes gelöst werden[59]. Schon hier zeigt sich, daß das Vermögen sich im Erbgang viel stärker verändert, als § 1922 BGB zunächst vermuten läßt.

2. Aber auch im Hinblick auf den *Vermögensträger* bringt der Erbfall wesentliche Veränderungen mit sich. Das Gesetz erweckt infolge des von ihm akzeptierten Prinzips der Universalsukzession den Eindruck, als wechsele das Vermögen lediglich seinen Inhaber: An die Stelle des Erblassers treten seine Erben oder sein (Allein-)Erbe. Das ist gewiß insofern richtig, als das Vermögen unmittelbar und sofort den Erben anfällt (keine hereditas iacens, keine interimistische Nachlaßverwaltung), so daß eine Sondererbfolge grundsätzlich nicht stattfindet[60] und das Vermögen als Nachlaß zu einem Sondervermögen der Miterben (Erbengemeinschaft) wird, gegebenenfalls auch als Sondervermögen für Nachlaßverwaltung und Nachlaßkonkurs erhalten bleibt.

In dem – praktisch recht häufigen – Fall jedoch, in dem die Erbschaft ohne Nachlaßverwaltung oder Nachlaßkonkurs einem Alleinerben zufällt, löst sich mit dem Anfall sofort die bisherige Einheit des Vermögens auf. Der Erbe erhält in Wirklichkeit nur die einzelnen Nachlaßgegenstände, um sie seinem Vermögen einzufügen.

Bleibt hingegen der Nachlaß zunächst als Sondervermögen erhalten, so ist er in der Tat nur noch eine Masse von Einzelgegenständen, zusammengehalten allein durch den vorübergehenden Zweck, die richtige Verteilung unter die Miterben und die Befriedigung der Nachlaßgläubiger zu ermöglichen.

IV. Die Veränderung der Vermögenslage und die Gläubiger

Die Gläubiger sind für die Befriedigung ihrer Ansprüche im allgemeinen auf den jeweiligen Bestand des Vermögens angewiesen. Die Veränderungen des Vermögens ihres Schuldners sind ihr Risiko und ihre Chance.

In einigen wenigen Fällen werden jedoch bestimmte Gläubiger gegenüber der Veränderung der Vermögenslage geschützt:

(1) Beim gegenseitigen Vertrag kann der Vorleistungspflichtige seine Leistung verweigern, „wenn nach Abschluß des Vertrages in den Vermögensverhältnissen des anderen Teils eine wesentliche Verschlechterung eintritt, durch die der Anspruch auf die Gegenleistung gefährdet wird" (§ 321 BGB).

---

[58] Z. B. die Mitgliedschaft beim rechtsfähigen Verein, § 38 S. 1 BGB; das Vorkaufsrecht, § 514 BGB; den Widerruf der Schenkung, § 530 Abs. 2 BGB; den noch nicht rechtshängigen oder vertraglich anerkannten Anspruch auf Ersatz immateriellen Schadens nach §§ 847, 1300 BGB.

[59] Vgl. dazu BINDER (oben N. 56) 4 ff.

[60] Ausnahmen vor allem im Höferecht; vgl. des näheren BARTHOLOMEYCZIK, Erbrecht (6. Aufl. 1964) § 35 II.

(2) Wer die Hingabe eines Darlehens verspricht, kann im Zweifel das Versprechen widerrufen, wenn in den Vermögensverhältnissen des anderen Teils eine wesentliche Verschlechterung eintritt, durch die der Anspruch auf die Rückerstattung gefährdet wird (§ 610 BGB).
(3) Der Bürge kann vom Hauptschuldner Befreiung von der Bürgschaft verlangen, wenn sich die Vermögensverhältnisse des Hauptschuldners wesentlich verschlechtert haben (§ 775 Abs. 1 Nr. 1 BGB).
(4) Der Ehegatte im gesetzlichen Güterstand kann vorzeitig den Ausgleich des Zugewinns verlangen, wenn durch gewisse Handlungen des ausgleichspflichtigen Ehegatten der künftige Ausgleich gefährdet ist (§ 1386 BGB).
(5) Der Nacherbe kann vom Vorerben Sicherheitsleistung verlangen, wenn infolge einer ungünstigen Vermögenslage des letzteren eine erhebliche Verletzung seiner Rechte zu besorgen ist (§ 2128 BGB).

D. Die Veränderungen des Vermögens einer juristischen Person

I. Erwerb und Verlust einzelner Rechte und Pflichten

1. Die Rechtsfähigkeit der juristischen Person besteht vor allem in ihrer *Vermögensrechtsfähigkeit*. Insofern ist sie der natürlichen Person bis auf wenige Ausnahmen gleichgestellt. Insbesondere ist auch die Vermögensrechtsfähigkeit der juristischen Person umfassend, prinzipiell unbegrenzt[61]. Der Erwerb und der Verlust von Rechten vollzieht sich also bei der juristischen Person durchweg nicht anders als bei der natürlichen Rechtsperson[62].

2. Die *Gläubiger* tragen das Risiko der Erwerbe und Verluste im Vermögen der juristischen Person ebenso wie bei der natürlichen Person. Zu ihrem Schutz sind aber bei den einzelnen juristischen Personen mehr oder weniger weitreichende Vorkehrungen getroffen, beginnend etwa mit der Publizität, sodann die besondere (zivil- und strafrechtliche) Verantwortlichkeit der Organträger (Vorstand, Geschäftsführer, Aufsichtsrat usw.) bis zu den besonderen Garantien der Kapitalgesellschaften (AG, GmbH).

---

[61] Ausnahme etwa die beschränkte Rechtsfähigkeit des Liquidationsvereins, § 49 Abs. 2 BGB. Gewisse Ansätze für eine der ultra-vires-Lehre des englischen Rechts entsprechende Auffassung allerdings bei O. v. Gierke (oben N. 27) I, § 66 III, und neuerdings bei BGHZ 20, 119 (aber für eine juristische Person des öffentlichen Rechts) sowie bei BGH, GmbH-Rd. 1957, 57.

[62] Die juristische Person kann auch Inhaber von Rechten sein, die wegen ihres höchstpersönlichen Charakters in den Händen einer natürlichen Person mit deren Tode enden, bei der juristischen Person hingegen durch ein derartiges natürliches Ereignis zeitlich nicht begrenzt sind. So insbes. der Nießbrauch und die beschränkte persönliche Dienstbarkeit (§§ 1030 ff., insbes. § 1061, §§ 1090 ff. BGB). In gewissen Fällen wird sogar der Grundsatz der Unübertragbarkeit des Nießbrauchs (§ 1059 BGB) zugunsten der juristischen Personen durchbrochen (§§ 1059 a ff. BGB).

3. Sämtliche Rechtsvorgänge betreffen nur die juristische Person und ihr Vermögen, nicht – bei Körperschaften – ihre Mitglieder und deren Vermögen: *Trennungsprinzip*. Dies gilt selbst dann, wenn sämtliche Mitgliedschaften in der Hand einer einzelnen Person liegen (Einmann-Gesellschaft). Doch wird in manchen, den Voraussetzungen nach freilich noch recht kontroversen, Fällen der sogenannte Durchgriff auf die Mitglieder zugelassen[63].

II. Rechtsgeschäfte über das Vermögen im ganzen

Solche Geschäfte sind auch bei der juristischen Person zulässig. Die Übertragung des gegenwärtigen Vermögens (§ 311 BGB) spielt bei den juristischen Personen sogar eine größere Rolle als bei den natürlichen. Zum Teil gelten Sondervorschriften[64].

In gewissen Fällen läßt das Gesetz – unter Ausschluß des § 310 BGB – sogar die Übertragung auch des künftigen Vermögens zu[65].

III. Das Vermögen bei der Auflösung der juristischen Person

Bei der Auflösung der juristischen Person verliert das Vermögen in derselben Weise seinen Sinn und seine Einheit wie beim Tode der natürlichen Person. Ein schlichter Anfall des Vermögens an andere Rechtspersonen findet jedoch nur ganz ausnahmsweise statt[66]. In aller Regel schließt sich an die Auflösung der juristischen Person ein Liquidationsverfahren über ihr Vermögen an, das in erster Linie die Interessen der Gläubiger sichern soll[67].

E. Die Veränderungen des Vermögens bei den Personengesellschaften

Die Personengesellschaften (Gesellschaft des Bürgerlichen Rechts, §§ 705 ff. BGB; offene Handelsgesellschaft, §§ 105 ff. HGB; Kommanditgesellschaft, §§ 161 ff. HGB) sind nach deutschem Recht keine juristischen Personen. Dennoch haben sie ein eigenes Vermögen, das als Sondervermögen

---

[63] Näheres etwa bei SOERGEL(-SIEBERT), BGB I (9. Aufl. 1959) Vorbem. vor § 21 Anm. 16 ff.

[64] Für Vermögensübertragung: §§ 253 ff. AktG 1937; §§ 359 ff. AktG 1965; vgl. auch die Vorschriften über die Verschmelzung, §§ 233 ff. AktG 1937; §§ 339 ff. AktG 1965; für die eGen: §§ 93 c, 63 e GenG.

[65] Vgl. §§ 235, 253–255 AktG 1937; §§ 341, 359 ff. AktG 1965.

[66] Vgl. § 46 mit § 47 BGB: Wenn das Vereinsvermögen an den Fiskus fällt.

[67] §§ 47 ff. BGB für den rechtsfähigen Verein; §§ 205 ff. AktG 1937; §§ 66 ff. GmbHG; §§ 82 ff. GenG.

den Gesellschaftern zur gesamten Hand zusteht, also von den Privatvermögen der Gesellschafter streng getrennt ist[68].

I. Erwerb und Verlust einzelner Rechte und Pflichten

1. Das Gesellschaftsvermögen wird zunächst durch die *Beiträge* der Gesellschafter gebildet (§ 718 Abs. 1 BGB). Auch die Ansprüche auf Beitragsleistungen gehören dazu[69].

2. Daneben fallen „die *durch die Geschäftsführung erworbenen Gegenstände*" in das Gesellschaftsvermögen (§ 718 Abs. 1 BGB).

In der Hauptsache handelt es sich um rechtsgeschäftlichen Erwerb. Er setzt nach herrschender Auffassung voraus, daß der geschäftsführende Gesellschafter im Namen der Gesellschaft handelt[70]. Aber auch durch schlichte Rechtshandlungen der Geschäftsführer können Gegenstände unmittelbar für das Gesellschaftsvermögen erworben werden, so z. B. bei der Verarbeitung (§ 950 BGB) und unter gewissen Voraussetzungen bei der Erfindung[71].

3. Zur *Verfügung* über Gegenstände des Gesellschaftsvermögens sind nur die vertretungsberechtigten Gesellschafter befugt. Während sich der Umfang der Vertretungsmacht bei der BGB-Gesellschaft nach der Geschäftsführung richtet (§ 714 BGB), ist er bei der OHG und der KG vom Gesetz zwingend festgelegt (§ 126 HGB). Er erstreckt sich insbes. auch auf „alle gerichtlichen und außergerichtlichen Geschäfte und Rechtshandlungen einschließlich der Veräußerung und Belastung von Grundstücken". Zum Schutz des Gesellschaftsvermögens und der Gesellschafter selbst sehen die Gesellschaftsverträge in der Praxis häufig vor, daß die Geschäftsführer für gewisse Geschäfte die Zustimmung der übrigen Gesellschafter oder eines anderen Gesellschaftsorgans (z. B. Gesellschafterausschuß) einzuholen haben.

4. Für die Weiterentwicklung des Gesellschaftsvermögens sorgt die *Surrogationsvorschrift* des § 718 Abs. 2 BGB: Zum Gesellschaftsvermögen gehört auch, was aufgrund eines zu dem Gesellschaftsvermögen gehörenden

---

[68] Auf die Frage, ob – wenigstens für die BGB-Gesellschaft – die Bildung eines Gesellschaftsvermögens im Gesellschaftsvertrag ausgeschlossen werden kann, ist hier nicht näher einzugehen; vgl. dazu A. Hueck, Das Recht der offenen Handelsgesellschaft (3. Aufl. 1964) 157 f. Richtiger Ansicht nach ist dies jedenfalls nicht in dem Sinne möglich, daß auch die Vermögensrechtsfähigkeit der Gesellschaft dadurch beseitigt werden könnte.

[69] Vgl. Staudinger(-Kessler), BGB II/4 Lieferung 1 (11. Aufl. 1958) § 705 Anm. 50; Weipert in: RGRK HGB II (2. Aufl. 1950) § 105 Anm. 32; Hueck (vorige Note) 161 f.

[70] Vgl. Staudinger(-Kessler) a.a.O. § 718 Anm. 3, 4; Weipert a.a.O. § 105 Anm. 32; Hueck (oben N. 68) 162 f.

[71] Vgl. hierzu Hueck (oben N. 68) 163 f.

Rechtes oder als Ersatz für die Zerstörung, Beschädigung oder Entziehung eines zu dem Gesellschaftsvermögen gehörenden Gegenstandes erworben wird. Eine sehr bedeutungsvolle Grenze für diese Surrogation ergibt sich aus dem Verhältnis zu § 718 Abs. 1 BGB: Was nur mit Mitteln des Gesellschaftsvermögens erworben wird – vor allem also die Gegenleistung beim gegenseitigen Vertrag – wird nicht im Wege der Surrogation Gesellschaftsvermögen, sondern nur nach § 718 Abs. 1 BGB[72]. § 718 Abs. 2 BGB wird mithin vornehmlich in folgenden Fällen praktisch: Früchte von Sachen und Rechten, die der Gesellschaft gehören, Schadenersatzansprüche wegen Beschädigung von Gegenständen der Gesellschaft, Versicherungsleistungen, aber auch Miet- und Pachtzinsen.

5. Soweit alle diese Vorschriften den Bestand des Gesellschaftsvermögens sichern sollen, dienen sie nicht so sehr den Interessen der *Gläubiger* als denen der Gesellschaft selbst und der Erreichung ihres Zwecks. So sind die Gesellschafter vor allem nicht gehindert – etwa durch Gesellschafterbeschluß –, Gegenstände des Gesellschaftsvermögens in ihr Privatvermögen zu übertragen. Auch Entnahmen, die das Aktivvermögen der Gesellschaft unter den Stand der Passiven sinken lassen, sind keinesfalls verboten[73]. Die Personengesellschaften kennen den Grundsatz der Kapitalerhaltung[74] nicht. Dem Gesetz genügt die persönliche Haftung der Gesellschafter als Garantie für die Gläubiger.

II. Rechtsgeschäfte über das Vermögen im ganzen

Es ergeben sich keine wesentlichen Besonderheiten. § 311 BGB findet Anwendung[75].

§ 310 BGB gilt ebenfalls. Freilich trifft die vom Gesetzgeber zugedachte Ratio hier nicht zu. Der „Verlust der Erwerbsfähigkeit"[76] stellt sich nicht als sozialethisches oder sozialpolitisches Problem, sondern als eine Frage der Funktionsweise der Gesellschaft, wie sie bereits oben erörtert wurde[77].

III. Das Vermögen bei der Auflösung der Gesellschaft

1. Nach der Regel des Gesetzes findet eine *Liquidation* statt (§§ 730ff. BGB; §§ 145ff. HGB). Die nach der Berichtigung der Schulden verbleibenden Vermögensgegenstände werden unter die Gesellschafter verteilt.

---

[72] Vgl. STAUDINGER(-KESSLER) (oben N. 69) § 718 Anm. 5; HUECK (oben N. 68) 165.

[73] Vgl. dazu HUECK (oben N. 68) 178 f.

[74] Vgl. dazu D I 2, oben S. 142.

[75] In der Praxis vor allem in dem Fall, daß ein Dritter das Unternehmen „mit Aktiven und Passiven" übernimmt (und die Gesellschaft danach aufgelöst wird).

[76] Motive II, 186.

[77] Vgl. B II 3, oben S. 134.

2. In einzelnen Fällen wird die Liquidation dadurch ersetzt, daß das Gesellschaftsvermögen geschlossen *auf eine andere Person übergeht:*
(1) Bei einer zweigliedrigen OHG oder KG kann unter gewissen Voraussetzungen einer der beiden Gesellschafter vom Gericht für berechtigt erklärt werden, das Geschäft ohne Liquidation mit Aktiven und Passiven zu übernehmen (§ 142 HGB).
(2) Die Gesellschafter können beschließen, daß das Unternehmen (d. h. das Vermögen) mit Aktiven und Passiven auf einen Dritten übertragen wird[78].

F. Die Veränderungen des Vermögens bei den übrigen Sondervermögen

I. Übersicht

Obwohl sich die eigentlichen Sondervermögen auf zwei Gruppen zurückführen lassen[79], sind sie insbes. auch, was die Fragen der Veränderungen angeht, recht unterschiedlich geregelt. Weitgehend vollziehen sich die Veränderungen freilich ebenso wie bei dem selbstverwalteten Vermögen der Einzelperson. Die Eigentümlichkeiten ergeben sich demgegenüber einmal aus der besonderen Verwaltung. Im Vordergrund steht das Surrogationsproblem: für die Werterhaltung des Vermögens muß das Gesetz schon deswegen mehr als sonst Vorsorge treffen, weil die Erhaltungsinteressen des eigentlichen Vermögensträgers sich nicht so wirksam entfalten können wie beim Vermögen der Einzelperson, sei es, daß das Sondervermögen überhaupt unter Fremdverwaltung steht oder auch nur die (teilweise oder beschränkte) Eigenverwaltung nicht so ohne weiteres dem Vermögensträger zugute kommt wie in jenem Falle.

Als weiterer spezieller Problemkreis sind die Fragen zu erwähnen, die sich aus dem Nebeneinander zwischen dem Sondervermögen und dem Hauptvermögen des Vermögensträgers für die Veränderungen ergeben. Aus logischen Gründen stellen wir die Frage voran.

II. Die Grenzen zwischen Sondervermögen und Hauptvermögen

1. Das Gesetz bestimmt was *originär* zum Sondervermögen gehört. Die Bestimmungsgründe freilich sind verschieden[80].

2. Bei der *Weiterentwicklung* des Sondervermögens im Verhältnis zum Hauptvermögen fragt es sich vor allem, unter welchen Voraussetzungen

---

[78] Vgl. oben N. 75.

[79] Vgl. B II 4, oben S. 134 f.

[80] Vgl. von Tuhr (oben N. 7) 334, freilich mit Beispielen, die zumeist inzwischen geänderten Vorschriften entnommen sind.

Gegenstände von einem Vermögen zum anderen hinüber und herüber wechseln können.

In manchen Fällen genügt eine einseitige Erklärung, um einen Gegenstand vom Sondervermögen in das Hauptvermögen zu übertragen[81]. Meistens ist jedoch ein Vertrag nötig, so insbesondere stets, wenn Gegenstände aus dem Hauptvermögen in das Sondervermögen überführt werden sollen[82]. Zu Veränderungen zwischen den Sondervermögen des ehelichen Güterrechts bedarf es sogar grundsätzlich eines Ehevertrages[83].

3. *Nutzungen* des Sondervermögens fallen grundsätzlich wieder in das Sondervermögen. Doch gibt es auch hier Außnahmen[84].

III. Das Surrogationsproblem

Eine allgemeine Lösung hat das Gesetz nicht getroffen[85]. Zu unterscheiden sind drei Fallgruppen:

1. Was aufgrund eines zu dem Sondervermögen gehörenden Rechts[86] oder als Ersatz für die Zerstörung, Beschädigung oder Entziehung eines dazu gehörenden Gegenstandes erworben wird, fällt in aller Regel in das Sondervermögen[87]. Nach h. A. gilt das auch bei den Sondervermögen, für die das Gesetz schweigt[88].

2. Als Kriterium für die Zurechnung des rechtsgeschäftlichen Erwerbs nennt das Gesetz an einer Reihe von Stellen: was durch ein Rechtsgeschäft erworben wird, das sich auf das Sondervermögen bezieht[89]. Maßgeblich ist also hier die Willensrichtung beim Erwerb[90].

---

[81] Z. B. Freigabe von Sachen aus der Konkursmasse durch den Konkursverwalter, JAEGER/LENT, Konkursordnung (3. Aufl. 1958) § 6 Anm. 43, 44; §§ 1986, 2217 BGB: Ausantwortung von Nachlaßgegenständen an den Erben durch den Nachlaßverwalter oder den Testamentsvollstrecker.

[82] Vgl. VON TUHR (oben N. 7) 337.

[83] Vgl. etwa § 1418 Abs. 2 Nr. 1 BGB.

[84] Z. B. § 2111 Abs. 1 S. 1 a E. BGB.

[85] Vgl. des näheren VON UNZNER, Surrogation, in: Handwörterbuch der Rechtswissenschaft V (1928) 830 ff.; WENGLER, Surrogation, in: Rechtsvergleichendes Handwörterbuch VI (1938) 460 ff.

[86] Z. B. Leistung des Schuldners auf eine zum Sondervermögen gehörende Forderung.

[87] Vgl. §§ 1418 Abs. 2 Nr. 3; 1473; 1638 Abs. 2, erster und zweiter Fall; 2041; 2111; 2374 BGB.

[88] So insbes. für die Erbschaft in den Händen des Erbschaftsbesitzers, PLANCK(-FLAD), BGB V (4. Aufl. 1930) § 2019 Anm. 5, und für das Konkursvermögen, JAEGER/LENT (oben N. 81) § 1 Anm. 82.

[89] Vgl. §§ 1418 Abs. 1 N. 3 a. E. (Vorbehaltsgut); 1638 Abs. 2, dritter Fall (Kindesvermögen); 2041, dritter Fall (Erbengemeinschaft) BGB; vgl. auch OLG München, NJW 1956, 1880.

[90] Vgl. STAUDINGER(-LEHMANN), BGB V (11. Aufl. 1954) § 2041 Anm. 2.

3. Zum Teil stellt es das Gesetz darauf ab, daß der Erwerb mit Mitteln des Sondervermögens erfolgt[91]. Nach verbreiteter Ansicht gilt dies auch für die Erbengemeinschaft, obwohl § 2041 BGB nur das zu (2) genannte Kriterium nennt[92].

---

[91] §§ 2019 BGB (Erbschaftsbesitzer), 2111 (Vorerbe); auch § 1646 BGB für das Kindesvermögen mit der Ausnahme: falls die Eltern nicht für Rechnung des Kindes erwerben wollen.

[92] Vgl. STAUDINGER(-LEHMANN) (oben N. 90); PLANCK(-EBBECKE), BGB V (4. Aufl. 1930) § 2041 Anm. 1; KIPP/COING (oben N. 18) § 105 II 2.

DAS RECHT DES AUSSEREHELICHEN KINDES UND SEINE REFORM *

Von Dr. WOLFRAM MÜLLER FREIENFELS
Professor an der Universität Freiburg i. Br.

I

Das deutsche Recht des außerehelichen (ae.) Kindes[1] ist in den §§ 1589 II und 1705-40 ff. BGB kodifiziert. Wenn auch gerade dieser Teil des „Bürgerlichen" Gesetzbuchs bei seinem Erlaß wenig fortschrittlichen Geist zeigte, so berücksichtigte er doch immerhin stärker die Interessen des ae. Kindes und seiner Mutter als es die meisten älteren deutschen und viele ausländische Rechtsordnungen[2] taten. Aber insgesamt setzte das BGB das ae. Kind gegenüber dem ehelichen (e.) Kind stark zurück[3]. In den Motiven[4] zum BGB stehen die gewiß heute einer Kritik nicht mehr standhaltenden Erwägungen: „Der Rücksicht auf die Heiligkeit und die hohe Bedeutung der Ehe wird... dadurch... Rechnung getragen, daß das uneheliche Kind zu dem Vater und dessen Familie rechtlich in keine Verbindung tritt... mit einer... unsittlichen Geschlechtsgemeinschaft gleiche Wirkungen

---

* Obwohl das BGB und mit ihm die herrschende Auffassung vom „unehelichen" Kind spricht, wird hier, um jedem Eindruck einer Diffamierung von vornherein zu begegnen, der Ausdruck „außereheliches" Kind verwandt.

[1] Die Zahl der ae. Geburten sinkt seit einigen Jahren ständig und tendiert zur 5 %-Grenze. Vgl. Stat. Jahrbuch für die BR Deutschland 1964, 57, für das Bundesgebiet einschl. Westberlin: 1960 = 6,33 %; 1961 = 5,95 %; 1962 = 5,56 %; 1963 = 5,23 %. Zur Jahrhundertwende kamen auf 1000 Lebendgeborene 87 unehelich Geborene.

[2] MARIANNE WEBER, Ehefrau und Mutter in der Rechtsentwicklung (1907) 561. Doch regelte demgegenüber etwa das schweizerische ZGB die Lage des ae. Kindes und seiner Mutter günstiger (dazu R. GMÜR, Das schweizerische ZGB [1965] 87 ff.). Eine sehr präzise und aufschlußreiche rechtsvergleichende Darstellung des französischen, schweizerischen und deutschen Rechts gibt jetzt G. HOLLEAUX, De la filiation en droit allemand, suisse et français (Paris 1966).

[3] Allg. Meinung. Näheres MENGER, Das bürgerliche Recht und die besitzlosen Volksklassen, mit Anmerkungen von KAHN-FREUND (1965); H. LEHMANN, Familienrecht (3. Aufl. 1960) § 34 II.

[4] Motive zum BGB IV (2. Aufl. 1896) 855 und 858.

wie mit der Ehe zu verbinden ... würde ... die Gefahr einer Beförderung der Unsittlichkeit und des Konkubinates mit sich bringen." [5]

Einzelne Vorschriften des Außerehelichenrechts sind inzwischen – namentlich seit dem 2. Weltkrieg – verbessert worden. Doch steht eine Reform an „Haupt und Gliedern" noch aus. Darauf drängt heute Art. 6 V GG in Fortsetzung des Postulats von Art. 121 WeimRV [6] und in Einklang mit den sozialen Anforderungen der Gegenwart. Er verlangt, den ae. Kindern „die gleichen Bedingungen für ihre leibliche und seelische Entwicklung und ihre Stellung in der Gesellschaft zu schaffen wie den ehelichen Kindern" [7]. Zwar wird dieser Artikel – anders als der Gleichberechtigungsartikel des Art. 3 II GG – mangels einer Fristsetzung nach Art des Art. 117 bislang noch überwiegend nur als Anweisung an den Gesetzgeber für eine künftige Regelung verstanden [8]. Aber das Bundesverfassungsgericht hat bereits unmißverständlich erklärt, daß die Erfüllung dieses Gesetzgebungsauftrages auch nicht in das freie Belieben des Gesetzgebers gestellt sei, sondern in „angemessener Frist" abgeschlossen werden müsse [9]. Die Reformarbeiten sind angesichts der allgemeinen Unzufriedenheit mit der gegenwärtigen Regelung und des Drucks der verfassungsrechtlichen Forderungen seit einiger Zeit verstärkt im Gange. Verschiedene Gremien haben zu den bereits aus den zwanziger Jahren stammenden zahlreichen Gesetzentwürfen weitere hinzugefügt [10]. Der 44. Deutsche Juristentag in Hannover hat im Jahre 1962

---

[5] Nach ZWEIGERT, 44. Deutscher Juristentag (1962) Referat C 8, kann diese „Überlegung heute nur noch im Kreise provinzieller Kaffeetanten ein zustimmendes Kopfnicken aus einer Reihe von Emotionen heraus auslösen, die uninteressant sind".

[6] Ferner aus den Länderverfassungen: Bayern, Art. 126 II; Bremen, Art. 24; Rheinland-Pfalz, Art. 25 II; Saar, Art. 24 II. Bereits im Jahre 1917 forderte der bevölkerungspolitische Ausschuß des Reichstages eine Reform des Außerehelichenrechts.

[7] In den hier nicht näher zu behandelnden Regelungen des öffentlichen Rechts entspricht die heutige Stellung des ae. Kindes weitgehend dem Postulat des Art. 6 V GG. Das Jugendwohlfahrtsgesetz und die Sozialgesetze, das Beamten- und die Besoldungsgesetze betonen die Gleichbehandlung e. und ae. Kinder, wenn auch noch manche Einzelheiten fragwürdig bleiben (z. B. § 74 I BRRG). Das Bundessozialhilfegesetz gewährt Vergünstigungen, die nach dem Grundsatz der familiengerechten Hilfe (§ 7) besonders der ae. Mutter und ihrem Kind zugute kommen (vgl. etwa §§ 18 III 2, 23 II, 27 I Ziff. 10 BSHG).

[8] Anders aber schon HAMANN, Grundgesetz (2. Aufl. 1961) B 9 zu Art. 6; H. KRÜGER, DÖV 1957, 356 ff., und Die Rechtsstellung des unehelichen Kindes nach dem Grundgesetz (1960) 17 ff.; SCHLOSSER, FamRZ 1963, 614; ZWEIGERT, Referat C 38 f. Leitsatz 29. – Art. 33 der Verfassung der DDR bestimmt: Außereheliche Geburt darf weder dem Kinde noch seinen Eltern zum Nachteil gereichen. Entgegenstehende Gesetze und Bestimmungen sind aufgehoben.

[9] BVerfGE 8, 210 (216); vgl. ferner BVerfGE 17, 280 (284).

[10] Entwurf des Deutschen Instituts für Jugendhilfe 1951 (Hildesheimer E.); Entwurf des Deutschen Instituts für Vormundschaftswesen 1963 (Heidelberger E.); Entwurf der Arbeitsgemeinschaft für Jugendpflege und Jugendfürsorge

eingehend die Außerehelichenreform beraten und im einzelnen Vorschläge gemacht[11]. Im Bundesjustizministerium ist kürzlich ein Referentenentwurf fertiggestellt worden, der seit Mai 1966 der Öffentlichkeit vorliegt. Wenn es auch eine parlamentarische Gesetzgebung gerade auf dem Gebiet des Außerehelichenrechts in einem konfessionell so gespaltenen Land wie Deutschland nach wie vor nicht leicht hat – besonders ein Kompromiß im Spannungsverhältnis des Außerehelichenschutzes i. S. von Art. 6 V GG zu dem in Art. 6 I GG niedergelegten Schutz von Ehe und Familie schwierig ist –, so dürfte doch der jetzige Bundestag noch mit dem Reformentwurf befaßt werden. Angesichts dessen sind hier neben den geltenden Regeln auch die Reformvorschläge wenigstens in den Hauptzügen darzustellen, zumal die Nachbarländer ebenfalls Reformabsichten haben und ähnliche Pläne diskutieren[12].

II

Das BGB betrachtet das ae. Kind nicht als filius nullius, sondern folgt grundsätzlich dem *Abstammungsprinzip*. Mit der außerehelichen Geburt entstehen ohne weiteres verwandtschaftsrechtliche Beziehungen zwischen Mutter und Kind. Ein besonderes Anerkenntnis der Mutter wird nicht vorausgesetzt; wenn Abstammungsfragen im Verhältnis zur Mutter sich stellen, werden sie in aller Regel strafrechtlich im Rahmen des § 169 StGB entschieden (anders die meisten romanischen Rechte[13]). In der Regelung

---

1964 (Münchner E.); neuerdings Referentenentwurf eines Gesetzes über die rechtliche Stellung der unehelichen Kinder (Unehelichengesetz), hrsg. vom Bundesjustizministerium im Mai 1966.

[11] Verhandlungen des 44. DJT, Bd. I (1962), Bd. II (1964).

[12] Zur *schweizerischen* Reform die Referate von HEGNAUER und LALIVE zum Schweizerischen Juristentag St. Gallen 1965; SPITZER, in Festschrift zum 50-jährigen Bestehen der Vereinigung schweizerischer Amtsvormünder (1963) 149 ff., sowie die Verhandlungen auf dem Schweizerischen JT. Zur *österreichischen* Reform: Entwurf eines Bundesgesetzes über die Neuordnung der Rechtsstellung des ue. Kindes vom 16. 6. 1965 (Nr. 763 der Beilagen zu den stenographischen Protokollen des Nationalrates X. GP.); 1. Österreichischer Juristentag 1961 und Österreichischer Anwaltstag 1962; EDLBACHER, in Verhandlungen des 44. DJT, Bd. II, Referat C 47 ff., und in Neues Unehelichenrecht in Sicht (1961) 24 ff.

[13] Im Anschluß an Frankreich (Artt. 334 ff. Cc) insbesondere Italien (Artt. 250 ff. Cc); Spanien (Artt. 129 ff. Cc); Portugal (Artt. 22 ff. des Gesetzdekrets zum Schutz der Kinder vom 25. 12. 1910); Peru (Artt. 350 ff. Cc); Venezuela (Artt. 214 ff. Cc) u. a. Einem gemischten System, bei dem zwar die vollen an die ae. Vaterschaft geknüpften Rechtsbeziehungen erst mit Anerkenntnis eintreten, das ae. Kind aber schon vorher einen Unterhaltsanspruch hat, folgen u. a.: Niederlande (Artt. 335 ff. BW); Schweiz (Artt. 302 ff. ZGB); Griechenland (Artt. 1532 ff. BGB); Finnland (§§ 2, 4, 5 des Gesetzes über uneheliche Kinder i. d. F. vom 20. 8. 1948); Island (§§ 3 ff. des Gesetzes über die Stellung der Eltern gegenüber unehelichen Kindern vom 5. 6. 1946). Zum gan-

des Vater/Kind-Verhältnisses scheint allerdings die ominöse Bestimmung des § 1589 II dem Abstammungsprinzip zu widersprechen. Danach „gelten" ein ae. Kind und dessen Vater als nicht verwandt. Aber diese negative Fiktion will nicht Naturgegebenheiten leugnen, sondern bloß eine gesetzestechnische Abkürzung bieten. Sie soll in knappster Form die Anwendbarkeit der Bestimmungen aus dem Ehelichenrecht für das Vater/Kind-Verhältnis im 4. Buch, 2. Abschnitt des BGB – mit Ausnahme der Unterhaltspflicht (§§ 1708 ff.) – im Außerehelichenrecht ausschließen, so daß das ae. Kind grundsätzlich allein der Mutter zugeordnet bleibt. Nur insoweit ist die übliche Feststellung haltbar, nach dem BGB sei das ae. Kind mit seinem Vater „nicht verwandt".

Im kommenden Recht wird jedoch auch diese heute vielfach leidenschaftlich kritisierte „infernalische Begrüßung am Eingangstor" [14] fallen. Der umgekehrte Ausgangsweg bietet sich an: Im Einklang mit Art. 6 V GG sollen grundsätzlich dieselben Vorschriften für e. und ae. Kinder gelten, wenn nicht etwas Abweichendes im Einzelfall für e. oder ae. Kinder vorgeschrieben ist.

Welches Kind ae. ist, läßt sich nur negativ bestimmen. Aus einem Umkehrschluß zu §§ 1591, 1592 BGB folgt: ein Kind ist außerehelich, das nicht in einer Ehe oder innerhalb von 302 Tagen nach Auflösung einer Ehe geboren ist [14a]; ferner ist außerehelich ein Kind, dessen Außerehelichkeit durch rechtskräftiges Urteil festgestellt ist (§ 1593) [15]. Dagegen „gilt" ein Kind aus nichtiger Ehe ohne Rücksicht auf den guten oder bösen Glauben seiner Eltern nach § 25 EheG „als ehelich".

Das BGB differenziert nicht zwischen ae. Kindern nach einzelnen „Klassen" je nach den ehewidrigen Umständen bis zu seiner Geburt. Es will keiner unterschiedlichen sozialen Wertung ae. Kinder den Weg ebnen. Insbesondere sind anerkannte Kinder oder Brautkinder nicht besser, Ehebruchs- und Blutschandekinder nicht schlechter gestellt als andere ae. Kin-

---

zen: Rexroth, Art. Uneheliche Kinder, in: Rvgl. HWB VI (1938) 638; Holleaux (oben N. 2) 5 ff.; für die USA vgl. Krause, Tex. L. Rev. 44 (1966) 829 ff.

14 Zweigert (oben N. 5) C 18.

14a Bei künstlicher Samenübertragung ist es materiell-rechtlich für die Ehelichkeit des Kindes allein entscheidend, ob der Ehemann physiologisch der Erzeuger des Kindes ist. Auf die Zustimmung kommt es insofern nicht an; vgl. Dölle, Festschrift Rabel I (1954) 193 f. Zu den Einzelfragen, insbes. beweisrechtlicher Art., vgl. Dölle a.a.O. 187 ff.; H. Krüger, Die Rechtsstellung des unehelichen Kindes nach dem Grundgesetz (1960) 130 ff.; Giesen, Die künstliche Insemination als ethisches und rechtliches Problem (1962), insbes. 179 ff. (dort auch weitere Angaben).

15 Der Standesbeamte hat die Geburt eines ae. Kindes über das Jugendamt dem Vormundschaftsgericht anzuzeigen, damit die erforderlichen Fürsorgemaßnahmen getroffen werden (§ 48 FGG, § 41 JWG); siehe auch rechtsvergleichende Gegenüberstellung der französischen, schweizerischen und deutschen Regelungen über die Empfängniszeit bei Holleaux (oben N. 2) 35 ff.

der[16] (anders z.B. Kap. VI §§ 1 ff. schwedisches Gesetz über uneheliche Kinder[17], Art. 331 französischer Cc, Art. 325 belgischer Cc).

III

1. Das im deutschen Recht geregelte freiwillige „Anerkenntnis" der Vaterschaft eines ae. Kindes[18] besitzt keine Statuswirkung. Es stellt nicht die ae. Vaterschaft schlechthin fest, sondern hat nur die prozessuale Folge, daß die Einrede des Mehrverkehrs im Vaterschaftsprozeß nicht mehr erhoben werden kann (§ 1718). Infolgedessen können mehrere Männer nebeneinander unterhaltspflichtig sein, wenn diese Mehreren die Vaterschaft anerkannt haben. Doch kann ein Inanspruchgenommener auch nach Anerkennung noch die offenbare Unmöglichkeit seiner Vaterschaft vorbringen[19] und durch negative Abstammungsklage geltend machen[20].

Das „Anerkenntnis" besteht in einer einseitigen, nicht empfangsbedürftigen formalisierten Erklärung (§ 415 ZPO). In der Praxis pflegen Vormundschaftsgericht und Jugendamt bei Anerkennung der Vaterschaft gleich im Interesse des Kindes darauf hinzuwirken, daß sich der Anerkennende auch in vollstreckbarer Urkunde zur Zahlung einer angemessenen Unterhaltsrente verpflichtet. Ist das erreicht, dann erübrigt sich ein Prozeß[21]; doch besteht keine gesetzliche Verpflichtung für den Vater, eine solche Erklärung abzugeben.

Das „Anerkenntnis" ist Willens- und Wissenserklärung[22]. Grundsätz-

---

[16] Motive zum BGB IV, 857. Brautkinder, die nach früherem Recht – etwa nach § 1578 Sächs. BGB – die Stellung e. Kinder hatten, behielten jedoch diese Stellung, § 208 II EGBGB. – Für eine künftige stärkere Differenzierung insbes. zugunsten der Brautkinder: BOEHMER, Gutachten für den 44. DJT, 97 ff., und Diskussionsbeitrag C 113 ff. (s. u. bei Ehelichkeitserklärung). Dagegen u. a. mein Diskussionsbeitrag auf dem Schweizerischen JT 1965 in St. Gallen.

[17] MALMSTRÖM, Civilrätt (1962) 286 ff.; F. SCHMIDT, Äktenskapsrätt (1963) 30 ff.

[18] In der Bundesrepublik liegt die Zahl der Anerkennungen bei 45–50 % der ae. Geborenen, vgl. etwa GROTH, Kinder ohne Familie (1961) 159.

[19] RGZ 135, 219 (221); 161, 277 (279).

[20] BGHZ 5, 385 (400); RGZ 161 a.a.O.; einschränkend BGHZ 17, 252: nur bei Änderung der Sachlage nach Anerkenntnis.

[21] Heute stehen etwa 30 000 Anerkennungen jährlich rd. 15 000 erfolgreiche Unterhaltsprozesse gegenüber. Im Jahre 1964 beliefen sich die Anerkennungen auf 26 737 und die erfolgreichen Vaterschaftsklagen auf 13 765.

[22] Streitig. Die Rspr. spricht nur von Willenserklärungen schlechthin, ohne dabei an den Fall des Anerkenntnisses durch den gesetzlichen Vertreter zu denken; vgl. BGHZ 1, 181 (183); RGZ 135, 219; wie oben vor allem BEITZKE, Familienrecht (12. Aufl. 1964) § 33 IV 3; DERS., StAZ 1961, 330 f.; ferner DÖLLE, Familienrecht II (1965) § 107 III; PALANDT(-LAUTERBACH), BGB (25. Aufl. 1966) Rdn. 1 zu § 1718; ähnlich GERNHUBER, Lehrbuch des Familienrechts (1964) § 58 II 6: „geschäftsähnliche Handlung".

lich sind die allgemeinen Vorschriften über das Zustandekommen der Willenserklärung (§§ 104 ff.) darauf anwendbar, doch braucht der gesetzliche Vertreter eines Minderjährigen zur Abgabe eines Vaterschaftsanerkenntnisses dessen Einwilligung (nicht aber die Genehmigung des Vormundschaftsgerichts). Die einzelnen Erklärungen zum Zustandekommen des Anerkenntnisses sind unwiderruflich, aber wegen Irrtums, Täuschung oder widerrechtlicher Drohung nach den §§ 119, 123, 143 II BGB anfechtbar. Als Motivirrtum unbeachtlich bleibt die irrtümliche Meinung des Anerkennenden, seine Beiwohnung falle in die Empfängniszeit oder die Mutter habe keinen Mehrverkehr gehabt. Hat die Kindesmutter jedoch wahrheitswidrig Mehrverkehr in Abrede gestellt, so kann er das daraufhin von ihm abgegebene „Anerkenntnis“ wegen arglistiger Täuschung (§ 123) anfechten[23].

2. Die meisten Reformvorschläge sehen darüber hinaus auch die Möglichkeit vor, daß der Vater seinem „Anerkenntnis“ die Wirkung einer Statusfeststellungserklärung beilegt. Dieses „große“ Vaterschaftsanerkenntnis wäre dann der gerichtlichen Feststellung der Vaterschaft gleichwertig[24, 25]. Doch soll daneben nach wie vor das „kleine“ Vaterschaftsanerkenntnis als bloße schuldrechtliche Anerkennung der Unterhaltspflicht bestehen bleiben[26], um keine Möglichkeit einer außergerichtlichen Regelung auszulassen. Dieses künftige statusfeststellende „Anerkenntnis“ stände neben der gerichtlichen Vaterschaftsfeststellung mit Wirkungen für und gegen alle; um ein unrichtiges Anerkenntnis zu verhindern, wäre Mutter und Kind ein Zustimmungsrecht einzuräumen. Diese Anerkennung könnte nur im Klagewege unter bestimmten Einschränkungen angefochten werden[27]. Zuständig dafür wären – neben dem Anerkennenden selbst – nur Mutter und Kind. Solange das „große“ Anerkenntnis nicht durch Anfechtung beseitigt wäre, schlösse es die spätere Feststellung eines anderen Vaters aus[28]. Die Möglichkeit einer amtlichen Nachprüfung der Richtigkeit dieses

---

[23] RGZ 107, 175 gegen RGZ 58, 348 (354 f.) und Warn. 1914 Nr. 207; treffend dazu Holleaux (oben N. 2) 168 f.

[24] So schon der Regierungsentwurf 1925 und die Reichstagsvorlage 1929; ferner Referentenentwurf § 1600 a; Heidelberger E. § 1708; Münchner E. unter B II 2; Empfehlung des 44. DJT unter B VII 1, 2; Bosch, 44. DJT Gutachten, 67, 80 ff.; Edlbacher, Referat C 67; Zweigert, Referat C 25; anders Boehmer, Gutachten 113: bloß deklaratorische, als Beweismittel verwertbare Erklärung.

[25] Weitergehend hat die Anerkennung nach schweizerischem Recht die Wirkungen der gerichtlichen Zusprechung des Kindes mit Standesfolge. Das Kind erhält Namen und Staatsangehörigkeit des Vaters, er hat für das Kind zu sorgen wie für ein eheliches usw. (vgl. Art. 325).

[26] Bosch, Gutachten 83; meine Ausführungen auf dem 44. DJT, Diskussionsbeitrag C 152; vgl. Referentenentwurf S. 44.

[27] § 1600 g Referentenentwurf: Anfechtung nach §§ 119, 123, 124 binnen Jahresfrist nach Kenntnis des Anfechtungsgrundes, spätestens nach 10 Jahren; vgl. auch Bosch, Gutachten 82; Empfehlung des 44. DJT unter B VII 5.

[28] Gegen die Sperrwirkung Münchner E. These B III 8; Edlbacher (oben N. 24).

„Anerkenntnisses“ wird überwiegend abgelehnt, um nicht durch inquisitorische Maßnahmen eine „private“ Erledigung der Geldfrage zu durchkreuzen.

IV

Als Vater des Kindes wird grundsätzlich der biologische Erzeuger gerichtlich festgestellt. Die Mutter ist nicht verpflichtet, seinen Namen zu nennen. Sie kann auch nicht dazu gezwungen werden (§ 383 I ZPO)[29]. Strafbar macht sie sich nur, wenn sie vor der zuständigen Behörde wider besseres Wissen einen Falschen als Erzeuger angibt (§ 169 StGB)[30]. Das geltende Recht kennt allerdings einen Unterschied zwischen „blutmäßiger Abstammungsklage“ und bloßer „Zahlvaterschaftsklage“; dabei wird jedoch auch die bloße Unterhaltsverpflichtung mit der besonderen Verantwortung begründet, die aus der biologischen Vaterschaft erwächst („Vaterschaftstheorie“)[31]. „Zweispurig“ sind Verfahren und Beweisregeln in den beiden Prozessen.

1. Für die – grundsätzlich unbefristete – *Feststellung der Vaterschaft* im Unterhaltsrechtsstreit, der sich ohne Anwaltzwang vor dem Amtsgericht abspielt, hat das Kind, vertreten durch das Jugendamt als gesetzlichen Vertreter, als Kläger zu beweisen, daß der Beklagte seiner Mutter in der Empfängniszeit beigewohnt hat. Gelingt ihm dieser Beweis, in dessen Rahmen die Kindesmutter als Zeugin gehört wird, dann wird die Vaterschaft des Beklagten vermutet (§ 1717). Als Empfängniszeit gilt die Zeit vom 181. bis zum 302. Tag vor der Geburt des Kindes (§ 1717 II)[32]. Bei früherer Empfängnis muß das Kind den positiven Nachweis der Vaterschaft führen[33].

Der Beklagte kann die Vermutung durch den Beweis der offenbaren Unmöglichkeit seiner Vaterschaft oder den Beweis des Mehrverkehrs der Mutter in der Empfängniszeit (exceptio plurium) entkräften (§ 1717). Doch lebt bei Beweis des Mehrverkehrs die Vermutung wieder auf, wenn das Kind seinerseits die Unmöglichkeit der Vaterschaft der Mehrverkehrs-

---

29 RGZ 169, 49 (unanwendbar § 385 I 3 ZPO).

30 Ein von ihr mit dem Kindesvater geschlossener entgeltlicher Schweigevertrag ist regelmäßig wegen Verstoßes gegen die guten Sitten nichtig (§ 138 BGB).

31 BGHZ 17, 252 (260 ff.).

32 Ein Unterschied in der Empfängniszeit besteht heute nicht zwischen e. und ae. Kindern (§§ 1592, 1717). Anders das frühere preußische Recht: 210. bis 302. Tag für e. Kinder, 210. bis 285. Tag für ae. Kinder (ALR II 1, § 1077 [1089] i. V. mit II 2, § 618; II 2, §§ 1, 2, 19, 22, 40; § 15 Ges. vom 24. 4. 1854).

33 RGZ 169, 328; nach § 1600 q II S. 2 Referentenentwurf soll in Angleichung an den für das e. Kind geltenden, dem Kinde günstigeren § 1592 II ein früherer Zeitraum als Empfängniszeit gelten, wenn die längere Tragezeit feststeht.

zeugen bewiesen hat[34]. Gelingt das indessen nicht, dann bleibt dem Kind nur, den positiven Vaterschaftsbeweis zu führen, um mit seiner Unterhaltsklage durchzudringen.

Im Unterhaltsverfahren, das mit einem rechtskräftigen Urteil nur zwischen den Parteien abschließt, herrscht der Verhandlungsgrundsatz. Grundsätzlich sind alle Beweismittel zugelassen. Der medizinisch gesicherte Ausschluß der Vaterschaft durch Blutgruppengutachten besitzt absolute, jeden Gegenbeweis ausschließende Beweiskraft[35]. Teilweise lassen die Gerichte auch den positiven Vaterschaftsbeweis durch serologisches Gutachten zu[36]. Ebenso kann das anthropologisch-erbbiologische Gutachten allein den Beweis für oder gegen die Vaterschaft erbringen[37].

Die Praxis erschwerte bislang den Beweis des Mehrverkehrs dadurch, daß sie den Antrag auf Einholung eines serologischen oder erbbiologischen Gutachtens oder auch auf Vernehmung der Kindesmutter als Zeugin als unzulässigen „Ausforschungsbeweis" ablehnte, weil der Beklagte den Mehrverkehr nur „aufs Geratewohl", ohne konkrete Anhaltspunkte, behauptet habe[38]. Indessen ist ein solcher Antrag im Außerehelichenprozeß nicht mit einem „Ausforschungsantrag" gleichzusetzen, bei dem das Beweisergebnis erst als Grundlage neuer Behauptungen genommen wird[39]. Mit Recht macht

---

[34] Die Möglichkeit dieses Beweises hat die Bedeutung der Mehrverkehrseinrede stark eingeschränkt (vgl. Schwoerer, NJW 1963, 11). Allein durch Blutgruppengutachten können heute rund 80 % der Beihälter als Erzeuger ausgeschlossen werden. Vgl. Hummel, NJW 1964, 2191; nach den Untersuchungen von Groth (oben N. 18) 159 wurde die Mehrverkehrseinrede beim Jahrgang 1935 in 20 %, beim Jahrgang 1952 in 15 % der Fälle erhoben – jeweils 5 % der Klagen wurden deshalb abgewiesen. Holleaux (oben N. 2) 127 bezeichnet deshalb den geltenden deutschen Rechtszustand als „un régime d'exceptio plurium amendie."

[35] BGHZ 2, 6 für ABO- und MN-System; BGHZ 12, 22 für Untergruppen A 1 und A 2; für CDE-System offengelassen von BGHZ 21, 337. Ferner die neuen Richtlinien für die Erstattung von Blutgruppengutachten, Bundesgesundheitsblatt Nr. 14 vom 10. 7. 1964, S. 215–219 (dazu Schmidt, NJW 1964, 2200): Ein Vaterschaftsausschluß auf Grund der angeführten Blutmerkmale ist vollgültig; die in Klammern gesetzten Merkmale geben jedoch nur einen mehr oder weniger sicheren Hinweis: 1. A 1 A2 B0; 2. MN S (s); 3. C C^W DE ce; 4. (P); 5. K (k); 6. (Fy [a]); 7. Hp; 8. (Gm [a] Gm [x]); 9. Gc. Für Ausschluß auf Grund von Gc noch KG, NJW 1964, 2210. Zum Ganzen: Hummel, Die medizinische Vaterschaftsbegutachtung mit biostatischem Beweis (1961) 33; Beitzke/Hosemann/Dahr/Schade, Vaterschaftsgutachten (1956) 13 ff.

[36] Vgl. LG Göttingen, NdsRpfl. 1958, 188; LG Köln, MDR 1962, 309.

[37] BGH, FamRZ 1964, 251; ferner ebda. 150 (153), und FamRZ 1961, 306: Das Gutachten kann sich auch gegenüber entgegenstehenden Zeugenaussagen durchsetzen.

[38] Vgl. BGHZ 5, 302 (Leitsatz 2 und S. 306).

[39] Dunz, NJW 1956, 769 ff. und eingehend zuletzt Holleaux (oben N. 2) 188 ff. und Lüderitz, Ausforschungsverbot und Auskunftsanspruch bei der Verfolgung privater Rechte (1966).

nunmehr der BGH, entgegen der bisherigen Praxis, darauf aufmerksam, daß dem als Vater Inanspruchgenommenen die Tatsache des Mehrverkehrs regelmäßig nicht aus eigenem Wissen bekannt sei und ihm deshalb der Glaube an die Richtigkeit seiner Behauptungen nur schwer abgesprochen werden könne[40]. Der BGH hält deshalb jetzt die Instanzgerichte an, bei der Ablehnung eines Beweisantrags, weil die Behauptung „aufs Geratewohl" aufgestellt sei, „größte Zurückhatung" walten zu lassen[41].

2. Unabhängig vom Unterhaltsrechtsstreit kann – selbst nach seiner rechtskräftigen Entscheidung – das Statusverhältnis der *blutmäßigen Abstammung* von Vater und Mutter[42] Gegenstand einer Feststellungsklage sein (§ 644 ZPO). In der Praxis herrscht die *negative* Feststellungsklage vor[43]. Dieser Feststellungsprozeß wird vor dem Landgericht im Statusverfahren mit Untersuchungsgrundsatz (§§ 640, 617 ZPO) geführt. Das Urteil hat Rechtskraft für und gegen alle und besitzt Vorrang vor dem Unterhaltsleistungsurteil. Infolgedessen verliert ein rechtskräftiges Leistungsurteil auf Unterhaltszahlung gegen einen Mann seine Wirkung, wenn ein negatives Statusurteil feststellt, daß das ae. Kind von diesem Mann nicht abstammt.

3. Für das künftige Recht besteht Einigkeit darüber, daß, wie bisher – entgegen den romanischen Rechten –, die Erforschung der Vaterschaft ohne Einschränkungen zuzulassen ist, aber das Nebeneinander von Unterhalts- und Statusurteil in der bisherigen Form beseitigt werden muß. Das zukünftige Verfahren der gerichtlichen Vaterschaftsfeststellung soll die (blutmäßige) Abstammung mit bindender Wirkung für und gegen alle feststellen. Dabei ist im Rahmen der freien Beweiswürdigung die Vaterschaftsvermutung wie bisher beizubehalten. Dagegen wird die Einrede des Mehrverkehrs in ihrer bisherigen Form fallen. Bei Mehrverkehr der Mutter während der Empfängniszeit soll der relativ (d. h. unter den greifbaren Männern) *wahrscheinlichste*[44] Erzeuger als Vater festgestellt werden. Dagegen soll bei gleicher Wahrscheinlichkeit mehrerer Männer nach über-

---

[40] BGH, FamRZ 1964, 253; anders leider OLG Schleswig, FamRZ 1965, 88.

[41] Vgl. ferner BGH, FamRZ 1964, 150; LG Traunstein, FamRZ 1964, 97; LG Aachen, NJW 1965, 2015; Teplitzki, NJW 1965, 334, meint infolgedessen, die Schranke sei heute „praktisch zusammengebrochen".

[42] Rechtswirkungen davon etwa beim Eheverbot des § 4 EheG; ferner bei § 1719 BGB (Legitimation durch nachfolgende Ehe), bei § 1723 (Ehelichkeitserklärung), bei §§ 30, 31 PStG (Abstammungsvermerk), §§ 170 b, 173 StGB (Verletzung der Unterhaltspflicht, Blutschande), § 52 StGB, § 10 Steueranpassungsgesetz (Angehörigeneigenschaft im Straf- und Steuerrecht).

[43] Zur historischen Entwicklung: Kuttner, JherJb. 50 (1906) 412 ff.

[44] Über diese „grande nouveauté" und ihre Herkunft aus den skandinavischen Rechten Holleaux (oben N. 2) 130; zum polnischen Recht: poln. Oberster Gerichtshof vom 6. 12. 1952, zitiert bei Czachórski, in: Journées juridiques de la société de législation comparée (1965) 19. Die Terminologie des Referentenentwurfs (S. 56) vermeidet dagegen den Ausdruck „wahrscheinlich".

wiegender Meinung[45] die Klage abgewiesen werden. Die Mehrheit will insbesondere im Kindesinteresse die Diffamierung seiner Mutter vermeiden und nicht wieder den Gegensatz Ist-Vater – Zahl-Vater aufleben lassen. Damit ist der auch gemachte Vorschlag abgelehnt, einfach einen aus dem Kreis der nicht als Erzeuger ausgeschlossenen Beihälter als Zahl-Vater auszuwählen[46].

Nach den Empfehlungen des 44. Deutschen Juristentages 1962 sollen dafür „*Familiengerichte*" als koordinierende Sonderabteilungen der ordentlichen Gerichte eingerichtet werden. Sie hätten sowohl die Rechtskonflikte innerhalb der Familie als auch die Jugendsachen einschließlich der sogenannten kleinen Kriminalität zu behandeln. Diese Familiengerichte würden mit einem vielseitigen Mitarbeiterstab unter Beiziehung psychologischer, medizinischer, sozialpädagogischer Fachleute ausgerüstet sein. Ihr Verfahren sollte als „Zwischenlösung" Elemente der ZPO und der Freiwilligen Gerichtsbarkeit kombinieren[47], weniger „streitig" sein und dafür stärker die überindividuellen Postulate beachten. Damit würden modernen „therapeutischen" Forderungen mit entsprochen, arbeitsökonomisch die Expertenhilfe zweckmäßig genutzt; die Gerichtserfahrungen würden koordiniert, und der heute bestehenden Aufsplitterung einheitlicher Lebenstatbestände in eine Vielzahl von Verfahren könnte entgegengewirkt werden. Freilich sperrt sich bislang die Mehrheit der Anwälte und der höheren Justizbürokratie noch gegen die „revolutionäre" Durchbrechung des traditionellen Systems. Angesichts dieser Umstrittenheit des großen Komplexes läßt der Referentenentwurf ihn beiseite, da er die Außerehelichenreform heute zu stark belasten und verzögern würde.

Der Referentenentwurf sieht zu § 640 ZPO wie bisher ein streitiges Amtsverfahren nach den Bestimmungen der Zivilprozeßordnung vor. Zuständig soll in erster Instanz das Amtsgericht für sämtliche Verfahren in Kindschaftssachen sein, so daß Vormundschaftsrichter und Kindschaftsrichter künftig ein und dieselbe Person sein können. Maßgebend soll der

---

[45] So etwa BOEHMER, Gutachten 114, 119; ZWEIGERT, Referat C 23; EDLBACHER, Referat C 66; Empfehlung des 44. DJT unter B VIII; mein Diskussionsbeitrag C 133 ff.; SCHWOERER, NJW 1963, 11 ff.; und § 1600 q I 2 Referentenentwurf.

[46] So aber Heidelberger E. 1963, § 1708 d 1; BEITZKE, in: Neues Unehelichenrecht in Sicht (1961) 49, und: Gegenwartsfragen des Unehelichenschutzes (1964) 18 f.; ähnlich Art. 314 I des schweizerischen Entwurfs. BOSCH, Gutachten 78, befürwortet ein Wahlrecht bei gleicher Wahrscheinlichkeit mehrerer Beihälter; ebenso SCHLOSSER, FamRZ 1964, 275 ff. mit weiteren Nachweisen in Fn. 23 – unter Berufung auf den österreichischen Entwurf, der aber inzwischen diesen Standpunkt nicht mehr vertritt. Vgl. auch FASCHING, Das Verfahren zur Feststellung der ehelichen und unehelichen Abstammung (1955) 145 und die frühere preußische Regelung (ALR II, 2, §§ 619–620).

[47] Vgl. Empfehlung unter B VII 7; zum Familiengericht allgemein mein Ehe und Recht (1962) 304 ff., und HABSCHEID, JurJb. 5 (1964/65) 50 ff.

Gerichtsstand des Kindes sein. Dieser auch dem Haager Vollstreckungsabkommen von 1958 entsprechende Gerichtsstand liegt im Kindesinteresse. Er ermöglicht bei mehreren als Vater in Betracht kommenden Männern eine Klageverbindung oder eine Parteiänderung im Wege der Klagänderung. Auch wahrt er die Nähe zum zuständigen Jugendamt. Gegen das vor dem Amtsgericht ohne Anwaltzwang erstrittene Urteil wäre die Berufung gegeben. Diese ging jedoch nicht wie sonst zum Landgericht, sondern zum Oberlandesgericht mit der Möglichkeit der Vorlage an den BGH, wohl weniger um der Schwierigkeit der Materie als um der lebenswichtigen Bedeutung der Entscheidung für die Beteiligten willen und um eine einheitliche Rechtsprechung zu gewährleisten.

Nach dem Vorbild u. a. der Schweiz und Schweden sollte, bevor noch ein Prozeß begonnen ist, die Vornahme einer *freiwilligen* Blutuntersuchung begünstigt werden, um auf diesem Wege gerichtliche Auseinandersetzungen zu vermeiden. Fernerhin sollte möglichst schnell ein Urteil zur Zahlung des Mindestunterhaltssatzes erreichbar sein, in dessen Rahmen später der Rechtspfleger allgemeine Zuschläge in einem vereinfachten Verfahren festsetzen könnte. Dabei wäre die Verwertung anthropologischer Gutachten einem *Nach*verfahren vorzubehalten, deren Erstattung ja regelmäßig überhaupt nicht vor zwei bis drei Jahren nach der Geburt möglich ist und sich überdies durch die Kompliziertheit der Materie, die Überlastung der Gutachter u. a. heute weiterhin verzögert. Losgelöst wäre ferner das für den Erhalt eines über den Mindestunterhaltssatz hinausgehenden Betrages anzustrengende Verfahren[47a].

V

1. Im *Verhältnis zur Mutter* und zu den mütterlichen Verwandten hat das ae. Kind nach geltendem Recht grundsätzlich die Rechtsstellung eines e. Kindes (§ 1705 BGB). Es teilt weiterhin den Wohnsitz der Mutter (§ 11 I 2 BGB) und erhält ihre Staatsangehörigkeit (§ 4 RuStG). Sein Name ist der Familienname der Mutter zur Zeit seiner Geburt (§ 1706 I); ist die Mutter verheiratet, erhält das Kind als zu ihrer Familie gehörend[48] ihren Geburts- oder Mädchennamen. Der Ehemann der Mutter (dagegen nicht der ae. Vater) kann dem Kind indessen – durch öffentlich beglaubigte Erklärung gegenüber dem Standesbeamten (§ 31 a RPStG) – unwiderruflich seinen Namen erteilen (sogen. Einbenennung, § 1706 II), wodurch aber für alle übrigen Rechtsbeziehungen zwischen Ehemann der Mutter und ae. Kind sich nichts ändert. Der Einbenennung müssen Mutter und Kind – ebenfalls in öffentlich beglaubigten Erklärungen – zustimmen. Sie ist endgültig. Bei

---

[47a] Vgl. aber zum ganzen: Referentenentwurf §§ 640 f, 641 ff., 642 ff. ZPO und S. 44.

[48] So Begründung der Motive zum BGB IV, 859.

einer weiteren Heirat der Mutter kann daher das ae. Kind nicht ein zweites Mal einbenannt werden. Es ist durch die erste Namenserteilung bereits insoweit einem e. Kind gleichgestellt[49].

Das ae. Kind steht nach geltendem Recht nicht generell unter elterlicher Gewalt. § 1707 I beläßt der Mutter lediglich die tatsächliche Personensorge, während das Jugendamt des Geburtsortes nach §§ 37, 40 JWG gesetzlicher Amtsvormund ist, so daß das ae. Kind mit seiner Geburt sofort in staatlicher Fürsorge steht[50]. Im Rahmen ihres Personensorgerechts erzieht die Mutter ihr Kind, bestimmt seinen Vornamen, seinen Aufenthalt und Umgang (vgl. § 1631); sie befindet im Rahmen der elterlichen Möglichkeiten mit über seine Berufswahl und sein religiöses Bekenntnis (§ 3 RKEG). Die Mutter kann auf Herausgabe des Kindes auch gegen den Vormund des Kindes klagen (§ 1632). Bei Ausübung ihres Personensorgerechts steht sie immer unter der Aufsicht und der Beistandschaft des Jugendamtes (§ 1707 I 3 BGB, § 31 JWG).

Diese generelle Entrechtung der ae. Mutter gegenüber einer ehelichen Mutter ist, namentlich auch mit Rücksicht auf die Kindesinteressen, angesichts der heutigen soziologischen Verhältnisse unhaltbar. Seit dem 1. 1. 1962 kann deshalb die volljährige Mutter immerhin beantragen, daß ihr die elterliche Gewalt durch Einzelrechtsakt übertragen wird (§ 1707 II)[51]. Voraussetzung dafür ist, daß sie sich als Mutter bewährt hat oder nach menschlichem Ermessen bewähren wird. Erfüllt die Mutter diese Bedingungen, dann steht ihr heute ein Rechtsanspruch auf Übertragung der elterlichen Gewalt zu[52]. Ist der Mutter die elterliche Gewalt einmal übertragen, dann kann ihr diese Macht nur bei Mißbrauch entzogen werden (§ 1666).

2. (a) Die bevorstehende Reform des Außerehelichenrechts dürfte in der umstrittenen *Namens*frage bestrebt sein, den Interessen des ae. Kindes wieder mehr als bisher Rechnung zu tragen[53]. Insbesondere wird das

---

[49] OLG Karlsruhe, JFG 1, 129 und h. L.

[50] Das Jugendamt kann u. U. auch die Pflegeaufsicht über das ae. Kind innehaben (§ 31 JWG).

[51] Früher behalf man sich mit der Adoption des Kindes durch die eigene Mutter oder die Bestellung der Mutter zum Einzelvormund (vgl. BayObLGZ 1963, 119). Diese Maßnahmen treten heute angesichts der neuen Möglichkeit des § 1707 II zurück.

[52] Ebenso GOEPPINGER, FamRZ 1961, 516; SCHLOSSER, FamRZ 1963, 623 mit Fn. 251; LINDACHER, FamRZ 1964, 278; GERNHUBER (oben N. 22) § 17 II 5; für Ermessensentscheidungen jedoch die wohl überwiegende Meinung, vgl. etwa OLG Hamm, FamRZ 1963, 302; BayObLG, FamRZ 1963, 306. Wohl steht dem Vormundschaftsgericht bei der Beurteilung dessen, was dem Kindeswohl am besten entspricht, ein gewisser Spielraum zu, aber es kann nur eine richtige Entscheidung geben, und diese entspricht dem Recht der Mutter.

[53] Vor Erlaß des BGB verstand zwar die Mehrheit der Partikularrechte

ae. Kind künftig grundsätzlich den Namen der Mutter erhalten, den sie durch Verheiratung bei seiner Geburt führt. Damit wird nicht nur vermieden, daß die Außerehelichkeit des regelmäßig im Lebenskreis der Mutter aufwachsenden Kindes geradezu herausgestellt wird, sondern es wird auch das „eigene" Recht der Mutter am Ehenamen betont. Die Interessen des Ehemannes der Mutter, der nicht der Kindesvater ist, müssen demgegenüber zurücktreten; auch die darin liegende Weiterabwertung des Namens als Kennzeichen des Abstammungsverhältnisses ist in Kauf zu nehmen[54].

Schließlich soll künftig das Vormundschaftsgericht dem Kind auch den Namen seines Vaters auf dessen Antrag erteilen können, wenn dies dem Wohl des Kindes entspricht und keine wichtigen Gründe entgegenstehen. Dabei wird in erster Linie an den Fall gedacht, daß das Kind beim Vater aufwächst und die Mutter nicht die Personensorge innehat; dann soll ausnahmsweise auch nicht die Einwilligung der Mutter dazu erforderlich sein, die sonst grundsätzlich verlangt wird[55].

(b) In der Diskussion über die künftige Gestaltung der *elterlichen Gewalt* und der *Vertretung* im Außerehelichenrecht wollen namentlich Praktiker der Jugendämter die geltende Regelung beibehalten, nach der in erster Linie das Jugendamt Amtsvormund ist und der Kindesmutter nur die elterliche Gewalt unter bestimmten Voraussetzungen übertragen werden kann. Diese Regelung ist indessen nicht von einem überholten Mißtrauen gegen die Fähigkeiten der volljährigen ae. Mutter frei, die diese insbesondere gegenüber der geschiedenen Mutter diffamiert. Sie unterscheidet in Schwarz-Weiß-Abstempelung zwischen „schlechten" und „guten" Müttern. Solche amtlichen Differenzierungen und Plakatierungen sind aber höchst fragwürdig und sollten ebenfalls aus anderen Gründen, gerade auch im Kindesinteresse, vermieden werden. Die meisten Entwürfe sehen daher eine Übertragung der elterlichen Gewalt an die Mutter kraft Gesetzes – ähnlich wie in den skandinavischen Rechten – vor. Dabei soll das Jugendamt – entsprechend dem schwedischen „Kinderpfleger" – der Mutter als gesetzlicher Beistand grundsätzlich in allen Kindesangelegenheiten helfend zur Seite stehen. Darüber hinaus sollen dem Jugendamt zur selbständigen Erledigung verbleiben: die Feststellung der Vaterschaft, die Geltendmachung der Unterhaltsansprüche und alle Angelegenheiten, die die Änderung des

---

unter dem Familiennamen der Mutter deren Geburtsnamen, doch war in Baden, Hannover, Sachsen-Weimar-Eisenach und Anhalt das ae. Kind einer verwitweten oder geschiedenen Frau berechtigt, ihren Ehenamen zu führen (Näheres E. G. Kopp, Namensrecht der Unehelichen vor dem Inkrafttreten des BGB in Deutschland [1959] 108 ff.).

[54] So §§ 1617 ff. des Referentenentwurfs, allerdings mit Einschränkungen; Empfehlung B IV 1 des 44. DJT; Münchner E. Thesen F I–IV. Anders aber Beitzke, ZBlJugR 1963, 178, und für die Schweiz: Hegnauer, Referat zum Schweizerischen Juristentag 1965, 130 ff.

[55] § 1618 des Referentenentwurfs.

Personenstandes und den Namen des Kindes betreffen[56]. Außerdem wäre besonders in der ersten Zeit eine sorgsame Überwachung jedes einzelnen ae. Kindes und seiner Pflege zu gewährleisten. Das Vormundschaftsgericht soll fernerhin die Möglichkeit haben, den Wirkungsbereich des Beistandes einzuschränken oder zu erweitern. Eine solche flexible Gesamtregelung sei geeignet, im Einzelfall jede Abstufung des Mutterrechts im Kindesinteresse ohne offenkundige Diskriminierung zu ermöglichen.

VI

1. Die *Beziehungen des ae. Kindes zu seinem Vater* bilden nach wie vor das Gebiet, in dem die verschiedenen Auffassungen, jedenfalls theoretisch, am weitesten auseinandergehen. Nach geltendem Recht erschöpfen sie sich – neben ausdrücklich geregelten Sonderfällen[57] – darin, daß der Vater dem ae. Kind vollen *Unterhalt* zu leisten hat (§§ 1708 ff. BGB und § 170 b StGB), während er ein Recht, mit dem Kind zu verkehren – anders als ein e. Vater (§ 1634!) – nicht besitzt. Dieser Unterhaltsanspruch des ae. Kindes ist in mancher Hinsicht gegenüber dem Unterhaltsanspruch eines e. Kindes bevorzugt, in anderer Beziehung zurückgesetzt.

Im Gegensatz zu den – auf Grund ihrer anderen Struktur auch nicht hilfsweise anwendbaren – allgemeinen Regeln über die Unterhaltspflicht (§§ 1602 ff. BGB) unter Verwandten in gerader Linie setzt er grundsätzlich weder Leistungsfähigkeit des Vaters noch Bedürftigkeit des Kindes voraus[58]. Auch kann das ae. Kind – anders als das eheliche – Unterhalt für die Vergangenheit verlangen (§ 1711), so daß ihm ausnahmsweise eine Nichtgeltendmachung nicht schadet. Dagegen läßt das Gesetz – verfassungswidrig – den Unterhaltsanspruch des ae. Kindes schematisch und regelmäßig wesentlich früher als den flexiblen Unterhaltsanspruch des e. Kindes enden. Nach dem sozialen Leitbild des BGB-Gesetzgebers sollte er überhaupt nur

[56] Empfehlungen des DJT unter B II; Referentenentwurf §§ 1706 ff.; Heidelberger E. § 1707; Münchner E. These A I 1.

[57] Vgl. oben N. 42.

[58] Mugdan, Materialien zum BGB IV (1899) 475 ff. Der Vater kann keine Herabsetzung des Unterhalts unter Hinweis auf seine Pflichten seinen e. Kindern gegenüber erreichen; dagegen müssen die e. Kinder wegen der Belastung des Vaters durch ein ae. Kind u. U. den Stamm ihres Vermögens angreifen (vgl. § 1603). Umgekehrt sind die e. Abkömmlinge in der Zwangsvollstreckung bevorrechtigt (§ 850 d II ZPO). Vgl. hierzu im einzelnen Scheucher, Z.f.Rvgl. 1963 (4) 98 ff.; neuerdings versucht jedoch die Rechtsprechung aus § 850 d II ZPO auch einen materiellrechtlichen Vorrang der ehelichen Kinder zu begründen, soweit der Unterhalt aus dem nach § 850 I ZPO nur für bevorrechtigte Gläubiger zur Verfügung stehenden Teil des Arbeitseinkommens zu leisten wäre; vgl. BayObLG, NJW 1963, 360; BGH, NJW 1964, 2118; kritisch dazu H. Lange, JZ 1965, 779 mit Fn. 3.

für eine sozial niedrige Ausbildung – Volksschulbildung mit zweijähriger Lehrzeit – ausreichen. Wohl hat inzwischen das Familienrechtsänderungsgesetz von 1962 die Unterhaltspflicht für das ae. Kind über das 16. Lebensjahr bis zum 18. Lebensjahr verlängert; dabei wird allerdings in den letzten beiden Jahren (ausnahmsweise) auf Verlangen des Vaters eigenes Einkommen des ae. Kindes berücksichtigt, wenn dies der Billigkeit entspricht; im Rahmen dieser Billigkeitserwägung kommt es dann auch auf die Leistungsfähigkeit des Vaters an, die sonst nur generell bei der Vollstreckung berücksichtigt wird. Im übrigen ist nach dem Gesetz über das 18. Lebensjahr hinaus „außerordentlicher" Unterhalt in dem Ausnahmefall zu leisten, wenn das „Kind" infolge körperlicher oder geistiger Gebrechen außerstande ist, sich selbst zu unterhalten[59]. Freilich dürfte gerade die aus dem Gesamtzusammenhang lösbare Begrenzung auf 18 Jahre dem baldigen Eingreifen des Bundesverfassungsgerichts nach Art. 6 V GG ausgesetzt sein; denn es ist eine „empörende Ungerechtigkeit"[60] und zweifellos verfassungswidrig, daß ein besonders befähigtes ae. Kind keine Möglichkeit einer Ausbildungshilfe etwa für ein Hochschulstudium besitzt[61].

Der zu leistende Unterhalt umfaßt nach dem Gesetz grundsätzlich den *gesamten* Lebensbedarf des ae. Kindes sowie die Kosten seiner Erziehung und beruflichen Ausbildung (§ 1708 I 2) – nicht bloß einen Beitrag dazu[62]. Neben dem normalen Bedarf an Nahrung, Kleidung, Wohnung usw. hat der Vater auch einen einmaligen außerordentlichen Bedarf abzudecken, wie er etwa durch Krankheit oder Unfall des Kindes entsteht[63]. Er haftet dabei nach § 1709 I *vor* der Mutter und den mütterlichen Verwandten. Wenn auch der „Gleichberechtigung" der Elternteile, jedenfalls formal, besser die gleichrangige Haftung zu entsprechen scheint[64], so fällt doch zugunsten der geltenden Regelung entscheidend ins Gewicht, daß in der Praxis manche Gerichte noch heute die Unterhaltsleistung des ae. Vaters so niedrig bemessen, daß sie sich in Wahrheit nur als ein „Beitrag" zu den Erziehungskosten erweist. Außerdem ist ja insgesamt die Mutter auch „theoretisch" nicht weniger belastet als der Vater, denn ihr ist die Personensorge als Unterhaltsleistung aufgebürdet (§ 1606 III i.V.m. § 1360 BGB), die sie durch Pflege und Erziehung des Kindes erfüllt.

---

[59] Wird dagegen das Kind später gebrechtlich, so hilft § 1708 II nicht.

[60] So schon MARIANNE WEBER, Ehefrau und Mutter in der Rechtsentwicklung (1907) 562.

[61] Das österreichische Recht hat die Gleichstellung bereits durchgeführt (§ 166 ABGB, und EDLBACHER, Referat C 51 ff., 59 ff.).

[62] Vgl. z. B. für das englische Recht die Höchstgrenze von 50 sh wöchentlich, im Affiliation Proceedings Act, 1957, sec. 4 (2) (a) in der Abänderung durch Matrimonial Proceedings (Magistrates' Courts) Act, 1960, sec. 15 (a).

[63] BGH, FamRZ 1964, 558; BRÜHL, Unterhaltsrecht (2. Aufl. 1963) 216 ff. mit Nachweisen.

[64] Dazu BEITZKE (oben N. 22) § 33 III 6; BGH, FamRZ 1960, 26.

Die Belastung der Mutter verwandelt sich in eine finanzielle Beitragspflicht, wenn das Kind bei Dritten untergebracht ist, weil sie die Personensorge nicht ausüben kann oder will. Ist die Kindesmutter unverschuldet zur Sorgerechtsausübung nicht in der Lage, dann hat sie nicht etwa die finanziellen Aufwendungen für eine anderweitige Unterbringung allein zu tragen[65]. Wohl ist § 1709 I in diesem Fall einzuschränken insofern, als die Sorgepflicht der Kindesmutter praktisch ruht und diese damit für einen Arbeitserwerb frei wird; der Vater wird von seinen finanziellen Verpflichtungen insoweit entbunden, als der Wert der entfallenen mütterlichen Fürsorge sich bemißt[66]. Im Grenzfall, daß die Mutter nicht mehr für ihr Kind im Heim tun kann als der Vater, haben demgemäß beide Elternteile nach dem geltenden Prinzip der Gleich„berechtigung" der Geschlechter (Art. 3 II GG) je zur Hälfte die erforderlichen Unterhaltsbeträge aufzubringen[67]; haben doch, wie beim e. Kind, heute grundsätzlich auch beim ae. Kind Vater und Mutter gemeinsam und solidarisch für den Unterhalt einzustehen. Dementsprechend braucht auch der ae. Vater, nicht anders als der e. Vater oder die ae. Mutter, nicht ohne Rücksicht auf seine Leistungsfähigkeit für den die normale Unterhaltsrente übersteigenden Bedarf aufzukommen. Zahlt schließlich der Vater nichts, so daß die Mutter oder deren Verwandte dem Kind Unterhalt gewähren müssen, dann geht der Anspruch des ae. Kindes gegen seinen Vater kraft Gesetzes auf diese über (§ 1709 II).

Für die Höhe des Unterhalts läßt § 1708 BGB – unvereinbar mit Art. 6 V GG – die Lebensstellung der Mutter des ae. Kindes maßgebend sein. Wenn auch diese Regelung seinerzeit gegenüber der früheren, nur die „Notdurft" des Kindes deckenden Unterhaltspflicht einen Fortschritt bedeutete, so betont sie doch in heute unerträglicher Form die sozialen Unterschiede und bevorzugt praktisch den reichen Erzeuger des ae. Kindes einer armen Mutter gegenüber dem e. Vater[68]. Der umgekehrte, viel seltener vorkom-

---

[65] So freilich OLG Hamm, FamRZ 1962, 318; LG Köln, DAVorm. 37 (1964) 139; LG München, FamRZ 1964, 644; zust. Bosch, Gutachten 26.

[66] Unzutreffend daher LG Augsburg, DAVorm. 37 (1964) 252; LG Heilbronn, DAVorm. 38 (1965) 176, die den Vater allein mit den gesamten Kosten belasten und die Mutter entsprechend § 275 I ganz freistellen.

[67] Brüggemann, ZBlJugR 1958, 181; Eisser, FamRZ 1963, 473 ff.; Schlosser, FamRZ 1963, 616; Roth-Stielow, ZBlJugR 1964, 309 ff.; Brühl, Anm. zu LG München (oben N. 65), sowie mein Diskussionsbeitrag auf dem 44. DJT, C 165 f.; neuerdings ferner LG Braunschweig, NJW 1965, 351; LG Oldenburg, FamRZ 1965, 339.

[68] Holleaux (oben N. 2) 97 spricht von einer „solution étrange qui dénote l'«esprit de classe» des auteurs du BGB, lesquels présumaient que la mère naturelle serait généralement de position inférieure à celle du père. Zum sozialen Leitbild des BGB: H. Lange, JuS 1964, 253 f.: „Das uneheliche Kind war das Kind der unteren Schichten, mochte auch der Vater den höheren entstammen ... Die soziale Abwertung des unehelichen Kindes war groß; der ‚Fehltritt' der Mutter wurde dem Kinde zur Last gelegt ..."

mende Fall des armen Vaters eines von einer reichen Mutter geborenen ae. Kindes bietet ohnehin keinen Ausgleich – ganz abgesehen von der Fragwürdigkeit solchen „Saldierungen" –, da ja hier das ae. Kind die ihm theoretisch zustehende höhere Unterhaltsrente mangels Vermögens des Vaters doch nicht verwirklichen kann.

Die nach dem Willen des Gesetzes *individuelle* Bestimmung des Kindesunterhalts ist in der Praxis heute bereits einer weitgehenden Typisierung gewichen, wobei die Gerichte sich regelmäßig an übliche Durchschnittssätze halten. Dabei bestehen allerdings erhebliche Meinungsverschiedenheiten über die Maßgeblichkeit allgemein errechneter Bedarfsschemata. So begrenzt z. B. das Landgericht Stuttgart einschränkend die Unterhaltsbeträge für ein ae. Kind durch Ermittlung der Beträge, die für ein e. Kind in entsprechenden Verhältnissen normalerweise zur Verfügung ständen, denn für beide bilde das Familieneinkommen die Höchstgrenze bei der Bemessung des Familienunterhalts, und deshalb müßten sich beide im Notfall mit weniger zufrieden geben, als die Unterhaltsrichtsätze vorsähen [69]. Dagegen lehnt das OLG Stuttgart den Vergleich mit dem e. Kind wegen der „schuldrechtlichen" Ausgestaltung des Unterhaltsanspruches des ae. Kindes ab. Ein höherer Unterhaltsanspruch des ae. Kindes sei vielmehr gerechtfertigt, weil sich die väterlichen Pflichten auf die Unterhaltszahlungen beschränkten und der Vater sich insbesondere nicht persönlich um das Kind zu kümmern brauche [70]. Die richtige Entscheidung liegt dazwischen. Sie sollte weniger im Hinblick auf angebliche „Rechte" des Vaters theoretisch-schematisch, und dafür mehr pragmatisch-individuell ergehen. Auf der Grundlage der Gleichstellung e. und ae. Kinder [71] wären die Modifikationen einzuschalten, die um der besonderen Notlage der ae. Kinder willen notwendig sind [72] – wobei Gründe der Verwaltungsvereinfachung nicht überbewertet werden sollten. In diesem Sinne ist jedenfalls eine Staffelung der Unterhaltsleistungen (etwa vom 1. bis 6., 7. bis 14. und 15. bis 18. Lebensjahr) eine unerläßliche Hilfe, da eine durchschnittliche Berechnung des Unterhalts für die ganzen 18 Jahre verfehlt sein muß. Weder ist die dann beim Kleinkind zu erbringende Vorleistung für später mit dem Gesetz (§ 1710 S. 3) vereinbar, noch ist diese Berechnung bei den Geldwertschwankungen sinnvoll oder wirtschaftlich vertretbar, noch wahrt sie die Kautelen des Gesetzes (z. B. § 1708 I 3) [73].

---

[69] FamRZ 1964, 315; auch LG Münster, MDR 1962, 481.

[70] NJW 1962, 495.

[71] Mein Diskussionsbeitrag, C 164.

[72] Die in der DDR versuchte Unterscheidung zwischen „willkürlichen" und „natürlichen" Nachteilen der „nichtehelichen Kinder" läßt auch viele Zweifelsfragen offen. Vgl. SIMITIS, in: Die Lage des Rechts in Mitteldeutschland (1965) 60 f.

[73] LG Waldshut, Die Justiz 1965, 274; ähnlich LG Hagen, MDR 1962, 55; LG Detmold, NJW 1962, 923.

Da das ae. Kind in aller Regel nicht beim Vater lebt, muß dieser nach § 1710 grundsätzlich seine Unterhaltsleistungen in beziehungsloser Form durch periodische Geldzahlungen erbringen, ohne, wie der Vater eines e. Kindes, den Unterhalt auch in anderer Weise, insbes. in Natur, gewähren zu können (§ 1612). Er muß die Rente „vorsichtshalber" jeweils für drei Monate vorauszahlen. Durch eine Vorleistung für eine spätere Zeit wird der Vater grundsätzlich nicht befreit (§ 1710 S. 3)[74]. Während nach § 1613 BGB allgemein unter Verwandten Unterhalt für die Vergangenheit nur sehr eingeschränkt gefordert werden kann, bestehen diese Schranken beim ae. Kind nicht. Infolgedessen kann es den – gesamten – Unterhalt auch für einen Zeitraum nachfordern, in dem der Erzeuger erwerbslos war[75], da ja die Leistungsfähigkeit seines Vaters seinen Unterhaltsanspruch nicht beeinflußt. Freilich summieren sich gerade dadurch in der Praxis nicht selten erhebliche Unterhaltsrückstände, zumal dank der Energie der Amtsvormünder der Erzeuger heute durchschnittlich einen höheren Anteil der Unterhaltslast zu tragen hat als früher. Die Vollstreckung dieser Rückstände belastet vielfach heute Ehe und Familie des Erzeugers außerordentlich schwer, wenn auch die Ansprüche der ae. Kinder bei der Vollstreckung in das Arbeitseinkommen des Erzeugers Ansprüchen e. Kinder nachgehen (§ 850d II ZPO).

Ändern sich die das Maß des Unterhalts bestimmenden Umstände wesentlich – indem etwa im besonderen die Lebensstellung der Mutter sich durch Heirat erheblich verbessert oder das Kind langwierig erkrankt, einen schweren Unfall erleidet usw. (während eine geringer gewordene Leistungsfähigkeit des Erzeugers unbeachtlich bleibt), oder im allgemeinen die Lebenshaltungskosten beträchtlich steigen –, dann läßt sich heute angesichts der Existenz eines rechtskräftigen Titels für die Zukunft eine Rentenerhöhung nur durch eine besondere Abänderungsklage nach § 323 ZPO erreichen[76]. Dieser recht häufig angestrengte individuelle Prozeß macht nicht nur erhebliche Umstände in der Praxis, sondern eröffnet den einzelnen Gerichten zudem weitere Möglichkeiten, den Unterhaltsbedarf eines ae. Kindes ohne zureichenden Grund verschieden festzusetzen[77]. Der Nachteil des ae. Kindes gegenüber dem e. Kind, daß es die Bezahlung seines

---

[74] Hat aber das Kind noch den Geldbetrag, dann kann der Vater gegen eine erneute Unterhaltsforderung seine Bereicherungsforderung aufrechnen.

[75] KG, JW 1938, 2671.

[76] Die berechtigte Abänderungsklage ermöglicht, die jetzigen Verhältnisse in vollem Umfang zu berücksichtigen, so daß bei dieser neuen Betrachtung ein früher zu Unrecht erlangter Vorteil nunmehr korrigiert werden kann (bestritten – so LG Bonn, FamRZ 1964, 316).

[77] Über die unterschiedliche Praxis der LG-Berufungskammern (Stand 1. 3. 1962) Köhler, FamRZ 1962, 184 (Schwankungen bei monatlichen Durchschnittssätzen für die gesamte Unterhaltszeit i. J. 1962 von 60 bis 87 DM monatlich).

Unterhaltsbedarfs häufig nur durch einen komplizierten Prozeß erreichen kann, wird somit durch die Notwendigkeit eines erneuten Prozessierens selbst bei allgemeinen Veränderungen, wie der Verschlechterung der Kaufkraft des Geldes, noch weiter gesteigert.

Anstelle der periodischen monatlichen Rentenzahlungen können die Parteien – also Vater und Kind, nicht Vater und Mutter – die Leistungsmodalitäten mit Genehmigung des Vormundschaftsgerichts anderweitig regeln (§ 1714 BGB). So vermögen sie sich auch auf eine einmalige Zahlung zu einigen. Dabei kann dem Kind die Möglichkeit bleiben – etwa bei Entwertung des gezahlten Kapitals –, erneut den Vater in Anspruch zu nehmen. Es kann aber auch das Kind mit all seinen Ansprüchen durch einen solchen Vertrag endgültig abgefunden werden. Während e. Kinder, wie überhaupt sonstige unterhaltspflichtige Verwandte, nicht für die Zukunft auf den Unterhalt verzichten können (§ 1614), ist somit das ae. Kind in der Lage, mit vormundschaftsgerichtlicher Genehmigung gegen Entgelt seine künftigen Ansprüche gegen den Vater aufzugeben. Das Vormundschaftsgericht darf freilich zu einem solchen – in der Praxis seltenen – Abfindungsvertrag nur dann seine Genehmigung geben, wenn damit erhebliche Vorteile für das Kind erkauft werden. Das kann etwa der Fall sein, wenn die Abfindungssumme ganz beträchtlich die Unterhaltsleistungen übersteigt, oder wenn erhebliche Inkassogefahren ausgeschaltet werden, die durch Auswanderung des Erzeugers entstehen können.

Anders als der Unterhaltsanspruch des e. Kindes, ist der Unterhaltsanspruch des ae. Kindes passiv vererblich (§ 1712 I). Diese ausnahmsweise Verlängerung soll das ae. Kind – zumal auch die Unterhaltspflicht beim ae. Kind unmittelbar nur den Erzeuger selbst trifft[78], nicht auch seine Eltern usw. wie beim e. Kind – wenigstens in gewissem Umfang für das ihm vorenthaltene gesetzliche Erbrecht nach seinem Erzeuger und dessen Verwandten entschädigen; ist doch nach geltendem Recht, wenn sonst kein noch so entfernter Verwandter zu ermitteln ist, der Staat – und nicht etwa das ae. Kind – zum gesetzlichen Erben berufen (§ 1936). Freilich kann das ae. Kind testamentarisch vom Erzeuger zum Erben eingesetzt werden, wodurch indessen der (teilweise) Übergang der Unterhaltspflichten auf andere Erben – soweit vorhanden – nicht beeinträchtigt wird.

Erhält das Kind nach dem Tode seines Vaters eine Waisenrente, so wird ihm dieser Betrag nicht auf den Unterhalt angerechnet, den nunmehr die Erben des Vaters ihm zu zahlen haben[79]. Die Waisenrente soll schließlich dem Kinde nützen und nicht den Erzeuger von seiner Alimentationspflicht

[78] So sind selbst die reichen Eltern eines vermögenslosen Erzeugers nicht verpflichtet, auch nur das Geringste zum Unterhalt des ae. Kindes ihres Sohnes beizutragen.

[79] Streitig. Nachweise bei Beitzke, FamRZ 1960, 451; Anm. zu LG Köln, FamRZ 1960, 449; Palandt(–Lauterbach) (oben N. 22) Rdn. 1 zu § 1712.

freistellen. Auch entspricht dieses Ergebnis der Regelung beim e. Kind. Anders ist es aber leider beim Kindergeld. Hier ist zu unterscheiden: Stehen das Kindergeld oder der Kinderzuschlag – nach der fragwürdigen Regel – dem Erzeuger zu und werden sie an ihn ausbezahlt, dann beeinflußt dies die Höhe des Unterhalts nicht, da die wirtschaftliche Lage des Vaters außer Betracht bleibt. Werden das dem Vater zustehende Kindergeld oder der Kindergeldzuschlag dagegen nach § 12 III BKGG unmittelbar einer anderen Person ausbezahlt, dann ist dies einer Zahlung aus dem Vermögen des Vaters gleichzusetzen und mithin dessen Unterhaltsleistungen anzurechnen. Erhält schließlich die Mutter das Kindergeld oder den Kinderzuschlag, dann bleibt dieser Betrag für die Unterhaltspflichten des Vaters außer Betracht.

Die Unterhaltsschuld des Erben nach dem Erzeuger ist Nachlaßschuld. Sie geht infolgedessen Pflichtteilsansprüchen vor und unterliegt den Beschränkungen der Erbenhaftung (§§ 1975ff.). Die Erben des Erzeugers können das ae. Kind jedoch wegen seines auf sie übergegangenen Unterhaltsanspruches auch mit dem Betrag abfinden, der dem Kind als Pflichtteil gebühren würde, wenn es e. wäre (§ 1712). Dabei bleibt auch dann die Abfindungssumme Nachlaßschuld, und das ae. Kind wird nicht Pflichtteilsberechtigter. Diese facultas alternativa führt regelmäßig dazu, daß die Erben bei einem ae. Kind von ihrem Abfindungsrecht Gebrauch machen, sobald der Pflichtteil, den das Kind als eheliches erhalten würde, geringer ist als der kapitalisierte Wert des Unterhalts. Hat also das ae. Kind ein niedrigeres Alter, so daß noch lange Unterhaltszahlungen zu leisten wären, und ist der Nachlaß klein, wählen die Erben dann in der Regel die Abfindung mit dem Pflichtteil, womit sie sich den Leistungen an das Kind ent-entziehen und sich wenigstens einen Teil des Nachlasses verschaffen. Zwar kann auch der Vater eines e. Kindes dieses enterben und damit auf den Pflichtteil beschränken, aber praktisch wird ein verantwortungsbewußter e. Vater dies doch kaum tun – zumindest dann nicht, wenn der Pflichtteil zu gering ist, um wenigstens den Kindesunterhalt abzudecken. Er wird allenfalls durch Einsetzung der Mutter als Alleinerbin diese in die Lage versetzen, das Kind zu unterhalten. Außerdem besteht beim e. Kind nicht die Möglichkeit, im umgekehrten Fall bei hohem Pflichtteil und niedriger Unterhaltsschuld bei letzterer stehen zu bleiben, so daß auch in dieser Situation das ae. Kind durch das Wahlrecht gegenüber dem e. Kind benachteiligt ist.

Um den gerade bei Geburt des ae. Kindes häufig sofort einsetzenden Schwierigkeiten vorher zu begegnen, sieht § 1716 BGB die Möglichkeit einer vorsorglichen Regelung auf Antrag der Mutter vor, die insoweit dazu eine Prozeßstandschaft besitzt. Danach kann durch *einstweilige Verfügung* angeordnet werden, daß der Vater den für die ersten drei Monate zu gewährenden Unterhalt alsbald nach der Geburt an die Mutter oder den Vormund zu zahlen und den erforderlichen Betrag angemessene Zeit vor der Geburt zu hinterlegen hat. Für diese einstweilige Verfügung ist (wie immer) Voraussetzung, daß der Anspruch glaubhaft gemacht wird – wozu auch die eidesstattliche Versicherung genügt; dagegen ist (ausnahmsweise) nicht die Glaubhaftmachung der Gefährdung des Anspruchs notwendig.

Über die Begrenzungen des § 1716 hinaus verwendet die Praxis die einstweilige Verfügung – systemwidrig – heute weiterhin dazu, eine vorläufige Unterhaltspflicht festzulegen[80]. Es kann eben einerseits vielfach nicht ohne ein anthropologisch-erbbiologisches Gutachten über die Klage des Kindes entschieden werden[81], während andererseits diese Gutachten oft nicht vor fünf Jahren nach der Geburt vorliegen und die Sozialhilfe diesen Mangel nicht überbrückt. Zur Überbrückung dieser Notlage halten die Gerichte mit Hilfe der einstweiligen Verfügung den Beklagten über die ersten drei Monate hinaus an, Unterhalt zu entrichten, ohne daß ein endgültiger Titel gegen ihn vorliegt. Allerdings muß die Vaterschaft des Antragsgegners nach Ausschöpfung aller schnell verfügbaren Beweismittel (insbes. Blutgruppengutachten) „wahrscheinlich" sein und eine Gefahr für Gesundheit und Leben des Kindes bestehen. Die daraufhin zu gewährenden Leistungen sind in ihrer Höhe und Dauer durch die Behebung der Notlage begrenzt. Sollte sich später ein anderer als wirklicher Vater herausstellen, muß das Kind dem Erstbeklagten nicht nur die erhaltenen Beträge zurückerstatten, sondern auch den durch die Vollstreckung entstandenen Schaden ersetzen (§ 945 ZPO).

2. (a) Die Reformvorschläge sehen überwiegend in Erfüllung von Art. 6 V GG vor, die Unterhaltsregelung für ae. und e. Kinder anzunähern, indem auch dem ae. Kind statt des bisherigen „schuldrechtlichen" ein „familienrechtlicher" Unterhaltsanspruch gegen seinen Erzeuger und dessen Eltern zuteil wird[82]. Fernerhin sollen e. und ae. Kinder im Erkenntnis- wie im Vollstreckungsverfahren für ihre Ansprüche grundsätzlich gleichen Rang haben[83]. In diesem Sinne wird vorgeschlagen, grundsätzlich den Unterhaltsanspruch des ae. Kindes gegen seinen Vater und dessen Eltern den „familienrechtlichen" Regeln über Verwandtenunterhalt zu unterstellen. Die dann von den Reformern angesichts der besonderen Lage des ae. Kindes für notwendig erachteten Abweichungen werden gesondert behandelt. Zu

---

[80] Dazu DÖLLE (oben N. 22) § 108 IV.

[81] Besonders betont das schweizerische Bundesgericht, daß der Beklagte grundsätzlich einen Anspruch auf Einholung eines solchen Gutachtens hat (BGE 90 II 219 und vor allem beifallswert BGE 91 II 159). – Nach BGH, JZ 1951, 643, besteht dieser Anspruch, wenn durch das Gutachten – nach Ausschöpfung aller anderen Beweismittel – eine weitere Sachaufklärung erwartet werden kann. Rechtsvergleichende Hinweise: SCHRÖDER, FamRZ 1966, 209. Vgl. auch oben N. 39 und 40.

[82] Vgl. etwa § 1615 a Referentenentwurf; EDLBACHER, Referat C 59 ff.

[83] Empfehlungen des 44. DJT unter B XII 6; dazu mein Diskussionsbeitrag, C 166; zust. BOSCH, Diskussionsbeitrag C 167 f.; – anders freilich noch heute §§ 1602 f., 1708 BGB einerseits und § 850 d II ZPO andererseits.

diesen vorgeschlagenen Sonderregelungen gehört u. a., daß etwa die Unterhaltspflicht des Vaters – abgesehen von Fällen besonderer Bedürftigkeit (§ 1708 II) – zeitlich festgelegt wird, da es meist an fortdauernden familiären Bindungen vom Vater zum ae. Kind mangele. Freilich ist die Grenze, um u. U. ein Hochschulstudium mit einzuschließen, hoch anzusetzen [84]. Auch will die Mehrheit – im Gegensatz zum Referentenentwurf [84a] – die Unterhaltspflicht des Vaters nicht auf die Abkömmlinge des ae. Kindes erstrecken, weil insoweit keine besondere Verantwortung des Erzeugers des ae. Kindes mehr gegeben sei, die ihre Einbeziehung in die Alimentationspflicht rechtfertige. Freilich begründet dies noch nicht, weshalb nicht die allgemeinen Regeln anwendbar seien. Dafür soll wiederum grundsätzlich umgekehrt das ae. Kind nicht seinem Erzeuger gegenüber unterhaltspflichtig sein, weil es in der Regel an persönlichen Bindungen zwischen ihnen fehle [84b]. Diese wie die vorhergehende Ausnahmeregel dürften letztlich mit der zeitlichen Begrenzung des Unterhaltsanspruches des ae. Kindes stehen – und fallen!

Bei der Bemessung der Rente wird künftig die Lebensstellung der Mutter nicht mehr allein nach dem Gesetz maßgebend sein. Die Höhe des Unterhalts dürfte sich vielmehr nach der Lebensstellung von Vater *und* Mutter bemessen, damit dem ae. Kind auch die Vorteile eines vermögenden Vaters zugute kommen (so Art. 319 I ZGB). Freilich kann selbstverständlich diese Bemessung nach den Verhältnissen des Vaters nicht zur Folge haben, daß bei Regressansprüchen zu Unrecht in Anspruch genommener „Scheinväter" der wirkliche Vater u. U. an sie mehr entrichten müßte, als er selbst an sein Kind hätte zahlen müssen [85].

Die generell eröffnete Möglichkeit des Vaters, sich auf seine Leistungs-

---

[84] Der Referentenentwurf hat die früher vorgesehene Begrenzung bei Vollendung des 30. Lebensjahres nicht aufrechterhalten; Bosch (Gutachten 99 ff.), der Deutsche Juristentag (Leitsatz B XII 4), der Heidelberger E. (§ 1709 b I) und der Münchner E. (These D II 6) setzen sich für Vollendung des 25. Lebensjahres als Grenze ein.

[84a] Referentenentwurf § 1615 a und S. 62; für den mehrheitlichen Standpunkt siehe Heidelberger E. §§ 1709 ff.

[84b] Anders der Referentenentwurf § 1615 a und S. 62 f.

[85] Nach fester Rechtsprechung (RG, DR 1944, 334; BGHZ 24, 9; BGHZ 26, 217; BGH, FamRZ 1964, 41 und 558; 1965, 71) geht der Unterhaltsanspruch des Kindes gegen seinen Erzeuger analog dem § 1709 II BGB auf den Ehemann der Mutter über, wenn dieser dem Kind bis zur rechtskräftigen Feststellung seiner Außerehelichkeit wie ein e. Vater Unterhalt gewährt hat. Umstritten dagegen ist, ob auch der „scheinuneheliche Vater" Regreßansprüche gegen den Erzeuger des Kindes in Analogie zu § 1709 II BGB aus § 683 BGB oder aus § 812 BGB hat. Ablehnend: OLG Celle, FamRZ 1962, 162; OLG Bamberg, FamRZ 1965, 392; Johannsen, BGB LM Nr. 2 zu § 1709 BGB; Bosch, FamRZ 1962, 163; Baumbach(-Lauterbach), ZPO (28. Aufl. 1965) Anm. 2, 3 zu § 644 ZPO. Bejahend mit Recht: Gaul, FamRZ 1963, 215; Gernhuber (oben N. 22) § 58 I, 629.

fähigkeit zu berufen, muß angesichts der besonders prekären Lage des regelmäßig nicht bei ihm lebenden ae. Kindes aber doch wieder abgeschwächt werden. Um die Lage des ae. Kindes nicht zu verschlechtern, muß die Zahlung eines festen *Mindesunterhalts*satzes bis zu einem bestimmten Alter – etwa 18 Jahre – gewährleistet sein. Zwar fehlt beim e. Kind eine solche schematisch fixierte Mindestverpflichtung; aber sie ist bei diesem angesichts der sozialen Verhältnisse praktisch auch nicht nötig, um ihm den Mindestbedarf zu verschaffen. Dieser einheitlich durch Rechtsverordnung festzusetzende und damit auch bei Änderungen der Lebenshaltungskosten leicht anpassungsfähige Mindestunterhaltssatz für ae. Kinder, dessen Einrichtung sich in Dänemark und Norwegen bereits bewährt hat, ist nach Lebensaltersgruppen zu staffeln und muß erhebliche örtliche Unterschiede in den Lebenshaltungskosten berücksichtigen. In Fällen armer Väter ist damit auch die Höhe der Unterhaltszahlungen voraussehbar, wodurch Klagen auf Unterhalt oder Abänderungsklagen (§ 323 ZPO) wenn nicht überhaupt vermieden, so doch wesentlich beschleunigt werden dürften[86]. Zugleich wird damit verhindert, daß – wie heute – selbst einzelne Kammern desselben Gerichts den Mindestunterhaltsbedarf ae. Kinder gleichen Alters in ständiger Rechtsprechung verschieden ansetzen. Freilich darf auch dieser Mindestunterhaltssatz nicht starr und unabänderlich festliegen, sondern muß einer Berücksichtigung besonderer Umstände (etwa Not der e. Familie oder Reichtum der Mutter) zugänglich sein[87].

(b) Mehr noch als bei den erweiterten Pflichten des Vaters eines ae. Kindes gehen in der Frage etwaiger erweiterter *Rechte des Vaters* die Reformvorschläge auseinander. Während manche dem Vater als Gegengabe für seine vergrößerten Unterhaltspflichten geradezu einen Anspruch auf größere immaterielle und materielle Rechte zubilligen wollen[88], sehen andere in jeder Besserstellung des ae. Vaters einen Angriff auf die Ehe[89]. Hier, wie auch sonst im Außerehelichenrecht, gilt es aber, statt in abstrakten, starren Kategorien zu denken oder in einem reinen Wertsystem absolute Regeln zu entwickeln, vielmehr konkret vom Wohl des Kindes einerseits und der Verantwortung des Vaters und der Mutter andererseits aus, unter Beiseitelassung überkommener Vorurteile, behutsam die bestmögliche Lösung im Einzelfall zu finden. Entzieht sich doch gerade das Außerehelichenrecht vorgefaßten schablonenhaften Kategorisierungen, die zudem mit den sich hier besonders schnell ändernden sozialen Verhältnissen und Bewertungen in Widerspruch geraten müssen. Weder sind immer abstrakt der

---

[86] Außerdem würden nach dem Vorschlag des Deutschen Fürsorgetages 1963 Unterhaltsvorschüsse kaum den Mindestunterhalt sicherstellen. Vgl. ferner oben S. 165 ff.

[87] § 1615 o Referentenentwurf.

[88] Etwa Edlbacher, Referat C 61 f.

[89] Vgl. Bosch, Gutachten 94, der sich „strikte gegen eine Legalisierung von ‚Vaterrechten' " ausspricht.

Vater noch die Mutter der „Richtige“, noch meint immer bloß der eine das „Richtige“ oder ist vom einen oder anderen die Außerehelichkeit „verschuldet“, oder verdient sonstwie der eine oder andere abstrakt nur Tadel oder nur Lob. Wie auf wenig anderen Gebieten ist es hier besonders gefährlich, sich in vorweggenommenen Gedankengebilden gegen die Belehrung durch eine unvoraussehbare, künftige Erfahrung abzuschließen. Aus diesem Grunde ist die allzu starre Regelung des BGB in jedem Fall gründlich aufzulockern. Freilich wird die Reform in diesem heiklen Fragenkomplex nur Stückwerk liefern können. Sie ist auf vorsichtiges, aufgeschlossenes Vorwärtstasten angewiesen, stets Raum lassend für die Gerechtigkeit des Einzelfalles. Gewisse, bisher nicht genügend gewürdigte Parallelen zu der Betrachtung beim Scheidungskind bieten sich an, trotz nicht zu leugnender Unterschiede; gilt es doch hier wie dort, die Elternkonflikte vom Kind fernzuhalten, die Einheitlichkeit der Erziehung des Kindes zu wahren und eine intakte Beziehung des Kindes zu einem Elternteil nicht durch „Anrechte“ des anderen stören zu lassen. Die gemeinsamen Erfahrungen auf beiden Gebieten sollten daher gerade zum Wohl des Kindes in moderner Sicht ausgewertet werden.

Um das Verantwortungsgefühl des Vaters anzusprechen und zu stärken, sollte der Vater grundsätzlich bei Mutter, Vormundschaftsgericht und Jugendamt Auskunft über sein Kind erhalten können. Der Vater sollte fernerhin prinzipiell bei allen wichtigen Entscheidungen über das Kind wenigstens angehört werden[90], um nicht nur zahlen zu müssen. Die Mehrheit der Reformer dürfte wohl mit der beispielhaften Aufzählung von § 169 des österreichischen Entwurfs einverstanden sein; danach hat die Mutter in wichtigen Angelegenheiten besonders hinsichtlich der Schulbildung, der religiösen Erziehung, der Verlegung des gewöhnlichen Aufenthalts des Kindes ins Ausland, der Übergabe des Kindes in fremde Pflege und der Einwilligung in die Eheschließung die Ansicht des Vaters einzuholen. Die Meinung des Vaters sollte vor allem auch dann mitberücksichtigt werden, wenn die Entscheidung – wie bei der Berufswahl oder der Aufenthaltsbestimmung – vor allem auf seine Kosten geht. Weiterzugehen und dem Vater allgemein ein volles Mitentscheidungsrecht einzuräumen mit der Folge, daß bei Meinungsverschiedenheiten mit der Mutter das Vormundschaftsgericht entscheiden müßte, scheidet allerdings – jedenfalls in der Gegenwart – aus. Hat der Vater freilich ein echtes Interesse am Kind bewiesen und sich durch sein bisheriges Verhalten bewährt[91], dann könnten

---

[90] Vgl. § 1714 Referentenentwurf; Boehmer, Gutachten 105; Bosch, Gutachten 91 ff.; Empfehlungen des 44. DJT unter B X; Münchner E. These C II 2.

[91] Nach § 1708 e–g Heidelberger E. sollen die weitergehenden Rechte des Vaters davon abhängig sein, ob er seine Vaterschaft anerkannt hat; ähnlich schon Entwurf des Deutschen Instituts für Jugendhilfe von 1951 (Hildesheimer E.) §§ 1707 a ff.; dagegen Bosch, Gutachten 91.

ihm im Einzelfall weitergehende Einflußmöglichkeiten gewährt werden, zumal dann, wenn die Mutter es wünscht oder gar ihrerseits zur Ausübung der elterlichen Gewalt außerstande, ungeeignet oder nicht gewillt ist. Im letzteren Fall kann es sogar angezeigt sein, dem interessierten Vater die elterliche Gewalt allein zu übertragen, wenn er es beantragt und dies dem Kindeswohl entspricht.

In der Praxis ist das Besuchsrecht des Vaters oft besonders hart umkämpft, das angesichts der fehlenden Familieneinheit mit der Mutter schwierige Probleme aufwirft. Einigkeit besteht darüber, daß das Wohl des Kindes im Einzelfall entscheidend sein muß. Starre Regeln scheiden deshalb aus. Es ist einerseits vorgeschlagen worden, über das Treffen von Vater und ae. Kind im Gesetz überhaupt nichts zu sagen und die Frage dem Einverständnis der Eltern zu überlassen[92]. Aber bei Einigkeit der Eltern gibt es keine Konflikte, und für den weit häufigeren streitigen Fall läßt dann das Gesetz den nicht sorgeberechtigten Elternteil einfach im Stich. Der Juristentag hat demgegenüber wenigstens vorgeschlagen, daß dem Vater, wenn das Kind nicht bei der Mutter lebt, auf seinen Antrag hin vom Vormundschaftsgericht das Besuchsrecht erteilt werden kann[93]. Demgegenüber steht der Vorschlag, dem Vater während Dauer der Erziehung durch die Mutter grundsätzlich das Recht zuzusprechen, sein Kind zu sehen, mit der Maßgabe, daß auf seinen Antrag das Vormundschaftsgericht entscheidet, wenn es zu keiner Einigung mit der Mutter (und dem Vormund) kommt[94]. Der Referentenentwurf wählt schließlich ganz vorsichtig einen Kompromiß, wonach der Vater kein Besuchsrecht hat, aber das Vormundschaftsgericht bei einer dem Kindeswohl entgegenstehenden Weigerung der Mutter im Einzelfall ein Treffen von Vater und Kind gestatten kann (§ 1713) – damit in der Fassung aber wohl doch zu wenig den Bemühungen um stärkere Verantwortlichkeit des Vaters Rechnung tragend[95].

(c) Vom Grundsätzlichen her am umstrittensten und in den verschiedenen Rechtsordnungen auch am unterschiedlichsten geregelt ist das gesetzliche *Erbrecht* des ae. Kindes nach seinem Vater. Die Schwierigkeiten einer Reform der unzulänglichen Regelung des BGB, die dem Kind ein

---

[92] Bosch, Gutachten 93 f., und mein Diskussionsbeitrag C 151.

[93] Empfehlungen des 44. DJT unter B XI.

[94] So Edlbacher, Referat C 62, und § 169 a des österreichischen Entwurfs im Anschluß an die skandinavischen Rechte.

[95] Die Erfahrungen, die auf Grund der bisherigen gesetzlichen Negierung der Vater-Kind-Beziehungen gemacht wurden, zeigen allerdings wenig Interesse des Vaters. In nur 2 % der von Groth (oben N. 18) untersuchten Fälle fand das Kind in der väterlichen Familie ständig oder vorübergehend Aufnahme; 6 % der 4jährigen des Jahrgangs 1952 hatten regelmäßigen oder häufigen Kontakt mit dem Vater, 7 % hatten gelegentlichen oder sehr seltenen Verkehr mit ihm (162 f.); F. Has, Das Verhältnis der unehelichen Eltern zu ihrem Kinde (1962) 74 f., stellte immerhin in 15,2 % der Fälle eine starke persönliche Bindung des Vaters an sein Kind fest, bei 5,1 % eine lockere Bindung.

gesetzliches Erbrecht verweigert, werden noch dadurch erhöht, daß die erbrechtliche Ordnung des BGB ganz allgemein veraltet ist. Seine Erbquoten befriedigen in einer Zeit, in der jede Generation grundsätzlich zunächst für sich zu sorgen hat, wenig, es sei denn, daß kleine Kinder oder Kranke vorhanden sind. Auch werden vordringliche Unterhaltssicherungen zurückgestellt, um in veralteter Betrachtungsweise unter Überschätzung des Erbrechts in Anbetracht der veränderten gesellschaftlichen Verhältnisse das Gut möglichst geschlossen an die Kinder zu vererben, wenn nicht die erbrechtliche Lösung der Zugewinngemeinschaft eingreift, die aber nur bei diesem Güterstand gilt. Aber eine allgemeine Reformierung des Erbrechts anläßlich der Außerehelichenreform würde dieses Reformwerk auf Jahrzehnte hinaus verzögern. Insofern kann die jetzige Reform des Außerehelichenrechts es gewiß nicht allen recht machen.

Übereinstimmung besteht über gewisse Minimalforderungen. Einerseits will kaum jemand mehr das ae. Kind überhaupt von der gesetzlichen Erbfolge nach dem Vater ausschließen. Andererseits aber wird auch von der Mehrheit keine schematische Gleichstellung mit dem e. Kind befürwortet[96], zumal das deutsche Recht dem gesetzlichen Erben eine stärkere Rechtsstellung einräumt als die ausländischen Rechtsordnungen, die diese Gleichstellung mehr oder weniger vollständig durchgeführt haben (Norwegen, Dänemark und die Oststaaten[97] außer der Sowjetunion, wo keine rechtliche Beziehungen des ae. Kindes zu seinem Vater bestehen[97a]). Darüber hinaus ist nach deutschem Recht der Alimentationsanspruch des ae. Kindes ausnahmsweise passiv vererblich (§ 1712). Die Aufgabe dieser Regelung etwa zugunsten eines generellen Erbrechts würde nicht nur oft gegen die Interessen der ae. Kinder verstoßen, sondern auch allgemein nicht im rechtspolitisch erwünschten Sinne der Vorrangigkeit der Unterhaltsansprüche liegen. Da regelmäßig das ae. Kind nicht mit den nächsten Familienangehörigen des Vaters zusammen aufgewachsen ist und den Vater auch nicht versorgt hat, will die h. M., um die als Schicksals- und Erlebnisgemeinschaft geprägte Einheit der Familie des Erblassers nicht durch eine reale Beteiligung des ae. Kindes am Nachlaß zu sprengen, das ae. Kind auch künftig

---

[96] Zweigert, Referat C 37, und ihm folgend der DJT (unter B XIII 2) wollen dem ae. Kind ein gesetzliches Erbrecht neben Verwandten erster Ordnung nur geben, wenn es in der väterlichen Familie gelebt hat; vgl. auch Heidelberger E. § 1712 I.

[97] In der DDR sind die zunächst bestehenden Tendenzen auf volle erbrechtliche Gleichstellung der e. und „nichtehelichen" Kinder Bestrebungen nach einer differenzierteren Behandlung der nichtehelichen Kinder gewichen, die diese rein erbrechtlich schlechterstellen als das e. Kind: Wassermeyer, Die Entwicklung des Kindschaftsrechts in Mitteldeutschland (1965) 122; Simitis (oben N. 72) 60 f. und jetzt § 9 EGFGB vom 20. 12. 1965.

[97a] Diese gegenüber früher veränderte Rechtslage beruht auf einem Erlaß des Präsidiums des Obersten Sowjets vom 8. 7. 1944, der wesentlich auf Betreiben Chruschtschows zustande kam.

nicht „gesetzlich“ neben e. Abkömmlingen und der Ehefrau[98] des Erzeugers – nach den meisten Reformvorschlägen[99] auch nicht neben den Eltern des Erzeugers – voll erben lassen[100]. Es soll sich vielmehr dabei mit dem Unterhaltsanspruch zufriedengeben. Doch sollen die Erben diesen Anspruch nur noch durch Zahlung eines dem doppelten Pflichtteil entsprechenden Geldbetrages abfinden können[101]. Umgekehrt soll der Unterhaltsanspruch des ae. Kindes künftig nicht mehr passiv vererblich sein, wenn das ae. Kind gesetzlicher Erbe werden sollte, weil nur entfernte Verwandte noch vorhanden sind.

VII

Die Mutter eines ae. Kindes kann vom Erzeuger aufgrund seiner Verantwortung nach § 1715 BGB Ersatz der Entbindungskosten und Unterhalt für die ersten 6 Wochen nach der Geburt beanspruchen, wozu auch (analog) die Kosten einer Fehlgeburt – selbst bei gesetzeswidriger Abtreibung – zu rechnen sind[102]. Der Erzeuger hat ferner weitere, durch Schwangerschaft oder Entbindung entstandene besondere Aufwendungen zu ersetzen wie etwa die Kosten einer Nachkur und wohl auch den Verdienstausfall[103]. Die Bestimmung des § 1715 rechtfertigt außerdem einen Anspruch der Erben gegen den Erzeuger auf Ersatz der Beerdigungskosten, wenn die Mutter bei der Entbindung stirbt.

Der Anspruch aus § 1715 setzt weder Bedürftigkeit der Mutter noch Leistungsfähigkeit des Vaters voraus. Die Mutter kann den gewöhnlichen Betrag ohne Rücksicht auf den wirklichen Aufwand stets beanspruchen. Auf ihren Ersatzanspruch sind ihr zukommende Leistungen ihres Arbeitgebers oder öffentlicher Versicherungsträger nicht anzurechnen[104]; auch gehen keine Ansprüche auf leistende Dritte über (§ 1542 I 2 RVO). Schon

---

[98] Vgl. Edlbacher, Referat C 64.

[99] Boehmer, Gutachten 111; Bosch, Gutachten 108 ff. (kein Erbrecht auch neben Geschwistern des Vaters); noch enger H. Lange, JuS 1964, 259 ff.; vgl. auch Münchner E. unter E.

[100] Der 44. DJT schlug vor, das ae. Kind bei elterlicher Gewalt oder Personensorge des Vaters voll wie ein e. Kind erben zu lassen. Im übrigen sollte es stets neben der Ehefrau, den Abkömmlingen sowie den Eltern ein unentziehbares gesetzliches Vermächtnis in Höhe des Pflichtteils eines e. Kindes erhalten (Leitsätze XIII).

[101] § 1615 f Referentenentwurf; Heidelberger E. § 1712 a III; Münchner E. unter E 1.

[102] Anders aber die noch h. M.: KG, OLGRspr. 38, 256; OLG München, NJW 1954, 1768 mit Nachweisen. Vgl. auch de lege ferenda Bosch, Gutachten 111; richtig Palandt(-Lauterbach) (oben N. 22) § 1715, 1; Gernhuber (oben N. 22) § 60 I 5.

[103] Ebenso schon Erman(-Hefermehl), BGB II (3. Aufl. 1962) Rdn. 3 zu § 1715; anders h. M.

[104] H. M., vgl. § 195 a RVO; § 13 MutterschutzG.

vor der Geburt kann die Mutter, wenn sie ihren Anspruch glaubhaft macht, den Betrag im Wege der einstweiligen Verfügung gegen den Vater geltend machen. Angesichts ihrer besonderen Hilfsbedürftigkeit braucht sie eine Gefährdung ihres Anspruchs – anders als sonst bei einer einstweiligen Verfügung (§ 935 ZPO) – nicht glaubhaft zu machen. Erweist sich später der Inanspruchgenommene als nicht zahlungspflichtig, so kann er nur mit Hilfe der Vorschriften über die Herausgabe einer ungerechtfertigten Bereicherung das Gezahlte zurückfordern.

Die Reformvorschläge sehen, nicht zuletzt auch um das Wohl des Kindes willen, einen erheblich erweiterten Schutz der Mutter vor. Sie erstrecken die Unterhaltspflicht auf die der Geburt vorangehenden 4 oder 6 Wochen [105]. Auch soll die Mutter in weit größerem Maße als bisher einen Erwerbsausfall geltend machen können. Die zeitlichen Grenzen, innerhalb derer der Richter nach seinem Ermessen den Anspruch gewähren kann, werden dabei bis zu einem Jahr nach der Geburt ausgedehnt [106], um der ae. Mutter, die ihr Kind bei sich hat, eine wirkliche finanzielle Grundlage zu gewährleisten. Insofern liegt gerade in dieser Verbesserung, die die Abhängigkeit des ae. Kindes von seiner Mutter berücksichtigt, auch eines der Hauptanliegen der Reformbestrebungen.

VIII

Ein ursprünglich ae. Kind wird *ehelich* durch Eheschließung seiner Eltern (§ 1719) oder durch Verfügung der Staatsgewalt (§ 1723).

1. Die Legitimation durch nachfolgende Ehe gilt für jedes ae. Kind. Auch die nichtige Ehe seiner Eltern legitimiert das ae. Kind ohne Rücksicht auf die Gutgläubigkeit seiner Eltern (§ 1721 BGB, § 25 EheG) [107]. Nur muß der wirkliche Vater die Kindesmutter heiraten. Das Gesetz erleichtert die Feststellung dieser Voraussetzung, indem nach § 1720 I die Vaterschaft des Ehemannes vermutet wird, wenn er der Mutter innerhalb der Empfängniszeit beigewohnt hat (es sei denn, es ist den Umständen nach offenbar

---

[105] Bosch, Gutachten 111 (mindestens 4 Wochen vorher); Heidelberger E. § 1715 I (4 Wochen); § 1615 r Referentenentwurf (mindestens 6 Wochen).

[106] Vgl. im einzelnen Referentenentwurf, Heidelberger E.; § 19 des dänischen Kindergesetzes sieht, namentlich bei durch Geburt oder Schwangerschaft bedingter Krankheit der Mutter, einen Unterhaltsbeitrag des Vaters bis zu 4 Monaten vor und 9 Monaten nach der Geburt vor.

[107] Daher wird auch ein Ehebruchskind legitimiert (anders z. B. Argentinien, Art 311 Cc; Bolivien, Art. 175 Cc; Columbien, Art. 237 Cc; El Salvador, Art. 216 Cc; Luxemburg, Art. 331 Cc; Niederlande, Artt. 327, 335 BW; Philippinen, Art. 269 phil. BGB; Spanien, Art. 119 Cc). Dasselbe gilt für ein in Blutschande erzeugtes Kind (anders z. B. Argentinien, Luxemburg, Niederlande, Philippinen a.a.O.; ferner Belgien, Art. 331 Cc; Frankreich Artt. 331, 335 Cc; Portugal, Artt. 3, 22 des Ges. vom 25. 12. 1910).

nicht möglich, daß die Mutter das Kind aus der Beiwohnung empfangen hat) [108]. Diese Beiwohnung wiederum wird nach § 1720 II vermutet, wenn der Ehemann die Vaterschaft formgemäß anerkannt hat [109]. Insofern genügt schon die bloße Möglichkeit, daß der Ehemann der Mutter der Vater des Kindes ist.

Die Legitimation tritt ohne weiteres mit der Eheschließung der Eltern ein (Abstammungsprinzip). Es bedarf nicht zuvor einer Anerkennung des Kindes oder eines die Vaterschaft feststellenden Urteils [110]. Ebensowenig muß das (großjährige) Kind oder sein Vormund oder sein Ehegatte zustimmen [111].

Vom Zeitpunkt der Eheschließung an treten die Legitimationswirkungen ein, die sich nicht nur auf das Kind, sondern auch auf seine Abkömmlinge erstrecken (§ 1722). Danach hat das legitimierte Kind grundsätzlich die gleiche Rechtsstellung wie ein e. Kind. Auch das volljährige „Kind" erwirbt die Staatsangehörigkeit und den Namen seines Vaters; nur auf den Wohnsitz hat die Legitimation eines volljährigen „Kindes" keinen Einfluß (§ 1883) [112]; auch die Abkömmlinge des Kindes erwerben den Familiennamen des Großvaters, haben gegen ihn Unterhaltsansprüche usw.

Das Vormundschaftsgericht hat durch Beschluß von Amts wegen die Legitimation durch die Eheschließung der Eltern festzustellen, falls – wie regelmäßig – die Geburt des Kindes im Geburtenbuch beurkundet oder das Kind in ein Familienbuch einzutragen ist (§ 31 PStG). Lehnt das Vormundschaftsgericht zu Unrecht diese Beschlußfassung ab, so bleiben die Legitimationswirkungen davon unberührt, der Beschluß erwächst nicht in materielle Rechtskraft. Nimmt das Vormundschaftsgericht aber fehlerhafterweise in seinem Beschluß die Voraussetzungen der Legitimation als erfüllt an, so kann dieser jederzeit aufgehoben werden, wenn sich herausstellt, daß die Ehefrau nicht Mutter des Kindes ist oder keine wirksame Ehe (Nichtehe) zwischen den Elternteilen zustande gekommen ist. In dem praktisch häufigsten Fall aber der Fehlerhaftigkeit, daß der Ehemann der Mutter nicht der Vater des Kindes ist, kann das Vormundschaftsgericht

---

108 Auch hier ist § 1592 II analog anwendbar (GERNHUBER [oben N. 22] § 61 I 6).

109 Die Legitimation wird nicht dadurch gehindert, daß das Kind gegen einen Dritten einen Unterhaltstitel besitzt oder ein Dritter die Vaterschaft anerkannt hat. Anders liegt es dagegen, wenn die Vaterschaft eines Dritten im Statusverfahren festgestellt ist, an dem der Ehemann beteiligt war (vgl. § 643 S. 2 ZPO).

110 Anders die Rechte des Anerkennungssystems.

111 Anders etwa Chile (hier nach erreichter Volljährigkeit, Art. 209 Cc.); Columbien (Vormund, Ehemann, Art. 242 Cc.); ebenso Ecuador, Art. 230 Cc.

112 Das minderjährige Kind hat damit zwei konkurrierende gesetzliche Vertreter, wodurch zwar in jedem Fall für es gesorgt ist, aber die Gefahr widersprechender Doppelhandlungen besteht (meine „Vertretung beim Rechtsgeschäft" [1955] 340 f.).

nicht selbst seinen rechtskräftigen Beschluß zurücknehmen. Vielmehr ist die Beseitigung dieser „ehelichen Scheinvaterschaft“ [113] nur im Wege der Ehelichkeitsanfechtungsklage durch den Vater, u. U. seine Eltern und das Kind möglich (§§ 1721, 1593ff.) [114]. Insoweit legt die unrichtige, hier ausnahmsweise konstitutive Entscheidung des Vormundschaftsgerichts dem in Wahrheit nicht legitimierten Kind doch rückwirkend die Rechtsstellung eines e. Kindes bei.

2. Die im französischen Recht bis heute fehlende Legitimation durch Verfügung der Staatsgewalt geht zurück auf die legitimatio per rescriptum principis Justinians (nov. 74, c. 2; nov. 89, c. 8). Während sie früher in Deutschland als ein vom Kaiser oder Landesherrn gewährter „Gnadenakt“ aufgefaßt wurde, ist sie heute ein Konstitutiv-Akt des Vormundschaftsgerichts. Durch sie wird das ae. Kind für das e. Kind seines natürlichen Vaters erklärt (§ 1723). Sie gehört damit in die Reihe der vielfältigen vormundschaftlichen Fürsorgemaßnahmen zugunsten des ae. Kindes, wenn ihre Vornahme auch (noch) nicht allein vom Wohl des Kindes bestimmt wird. Bislang hat sie sich nur wenig praktisch durchsetzen können.

Voraussetzung ist die förmliche persönliche Erklärung des natürlichen Vaters, daß er das Kind als das seine anerkenne und die Ehelichkeitserklärung beantrage (§§ 1725, 1728). Fernerhin muß das Kind förmlich einwilligen, wobei für das geschäftsunfähige und nicht 14 Jahre alte Kind sein gesetzlicher Vertreter mit Genehmigung des Vormundschaftsgerichts handeln muß (§ 1728 II). Eine förmliche Einwilligung muß auch die Mutter des minderjährigen Kindes abgeben, deren Zustimmung im Weigerungsfall das Vormundschaftsgericht ersetzen kann. Bei Verheiratung des Vaters muß außerdem die Ehefrau des Vaters zustimmen, deren „Vetorecht“ aber nicht durch das Vormundschaftsgericht überwindbar ist. Praktisch scheitert an ihrer Weigerung bei Konkubinatsverhältnissen des Vaters vielfach die Ehelichkeitserklärung [115].

Das Vormundschaftsgericht darf die Ehelichkeitserklärung nach § 1734 „nur“ aussprechen, wenn sie dem Wohl des Kindes dient (aber auch keine Ehelichkeitserklärung mehr nach dem Tode des Kindes, § 1733). Dabei hat es auch die Vaterschaft des Antragstellers selbständig, nach freiem Ermessen zu prüfen. Einerseits bindet es dessen Anerkenntnis nicht in seiner

---

[113] Schwoerer, FamRZ 1961, 489; Baur, FamRZ 1962, 512.

[114] Der Ehemann kann hier auch nur dann anfechten, wenn er erst nach der Eheschließung Kenntnis von den Umständen erlangte, die für die Außerehelichkeit des Kindes sprechen (§ 1721 S. 2), also unter einer Einschränkung, die keine Parallele bei dem grundsätzlich unbeschränkten Anfechtungsrecht des Vaters e. geborener Kinder aufweist.

[115] Die Ehelichkeitserklärung selbst bildet dann der entsprechende Beschluß des Vormundschaftsgerichts. Sie steht selbständig neben der möglicherweise mit erforderlichen vormundschaftsgerichtlichen Genehmigung (z. B. beim noch nicht 14jährigen Kind).

Entscheidung, andererseits hindert es an einer Zustimmung auch nicht die die Tatsache, daß ein anderer Mann der Erzeuger des Kindes sein könnte. Heute ist keine Voraussetzung mehr, daß die Eheschließung seiner Eltern unmöglich ist[116]. Auch steht der Ehelichkeitserklärung nicht entgegen, daß der Antragsteller bereits e. Kinder hat[117].

Die Ehelichkeitserklärung hat die – in manchem an eine Adoption erinnernde – beschränkte Wirkung, daß von ihrer Bekanntmachung (an den Vater) an das Kind die rechtliche Stellung eines e. Kindes *des Vaters* innehat (§ 1736). Es wird nicht verwandt mit den Verwandten des Vaters (§ 1737), und es geht auch kein Schwägerschaftsverhältnis mit der Ehefrau des Vaters ein. Nur zwischen dem Vater selbst auf der einen Seite und dem Kind sowie seinen Abkömmlingen (auch den z. Z. der Ehelichkeitserklärung vorhandenen) auf der anderen Seite tritt die Fiktion des § 1589 II außer Kraft[118], und ein rechtliches Verwandtschaftsverhältnis wird anerkannt mit Folgen, die kaum weiterreichen als eine Adoption. Es erlangt also z. B. eine auf diesen Personenkreis beschränkte Unterhaltspflicht, Erbberechtigung usw. Die Verwandtschaft des so legitimierten Kindes mit seiner Mutter und ihrer Verwandtschaft bleibt bestehen (§ 1737 II). Nur treten mit Rücksicht auf die jetzt enger gewordenen Beziehungen zum Vater ihre Pflichten zurück, indem nunmehr der Vater, abweichend von § 1606 II, vor der Mutter und den mütterlichen Verwandten zum Unterhalt verpflichtet ist (§ 1739)[119].

Um das nach dem Leitbild des Gesetzes in die Familie des Vaters aufgenommene legitimierte Kind aus Konflikten zwischen seinen Eltern her-

---

116 Palandt(-Lauterbach) (oben N. 22) § 1734, 1; Dölle (oben N. 22) § 111 II 7. Die Rechtsprechung (namentlich LG Regensburg, FamRZ 1959, 30) unter Zustimmung von Bosch, FamRZ 1959, 170, macht freilich z. T. Schwierigkeiten bei Konkubinatsverhältnissen unter Bezugnahme auf Art. 6 I GG. Richtig dagegen OLGPräs. Nürnberg, FamRZ 1958, 428; LG Itzehoe, FamRZ 1959, 170 und LG Darmstadt, FamRZ 1963, 311. Bis heute fordern noch gesetzlich Unmöglichkeit der Eheschließung die Niederlande (Art. 329 B. W., Tod eines Elternteils); Albanien, (Art. 23 Gesetz Nr. 604 vom 20. 5. 1948 über die Beziehungen zwischen Eltern und Kindern); Griechenland (Art. 1561 Ziff. 2 griech. BGB); Italien (Art. 284 Ziff. 3 Cc); Spanien (Art. 125 Ziff. 1 Cc); die Schweiz (Art. 260 ZGB, Tod oder sonstiges Ehehindernis).

117 Anders Griechenland (Art. 1561 Ziff. 1 griech BGB); Italien (Art. 284 Ziff. 2 Cc; Spanien, Art. 125 Ziff. 3 Cc); Peru (Art. 319 Ziff. 2 Cc); Venezuela Art. 232 Cc).

118 Diese beschränkte Wirkung der Ehelichkeitserklärung, die das Kind teilweise noch im Außerehelichenrecht beläßt, rechtfertigt es, daß ein nur durch Ehelichkeitserklärung legitimiertes Kind noch durch die nachfolgende Ehe seiner Eltern voll legitimiert wird (allg. M. Palandt-Lauterbach [oben N. 22] § 1719 Anm. 2 a; – anders aber, wenn Vaterschaft eines Dritten festgestellt ist [§ 1735]).

119 Das Kind verliert auch nicht seinen Unterhaltsanspruch gegen seinen Erzeuger, falls dieser ein anderer als der jetzige „eheliche Vater" ist. Doch ist der „eheliche Vater" primär verpflichtet (analog § 1766).

auszuhalten, bestimmt § 1738, daß die Mutter – anders als eine e. Mutter – auch das Recht und die Pflicht verliert, für die Person des Kindes zu sorgen (oder die elterliche Gewalt, wenn diese ihr übertragen worden ist). Doch bleibt ihr das Recht auf persönlichen Verkehr nach Maßgabe des § 1634.

Die Ehelichkeitserklärung des Kindes kann der Antragsteller unter den gleichen Voraussetzungen durch Klage anfechten wie der „Scheinvater" die Legitimation durch nachfolgende Ehe (§ 1735 a). Er kann nicht wegen vor der Ehelichkeitserklärung erfahrener Umstände anfechten, die dafür sprechen, daß das Kind nicht von ihm stammt. Insofern ist der Kreis der zur Anfechtung berechtigten Umstände kleiner und damit die Ehelichkeit durch Ehelichkeitserklärung angreifbarer als die Ehelichkeit kraft Ehe, bei der eine solche Beschränkung fehlt. Doch kann andererseits das legitimierte Kind die Legitimation auch zu Lebzeiten des „Vaters" anfechten (§ 1735 a II), während das e. Kind nach § 1596 (abgeleitet) seine Ehelichkeit erst anfechten kann, wenn der „Vater" gestorben ist usw.

3. Reformvorschläge bezwecken, das Wohl des Kindes mehr als bisher ausschlaggebend werden zu lassen; die Voraussetzungen der Ehelichkeitserklärung sollen künftig erleichtert werden, indem die Zustimmung der Ehefrau des Antragstellers nicht mehr stets erforderlich sein soll, also z. B. nicht, wenn die Ehegatten getrennt leben und eine Wiederaufnahme der ehelichen Lebensgemeinschaft nicht mehr zu erwarten ist[120]. Auch soll das ae. Kind von Verlobten selbst die Ehelichkeitserklärung beantragen können, wenn die Eheschließung seiner Eltern durch Tod unmöglich geworden ist (vgl. Art. 260 schweizerisches ZGB)[121]. Hinsichtlich der Wirkungen wird vorgeschlagen, sie u. U. auch auf die Ehefrau des Vaters mit zu erstrecken[122]. Jedenfalls sollte die starre Skala der Einschränkungen des § 1737 einem beweglicheren System weichen. Damit würde auch an dieser Stelle ein liberaler Geist einziehen, und es würden dem „illegitimen" Kind nicht länger „legitime" Rechte vorenthalten.

---

[120] Münchner E., C IV 2; BOSCH, Gutachten 118; leider nicht mehr der Referentenentwurf.

[121] Münchner E., G 3; § 1740 a Referentenentwurf; vgl. auch BOEHMER, NJW 1963, 1949 f. und DÖLLE (oben N. 22) § 111 II N. 22.

[122] H. KRÜGER, Die Rechtsstellung der unehelichen Kinder nach dem Grundgesetz (1960) 41.

INTERNATIONALES PRIVATRECHT

DIE INTERNATIONALE ZUSTÄNDIGKEIT

Von Dr. HORST MÜLLER
Professor an der Universität Freiburg i. Br. *

I

Wenn ein Deutscher[1] mit Wohnsitz in Deutschland[1] aus einem in Deutschland abgeschlossenen und zu erfüllenden Vertrag gegen seinen Schuldner, der ebenfalls Deutscher ist und in Deutschland seinen Wohnsitz hat, vor einem deutschen Gericht auf Zahlung klagt, so hat das angerufene Gericht zunächst zu prüfen, ob es überhaupt berufen ist, in der Sache selbst zu entscheiden. Das heißt zunächst, ob es zu der jetzt begehrten Entscheidung „zuständig" ist, hier also zur Entscheidung in erster Instanz, wofür nur das Landgericht oder Amtsgericht zuständig ist (arg. §§ 71, 72, 23, 119 und 133 GVG) – sog. funktionelle Zuständigkeit. Ob das Land- oder das Amtsgericht zuständig ist, ergibt sich aus der Art der zu entscheidenden

---

* *Abgekürzt zitierte Literatur:* VON BAR, Theorie und Praxis II (2. Aufl. 1889); BAUMBACH/LAUTERBACH, Zivilprozeßordnung (28. Aufl. 1965); HELLWIG, System des deutschen Zivilprozeßrechts I und II (1912–1919); KEGEL, Lehrbuch des IPR (2. Aufl. 1964); KEIDEL, Freiwillige Gerichtsbarkeit (8. Aufl. 1963); LENT/HABSCHEID, Freiwillige Gerichtsbarkeit (4. Aufl. 1962); MATTHIES, Die deutsche internationale Zuständigkeit (1955); NEUNER, Internationale Zuständigkeit (1929); PAGENSTECHER, Gerichtsbarkeit und internationale Zuständigkeit als selbständige Prozeßvoraussetzungen: RabelsZ 11 (1937) 337 ff.; DERS., Rezension von NEUNERS Schrift in RabelsZ 4 (1930) 713 ff.; PALANDT/LAUTERBACH, BGB (25. Aufl. 1966); RAAPE, Internationales Privatrecht (5. Aufl. 1961); REU, Die staatliche Zuständigkeit im IPR (1938); RIEZLER, Internationales Zivilprozeßrecht (1949); ROSENBERG, Lehrbuch des deutschen Zivilprozeßrechts (9. Aufl. 1961); SOERGEL/KEGEL, BGB V (9. Aufl. 1961); STAUDINGER/RAAPE, Kommentar zum BGB VI/2 (9. Aufl. 1931); STEIN/JONAS/SCHÖNKE/POHLE, Kommentar zur ZPO (19. Aufl. 1964 ff.); ZITELMANN, Internationales Privatrecht I und II (1897 bis 1912).

[1] Es bedeutet hier Deutscher: „Deutscher im Sinne des Art. 116 des Grundgesetzes für die Bundesrepublik Deutschland vom 23. 5. 1949"; „Deutschland": das Geltungsgebiet des Grundgesetzes einschließlich Westberlin; „deutsches Gericht": ein staatliches Gericht innerhalb dieses Gebietes. Die besonderen Fragen, die sich aus der gegenwärtigen Spaltung Gesamtdeutschlands ergeben, können hier nicht berücksichtigt werden.

Sache (§§ 71 und 23 GVG) – sachliche Zuständigkeit. Ist dies festgestellt, so ist zu prüfen, welches von mehreren sachlich zuständigen Gerichten zu entscheiden hat. Das richtet sich nach örtlichen Beziehungen der Parteien oder der Sache – örtliche Zuständigkeit = Gerichtsstand (§§ 12 ff. ZPO).

Wenn aber der zu entscheidende Sachverhalt oder eine der Parteien in einzelnen Merkmalen Beziehungen zum Ausland hat, der Beklagte etwa seinen Wohnsitz dort hat, so ist weiter die Frage vorab zu entscheiden, ob überhaupt ein deutsches Gericht zur Entscheidung der Sache berufen ist. Daß das eine andere Frage ist als die nach der örtlichen Zuständigkeit, ist in Deutschland schon früher erkannt[2], im Schrifttum dann aber zunächst nicht weiter verfolgt worden. Erst NEUNER[3], PAGENSTECHER[4] und REU[5], später RIEZLER[6], MATTHIES[7] und NEUHAUS[8] haben die Fragen vertieft behandelt und begrifflich erfaßt. Es kann daher heute in Deutschland innerhalb der Lehre von einer herrschenden Meinung gesprochen werden[9].

II

Im einzelnen ist freilich noch manches streitig.

1. Schon die Bezeichnung der hier zu beantwortenden Frage schwankt. Der größte Teil der Schriftsteller redet, NEUNER und PAGENSTECHER folgend, von „internationaler Zuständigkeit". REU zog die Bezeichnung „staatliche Zuständigkeit"[10] vor, während RIEZLER beide Ausdrücke nebeneinander verwendet. Andere fragen, ob deutsche Gerichtsbarkeit besteht. Der Sprachgebrauch des Reichsgerichts und anderer höherer Gerichte[11] war schwankend. Manche Urteile setzten örtliche und internationale Zuständigkeit gleich; andere sprachen von Zuständigkeit ausländischer Gerichte, Grenzen der Gerichtsbarkeit oder schlechthin von Gerichtsbarkeit. Zur näheren Kennzeichnung dieses Ausdrucks hat das Reichsgericht 1936 (JW 1936, 1291) in Klammern den Begriff „internationale Zuständigkeit" beigefügt, während die einen Monat später ergangene Entscheidung RGZ 150, 265 wieder nur von deutscher Gerichtsbarkeit spricht. 1938 dagegen verwendet das Reichsgericht (RGZ 157, 389) den Ausdruck internationale Zuständigkeit,

---

2 v. BAR 398 ff.; ZITELMANN II 284 ff.; HELLWIG §§ 28 ff.

3 NEUNER, oben N. *. 4 PAGENSTECHER, oben N. *.

5 REU, oben N. * (behandelt auch Strafprozeß, Freiwillige Gerichtsbarkeit und Verwaltung).

6 RIEZLER 197 ff. 7 MATTHIES, oben N. *.

8 NEUHAUS, RabelsZ 20 (1955) 206.

9 Darstellungen bei SOERGEL/KEGEL Nr. 302 ff. vor Art. 7 EGBGB; KEGEL 373 ff.; STEIN/POHLE III vor § 12; ROSENBERG § 15. Im übrigen wird auf das von den Genannten angegebene Schrifttum verwiesen.

10 Dagegen mit guter Begründung NEUHAUS (oben N. 8).

11 RG, WarnRspr. Erg.Bd. 1915 Nr. 247; RG, JW 1926, 1337 Nr. 2; KG, JW 1931, 2515; RGZ 126, 196 (199); RAG, JW 1933, 349.

um diese von der Exterritorialität zu scheiden. Sonst geschieht das in neuerer Zeit, um klarzustellen, daß internationale Zuständigkeit nicht das gleiche ist wie örtliche Zuständigkeit, eine Unterscheidung, die bei der Zulässigkeit eines Rechtsmittels nach §§ 512 a und 549 II ZPO praktische Bedeutung hat[12]. Der Bundesgerichtshof hat schon früher (DRiZ 1962, 211) ausgesprochen, die Frage, ob Gerichtsbarkeit oder Gerichtsunterworfenheit bestehe, sei von der internationalen und der örtlichen Zuständigkeit zu unterscheiden. Der Beschluß des Großen Zivilsenats vom 14. 6. 1965 (NJW 1965, 163) hat im Anschluß an die Lehre die Eigenbedeutung des Begriffs internationale Zuständigkeit klargestellt. Es ist wohl zu erwarten, daß damit die Entwicklung abgeschlossen ist und die Rechtsprechung diesem Beschluß auch dann folgen wird, wo es auf die Wesensverschiedenheit der örtlichen und internationalen Zuständigkeit nicht ankommt. Hier wurde bisher meist von internationaler Zuständigkeit, von örtlicher Zuständigkeit, Gerichtsstand oder Gerichtsbarkeit[13], gelegentlich auch von „staatlicher Zuständigkeit“ [14] gesprochen.

2. Diese Unsicherheit in der Bezeichnung hat ihren Grund z. T. darin gehabt, daß über die Grenzen des Begriffs Unklarheit bestanden hat. Die Vorschriften über die internationale Zuständigkeit regeln nach der heute in Deutschland herrschenden Auffassung, welchen Staates Gerichte zuständig sind[15]. Dieser Begriff ist nach verschiedenen Seiten näher abzugrenzen:

a) Internationale und örtliche Zuständigkeit haben gemeinschaftlich, daß sie nach räumlichen Gesichtspunkten bestimmen, welches Gericht zu einer Entscheidung berufen ist. Maßgebend ist hierfür, welches Gericht seiner räumlichen Lage nach am besten geeignet ist, dem berechtigten Rechtsschutzbedürfnis der Parteien zu entsprechen; aber es besteht folgender Unterschied[16]: Bei der örtlichen Zuständigkeit werden die Streitigkeiten unter mehreren Gerichten desselben Staates, bei der internationalen Zuständigkeit unter Gerichten verschiedener Staaten verteilt. Im ersten Fall ist die Justizorganisation und das Verfahren bei den in Frage kommenden Gerichten gleichartig und gleichwertig. Bei der internationalen Zuständig-

[12] BGH, LM Nr. 13 zu § 549 ZPO = NJW 1953, 222 (223); OLG Stuttgart, IPRspr. 1952–1953 Nr. 292; BGH, GRUR 1960, 372 (377).

[13] Vgl. etwa LG München, IPRspr. 1950–1951 Nr. 87; LG Berlin, IPRspr. 1950–1951 Nr. 145; OLG Köln, IPRspr. 1954–1955 Nr. 132; OLG Hamm, IPRspr. 1954–1955 Nr. 206; OLG Celle, IPRspr. 1956–1957 Nr. 98; LG Waldshut, IPRspr. 1956–1957 Nr. 111; LG Schweinfurt, IPRspr. 1956–1957 Nr. 138; LG Lübeck, IPRspr. 1956–1957 Nr. 201; OLG Hamm, IPRspr. 1956–1957 Nr. 210; LG München, IPRspr. 1956–1957 Nr. 104.

[14] So in einem interzonalen Fall: BGH, NJW 1959, 1032.

[15] Vgl. Kegel 373 ff. und die Ausdrucksweise in: Vorschläge und Gutachten zur Reform des deutschen internationalen Eherechts (hrsg. von Lauterbach; 1962) 4 und 29 f.

[16] Vgl. zum folgenden Kegel 374 f und Dölle, RabelsZ 27 (1962/63) 215 f.

keit ist das nicht ohne weiteres der Fall. Aber selbst wenn es das ist, so ist doch in der Regel eine Partei gezwungen, bei einem ausländischen Gericht Rechtsschutz zu suchen. Unkenntnis der ausländischen Verhältnisse erschwert dann häufig erheblich die Rechtsverfolgung. Auch ist der Wert eines im Ausland erstrittenen Urteils oft fragwürdig, wenn man in einem anderen Staat die Rechtskraft geltend machen oder daraus Zwangsvollstreckung betreiben will. Schließlich: Jedes Gericht wendet seine Kollisionsnorm an. Mit der Wahl des Gerichts ist also auch entschieden, welche Sachnormen angewendet werden, diejenigen nämlich, auf welche die Kollisionsnorm der lex fori verweist. Aus dieser Verwandtschaft und diesen Unterschieden zwischen internationaler und örtlicher Zuständigkeit ergibt sich: Vorschriften über örtliche und solche über internationale Zuständigkeit wollen im Parteiinteresse die beste räumliche Anknüpfung. Was aber dabei zu berücksichtigen ist, ist verschieden. Daher stimmen örtliche und internationale Zuständigkeit nicht immer überein. So kann in Deutschland in Ehesachen die örtliche Zuständigkeit nach § 606 ZPO gegeben, die internationale aber nach § 606 b versagt sein. Mit Recht sieht daher der Bundesgerichtshof diese beiden Zuständigkeiten als wesensverschieden an. Daraus, daß sie meist den gleichen Tatbestand haben, ergibt sich noch nicht, daß die Rechtsfolgen die gleichen sein müssen[17].

b) Internationale Zuständigkeit und Grenzen der Gerichtsbarkeit: NEUNER (S. 1) stellte unter den Begriff internationale Zuständigkeit auch die Frage, ob die Gerichte eines Staates über Rechtsstreitigkeiten exemter entscheiden dürften. Hiergegen hat sich besonders eindringlich PAGENSTECHER[18] gewendet. Mit Recht; es scheint zwar im Ergebnis auf das gleiche hinauszulaufen, wenn das Gericht eine Entscheidung ablehnt, weil der Beklagte exemt ist, oder wenn bei einer Ehescheidung das Gericht nach § 606 b ZPO nicht zuständig ist, weil beide Ehegatten Ausländer sind und ihr Heimatstaat das Urteil nicht anerkennt. In beiden Fällen ist das Gericht nicht befugt zu entscheiden. Aber Grund und Folgen sind andere. Für die Regelung der internationalen Zuständigkeit sind wie bei der örtlichen Zuständigkeit die Parteiinteressen maßgebend; der Gerichtsbarkeit über Exemte begibt man sich dagegen, um völkerrechtlichen Pflichten gerecht zu werden, mindestens aber aus Achtung vor dem fremden Staat[19] und zur Sicherung

---

[17] Damit begründet der Große Zivilsenat des Bundesgerichtshofs in dem oben S. 183 angeführten Beschluß die richtige Entscheidung, daß Berufung und Revision wegen Verletzung der Vorschriften über die internationale Zuständigkeit eingelegt werden können, während dies bei der örtlichen Zuständigkeit nicht zulässig ist.

[18] PAGENSTECHER, schon in der Besprechung von NEUNERS Buch, dann hauptsächlich in seinem Aufsatz (oben N. *).

[19] § 606 b Ziff. 1 ZPO verneint die internationale Zuständigkeit, wenn das Heimatrecht die deutsche Entscheidung in einer Ehesache nicht anerkennt. Das beruht aber nicht oder doch jedenfalls nicht in erster Linie auf der Achtung

internationaler Beziehungen. Politische Gesichtspunkte sind also maßgebend, und das öffentliche Interesse steht im Vordergrund. Daher sind alle Prozeßhandlungen, die Exemente betreffen, grundsätzlich unzulässig, z. B. Terminbestimmungen [20] und Ladungen. Wenn sie doch vorgenommen werden, sind sie ipso iure nichtig [21].

Der Formalakt, den ein an sich der Rechtskraft fähiges Urteil darstellt, kann aber wohl durch Rechtsmittel beseitigt werden. Im einzelnen bestehen manche Zweifel, denen aber hier nicht nachzugehen ist. Hier kommt es nur auf den Unterschied zur internationalen Zuständigkeit an. Über diese ist wie über jede Prozeßvoraussetzung durch Urteil zu entscheiden, und dieses kann nur durch Rechtsmittel beseitigt oder geändert werden. Die Unterschiede sind also viel größer als die Übereinstimmung. Daher sollte man terminologisch scheiden und den Fall der Exemtion mit dem Begriff „Grenzen der Gerichtsbarkeit" der internationalen Zuständigkeit gegenüberstellen.

c) Internationale Zuständigkeit ist nicht ein Sonderfall der Zulässigkeit des Rechtswegs [22]. Bei dieser wird die Zuständigkeit der inländischen Gerichte gegenüber anderen inländischen Staatsorganen oder die der ordentlichen Gerichte gegenüber Sondergerichten abgegrenzt. Das ist eine Angelegenheit der inneren Staatsorganisation. Etwaige Auslandsbeziehungen eines Streitfalls sind dabei ohne Bedeutung.

d) Als sachliche staatliche Unzuständigkeit [23] bezeichnet RIEZLER [24] den Fall, in dem trotz örtlicher Zuständigkeit die Entscheidungsgewalt des Staates als Ganzen mit Rücksicht auf die Eigenart des Streitgegenstandes verneint werden muß. Insbesondere ist nach ihm die Zuständigkeit inländischer Gerichte zu verneinen für die Entscheidung über solche ausländischen Rechte, die der inländischen Rechtsordnung überhaupt wesensfremd

---

vor dem Heimatstaat. Vielmehr ist diese Vorschrift eine Folgerung aus dem im deutschen IPR herrschenden Staatsangehörigkeitsgrundsatz. Sie dient auch dem Interesse der Beteiligten, indem sie Urteile verhindert, die den Parteien oft praktisch nichts nützen.

[20] Allerdings kann der Vorsitzende die Terminsbestimmung nur dann ablehnen, wenn die Gerichtsfreiheit offenkundig zweifelsfrei ist.

[21] KEGEL 373; BAUMBACH/LAUTERBACH, Einf. zu §§ 18–21 GVG Anm. B; KERN, Gerichtsverfassungsrechts (4. Aufl. 1965) 35.

[22] Ebenso PAGENSTECHER, Gerichtsbarkeit 345; RIEZLER 213 ff. Dessen Meinung, die internationale Zuständigkeit sei *vor* der Zulässigkeit des Rechtswegs zu prüfen, kann aber nicht gefolgt werden; denn eine Entscheidung über die Zulässigkeit des Rechtswegs kann nur ein zuständiges Gericht fällen (ebenso, aber ohne Begründung, STEIN/POHLE § 274 II 3; BAUMBACH/LAUTERBACH Anm. 3 vor § 274).

[23] REU 164 ff. spricht hier von wesenseigener Zuständigkeit.

[24] RIEZLER § 23, 6. Zum folgenden vgl. GAMILLSCHEG, Die wesenseigene Zuständigkeit bei der Scheidung von Ausländern, in: Festschrift Dölle II (1963) 289 ff.; BOOSS, Fragen der „wesenseigenen Zuständigkeit" im internationalen Familienrecht (Jur. Diss. Bonn 1965); DÖLLE (oben N. 16) 225 ff.

sind, wie etwa nach der deutschen Praxis die Trennung von Tisch und Bett[25] oder die Verhängung von Scheidungsstrafen. RIEZLER gibt zu, daß hier manches unsicher ist. Ihm gebührt das Verdienst, die hier gemeinten Fälle als selbständige Gruppe zusammenfassend erörtert zu haben. Jedoch dürfte die Zusammenfassung zu weit gehen. Ob eine dem Gericht angesonnene Entscheidung „wesensfremd" ist, ist nicht immer einfach zu beantworten. Im internationalen Bereich sollte man weitherzig denken und nicht vergessen, daß hier Entscheidungseinklang das wesentlichste Ziel ist. Die Gerichte müssen sich den internationalen Gegebenheiten anpassen. Dann werden auch die Fälle wesensfremder Entscheidungen seltener sein. In den verbleibenden Fällen dieser Art handelt es sich nicht um internationale Zuständigkeit, d. h. um das Recht und die Pflicht des Gerichts, tätig zu werden, sondern das Gericht darf eine bestimmte einzelne Tätigkeit nicht vornehmen. Dazu muß es aber vorher verhandeln und entscheiden, nämlich darüber, welches Recht anzuwenden, welche Verrichtung (Entscheidung) nach diesem vorzunehmen ist und ob sie dem inländischen Recht wesensfremd ist. Die Entscheidung beruht also unmittelbar auf Anwendung materiellen und nicht nur des Verfahrensrechts. Das materielle Recht wird auch nicht nur als Vorfrage für das Verfahrensrecht von Bedeutung. Für diese Verhandlung und Entscheidung muß das Gericht zuständig sein. Das Entscheidungsverbot wegen Wesensverschiedenheit ist also nicht ein Sonderfall internationaler Zuständigkeit[26]. Am besten spricht man wohl hier von Zulässigkeit einer Verrichtung.

RIEZLER verneint die von ihm so genannte sachliche staatliche Zuständigkeit für ausländische öffentlich-rechtliche Ansprüche und für die Entscheidung über ausländische Rechte, die wegen ihrer gebietlichen Beschränkung im Inland keine Wirkung haben, wie etwa Patente und vielleicht auch Namensrechte. Im zweiten Fall handelt es sich in der Tat darum, ob die internationale Tätigkeit des heimischen Gerichts wegen der gebietlich beschränkten Wirkung des streitigen Rechts trotz gegebener örtlicher Zuständigkeit ausgeschlossen ist[27]. Für die ausländischen öffentlich-rechtlichen Ansprüche[28] dagegen fehlt nach deutschem Recht nicht die Zustän-

---

25 Gegen diese Praxis KEGEL 298; SOERGEL/KEGEL Art. 17 N. 64; GAMILLSCHEG (vorige N.) 293 ff. Dafür u. a. RAAPE 282 f.; PALANDT/LAUTERBACH Art. 17 EGBGB Nr. 2 a. E.; MARQUORT bei ERMAN, Handkommentar zum BGB II (3. Aufl. 1962) Art. 17 EGBGB Anm. 5 b.

26 Anders REU 39 und 171 ff.

27 In der Regel liegt darin die Anerkennung fremder ausländischer Zuständigkeit, aber nicht, wie MATTHIES 45 meint, notwendigerweise. Wenn ein Patentrecht kraft besonderer Bestimmung in mehreren ausländischen Staaten wirksam ist, aber nicht in Deutschland, so würde zwar die deutsche Zuständigkeit fehlen, die ausländische aber nicht in dem betreffenden Kreis von Staaten ausschließlich sein.

28 Das Kammergericht hatte 1908 (OLGRspr. 20, 91) einen Fall zu entscheiden, in dem eine russische Gemeinde rückständige Gemeindesteuern gegen

digkeit, sondern die Zulässigkeit des Rechtswegs. Die ordentlichen Gerichte können nicht angerufen werden, weil es sich nicht um eine bürgerliche Rechtsstreitigkeit i.S. von § 13 GVG handelt, die anderen Gerichtszweige nicht, weil diese nur für inländische öffentlich-rechtliche Ansprüche zur Verfügung stehen.

III

Nach der in Deutschland heute wohl einmütigen Lehre und Rechtsprechung[29] sind die Regeln über die internationale Zuständigkeit nicht überstaatliches, sondern nur staatliches Recht. Trotzdem ist – wie beim Internationalen Privatrecht – die Bezeichnung „international" gerechtfertigt. Sie besagt zwar nicht, daß dieses Recht seiner Quelle nach, wohl aber, daß es seinem Gegenstand nach international ist. Daher muß man bei der Ermittlung der Normen stets berücksichtigen, daß es sich um international gelagerte Fälle handelt. Die Zuständigkeitsvorschrift ist nur dann gerechtfertigt, wenn das Bild einer gerechten und zweckmäßigen internationalen Ordnung hinter ihr steht. Nur dann ist das wichtige Ziel internationalen Privat- und Prozeßrechts zu erreichen: der Entscheidungseinklang. Dazu sind rechtspolitische Entscheidungen und feststehende rechtspolitische Grundlinien notwendig. Man kann sie nicht dadurch vermeiden, daß man versucht die Normen aus rechtlichen Grundbegriffen abzuleiten, etwa aus der Gebietshoheit oder der Personalhoheit[30].

IV

Da die Regeln über die internationale Zuständigkeit innerstaatliches Recht sind, der Staat aber nur seinen Gerichten Aufgaben geben oder versagen kann, so kann er zwar darüber bestimmen, ob seine Gerichte zuständig sind („compétence générale directe" im Sinne Bartins). Nicht kann er ausländischen Gerichten Tätigkeiten vorschreiben, erlauben oder versagen, wohl aber kann er bestimmen, ob ausländische Entscheidungen im Inland Wirkung entfalten können oder wie die ZPO (§ 328) sich ausdrückt, ob sie „anzuerkennen" sind (nach Bartin compétence générale indirecte).

Die Frage nach der internationalen Zuständigkeit tritt also in zwei For-

---

einen früheren Bürger einklagte, der inzwischen deutsche Staatsangehörigkeit und Wohnsitz in Deutschland erworben hatte. Die Qualifikation als öffentlich-rechtlicher Anspruch erfolgt nach der lex fori (Neuner 16).

[29] Neuner 13 und die dort Angeführten; Pagenstecher, Gerichtsbarkeit 344; Riezler 203; Kegel 376. Sogar schon Zitelmann II 287 hat das grundsätzlich zugestanden.

[30] Dagegen auch Neuner 23 ff.

men auf: 1. Ein deutsches Gericht wird angerufen, ist es zuständig? Hier regelt das deutsche Recht unmittelbar die internationale Zuständigkeit seiner Gerichte.

2. Eine ausländische Entscheidung soll anerkannt werden. Voraussetzung dafür ist, daß die Gerichte des Staates, dem das ausländische Gericht angehört, nach deutschen Gesetzen zuständig sind. Hier regelt das deutsche Gesetz die „Anerkennung" einer ausländischen Entscheidung. Dabei legt es für die Vorfrage, ob das ausländische Gericht zuständig war, das Bild einer gerechten und zweckmäßigen internationalen Ordnung zugrunde, das man sich in Deutschland macht.

V

Unmittelbare Vorschriften über internationale Zuständigkeit gibt es im deutschen Recht nur wenig[31].

1. Praxis und Lehre nehmen daher für den Zivilprozeß an, daß ein Gericht, wenn es örtlich zuständig ist, damit auch international zuständig ist – wenn nichts anderes bestimmt ist. Man erkennt also an, daß es sich nicht um die gleiche Zuständigkeit handelt, daß aber beide in der Regel an die gleichen Tatbestände anknüpfen. Das ist auch richtig; denn beide Male handelt es sich darum, die Zuständigkeit nach der günstigsten räumlichen Beziehung zu bestimmen. Freilich sind, wie schon oben (II 2 a) dargelegt, wegen des internationalen Einschlags die für die Wertung notwendigen Erwägungen nicht immer die gleichen. Aber die deutsche ZPO stellt eine so große Zahl von Gerichtsständen zur Verfügung, daß damit weitgehend die berechtigten Rechtsschutzbedürfnisse auch in internationalen Fällen befriedigt werden. Dies um so mehr, weil die deutsche ZPO, von wenigen Ausnahmen abgesehen, dem Satz actor sequitur forum rei folgt[32]. In diesen Fällen wird zuerst die örtliche Zuständigkeit festgestellt und damit auch die internationale als gegeben angesehen. Es können aber in internationalen Fällen bei der Suche nach dem günstigsten Gerichtsstand Erwägungen entscheiden, die für die örtliche Zuständigkeit bedeutungslos sind. Dann sind zwei Gestaltungen denkbar: Entweder man stellt fest, daß mit der örtlichen Zuständigkeit nicht die internationale gegeben ist, wie z. T. in § 606 b Ziff. 1 ZPO, oder man bejaht aus internationalen Erwägungen die internationale Zuständigkeit deutscher Gerichte. Damit diese zur Geltung kommen kann, muß dann auch eine örtliche Zuständigkeit bestimmt werden, für die es bei rein innerstaatlichen Fällen an einem Grund fehlt[33].

---

[31] §§ 55, 110, 114 II ZPO, 24 EGZPO ergeben, daß Ausländer freien Zugang zu deutschen Gerichten haben. Daraus kann man schließen, daß die internationale Zuständigkeit jedenfalls nicht deswegen ausgeschlossen ist, weil eine der Parteien Ausländer ist.

[32] Ausnahmen: §§ 23 a, 606 II 1, 642 I 1 ZPO.

[33] Vgl. z. B. §§ 12 II und 15–15 b VerschGes oder § 606 III in Verbindung

2. Obwohl das deutsche Gericht örtlich zuständig wäre, wird ihm die internationale Zuständigkeit versagt in folgenden Fällen:

a) Nach § 606b ZPO „kann“ in einer Ehesache[34] „von einem deutschen Gericht in der Sache“ nicht entschieden werden, wenn beide Ehegatten Ausländer[35] sind und keiner von ihnen den gewöhnlichen Aufenthalt in Deutschland hat. Für diesen Fall fehlt schon nach den grundsätzlichen Bestimmungen des § 606 die örtliche Zuständigkeit, und § 606 b bringt nur zum Ausdruck, daß eine weitergehende internationale Zuständigkeit nicht besteht. Der zweite Teil des § 606b Ziff. 1 dagegen verbietet dem deutschen Gericht die Entscheidung in der Hauptsache, wenn zwar einer der ausländischen Ehegatten seinen gewöhnlichen Aufenthalt in Deutschland hat und damit die örtliche Zuständigkeit gegeben wäre, nach Heimatrecht des Mannes aber die deutsche Entscheidung nicht anerkannt werden würde. Hier wird also trotz örtlicher Zuständigkeit die internationale versagt. Die Richtigkeit dieser Vorschrift ist sehr umstritten.

3. In Kindschaftssachen[36] ist örtlich der allgemeine Gerichtsstand des Beklagten und, wenn dieser im Inland fehlt, der des Klägers maßgebend (§ 642 I Satz 1). Nach der durchaus überwiegenden Ansicht[37] ist damit auch die internationale Zuständigkeit für Ausländer bejaht – im Gegensatz zu § 606b Ziff. 1 ohne Rücksicht darauf, ob der Heimatstaat die deutsche Entscheidung anerkennt[38]. Internationale Zuständigkeit wird aber auch in Anspruch genommen, wenn keine der Parteien den allgemeinen Gerichtsstand in Deutschland hat, eine von ihnen aber Deutscher ist, bei Anfechtungsklagen auch, wenn die Mutter die deutsche Staatsangehörigkeit besitzt oder z. Z. ihres Todes besessen hat. Das ergibt sich daraus, daß für diese Fälle § 642 I Satz 2 und Abs. 2 einen besonderen Gerichtsstand gewähren.

4. Für die Entmündigung ist nach § 648 ZPO das Amtsgericht ausschließlich zuständig, bei dem der zu Entmündigende seinen allgemeinen Gerichtsstand hat. Damit ist die örtliche Zuständigkeit bestimmt. Nach Art. 8 EGBGB kann ein Ausländer im Inland nach den deutschen Gesetzen entmündigt werden, wenn er seinen Wohnsitz oder, falls er keinen Wohnsitz hat, seinen

---

mit § 606 b ZPO und viele andere Vorschriften in der freiwilligen Gerichtsbarkeit.

[34] Dazu gehören nach § 606 ZPO: Klagen auf Scheidung, Aufhebung oder Nichtigerklärung einer Ehe, auf Feststellung des Bestehens oder Nichtbestehens einer Ehe zwischen den Parteien oder auf Herstellung des ehelichen Lebens.

[35] Staatenlose sind nicht Ausländer in diesem Sinn.

[36] Das sind Rechtsstreite, welche die Feststellung des Bestehens oder Nichtbestehens eines Eltern- und Kindesverhältnisses zwischen den Parteien, die Feststellung des Bestehens oder Nichtbestehens der elterlichen Gewalt der einen Partei über die andere oder die Anfechtung der Ehelichkeit eines Kindes zum Gegenstand haben.

[37] Vgl. Soergel/Kegel Art. 18 Anm. 27; Baumbach/Lauterbach § 642 Anm. 2 A.

[38] Anderer Ansicht Raape § 32 I, 3.

Aufenthalt im Inland hat. Ein Ausländer, der im Inland gegenwärtig weder Wohnsitz noch Aufenthalt hat, könnte trotzdem einen allgemeinen Gerichtsstand im Inland haben, wenn er nämlich früher seinen Wohnsitz in Deutschland gehabt hat (vgl. § 16 ZPO); aber er kann nicht nach Art. 8, d. h. unter Anwendung deutschen Rechts, entmündigt werden. Das schlösse nicht aus, ihn nach seinem Heimatrecht zu entmündigen; denn dies ist nach Art. 7 EGBGB für seine Geschäftsfähigkeit maßgebend. Zu ihr gehört auch die Entmündigung. Art. 8 macht davon nur eine Ausnahme. Aber die herrschende Meinung lehrt: Gerade weil das Heimatrecht für die Geschäftsfähigkeit maßgebend ist, ist auch der Heimatstaat zuständig, die Entmündigung aussprechen. Abgesehen von der Ausnahme in Art. 8 sind danach deutsche Gerichte für die Entmündigung von Ausländern nicht zuständig KEGEL[39] dagegen entnimmt aus dem Wort „kann" in Art. 8, daß der Richter nicht verpflichtet, aber berechtigt ist, deutsches Recht anzuwenden, obwohl der Betreffende ein ausländisches Personalstatut hat. Demnach könnte der Richter auch Ausländer nach deren Heimatrecht entmündigen. Internationale und örtliche Zuständigkeit decken sich dann. Nach der herrschenden Meinung dagegen decken sie sich nicht, die internationale Zuständigkeit wäre enger als die örtliche[40]. KEGEL ist zugegeben, daß das Wort „kann" dem Richter einen Entscheidungsspielraum einräumt; aber nicht, wie Kegel meint, zwischen Anwendung in- und ausländischen Rechts – das wäre in unserem Rechtssystem eine einmalige Erscheinung –, sondern nur das liegt im Ermessen des Richters, ob er überhaupt entmündigen will oder nicht. In diesem Sinne gebraucht auch Art. 23 EGBGB das Wort „kann"[41].

5. Es zeigt sich: Im Zivilprozeß ist mit der örtlichen Zuständigkeit auch die internationale gegeben, soweit nicht ausnahmsweise etwas anderes bestimmt ist. Diese Ausnahmen betreffen Fälle, in denen der persönliche Status eines Menschen verändert wird, und zwar bei der Entmündigung, z. T. auch in Ehesachen, durch rechtsgestaltenden Akt des Gerichts. In diesen Ausnahmefällen wird einerseits für Deutsche internationale Zuständigkeit der deutschen Gerichte beansprucht, obwohl es nach den allgemeinen Vorschriften an der örtlichen Zuständigkeit fehlt. Sie wird erst besonders geschaffen (vgl. §§ 606 III, 648 II). Andererseits versagt das Gesetz (§ 606b Ziff. 1) oder die herrschende Meinung für Ausländer die internationale Zuständigkeit, obwohl eine örtliche gegeben wäre.

---

[39] KEGEL 203; SOERGEL/KEGEL Art. 8 Anm. 8. Vgl. auch unten VII A 5c am Ende.

[40] Auch wo nach Art. 8 deutsche Zuständigkeit gegeben ist, ist diese mehr begrenzt als die örtliche, weil es nach Art. 8 nicht auf den früheren Wohnsitz ankommt.

[41] Dies und nicht mehr sagt STAUDINGER/RAAPE Art. 8 B VI.

VI

A. Anders liegt es in der freiwilligen Gerichtsbarkeit. Was im Zivilprozeß Ausnahme ist, ist hier die Regel: Die internationale Zuständigkeit ergibt sich nicht ohne weiteres aus der örtlichen. Der Unterschied ist in der Sache begründet. Im Zivilprozeß sind in der Regel abgeschlossene Tatbestände zu beurteilen. Daher sind für dieses Verfahren Unterschiede in der zu entscheidenden Sache selbst unerheblich. Die Akte der freiwilligen Gerichtsbarkeit dagegen sind meist fürsorglich und gestaltend. Sie sind Tatbestandsstücke des materiellen Rechts[42]. Daher sind Einheitslösungen, wie sie der Zivilprozeß verträgt, hier kaum brauchbar. Schon die Vorschriften über die örtliche Zuständigkeit machen Unterschiede je nach der Art der Verrichtung. Erst recht ist das für die internationale Zuständigkeit nötig. Der enge Zusammenhang mit dem materiellen Recht weist auf die Gerichte des Staates hin, dessen Recht als Personalstatut in der Sache maßgebend ist. Dabei wird es bleiben, solange sich das Personalstatut nach der Staatsangehörigkeit bestimmt. Könnte man an deren Stelle den Ort des gewöhnlichen Aufenthalts als Anknüpfung wählen, so könnte man sich enger an die örtliche Zuständigkeit anschließen; denn diese knüpft meist auch an den gewöhnlichen Aufenthalt oder, was sich weitgehend damit deckt, an den Wohnsitz an. Die Verweisung auf das Heimatgericht, wenn das Heimatrecht maßgebend ist, hat auch den Vorteil des Gleichlaufs zwischen Zuständigkeit und dem nach IPR maßgeblichen materiellen Recht. Der Richter wendet sein Recht an, das er besser kennt als das ausländische Recht und als ausländische Richter es kennen können. Der Einwand, daß man doch im Zivilprozeß den Richter nötige, ausländisches Recht anzuwenden, übersieht, daß die freiwillige Gerichtsbarkeit niederen Organen der Rechtspflege anvertraut ist, bei denen weder Kenntnis fremden Rechts, noch die technische Möglichkeit, sich solche zu verschaffen, zu erwarten ist.

Auf der anderen Seite verweisen die zu erhoffende Bereitschaft zur internationalen Rechtshilfe in einer Rechtsgemeinschaft der Tat, aber auch Rücksicht auf einheimische Interessen auf das Recht am Aufenthaltsort oder sogar den Ort, wo Vermögen belegen ist. Fürsorgeakte insbesondere erfordern Eile, der zuständige Richter sollte daher schnell zu erreichen sein. Rück- und Weiterverweisungen, ferner auch Sachzusammenhang können Zuständigkeit rechtfertigen. Zwischen diesen verschiedenen Grundgedanken ist abzuwägen.

B. Aus diesen Erwägungen ist es zu verstehen, wenn das deutsche Recht für die internationale Zuständigkeit in der freiwilligen Gerichtsbarkeit ein

---

[42] Wo das ausnahmsweise auch im Zivilprozeß der Fall ist, weicht auch die internationale von der örtlichen Zuständigkeit ab, außer, wohl folgewidrig, in Kindschaftssachen.

Zum folgenden vgl. auch Dölle (oben N. 16) 203 ff.; Lent/Habscheid 57.

nicht eben übersichtliches buntes Bild bietet. Es soll in seinen wesentlichen Zügen im folgenden knapp skizziert werden.

1. Das Verschollenheitsgesetz von 1951 trennt deutlich die internationale Zuständigkeit (§ 12)[43] von der örtlichen Zuständigkeit (§§ 15–15d). Nach § 15 I ist örtlich zuständig das Gericht, in dessen Bezirk der Verschollene seinen letzten inländischen Wohnsitz oder in Ermangelung dessen den letzten gewöhnlichen Aufenthalt im Inland gehabt hat. Absatz 2 gibt Sondervorschriften für den Schiffsuntergang. § 12 I andererseits gestattet, daß deutsche Staatsangehörige[44] im Inland für tot erklärt werden. Damit ist die deutsche internationale Zuständigkeit für diesen Fall in Anspruch genommen. Der gewöhnliche Rahmen der örtlichen Zuständigkeit wird damit überschritten. Daher bestimmen §§ 15a und b besondere örtliche Zuständigkeiten. Da § 12 I nur von Deutschen spricht, könnte man schließen, daß Ausländer[45] im Inland nicht für tot erklärt werden können. Abgesehen von den Fällen, in denen § 12 Abs. 2 bis 4 des Verschollenheitsgesetzes und Art. 2 § 1 des Gesetzes vom 15. 1. 1951 ausnahmsweise die Todeserklärung von Ausländern im Inland zulassen[46], wäre also insoweit die internationale Zuständigkeit enger bestimmt als die örtliche. § 12 bestimmt aber nicht nur die internationale Zuständigkeit, sondern auch das anzuwendende Sachrecht; denn es heißt in diesen Vorschriften immer, daß jemand „nach diesem Gesetz" für tot erklärt werden könne. Es könnte das so verstanden werden, daß § 12 die internationale Zuständigkeit deutscher Gerichte für die Fälle in Anspruch nimmt, in denen deutsches Sachrecht anzuwenden ist. Das würde nicht ausschließen, auch eine Todeserklärung von Ausländern nach ihrem Heimatrecht durch ein deutsches Gericht zuzulas-

---

[43] Dieser Paragraph regelt zugleich, wann für die Todeserklärung deutsches Recht anzuwenden ist.

[44] Gleich stehen unstreitig Staatenlose mit deutschem Personalstatut (Art. 29 EGBGB); ob auch DPs mit deutschem Personalstatut, ist streitig, vgl. Raape 184 ff.

[45] und Staatenlose, die kein deutsches Personalstatut haben.

[46] Art. 2 § 1 des Gesetzes vom 15. 1. 1951 gibt in Absätzen 1–3 materiellrechtliche Sondervorschriften für Verschollenheitsfälle aus Anlaß des Krieges 1939–1945. Sein Abs. 4 bestimmt dazu: Die Absätze 1–3 gelten auch für einen Verschollenen, der in dem letzten Zeitpunkt, in dem er nach den vorhandenen Nachrichten noch gelebt hat, Angehöriger eines fremden Staates oder staatenlos war,

a) wenn er in diesem Zeitpunkt seinen Wohnsitz oder seinen Aufenthalt im Geltungsbereich dieses Gesetzes hatte oder als Angehöriger der ehemaligen deutschen Wehrmacht am letzten Kriege teilgenommen hat, oder

b) wenn der Ehegatte, ein ehelicher oder ein diesem rechtlich gleichgestellter Abkömmling oder ein anderer nach § 16 des Verschollenheitsgesetzes antragsberechtigter Verwandter des Verschollenen seinen Wohnsitz oder seinen gewöhnlichen Aufenthalt im Geltungsbereich dieses Gesetzes hat und die Todeserklärung beantragt.

sen, wenn dieses nach § 15 örtlich zuständig ist. In der Tat vertritt KEGEL[47] diese Meinung. Er steht damit im Widerspruch zu der Rechtsprechung des Bundesgerichtshofs[48] und dem Schrifttum[49].

Nichts Entscheidendes besagt dagegen der Einwand, gestaltende Akte könne nur der Staat vornehmen, der auch für das Sachrecht zuständig sei. Das wird schon durch die Regelung der Ehescheidung widerlegt; dann aber auch durch alle die Fälle, in denen Deutschland ausländische Entscheidungen anerkennt, die den Status eines Deutschen verändern. De lege ferenda dürfte KEGEL zuzustimmen sein, de lege lata aber nicht; denn die heutigen Bestimmungen des Verschollenheitsgesetzes haben im wesentlichen den früheren Art. 9 EGBGB und die dazugehörigen Bestimmungen der ZPO übernommen. Man hat aber für das frühere Recht nie angenommen, daß eine Todeserklärung von Ausländern nach ihrem Heimatrecht, außer in den aufgeführten Ausnahmefällen, zulässig sei. Die internationale Zuständigkeit ist also hier enger als die örtliche, wenn Ausländer Wohnsitz oder gewöhnlichen Aufenthalt in Deutschland haben und keiner der Ausnahmefälle vorliegt. Sie ist weiter als diese bei Auslandsdeutschen und bei Ausländern in den Fällen des § 12 II und III.

2. Verrichtungen des Vormundschaftsgerichts:

a) Für die Vormundschaft gibt § 36, für die Pflegschaft geben §§ 37–42 FGG Vorschriften über örtliche Zuständigkeit. Die internationale Zuständigkeit ist aber selbständig in Art. 23 EGBGB geregelt. Danach kann eine Vormundschaft und Pflegschaft im Inland auch über einen Ausländer angeordnet werden sofern

(aa) der Staat, dem er angehört, die Fürsorge nicht übernimmt, vorausgesetzt, daß der Ausländer nach den Gesetzen dieses Staates der Fürsorge bedarf, oder

(bb) im Inland entmündigt ist.

Die Regelung im Fall (bb) erklärt sich als Folgerung daraus, daß Deutschland in gewissen Fällen für die Entmündigung eines Ausländers die internationale Zuständigkeit in Anspruch nimmt (vgl. oben V 3). Davon abgesehen kommen in Art. 23 zwei Grundsätze zum Ausdruck: Das Recht des Heimatstaates ist für die Vormundschaft und Pflegschaft maßgebend. Die Behörden des Heimatstaates sind für vormundschaftsgerichtliche Fürsorge zuständig. Nur wenn diese Behörden untätig bleiben oder ein Bedürfnis nach vorläufiger Fürsorge besteht, sind die deutschen Gerichte internatio-

---

[47] KEGEL 195 NR. 1

[48] BGH, NJW 1959, 2208 und MDR 1962, 972, wobei offen bleibt, ob die mehr beiläufigen Bemerkungen des BGH schon das letzte Wort in dieser Frage sind.

[49] Vgl. STAUDINGER/RAAPE Art. 9 E, I, 3, im Lehrbuch als selbstverständlich vorausgesetzt; NUSSBAUM, Deutsches IPR (1932) 116 bei Anm. 3; MARTIN WOLFF, IPR (3. Aufl. 1954) 831; wohl auch RIEZLER § 25, 5 e; ARNDT bei ERMAN (oben N. 25) VerschGes. § 12 Nr. 2 meint, bezüglich der internationalen Zuständigkeit sei vieles noch ungelöst.

nal zuständig, obwohl die örtliche Zuständigkeit nach dem FGG weitergeht[50]. Für die Vormundschaft ist diese dort gegeben, wo der Mündel Wohnsitz oder in Ermangelung inländischen Wohnsitzes Aufenthalt hat (§ 36 FGG). Andererseits kann trotz Art. 23 EGBGB eine Vormundschaft in Deutschland nicht angeordnet werden über einen Ausländer, der in Deutschland weder Wohnsitz noch Aufenthalt hat. Hierfür fehlt nach § 36 I Satz 1 die örtliche Zuständigkeit. Für Deutsche in gleicher Lage schafft sie § 36 II. Der Vergleich mit dieser Bestimmung zeigt, daß in § 36 I S. 1 auch eine Vorschrift über internationale Zuständigkeit versteckt ist, welche die allgemeine Regel in Art. 23 EGBGB einschränkt[51]. Diese Beschränkung ist berechtigt; denn im Inland über einen Ausländer, der hier weder Wohnsitz noch Aufenthalt, vielleicht aber Vermögen hat, eine Vormundschaft anzuordnen, dafür fehlt im allgemeinen ein Bedürfnis, insbesondere das Fürsorgebedürfnis[52]. Für vorläufige Maßregeln im Sinne des Art. 23 EGBGB und für gewisse Pflegschaften[53] erkennt aber das FGG ein solches Bedürfnis an. Es gewährt für diese Fälle eine örtliche Zuständigkeit des Gerichts, in dessen Bezirk das Bedürfnis der Fürsorge hervortritt (§§ 37 II bis 44). Art. 23 gilt nach seinem Wortlaut schlechthin für alle Arten der Pflegschaft, doch kann von einem Heimatstaat und Heimatrecht nicht gesprochen werden bei Pflegschaften, die nicht der Fürsorge für eine bestimmte Person dienen, wie die Pflegschaft für unbekannte Beteiligte oder für Sammelvermögen. Hierfür bestimmen §§ 41–42 FGG die Zuständigkeit an dem Ort des Fürsorgebedürfnisses[54]. Damit dürfte auch die internationale Zuständigkeit geregelt sein[55].

b) Dem Vormundschaftsgericht sind nach deutschem Recht noch weitere Verrichtungen übertragen. Sie betreffen nicht eine Vormundschaft oder Pflegschaft. Daher gilt die Regelung der internationalen Zuständigkeit in Art. 23 EGBGB hier nur für die in Art. 23 II genannten vorläufigen Maßregeln, sonst aber nicht. Für diese Maßregeln gibt § 43 FGG, der auf § 36 I

---

[50] Diese in Art. 23 zutage tretenden Grundsätze müssen auch für Deutsche gelten. Deshalb gewährt § 36 II FGG für diese eine besondere örtliche Zuständigkeit, wenn die gewöhnliche fehlt.

[51] § 36 I S. 2 gibt einen besonderen Gerichtsstand für Geschwister. Damit ist nicht zugleich die internationale Zuständigkeit gegeben. Sie widerspräche den Grundgedanken des Art. 23 EGBGB (vgl. dazu SOERGEL/KEGEL Art. 23 A 16).

[52] Der Wortlaut des Art. 23 I erfordert zwar, daß ein Fürsorgebedürfnis vom Standpunkt des Heimatrechts, nicht auch vom deutschen Standpunkt, vorliegt. Das deutsche Gericht hat aber nach pflichtgemäßem Ermessen darüber zu entscheiden, ob es die Vormundschaft anordnet („kann") (STAUDINGER/RAAPE Art. 23 B III, 3). Es wird dies ablehnen, wenn es vom deutschen Standpunkt ein Fürsorgebedürfnis nicht anerkennt.

[53] Ergänzungspflegschaft entsprechend § 1909 BGB, Gebrechlichkeitspflegschaft und Abwesenheitspflegschaft.

[54] Bei Sammelvermögen tritt diese dort zutage, wo bisher die Verwaltung geführt wurde.

[55] Vgl. im übrigen hierzu SOERGEL/KEGEL Art. 23 Anm. 3.

verweist, und zusätzlich § 44 eine örtliche Zuständigkeit[56]. Im übrigen regeln §§ 43–45 FGG für diese „sonstigen Verrichtungen" die örtliche Zuständigkeit. Ist aber damit auch eine Grundlage für die internationale Zuständigkeit gegeben?

In einzelnen Fällen zielen die Tatbestände des FGG ausdrücklich auf deutsches Recht. Dieses ist nach deutschem IPR im Familienrecht grundsätzlich nicht auf Ausländer anzuwenden. Doch bedeutet das nichts für die internationale Zuständigkeit. Wenn z. B. § 44 FGG Bestimmungen des deutschen BGB anführt, so kann das auch eine vereinfachte Umschreibung des Kreises von Geschäften sein, die gemeint sind.

Auch wenn man die Pflicht zu internationaler Rechtsgemeinschaft noch so weitherzig auffaßt, kann man hier nicht ohne weiteres von der örtlichen auf die internationale Zuständigkeit schließen. Das zeigt schon ein Blick auf die ganz verschiedenen Arten von Geschäften, die unter § 43 FGG fallen[57]. Er bestätigt, was schon oben (VI A) dargelegt ist, daß für die internationale Zuständigkeit in der freiwilligen Gerichtsbarkeit eine Einheitslösung nicht brauchbar ist. Die für die richtige Lösung erforderlichen Erwägungen können nur jeweils für die einzelnen Verrichtungen vollzogen werden. Die verschiedenen Gesichtspunkte, die hier zu beachten sind, haben in den einzelnen Fallgruppen verschiedenes Gewicht. Insbesondere wird es von Bedeutung sein, wie eng die einzelnen Verrichtungen des Vormundschaftsgerichts mit dem maßgebenden Sachrecht verbunden sind.

Sicher ist – und das gilt für die gesamte freiwillige Gerichtsbarkeit –, daß die örtliche Zuständigkeit ebenso wie auf dem Gebiet des Familienrechts (einschließlich der Adoption, § 66 FGG) nur geringe Anhaltspunkte bietet. Allerdings gewähren §§ 43a II, 66 II, 73 II und andere ähnliche Vorschriften eine örtliche Zuständigkeit für Deutsche ohne Wohnsitz oder Aufenthalt in Deutschland, nehmen also für diese die internationale Zuständigkeit in Anspruch[58]. Daraus kann man aber keinen Schluß auf die deutsche internationale Zuständigkeit gegenüber Ausländern ziehen.

c) Für Nachlaßsachen ist örtlich das Gericht zuständig, in dessen Bezirk der Erblasser zuletzt seinen Wohnsitz oder in Ermangelung inländischen Wohnsitzes seinen Aufenthalt hatte (§ 73 I FGG). Der bereits erwähnte Abs. 2 nimmt mittelbar die deutsche internationale Zuständigkeit bei auslandsdeutschen Erblassern in Anspruch. War der Erblasser Ausländer (oder staatenlos) ohne Wohnsitz oder Aufenthalt in Deutschland, so ist

[56] Vgl. schon oben bei N. 53.

[57] Vgl. die Zusammenstellung bei KEIDEL § 43 Anm. 2.

[58] Das gleiche gilt für §§ 44a, 44b–45. Sie meinen offenbar Fälle von Deutschen. Sie schaffen für Auslandsdeutsche einen besonderen Gerichtsstand und nehmen dafür die internationale Zuständigkeit in Anspruch; aber welchen Sinn sollte es haben, in diesen Fällen für Ausländer, die im Inland weder Wohnsitz noch Aufenthalt haben, einen Notgerichtsstand beim Amtsgericht Berlin-Schöneberg zu bestimmen?

nach Abs. 3 jedes deutsche Gericht, in dessen Bezirk sich Nachlaßgegenstände befinden, „in Ansehung aller im Inland befindlichen Nachlaßgegenstände" zuständig. Man könnte daraus und aus dem Gegensatz zu Abs. 1 schließen, das Gesetz gehe davon aus, daß sich aus Abs. 1 die örtliche und damit auch die deutsche internationale Zuständigkeit für Ausländer mit letztem Wohnsitz oder Aufenthalt in Deutschland ergebe. Darüber hinaus nähme das Gesetz im Falle des Abs. 3 eine weitere internationale Zuständigkeit gegenüber Ausländernachlässen kraft Belegenheit von Nachlaßgegenständen in Anspruch. Die Rechtsprechung aber geht von dem Grundsatz aus, daß die deutschen Behörden der freiwilligen Gerichtsbarkeit nur dann zuständig sind, wenn der Erbfall kraft Rückverweisung (die nach Art. 27 EGBGB zu beachten ist) oder kraft völkerrechtlichen Vertrages[59] nach deutschem Recht zu beurteilen ist[60]. Nur in diesem Falle besteht trotz der weitergehenden örtlichen Zuständigkeit nach § 73 I deutsche internationale Zuständigkeit. Folgerichtig ist nach dieser Meinung auch in Abs. 3 nur die örtliche Zuständigkeit geregelt. Hiervon sind zwei wichtige Ausnahmen zu machen:

(aa) Mit Rücksicht auf die Interessen des inländischen Verkehrs hat nach § 2369 BGB das Nachlaßgericht für den Nachlaß eines Ausländers einen Erbschein auszustellen für die Gegenstände, die sich im Inland befinden[61]. Diese Ausnahme geht sehr weit. Sie nimmt keine Rücksicht darauf, ob das Erbstatut den deutschen Erbschein beachtet oder ob es überhaupt diese Einrichtung kennt. Außerdem bestimmt § 2369 II, wann sich ein Gegenstand im Inland befindet. Nach Satz 1 ist das bei jedem Gegenstand der Fall, für den von einer deutschen Behörde ein zur Eintragung des Berechtigten bestimmtes Buch oder Register geführt wird[62]. Da die dafür maßgebenden Verfahrensvorschriften häufig den Nachweis der Erbfolge durch den Erbschein verlangen, ist diese Vorschrift im Interesse des deutschen Rechtsverkehrs notwendig. Nach Satz 2 aber gilt ein Anspruch als im Inland befindlich, wenn für die Klage ein deutsches Gericht, sei es auch nur kraft eines besonderen Gerichtsstandes, zuständig ist. Das kann die Zuständigkeit ungerechtfertigt ausdehnen. Die Gefahr von Widersprüchen zu dem Erbstatut wird freilich dadurch verringert, daß das Nachlaßgericht die Frage, wer Erbe ist, nach dem Erbstatut und nicht nach deutschem Recht zu beurteilen hat. Wenn freilich der deutsche Erbschein unrichtig ist und der dadurch Ausgewiesene zu Gunsten eines Gutgläubigen verfügt, so tritt ein Konflikt mit dem Erbstatut ein; denn für die Wirkung des Erbscheins

---

[59] Wie etwa dem Badisch-Schweizer Vertrag von 1856; vgl. Horst Müller, Festschrift Raape (1948) 229.

[60] Vgl. hierzu die Angaben bei Keidel § 73 Anm. 2.

[61] Die örtliche Zuständigkeit ergibt sich dann aus § 73 I–III FGG.

[62] Z. B. Grundbuch, Schiffsregister, Handelsregister, Staatsschuldbücher, Patent- und Musterregister.

ist deutsches Recht maßgebend[63]. Sonst wäre der Schein für den deutschen Rechtsverkehr nicht brauchbar.

(bb) Gewohnheitsrechtlich anerkannt[64] und häufig durch Staatsverträge festgelegt sind das Recht und die Pflicht jedes Staates, bei Fürsorgebedürfnis Sicherungsmaßregeln zu treffen. Die internationale Zuständigkeit für diese Maßnahmen besteht ohne Rücksicht darauf, nach welchem Recht sich die Erbfolge richtet. Der Umfang der Sicherungsmaßregeln wird für deutsche Gerichte nicht allein durch § 1960 bestimmt. Als zulässig wurde auch angesehen: eine Pflegschaft nach § 1961, Ablieferung von im Inland befindlichen Testamenten an das Nachlaßgericht; ob auch deren Eröffnung, ist im einzelnen streitig[65]. Die örtliche Zuständigkeit ergibt sich aus § 73, daneben aus § 74 FGG.

Die Rechtsprechung, die die internationale Zuständigkeit des deutschen Nachlaßgerichts derart einschränkt, ist zwar von Raape und anderen[66] gebilligt worden; sie ist aber bis heute äußerst umstritten[67]. Insbesondere wendet sich Kegel[68] sehr entschieden dagegen. Er meint, § 73 I entscheide mittelbar auch über die internationale Zuständigkeit. Das deutsche Nachlaßgericht ist auch für den Nachlaß eines Ausländers zuständig, wenn dieser seinen Wohnsitz oder in Ermangelung deutschen Wohnsitzes seinen Aufenthalt zuletzt in Deutschland hatte oder wenn sich Nachlaßgegenstände in Deutschland befinden (§ 73 III). Es kommt nicht darauf an, welche Sachnormen anzuwenden sind. Es genügt, wenn die deutschen Verfahren mit dem ausländischen materiellen Erbrecht verträglich sind, gleichgültig ob das ausländische Verfahrensrecht ähnliche Maßnahmen kennt.

Im ganzen gesehen gehen wohl beide Ansichten zu weit. Sie legen ganz allgemein einseitig ausschließlich Gewicht auf einen von mehreren rechtspolitischen Gesichtspunkten, obwohl doch zwischen ihnen abzuwägen ist. Die Rechtsprechung legt Wert auf den Gleichlauf zwischen Zuständigkeit und anzuwendendem Sachrecht, wofür sich gute Gründe anführen lassen. Kegel legt den Wert auf die internationale Zusammenarbeit, ein sicher erstrebenswertes Ziel. Die richtige Lösung läßt sich, wie im Familienrecht, nur durch rechtspolitisch abwägende Untersuchung der einzelnen Verrichtungen gewinnen. Dafür nur ein Beispiel: Kegel fragt: „Warum sollen z. B. die Erben eines Ausländers in München nicht vor dem Nachlaßgericht in München ausschlagen dürfen, wenn das Heimatrecht des Ausländers die Ausschlagung kennt?“ Dagegen bestehen in der Tat keine Bedenken, wenn, wie Kegel fortfährt, das Heimatrecht „sogar das Gericht des letzten Wohn-

---

[63] Kegel 386. [64] Vgl. auch Dölle (oben N. 16) 222 ff.

[65] Vgl. Keidel § 73 Anm. 14 und 15.

[66] Vgl. Keidel § 73 Anm. 6 Fußnote 2 und Soergel/Kegel Anm. 54 und 55 vor Art. 24.

[67] Vgl. die Angaben bei Keidel Anm. 6 und von Craushaar, Internationale Anwendbarkeit deutscher Prozeßnormen (1961) 5 ff.

[68] Soergel/Kegel Anm. 55, 56; Kegel § 21 IV, 1.

sitzes für allein zuständig erklärt". Diese Zuständigkeitsverweisung des Heimatrechts sollte man zugunsten internationaler Zusammenarbeit beachten. Die Frage, ob sie gegeben ist und ob das ausländische Recht eine Ausschlagung kennt, wird meist nicht schwer zu beurteilen sein. Im übrigen gilt für Form (Art. 11 EGBGB) und Verfahren deutsches Recht. Wie aber, wenn eine solche Zuständigkeitsverweisung nicht vorliegt? Nach deutschem Recht sind alle Erklärungen, welche die dingliche Rechtslage eines Nachlasses betreffen, „gegenüber" dem Nachlaßgericht abzugeben (vgl. etwa §§ 1945, 1955, 2081 I, 2202 II, 2226 BGB). Das Nachlaßgericht ordnet auch Nachlaßpflegschaften und -verwaltungen an. Dort befinden sich auch die eröffneten Verfügungen von Todeswegen. Das heißt praktisch: Aus den Akten des Nachlaßgerichts, in denen sich übrigens auch die Erbscheine befinden, ist jederzeit die dingliche Rechtslage des Nachlasses zu ersehen. Wie ist es, wenn das Heimatrecht ähnliche Einrichtungen kennt? Werden diese nicht ihres Wertes beraubt, wenn die Erklärungen auch gegenüber dem deutschen Nachlaßgericht abgegeben werden können? Oder soll das deutsche Nachlaßgericht dann ermitteln, welche Behörde nach Heimatrecht für die Nachlaßbehandlung zuständig ist und dieser dann die Erklärung übersenden? Wodurch wird die Ausschlagungsfrist gewahrt? Das müßte das Heimatrecht bestimmen. Die Bereitwilligkeit des deutschen Nachlaßgerichtes kann sich für den, der ausschlagen will, sehr unangenehm auswirken, wenn das Heimatrecht die deutsche Ausschlagung überhaupt nicht anerkennt oder nicht für ausreichend erachtet, die Frist zu wahren.

VII

Die internationale Zuständigkeit ausländischer Gerichte:

A. 1. Im Zivilprozeß stellt sich diese Frage,

a) wenn ein ausländisches Gericht entschieden hat und aus dem Urteil Rechtsfolgen, insbesondere die materielle Rechtskraft in Deutschland, geltend gemacht werden. Diese Frage, ob das ausländische Urteil „anerkannt" wird, ist in § 328 ZPO positiv geregelt;

b) wenn in Deutschland die Rechtshängigkeit vor einem ausländischen Gericht geltend gemacht wird.

2. Die Antwort auf die erste Frage löst zugleich die zweite. Nach einmütiger Meinung ist die ausländische Rechtshängigkeit im Inland dann zu beachten, wenn das im Ausland zu erwartende Urteil in Deutschland anzuerkennen wäre[69]. In diesem Falle besteht, wie wenn zwei Rechtsstreite im Inland schweben, die Gefahr, daß widersprechende Entscheidungen

---

[69] Stein/Pohle § 263 III, 5; Baumbach/Lauterbach § 263, 2 B; Riezler 453 bei Anm. 7.

ergehen und für beide Wirksamkeit im Inland beansprucht werden kann. Das öffentliche Interesse erfordert auch in diesem Falle, den Widerspruch zu verhindern. Die Prozeßvoraussetzung der Nichtrechtshängigkeit ist daher wie bei rein innerdeutschen Fällen von Amts wegen zu beachten[70, 71].

3. Der Ausdruck „Anerkennung" eines ausländischen Urteils ist etwas irreführend. Es bedarf keines besonderen Anerkennungsaktes. Vielmehr meint § 328 nur, daß inländische Behörden Folgerungen aus der ausländischen Entscheidung ziehen dürfen und sollen, also z. B. eine erneute Klage unter den gleichen Personen mit der Begründung abweisen müssen, daß die Sache durch das ausländische Urteil bereits rechtskräftig entschieden ist. Für die Zwangsvollstreckung aus einem ausländischen Urteil ist freilich nach § 723 ZPO ein deutsches Vollstreckungsurteil nötig, wenn nicht Staatsverträge Erleichterungen bestimmen.

Eines besonderen Anerkennungsaktes durch die Landesjustizverwaltung bedarf es aber grundsätzlich in Ehesachen (Art. 7 § 1 FamRÄndGes.). In diesem Fall ist allgemein Klarheit und Sicherheit geschaffen. Auch sonst kann eine Partei ein schutzwürdiges Interesse daran haben, alsbald ein für allemal Klarheit darüber zu erlangen, ob das Urteil anerkannt wird. In diesem Falle kann sie in Deutschland auf Feststellung klagen, daß die ergangene ausländische Entscheidung im Inland wirksam oder nicht wirksam ist[72]. Die Rechtskraft des Urteils wirkt freilich nur zwischen den Parteien.

4. Die Anerkennung ist nach § 328 I Nr. 1 zu versagen, wenn die Gerichte des Staates, dem das ausländische Gericht angehört, nach den deutschen Gesetzen nicht zuständig, anders ausgedrückt, wenn sie nach deutscher Auffassung international nicht zuständig sind.

Wann das der Fall ist, gibt das Gesetz nicht an. Die internationale Zuständigkeit deutscher Gerichte leiten Lehre und Rechtsprechung, wie oben dargelegt, von einzelnen Ausnahmen abgesehen, aus der örtlichen Zuständigkeit ab. Wenn ein deutsches Gericht örtlich zuständig ist, ist es in der

---

[70] So für innerdeutsche Fälle RGZ 160, 344 und herrschende, aber nicht unbestrittene Meinung; für internationale Fälle RIEZLER 454 bei Anm. 9.

[71] Wegen der Rechtshängigkeit bestehen noch weitere Fragen, die hier nur angedeutet werden können:

1. Die Rechtshängigkeit begründet für die Zuständigkeit des deutschen Gerichts nach § 263 II 2 die perpetuatio fori. Diese Bestimmung bezieht sich auf die sachliche und örtliche Zuständigkeit. Auf die internationale Zuständigkeit kann sie nicht ohne weiteres übertragen werden. Doch ist das sehr umstritten (vgl. dazu RIEZLER 455 ff. unter 4).

2. Die materiellrechtlichen Wirkungen der Rechtshängigkeit (z. B. Unterbrechung der Verjährung) richten sich nach der Sachnorm, die das IPR angibt. Dieser ist auch zu entnehmen, ob Klageerhebung vor einem ausländischen Gericht genügt (vgl. RIEZLER 461 ff. unter 7).

[72] RGZ 109, 388 und 167, 380; zustimmend STEIN/POHLE § 328 I, 3; RIEZLER 515 bei Anm. 11.

Regel auch international zuständig. Aus der Gleichberechtigung aller Staaten und dem Bekenntnis zur internationalen Rechtsgemeinschaft ist zu schließen, daß Deutschland die internationale Zuständigkeit ausländischer Gerichte unter den gleichen Voraussetzungen anerkennt, unter denen es diese Zuständigkeit für seine Gerichte in Anspruch nimmt. International zuständig sind nach deutscher Auffassung die Gerichte eines ausländischen Staates, wenn bei entsprechender Anwendung der deutschen Bestimmungen über die örtliche Zuständigkeit ein Gerichtsstand in dem ausländischen Staat gegeben gewesen wäre[73].

Die internationale Zuständigkeit gibt an, ob *die* Gerichte eines Staates zuständig sind. Daher kommt es nur darauf an, ob nach den entsprechend anzuwendenden Vorschriften irgend ein Gericht des ausländischen Staates, nicht aber, ob gerade das Gericht zuständig war, das den Fall entschieden hat. Das ist eine Frage der örtlichen Zuständigkeit; sie regelt jeder Staat allein für sein Gebiet; denn er verteilt damit die Aufgaben unter seine Gerichte. Daher ist es für die Anerkennung auch ohne Bedeutung, ob das erkennende Gericht nach seinem Verfahrensrecht sachlich, örtlich oder funktionell zuständig war. So war in dem vom Reichsgericht (RGZ 65, 330) entschiedenen Falle in dem Fakturengerichtsstand des österreichischen Rechts geklagt worden. Daß dieser dem deutschen Recht unbekannt war, ist belanglos. Mit Recht untersucht vielmehr das Reichsgericht, ob in Österreich nach deutscher Auffassung (§ 29 ZPO) der Gerichtsstand des Erfüllungsort begründet war. Das hätte genügt, um das Urteil anzuerkennen.

Da die deutschen Vorschriften einen weiten Kreis von Gerichtsständen mit den verschiedensten Anknüpfungen gewähren, wird damit auch die internationale Zuständigkeit ausländischer Gerichte weitherzig anerkannt. Auch wenn jemand in dem Gerichtsstaat keinen Wohnsitz, wohl aber Vermögensgegenstände hat, ist nach dem entsprechend anzuwendenden § 23 ZPO die internationale Zuständigkeit des betreffenden ausländischen Gerichts gegeben. § 23 begründet nämlich kein besonderes Ausländerforum. Weder braucht der Beklagte Ausländer, noch der Kläger Deutscher zu sein. Es liegt also kein Grund vor, nicht auch bei dieser Vorschrift aus der örtlichen die ausländische internationale Zuständigkeit zu erschließen. Bei Forderungen gilt nach § 2352 der Wohnsitz des Schuldners als der Ort, wo das Vermögen sich befindet. Der Anerkennung ausländischer Urteile wird daher durch § 23 bedenklich weit das Tor geöffnet[74]. Allerdings ist die ausländische Zuständigkeit nur eine von den fünf Voraussetzungen, die § 328 für die Anerkennung aufstellt.

---

[73] Bei dieser Auffassung ist den Bedenken Rechnung getragen, die Neuner (§ 49) gegen die damals h. M. erhoben hatte.

[74] Vgl. Riezler 533 f. bei Anm. 5.

Der Anerkennung ausländischer internationaler Zuständigkeit steht es nicht entgegen, daß wegen einer anderen Anknüpfung auch deutsche örtliche und damit internationale Zuständigkeit besteht. Bei der Vielzahl von Gerichtsständen wird das sogar häufig der Fall sein.

5. a) Besteht nach den deutschen Vorschriften für den konkreten Fall in Deutschland ein ausschließlicher Gerichtsstand, so wird damit grundsätzlich auch die deutsche internationale Zuständigkeit mit der Wirkung in Anspruch genommen, daß eine ausländische internationale Zuständigkeit nicht anerkannt wird[75]; auch nicht, wenn sie auf Parteivereinbarung beruht[76]. Zuzugeben ist allerdings: Wenn das einheimische Verfahrensrecht ein Gericht als ausschließlich zuständig bestimmt, so bedeutet das genau gesehen nur: „Wenn die deutschen Gerichte überhaupt zuständig sind, dann soll nur dieses Gericht entscheiden." Das schließt nicht notwendig in sich, daß nur ein deutsches Gericht entscheiden, d. h. international zuständig sein soll. Die rationes legis können für beide Fragen durchaus verschieden sein; ebenso wie auch die Grenzen etwaiger Vereinbarungen der Parteien über die Zuständigkeit intern und international verschieden sein können, etwa so, daß § 40 II ZPO für die Vereinbarungen internationaler Zuständigkeit nicht anzuwenden ist[77]. Doch führt das zu Unterscheidungen, die praktisch schwer durchzuführen sind.

Wenn in Deutschland kein ausschließlicher Gerichtsstand begründet ist, wohl aber nach den entsprechend anzuwendenden deutschen Vorschriften in einem ausländischen Staat, so ist das Urteil eines Gerichtes dieses Staates, nicht aber eines dritten Staates anzuerkennen[78]. Wenn der Staat, der nach deutscher Auffassung ausschließlich international zuständig ist, für sich keine ausschließliche Zuständigkeit in Anspruch nimmt, sondern auch die Zuständigkeit eines dritten Staates anerkennt, dann ist dieser Verweisung zu folgen und das Urteil des dritten Staates anzuerkennen.

b) Für den in Deutschland begründeten ausschließlichen Gerichtsstand in Ehesachen macht die ZPO eine Ausnahme: Obwohl der in § 606 bestimmte Gerichtsstand ausschließlich ist[79], steht nach § 606a diese Vorschrift der Anerkennung eines ausländischen Urteils nicht entgegen in drei Fällen:

(aa) Wenn der Beklagte eine fremde Staatsangehörigkeit besitzt;

(bb) wenn er seinen gewöhnlichen Aufenthalt im Ausland hat oder wenn die Ehegatten ihren gemeinsamen gewöhnlichen Aufenthalt im Ausland gehabt haben;

(cc) wenn der Beklagte die Anerkennung der Entscheidung beantragt.

---

[75] Vgl. hierzu eingehend Pagenstecher, Gerichtsbarkeit § 11.

[76] Neuner 36 und Pagenstecher a.a.O.

[77] Vgl. Neuner und Pagenstecher a.a.O.

[78] Riezler 533; Stein/Pohle § 328 IV, 1 a E.

[79] In Kindschaftssachen begründet § 642 ZPO keinen ausschließlichen Gerichtsstand.

In allen drei Fällen ist also ohne Bedeutung, daß der Kläger und, außer in dem ersten Falle, der Beklagte Deutscher ist.

Damit ausländische Entscheidungen in Ehesachen anerkannt werden, ist es nicht notwendig, daß sie von staatlichen Gerichten erlassen sind. Die h. M. hat von jeher angenommen, daß Urteile geistlicher Gerichte gleichstehen, wenn der Urteilsstaat solche Gerichte für zuständig erachtet. §§ 606 a ZPO und Art. 7 § 1 FamRÄndGes. vom 11. 8. 1961 sprechen schlechthin von ausländischen Entscheidungen. Die Bestimmungen erfassen z. B. also auch Scheidungen im Verfahren der freiwilligen Gerichtsbarkeit oder der Verwaltung.

c) In Entmündigungssachen begründet § 648 I ZPO einen ausschließlichen Gerichtsstand. Nach der oben (V 3) dargestellten h. M. ist, von der Ausnahme in Art. 8 EGBGB abgesehen, für die Entmündigung nur der Heimatstaat zuständig. Der deutsche Gerichtsstand steht also nicht zur Verfügung. Es ist daher insoweit für die internationale Zuständigkeit belanglos, daß er ausschließlich ist. Daher sind für Ausländer nur die Entscheidungen des Heimatstaates oder die eines dritten Staates anzuerkennen, auf dessen Zuständigkeit der Heimatstaat verwiesen hat[80, 81].

Folgerichtig kann die h. M. für die Entmündigung eines Deutschen nur die deutsche internationale Zuständigkeit anerkennen. Die Ausschließlichkeit nach § 648 ZPO wirkt sich also hier auch für die internationale Zuständigkeit und gegen die Anerkennung aus. Fraglich ist aber folgender Fall: Ein Deutscher hat im Inland keinen allgemeinen, sondern nur den Notgerichtsstand des § 648 II. Er wird durch die zuständigen Behörden des Wohnsitzes oder Aufenthaltsstaats entmündigt. Ist diese Entscheidung analog Art. 8 EGBGB anzuerkennen? Die h. M. ist dagegen[82]. KEGEL und vor ihm schon FRANKENSTEIN sind dafür. Der Bundesgerichtshof (BGHZ 19, 240 ff.) erkennt die nach ausländischem Recht erfolgte Entmündigung eines Deutschen durch den Staat, in dem er seinen gewöhnlichen Aufenthalt[83] hat, vorbehaltlich des ordre public unter folgenden Voraussetzungen an:

---

[80] Nach SOERGEL/KEGEL Art. 8, 4 ist auch eine Entmündigung durch den Staat des gewöhnlichen, notfalls des schlichten Aufenthalts anzuerkennen.

[81] Ob für die Anerkennung § 328 ZPO maßgebend ist oder ob sie ohne weiteres zu erfolgen hat, hängt nicht davon ab, ob durch Beschluß oder Urteil entschieden ist. § 328 gilt für jede gerichtliche Entscheidung, die einen Rechtsstreit, gleichviel in welcher Form, auf Grund eines zivilprozessualen Verfahrens endgültig erledigt (RIEZLER 529; STEIN/POHLE § 328, 1). Eine andere Frage ist es, ob § 328 überhaupt anzuwenden ist, weil die Entmündigung der Sache nach eher zur freiwilligen Gerichtsbarkeit gehört. Sie ist schwieriger zu beantworten, als es scheint. Es sei nur darauf hingewiesen, daß nach deutschem Recht die Anfechtung im kontradiktorischen Zivilprozeß zu erfolgen hat und durch Urteil zu bescheiden ist (§§ 664, 672 ZPO; vgl. zu diesem Fragenkreis auch NEUHAUS, JZ 1956, 538).

[82] Vgl. SOERGEL/KEGEL Art. 8, 11 und die Angaben in BGHZ 19, 240.

[83] KEGEL folgend will der BGH nicht an den Wohnsitz anknüpfen.

(1) Der gesetzliche Tatbestand, auf den die Entmündigung gestützt wird, muß auch nach deutschem Recht einen Entmündigungsgrund bilden.

(2) Die Entmündigung muß – mindestens in letzter Instanz – in einem gesetzlich geregelten Verfahren durch ein mit unabhängigen Richtern besetztes Gericht ausgesprochen sein.

(3) Die rechtlichen und tatsächlichen Wirkungen der Entmündigung dürfen von denen einer Entmündigung im Inland nicht erheblich zum Nachteil des Entmündigten abweichen.

Die wahlweise Zuständigkeit deutscher Gerichte, die sich aus § 648 II ZPO ergibt, wird dadurch nicht berührt. Dieser Gerichtsstand ist also nicht ausschließlich, wofür übrigens auch schon der Wortlaut spricht. Der Bundesgerichtshof folgerte daraus weiter, daß die ausländische Entmündigung in diesem Gerichtsstand ex tunc aufgehoben und durch eine deutsche Entmündigung ersetzt werden kann, um gegebenenfalls die Entmündigungswirkungen zu ändern.

Das Urteil hat nicht allgemeine Zustimmung gefunden. Gebilligt wird es von Lauterbach[84], Arndt[85] und Neuhaus[86]. Raape[87] dagegen beharrt auch gegenüber dieser Entscheidung auf der bisher herrschenden Meinung. Kegel stimmt dem Bundesgerichtshof grundsätzlich zu. Er hält aber die Einschränkungen, die das Gericht macht, für zu eng und auch für unnötig, der ordre public und entsprechende Anwendung des Art. 7 III Satz 1 EGBGB genügten. Die Entscheidung entspricht dem allgemeinen Zug, die Beziehungen zum Aufenthaltsort stärker zu berücksichtigen und den Grundsatz des Heimatrechts zu entdogmatisieren. Er nähert auch die Entmündigung der Regelung der mit ihr verwandten Vormundschaft, die ja ebenfalls eine Fürsorge bedeutet. Der Bundesgerichtshof betont diesen Fürsorgegedanken stark. Ob aber bei der Zuständigkeit für Ausländer nicht die Rücksicht auf den inländischen Verkehr, letztlich also der Gedanke des ordre public ein gleich starker Beweggrund ist, bleibt offen. Immerhin wäre insoweit die Entscheidung ein Schritt auf dem Weg zu der Erkenntnis: Was man für sich selbst in Anspruch nimmt (Verkehrsschutz), kann man anderen Staaten nicht versagen, wenn man mit der internationalen Rechtsgemeinschaft Ernst macht. Die Einschränkungen, die der Bundesgerichtshof für nötig hält, sind ihrem Inhalt nach unbedenklich. Bedenklich sind sie für die praktische Anwendung. Wer über die Anerkennung zu entscheiden hat, muß sich in verschiedenen Hinsichten mit dem fremden Recht beschäftigen, um zu prüfen, ob eine der Einschränkungen vorliegt. Über die Anerkennung ist aber nur als Vorfrage und in jedem Verfahren, in dem es auf sie ankommt,

---

[84] Palandt/Lauterbach, Art. 8 EGBGB Anm. 3.

[85] Arndt bei Erman (oben N. 25) Art. 8 EGBGB Anm. 2 b.

[86] Neuhaus, JZ 1956, 537, z. T. freilich mit anderer Begründung.

[87] Raape 182.

wieder zu entscheiden. Es bleibt daher die Ungewißheit, die der Bundesgerichtshof vermeiden wollte. Hier könnte nur ein besonderer Anerkennungsakt helfen, wie er bei Ehesachen vorgesehen ist.

Da der Bundesgerichtshof eine Entmündigung eines Deutschen anerkennt, die nach ausländischem Recht erfolgt ist, muß das erst recht gelten, wenn die ausländische Behörde deutsches Recht angewendet hat. Dann müßten aber auch deutsche Gerichte Ausländer, die ihren Wohnsitz oder ständigen Aufenthalt im Inland haben, nach deren Heimatrecht entmündigen können; mindestens entsprechend § 606 b Ziff. 1 dann, wenn der Heimatstaat diese Entmündigung anerkennen würde.

B. 1. Für die *Anerkennung ausländischer Akte der freiwilligen Gerichtsbarkeit* gibt es im deutschen Recht weder allgemeine noch einzelne Vorschriften. Drei allgemeine Sätze sind aber wohl unstreitig:

a) Wie gegenüber der Anwendung ausländischen Rechts (Art. 30 EGBGB) und der Anerkennung ausländischer Urteile im Zivilprozeß (§ 328 I Ziff. 4 ZPO) ist allgemein der ordre public vorbehalten.

b) Anerkannt kann eine ausländische Maßnahme nur werden, wenn die Behörden des ausländischen Staates nach deutscher Auffassung international zuständig waren.

c) Wenn in einem Staat, der nicht der Heimatstaat ist, ein Akt einen Ausländer betrifft und der Heimatstaat diesen Akt anerkennt, so ist die internationale Zuständigkeit des Staates, der den Akt erlassen hat, anzuerkennen (Verweisungszuständigkeit). Im übrigen bleibt offen, wann ein ausländischer Staat zuständig ist.

Im Zivilprozeß leitet man grundsätzlich die internationale Zuständigkeit deutscher oder ausländischer Gerichte aus den deutschen Vorschriften über die örtliche Zuständigkeit ab. Oben (VI A) ist entwickelt, warum das in der freiwilligen Gerichtsbarkeit für die Zuständigkeit deutscher Gerichte nicht möglich ist. Erst recht muß das für die Zuständigkeit ausländischer Gerichte gelten. Steht aber fest, wann für eine Verrichtung der freiwilligen Gerichtsbarkeit deutsche Gerichte zuständig sind, dann kann man wohl im allgemeinen davon ausgehen, daß Deutschland im entsprechenden Fall die internationale Zuständigkeit der Behörden eines ausländischen Staates anerkennt. Bei der Entmündigung, die Akten der freiwilligen Gerichtsbarkeit nahe steht, ist der Bundesgerichtshof, wie oben berichtet, bereits so vorgegangen, freilich mit Einschränkungen, die vielleicht unnötig, jedenfalls aber schwer praktikabel sind.

Die internationale Zuständigkeit deutscher Gerichte in der freiwilligen Gerichtsbarkeit ist nur für bestimmte Fragen geregelt. Im übrigen läßt sie sich, wie früher dargelegt, nur durch Untersuchung der einzelnen Fälle feststellen. Das gleiche gilt für die internationale Zuständigkeit ausländischer Behörden. Hier wie dort können in diesem Bericht nur skizzenhafte Hinweise gegeben werden.

2. *Todeserklärung:* § 12 des VerschGes. scheint davon auszugehen, daß für diese grundsätzlich das Heimatrecht[88] maßgebend und die Heimatbehörde zuständig ist. Daraus folgt unstreitig, daß die Todeserklärung eines Ausländers durch seinen Heimatstaat in Deutschland anzuerkennen ist[89] Streitig ist dagegen von je[90], ob die Todeserklärung eines Deutschen im Ausland von Deutschland anzuerkennen ist. Sie ist es sicher nicht, wenn für die Zuständigkeit der ausländischen Behörden keine vom deutschen Recht gebilligte Anknüpfung besteht. Eine weit verbreitete Meinung entnimmt dem § 12 I die ausschließliche Zuständigkeit des Heimatstaates[91]. KEGEL dagegen will neben dieser Statutszuständigkeit auch die Zuständigkeit des Aufenthaltsstaates anerkennen. Dem Wortlaut des § 12 I („kann im Inland für tot erklärt werden") kann man nicht entnehmen, daß die in ihm verordnete Zuständigkeit ausschließlich sein soll. Daß es sich um Heimatrecht und Heimatstaat handelt, kann nicht ausschlaggebend sein; denn § 606 a ZPO läßt eine ausländische Entscheidung in Ehesachen zu, wenn der deutsche Beklagte seinen gewöhnlichen Aufenthalt im Ausland hat. Der Bundesgerichtshof erkennt auch in Entmündigungssachen eine ausländische Entmündigung an. Die deutsche internationale Zuständigkeit in Kindschaftssachen ist nach § 642 ZPO ebenfalls nicht ausschließlich. Auf der anderen Seite ergibt sich zwar aus einer Reihe von KEGEL angeführter Bestimmungen die grundsätzliche örtliche Zuständigkeit des Gerichts des gewöhnlichen Aufenthalts; aber das besagt in der freiwilligen Gerichtsbarkeit nichts für die internationale Zuständigkeit. Doch dürfte die Entwicklung wohl in der von KEGEL gezeigten Richtung streben. Richtig ist dieser Weg aber nur dann, wenn Staaten beteiligt sind, zwischen denen nicht nur eine formale, aus der völkerrechtlichen Gleichberechtigung aller Staaten abgeleitete, sondern eine auf Kulturgemeinschaft gegründete Rechtsgemeinschaft besteht. Sonst kommt es zu einer unerfreulichen Ausweitung des ordre public mit allen damit verbundenen Unsicherheiten[92].

Wenn man die Zuständigkeit des Aufenthaltsstaates nicht anerkennt, dann bleibt noch die Frage, ob § 12 II und III VerschGes. entsprechend anzuwenden sind. Die herrschende Meinung lehnt das ab[93]. Die von RAAPE dafür gegebene Begründung überzeugt freilich nicht mehr. Sie beruht auf einer Überschätzung des Staatsangehörigkeitsgrundsatzes. Warum soll die

---

[88] Genauer: das Personalstatut und die Behörden des Staates, dessen Recht Personalstatut ist (vgl. dazu RAAPE 184).

[89] Wegen der Bedenken bei der Verschollenheitserklärung, die dem deutschen Recht unbekannt ist, vgl. STAUDINGER/RAAPE Art. 9 D II, E II 2.

[90] Vgl. RAAPE 192; STAUDINGER/RAAPE D I 1.

[91] RAAPE a.a.O.; BGH, MDR 1962, 977, vgl. auch NJW 1959, 2208; PALANDT/LAUTERBACH, VerschGes. § 12 Anm. 2.

[92] Die Einschränkungen, die der BGH bei der Entmündigung für nötig hält, zeigen das.

[93] Vgl. STAUDINGER/RAAPE D I, 1.

Rechtsgemeinschaft nicht so weit gehen, daß wir auch anderen Staaten zugestehen ihre Verkehrsinteressen innerhalb ihres Gebietes zu wahren?[94]

Die Todeserklärung eines Ausländers in einem ausländischen Staat, der nicht sein Heimatstaat ist, ist in Deutschland jedenfalls dann anzuerkennen, wenn der Heimatstaat sie anerkennt. Die deutschen Behörden brauchen dann nicht zu prüfen, ob nach deutscher Auffassung der entscheidende Staat international zuständig war. Sie folgen der Verweisung des Heimatstaates (Verweisungszuständigkeit). Ob die Entscheidung aber auch dann anzuerkennen ist, wenn der Heimatstaat sie nicht anerkennt, ist streitig. Anerkennen könnte man auf jeden Fall nur, wenn der entscheidende Staat nach deutscher Auffassung international zuständig ist – nach KEGEL also, wenn die Person dort ihren gewöhnlichen Aufenthalt hatte. Im Rahmen der Verschollenheitskonvention vom 6. 4. 1950[95] wirkt jede Todeserklärung, die in einem der freilich wenigen Vertragsstaaten erfolgt, in allen Vertragsstaaten.

3. *Volljährigkeitserklärung:* Nach dem deutschen Internationalen Privatrecht (Art. 7 EGBGB) untersteht diese dem Heimatrecht. Daraus wird gefolgert, daß auch nur die Behörden des Heimatstaates zuständig sind. Anzuerkennen ist also die Volljährigkeitserklärung eines Ausländers durch die Behörden seines Heimatstaates, kraft zu beachtender Verweisung auch durch die Behörden eines dritten Staates, wenn der Heimatstaat deren Volljährigkeitserklärung anerkennt.

Nicht anerkannt wird die Volljährigkeitserklärung eines Deutschen durch ausländische Behörden, und zwar auch dann nicht, wenn bei entsprechender Anwendung der deutschen Vorschriften über die örtliche Zuständigkeit eine beachtliche Anknüpfung für die Zuständigkeit des ausländischen Staates z. B. kraft Wohnsitzes bestände[96]. Abweichend von dieser herrschenden Meinung hält KEGEL[97] auch die Behörden des Aufenthaltsstaates für zuständig. Doch dürfte die Durchbrechung der Statutszuständigkeit hier im Gegensatz zur Entmündigung weder durch Fürsorgebedürfnis noch durch Eilbedürftigkeit gerechtfertigt sein.

4. *Vormundschaft:* Wie oben (VI B 2) ausgeführt, liegt dem Art. 23 EGBGB der Gedanke zugrunde, daß für Anordnung einer Vormundschaft Heimatrecht anzuwenden ist und die Behörden des Heimatstaats international zuständig sind. Für die Anerkennung einer Vormundschaft über einen Ausländer durch ausländische Behörden gilt das gleiche wie für die Volljährigkeitserklärung (Statuts- und Verweisungszuständigkeit).

Die gleiche Maßnahme für einen Deutschen wäre nach dem Grundsatz nicht anzuerkennen. § 47 FGG durchbricht diesen aber. Ist über einen

---

[94] So auch – mit Einschränkungen – KEGEL 198.

[95] Dazu deutsches Gesetz vom 7. 4. 1955; Näheres bei KEGEL 198.

[96] RAAPE § 22 E; STAUDINGER/RAAPE Art. 7 F I, III und IV; KEIDEL § 56 Anm. 9.

[97] KEGEL 202; SOERGEL/KEGEL Art. 7 Anm. 22.

Deutschen, der im Ausland seinen Wohnsitz oder Aufenthalt hat, die nach den Vorschriften des BGB erforderliche Vormundschaft angeordnet, so kann nach Abs. 1 deren Anordnung in Deutschland unterbleiben, wenn das im Interesse des Mündels liegt. Vorausgesetzt ist dabei, daß eine Behörde des Wohnsitz- oder Aufenthaltsstaates die Anordnung getroffen hat.

Für die Entscheidung über die Untätigkeit ist das deutsche Gericht zuständig, das nach § 36 FGG die Vormundschaft anzuordnen hätte, nicht aber jede Behörde, für die die Wirksamkeit der ausländischen Anordnung Vorfrage ist.

Das Gericht hat zu prüfen[98]

(aa) ob die im Ausland nach dortigem Recht angeordnete Vormundschaft „nach den Vorschriften des BGB erforderlich war", d. h. ob sie dem Mündel – im wesentlichen – den gleichen Schutz und die gleichen Vorteile gewährt, die dieser durch eine nach BGB einzuleitende Vormundschaft hätte,

(bb) das Mündelinteresse. Hierfür genügt es, daß die Unterlassung einer deutschen Anordnung dem Mündelinteresse nicht zuwiderläuft.

Mißlich an dieser Vorschrift ist einmal, daß das deutsche Vormundschaftsgericht das in- und das ausländische Recht miteinander vergleichen muß, womit es häufig überfordert sein dürfte. Zum anderen bleibt unklar, wie der doch wohl erforderliche Wille des deutschen Gerichts, nichts zu tun, zum Ausdruck kommen muß. Bedarf es dazu eines förmlichen den Beteiligten zuzustellenden Beschlusses oder genügt eine Entscheidung, die reines Internum des Vormundschaftsgerichts bleibt und etwa in einem Aktenvermerk niedergelegt ist? Man käme dann wie Raape[99] zu dem Wunsch, daß die Anerkennung durch eine zentrale Stelle erfolgt. Jedoch läßt sich die Frage wohl einfacher lösen.

Verneint nämlich das deutsche Gericht, daß es untätig bleiben darf, so ordnet es die Vormundschaft an. Die ausländische Anordnung ist dann nicht anzuerkennen. Aus praktischen Gründen ist aber anzunehmen, daß diese Wirkung erst ex nunc eintritt[100]. Das bedeutet aber nichts anderes als: Die ausländische Anordnung wird anerkannt, solange nicht das deutsche Vormundschaftsgericht eine Vormundschaft angeordnet hat. Die Anerkennung ist also – ohne Rückwirkung – auflösend bedingt.

§ 47 I gilt nicht, wenn zuerst in Deutschland, danach im Ausland eine Vormundschaft oder Pflegschaft angeordnet ist. In diesem Falle kann aber nach § 47 I I FGG das deutsche Vormundschaftsgericht untätig werden und die Vormundschaft unter drei Voraussetzungen an den ausländischen Staat abgeben:

---

[98] Keidel § 47 Anm. 3.

[99] Raape 408.

[100] Ebenso Raape und Keidel a.a.O. Anderer Ansicht „unter Umständen" Kegel 551; ähnlich Soergel/Kegel Art. 23 Anm. 19.

(1) Die Abgabe muß im Interesse des Mündels liegen.

(2) Der oder die Vormünder stimmen zu. – Die Zustimmung kann durch das nächsthöhere Gericht ersetzt werden.

(3) Der ausländische Staat muß sich zur Übernahme bereit erklären.

Mit der Abgabe endet die deutsche Vormundschaft. Der ausländische Staat wird international zuständig. Seine Anordnung ist daher nunmehr, aber nicht für die Vergangenheit (zweifelhaft), anzuerkennen.

Was im Vorstehenden über die Einleitung der Vormundschaft gesagt ist, gilt auch für die Änderung, Durchführung und Aufhebung. Es gilt nach Art. 23 I EGBGB und § 47 III FGG auch für die Pflegschaft. Doch sind damit nur Pflegschaften gemeint, die der Fürsorge für eine bestimmte Person dienen. Für andere Pflegschaften[101] ist die von Deutschland in Anspruch genommene internationale Zuständigkeit am Orte des Fürsorgebedürfnisses auch für ausländische Staaten und deren Anordnung anzuerkennen.

§ 47 FGG gilt nicht für vorläufige Maßregeln, wie sie Art. 23 II EGBGB den deutschen Gerichten erlaubt. Doch sollte man wohl grundsätzlich diese Bestimmung für die internationale Zuständigkeit des Wohnsitz- oder Aufenthaltsstaates entsprechend anwenden. Dafür spricht das Fürsorgebedürfnis, das hier häufig eilige Entscheidungen erfordert.

§ 47 gilt auch nicht für sonstige Verrichtungen des Vormundschaftsgerichts. Ebensowenig wie für die internationale Zuständigkeit deutscher Gerichte läßt sich über die Anerkennung ausländischer Akte dieser Art, die Deutsche betreffen, eine allgemeine Aussage machen. Hier sind Einzeluntersuchungen notwendig, die im Rahmen dieses Berichts nicht möglich sind.

5. In *Nachlaßsachen* bestimmt sich, wie früher dargelegt, nach fester Praxis die deutsche internationale Zuständigkeit grundsätzlich nach dem anzuwendenden Erbstatut. Für die Zuständigkeit ausländischer Behörden muß grundsätzlich dasselbe gelten. Akte des Staates, dessen Recht Erbstatut ist, und eines Staates, auf den dieses verweist, sind in Deutschland anzuerkennen. Ausländische Akte in Fällen, die den Nachlaß deutscher Erblasser betreffen, sind nicht anzuerkennen.

Gewohnheitsrechtlich wird für deutsche Gerichte die Statutszuständigkeit durchbrochen für Sicherungsmaßnahmen, für die ein Fürsorgebedürfnis besteht. Da es sich um einen, meistens eilbedürftigen Akt der Fürsorge handelt, muß die gleiche Ausnahme zugunsten ausländischer Staaten gelten. Solche Akte sind also anzuerkennen, wenn sie von Behörden eines ausländischen Staates getroffen werden, in denen das Fürsorgebedürfnis hervortritt. Gleichgültig ist dabei, ob der Akt den Nachlaß eines Deutschen oder den eines Angehörigen eines dritten Staates betrifft.

---

[101] Vgl. oben bei N. 53 und 54.

Die weitere Ausnahme, die § 2369 BGB für den Erbschein macht, ist derartig auf deutsches Recht zugeschnitten, daß sie nicht auf die Zuständigkeit ausländischer Staaten entsprechend angewendet werden kann.

VIII

Die vorstehenden Ausführungen über die internationale Zuständigkeit deutscher oder ausländischer Behörden gelten nur, soweit nicht völkerrechtliche Verträge die Zuständigkeit anders regeln. Die wichtigsten Verträge, an denen Deutschland beteiligt ist, sind folgende:

1. *Staatsverträge mit unmittelbarer Zuständigkeitsregelung*

a) Haager Abkommen zur Regelung der Vormundschaft über Minderjährige vom 12. 6. 1902 (RGBl. 1904, 240, 249);

b) Haager Abkommen über die Entmündigung und gleichartige Fürsorgemaßregeln vom 17. 7. 1905 (RGBl. 1912, 463, 475).

c) Vormundschaftsabkommen zwischen dem Deutschen Reich und der Republik Österreich vom 5. 2. 1927 (RGBl. II 511), erloschen durch Anschluß 1938, ab 1. 10. 1959 wieder angewandt (BGBl. II 1250).

d) Deutsch-polnisches Vormundschaftsabkommen vom 5. 3. 1924 (RGBl. 1925 II 145). Es ist streitig, ob dieses Abkommen noch in Kraft ist.

2. *Staatsverträge mit mittelbarer Zuständigkeitsregelung, das sind Staatsverträge über die gegenseitige Anerkennung und Vollstreckung von gerichtlichen Entscheidungen*

a) Abkommen zwischen dem Deutschen Reich und der Schweizerischen Eidgenossenschaft über die gegenseitige Anerkennung und Vollstreckung von gerichtlichen Entscheidungen und Schiedssprüchen vom 2. 11. 1929 (RGBl. 1930 II 1065), in Kraft seit 1. 12. 1930 (Bek. vom 5. 11. 1930; RGBl. II 1270).

b) Abkommen zwischen dem Deutschen Reich und dem Königreich Italien über die Anerkennung und Vollstreckung gerichtlicher Entscheidungen in Zivil- und Handelssachen vom 9. 3. 1936 (RGBl. 1937 II 145), wieder anwendbar seit 1. 10. 1952 (Bek. vom 23. 12. 1952; BGBl. II 986).

c) Abkommen zwischen der Bundesrepublik Deutschland und dem Königreich Belgien über die gegenseitige Anerkennung und Vollstreckung von gerichtlichen Entscheidungen, Schiedssprüchen und öffentlichen Urkunden in Zivil- und Handelssachen vom 30. 6. 1958 (BGBl. 1959 II 766), in Kraft seit 27. 1. 1961 (Bek. vom 23. 11. 1960; BGBl. II 2408), dazu Gesetz vom 26. 6. 1959 (BGBl. II 765).

d) Vertrag zwischen der Bundesrepublik Deutschland und der Republik Österreich über die gegenseitige Anerkennung und Vollstreckung von gerichtlichen Entscheidungen, Vergleichen und öffentlichen Urkunden in Zivil- und Handelssachen vom 6. 6. 1959 (BGBl. 1960 II 1246), in Kraft seit 29. 5. 1960 (Bek. vom 4. 5. 1960; BGBl. II 1523), dazu Gesetz vom 8. 3. 1960 (BGBl. II 1245).

e) Abkommen zwischen der Bundesrepublik Deutschland und dem Vereinigten Königreich Großbritannien und Nordirland über die gegenseitige Anerkennung und Vollstreckung von gerichtlichen Entscheidungen in Zivil- und Handelssachen vom 14. 7. 1960 (BGBl. 1961 II 302), in Kraft seit 15. 7. 1961 (Bek. vom 28. 6. 1961 (BGBl. II 1025), dazu Gesetz vom 28. 3. 1961 (BGBl. II 301).

f) Vertrag zwischen der Bundesrepublik Deutschland und dem Königreich Griechenland über die gegenseitige Anerkennung und Vollstreckung von gerichtlichen Entscheidungen, Vergleichen und öffentlichen Urkunden in Zivil- und Handelssachen vom 4. 11. 1961 (BGBl. 1963 II 110), in Kraft seit 18. 9. 1963 (Bek. vom 12. 9. 1963; BGBl. II 1278), dazu Gesetz vom 21. 2. 1963 (BGBl. II 109).

g) Vertrag zwischen der Bundesrepublik Deutschland und dem Königreich der Niederlande über die gegenseitige Anerkennung und Vollstreckung gerichtlicher Entscheidungen und anderer Schuldtitel in Zivil- und Handelssachen vom 30. 8. 1962 (BGBl. 1965 II 27), dazu Gesetz vom 15. 1. 1965 (BGBl. II 26).

h) Haager Übereinkommen über die Anerkennung und Vollstreckung von Entscheidungen auf dem Gebiet der Unterhaltspflicht gegenüber Kindern vom 15. 4. 1958 (BGBl. 1961 II 1005), dazu Gesetz vom 18. 7. 1961 (BGBl. I 1033; gilt im Verhältnis zu Belgien, Italien und Österreich und den Niederlanden).

i) Übereinkommen vom 14. 9. 1961 über die Erweiterung der Zuständigkeit der Behörden, vor denen nichteheliche Kinder anerkannt werden können, und vom 12. 9. 1962 über die Feststellung der mütterlichen Abstammung nichtehelicher Kinder (BGBl. 1965 II 17).

Im übrigen wird auf die Angaben bei KEGEL, Kommentar und Lehrbuch, verwiesen.

IX

Die vorstehende Untersuchung hat ergeben, daß die internationale Zuständigkeit nach deutscher Auffassung im Zivilprozeß im wesentlichen zufriedenstellend und übersichtlich geregelt ist. In der freiwilligen Gerichtsbarkeit dagegen fehlt es noch an Klarheit und innerer Geschlossenheit. Die zweite Abteilung (Familienrechtskommission) des Deutschen Rates für Internationales Privatrecht hat in ihren Vorschlägen für eine Reform des deutschen internationalen Kindschafts-, Vormundschafts- und Pflegschaftsrechts auch die internationale Zuständigkeit behandelt und dafür besondere Bestimmungen vorgeschlagen[102].

DÖLLES „Versuch, Lösungen zu bieten, die allgemein akzeptiert werden können“[103], ist als wichtiger Beitrag zur weiteren Klärung dankbar zu begrüßen.

[102] Vorschläge und Gutachten zur Reform des deutschen internationalen Kindschafts-, Vormundschafts- und Pflegschaftsrechts, hrsg. von LAUTERBACH (1966) 5 f.

[103] DÖLLE (oben N. 16) 206.

ZIVILPROZESSRECHT

FREIWILLIGE GERICHTSBARKEIT *

Von Dr. WALTHER J. HABSCHEID
Professor an den Universitäten Würzburg und Genf

Jedes Rechtsinstitut ist von seinem Aufgabenbereich her zu verstehen; denn von dort bezieht es seinen teleologischen Sinn und seine systematische Struktur. Dieser Umstand macht das Verständnis der Freiwilligen Gerichtsbarkeit (FG) besonders schwer; denn die FG zeichnet sich gerade dadurch aus, *keinen* fest umrissenen, systematisch einheitlichen und damit für sie typischen Aufgabenbereich zu besitzen.

Ebensowenig trägt ihre Bezeichnung als solche zum Verständnis bei; denn weder ist die FG eine eigene Gerichtsbarkeit, noch ist ihr das Charakteristikum der Freiwilligkeit eigen[1].

Das typische Merkmal der FG ist vielmehr das besondere Verfahren. Nur auf der Grundlage der verfahrensrechtlichen Eigentümlichkeiten ist der heterogene, einer allgemeinen materialen Kennzeichnung sich entziehende Aufgabenbereich zu erklären: Anknüpfungspunkt für die Zuweisung der mannigfaltigsten Aufgaben an die FG durch den Gesetzgeber war nicht der Sachzusammenhang, sondern die Eigenart des Verfahrens, die dieses für die speziellen Aufgaben besonders geeignet erscheinen ließ[2]. Angesichts dieser Eigenart unseres Verfahrensrechtsgebiets erscheint es erforderlich, diesen Länderbericht mit einer Übersicht über den Aufgabenbereich der FG zu beginnen:

---

* *Abgekürzt zitierte Literatur:* Neuere Lehrbücher zur Freiwilligen Gerichtsbarkeit: BAUR, FG 1. Buch (1955); JANSEN, in: LUX, Schulung für die juristische Praxis, 3. Abt. (5. Aufl. 1961); LENT/HABSCHEID, FG (4. Aufl. 1962); PIKART/HENN, Lehrbuch der FG (1963).

Neuere Kommentare zur Freiwilligen Gerichtsbarkeit: JANSEN, FG (1959), Erg.Bd. (1962); KEIDEL, FG (8. Aufl. 1963); SCHLEGELBERGER, Gesetz über die Angelegenheiten der FG, Bd. I und II (7. Aufl. 1956), Nachtrag 1957.

Ferner BAUR, Der gegenwärtige Stand der Freiwilligen Gerichtsbarkeit: JurJb. 3 (1962/63) 50 ff.

[1] Vgl. hierzu: LENT/HABSCHEID 16 f., ferner BAUR, FG 11 ff.

[2] BAUR, JurJb. 3, 52 f.; LENT/HABSCHEID 2, 20; HABSCHEID, DRpfleger 1957, 168 ff. und ZZP 66 (1953) 191; BETTERMANN, Festschrift Lent (1957) 17 ff.; BOSCH, AcP 149 (1944) 41; BGHZ 6, 248.

I. Aufgabenbereich der FG

Im einzelnen wies der Gesetzgeber folgende Aufgaben der FG zu[3]:

A. Der „klassische" Bereich der FG

Der ursprüngliche traditionelle Bereich der FG umfaßt die Vormundschafts-, Ehe- und Personenstands-, Nachlaß- und Registersachen sowie die Urkundstätigkeit[4]. Hinzu treten einige Hilfstätigkeiten auf dem Gebiete des bürgerlichen Rechts. Dieser „eiserne Bestand" der FG ist ihr in der Hauptsache bereits zur Zeit des Erlasses des FGG (Reichsgesetz in Angelegenheiten der Freiwilligen Gerichtsbarkeit von 1898) zugewiesen worden:

1. Vormundschaftssachen

In Vormundschaftssachen obliegen dem Amtsgericht als Vormundschaftsgericht eine Reihe wichtiger Aufgaben.

a) So ordnet das Vormundschaftsgericht die Vormundschaft an (§§ 1773, 1896 BGB), bestellt den Vormund (§§ 1775 ff. BGB) und überwacht und unterstützt ihn bei der Führung seines Amtes (§ 1837 BGB). Häufig hat es anstelle des Vormunds selbst Maßnahmen zu treffen (§ 1846 BGB), ferner bedürfen wichtige Geschäfte des Vormunds für den Mündel der gerichtlichen Genehmigung (§§ 1821 ff. BGB). Ebenfalls seiner Genehmigung bedarf die Unterbringung des Mündels, die mit Freiheitsentziehung verbunden ist (§ 1800 II BGB), obwohl es sich hier nicht um gerichtliche Freiheitsentziehung, sondern um Ausübung des Aufenthaltsbestimmungsrechts durch den Vormund (im Wege der Unterbringung in einer geschlossenen Anstalt etc.) handelt.

b) Ähnlich geregelt sind die Aufgaben des Vormundschaftsgerichts bei der der Vormundschaft nachgebildeten Pflegschaft (§ 1915 BGB).

c) Auch im Verhältnis zwischen Eltern und ihren ehelichen Kindern hat das Vormundschaftsgericht wichtige Befugnisse. Es kann den Eltern unter bestimmten Voraussetzungen die Sorge für das Vermögen des Kindes entziehen (§§ 1666 II, 1669, 1684 BGB), ferner – was von besonderer praktischer Bedeutung ist – bei Meinungsverschiedenheiten der Eltern über die Ausübung der elterlichen Gewalt eingreifen. Allerdings darf das Gericht nicht anstelle der Eltern entscheiden, aber es kann einem Elternteil die Entscheidungsgewalt übertragen (sog. Kompetenz-Kompetenz des Vormundschaftsrichters)[5]. Im übrigen hat das Vormundschaftsgericht ganz allgemein die Möglichkeit, die elterliche Gewalt abweichend von der normalen gesetzlichen Regelung zu ordnen (vgl. § 1666 BGB).

---

[3] Siehe hierzu im einzelnen Lent/Habscheid 218 ff.

[4] Ich beschränke mich hierbei auf die wichtigsten Aufgaben.

[5] Vgl. hierzu Lent/Habscheid 95; AG Hamburg, FamRZ 1961, 123; OLG Frankfurt, FamRZ 1961, 125.

d) Nach Auflösung der Ehe bestimmt das Vormundschaftsgericht, welchem Elternteil die eheliche Gewalt über ein gemeinschaftliches Kind zustehen soll (§ 1671 BGB), ebenso bei Getrenntleben der Ehegatten (hier nur auf Antrag, § 1672 BGB).

e) Weitere gerichtliche Eingriffe in das Sorgerecht sind im Jugendwohlfahrtsgesetz (JWG) geregelt: das Vormundschaftsgericht kann wegen einer Schädigung oder Gefährdung des geistigen, seelischen oder leiblichen Wohls des Minderjährigen die Erziehungsbeistandschaft (§§ 55ff. JWG) oder zur Beseitigung oder Verhinderung einer Verwahrlosung die Fürsorgeerziehung anordnen (§ 65 JWG).

f) Weitere Zuständigkeiten hat das Vormundschaftsgericht bei Ehelichkeitserklärung (§ 1723 BGB) und Ehelichkeitsanfechtung (vgl. §§ 1597, 1599 BGB) sowie bei der Feststellung der Legitimation (§ 1721 BGB) und schließlich der Volljährigkeitserklärung (§ 3 BGB) und der Befreiung vom Erfordernis der Ehemündigkeit (§ 1 II EheG, vgl. auch § 3 III EheG).

g) Bei der Annahme an Kindes Statt obliegt die Bestätigung des Adoptionsvertrages dem Amtsgericht – nicht dem Vormundschaftsgericht als solchem – im Verfahren der FG (§ 1741 S. 2 BGB). Das Vormundschaftsgericht kann aber aus schwerwiegenden Gründen die Adoption aufheben (§§ 1770a, b BGB).

2. Ehesachen

Auch bei der Regelung von Fragen, die das Verhältnis der Ehegatten zueinander betreffen, wirkt das Vormundschaftsgericht mit.

a) Bei Eingehung der Ehe ist das Vormundschaftsgericht berufen, die erforderlichen Befreiungen von Eheverboten (Eheverbote der Schwägerschaft und der Geschlechtsgemeinschaft, Ehehindernis des Ehebruchs) zu erteilen (§ 4 III EheG).

b) Im Rahmen der Ehe hat das Vormundschaftsgericht Kompetenzen in personenrechtlicher und in güterrechtlicher Beziehung. Es entscheidet über die Schlüsselgewalt (§ 1357 BGB), ersetzt bei Gütergemeinschaft und Zugewinngemeinschaft die erforderlichen Zustimmungen eines Ehegatten zu Verfügungen des anderen (§§ 1365 II, 1369 II, 1426 BGB) und wirkt beim Zugewinnausgleich mit (§§ 1382, 1383 BGB).

c) Nach Auflösung der Ehe wickelt sich ein Namensuntersagungsverfahren (§ 57 EheG) oder ein Hausratsverteilungsverfahren (HausrVO) im Rahmen der FG ab.

3. Personenstandssachen[6]

a) Das Personenstandswesen ist außerhalb des FGG, nämlich im Personenstandsgesetz, geregelt, gehört aber nichtsdestoweniger zum traditio-

[6] Vgl. im einzelnen HABSCHEID, Stichwort „Personenstandsrecht", in: Staatslexikon der Görresgesellschaft VI (6. Aufl. 1961).

nellen Bereich der FG. Zuständig ist in erster Linie der Standesbeamte, sein Kontrollorgan ist das Gericht der FG (§§ 1 I, 45 ff. PStG).

Unter Personenstand ist das familienrechtliche Verhältnis einer Person zu einer anderen zu verstehen. Diese Verhältnisse werden in den Personenstandsbüchern (Geburtenbuch, Sterbebuch, Heiratsbuch, Familienbuch) aufgezeichnet (§ 1 II PStG).

Der Standesbeamte führt diese Bücher, wirkt bei der Eheschließung mit und nimmt namensrechtliche Erklärungen und Vaterschaftsanerkenntnisse entgegen. Außerdem stellt er Ehefähigkeitszeugnisse aus (§§ 1 II, 15 c, 29, 69 b PStG, 11 EheG).

Die Personenstandsbücher und -urkunden genießen gemäß §§ 60 ff. PStG besondere Beweiskraft.

Neben der Kontrolle des Standesbeamten wirken die Gerichte (Prozeßgericht, Vormundschaftsgericht, Verwaltungsbehörden oder -gerichte) auch noch in anderer Weise im Personenstandswesen mit, indem sie durch ihre Entscheidungen den Personenstand feststellen oder ändern (etwa durch Namensänderung).

b) Wegen des inneren Zusammenhangs seien hier die Verschollenheitssachen gleich miterwähnt, auch wenn sie der FG erst durch das Verschollenheitsgesetz von 1939 eingegliedert wurden. Demnach obliegt dem Amtsgericht im Verfahren der FG die Todeserklärung eines Verschollenen sowie die Feststellung des Todeszeitpunktes.

4. Nachlaß- und Teilungssachen

a) Dem Amtsgericht als Nachlaßgericht obliegt die Sicherung des Nachlasses gemäß §§ 1960 ff. BGB. Es kann zu diesem Zwecke einen Nachlaßpfleger bestellen, Nachlaßverwaltung anordnen und bei der Inventarerrichtung mitwirken (§§ 1962, 1981, 1993 ff. BGB). Ferner sind Erklärungen, welche die Erbschaft betreffen, dem Nachlaßgericht gegenüber abzugeben, so die Ausschlagung der Erbschaft (§§ 1945, 1955 BGB) und die Anfechtung letztwilliger Verfügungen (§ 2081 BGB). Schließlich sind die Nachlaßgerichte für die amtliche Verwahrung von Testamenten und Erbverträgen, für ihre Eröffnung, für die Ernennung und Entlassung von Testamentsvollstreckern und die Erteilung und Einziehung von Erbscheinen zuständig (§§ 2260 ff.; 2200, 2227, 2353, 2361 BGB).

b) Dem Nachlaßgericht obliegt ferner die Aufgabe, im Verfahren der FG bei der Teilung eines Nachlasses unter mehreren Miterben sowie bei der Auseinandersetzung des Gesamtgutes nach Beendigung der ehelichen Gütergemeinschaft zu vermitteln (§§ 86, 99 FGG).

Es hat dabei aber keine Entscheidungs- und Zwangsgewalt. Vielmehr unterbreitet es den Beteiligten als unbeteiligte objektive Stelle einen Auseinandersetzungsplan zum Zwecke der gütlichen Einigung. Sobald auch nur ein Beteiligter widerspricht, scheitert das Verfahren. Ist das jedoch nicht der Fall, so bestätigt das Gericht den Plan, und dieser ist damit verbindlich wie eine vertragsmäßige Vereinbarung (§§ 97, 98 FGG).

5. Registersachen

Beim Amtsgericht werden folgende Register geführt: Grundbuch, Schiffsregister, Handelsregister, Genossenschaftsregister, Vereinsregister, Güterrechtsregister und Musterregister. Wegen der materiellrechtlichen Bedeutung dieser Register (positive und negative Publizität) sei auf das materielle Recht verwiesen (vgl. §§ 21, 55 ff., 891 ff., 1558 ff. BGB, §§ 8 ff. HGB usw.). Die Grundbuchsachen sind in einem besonderen Gesetz, der GBO, geregelt, im übrigen ist das FGG maßgebend (§§ 125 ff., 159, 161 FGG).

6. Beurkundungen

Es handelt sich hierbei um die Beurkundung von Rechtsgeschäften und die öffentliche Beglaubigung von Unterschriften. Diese Formen sind im materiellen Recht in zahlreichen wichtigen Fällen angeordnet (vgl. etwa §§ 313, 518, 873 II, 2033 BGB, 12 HGB, 29 GBO). In einigen anderen Fällen wird eine (nicht unbedingt zu beurkundende) Erklärung gegenüber einer Behörde oder einem Richter der FG oder Notar verlangt (z. B. § 925 BGB). Nach dem BGB sind Gerichte und Notare nebeneinander zur Beurkundung berufen (§ 128 BGB). Jedoch kann der Landesgesetzgeber die Beurkundungstätigkeit entweder nur den Gerichten oder nur den Notaren übertragen (Art. 141 EGBGB). Für letzteres hat sich etwa Bayern entschieden (Art. 10 II BayAGGVG).

Das wesentliche an der Beurkundung ist die Abgabe von Erklärungen durch die Beteiligten vor der Urkundsperson (Richter, Rechtspfleger, Notar) und die Protokollierung dieser Erklärung. § 176 FGG bestimmt den notwendigen Inhalt des Protokolls. Das Protokoll wird verlesen, von den Beteiligten genehmigt und eigenhändig unterschrieben. Die Vornahme dieser Akte wird wiederum urkundlich festgehalten und das Ganze von der Urkundsperson unterschrieben (§ 177 FGG). Verstöße bewirken die Nichtigkeit der Beurkundung. Die Urschrift der Urkunde nimmt die Urkundsperson in Verwahrung.

Zu beglaubigende Unterschriften werden in Gegenwart der Urkundsperson vollzogen, die dies durch einen darunter gesetzten Vermerk bestätigt. Die Beglaubigung sagt lediglich aus, daß die betreffende Person die Unterschrift geleistet hat (§§ 129 BGB, 183 FGG). Besondere Vorschriften gelten für die Beurkundung letztwilliger Verfügungen (§§ 2231 ff. BGB).

7. Hilfstätigkeiten auf dem Gebiete des Zivilrechts

Auf dem Gebiet des Bürgerlichen Rechts nimmt das Gericht im Verfahren der FG eine Reihe von Hilfstätigkeiten wahr, nämlich die Abnahme des Offenbarungseides gemäß § 163 FGG (aber nur in den Fällen, in denen er auf Grund bürgerlichrechtlicher Vorschriften geschuldet – Fälle: §§ 259 f., 2028, 2057 BGB – und freiwillig geleistet wird, sonst § 889 ZPO), die Untersuchung von Sachen nach § 164 FGG – Fälle: §§ 1034, 1067, 1075, 1377 II, 2122 BGB, 438 III HGB –, die Bestellung eines Verwahrers nach § 165 FGG – Fälle: §§ 432, 1217, 1281, 2039 BGB –, und die Mitwirkung beim Pfandverkauf gemäß § 166 FGG – Fälle: § 1246 BGB; in Verb. damit §§ 233, 559 ff. usw. BGB, 397 usw. HGB, 127 KO.

b) Auf dem Gebiet des Handelsrechts ist das Handelsregistergericht über die Registerführung hinaus in bestimmten Fällen zur Rechtsfürsorge und Streitentscheidung berufen. Es handelt sich hierbei um die Ersatzbestellung von Vorstands- und Aufsichtsratsmitgliedern bei Aktiengesellschaften, von Prüfern und Liquidatoren bei Körperschaften aller Art (vgl. § 29 BGB, ferner AktG und GmbHG) und auch bei Personengesellschaften des Handelsrechts (§§ 146 f., 161 II HGB) sowie um die Schlichtung von Meinungsverschiedenheiten unter den verschiedenen Beteiligten.

Ferner entscheidet das Gericht im Verfahren der FG über Rechte der Kommanditisten und stillen Gesellschafter sowie in anderen Bereichen des Wirtschaftsrechts (vgl. § 145 FGG, § 11 III Mitbestimmungsgesetz). Gerade hier haben sich der FG in neuester Zeit weite Aufgabenbereiche erschlossen. Wichtig ist ferner das im FGG geregelte Ordnungsstrafverfahren zur Durchsetzung des Registerzwangs und Abwehr unbefugten Firmengebrauchs (§§ 132 ff., 140 FGG).

B. Der neue Bereich der FG[7]

Die der FG neu zugewiesenen Aufgabenbereiche sind mannigfaltig und kaum mehr überschaubar. Das rührt daher, daß die neuen Materien der FG nicht wegen ihrer inneren Verwandtschaft mit den klassischen Bereichen zugeordnet wurden, sondern weil dem Gesetzgeber in jedem Einzelfall die Grundsätze des Verfahrens der FG zur Bewältigung der gestellten Rechtspflegeaufgabe am besten geeignet erschienen. Diese neue Rechtsentwicklung auf dem Gebiet der FG wird vor allem dadurch gekennzeichnet, daß privatrechtliche Streitsachen (zivilprozessualen Charakters) und neuestens sogar öffentlichrechtliche Streitsachen der FG zugesprochen worden sind.

1. Freiheitsentziehung

Hier hat der Gesetzgeber der FG durch das Gesetz über das gerichtliche Verfahren bei Freiheitsentziehungen (FEVG) von 1956 ein neues Tätigkeitsfeld erschlossen. Es handelt sich hierbei nicht um Freiheitsentziehung auf Grund eines Strafverfahrens oder des JWG, sondern um Beschrän-

---

[7] Baur, JurJb. 3, 53 ff.; Lent/Habscheid 260 ff.

kungen der Freiheitssphäre des Staatsbürgers, zu denen früher insbesondere die Polizei ermächtigt war, bis Art. 104 III GG jegliche Freiheitsentziehung dem Richter vorbehielt.

Freiheitsentziehung wird dabei definiert als Unterbringung einer Person gegen ihren Willen oder im Zustand der Willenlosigkeit in einem Gefängnis, einer geschlossenen Anstalt usw. (§ 2 I FEVG). In Betracht kommen also Freiheitsentziehungen aus sicherheitsrechtlichen Gründen nach FEVG, das nur die Fälle erfaßt, in denen materielles Bundesrecht eine Freiheitsentziehung erlaubt, in erster Linie auf Grund des Bundesseuchengesetzes, des Gesetzes zur Bekämpfung von Geschlechtskrankheiten, des Ausländerpolizeirechts und des Bundessozialhilfegesetzes.

Die Länder haben entsprechende Gesetze für die Freiheitsentziehung auf Grund von Landesrecht (insbes. Unterbringung von Geisteskranken und Süchtigen) erlassen, die ebenfalls die gerichtliche Entscheidung dem Amtsgericht im Verfahren der FG vorbehalten (etwa BayVerwahrungsG). Es ist selbstverständlich, daß vor dem Richter, wie stets, die Prinzipien eines justizförmigen Verfahrens zu wahren sind und insbes. das rechtliche Gehör gewährt werden muß.

2. *Vertragshilfe*

Der Richter ist berufen, Rechtsbeziehungen, deren Abwicklung grundlegende wirtschaftliche und soziale Veränderungen vereitelten, den neuen Verhältnissen anzupassen und dabei die berechtigten Interessen aller Beteiligten zu wahren. Den ersten Schritt tat nach dem ersten Weltkrieg, damals ohne ausdrückliche gesetzliche Ermächtigung, das RG. Der Ausbruch des zweiten Weltkriegs brachte die ersten gesetzgeberischen Ansätze. Dann wurden zur Bewältigung der wirtschaftlichen Schwierigkeiten nach Kriegsende zunächst auf Länderebene gesetzgebende Maßnahmen getroffen, schließlich 1952 das Vertragshilfegesetz erlassen. Es handelt sich bei dieser Regelung um einen Anwendungsfall der Lehre vom Fortfall der Geschäftsgrundlage. Der Richter ist befugt, vor dem 21. 6. 1948 (Tag des Inkrafttretens der Währungsreform) begründete Verbindlichkeiten zu stunden oder herabzusetzen (§ 1 VHG), er hat dabei zunächst auf eine gütliche Einigung der Parteien hinzuwirken, ansonsten eine rechtsgestaltende Entscheidung zu treffen.

Ähnliche Hilfe hat der Richter der FG nach einigen Sondergesetzen bei der Abwicklung anderer Schuldverhältnisse zu leisten, so Umstellung von Grundpfandrechten, Wertpapierbereinigung, landwirtschaftliche Entschuldung.

Insgesamt gesehen, ist eine derartige richterliche Hilfe in erster Linie in Krisenzeiten angezeigt, doch werden diese Gedanken heute auch auf dem Gebiet der Auseinandersetzung der Zugewinngemeinschaft und der Hausratsverteilung praktisch (vgl. §§ 1382, 1383 BGB, HausrVO).

3. Wohnungseigentumssachen

Das Wohnungseigentumsgesetz von 1951 hat zwei neue Rechtsinstitute geschaffen: das Wohnungseigentum und das Dauerwohnrecht, die beide eine Gemeinschaft von Berechtigten konstituieren. Die meisten der hieraus entstehenden Konflikte sind gemäß § 43 WEG dem Richter der FGG zur Schlichtung zugewiesen. Er hat hierbei in erster Linie auf einen Vergleich hinzuwirken, notfalls eine Entscheidung und die zu ihrer Durchführung notwendigen Anordnungen zu treffen (§ 44 WEG).

4. Hausratsverteilung

Nach Auflösung einer Ehe ist dem Richter die Macht verliehen, im Verfahren der FG durch eigene Gestaltung unabhängig von der bestehenden Rechtslage die Rechte der Ehegatten am Hausrat und an der ehemaligen ehelichen Wohnung ausgleichend und angemessen zu ordnen, um hierdurch die Bedürfnisse an Wohnraum und Hausrat gerecht und zweckmäßig zu befriedigen (6. DVO zum EheG = HausrVO). Er entscheidet hierbei nach billigem Ermessen und hat alle Umstände des Einzelfalles, insbes. das Wohl der Kinder und die Ursachen der Eheauflösung (Verschulden) zu berücksichtigen. Bei der Wohnungszuweisung kann er selbst neue Mietverhältnisse begründen („diktierte Verträge"). Es wird dabei evtl. auch in die Rechte eines Dritten, des Vermieters, eingegriffen, der dann am Verfahren formell beteiligt ist.

5. Landwirtschaftssachen[8]

Unter Landwirtschaftssachen sind bestimmte Rechtsgeschäfte und Rechtsverhältnisse mit Bezug auf landwirtschaftlich nutzbaren Grund und Boden und landwirtschaftliche Betriebe zu verstehen, die durch Sondergesetze einer vom allgemeinen Zivilrecht abweichenden Regelung unterworfen sind.

Als wichtigste Sonderregelungen seien genannt: Nach dem GrundstücksverkehrsG bedarf die Veräußerung land- und forstwirtschaftlicher Grundstücke der Genehmigung, nach dem LandpachtG können Pachtverträge beanstandet und aufgehoben werden, ferner können landwirtschaftliche Grundstücke und Betriebe enteignet sowie einem Erwerber zugewiesen werden, bestimmten Stellen sind Vorkaufsrechte eingeräumt, schließlich hat das Erbrecht (Anerbenrecht) eine Sonderregelung erfahren. Dies alles dient dem Zwecke, eine volks- und landwirtschaftlich optimale Nutzung des Agrarlandes zu erreichen.

Diese Landwirtschaftssachen werden in einem Sonderverfahren der FG entschieden (Gesetz über das gerichtliche Verfahren in Landwirtschaftssachen von 1953). Zuständig sind besondere Landwirtschaftsgerichte, die

[8] Siehe auch Baur, JZ 1962, 695 ff.

bei den Amtsgerichten, Oberlandesgerichten und dem BGH gebildet sind und sich dadurch auszeichnen, daß neben dem Berufsrichter landwirtschaftliche Laienbeisitzer mitwirken. Das Verfahren richtet sich nach dem FGG, soweit nicht Sondervorschriften des LwVG vorgehen.

6. *Wiedergutmachung*

Der Nachkriegsgesetzgeber hat mit der Rückerstattungsgesetzgebung einen großen Teil der den Opfern des nationalsozialistischen Terrors geschuldeten Wiedergutmachung der FG zugewiesen. Es handelt sich hierbei einmal um Besatzungsrecht (Rückerstattungsgesetze der amerikan. und der brit. Zone, RückerstattungsAO Berlin), zum anderen um das Bundesrückerstattungsg von 1957.

In den ehemaligen amerikanischen und britischen Besatzungszonen sowie in Berlin sind die Wiedergutmachungskammern bei den Landgerichten als Entscheidungsinstanzen in einem Sonderverfahren der FG zuständig; in der ehemaligen französischen Zone sind es die Restitutionskammern der Landgerichte.

Die Rückerstattungsgesetzgebung betrifft grundsätzlich nur feststellbare entzogene Vermögensgegenstände oder Schadensersatz- bzw. Erstattungsansprüche. Die Wiedergutmachungsgesetzgebung hingegen will die übrigen Vermögens- und Freiheitsschäden ausgleichen. Sie verweist den Antragsteller nicht auf die FG, sondern in den ordentlichen Zivilrechtsweg. An diesem Beispiel zeigt sich besonders deutlich, daß die einzelnen Aufgaben der FG nicht wegen ihres inneren Sachzusammenhangs, sondern auf Grund von (zum Teil zweifelhaften) [9] Zweckmäßigkeitserwägungen des Gesetzgebers zugewiesen wurden.

7. *Öffentlichrechtliche Streitsachen* [10]

Aus Gründen des Sachzusammenhangs [11] hat der Gesetzgeber in neuester Zeit Streitsachen verwaltungsrechtlicher Natur den ordentlichen Gerichten oder den bei ihnen errichteten Standesgerichten zugewiesen und, soweit nicht Sondervorschriften geschaffen wurden, den Verfahrensregeln des FGG unterstellt.

Gegenstand des Verfahrens ist stets ein Justizverwaltungsakt oder ein Verwaltungsakt oder ein öffentlichrechtliches Rechtsverhältnis. Im einzelnen handelt es sich um folgende Fälle:

a) Anfechtung von Justizverwaltungsakten (§§ 23 ff. EGGVG), d. h. Maßnahmen der Justizbehörden zur Regelung einzelner Angelegenheiten in bezug auf ein gerichtliches Verfahren (Beispiel: Nichtzulassung als Prozeßagent).

---

[9] Vgl. Lent/Habscheid 281 f.

[10] Lent/Habscheid 38 ff.; Baumgärtel, ZZP 73 (1961) 387 ff.; Zimmermann, DRpfleger 1962, 42 ff.

[11] Vgl. BGH, NJW 1961, 923.

b) Anerkennung ausländischer Entscheidungen in Eheauflösungssachen (Art. 7 FamRÄndG 1961). Für die Anerkennung ist die Landesjustizverwaltung zuständig.

In beiden Fällen kann gegen den behördlichen Akt das Oberlandesgericht angerufen werden, das im Verfahren der FG entscheidet.

c) Verwaltungsakte kostenrechtlicher Art und Verwaltungsakte nach der Bundesnotarordnung (BNotO) können vor dem Richter der FG angefochten werden (Art. XI § 1 KostenÄndG, § 111 BNotO).

d) Der Ehrengerichtshof für Rechtsanwälte entscheidet im Verfahren der FG über Streitigkeiten über die Zulassung von Anwälten sowie über andere Verwaltungsakte auf der Grundlage der Bundesrechtsanwaltsordnung (BRAO) (§§ 11, 16, 35, 223 BRAO, Verfahren §§ 37–42, insbes. 40 IV BRAO).

e) Schließlich ist der Ehrengerichtshof für Anwälte im Verfahren der FG auch zuständig für die Ungültig- und Nichtigerklärung von Wahlen und Beschlüssen von Organen der Rechtsanwaltskammer (vgl. §§ 90f. BRAO).

f) In einigen Fällen kann auch eine Verpflichtungsklage zum Erlaß eines Verwaltungsaktes vor dem Richter der FG erhoben werden (§ 27 I EGGVG, § 111 II BNotO, ferner BRAO, s. o. d.).

Auch Feststellungsanträge sind möglich (s. o. b, ferner § 38 II BRAO, § 28 I 4 EGGVG, vgl. auch BGH, NJW 1961, 922).

Zusammenfassend läßt sich nur feststellen, daß der FG verschiedenartigste Aufgaben zugewiesen wurden. Ein sachlicher Zusammenhang besteht – jedenfalls bezüglich der Streitsachen – nicht, der Gesetzgeber ließ sich hier von der Überlegung leiten, welche Verfahrensart für die Behandlung der Angelegenheit am besten geeignet ist.

II. Begriff und Arten der FG

Ergab sich aus dem Aufgabenbereich der FG kein klares Bild unseres Rechtsinstituts, so ist man zu ihrem Verständnis um so mehr auf Begriffsbestimmungen und systematische Gliederung angewiesen.

A. Der Begriff[12]

1. Die FG ist nicht, wie die ordentliche Gerichtsbarkeit oder die Verwaltungsgerichtsbarkeit, ein besonderer Zweig der staatlichen Gerichtsbarkeit, sie ist vielmehr ein Teil der ordentlichen Zivilgerichtsbarkeit. Diese gliedert sich in streitige und freiwillige Gerichtsbarkeit; der Unterschied liegt

---

[12] Lent/Habscheid 16 ff.; Baur, FG 7 ff. und JurJb. 3, 51; Bosch (oben N. 2) 32 ff.; Bötticher, Festschrift Lent (1951) 89 ff.; Habscheid, DRpfleger 1957, 164 ff.; ZZP 66 (1953) 191; JR 1958, 361 ff.; Keidel § 1 Anm. 1 a; Niese, ZZP 73 (1960) 1 ff.

in der Verfahrensart (dem modus procedendi). Es handelt sich also weder um eine Abgrenzung der Aufgaben zwischen verschiedenen Rechtswegen, noch um die Frage der sachlichen Zuständigkeit, sondern um eine (zwingende, d. h. der Disposition der Beteiligten und des Gerichts entzogene) *Feststellung der Verfahrensart.*

2. Eine nähere Begriffsbestimmung wird häufig nach dem Verfahrensgegenstand und Verfahrensziel versucht. Es wurde bisher jedoch noch keine einheitliche Definition gefunden, die allen Einwänden standhalten würde: weder in der „Gestaltung der Privatrechtsordnung"[13], noch in der „Rechtsfürsorge"[14] erschöpft sich das Wesen der FG. Man kann allgemein nur feststellen, daß die FG, ebenso wie der Zivilprozeß, die Aufgabe hat, grundsätzlich der Feststellung, der Fortbildung und dem Schutz privater Rechtsverhältnisse zu dienen. Im übrigen zeigt sich, daß die Erscheinungsformen der FG und des Zivilprozesses so mannigfaltig geworden sind, daß der Verfahrensgegenstand und das Ziel dieser Verfahrensarten nicht mehr eindeutig voneinander abzugrenzen sind. Ein materieller Begriff der FG kann nicht erarbeitet werden. Es bleibt nur die formale Aussage, daß es sich um *ein staatlich geordnetes Verfahren zur Erledigung rechtlicher Angelegenheiten handelt.*

3. In Anbetracht des sich einer näheren Bestimmung entziehenden Verfahrensgegenstandes stellt sich die Frage, ob die Gesamtheit der FG überhaupt noch als Rechtsprechung bezeichnet werden könne, ob sie nicht vielmehr zum Teil bereits Verwaltung sei[15]. Tatsächlich sind nicht alle Akte der FG Rechtsprechungsakte im engeren Sinne, doch übt der Staat mit ihnen stets Rechts*pflege* aus; sie sollen daher als *Rechtspflegeakte* bezeichnet werden[16]. Für diese Rechtspflegeakte müssen die gleichen Rechtsgarantien (insbes. Verfassungsgarantien, vgl. insbes. Art. 92 ff. GG) gelten wie für die Rechtsprechung i. e. S. Auch die sog. „Justizverwaltungsakte" sind nicht Verwaltungsakte, sondern Rechtspflegeakte.

Nun wird allerdings Rechtsprechung in neuerer Zeit überwiegend als „Rechtsanwendung zum Zwecke der Entscheidung eines Rechtsstreits" definiert[17]; es wird also auf das materielle Kriterium der Streitentscheidung abgestellt. Demgegenüber hatte Richard Thoma[18] einen weiteren Begriff der Rechtsprechung geprägt: Nach ihm ist Rechtsprechung „Anwendung des objektiven Rechts auf einen bestimmten Sachverhalt durch eine unabhängige Stelle (den Richter)". Für die Belange der FG ist es nun gerade

---

[13] So Stein/Jonas/Schönke/Pohle, Kommentar zur ZPO (19. Aufl. 1964 ff.), § 1 Vorbem. III 1.

[14] Lent, DNotZ 1950, 320.

[15] Vgl. hierzu Bettermann (oben N. 2) 24.

[16] Vgl. Lent/Habscheid 23; Niese (oben N. 12) 1 ff.

[17] Bötticher, ZZP 51 (1926) 201 ff.; Friesenhahn, Festschrift Thoma (1950) 21 ff.

[18] Thoma, Handbuch des Deutschen Staatsrechts II (1932) 127 ff.

wichtig, ob auf das Kriterium der Streitentscheidung abzustellen ist; denn in der Mehrzahl der Fälle (vor allem in den klassischen Aufgabenbereichen) herrscht in ihrem Verfahren in der Regel kein Streit unter mehreren Beteiligten.

Es müssen über die Fälle der Streitentscheidung hinaus noch weitere Gebiete zur Rechtsprechung gezogen werden. Das ist das Ergebnis einer historischen Entwicklung: Seit Jahrhunderten obliegt den Gerichten neben der Streitentscheidung auch die Regelung und Ordnung privater Lebensbeziehungen, und es hat seinen guten Grund, daß die Gesetzgebung auch diese Angelegenheiten dem sachlich und persönlich unabhängigen Richter unterstellte und nicht dem Verwaltungsbeamten, dem es in erster Linie um die Interessen des Gemeinwesens und erst danach um private Rechtsbeziehungen geht. Es lagert sich also um den Kern des materiellen Begriffs i.S. der Streitentscheidung der Ring der „Rechtsprechungssachen kraft Herkommens", und hierher gehören diejenigen Angelegenheiten der FG, die nicht durch einen „Streit" charakterisiert werden. Auch die Rechtspflegeakte gehören zur FG; sie sind nicht echte Rechtsprechung, aber sie stehen in deren „Vorfeld". Von dem Organ, das sie vornimmt, ist wenigstens ein Mindestmaß an sachlicher Unabhängigkeit und Entscheidungsfreiheit zu verlangen. Die Nachprüfung des Rechtspflegeaktes durch den Richter der FG schließlich ist stets Rechtsprechung im engeren Sinne[19].

Zusammenfassend ist also zu sagen, daß der Begriff der Rechtsprechung nicht nur materiell, sondern auch historisch-teleologisch zu deuten ist. In diesem Sinne ist der ganze Aufgabenbereich der FG zur Rechtsprechung zu rechnen.

B. Arten der FG

Es soll nun, trotz des buntscheckigen Bildes, das der Aufgabenbereich der FG bot, der Versuch unternommen werden, wenigstens ihre wichtigsten Verfahrensarten systematisch zu gliedern.

1. FG als Rechtsfürsorge

Der „klassische" Bereich der FG (siehe oben I A) ist Rechtsfürsorge: das Organ der FG soll dem Bürger helfen, seine privatrechtlichen Ziele zu verwirklichen. Es kann sein, daß ein besonderer Umstand in der Person des „Schutzbefohlenen" vorliegt, weswegen ihn der Staat in besonderem Maße in seine Obhut nehmen muß (so bei Vormundschaftssachen), oder es ist allgemein zum Schutze der Interessen des Betroffenen oder des Rechtsverkehrs eine staatliche Fürsorge angezeigt (etwa bei Nachlaß- und Regi-

---

[19] Zum Ganzen: Baur, DNotZ 1955, 507 ff.; Habscheid, DRpfleger 1957, 164 ff.; Schlegelberger, DRpfleger 1957, 135 ff.; Schorn, DRpfleger 1957, 267 ff.; Wertenbruch, DRpfleger 1962, 77 ff.; Bericht der Kommission zur Vorbereitung einer Reform der Zivilgerichtsbarkeit (1961) 296 ff.

stersachen). Diese Fürsorge erstreckt sich sowohl auf die Person als auch auf das Vermögen. Sie erschöpft sich häufig nicht in einem einmaligen Tätigwerden des Staatsorgans, sondern schafft ein Dauerrechtsverhältnis. Die *in die Zukunft* wirkende Fürsorge steht im Vordergrund, wohingegen der Zivilprozeß einen in der Vergangenheit liegenden Streit entscheiden soll.

An der Rechtsfürsorge durch die FG besteht ein öffentliches Interesse, eine Staatskontrolle ist erforderlich. Diese Tatsache findet ihren Niederschlag in der Ausprägung des Verfahrens. Insbesondere hat der Richter der FG die Pflicht, von sich aus die Wahrheit zu erforschen (Inquisitionsmaxime: § 12 FGG).

Je nach der Intensität des öffentlichen Interesses an der fraglichen Fürsorgemaßnahme greift das Organ der FG entweder von Amts wegen oder nur auf Antrag hin ein.

Deutlich ist dies am Beispiel der §§ 1671, 1672 BGB erkenntlich: Ist die Ehe aufgelöst, so *muß* die Frage der elterlichen Gewalt von Amts wegen geregelt werden; leben die Eltern jedoch lediglich getrennt, so befaßt sich das Vormundschaftsgericht nur *auf Antrag* eines Elternteils mit der Angelegenheit.

Es besteht aber kein grundsätzlicher Unterschied zwischen Offizial- und Antragssachen. In beiden Fällen steht der Rechtsfürsorgezweck im Vordergrund, subjektive Rechte fehlen, lediglich tritt bei Antragssachen das Interesse des Antragstellers gegenüber dem öffentlichen Interesse stärker hervor.

Auch die Urkunds- und Registertätigkeit ist Rechtsfürsorge. Es handelt sich nicht nur um eine technische Hilfstätigkeit, sondern auch hier wird Vermögensfürsorge geübt. Diese Rechtspflegeakte sind zwar keine Ausübung von Gerichtsbarkeit im engeren Sinn, liegen jedoch „im Vorfeld“ der Rechtsprechung.

2. Die privatrechtlichen Streitsachen[20]

Diese Verfahrensart hat insbesondere nach dem zweiten Weltkrieg in der FG immer größere Bedeutung erlangt (siehe oben I B 1–6). Sie ist dem Zivilprozeß verwandt: Die Beteiligten beherrschen das Verfahren in ähnlicher Weise wie die Parteien den Zivilprozeß; sie leiten es durch ihre Anträge ein, können diese zurücknehmen, Vergleiche und Schiedsabreden schließen. *Das Verfahren dient der Durchsetzung behaupteter subjektiver Rechte der Beteiligten;* dieser materielle Gehalt ist den privatrechtlichen Streitsachen der FG ebenso eigen wie dem Zivilprozeß – im Unterschied zu den Rechtsfürsorgeangelegenheiten. Im Regelfall herrscht hier Streit

[20] *Literatur:* Bärmann, AcP 154 (1955) 373 ff.; de Boor, Judicium 1 (1928) 262 ff.; Bosch (oben N. 2) 32 ff.; Habscheid, ZZP 66 (1953) 188 ff.; JZ 1954, 689 ff.; Münzel, ZZP 66 (1953) 334 ff.; Peters, MDR 1952, 137 ff.

zwischen den Beteiligten. Es zeigt sich also, daß die Grenze zwischen der freiwilligen und der sog. „streitigen" Gerichtsbarkeit nicht dort gezogen werden kann, wo sich (im Regelfall) Streit und Freiwilligkeit trennen.

Eine materielle Gleichsetzung von Zivilprozeß und privatrechtlichen Streitverfahren der FG ist jedoch nur zulässig, wenn auch den in dieser Sonderverfahrensart ergehenden Entscheidungen materielle Rechtskraft zukommt, denn nur dann kann man auch hier von einer endgültigen, grundsätzlich unumstößlichen Entscheidung sprechen. (Im Unterschied dazu kann das Organ der FG Maßnahmen, die in Rechtsfürsorgeangelegenheiten getroffen wurden, grundsätzlich jederzeit abändern, wenn sachliche Gründe dies erfordern.) Es sei hier bereits vorweggenommen (siehe unten II D 4), daß Entscheidungen in privatrechtlichen Streitsachen in materieller Rechtskraft erwachsen; § 322 I ZPO gilt entsprechend.

Darüber hinaus sind ganz allgemein Lücken des Verfahrensrechts, die das FGG offenläßt, da es auf Rechtsfürsorgeangelegenheiten zugeschnitten ist, durch analoge Anwendung der ZPO zu schließen. Diese Analogieschlüsse finden ihre Rechtfertigung in der sachlichen Verwandtschaft von Zivilprozeß und privatrechtlichen Streitverfahren der FG. Doch dürfen die Vorschriften der ZPO nicht unbesehen übernommen werden: beide Verfahrensarten werden von verschiedenen Maximen beherrscht, so daß einzelne zivilprozessuale Rechtsinstitute nicht oder nur in abgewandelter Form übernommen werden dürfen.

Auch der *Streitgegenstand* dieser Verfahrensart ist in Anlehnung an den Begriff des Streitgegenstandes im Zivilprozeß zu bestimmen als die Rechtsbehauptung des Antragstellers, ihm sei in dem eingeschlagenen Verfahren die begehrte Rechtsfolge (hier im Gegensatz zum Zivilprozeß allerdings abstellend auf konkrete materielle Rechte; denn der Streitrichter der FG ist nicht allumfassend, sondern nur für einzelne materielle Rechte zuständig) auf Grund eines bestimmten Lebenssachverhaltes zuzusprechen[21].

Der Streitgegenstandsbegriff ist wichtig für die sachliche Abgrenzung von Antrag und Entscheidung, und damit für die Prozeßmaximen, für Anspruchshäufung und -änderung, für Rechtskraft und Präklusion.

Zusammenfassend lassen sich die privatrechtlichen Streitsachen der FG wie folgt *definieren:*

Privatrechtliche Streitsachen liegen immer dann vor, wenn das Gericht der FG als zur endgültigen, d. h. materiell rechtskräftigen Entscheidung berufene Instanz über behauptete subjektive Rechte zu entscheiden hat, mögen die Beteiligten den Richter im Einverständnis angerufen haben oder nicht, mag die Entscheidung nach oder ohne streitige Verhandlung gefällt werden[22].

---

[21] Habscheid, Der Streitgegenstand im Zivilprozeß und im Streitverfahren der FG (1956), insbes. S. 234; RdA 1958, 46–50, 95–100.

[22] Habscheid, JZ 1954, 691.

3. Die öffentlichrechtlichen Streitsachen

In neuester Zeit hat die FG die Anziehungskraft ihres Verfahrens dadurch unter Beweis gestellt, daß ihr selbst öffentlichrechtliche Streitsachen zugewiesen wurden (siehe oben I B 7). Dadurch entstand eine neue, dritte Verfahrensart.

Stets besteht dabei ein Sachzusammenhang zwischen dem öffentlichrechtlichen Gegenstand des Rechtsstreits und dem Zivilrecht *oder* Zivilprozeßrecht. Die Situation entspricht insofern der bei den zivilrechtlichen Streitsachen, als sich Beteiligte mit gegensätzlichen Interessen gegenüberstehen und subjektive Rechte oder Rechtsverhältnisse (des öffentlichen Rechts) im Streit befangen sind.

Auf das Verfahren sind, soweit keine Sonderregelungen getroffen wurden, die Vorschriften des FGG entsprechend anzuwenden. Lücken sind durch die Heranziehung von Vorschriften der VwGO zu schließen[23]. Entsprechend der Regelung der VwGO erwachsen auch Entscheidungen in öffentlichrechtlichen Streitsachen in materieller Rechtskraft.

III. Die Verfahrensordnung

A. Die Behörden

Dem komplexen Rechtsgebiet der FG entspricht die Vielzahl der für Verrichtungen in dieser Verfahrensart zuständigen Behörden.

1. Die Gerichte

a) Die Gerichte kommen, der Bezeichnung „Freiwillige Gerichtsbarkeit" entsprechend, in erster Linie in Frage, und zwar sind sie sowohl zur Ausübung echter Rechtsprechung als auch zum Erlaß von Rechtspflegeakten berufen. Ihre Zuständigkeit ist in den verschiedenen Gesetzen geregelt.

Diese gesetzlichen Vorschriften begnügen sich aber meist nicht damit, die Gerichte schlechthin für zuständig zu erklären (so jedoch § 8 HGB), oder auch nur die Amtsgerichte schlechthin (so aber §§ 21, 1558 BGB, 11 HausrVO), sondern sie benennen sehr häufig einen bestimmten Richter, etwa den Vormundschaftsrichter (§§ 1774, 1789, 1837 BGB), den Nachlaßrichter (§§ 1960, 1961, 2353 BGB), das Landwirtschaftsgericht usw. Das ist so zu verstehen, daß bei jedem Amtsgericht ein Richter speziell zur Wahrnehmung der Obliegenheiten des Vormundschafts- bzw. Nachlaßrichters bestellt wird, es entscheidet dann „das Amtsgericht als Vormundschaftsgericht".

b) Neben den Richter tritt der *Rechtspfleger* (RechtspflG von 1957), ein Gerichtsbeamter, der nicht die Qualifikation zum Richteramt besitzt. Sein

[23] ZIMMERMANN, DRpfleger 1962, 46.

Status kommt allerdings dem des Richters nahe, er ist gemäß § 8 RpflG bei seinen Entscheidungen unabhängig (das Gesetz sagt „selbständig") und nur dem Gesetz unterworfen. Dem Rechtspfleger sind in erster Linie die Rechtspflegeakte zugewiesen, dagegen sind die echten Streitsachen in aller Regel in der Zuständigkeit des Richters belassen. Der Rechtspfleger steht insofern unter richterlicher Kontrolle, als gegen seine Entscheidung den Beteiligten die „Erinnerung" an den zuständigen Richter offensteht.

c) Das FGG enthält keine Bestimmungen über die *Gerichtsverfassung.* Lediglich in einigen Sondergesetzen (z. B. im LwVG) finden sich diesbezügliche Regelungen. Im übrigen hat das GVG auch für die FG Geltung. Daneben ist das DRiG und das RpflG zu beachten.

Wichtig ist insbesondere, daß auch in den Fürsorgeangelegenheiten der FG der Richter und ebenso der Rechtspfleger im Gegensatz zur weisungsgebundenen Verwaltung unabhängig und nur dem Gesetz unterworfen sind.

2. Die Notare

Der Notar ist die wichtigste nichtrichterliche Behörde der FG. Maßgebliche Rechtsquelle ist die BNotO von 1961.

Der Notar ist unabhängiger Träger eines öffentlichen Amtes (§ 1 BNotO). Er ist zuständig für Beurkundungen jeder Art (nach der BNotO neben den Gerichten, nach Landesrecht in einigen Ländern – so Bayern – ausschließlich) und Beglaubigungen von Unterschriften (§ 20 BNotO) sowie für die Betreuung der Beteiligten auf dem Gebiet der vorsorgenden Rechtspflege (§ 24 BNotO). Der Notar ist nur befugt, die ihm ausdrücklich zugewiesenen Angelegenheiten zu erledigen, in diesem Rahmen ist er jedoch zur Vornahme von Amtshandlungen verpflichtet. Im Gegensatz zum Rechtsanwalt hat der Notar grundsätzlich keine Parteiinteressen wahrzunehmen, sondern steht über den Beteiligten. Es gilt der (allerdings landesrechtlich durchbrochene) *Grundsatz des Nur-Notariats:* der Notar darf nicht zugleich Rechtsanwalt sein (Durchbrechung: § 3 II und III BNotO). Er übt sein Amt hauptberuflich und auf Lebenszeit aus. Er wird von der Landesjustizverwaltung für einen bestimmten Amtssitz berufen, sie übt auch die Dienstaufsicht aus. Der Notar muß die Qualifikation zum Richteramt besitzen.

In Baden-Württemberg ist das Gerichtsnotariat bestehen geblieben, d. h. der Notar ist staatlicher Beamter.

3. Sonstige Behörden

Nach Bundes- und Landesrecht haben zahlreiche andere Behörden mehr oder weniger eng begrenzte Zuständigkeiten auf dem Gebiet der FG. Als wichtigste seien genannt die Jugendämter (s. JWG) und die Standesämter (s. PStG).

4. Die Zuständigkeitsordnung

a) *Sachliche Zuständigkeit.* Wenn nichts besonderes bestimmt ist, sind die Amtsgerichte sachlich zuständig (so ausdrücklich §§ 21, 1558 BGB, 25, 125, 145, 167 FGG). In Ausnahmefällen ist das Landgericht in erster Instanz zuständig (z. B. § 18 VHG).

b) *Der Instanzenzug.* Für die Beschwerde gegen die Entscheidungen der ersten Instanz sind im allgemeinen die Beschwerdekammern der Landgerichte zuständig (§ 19 FGG); hat das Landgericht in erster Instanz entschieden, so ist das Oberlandesgericht Beschwerdegericht.

Gerichte dritter Instanz sind im Regelfall die Oberlandesgerichte (§ 28 FGG), in Bayern das BayObLG. Sie entscheiden über das Rechtsmittel der weiteren Beschwerde. Über die Rechtseinheit wacht der BGH, an den seitens des Obergerichts Vorlage erfolgen muß, wenn eine Abweichung von der Rechtsprechung eines anderen Obergerichts, des RG oder des BGH beabsichtigt ist (§ 28 II FGG).

Einige Einzelgesetze regeln den Instanzenzug abweichend, so das LwVG, die BRAO. Besonderheiten gelten auch in Wiedergutmachungssachen, hier ist die oberste Instanz ein internationaler Gerichtshof.

c) Zur *funktionellen Zuständigkeit* gehört auch die Zuständigkeit des Rechtspflegers sowie die der besonders genannten Richter (Vormundschafts-, Nachlaßrichter).

d) Die sachliche und funktionelle Zuständigkeit ist von Amts wegen zu prüfen; eine Zuständigkeitsvereinbarung ist unzulässig.

e) *Örtliche Zuständigkeit.* Auch sie ist uneinheitlich geregelt. Es wird insbesondere auf Wohnsitz oder Aufenthaltsort der Beteiligten abgestellt, daneben ist im rechtsfürsorgerischen Bereich regelmäßig das Gericht zuständig, in dessen Bezirk ein Fürsorgebedürfnis besteht. Unter mehreren örtlich zuständigen Gerichten gebührt dem der Vorrang, das zuerst in der Sache tätig geworden ist (§ 4 FGG). Die einmal begründete Zuständigkeit dauert grundsätzlich fort (perpetuatio fori). Im Falle eines Kompetenzkonflikts entscheidet das gemeinschaftliche obere Gericht (§ 5 FGG).

f) *Internationale Zuständigkeit*[24]. Für die privatrechtlichen Streitsachen gelten die Regeln über die internationale Zuständigkeit im Zivilprozeß. Im übrigen sind folgende Anknüpfungspunkte zu beachten (die auch selbständig nebeneinander bestehen können, ohne sich auszuschließen):

1. die Anwendbarkeit deutschen materiellen Rechts nach IPR[25];

---

[24] *Literatur:* Beitzke, Festschrift H. Lehmann (1956) 493 ff.; Dölle, Deutscher Notartag (1961) 29 ff.; Kralik, ZZP 74 (1961) 2 ff.; Neumeyer, Internationales Verwaltungsrecht IV (1936) 76 ff.; Wahl, RabelsZ 10 (1936) 40 ff.

[25] Streitig: Vgl. AG Singen, FamRZ 1959, 363; OLG Neustadt, JZ 1951, 644; Dölle (vorige Note) 33 ff.; Riezler, Internationales Zivilprozeßrecht (1949) 84, 122; OLG Hamm, NJW 1955, 1724.

2. Sachzusammenhang mit einer anderweitigen deutschen internationalen Zuständigkeit;
3. Fürsorgezuständigkeit, insbes. bei Berührung öffentlicher Belange;
4. deutsche örtliche Zuständigkeit;
5. Zuständigkeit deutscher Gerichte nach dem maßgebenden ausländischen Recht;
6. Belegenheit einer Sache, Erfüllungsort usw.

Ferner sind zwischenstaatliche Vereinbarungen zu beachten.

g) *Folgen mangelnder Zuständigkeit.* Die Handlungen eines örtlich unzuständigen Organs der FG sind nicht unwirksam, aber fehlerhaft (§ 7 FGG). Sie können mit der Beschwerde angefochten und müssen dann, auch wenn sie sachlich zutreffend sind, aufgehoben werden[26]. Die Aufhebung wegen örtlicher Unzuständigkeit hat keine rückwirkende Kraft, da eine Rückwirkung praktisch doch auf Unwirksamkeit hinausliefe.

Von großer praktischer Bedeutung, aber umstritten, ist die Frage, ob Erklärungen eines Beteiligten gegenüber einem örtlich unzuständigen Gericht wirksam sind[27]. Man wird hier unterscheiden müssen: Hielt das Gericht sich irrtümlich für zuständig, so ist die Erklärung wirksam, denn Fehler des Gerichts dürfen nicht zu Lasten des Beteiligten gehen. Erkennt das Gericht seine Unzuständigkeit, so ist die Erklärung unwirksam. Das Gericht muß sie zurückweisen, andernfalls wird der Richter schadensersatzpflichtig (§ 839 BGB). Die Erklärung gegenüber dem vom zuständigen Gericht durch Rechtshilfe ersuchten Gericht ist jedenfalls wirksam. Fehlt die sachliche Zuständigkeit, so nimmt die h. M. die Nichtigkeit der Verfügung an (gestützt auf einen Umkehrschluß aus § 7 FGG)[28]. Hier sind jedoch zwei Fragen zu trennen:

Wird ein Organ der FG in einer Angelegenheit tätig, die der FG überhaupt nicht zugewiesen ist, so fehlt es an der Gerichts- oder Amtsgewalt; der Akt ist (nach herrschender, allerdings nicht unzweifelhafter Meinung[28a]) nichtig. Nichtigkeit ist jedoch auf alle Fälle anzunehmen, wenn ein Gericht in die ausschließliche Zuständigkeit eines Notars eingreift und umgekehrt. Im Verhältnis von Rechtspfleger und Richter gilt: Nimmt der Rechtspfleger ein Geschäft vor, das allgemein dem Richter vorbehalten ist, so ist es nichtig; im umgekehrten Fall ist es hingegen gültig, denn der Richter hat die Summe der Gerichtsgewalt.

In dem Falle jedoch, daß ein Gericht der FG anderer Art, als gesetzlich

---

[26] KG, JFG 14, 204, 255; Keidel § 7 Anm. 4 b; Schlegelberger § 7 Anm. 19; Baur § 7 IV; Lent/Habscheid 68.

[27] Hierzu Baur § 7 IV; Schlegelberger § 7 Anm. 16; Lent/Habscheid 69; Jansen § 7 Anm. 8.

[28] Keidel § 7 Anm. 3; Schlegelberger § 7 Anm. 12; BGHZ 24, 47.

[28a] Ich persönlich möchte neuerdings bei einem Übergriff in die Zuständigkeit eines anderen Gerichts grundsätzlich nur Anfechtbarkeit annehmen (vgl. unten D 5).

vorgeschrieben, tätig wird (etwa der Vormundschaftsrichter statt des Nachlaßrichters), können keine strengeren Maßstäbe gelten als im Zivilprozeß. Entscheidet das sachlich unzuständige Gericht, so bildet das zwar einen Anfechtungsgrund, aber die Wirksamkeit der Verfügung steht nicht in Frage.

5. *Ausschließung und Ablehnung eines Richters*

a) *Ausschluß.* Nach § 6 FGG ist der Richter von der Ausübung seines Amtes kraft Gesetzes ausgeschlossen, wenn er oder ihm nahestehende Personen am Verfahren beteiligt sind, denn die Objektivität des Richters muß garantiert sein. § 6 FGG lehnt sich an § 41 ZPO an, aber auch die dort genannten, in § 6 jedoch nicht aufgenommenen Ausschlußgründe müssen mit Rücksicht auf die Rechtsschutzgarantie des Art. 97 I GG für das Verfahren der FG übernommen werden.

b) *Ablehnung.* § 6 II 2 FGG erlaubt die Ablehnung des Richters durch einen Beteiligten wegen „Besorgnis der Befangenheit" (s. § 42 ZPO) nicht. Das ist jedoch aus der Sicht des Art. 97 GG bedenklich, die Vorschriften der §§ 42 ff. ZPO müssen daher m. E. trotz dieser Vorschrift im Verfahren der FG analog angewandt werden[28b].

Immerhin kennt § 6 FGG die Selbstablehnung des Richters, die jedoch in dessen Ermessen gestellt ist. Zumindest wäre aber zu verlangen, daß der Richter unter den entsprechenden Voraussetzungen zur Selbstablehnung verpflichtet ist.

c) *Mitwirkung eines ausgeschlossenen oder abgelehnten Richters.* § 7 FGG bestimmt ausdrücklich, daß ein derartiger Verstoß die Verfügung nicht nichtig macht. Strengere Regeln stellen jedoch die §§ 170, 171 FGG für den Fall der Beurkundung auf.

d) Für den *Rechtspfleger* gelten die gleichen Vorschriften wie für den Richter (§ 9 RpflG). Hinsichtlich des Ausschlusses des *Notars* vgl. §§ 170 bis 172 FGG.

B. Die Beteiligten

Auch im Rahmen der FG gibt es eine Gruppe von Personen, die als Subjekte des Verfahrens anzusprechen sind. Im Unterschied zum Zivilprozeß nennen wir sie hier nicht Parteien, sondern Beteiligte.

1. *Der Begriff des Beteiligten*

In der freiwilligen Gerichtsbarkeit sind zwei Formen der Beteiligung zu unterscheiden.

a) *Beteiligung im materiellen Sinn.* Materiell beteiligt sind alle Personen,

---

[28b] Vgl. HABSCHEID, DRpfleger 1964, 200.

deren Rechte und Pflichten durch das Verfahren unmittelbar beeinflußt werden können. In diesem Sinne verwendet das FGG den Begriff der Beteiligung. Es genügt die objektive Möglichkeit, daß die in Frage stehende Entscheidung in die Rechtssphäre des Betreffenden eingreift.

Dieser materielle Beteiligungsbegriff herrscht vor im klassischen Bereich der FG. Die Rechtsfürsorgeangelegenheiten werden in der Regel von Amts wegen betrieben, es fehlt also an einer Privatperson, die den Verfahrensanstoß gibt, und der formelle Parteibegriff des Zivilprozesses ist daher unbrauchbar. Es bleibt daher nur die Anknüpfung an das Kriterium, daß die Entscheidung des Richters möglicherweise in die private Rechtssphäre des betreffenden Rechtsgenossen eingreifen könnte. Die auf diese Weise möglicherweise betroffenen Personen müssen zum Verfahren zugelassen, ihnen muß das rechtliche Gehör gewährt werden; sie sind, wenn auch nicht die Herren, so doch die Subjekte des auch in ihrem Interesse eingeleiteten Verfahrens.

b) *Beteiligung im formellen Sinn.* Im Zivilprozeß ist man Partei nicht um irgendeiner materiellen Rechtsstellung willen, sondern einfach darum, weil man Kläger oder Beklagter ist. Man ist Partei aufgrund Parteihandlung, ohne Rücksicht auf das materielle Recht. Das gleiche muß für diejenigen Verfahren der FG gelten, in denen Privatpersonen eine dem Zivilprozeß vergleichbare Stellung zukommt. Das ist der Fall:

(aa) *In Antragssachen:* Wenn jemand in einer Antragssache einen Antrag stellt, so wird er damit formell Beteiligter, sein Antrag muß behandelt und beschieden werden. Der Antragsteller ist selbst dann formell Beteiligter, wenn er materiell nicht betroffen ist.

(bb) *Im Beschwerdeverfahren:* Der Beschwerdeführer ist formell Beteiligter, denn über die Beschwerde muß stets entschieden werden, sei es durch Sachentscheidung, sei es durch Prozeßentscheidung.

(cc) *Im Verfahren von Amts wegen in einigen Fällen:* Greift ein materiell Beteiligter in das Verfahren ein, indem er Anträge stellt, so wird er damit auch formell beteiligt. Das gleiche gilt, wenn das Gericht gegen eine Person ein Verfahren einleitet, weil es sie (irrig) für materiell beteiligt hält.

In diesen Rechtsfürsorgeangelegenheiten ist also formell beteiligt jede Person, die zur Wahrnehmung ihrer sachlichen Interessen am Verfahren teilnimmt oder zu ihm zugezogen wird.

(dd) *Im Urkundswesen:* Hier gilt ein rein formeller Beteiligtenbegriff; Beteiligter ist derjenige, dessen Erklärung beurkundet werden soll.

(ee) *In den Streitsachen:* In den privatrechtlichen Streitverfahren wird um subjektive Rechte gestritten. Die Situation entspricht der im Zivilprozeß. Daher gilt hier grundsätzlich der formelle Beteiligtenbegriff: Antragsteller und Antragsgegner sind die Beteiligten in den Streitsachen.

Hinsichtlich der öffentlichrechtlichen Streitsachen ist an dem Beteiligtenbegriff des Verwaltungsprozeßrechts anzuknüpfen, der ebenfalls formell orientiert ist: Beteiligte sind Antragsteller und Antragsgegner. Beteiligt ist ferner der an der Streitsache interessierte Dritte, der beigeladen worden ist. Das Institut der Beiladung (§§ 65, 121 VwGO) ist m. E. analog auf die öffentlichrechtlichen Streitsachen zu übertragen.

c) *Die Bedeutung des Begriffs in den Gesetzen.* Die gesetzlichen Vorschriften geben, wenn sie den Begriff des Beteiligten verwenden, keinen Aufschluß darüber, ob der materielle oder (und) der formelle Begriff gemeint ist. Es muß daher von Fall zu Fall ermittelt werden, welcher Begriff gelten soll.

2. Die Parteifähigkeit

Es geht hier um die Frage, wer im Verfahren der FG Beteiligter sein kann. Es besteht kein innerer Grund, diese Frage anders als im Zivilprozeß zu lösen (vgl. § 50 I ZPO): Wer rechtsfähig ist, kann auch im Verfahren der FG materiell wie formell Beteiligter sein.

Die allgemeine Rechtsfähigkeit bestimmt das bürgerliche Recht. Rechts- und parteifähig sind demnach zunächst alle natürlichen Personen, ferner aber auch alle juristischen Personen. Die §§ 50 II ZPO und 124 HGB (passive Parteifähigkeit nicht rechtsfähiger Vereine und Handelsgesellschaften) sind auf die echten Streitsachen analog anzuwenden.

Fehlt es an der Parteifähigkeit, so ermangelt es einer Verfahrensvoraussetzung, das Verfahren ist unzulässig.

3. Die Prozeßfähigkeit

Von der Parteifähigkeit als der Fähigkeit, Beteiligter zu sein, ist die Prozeßfähigkeit zu trennen, nämlich die Macht, im Verfahren wirksam zu handeln. Das Gesetz schweigt zu dieser Frage. Die h. M. will daher die Regeln über die Geschäftsfähigkeit (§§ 104 ff. BGB) analog anwenden[29]. Richtiger Ansicht nach ist jedoch nicht auf die Geschäftsfähigkeit des bürgerlichen Rechts, sondern auf die Prozeßfähigkeit gemäß der ZPO (analoge Anwendung des § 52 I ZPO) abzustellen; denn die Regeln des Zivilprozeßrechts passen besser als die des materiellen Rechts. Der einzige ins Gewicht fallende Unterschied besteht darin, daß der Zivilprozeß die Mittelstufe einer beschränkten Prozeßfähigkeit nicht kennt.

Es gilt demnach: Nur der Beteiligte kann im Verfahren wirksam handeln, der sich durch Verträge allein (ohne Mitwirkung eines gesetzlichen Vertreters) verpflichten kann. Der Prozeßunfähige muß durch seinen gesetzlichen Vertreter vertreten werden, er kann nur durch diesen prozessual wirksam handeln.

Die Prozeßunfähigkeit hindert das Gericht nicht, von Amts wegen ein

---

[29] Keidel § 13 Anm. 8; Schlegelberger § 13 Anm. 7; Röhl, JZ 1957, 309; RG, JFG 12, 1; KG, JFG 12, 107.

den Prozeßunfähigen betreffendes Verfahren einzuleiten. Es bedarf dann der Hinzuziehung des gesetzlichen Vertreters.

Von diesen Regeln gelten *Ausnahmen:*

a) § 59 FGG bestimmt, daß ein Minderjähriger über 14 Jahren in allen seine Persönlichkeit betreffenden Angelegenheiten zur selbständigen Einlegung der Beschwerde berechtigt ist. Wenn sich aus einer Vorschrift ergibt, daß eine Person ohne Rücksicht auf ihr Alter an einem Verfahren der FG teilnehmen kann, ist sie ohne Rücksicht auf das Lebensalter beschwerdeberechtigt.

b) Die minderjährige Ehefrau ist in den Verfahren über die Zuteilung der elterlichen Gewalt (§§ 1671, 1672 BGB) prozeßfähig.

c) Eine Besonderheit gilt für die Beurkundung. Sie dient lediglich dem Zweck, Erklärungen zur materiellen Wirksamkeit zu verhelfen, das Verfahrensrecht muß sich daher auf diesem Sondergebiet dem materiellen Recht unterordnen. Es muß für die Beurkundung als Ausnahme angenommen werden, daß auch beschränkt Geschäftsfähige wirksame Verfahrenshandlungen vornehmen, insbesondere den Antrag auf Beurkundung stellen können.

Im Antragsverfahren ist die Prozeßfähigkeit eine von Amts wegen zu prüfende *Prozeßvoraussetzung:* Fehlt es daran, so ist der Antrag als unzulässig abzuweisen. Im Amtsverfahren ist sie Prozeßhandlungsvoraussetzung, nur der Prozeßfähige kann wirksam handeln und damit formell Beteiligter werden.

4. Besondere Beteiligtenverhältnisse

Auch in den Verfahren der FG haben die aus dem Zivil- und Verwaltungsprozeßrecht bekannten besonderen Gruppierungen von Beteiligten ihren Platz, soweit der Charakter der Verfahrensart eine Analogie erlaubt. Im einzelnen gilt folgendes:

Einfache Streitgenossenschaft (vgl. §§ 59–61 ZPO) ist auch in den Verfahren der FG möglich.

Die Zulässigkeit *notwendiger Streitgenossenschaft* ist anzuerkennen im Falle notwendiger gemeinsamer Antragstellung, ferner in den Fällen von Rechtskrafterstreckung und den Streitgenossen treffender Gestaltungswirkung[30]. Hier ist § 62 ZPO analog anzuwenden[31].

Nebenintervention und Streitverkündigung (§§ 66 ff., 72 ff. ZPO) sind in den privatrechtlichen Streitsachen der FG möglich, ebenso die Beiladung (§§ 65, 121 VwGO) in den öffentlichrechtlichen Streitsachen. Nebenintervention und Beiladung kommen jedoch nur insoweit in Betracht, als nicht

---

[30] Vgl. Schwab, Festschrift Lent (1957) 271 ff.

[31] Lent/Habscheid 90; Baur § 14 I; a. A. BGHZ 3, 214; BGH, MDR 1952, 35; Keidel § 22 Anm. 1 a; Schlegelberger § 20 Anm. 34.

bereits materielle Beteiligung das Recht zu formeller Teilnahme am Verfahren gibt. Bei der notwendigen Beiladung wird der Dritte von Amts wegen in das Verfahren hineingezogen.

5. *Vertretung im Verfahren*

Wie in jedem anderen Verfahren, so ist auch in dem der FG Stellvertretung zulässig.

a) *Gesetzliche Vertretung* (vgl. etwa §§ 1707 II, 1773, 1896, 1906, 1909 ff., 1961 BGB, 40 JGW):

Für das eheliche Kind sind beide Eltern zusammen vertretungsberechtigt (§ 1629 I BGB, der den Stichentscheid des Vaters vorsah, ist durch das Bundesverfassungsgericht wegen Verstoßes gegen den Gleichheitsgrundsatz für nichtig erklärt worden).

Können die Eltern sich in einer bestimmten Frage nicht einigen oder weigert sich ein Elternteil, mit dem anderen zusammenzuwirken, so hat das Gericht einzugreifen und einem der beiden Elternteile die Vertretung des Kindes in der betreffenden Angelegenheit zu übertragen[32].

b) *Vertretung durch Bevollmächtigte* (gewillkürte Vertretung):

§ 13 S. 2 FGG erlaubt es dem Beteiligten ausdrücklich, sich durch Bevollmächtigte vertreten zu lassen. Notwendige Vertretung (Anwaltszwang) gibt es im Verfahren der FG nur ausnahmsweise, so im Landwirtschaftsverfahren vor dem BGH (vgl. ferner § 29 FGG).

Im übrigen ist die Vertretung zulässig, soweit es sich nicht um Verrichtungen handelt, die nach Maßgabe gesetzlicher Vorschriften von dem Beteiligten persönlich vorgenommen werden müssen. Es gibt kein Anwaltsmonopol. Beschränkt Geschäftsfähige können m. E. (anders die h. M.[33]) nicht als Vertreter auftreten, der Vertreter muß prozeßfähig, d. h. voll geschäftsfähig sein.

Das Gericht kann jederzeit das persönliche Erscheinen der Beteiligten anordnen; insoweit können diese sich dann nicht vertreten lassen.

Erteilung, Widerruf und Umfang der Vollmacht richten sich nach den §§ 167 ff. BGB. Das Vorliegen der Vollmacht wird von Amts wegen geprüft.

Auch die *Beistandschaft* (§ 13 S. 1 FGG) ist in den Verfahren der FG zulässig. Der Beistand unterscheidet sich von den Bevollmächtigten dadurch, daß er den Beteiligten lediglich unterstützen, nicht aber Erklärungen mit unmittelbarer Wirkung für ihn abgeben soll.

---

[32] Vgl. zu Note 5.
[33] KEIDEL § 13 Anm. 3 b; SCHLEGELBERGER § 13 Anm. 18.

C. *Verfahrensgrundsätze*

Die „Allgemeinen Vorschriften" des FGG, die für alle Verfahren der FG gelten, umfassen nur 34 Paragraphen, das Verfahren ist also nur in seinen Grundzügen geregelt. Um so wichtiger ist die Herausarbeitung der für das Verfahren geltenden Grundsätze, in denen sich auch in der Tat charakteristische Eigenheiten des Verfahrens der FG und Unterschiede zu anderen gerichtlichen Verfahren offenbaren, die die „Attraktivität" der FG für den Gesetzgeber erklären.

Allgemein läßt sich feststellen, daß die Stellung des Richters stark in den Vordergrund geschoben ist. Er wirkt aktiv am Verfahren mit und hat einen verhältnismäßig weiten Ermessensspielraum, nicht nur hinsichtlich der Gestaltung des Verfahrens, sondern auch bezüglich der Entscheidung selbst (Verfahrensermessen – Entscheidungsermessen). Das Gegengewicht bilden die prozessualen Rechtsgarantien der Beteiligten, die hier ebenso zu respektieren sind wie bei jedem anderen gerichtlichen Verfahren.

1. *Offizial- und Dispositionsmaxime*

Es geht hier um die Fragen: Wer ist Herr des Verfahrens, wer leitet es ein, in wessen Händen liegt die Fortführung des Verfahrens? Diesbezüglich ist zu unterscheiden:

a) *In Rechtsfürsorgesachen* wird ein Großteil der Verfahren von Amts wegen eröffnet, von Amts wegen fortgeführt und von Amts wegen beendet. In diesen Verfahren gilt die Offizialmaxime.

b) In den *Antragssachen* hingegen herrscht die Dispositionsmaxime; der Antragsteller bestimmt Verfahrensgegenstand, Verfahrensbeginn und in gewissem Umfang auch das Verfahrensende. Das öffentliche Interesse an der Entscheidung ist in diesen Angelegenheiten im allgemeinen geringer als in amtswegigen Angelegenheiten.

c) In den *Streitsachen* gilt stets die Dispositionsmaxime, denn hier geht es um subjektive Rechte der Beteiligten. Die Situation ist die gleiche wie im Zivilprozeß, und jenem entsprechen daher weitgehend auch die Verfahrensmaximen. Diese Dispositionsbefugnis im prozessualen Sinn ist das Gegenstück der materiellrechtlichen Verfügungsfreiheit und erwächst wie jene aus der Privatautonomie.

Auch für die öffentlichrechtlichen Streitverfahren ist die Dispositionsmaxime anzuerkennen.

2. *Untersuchungs- (Inquisistions-) und Verhandlungsmaxime*

Hier geht es darum, wer das *Tatsachen*material herbeischafft, auf dessen Grundlage die Entscheidung gefällt wird. Im Zivilprozeß ist dies grundsätzlich Aufgabe der Parteien. Gemäß § 12 FGG hat jedoch das Gericht der FG von Amts wegen die zur Feststellung der Tatsachen erforderlichen Ermittlungen anzustellen und die geeignet erscheinenden Beweise zu erheben.

a) Das Gericht hat selbst den gesamten *Sachverhalt festzustellen* und trägt damit grundsätzlich die alleinige Verantwortung für die Vollständigkeit des seiner Entscheidung zugrunde gelegten Materials. Der Umfang der Ermittlungen ist davon abhängig, inwieweit das Gericht nach pflichtgemäßem Ermessen eine weitere Aufklärung des Sachverhalts für erforderlich hält.

Die Inquisitionsmaxime gilt gleichermaßen für Rechtsfürsorgeangelegenheiten, ohne Unterschied, ob sie von Amts wegen oder nur auf Antrag zu betreiben sind, und für die Streitsachen.

Dennoch ist das Gericht häufig auf die Mitwirkung der Beteiligten angewiesen. Die Tatsachenermittlung wird dann – gerade in Streitsachen – wesentlich von ihrem Vorbringen bestimmt werden. Hier ist es aber Sache des Gerichts, die Beteiligten sachgerecht zu unterstützen und zu beraten (richterliche Frage- und Aufklärungspflicht, vgl. § 139 ZPO).

b) Die Inquisitionsmaxime beherrscht auch das *Beweisverfahren*. Das Gericht hat von Amts wegen die erforderlichen Beweise zu erheben. Es trägt auch hierfür die alleinige Verantwortung; die Beteiligten haben keine Verpflichtung und auch keine Last, Beweise zu erbringen. (Eine objektive Beweislast gibt es freilich auch hier, denn die Ungewißheit eines Tatumstandes geht zu Lasten des Beteiligten, der daraus günstige Rechtsfolgen ableiten will[34]). Offenkundige Tatsachen bedürfen keines Beweises. Der Richter darf – im Gegensatz zum Zivilprozeß – grundsätzlich auch privates Wissen verwerten.

Das Gericht ist nicht an einen numerus clausus von Beweismitteln gebunden, sondern es kann die Beweisaufnahme in Form des „Freibeweises" (d. h. ohne eine förmliche Beweisaufnahme mit den Mitteln des Zivilprozeßrechts) durchführen. Es kann jedoch auch zu den in der ZPO geregelten Beweisarten greifen. Bei der Entscheidung wichtiger Fragen wird man diesen Strengbeweis für obligatorisch halten müssen. Insoweit gelten dann die Vorschriften der ZPO (§§ 371 ff.) entsprechend. Der Beweis durch Zeugen, Sachverständige und Augenschein ist in § 15 FGG ausdrücklich erwähnt, man wird jedoch auch die Beteiligtenvernehmung und den Urkundenbeweis für zulässig zu halten haben. Neben der strikten Beweisführung kennt die FG die Glaubhaftmachung (vgl. § 22 II FGG). Das bedeutet, daß die fragliche Tatsache mit erheblicher Wahrscheinlichkeit dargetan ist. Als Mittel der Glaubhaftmachung kommt auch die eidesstattliche Versicherung des Beteiligten in Frage (§ 15 II FGG).

Wie im Zivilprozeß und im Verwaltungsstreitverfahren, so gilt auch in der FG der Grundsatz der *freien richterlichen Beweiswürdigung* (vgl. § 286 ZPO). Ferner gilt in Schadensersatzrechtlichen Fragen das Prinzip der freien *richterlichen Schadensschätzung* (vgl. § 287 ZPO).

---

[34] Lent/Habscheid 132; Rosenberg, Die Beweislast (5. Aufl. 1965) 24.

3. Prinzipien, die den Ablauf des Verfahrens beherrschen

a) Es gilt weder der Mündlichkeitsgrundsatz noch das Schriftlichkeitsprinzip. Die Gestaltung des Verfahrens ist im Regelfall in das Ermessen des Gerichts gestellt.

In der Mehrzahl der Fälle wird der Richter sich mit einem schriftlichen Verfahren begnügen; nur ausnahmsweise wird ihm eine mündliche Verhandlung angezeigt erscheinen, dann nämlich, wenn sich – wie vor allem in den Streitverfahren – Beteiligte mit gegensätzlichen Interessen gegenüberstehen. In einigen Gesetzen ist die mündliche Verhandlung ausdrücklich vorgesehen (so etwa in § 13 HausrVO, § 15 LwVG).

Dem ungewandten oder juristisch unbewanderten Beteiligten kommt im schriftlichen Verfahren § 11 FGG zu Hilfe. Er kann seine Erklärung zu Protokoll der Geschäftsstelle abgeben.

b) Auch das *Unmittelbarkeitsprinzip* gehört nicht, wie im Zivilprozeß, zu den Grundsätzen des Verfahrens. Jedoch gilt der Grundsatz der Unmittelbarkeit der Beweisaufnahme (§ 15 FGG mit § 375 ZPO).

c) Das *Öffentlichkeitsprinzip* paßt für die meisten Angelegenheiten (insbes. die Fürsorgeangelegenheiten) nicht und ist daher der FG fremd.

Jedoch gilt der Grundsatz der Parteiöffentlichkeit, d. h. die Beteiligten können der Verhandlung und Beweisaufnahme[35] beiwohnen und die Prozeßakten einsehen (für letzteres ausdrücklich § 34 FGG, § 12 GBO). Anders ist eine sinnvolle Ausübung des Anspruchs auf rechtliches Gehör nicht möglich.

4. Das Recht auf rechtliches Gehör[36]

Das Recht auf rechtliches Gehör besitzt Verfassungsrang (Art. 103 I GG) und ist daher in jedem gerichtlichen Verfahren, auch dem der FG, zu respektieren. Der Beteiligte im Verfahren der FG hat einen uneingeschränkten Anspruch auf Anhörung, auch wenn dieser in den Gesetzen nur vereinzelt ausdrücklich anerkannt ist. Dies wird jedoch noch nicht einhellig anerkannt.

a) Das Anhörungsrecht ist einmal aus § 12 FGG herzuleiten, denn im Regelfall ist die Anhörung der Beteiligten schon im Interesse der sachgemäßen Ermittlung erforderlich. Es besteht aber auch ein subjektives Recht der Beteiligten auf Anhörung, unabhängig vom Interesse an umfassender

---

[35] Anders die noch überwiegende Meinung, so Baur § 16 IV, § 20 I; OLG Frankfurt, FamRZ 1962, 173; wie hier jedoch Jansen § 15 a Anm. 3 a; vgl. auch BVerfGE 6, 12; 7, 275.

[36] *Literatur:* Arndt, NJW 1959, 6 ff.; Baur § 19; Habscheid, DRpfleger 1957, 171, und ZZP 67 (1954) 188; JR 1958, 365; Lent/Habscheid 119 ff.; Müller, NJW 1953, 1659; die erwähnten Kommentare zum FGG zu § 12; ferner die Kommentar-Literatur zu Art. 103 GG; neuestens: Helmut Keidel, Der Grundsatz des rechtlichen Gehörs im Verfahren der Freiwilligen Gerichtsbarkeit (Diss. Köln 1964).

Sachaufklärung[37], als Ausfluß rechtsstaatlicher Grundsätze: Es darf nicht in die persönliche und in die Vermögenssphäre des Staatsbürgers eingegriffen werden, ohne daß ihm Gelegenheit gegeben wurde, seine Argumente vorzubringen und die Gegengründe zu widerlegen.

b) Das Anhörungsrecht besteht für die Beteiligten im materiellen Sinn als die von der Entscheidung möglicherweise Betroffenen, es besteht ferner aber auch für die formell Beteiligten, die nur so ihre Anträge, Beschwerden etc. wirksam unterstützen können.

c) Das Recht auf Anhörung ist unabdingbar. Einschränkungen, die sich an einigen Stellen der Gesetze finden (etwa §§ 1695, 1847, 2227 BGB), sind wegen Verstoßes gegen Art. 103 I GG nichtig. Nur wenn Gefahr im Verzuge ist, also in dringenden Fällen, kann der Richter einstweilige Anordnungen erlassen, ohne vorher alle Beteiligten gehört zu haben. Auf Beschwerde hin sowie im Verfahren über die endgültige Entscheidung muß das rechtliche Gehör wieder voll gewährt werden.

5. Pflichten der Beteiligten

a) *Die Wahrheitspflicht* – für den Zivilprozeß in § 138 I ZPO geregelt – ist im FGG nicht erwähnt. Sie kann jedoch auch hier als Ausfluß des Grundsatzes von Treu und Glauben im Prozeß auch ohne gesetzliche Grundlage Geltung beanspruchen.

b) Die *Vollständigkeitspflicht* hat unter der Herrschaft der Inquisitionsmaxime keinen Platz.

c) Hingegen steht § 12 FGG in den echten Streitsachen einer Pflicht der Beteiligten, das Verfahren nach besten Kräften zu fördern, nicht entgegen. Daraus folgt, daß sie mit schuldhaft nicht vorgebrachten Tatsachen in einem späteren Verfahren über den gleichen Gegenstand ausgeschlossen sind (Präklusion)[38].

6. Konzentrationsmaxime

Das Gericht hat das Verfahren nach Möglichkeit zu beschleunigen und seine Entscheidung zu treffen, sobald die Sache entscheidungsreif ist (vgl. für den Zivilprozeß §§ 139, 272b, 300 ZPO). Hierfür ist das einfachere und elastischere Verfahren der FG, das sich mehr nach den Erfordernissen des Einzelfalls ausrichten läßt und dem Richter größere Machtbefugnisse verleiht, besonders geeignet.

7. Bindung an Staatsakte und Urteile

Im Zuge des Verfahrens können *Vorfragen* auftreten, bezüglich derer bereits ein Urteil oder ein anderer Staatsakt ergangen ist. Es stellt sich dann die Frage, inwieweit der Richter daran gebunden ist.

---

[37] So BAUR, LENT/HABSCHEID, MÜLLER (vorige N.) KEIDEL § 12 Anm. 10 a; dagegen SCHLEGELBERGER § 12 Anm. 19; einschränkend auch BETTERMANN (oben N. 2) 42.

[38] Vgl. BGH, LM Nr. 2 zu § 37 LVO = Nr. 6 zu § 58 LVO.

a) *Urteile von Zivil- und Verwaltungsgerichten* sind für den Richter der FG verbindlich, und zwar Gestaltungsurteile unbedingt, soweit ihre Gestaltungswirkung reicht, andere Entscheidungen nur in den Grenzen der Rechtskraft. Zu beachten sind hier insbesondere die subjektiven Grenzen: Die Rechtskraft wirkt nur unter den Parteien und ihren Rechtsnachfolgern (vgl. § 325 ZPO). Ein besonders wichtiger Fall ist die Bindung bei der Zuteilung der elterlichen Gewalt (§ 1671 BGB) an den Schuldausspruch des Scheidungsurteils.

b) Rechtsgestaltende Verwaltungsakte hat der Richter wegen ihres inter omnes wirkenden Gestaltungseffekts zu beachten, im übrigen ist er an die Tatbestandswirkung eines Verwaltungsaktes gebunden. Er hat jedoch den Akt auf schwere formelle Mängel, die seine Nichtigkeit bewirken können, nachzuprüfen. Fehler, die den Akt nur anfechtbar machen, sind nicht zu berücksichtigen.

c) Im übrigen entscheidet der Richter der FG über Vorfragen selbst und auf Grund eigener Ermittlungen.

D. Die Entscheidungen

1. Arten

a) Von der *Endentscheidung,* die hier vor allem interessiert, sind die *Vorentscheidungen* zu trennen. Das sind vor allem die prozeßleitenden Verfügungen des Richters (Prozeßentscheidungen), welche die Endentscheidung vorbereiten sollen.

b) *Prozeßentscheidung – Sachentscheidung.* Die Endentscheidung ist Prozeßentscheidung, wenn der Richter das Fehlen einer Prozeßvoraussetzung feststellt und daher in den Amtsangelegenheiten das Verfahren als unzulässig einstellt, in den Antrags- sowie Streitverfahren das Begehren des Antragstellers als unzulässig zurückweist. Die wichtigsten *Prozeßvoraussetzungen* sind: Parteifähigkeit, deutsche Gerichtsbarkeit, Zuweisung der Materie an die FG, Zuständigkeit des Gerichts. In Antragssachen ist ferner Prozeßfähigkeit und ordnungsgemäße Vertretung des Antragstellers erforderlich. In den Streitverfahren sind grundsätzlich alle Prozeßvoraussetzungen der ZPO zu beachten. Es gelten also auch die Prozeßhindernisse der Rechtshängigkeit und der materiellen Rechtskraft, die von Amts wegen zu beachten sind. Daneben treten die prozeßhindernden Einreden des Zivilprozeßrechts.

Wenn die Zulässigkeit feststeht, entscheidet der Richter in der Sache. Er hat hierbei einen weiten Ermessensspielraum, selbst in den Streitverfahren, denn er soll auch hier nicht nur entscheiden, sondern vor allem „regeln“ [39]. In den Antragssachen und echten Streitsachen muß sich sein

---

[39] „Regelungsstreitigkeiten“, so BÖTTICHER (oben N. 12) 89 ff.

Spruch freilich innerhalb des Antrags bewegen (ne eat iudex ultra petita partium). Das ist allerdings nicht unbestritten.

c) *Terminologie.* Die Gesetze verwenden ohne besondere Systematik verschiedene Ausdrücke nebeneinander (z. B. Verrichtungen, Verfügungen, Entscheidungen, Anordnungen. Beschlüsse, Maßregeln, vgl. etwa § 16 FGG).

Die FG kennt nicht das Urteil, die wichtigste Art der Entscheidung in den anderen Verfahrensarten, sondern die Entscheidungen ergehen durchwegs in Beschlußform; der „Beschluß" ist also die Sammelbezeichnung für die Entscheidungen in der FG.

2. Form

Eine bestimmte Form ist für die Anordnungen und Entscheidungen nicht vorgeschrieben, doch setzt § 16 II FGG eine schriftliche Abfassung voraus; denn nur ein Schriftstück kann zugestellt werden.

Eine Begründung der Entscheidung ist für die erste Instanz nur vereinzelt vorgeschrieben, allgemein jedoch für die Beschwerdeinstanz (§ 25 FGG). Sie ist allerdings bei allen wichtigen Entscheidungen ratsam und im Interesse des Betroffenen zu fordern. In den Streitsachen halte ich eine Begründung für zwingend erforderlich.

3. Erlaß und Wirksamwerden der Entscheidungen

In der FG fallen der Erlaß der Verfügung und der Eintritt der Wirkungen, die das Gesetz an sie knüpft, in der Regel zusammen. Beides richtet sich nach § 16 FGG: Entscheidender Zeitpunkt ist die Bekanntmachung, d. h. im Normalfall die Zustellung der schriftlichen Ausfertigung. Die Bekanntmachung erfolgt an die formell Beteiligten, ferner an die materiell Beteiligten, soweit tatsächlich in deren Rechtssphäre eingegriffen wird.

Von dieser Regel gelten *Ausnahmen*: In einigen Fällen ist wegen der Dringlichkeit der Angelegenheit die sofortige Wirksamkeit der Verfügung angeordnet (§§ 51, 52 FGG), in anderen tritt die Wirksamkeit mit der Eintragung in ein Register ein, wenn diese Eintragung konstitutiv wirkt. Auf einen späteren Zeitpunkt als den der Bekanntmachung verschiebt das Gesetz das Wirksamwerden in einigen Fällen, in denen es die Wirksamkeit an den Eintritt der formellen Rechtskraft knüpft. Als weiterer Sonderfall ist § 1829 I S. 2 BGB zu nennen, der die Genehmigung des Vormundschaftsgerichts zu einem Vertragsschluß erst wirksam werden läßt, wenn der Vormund sie dem anderen Vertragspartner mitteilt.

4. Die Rechtskraft

In jeder Rechtslehre nimmt die Frage nach dem Bestandsschutz, den die Rechtsordnung dem Staatsakt angedeihen läßt, einen ersten Platz ein. Man unterscheidet die formelle und die materielle Rechtskraft.

a) *Die formelle Rechtskraft.* Eine Verfügung erwächst in formelle Rechtskraft, sobald sie mit ordentlichen Rechtsbehelfen und Rechtsmitteln nicht mehr angefochten werden kann. Die formelle Rechtskraft sichert so den aktmäßigen Bestand sowie den Inhalt des Richterspruches für alle Zukunft.

Diese Unanfechtbarkeit tritt ein:

In den Fällen, in denen das Gericht als einzige Instanz entschieden hat, mit dem Wirksamwerden der Entscheidung. In den Fällen, in denen als Rechtsmittel die einfache, also unbefristete Beschwerde gegeben ist, mit dem Wirksamwerden der Entscheidung der letzten Instanz, ferner mit der Verwirkung des Beschwerderechts durch Zeitablauf (Maßstab ist hier Treu und Glauben im Prozeßrecht), ebenso mit dem Verzicht auf die Beschwerde.

Ist die sofortige (befristete) Beschwerde gegeben, so tritt die formelle Rechtskraft mit dem ungenutzten Ablauf der Beschwerdefrist ein. In diesem Fall kann jedoch dem Beschwerdeführer, der ohne sein Verschulden verhindert war, die Frist einzuhalten, auf seinen Antrag Wiedereinsetzung in den vorigen Stand gewährt werden (§ 22 II FGG).

b) *Die materielle Rechtskraft.* Die materielle Rechtskraft, welche die formelle voraussetzt, hat einen zweifachen Zweck: *Einmal* verbietet sie eine nochmalige Entscheidung über denselben Verfahrensgegenstand (ne bis in idem) und errichtet so ein Prozeßhindernis; *zum zweiten* bindet sie den Richter eines späteren Verfahrens, in dem die abgeurteilte Frage als Vorfrage auftaucht, an die Entscheidung. Von der Rechtskraft, die grundsätzlich lediglich inter partes, nur in seltenen Ausnahmefällen auch für Dritte oder gar inter omnes wirkt (vgl. §§ 325ff. ZPO), ist die Gestaltungswirkung von rechtsgestaltenden Akten zu unterscheiden; diese ist von allen zu beachten.

Im Bereich der Fürsorgeangelegenheiten der FG ist in der Regel kein Bedürfnis für die materielle Rechtskraft gegeben, und sie kann hier auch die Aufgaben nicht erfüllen, die sie im Zivilprozeß erfüllt. Die meisten Verfügungen haben eine Gestaltung, nicht eine Feststellung zum Inhalt. Ferner stellen sich Schwierigkeiten, die subjektiven Grenzen der Rechtskraft zu bestimmen; denn es fehlt gewöhnlich an einer festen Umgrenzung der Beteiligten. Die materielle Rechtskraft setzt ferner rein begrifflich das Bestehen eines subjektiven Rechts voraus. Daran fehlt es aber in den Fürsorgeangelegenheiten der FG.

Aus praktischer Sicht ist zu beachten, daß die Behörde die Möglichkeit haben muß, eine einmal getroffene Entscheidung auf Grund besserer Einsicht jederzeit zu korrigieren (vgl. § 18 FGG). Das aber verträgt sich nicht mit dem Institut der materiellen Rechtskraft.

Dennoch besteht ein Bedürfnis – im Interesse der Beteiligten ebenso wie im öffentlichen Interesse –, eine beliebige Neuaufrollung der Angelegenheit zu verbieten. Daraus wurde der Schluß abgeleitet, es gelte auch hier der Grundsatz ne bis in idem[40], was letzten Endes auf die Annahme einer

[40] Lent, FGG (3. Aufl. 1951) § 18 VI; OLG Frankfurt, FamRZ 1960, 77.

eingeschränkten Rechtskraft hinausläuft. M. E. ist in diesen Fällen jedoch ein zweites Verfahren aus Gründen eines fehlenden Rechtsschutzbedürfnisses unzulässig, weil es eine unangemessene Inanspruchnahme der staatlichen Rechtspflegeorgane darstellt.

Etwas anderes gilt für die Streitsachen: Hier erwachsen die Entscheidungen in materielle Rechtskraft. Der innere Grund für die Gleichschaltung dieser Angelegenheiten mit dem Zivilprozeß liegt darin, daß es hier um subjektive Rechte geht, die in einem Verfahren durchgesetzt werden, das dem Zweiparteienschema folgt[41].

Für die Grenzen der materiellen Rechtskraft gelten die für das Urteil im Zivilprozeß entwickelten Grundsätze (§§ 322 ff. ZPO): Die Rechtskraft umfaßt den „Subsumtionsschluß als Ganzes", mithin nur die im Verfahren vorgetragenen Tatsachen. Nach h. M. wird der Kläger jedoch auch mit dem nicht geltend gemachten Prozeßstoff für eine zukünftige neue Klage ausgeschlossen. Das beruht aber nicht auf Rechtskraft –, sondern auf Präklusionswirkung[42]. Letztere gilt freilich unter der Herrschaft der Inquisitionsmaxime nur eingeschränkt; immerhin bestehen keine Bedenken, im Streitverfahren den Antragsteller eines zweiten Verfahrens mit schuldhaft nicht geltend gemachten Tatsachen auszuschließen.

c) *Die Bindungswirkung der Entscheidungen.* Die Entscheidungen in Streitsachen äußern Rechtskraftwirkung, sie binden also in den objektiven und subjektiven Grenzen der Rechtskraft.

Rechtsgestaltende Entscheidungen sind ihrer Natur nach von jedermann anzuerkennen, vorausgesetzt, daß die die Gestaltung bewirkende Verfügung wirksam und nicht nichtig ist.

Im übrigen kann eine Entscheidung Tatbestandswirkung äußern, insoweit sie nämlich Tatbestandsvoraussetzung eines Rechtserwerbs ist (so z. B. § 2366 BGB: öffentlicher Glaube des Erbscheins).

5. *Fehlerhaftigkeit und Nichtigkeit von Entscheidungen*

In der Regel bewirken Mängel der Entscheidung nur deren Anfechtbarkeit, die durch die vorgesehenen Rechtsmittel geltend gemacht werden muß. Nichtigkeit i. S. von Wirkungslosigkeit ist die Ausnahme. Sie kann in folgenden Fällen anerkannt werden:

a) *Verfahrensmängel.* Die deutsche Gerichtsbarkeit fehlt; ein Organ außerhalb der Gerichtsbarkeit hat die Verfügung getroffen; der Rechtspfleger hat in einer Sache entschieden, die generell dem Richter vorbehalten ist; eine Registereintragung ist ihrem Inhalt nach unzulässig; in einer An-

---

[41] Habscheid, ZZP 66 (1953) 203; JZ 1954, 689; DRpfleger 1957, 172; Streitgegenstand (oben N. 21) 90; Lent/Habscheid 172 ff.; vgl. ferner De Boor (oben N. 20) 282 ff.; Schlegelberger § 16 Anm. 8 a.

[42] Lent/Habscheid 175; BGH, LM Nr. 2 zu § 37 LVO = Nr. 6 zu § 58 LVO; vgl. ferner oben N. 41.

tragsangelegenheit oder einer Streitsache wurde ohne Antrag entschieden. Die h. M. nimmt darüber hinaus bei Verletzung der sachlichen Zuständigkeit Nichtigkeit an. Bei einem „Übergriff" einer anderen Gerichtsbarkeit in die FG – und umgekehrt – nimmt die h. M. Nichtigkeit der Entscheidung an. Ich möchte jedoch nunmehr – weil alle Gerichte einheitlich die deutsche Gerichtsbarkeit ausüben und Zuweisungen daher nur zuständigkeitsrechtlichen Charakter haben können – *grundsätzlich* für bloße Anfechtbarkeit plädieren [42a].

Liegt ein Nichtigkeitsgrund oder ein Wiederaufnahmegrund i. S. der ZPO (§§ 578 ff.) vor, so ist die Möglichkeit der Wiederaufnahme auch für die Verfahren der FG zu bejahen, wenn sich eine Korrektur nicht mit Hilfe der Rechtsmittel und Rechtsbehelfe der FG erreichen läßt.

b) *Materielle Mängel.* Die bloße Unrichtigkeit einer Verfügung stellt keinen Nichtigkeitsgrund dar; insbesondere haben Ermessensfehler nie Nichtigkeit zur Folge; das Ermessen ist jedoch durch das Beschwerdegericht voll nachprüfbar. Die Verletzung von Vorschriften des materiellen Rechts hat nur ausnahmsweise Nichtigkeit der Verfügung zur Folge, nämlich dann, wenn gegen eine „Mußvorschrift" verstoßen wurde oder sich auf andere Weise aus dem materiellen Recht ergibt, daß die Verfügung unwirksam sein soll. Diese Frage ist allerdings bestritten, der hier vertretenen sog. Gültigkeitstheorie steht die Nichtigkeitstheorie gegenüber [43].

6. *Nachträgliche Abänderung der Entscheidung*

Im Zivilprozeß ist das Gericht an eine von ihm einmal erlassene Entscheidung gebunden (§ 318 ZPO). In der FG macht hingegen § 18 FGG die Abänderbarkeit zur Regel und erlaubt die Änderung einer Verfügung, die die erlassende Behörde nachträglich als unrichtig erkannt hat (zu unterscheiden von der Abänderung wegen veränderter Umstände, die keine unrichtige Entscheidung korrigieren, sondern den gewandelten Verhältnissen Rechnung tragen will). Aus § 18 FGG ergibt sich sogar eine Verpflichtung, unrichtige Entscheidungen abzuändern bzw. aufzuheben. Insbesondere muß der Richter in eine neue Prüfung eintreten, wenn gegen seine Verfügung Beschwerde eingelegt wird, und ihr gegebenenfalls abhelfen. Die Abänderungsbefugnis ist grundsätzlich zeitlich unbegrenzt (Ausnahme § 55 FGG).

Aber auch hier gelten *Ausnahmen*:

Wurde in Antragssachen ein Antrag zurückgewiesen, so erfordert die Abänderung einen neuen Antrag.

[42a] Vgl. hierzu und zum Gesamtproblem meinen Aufsatz Fehlerhafte Entscheidungen im Verfahren der FG: NJW 1966, 1787.

[43] Lent/Habscheid 152 f.; Planck, Kommentar zum BGB (5. Aufl. 1932 ff.) zu § 1373 BGB; BGB-RGRK IV (10. und 11. Aufl. 1962 ff.) zu § 1774 BGB; für *Nichtigkeitstheorie* Staudinger(-Engelmann) Kommentar zum BGB IV (9. Aufl. 1926) § 1773 BGB Anm. 7.

Die Änderung ist nicht gestattet, wenn die Verfügung mit der sofortigen Beschwerde anfechtbar ist (§ 18 II FGG).

Die Aufhebung oder Änderung einer Verfügung hat im Regelfalle keine rückwirkende Kraft; denn damit wäre die Rechtssicherheit gefährdet (so auch § 32 FGG, anders jedoch im Falle des § 61 FGG).

Die Zulässigkeit einer Abänderung der Verfügung wegen nachfolgender Änderung der tatsächlichen Verhältnisse ist bei allen Anordnungen mit Dauerwirkung grundsätzlich zu bejahen. An einigen Stellen ist das ausdrücklich ausgesprochen (etwa § 1696 BGB), in anderen Fällen allerdings erlischt automatisch die Wirkung der Verfügung mit dem Wegfall ihrer Voraussetzung (etwa § 1882 BGB). Die Abänderung wegen veränderter Verhältnisse unterliegt nicht der Einschränkung des § 18 II FGG.

E. Rechtsmittel

Unter Rechtsmitteln versteht man in der FG wie im Zivilprozeß einen bestimmten Personen, in erster Linie den Beteiligten, gewährten Rechtsbehelf zum Zweck der Anfechtung einer gerichtlichen Verfügung. Er bringt das Verfahren in eine höhere Instanz (Devolutiveffekt, §§ 19 II, 28 FGG), dagegen fehlt ihm in der FG in der Regel der Suspensiveffekt.

1. Überblick

Das hauptsächliche Rechtsmittel der FG ist die *Beschwerde*. Es gibt sie in der Form der einfachen (unbefristeten) Beschwerde gegen Verfügungen der 1. Instanz (§ 19 FGG), der weiteren Beschwerde gegen Verfügungen der 2. Instanz (§ 27 FGG) und schließlich der sofortigen (befristeten) Beschwerde (§§ 22 I, 29 II FGG). Im Gesetz nicht erwähnt ist die Dienstaufsichtsbeschwerde, die sich gegen das Verhalten einer Amtsperson richtet.

Neben der Beschwerde treten die Rechtsbehelfe der Erinnerung gegen Entscheidungen des Rechtspflegers oder des Urkundsbeamten der Geschäftsstelle (§ 10 RpflG), des Einspruchs nach § 132 FGG, des Widerspruchs nach §§ 141 ff. FGG und der Wiedereinsetzung in den vorigen Stand nach § 22 II FGG.

2. Die Beschwerde

a) *Zulässigkeit.* Die Statthaftigkeit wirft im Gegensatz zum Zivilprozeß keine Probleme auf, da der Beschwerdeweg gegen praktisch alle gerichtlichen Entscheidungen eröffnet ist (§ 19 I FGG).

Eine Form ist für die Einlegung der Beschwerde grundsätzlich nicht vorgeschrieben, eine Frist nur für die sofortige Beschwerde (2 Wochen – §§ 21, 22 FGG).

Schwierigkeiten können sich aus der Frage ergeben, wer zur Einlegung der Beschwerde legitimiert ist. § 20 I FGG besagt: „Die Beschwerde steht jedem zu, dessen Recht durch die Verfügung beeinträchtigt ist." Aber diese Formulierung vermischt Fragen der Zulässigkeit und der Begründetheit des Rechtsmittels. Als Zulässigkeitsvoraussetzung läßt sich ihr aber entnehmen: Legitimiert zur Einlegung der Beschwerde ist nur, wer durch die angefochtene Verfügung betroffen, d. h. von ihren Wirkungen in seinen Rechten berührt ist. Es genügt also einerseits nicht die bloße Möglichkeit, daß ein Beteiligter in seinen Rechten betroffen sein kann (= materielle Beteiligung), andererseits ist für die Zulässigkeit nicht schon erforderlich, daß der Beschwerdeführer in seinen Rechten *widerrechtlich* verletzt wurde. Eine Erweiterung des Beschwerderechts für besondere Fälle bringt § 57 FGG.

Weitere Zulässigkeitsvoraussetzung ist die Behauptung der Unrichtigkeit der Entscheidung, der widerrechtlichen Verletzung der Rechte des Betroffenen. Ob diese Behauptung gerechtfertigt ist, ist dann eine Frage der Begründetheit.

Das betroffene Recht des Beschwerdeführers muß ein materielles (privates oder öffentliches) Recht sein. Es genügt m. E. nicht, wenn Verletzung eines „Rechtes auf sachgemäße Behandlung der Angelegenheit im Verfahren" gerügt wird (anders die h. M. [44]). Auf einen Verfahrensmangel kann demnach eine Beschwerde nur gestützt werden, wenn er für die Unrichtigkeit der Entscheidung kausal gewesen ist oder wenigstens gewesen sein kann. Nur dann ist der Eingriff in ein materielles Recht nicht erforderlich, wenn ein Antrag im technischen Sinn abgelehnt oder eine Beschwerde zurückgewiesen ist. Dies gilt auch für die Streitverfahren.

b) *Begründetheit.* Die Beschwerde ist begründet, wenn die angefochtene Entscheidung sachlich unrichtig ist, d. h. die Rechte des Beschwerdeführers verletzt. Es stellt sich hier vor allem die Frage, ob und inwieweit das Ermessen in höherer Instanz nachprüfbar ist. Für die Beschwerdeinstanz, die zweite Tatsacheninstanz, ist eine unbeschränkte Ermessenskontrolle zu bejahen. Auf die weitere Beschwerde hin findet hingegen nunmehr eine Nachprüfung in rechtlicher Hinsicht statt (§ 27 FGG).

3. Die sofortige Beschwerde

Die sofortige Beschwerde ist, wie erwähnt, befristet; die Frist beträgt zwei Wochen, beginnend mit der Bekanntmachung der Verfügung an den Beschwerdeführer (§ 22 FGG).

Die sofortige Beschwerde ist überall dort zulässig (anstelle der einfachen Beschwerde), wo sie gesetzlich ausdrücklich angeordnet ist. Darüber hinaus läßt sich aus § 60 Nr. 6 FGG der allgemeine Grundsatz entnehmen, daß die sofortige Beschwerde überall dort gegeben ist, wo das Wirksamwerden der Entscheidung an die Rechtskraft geknüpft wird.

---

[44] Keidel § 20 Anm. 3; Schlegelberger § 20 Anm. 4; Unger, ZZP 36 (1906) 108 ff.; Furtner, JZ 1961, 526; wie hier Baur § 29 A III 3.

Im Falle der sofortigen Beschwerde ist der iudex a quo zur Abänderung oder Aufhebung seiner Entscheidung nicht befugt (§ 18 II FGG). Die Entscheidung des Beschwerdegerichts wird erst mit Rechtskraft wirksam (§ 26 FGG). Gegen die Versäumung der Beschwerdefrist gibt es die Wiedereinsetzung in den vorigen Stand (§ 22 II FGG).

4. Die Rechtsmittelentscheidung

a) Im Beschwerdeverfahren können neue Tatsachen und Beweismittel berücksichtigt werden (§ 23 FGG). Es handelt sich also um eine vollständige Nachprüfung des gesamten Sachverhalts, bezogen auf den Zeitpunkt der Entscheidung über die Beschwerde.

b) Die Entscheidung lautet auf Verwerfung der Beschwerde als unzulässig, auf Abweisung als unbegründet oder auf sachliche Änderung der angefochtenen Entscheidung. Die Zurückweisung an die erste Instanz ist im Gesetz nicht erwähnt, aber als zulässig anzusehen.

c) Das Beschwerdegericht entscheidet im Rahmen des Verfahrensgegenstandes. An den Antrag des Beschwerdeführers ist es nur in Antragssachen gebunden.

d) Das Verbot der reformatio in peius gilt für Antragssachen und Streitsachen, nicht aber in den übrigen Angelegenheiten der FG; denn der in der Untersuchungsmaxime verkörperte Grundsatz, daß ein öffentliches Interesse an einer sachgemäßen Entscheidung unabhängig vom Vorbringen der Beteiligten besteht, kann auch die Abänderung zum Nachteil des Beschwerdeführers erforderlich machen (wie auch die Abänderung nach § 18 FGG zum Nachteil des Betroffenen möglich ist).

5. Die weitere Beschwerde

Die weitere Beschwerde findet gegen Sachentscheidungen des Beschwerdegerichts statt, bringt die Angelegenheit also in die dritte Instanz (§ 28 FGG).

Die weitere Beschwerde ist reine Rechtsbeschwerde, d. h. die Kontrolle der angefochtenen Verfügung beschränkt sich auf Rechtsfragen (§ 27 FGG). Die in der angefochtenen Entscheidung festgestellten Tatsachen sind für das Gericht dritter Instanz bindend. Eine Ermessenskontrolle findet nur insoweit statt, als ein Ermessensmißbrauch oder eine Ermessensüberschreitung vorliegt. Die Zweckmäßigkeit einer Verfügung ist also nicht mehr nachprüfbar.

Im Falle der weiteren Beschwerde können die unteren Instanzen nicht mehr abhelfen, wenn sie mittlerweile zu einer anderen Einsicht gelangt sind (§ 29 III FGG).

Die weitere Beschwerde ist ohne Rücksicht auf den Wert des Beschwerdegegenstandes zulässig und erfordert auch keinen neuen selbständigen Beschwerdegrund. Begründungszwang besteht nicht. Fristgebunden ist nur die sofortige weitere Beschwerde (§ 29 II FGG). Sie ist gegeben, wenn die erste Beschwerde eine sofortige Beschwerde war oder wenn die Entscheidungen über die erste Beschwerde den Voraussetzungen für eine sofortige Beschwerde entspricht.

Die weitere Beschwerde muß darauf gegründet werden, daß die angefochtene Verfügung auf einer Gesetzesverletzung beruht (§ 27 FGG). Die Gesetzesverletzung kann sich auf Verfahrensnormen wie auf materiellrechtliche Vorschriften beziehen. Rechtsverletzung ist auch die Verletzung von Denkgesetzen und allgemeiner Lebenserfahrung.

Das Gericht der sofortigen Beschwerde kann die Angelegenheit an die untere zweite Instanz zurückverweisen. Das Beschwerdegericht ist dann bei seiner neuen Entscheidung an die Rechtsauffassung des Obergerichts gebunden.

F. Die Vollstreckung

1. Die Vollstreckung im klassischen Bereich der FG

Hier befindet der Richter nicht über privatrechtliche Ansprüche einer Partei gegen die andere, daher kann auch nicht anschließend ein Beteiligter gegen einen anderen eine Vollstreckung durchführen. Die meisten Verfügungen der klassischen FG bedürfen überhaupt keiner Vollstreckung, da sie konstitutive, gestaltende Wirkung haben, die mit der Verfügung automatisch eintritt.

Das Anwendungsgebiet der Vollstreckung beschränkt sich daher auf gerichtliche Anordnungen, die sich an Privatpersonen richten und von ihnen eine Tätigkeit oder ein Unterlassen fordern.

Die wichtigen Fälle bilden hier die Vormundschaftssachen, insbesondere die Anordnung der Herausgabe eines Kindes (§ 1632 BGB).

2. Die Durchführung der Vollstreckung

Die Vollstreckung wird im Gegensatz zum Zivilprozeß von Amts wegen betrieben. Ein besonderes Vollstreckungsgericht gibt es nicht, das Gericht, das die Verfügung erlassen hat, vollstreckt sie selbst – ggf. unter Zuhilfenahme von Rechtshilfe und Amtshilfe. Mittel der Vollstreckung sind Ordnungsstrafe, unmittelbarer Zwang und Offenbarungseid:

a) *Die Ordnungsstrafe (§ 33 I FGG).* Die Ordnungsstrafe ist keine Strafe für Pflichtverletzung oder begangenes Unrecht, sondern Beugestrafe, die den Ungehorsam gegen eine gerichtliche Anordnung brechen und deren Befolgung erzwingen will. Die Srafe ist zunächst anzudrohen (§ 33 III FGG) und dann, wenn die Anordnung fruchtlos blieb, festzusetzen. Die Ordnungsstrafe ist nur als Geldstrafe möglich und darf den Betrag von 1000 DM für die einzelne Strafe nicht überschreiten. Wiederholung der Strafe ist aber beliebig zulässig, bis der Zweck der Strafe erreicht ist.

b) *Unmittelbarer Zwang (§ 33 II FGG).* Gewaltanwendung ist angebracht, wenn direkter Zwang nicht nur geeignet, sondern auch erforderlich ist, um die Maßregel zu vollstrecken. Gewalt ist immer nur der letzte Ausweg. Der Vollstreckungsbeamte (Gerichtsvollzieher) kann hierzu die Hilfe der Polizei in Anspruch nehmen.

c) *Der Offenbarungseid (§ 33 II FGG)* ist zugelassen, wenn die herauszugebende Person oder Sache nicht vorgefunden wird.

3. Die Vollstreckung in Streitsachen

Entscheidungen in Streitsachen enthalten oft Leistungsbefehle. Hier entspricht die Vollstreckung in ihrem Wesen der des Zivilprozesses. Häufig wird das VIII. Buch der ZPO für entsprechend anwendbar erklärt.

Schlußbemerkung

Unser Bericht hat gezeigt, daß die Freiwillige Gerichtsbarkeit in Deutschland ein Verfahrensrechtsgebiet ist, in dem Rechtsfragen verschiedener Natur entschieden werden: Zu dem klassischen Bereich der (bürgerlichrechtlichen) Rechtsfürsorgeangelegenheiten sind die zivilrechtlichen Streitsachen und – neuerdings – die öffentlichrechtlichen Streitsachen getreten. Die Klammer, die diese verschiedenartigen Materien zusammenhält, ist die einheitliche Verfahrensordnung. Aber gerade diese war lückenhaft und entsprach daher nicht in allen Punkten den Anforderungen rechtsstaatlichen Denkens. Die neuere deutsche Prozeßrechtswissenschaft sah daher einmal ihre Aufgabe in der Erarbeitung eines Systems der Freiwilligen Gerichtsbarkeit, da nur so die Einheitlichkeit dieses Rechtsgebiets begründet werden konnte. Vor allem aber ließ sie sich die Ausformung der Verfahrensmaximen angelegen sein – in der Erkenntnis, daß nur durch solche allgemeinen Grundsätze der gleichmäßige und justizförmige Ablauf aller Angelegenheiten der FG zu erreichen war. Die Praxis ist der Theorie zunächst nur zögernd gefolgt, dann aber „mit vollen Segeln" in ihr Fahrwasser eingeschwenkt. So kann man sagen, daß das Verfahren der FG, so wie es sich uns heute darstellt, zum großen Teil eine Errungenschaft der deutschen Prozessualistik ist, die es als ihre vornehmste Aufgabe ansieht, das Verfahrensrecht mit den Grundsätzen des Rechtsstaates, zu denen sich die Bundesrepublik Deutschland bekennt (Artt. 20 III, 28 I GG), in Einklang zu bringen.

RÉSUMÉ

La juridiction non-contentieuse („Freiwillige Gerichtsbarkeit") est une procédure spéciale dont l'importance est souvent méconnue; car il ne s'agit pas seulement d'un processus gracieux mais aussi de véritables litiges attribués, par le législateur, au juge de la juridiction non-contentieuse. En face de cette complexité, il est nécessaire d étudier les problèmes les plus importants posés par cette procédure:

I. *Les fonctions de la juridiction non-contentieuse* sont multiples. Il est, en conséquence, difficile d'en donner des lignes générales, car c'est plutôt en raison des avantages de la procédure qu'en vertu d'un système, que le législateur a assigné à cette juridiction la plupart des matières en cause.

Les *tâches „classiques"* (assignées déjà à l'époque de la promulgation de la loi sur la juridiction non-contentieuse – FGG – en 1898) comprennent: questions relatives au mariage et à la famille (avant tout, les fonctions du tribunal en tant qu'autorité tutélaire), aux affaires d'état civil, à la succession, aux régimes matrimoniaux, aux registres publics (registre foncier, registre de commerce, registre matrimonial) et aux officiers publics (avant tout aux notaires). Il faut ajouter encore les multiples „services auxiliaires" exigés par le droit civil et le droit commercial, par exemple la réception du serment prêté par le débiteur, la vente d'un gage nanti et l'intervention concernant l'administration des sociétés anonymes: par exemple, la nomination d'un membre du conseil d'administration si les organes de la société ne sont pas à même de résoudre cette question.

A une époque récente le législateur a délégué de *nouvelles matières* à la juridiction gracieuse: telles que les affaires concernant la propriété par étages, questions de droit rural et d'adaptation des contrats à l'évolution économique et sociale et même les décisions à prendre en cas du partage des biens matrimoniaux. Il s'agit ici de véritables litiges à résoudre par le juge de la juridiction gracieuse („zivilrechtliche Streitsachen der Freiwilligen Gerichtsbarkeit"). Enfin, même certains litiges de droit public sont de la compétence de la juridiction non-contentieuse; à savoir: la reconnaissance des jugements étrangers concernant la dissolution du mariage, le recours contre certains actes administratifs des tribunaux ou des notaires et certaines affaires professionnelles d'avocats et de notaires. On parle ici des „Öffentlichrechtliche Streitsachen der Freiwilligen Gerichtsbarkeit".

II. *Définition de la juridiction gracieuse:* Cette diversité des fonctions a pour conséquence qu'on ne peut donner une définition matérielle de la juridiction non-contentieuse; on peut seulement dire qu'il s'agit d'une procédure appliquée par les tribunaux (et les notaires) remplissant des fonctions judiciaires. Il s'agit – abstraction faite des litiges de droit public – d'une procédure spéciale de la juridiction civile.

On a posé la question de savoir si toutes les fonctions mentionnées sont du ressort de la „juridiction" au sens propre. A mon avis, il faut répondre par l'affirmative. Bien qu'on y trouve aussi des actes qui ne sont pas de véritables décisions („Rechtspflegeakte"), la juridiction non-contentieuse appartient en total au pouvoir judiciaire. Elle n'est pas un service administratif. Par voie de conséquence, elle est soumise aux garanties constitutionnelles du tiers pouvoir. La Constitution garantit, avant tout, la neutralité de ses organes.

On peut distinguer trois espèces de juridiction non-contentieuse:

a) *Les „Rechtsfürsorgeangelegenheiten"* (dont la fonction est *l'assistance juridique*) du domaine classique de la juridiction gracieuse comme les affaires de tutelle, d'état civil, de registres publics: une telle assistance est exigée par l'intérêt public aussi bien que par l'intérêt de l'individu afin que ce dernier puisse faire valoir ses droits privés.

b) *Les litiges de droit privé (privatrechtliche Streitsachen).* A une époque récente, le législateur a délégué des fonctions de nature contentieuse à la juridiction gracieuse. Cette procédure sert à reconnaître, parfois avec but d'exécution, des droits allégués par les parties. Elle est donc semblable au procès civil.

c) *Les litiges de droit public* (*öffentlichrechtliche Streitsachen; voir* supra I).

III. *La procédure.* Le trait le plus caractéristique de la procédure non-contentieuse est le *rôle prépondérant du juge.* C'est le juge qui est le maître de la procédure. Ce fait est souligné par les principes de la procédure (voir infra c).

a) *Les organes* sont les juges de la juridiction gracieuse auprès des tribunaux ordinaires, les „Rechtspfleger" (fonctionnaires indépendants auprès des „Amtsgerichte" exercant certains pouvoirs judiciaires), les notaires et quelques autorités administratives.

La *compétence de pleine juridiction* appartient, en général, aux tribunaux de première instance (Amtsgericht), le recours porte l'affaire devant les tribunaux de seconde instance (Landgericht), d'où il y a un deuxième recours à la Cour supérieure (Oberlandesgericht). Mais dans le cas où cette cour veut rendre un arrêt contraire à une décision d'un tribunal du même ordre ou de la Cour fédérale, elle doit surseoir afin que la Cour fédérale tranche l'affaire. Ainsi, la Cour fédérale est la gardienne de l'unité du droit national.

Les actes d'un organe incompétent ne sont, en principe, pas nuls mais seulement viciés, à l'exception du cas où l organe n'avait pas le pouvoir juridictionnel: Dans ce cas, la décision est nulle et non-avenue.

b) *Les sujets de la procédure.* On distingue les participants au sens formel (correspondants aux parties du procès civil), et ceux dont les droits subjectifs sont affectés (participants au sens matériel). La capacité d'être participant et la capacité d'ester en justice correspondent en principe aux règles du procès civil.

c) *Les maximes de la procédure.* Toute procédure non-contentieuse est dominée par la maxime inquisitoire (Untersuchungsgrundsatz): C'est le juge qui doit d'office découvrir et amener les faits et instruire les preuves. Dans beaucoup de matières non-contentieuses „classiques", le rôle prépondérant du juge se manifeste, en outre, par la maxime d'office (Offizialmaxime); cela veut dire que le juge peut d'office déclencher la procédure (p. ex. en matière de tutelle). Aux affaires contentieuses, par contre, la procédure correspond dans une large mesure, en ce qui concerne la maîtrise du procès, au procès civil ou au procès administratif.

Dans toutes les branches de la juridiction gracieuse, les droits de la défense (surtout le droit d'être entendu) doivent être respectés. La procédure est le plus souvent écrite, le principe de la publicité n'étant pas valable.

d) *La décision* finale n'est pas un jugement (Urteil) mais un „Beschluß". Elle passe en force de chose jugée (formelle Rechtskraft) s'il s'agit d'un arrêt du tribunal de dernière instance ou si le délai de recours ordinaire est échu, mais elle ne règle pas nécessairement l'affaire d'une manière définitive: Les autorités peuvent en principe la modifier, non seulement à cause d'événements postérieurs, mais aussi lorsque la première mesure se présente comme erronée ou mal appropriée. Cette règle n'est pas valable pour les litiges (Streitsachen), car, en cette matière, les décisions passent aussi en autorité de chose jugée (materielle Rechtskraft). Les actes de la juridiction gracieuse ont souvent un effet constitutif de droit. Dans un tel cas, ils sont valables erga omnes.

e) *Recours.* Lorsque la décision est viciée, elle n'est en général pas nulle, mais on peut l'attaquer par voie de recours. Le recours ordinaire est la „Beschwerde" permettant un nouvel examen complet de l'affaire en fait et en droit et même la production de nouveaux moyens; en plus, il y a dans certains cas la „sofortige Beschwerde", soumise à un délai de deux semaines. Le recours a un effet dévolutif, mais en général pas d'effet suspensif. Contre la décision de la deuxième instance un nouveau recours, mais seulement en droit, est ouvert (weitere Beschwerde). A côté de cela il y a certains moyens de recours spéciaux. (Pour le rôle de la Cour fédérale voir supra a.)

f) *Exécution.* Les actes contenant une ordonnance peuvent être exécutés par des moyens propres de la juridiction gracieuse dont le plus important est la sanction pécuniaire („Ordnungsstrafe"). Mais la plupart des mesures ont un effet constitutif ou purement déclaratif, par conséquent une exécution est superflue. En ce qui concerne les litiges en matière gracieuse (Streitsachen), la loi prévoit, en règle générale, l'exécution selon les règles valables pour les jugements de la juridiction contentieuse.

LANDWIRTSCHAFTSRECHT

DIE FLURBEREINIGUNG

Von Dr. ROBERT SCHEYHING

Professor an der Universität Tübingen

Die europäischen Sprachen heben verschiedene Aspekte einer einheitlichen Erscheinung hervor, wenn sie von einem Zusammenfügen, von Grundstücks- oder Parzellenaustausch, von einem Umlegen von Grundstücken oder von einem Bereinigen der Eigentumslage sprechen. Das Ziel der Flurbereinigung ist demnach, in einem bestimmten abgegrenzten Gebiet die Anteile der daran beteiligten Eigentümer so zu bemessen, daß diese den Erfordernissen genügen, die die moderne Betriebstechnik und die öffentlichen Interessen erheischen. Das rechtstechnische Mittel, um diesen Erfolg zu erreichen, ist der Austausch der bisher bestehenden Grundstücke der einzelnen Eigentümer mit denen anderer Eigentümer, wobei der Austausch nicht identisch sein muß mit dem zivilrechtlichen Institut des Tausches. Die Flurbereinigung ist mithin ein Mittel gegen die überkommene Zersplitterung des landwirtschaftlichen Grundbesitzes, die eine rationelle Bewirtschaftung verhindert. Als solche ist sie Vollzug eines Planes und gehört – wenn auch in bescheidenem Maßstab – in den großen Bereich der Planung von Wirtschaftsvorgängen und spiegelt all die rechtlichen und wirtschaftlichen Probleme, die mit dieser modernen Erscheinung verbunden sind. Schließlich ist die Flurbereinigung ein Eingriff in das Eigentum, der nur dadurch gemildert wird, daß dem Eigentümer der Wert desselben grundsätzlich erhalten bleibt.

In erster Linie muß die Zersplitterung des landwirtschaftlichen Grundbesitzes in ihrem Ausmaß und ihren Ursachen umrissen werden; dadurch wird deutlich, in welche Situation die Flurbereinigung gestellt ist.

Die heutige, zu bereinigende Besitzlage geht zu einem wesentlichen Teil auf altüberkommene Verhältnisse zurück, die bis ins Mittelalter zurückreichen. Ganz überwiegend verteilte sich damals der Besitz der einzelnen Bauern auf eine nicht geringe Anzahl von Anteilen an einzelnen Feldfluren, die sich bei geringer Breite lang hinzogen. Diese unter damaligen Verhältnissen zweckmäßige Besitzaufteilung hat zu einer weiteren Zersplitterung des Grundbesitzes infolge des Bevölkerungszuwachses, der Erbteilungen (wo diese üblich waren), des Grundstücksverkehrs geführt, um nur die hauptsächlichsten Ursachen zu nennen. Bis zum Beginn des 19. Jahrhunderts, um einen ungefähren zeitlichen Anhaltspunkt zu geben, war das ländliche Grundeigentum weitgehend gebunden; der Bauer hatte kein freies Eigentumsrecht an dem Grund und Boden. Damit waren der Zersplitterung des Grundbesitzes gewisse Grenzen gesetzt, sei es durch Beschränkung des Rechtsverkehrs unter Lebenden, sei es durch eine Gestaltung des Erbrechts, das die freie Teilbarkeit des landwirtschaftlichen Besitzes unter mehrere Miterben unterband. Doch kann man nicht sagen, daß diese rechtlichen Beschränkungen in erster Linie auf das Ziel gerichtet waren, Zersplitterungen des Bodenbesitzes zu hindern. Entweder waren die Herrschaftsmöglichkeiten über die Bauern in erster Linie darauf ausgerichtet, die Eigenständigkeit der Bauern zugunsten der Eigenwirtschaft des Gutsherrn zurückzudrängen (so im Bereich der ostdeutschen Gutsherrschaft), oder sie dienten dazu, die Abgaben der Bauern zu sichern, ohne allzuviel in deren Wirtschaftsführung einzugreifen.

Nachdem in der ersten Hälfte des 19. Jahrhunderts in Gestalt der Bauernbefreiung die bäuerliche Bevölkerung uneingeschränktes zivilrechtliches Eigentum an ihrem Land erhalten hatte, waren der weiteren Besitzzersplitterung keine wesentlichen rechtlichen Hindernisse mehr in den Weg gelegt. In der liberalen Wirtschaftskonzeption liegende Gründe wie auch wirtschaftliche Krisen haben zu einer Beschleunigung des Grundstücksverkehrs und im Zusammenhang damit auch in einem gewissen Ausmaß zu einer weiteren Besitzzersplitterung geführt. Andererseits dürfen die Widerstände gegen die Besitzzersplitterung in dieser Epoche nicht um dessentwillen unterschätzt werden, weil die Rechtsordnung solchen Bestrebungen keinen Schutz bot. Das zeigt etwa die Tatsache, daß die geschlossene Vererbung der Höfe, wo diese Sitte war, sich ungeachtet der gewandelten Rechtslage erhalten hat. Immerhin hat die Besitzzersplitterung gegen Ende des 19. Jahrhunderts zum Teil beinahe groteske Ausmaße angenommen, und zwar nicht nur in Gegenden mit sehr intensiven Kulturen, sondern auch in solchen, wo infolge der geringen Ertragsfähigkeit des Bodens eine rationelle Bewirtschaftung besonders notwendig gewesen wäre, z. B. in Teilen des mitteldeutschen Berglandes. Insgesamt gesehen, ist die Bodenzersplitterung sehr ausgedehnt und im Westen und Süden Deutschlands am weitesten fortgeschritten, und zwar wegen der dort herrschenden freien Teilbarkeit im Erbfall. Die Übersicht über die Ursachen der Besitzzersplitterung zeigt klar, daß es sich bei ihrer Beseitigung, der Flurbereinigung, nicht darum handelt, die Besitzstruktur von kurzfristigen Fehlentwicklungen zu befreien, sie auf „gute alte Zustände" zurückzuführen. Vielmehr geht es um ganz auf die Gegenwart und die Zukunft abgestellte Maßnahmen, die ein neues an die Stelle des alten setzt.

In der Tat sind auch die Anfänge der Flurbereinigung in Deutschland ausgelöst worden durch neue Situationen, die einen Schritt vorwärts, eine neue Lösung verlangten. Die Besitzstruktur, wie sie seit dem Mittelalter überkommen war, erheischte eine gebundene Wirtschaftsweise in Gestalt des Flurzwanges. Gleichgültig, ob der Besitz der einzelnen Landwirte mehr oder weniger zersplittert war, die Anteile an den einzelnen Feldfluren konnten nur unter ausgedehnter gegenseitiger Bindung bewirtschaftet werden, denn sie waren nicht durch ein ständiges Wegenetz ohne weiteres zugänglich, sondern durch ein kompliziertes System von Zugangsrechten über fremdes Eigentum, was nur durchführbar war, wenn die Bestellungs- und Erntearbeiten einheitlich erfolgten. Ein weiteres kollektives Moment der Wirtschaftsführung lag in dem Vorhandensein eines der gemeinsamen Nutzung im eigentlichen Wortsinne vorbehaltenen Areals, der Gemeinheit oder Allmende. Die Gemeinheit war naturgemäß wenig intensiv genutzt und erfuhr im Gegensatz zum privaten Ackerland wenig Pflege. Diese Agrarverfassung erklärt, daß das von den Grund- und Gutsherren selbst bewirtschaftete Land (das zumeist im Laufe der Zeit ausgedehnt wurde) wegen der damit verbundenen wirtschaftlichen Vorteile aus dem gemeinsamen Wirtschaften ausgeschieden und im Zusammenhang damit arrondiert wurde. Diesem Beispiel folgten die Bauern im östlichen Holstein, indem sie mit privatrechtlichen Mitteln wie Kauf und Tausch ihren eigenen Besitz abrundeten und mit geeigneten Flurstücken im Einverständnis mit den anderen Dorfbewohnern aus der Flurgemeinschaft mit ihren engen wirtschaftlichen Bindungen ausschieden (sog. Verkoppelung).

Ohne Anstöße aus der grundherrlichen Sphäre, allein getragen von den Bauern selbst, hat sich in Oberschwaben eine Flurbereinigung, die sog. Vereinödung, ausgebildet, die nicht immer, wie der Wortsinn vermuten läßt, zur Neubildung von Einzelhöfen oder Meilern mit geschlossenem Besitz geführt hat. Vielmehr gab es auch Flurumlegungen, die allein das Land und nicht die Siedlung berührten. Teilungen der Allmende haben hier oft Umlegungen der gesamten Feldflur ausgelöst.

Wenn in beiden Bereichen die Flurbereinigung als Ergebnis bäuerlicher Initiative zu bezeichnen ist, so konnten sich diese Vorgänge doch nicht ohne Mitwirkung der Obrigkeit vollziehen, weil diese zivilrechtlichen Vorgänge angesichts der Berechtigung der Bauern am Boden, die allenfalls ein Untereigentum oder ein Leiheverhältnis darstellten, der Zustimmung des Grundherrn bedurften. Die Zustimmungsbedürftigkeit hat zwei wichtige Auswirkungen gezeitigt: einmal konnten damit die Umlegungsbemühungen der Bauern wesentlich unterstützt (so im Bereich der Fürstabtei Kempten) oder gehemmt werden (so anfänglich in Kurbaiern und in Schleswig-Holstein); zum anderen aber entwickelte sich aus dieser Rechtslage heraus eine staatliche Verfahrensregelung, mittels derer vor allem der Grundsatz durchgesetzt wurde, daß für Maßnahmen der Flurbereinigung eine Mehrheitsentscheidung der Beteiligten genüge. Es wurde also nicht mehr Einstimmigkeit verlangt, wie sie bei rein privaten Maßnahmen unumgänglich war.

Gesetzgebungsmaßnahmen und nicht mehr die freie Initiative haben etwa seit der Mitte des 18. Jahrhunderts die Flurbereinigung weitergetrieben. Der absolute Staat wandte seitdem seine besondere Aufmerksamkeit der Landwirtschaft zu. Seine vielfältigen Maßnahmen führten jedoch nur da zu Flurbereinigungen, wo die Verhältnisse einen gewissen Anstoß abgaben. Im Herzogtum Lauenburg war es ebenfalls die Frage der Zusammenlegung des Gutslandes und der daraus entspringenden Umlegung des Bauernlandes, die zu staatlichen Anordnungen Anlaß gab. Streitigkeiten aus derselben unterlagen nicht der Entscheidung durch Gerichte, sondern wurden als Regierungssachen (Regiminalangelegenheiten) erklärt. Gemeinheitsteilungen gingen damit Hand in Hand. Auch in Hannover erfolgten ähnliche Regelungen, wobei sich zeigte, daß in manchen Landesteilen die Bauern in ihren Besitzrechten so erstarkt waren, daß sie der vom Gutsland ausgehenden Umlegung Widerstand entgegenzusetzen vermochten.

Man darf annehmen, daß die Regelungen für Lauenburg und das Kurfürstentum Hannover von der sehr tiefgreifenden Umlegungsbewegung in England beeinflußt waren. Auch die Fortführung der privaten Verkoppelungsbewegung in Schleswig-Holstein durch gesetzliche Maßnahmen beruht auf der Übernahme der reichsdänischen Udskiftig forordning von 1758 für die Herzogtümer. Umlegungsbemühungen finden sich auch im Herzogtum Nassau und in Braunschweig. Preußen begann ab ungefähr 1770, die Auflösung der Gemeinheiten in die Wege zu leiten. Abgesehen von der mittleren Mark Brandenburg waren die Erfolge jedoch gering. Man hat das darauf zurückgeführt, daß den Justizbehörden die Oberaufsicht beigelegt war, damit alles „legal zugehe", was aber den Fortgang der Verfahren im Verein mit dem „Widerspruch eigensinniger Leute" gehemmt hat. Während die Flurbereinigung in Oberschwaben, in Schleswig-Holstein, Lauenburg und Hannover ungefähr um 1820 als weitgehend abgeschlossen gelten konnte, bedurfte es in Preußen jener tiefgreifenden Änderung der agrarischen Verhältnisse, die mit dem Namen der Bauernbefreiung bezeichnet wird, um der Flurbereinigung weitere Anstöße zu geben. Während anderwärts gerade die Abhängigkeit der Bauern eine Flurbereinigung auslösen und kraft des Konsensrechtes auch befördern konnte, scheint in Preußen die Abhängigkeit des Bauern seine Mitwirkung an solchen Maßnahmen, etwa aus Furcht vor erhöhten Abgaben aus dem wertvoller gewordenen Grundbesitz, entscheidend gehemmt zu haben. Die preußische Gemeinheitsteilungsverordnung von 1821, als organischer Bestandteil der Agrarreform konzipiert, zeitigte nunmehr große Erfolge, schon wegen der durch die Regulierung der gutsherrlichen Rechte ausgelösten großen Landabtretungen seitens der Bauern, die eine Neueinteilung der Feldfluren notwendig machten. Zur Flurbereinigung konnte man auf Grund dieses Gesetzes allerdings nur da gelangen, wo gemeinsame Berechtigungen irgendwelcher Art auseinanderzusetzen waren.

Eine Verknüpfung von Flurbereinigung und Gemeinheitsteilung fand im 19. Jahrhundert auch sonst in Nord- und Mitteldeutschland statt, wo bisher noch keine Regelungen ergangen waren; vor allem trat das Königreich Sachsen 1832 neu in diesen Kreis, um schon 1834 diese Verknüpfung zu lösen und ein eigenes Umlegungsgesetz zu erlassen. Preußen hat erst mit einem Gesetz von 1872 diese Trennung nachvollzogen[1].

Ein anderer Typus von Flurbereinigungen hat sich in Süddeutschland entwickelt. Eine Zusammenlegung von Grundstücken begegnete wegen der geographischen Situation (starke Höhenunterschiede in einer Feldflur) wie wegen der besonders starken Besitzzersplitterung hier erheblichen Hindernissen, zumal die Aufteilung der Allmenden (Gemeinheiten) dort nicht einen Ansatzpunkt zu Besitzbereinigungen abgegeben hat, da man an dieses vielschichtige Problem nur zögernd heranging. Die Bauernbefreiung führte hier nicht zu Landabgaben, da die gutsherrlichen Rechte sich hier auf Abgaben beschränkten, die nach und nach abgelöst wurden.

In manchen Gebietsteilen dieser Länder herrschte eine ausgesprochen intensive Bewirtschaftung vor, was zusätzliche Hindernisse gegen eine Umlegung aufrichtete. Deshalb enthielten die süddeutschen Gesetze der Länder Bayern, Württemberg, Baden und Hessen, erlassen um die Mitte des 19. Jahrhunderts, einen eigenartigen Typus der Flurbereinigung, der in erster Linie den Ausbau eines Wegenetzes vorsah, der jedem Grundstück einen vom Nachbarn unabhängigen Zugang verschaffen sollte. Eine Umlegung von Grundstücken mit dem Ziel, die Zahl der Parzellen zu vermindern, war damit nicht ausgeschlossen, wurde aber in der Praxis selten durchgesetzt, jedenfalls nicht mit durchschlagendem Erfolg.

Die weitere Entwicklung, die bis in die dreißiger Jahre des 20. Jahrhunderts[2] hineinreicht, läßt sich dahin kennzeichnen, daß das Erreichte im juristisch-technischen Bereich weiter ausgebaut und verfeinert wurde und daß die für die Durchführung von Flurbereinigungen bisher notwendigen Mehrheiten der Beteiligten immer mehr abgeschwächt wurden, gelegentlich so weit, daß die Einleitung von solchen Maßnahmen allein in die Hand des Staates gelegt wurde, so daß den Beteiligten nur noch die Möglichkeit offenstand, durch einen Beschluß den Fortgang des Verfahrens zu hemmen. Im übrigen prägen im 20. Jahrhundert nicht so sehr die juristischen Probleme, auch nicht so sehr die spezifisch politischen (Enteignungsproblem!) Fragen das Schicksal der Flurbereinigung als vielmehr die agrarpolitischen und finanziellen Gesichtspunkte. Obwohl die Notwendigkeit einer ausgedehnten Flurbereinigung kaum mehr bestritten wurde, haben sich der Kapitalmangel bei Staat und Landwirtschaft, vor allem in der Zeit

---

1 Eine Übersicht über die Umlegungsgesetze der deutschen Länder enthält Anhang I, unten S. 274.

2 Zu den bis 1930 erzielten Ergebnissen vgl. Anhang II, unten S. 275.

der großen Wirtschaftskrise, hemmend auf den Fortgang der Arbeiten ausgewirkt.

Die Zeit der nationalsozialistischen Herrschaft ist gekennzeichnet von dem Streben nach Autarkie; der Ertrag der landwirtschaftlichen Fläche sollte rasch gesteigert werden. Andererseits wurden der Landwirtschaft für öffentliche Vorhaben, zivile und militärische, große Flächen entzogen, was tief in die Struktur der betroffenen landwirtschaftlichen Betriebe eingriff. Beide Momente haben den Erlaß eines für das ganze Reich geltenden neuen Umlegungsrechts gezeitigt, des nur Rahmenvorschriften enthaltenden Umlegungsgesetzes von 1936, dem die eigentliche Regelung in Gestalt der Reichsumlegungsordnung vom 16. Juni 1937 folgte. Kennzeichnend für diese Neuregelung ist die Betonung der öffentlichen Interessen, sowohl was das Ziel der Umlegung anlangt als auch hinsichtlich der Gestalt des Verfahrens, das von Amts wegen betrieben wird, also eines Beschlusses der Beteiligten nicht bedarf und auch durch einen Widerspruch derselben nicht gehindert werden kann. Von Bedeutung ist die Möglichkeit, bei Enteignungsmaßnahmen, die ländliche Grundstücke betreffen, durch eine Umlegung die Entschädigungsfrage zu lösen. Landabtretungen sind in gewissen Grenzen zur Deckung der Kosten und zum Ausgleich der Bodenverbesserungen vorgesehen, was eine (von der Kapitalknappheit gezeitigte) Neuheit darstellte. Es läßt sich nicht mit Sicherheit feststellen, ob die Betonung der öffentlichen Interessen die Gestalt der Flurbereinigung gegenüber früher wesentlich geändert hat. Sehr wahrscheinlich ist dies nicht; vor allem darf der reichliche Gebrauch ideologisch angereicherter Formeln nicht über die realen Verhältnisse hinwegtäuschen. Soweit mit den öffentlichen Interessen schlicht überlokale Interessen erfaßt sind, entspricht dies den Gegebenheiten einer immer enger zusammenrückenden Welt, die solche Planungsmaßnahmen nicht mehr allein aus dem Gesichtswinkel lokaler Interessen konzipieren kann. Von daher ist verständlich, daß die deutschen Länder nach 1945 mit Ausnahme von Bayern an dem Reichsrecht festgehalten haben und daß das heute im Bundesgebiet geltende Gesetz, das Flurbereinigungsgesetz vom 14. Juli 1953, sich in wesentlichen Punkten an das bisherige Reichsrecht anschließen konnte. Die Bundesländer haben zu diesem Gesetz Ausführungsgesetze erlassen[3].

Der gegenwärtig geltende Rechtszustand repräsentiert in seinen dogmatischen Lösungen die Ergebnisse einer langen Entwicklung, die heute nicht mehr im einzelnen nachgezeichnet zu werden braucht. Es genüge die Feststellung, daß die Flurbereinigung immer auf praktikable Ergebnisse gerichtet war und deshalb einer klaren rechtstheoretischen Stellungnahme da entbehrt, wo eine solche nicht für praktische Ergebnisse bezogen werden mußte. Die Flurbereinigung bewegte sich, seitdem gesetzliche Regelungen

---

[3] Zu dem Anfang 1964 erreichten Stand der Flurbereinigung vgl. Anhang III, zu der „Besitzstruktur" in der Gegenwart Anhang IV (unten S. 276 f.).

vorlagen, immer auf der Grenze zwischen dem privaten und öffentlichen Recht. Anfänglich hat man die entscheidenden Vorgänge zivilrechtlich, als Tauschvorgänge, verstanden, wobei allerdings klarlag, daß ein Zwang – mindestens in Gestalt der Unterwerfung unter Mehrheitsbeschlüsse – zum Abschluß dieser Verträge obwalte. Mit der Deutung der Flurbereinigung als eines Vorgangs des materiellen Zivilrechts war auch nicht immer eine Zuständigkeit der Zivilgerichte verknüpft, was an sich folgerichtig gewesen wäre. Entsprechend der allgemein verbreiteten Neigung, Grenzgebiete zwischen dem privaten und öffentlichen Recht letzterem zuzurechnen, sieht man etwa seit dem Beginn dieses Jahrhunderts die Flurbereinigung als einen Vorgang des öffentlichen Rechts an. Daß andererseits der öffentlichrechtliche Vorgang eine zivilrechtliche Grundlage hat, eben die Umschichtung von Privatrechten, kann nicht bestritten werden. So gilt auch heute noch die Feststellung, daß die Flurbereinigung ein Grenzgebiet darstellt.

Die Betonung des öffentlich-rechtlichen Charakters der Flurbereinigung wie auch sachliche Gründe haben dazu geführt, das Gesamtproblem im Gesetz systematisch unter dem Gesichtswinkel einer Verfahrensordnung zu erfassen, die sachlich-rechtlichen Fragen aber in die einzelnen Verfahrensabschnitte einzugliedern.

Ungeachtet der Tatsache, daß die Flurbereinigung wesentlich Verfahren ist, sollen hier zunächst die materiell-rechtlichen Fragen ausgebreitet werden.

Flurbereinigung ist die Zusammenlegung von zersplittertem oder unwirtschaftlich geformtem ländlichem Grundbesitz nach neuzeitlichen betriebswirtschaftlichen Gesichtspunkten. Mit der Zusammenlegung sind im Bedarfsfall weitere landeskulturelle Maßnahmen zu verbinden. Die Zusammenlegung geht auf eine wirtschaftliche Gestaltung des Grundbesitzes mit dem Ziel der Förderung der land- und forstwirtschaftlichen Erzeugung und der allgemeinen Landeskultur (§ 1 FlurberGes).

Diese sehr allgemeine Formel erfährt einige Konkretisierungen, zunächst durch die Regel, daß eine Flurbereinigung angeordnet werden könne, wenn die Voraussetzungen für eine solche Maßnahme (nach § 1) und das Interesse der Beteiligten von der entscheidenden Behörde für gegeben angesehen werden (§ 4). Wenn das Interesse der Beteiligten und das objektive Bedürfnis einander entgegengesetzt werden, so ist klargestellt, daß die Flurbereinigung, so sehr § 1 darauf hindeutet, nicht als ein dem individuellen Nutzen dienendes Unternehmen begriffen werden kann. Es ist vielmehr anzusehen als eine staatliche Veranstaltung, die dem allgemeinen Ziel einer Gesundung der Landwirtschaft als eines Teils der Volkswirtschaft dient, wobei der individuelle Nutzen nur als sekundärer Erfolg zu gelten hat, weil sich nämlich die allgemeine Gesundung der Landwirtschaft nach den maßgeblichen Grundsätzen der Wirtschaftsverfassung nur über eine Steigerung der Leistungsfähigkeit der einzelnen in der Landwirtschaft tätigen Wirtschaftssubjekte vollziehen kann. Die Flurbereinigung mag also als Maßnahme im Interesse einer Gruppe bezeichnet werden. Diesem Kollektivinteresse ist das Interesse der Beteiligten als das der kleineren lokalen Gruppe entgegengesetzt. Dieses Lokalinteresse ist nach objektiven Maßstäben festzustellen; das Interesse ist nicht gleichzusetzen mit dem Willen der Beteiligten; wäre letzterer maßgeblich, so müßte ein Widerspruchsrecht gegeben sein. Doch muß beachtet werden, daß eine Gegnerschaft der Beteiligten gegen die Flurbereinigung unter Umständen, nicht immer, den Erfolg der Flurbereinigung in Frage stellen kann. Der Kreis der Beteiligten umfaßt nicht notwendig bloß Landwirte; soweit demnach die Interessen der Beteiligten nichtlandwirtschaftlicher Natur sind, bleibt zu beachten, daß die Flurbereinigung eine Veranstaltung primär im Interesse der Landwirtschaft ist und daß demnach lokale und individuelle Interessen nur dann einer Flurbereinigung entgegenstehen, wenn sie auf dem landwirtschaftlichen Sektor gegeben sind. In der Praxis stellt sich zumeist die Frage, ob die Kosten der Flurbereinigung einen Hinderungsgrund für diese abgeben können, ob also die Nichtbelastung mit Kosten als ein Interesse der Beteiligten zu werten ist. Eine solche Folgerung entspricht nicht dem Gesetz, doch liegt ein Interesse der Beteiligten insofern vor, als die Flurbereinigung nicht zu unerträglichen Belastungen führen darf. Die Belastung muß durch den zu erwartenden betriebswirtschaftlichen Nutzen gedeckt sein. Im übrigen muß gesagt werden, daß der Interessenwiderstreit, wie er im Gesetz gelöst ist, mehr theoretische denn praktische Bedeutung beansprucht, da die Landwirte in aller Regel an einer Flurbereinigung interessiert sind. Wo sich ausnahmsweise Widerstände zeigen, wird man angesichts des gegenwärtigen großen Geschäftsanfalles dort die Flur bereinigen, wo keine Gegnerschaft besteht. Anders ist die Lage dann, wenn landwirtschaftliche Grundstücke in großem Maße enteignet werden müssen und sich an diesen Eingriff eine Flurbereinigung anschließt. Diesfalls aber ist das Interesse der Beteiligten auch nicht maßgeblich, weil die Flurbereinigung ja zum Ausgleich von Landverlusten eintritt und nicht wegen der überkommenen Besitzzersplitterung.

Ungeachtet der aufgezeigten mangelnden Praktikabilität der Regelung muß der Ausgleich zwischen Gruppen- und Lokalinteressen, wie er im Gesetz vorgesehen ist, als gut gelungen bezeichnet werden.

Unter anderen Interessengegensätzen steht die Durchführung eines konkreten Unternehmens der Flurbereinigung. *Ob* die Flurbereinigung durchgeführt werden soll, entscheidet sich in der Auseinandersetzung zwischen dem Gruppen- und dem Lokalinteresse, *wie* eine Flurbereinigung durchgeführt werden soll (§ 37), entscheidet sich in einem Ausgleich von Einzelinteressen und Allgemeininteressen. Die eigentlich agrarpolitische Zielsetzung ist im zweiten Fall wesentlich in den Einzelinteressen der beteiligten Landwirte verkörpert (wenn auch nicht ausschließlich, da gemeinsame Interessen auch für die Steigerung der Produktivität bestehen), während die spezifischen Allgemeininteressen in diesem Zusammenhang nicht identisch mit den landwirtschaftlichen Interessen sein müssen, sondern ihnen entgegengesetzt sein können. Für die Förderung der landwirtschaftlichen Produktivität sind vorgesehen: die Neueinteilung der Feldmark und die Zusammenlegung von zersplittertem Grundbesitz, daneben aber die Herstellung von Wegen, Gräben und dgl., die Auflockerung der Ortschaften (etwa durch die Aussiedlung von Höfen aus dem Dorf in die freie Feldmark), die Bodenverbesserung (Melioration) und alle sonstigen Maßnahmen, die die Bewirtschaftung der Betriebe erleichtern. Dieses Bündel von Maßnahmen bedeutet die Ermächtigung zu erheblichen Veränderungen der überkommenen Landschaft. Es ist deshalb von großer Bedeutung, daß die Maßnahmen unter Beachtung der jeweiligen Landschaftsstruktur zu treffen sind. Diese im Gesetz ursprünglich nicht vorgesehene Regel wirft unbestreitbar schwierige Fragen auf; wenn gesagt wird, man müsse die natürlichen Gegebenheiten der Landschaft beachten, so ergibt sich die Frage, welche Gegebenheiten in einer Kulturlandschaft das Prädikat „natürlich" verdienen. Gefordert wird kraft dieser Norm eine Planung, die weitestgehend auf die Gegebenheiten der Landschaft Rücksicht nimmt und nur zu behutsamen Eingriffen schreitet, was letztlich auch im Interesse der Landwirtschaft liegt, die an einer Gefährdung biologischer Gleichgewichtslagen auf die Dauer am nachhaltigsten leiden muß. Die zu schützende Landschaftsstruktur hat aber nicht allein einen naturwissenschaftlichen Aspekt, sondern auch einen ästhetischen. Dessen Berücksichtigung wird wegen der Unsicherheit der Beurteilungsgrundlage – über Geschmacksfragen läßt sich bekanntlich streiten – besonders schwierig sein. Zu denken ist in diesem Zusammenhang vor allem an Aufforstungen, wie sie bei wenig ertragreichen Böden im Gange oder geplant sind, weil sie das Erscheinungsbild einer Landschaft nachhaltig verändern können. Soweit ersichtlich, gilt auch in diesem Zusammenhang die Feststellung, daß die Schärfe der Interessengegensätze, wie sie im Gesetz vorausgesetzt ist, keine vollkommene Entsprechung in der Wirklichkeit hat. Die Flurbereinigung umfaßt gegenwärtig nur verhältnismäßig kleine Bezirke der Landschaft, und von diesem umgrenzten Raum her läßt sich die Landschaftsstruktur – bei aller Intensität der Eingriffe – doch nur in beschränktem Maße beeinflussen. Die Planung muß ferner Rücksicht nehmen auf alle die vielfältigen Interessen, die am Grund und Boden bestehen, auf die Wasserwirtschaft, Energieversorgung, Bergbau, landwirtschaftliche Siedlung usf. (§ 37 II).

Eine dritte Art von Interessenabwägung hat stattzufinden bei der Bemessung des Landes, das die Beteiligten als Abfindung für die von ihnen eingebrachten Grundstücke empfangen. Hier geht es allein um die Abwägung der betriebswirtschaftlichen Verhältnisse der einzelnen Teilnehmer untereinander (§ 44 II), die neben dem Wert des eingebrachten Landes zu beachten sind. Hier bewegt man sich auf dem vertrauten Boden einer Interessenabwägung zwischen einzelnen Rechtsgenossen, für die zudem sichere Maßstäbe durch die landwirtschaftliche Betriebslehre geschaffen sind. Wo die Abfindung eine völlige Änderung der Betriebsstruktur mit sich bringt, bedarf sie der Zustimmung der Betroffenen; die Kosten der Betriebsänderung sind Ausführungskosten, also von allen Beteiligten gemeinsam zu tragen (§ 44 V). Damit ist klargestellt, daß in jedem Falle ein Ausgleich der individuellen Interessen stattzufinden hat. Sieht man die Flurbereinigung unter dem Gesichtswinkel des Widerstreits von Allgemein- und Individualinteressen, so kann man an dem Akt des „Tausches" nicht vorbeigehen, durch den die Umlegung perfektuiert wird. Dieser Tauschakt hat freilich jede Ähnlichkeit mit dem zivilrechtlichen Tauschgeschäft abgestreift; vielmehr verfährt das Gesetz so, daß es detaillierte Vorschriften über die Neueinteilung und die Abfindung gibt, deren entscheidende Punkte aufgezeigt wurden, mit der Maßgabe, daß diese Vorschriften sich in einem Plan niederschlagen. Der Austausch der Grundstücke geschieht durch die Ausführung dieses Planes, durch seine Vollstreckung, womit der neue im Plan ausgewiesene Rechtszustand an die Stelle des alten tritt. Weitere Regeln über den Rechtsübergang sind nicht gegeben mit Ausnahme von Bestimmungen über die Rechte Dritter: Die Landabfindung tritt hinsichtlich der Rechte an den alten Grundstücken an die Stelle des bisher innegehabten Grundeigentums. Mit diesen Regeln, mit denen sich die praktischen Probleme durchaus lösen lassen, begnügt sich das Gesetz; die theoretische Betrachtung kann sich damit nicht zufriedengeben. Der Austausch der Grundstücke ist als obrigkeitliche Zuweisung des neuen Landes aufzufassen, die unabhängig davon wirksam ist, ob eine Berechtigung am alten eingebrachten Grundstück besteht.

Unter diesem formalen Gesichtspunkt muß man die Zuweisung des früheren Grundeigentums an einen anderen Beteiligten als eine Entziehung desselben durch obrigkeitliche Maßnahmen ansehen. Von hier aus gelangt man dann zu der Frage, ob die Flurbereinigung (und die verwandte Umlegung im Baurecht) eine *Enteignung* im Sinne der Verfassung darstelle (Art. 14 GG). Auszuscheiden aus dieser noch fortdauernden Diskussion sind die Belege, die von einer Enteignung mehr in einem politisch-polemischen Sinn denn im exakten juristischen Sinn sprechen – Belege, die sich vor allem in den Parlamentsverhandlungen finden, wozu man auch Äußerungen des Reichskanzlers Fürst Bismarck zu rechnen hätte, der einmal die Kommassation (Umlegung) zu den staatssozialistischen Einrichtungen zählte. Vielmehr gehören hierher nur die Fälle, in denen eine Deutung der Flurbereinigung als eines Instituts der Enteignung juristische Folgen auslösen kann, und das ist der Fall sowohl bei der Weimarer Reichsverfassung wie beim gegenwärtig geltenden Grundgesetz. Für die Rechtslage unter der Weimarer Verfassung bleibt hier nur anzumerken, daß die damalige Rechtsgestalt der Flurbereinigung durch den Meinungsstreit keine Umwandlung erfahren hat; allerdings ist der Meinungsstreit insofern nicht zum Austrag gelangt, als durch Notverordnung die Rechtmäßigkeit der Flurbereinigungsgesetze klargestellt wurde. Für die heutige Rechtslage bleibt zunächst festzustellen, daß das Gesetz selbst die Flurbereinigung nicht als Enteignung ansieht, sondern als ein eigenständiges Rechtsinstitut. Darüber hinaus ist mit Sorgfalt vermieden worden, Rechtsregeln beizubehalten, die die Annahme einer Enteignung rechtfertigen könnten. Die Abfindung erfolgt in Land und nicht in Geld, außer wenn die Beteiligten zustimmen. Die Abfindung muß gleichwertiges Land gewährleisten, Landabzüge können zwangsweise nur für gemeinschaftliche Einrichtungen erfolgen, die allen Beteiligten zugutekommen, dagegen kann Land nicht zwangsweise zur Deckung der Kosten abgezogen werden. Wo andererseits unbestreitbare Enteignungen eine Flurbereinigung auslösen, ist das Enteignungsrecht mit seinen Rechtsgarantien hinsichtlich der Entschädigung voll aufrechterhalten (vgl. vor allem § 88 Nr. 7). Diese unbestreitbare dogmatische Position kann indessen die Frage nicht autoritativ lösen, entscheidend ist der rechtliche Gehalt der Flurbereinigung.

Daß bei der Flurbereinigung Eigentumsübertragungen und Eigentumsentziehungen vorliegen, ist eben gesagt worden. Deshalb dürfte es nicht zutreffen, wenn in der Flurbereinigung ein bloßer Wechsel des Eigentumsgegenstandes gesehen wird, nicht ein Wechsel des Eigentums. Mit dieser Argumentation kann man die Enteignungsnatur der Flurbereinigung nicht aus dem Felde schlagen, wohl aber mit der Erwägung, daß die geschichtliche Herkunft der Flurbereinigung nichts mit der Enteignung zu tun hat und daß die Flurbereinigung die Beteiligten nicht mit einem Eingriff belastet, der ein besonderes Opfer für die Allgemeinheit in sich schließt. Ungeachtet des Interesses der Allgemeinheit an der Flurbereinigung geschieht diese doch zum eigenen Nutzen der Beteiligten. In diesem Sinne sprechen sich auch die meisten Gerichtsentscheidungen aus, die Meinungen in der Wissenschaft sind geteilt.

Für die vom Flurbereinigungsgesetz getroffene Abwägung von Allgemein- und Einzelinteressen ist bedeutsam, wie Landflächen und Anlagen behandelt werden, die wegen ihrer Eigenart nicht so leicht austauschbar erscheinen wie gewöhnlicher landwirtschaftlich genutzter Grund und Boden, als da sind Gebäude, Parkanlagen, Verkehrsanlagen und gewerbliche Anlagen zur Gewinnung von Bodenbestandteilen (vgl. die Aufzählung in § 45). Die früheren Landesgesetze hatten vorgesehen, solche Anlagen einzubeziehen, aber nur mit Zustimmung des Eigentümers. Die Reichsumlegungsordnung von 1937 hatte ohne Zustimmung eine Einbeziehung auch dann erlaubt, wenn die Ziele der Umlegung es erforderten. Da diese Bestimmung nicht frei von autoritativem Beigeschmack war und erhebliche Widerstände ausgelöst hatte, da aber andererseits die Flurbereinigung auf tiefgreifende Maßnahmen nicht gänzlich verzichten kann, ist eine Kompromißlösung zustande gekommen, die zwischen einer Veränderung und einer Verlegung bzw. Abgabe an einen anderen als verschieden intensive Eingriffe unterscheidet und die Interessen der Eigentümer demgemäß in verschiedenem Maße berücksichtigt.

Während des Laufes der Flurbereinigung ist mit Veränderungen im Besitzstand zu rechnen und deshalb die Nutzung des alten Eigentums beschränkt, vor allem sind Veränderungen verboten. Diese Beschränkungen liegen im Bereich der sog. Sozialbindung des Eigentums, müssen also vom Eigentümer regelmäßig ohne Entschädigung hingenommen werden (§§ 34 ff.).

Es hat sich als zweckmäßig erwiesen, die Teilnehmer einer Flurbereinigung zusammenzufassen. Nach heutigem Recht geschieht das in Form einer *Körperschaft* des öffentlichen Rechts; diese Teilnehmergemeinschaft hat die gemeinschaftlichen Angelegenheiten der Teilnehmer wahrzunehmen; sie treffen Rechte und Verbindlichkeiten, die im Laufe des Verfahrens entstehen, womit eine einfachere Geschäftsabwicklung gesichert ist. Sie hat daneben die notwendigen gemeinschaftlichen Anlagen, Wege usf. herzustellen und zu unterhalten, die heute einen wesentlichen Teil der Flurbereinigung ausmachen. Die Mitglieder sind der Teilnehmergemeinschaft zu Beiträgen, nicht nur in Geldform, verpflichtet. Die Teilnehmergemeinschaft wird aufgelöst, wenn sie ihre Aufgaben erfüllt hat, was nicht notwendig mit dem Abschluß der Flurbereinigung zusammenfallen muß.

Das *Verfahren* der Flurbereinigung wird von Behörden der Länder getragen, und zwar unter Mitwirkung der beteiligten Grundeigentümer und der landwirtschaftlichen Berufsvertretung (§ 2). Die Länder haben die Organisationsgewalt; sie bestimmen, welche Fachbehörden die Flurbereinigung durchführen (die Kulturämter oder Flurbereinigungsämter), sie legen auch die Dienstbezirke fest. Die einzelnen Flurbereinigungsunternehmungen werden von den Oberbehörden (den Landwirtschaftsministerien der Länder oder Landesämtern für Flurbereinigung) angeordnet und geographisch umgrenzt, damit übergeordnete Gesichtspunkte, vor allem die Dringlichkeit, zum Tragen kommen können. Schranken für die räumliche Eingrenzung einer Flurbereinigung bestehen nicht, doch vollzieht sich diese schon aus praktischen Erwägungen im Rahmen einer oder mehrerer Gemeinden auch da, wo großräumige und umfassende Planungen ganzer Landschaftsteile vorliegen. Eine Einstellung begonnener Verfahren wegen veränderter Umstände ist möglich.

Ein wesentlicher, in sich abgegrenzter Abschnitt im Verfahren ist die Ermittlung des Wertverhältnisses der alten Grundstücke *(Bewertungsverfahren)*, um eine sichere Grundlage für die Landabfindung zu haben, die ihrerseits den Plan der Umlegung bestimmt. Maßgeblich für den Wert ist der

Nutzen, der bei ordnungsgemäßer Bewirtschaftung von einem beliebigen Besitzer erzielt werden kann. Die Ergebnisse der Bodenschätzung, die vor allem für fiskalische Zwecke schon weitgehend (seit 1934) durchgeführt worden ist, sind zu berücksichtigen, ohne schlechthin bindend zu sein.

Das Kernstück des Unternehmens ist die Ausarbeitung des *Flurbereinigungsplanes,* wofür zunächst allgemeine Grundsätze als leitende Ideen, gleichsam als Konkretisierung der im Gesetz allgemein beschriebenen Aufgabenstellung, aufzustellen sind. Dabei sind *Vorplanungen* der landwirtschaftlichen Berufsvertretungen oder ähnlicher Organe wie auch der Landespflege zu erörtern und in dem möglichen Umfange zu berücksichtigen. Diese Vorschrift läßt nicht ohne weiteres erkennen, daß hier eine staatsgetragene Planung und eine autonome berufsständische Planung aufeinandertreffen; das Gewicht der letzteren darf nicht gering eingeschätzt werden, allein schon wegen des zeitlichen Vorranges. Es ist sogar nicht ausgeschlossen, daß solche Vorplanungen die nachfolgende staatliche Planung in gewissem Maße präjudizieren könnten. Deshalb ist auch eine gewisse Zurückhaltung des Staates, vor allem der die Flurbereinigung ausführenden deutschen Länder gegenüber den von der Landwirtschaft selbst getragenen Vorplanungen nicht zu verkennen. Auf die Länge der Zeit gesehen, wird die Lösung dahin zu suchen sein, daß Vorplanungen gemeinsam von Staat und Interessenvertretung der Landwirtschaft durchgeführt werden.

Der Flurbereinigungsplan gewinnt Kontur vor allem durch den Wege- und Gewässerplan (§ 41). Dort sind alle wasserwirtschaftlichen, bodenbessernden und landschaftsgestaltenden Anlagen ausgewiesen, die zum einen das Skelett der Umlegung darstellen, zum anderen schon deshalb fixiert werden müssen, weil sie alsbald neu zu errichten sind (und zwar regelmäßig von der Teilnehmergemeinschaft), um die Umlegung überhaupt effektiv zu machen. Mit Rücksicht auf die nicht unerhebliche Zeit, die bis zum Abschluß des Verfahrens erforderlich ist, hat das Gesetz eine vorläufige Besitzeinweisung in die neuen Grundstücke vorgesehen, die den bloßen Besitz und damit die Nutzung auf die vorgesehenen neuen Eigentümer übergehen läßt, wenn die neuen Grundstücke festliegen und ihre Grenzzeichen erhalten haben (§§ 65 ff.). Die Rechte Dritter sind bei einer Landabfindung durch den Surrogationsgrundsatz gewahrt; ist dagegen nur eine Geldabfindung zu entrichten, so ist diese im Streitfalle zu hinterlegen. Das Amtsgericht nimmt dann die Verteilung der hinterlegten Summen vor.

Das Gesetz kennt eine Reihe von *Sonderverfahren,* die mehr oder weniger vom Grundmodell abweichen. Für *Waldgrundstücke,* die in manchen Fällen selbst der Flurbereinigung bedürfen oder aber aus sonstigen Gründen in eine Flurbereinigung einbezogen werden müssen, gelten nur geringe Modifikationen des Normalverfahrens, nämlich eine Beteiligung der Forstaufsichtsbehörden und Rücksichtnahme auf die besonderen Wirtschaftsbedingungen des Forstbesitzes, die z. B. eine Teilung gemeinschaftlichen Forsteigentums und die Aufhebung von Forstservituten nicht ohne weiteres zulassen (§ 85).

Liegt hier die Abweichung mehr in der Rücksichtnahme auf die besonderen Verhältnisse der Forstwirtschaft, so bringt das *vereinfachte Flurbereinigungsverfahren* (§ 86) entsprechend seiner Bezeichnung ein Verfahren, das auf eine Reihe von zeitraubenden Förmlichkeiten verzichten kann, weil es sich um Umlegungsunternehmungen für kleinere Gebietsteile handelt. Einmal ist darunter der Fall begriffen, daß durch Neuanlage oder Veränderung von Verkehrsanlagen oder Wasserläufen Nachteile für die allgemeine Landeskultur entstanden sind. Die Flurbereinigung ist hier also eine Maßnahme, die die Folgen andersartiger Eingriffe in die Landschaft und nur diese beseitigen soll. Zum anderen ist dieses Verfahren zugelassen, um Bodenreform- oder Siedlungsverfahren oder andere Aufbaumaßnahmen zu erleichtern. Hier liegt ebenfalls eine räumlich und technisch beschränkte Maßnahme insofern vor, als es darum geht, neu zur Verfügung stehendes Land zweckmäßig zu arrondieren, nicht aber darum, allgemein zersplittertes Land in eine betriebswirtschaftlich fruchtbare Form zu bringen. Ähnliches gilt im dritten Fall, einer Flurbereinigung bei kleinen Gemeinden, Weilern, bei Einzelhofsiedlungen und bei bereits flurbereinigten Gemeinden, in denen eine intensive Zusammenlegung erforderlich wird. Das Gesetz rechnet in allen Fällen mit einer verhältnismäßig kleinen Zahl von Teilnehmern (die Umlegungsordnung von 1937 sprach in den entsprechenden Vorschriften von kleineren Teilen einer oder mehrerer Gemeinden), weshalb die Formalien, vor allem die Bekanntgabe von Entscheidungen, vereinfacht werden können. Einzelne Verfahrensabschnitte können zusammengedrängt werden oder ganz entfallen.

Die Ziele der normalen Flurbereinigung sind weit gesteckt und erheischen eine ebenso tiefgreifende wie umfängliche Planung wie auch zumeist umfängliche Anlagen an Wegen und Wasserläufen. Es gibt Situationen, in denen die optimale Lösung, die zeitraubend ist, zugunsten einer nicht so vollkommenen Lösung zurücktreten kann, wenn nur das Nahziel und Kernstück, die Zusammenlegung von Grundstücken, als sinnvoll erscheint. Wo deshalb die Anlage eines neuen Wegenetzes und größere wasserwirtschaftliche Maßnahmen zunächst nicht erforderlich sind, hat das sog. *beschleunigte Zusammenlegungsverfahren* (§§ 91 ff.) seinen Platz. Diese besondere Verfahrensart erfährt ihre Beschleunigung nicht durch formale Vereinfachungen, sondern durch eine Beschränkung des Aufgabenkreises, die eine Vereinfachung der sachlichen Planarbeit und den Verzicht auf eine optimale Richtigkeitsgarantie der Planung erlaubt. Das bedingt aber auch, daß die diesem Verfahren unterliegenden Verhältnisse einfach und übersichtlich gelagert sind, wie denn auch das Gesetz schwierige Situationen,

z. B. die Einbeziehung von Anlagen nach § 45 oder die Teilung von gemeinschaftlichen Eigentum nach § 49, aus diesem Sonderverfahren ausscheidet. Die Zusammenlegung ist auf Antrag mehrerer Grundeigentümer oder der landwirtschaftlichen Berufsvertretung einzuleiten (§ 93). Ein solcher Antrag zeitigt zwar ein Recht auf Zusammenlegung, doch gibt er kein Recht auf eine bevorzugte Geschäftsbehandlung gegenüber den von Amts wegen eingeleiteten Verfahren. Der Norm des § 93 darf nicht entnommen werden, daß ein derartiges Verfahren nur auf Antrag stattfinden könnte, doch muß beachtet werden, daß das Verfahren nur bei übersichtlichen Verhältnissen angängig ist. Folgende Bestimmungen sind für das Verfahren kennzeichnend: Die Bewertung ist in einfacher Weise vorzunehmen, also tunlichst allein nach dem Flächengehalt. Nach Möglichkeit sollen ganze Flurstücke ausgetauscht werden, um Vermessungsarbeiten unnötig zu machen. Die Abfindungen sind nach Möglichkeit durch Vereinbarung zwischen den Beteiligten zu bestimmen; es wird durch Vermittlung sachkundiger Amtsstellen oder Personen darauf hingewirkt, daß solche Vereinbarungen getroffen werden. Daneben treten verfahrensrechtliche Erleichterungen durch das Zusammenziehen von Verfahrensabschnitten und durch die Vereinfachung von Förmlichkeiten. Zur Kennzeichnung dieser Verfahrensart wird man sagen können, daß hier die Planungsinitiative mehr als im regelmäßigen Verfahren in der Hand der Privaten liegt.

Ein *Sonderverfahren* kann die Bereitstellung von Land in großem Umfang für Unternehmen auslösen (§§ 87 ff.). Es hat sich als zweckmäßig erwiesen, den Landbedarf für große Unternehmungen, ein Staubecken und dgl., auf viele Schultern umzulegen und damit zu vermeiden, daß einzelnen Grundeigentümern die ganze Last des Landbedarfs auferlegt wird. Diese Verkoppelung von Enteignung und Flurbereinigung ist zunächst für einzelne große Unternehmen durch Sondergesetz angeordnet worden (ab 1929), um dann 1937 als allgemeines Institut in der Umlegungsordnung verankert zu werden.

Voraussetzung dieses Verfahrens ist, daß ländliche Grundstücke in großem Umfang beansprucht werden müssen; der Umfang bemißt sich nicht allein nach dem Umfang der Fläche, sondern auch nach der Zahl der einzelnen Grundstücke. Es muß die Möglichkeit gegeben sein, den Landverlust auf einen größeren Kreis von Eigentümern zu verteilen, als es die zunächst Betroffenen sind, oder es müssen Nachteile für die allgemeine Landeskultur beseitigt werden können. Besondere Aufmerksamkeit verlangt die vom Gesetz vorausgesetzte Möglichkeit, den Landverlust zu verteilen. Eine solche Möglichkeit wird – von seltenen Ausnahmefällen abgesehen – immer gegeben sein, wenn man die Flurbereinigungsgebiete ohne Rücksicht auf die gegebene Situation mit einiger Willkür umgrenzt. Das aber ist nicht der Sinn des Gesetzes. Vielmehr muß sich das Flurbereinigungsgebiet, aus dem der Landbedarf des Unternehmens zu decken ist, als eine in sich geschlossene Landschaftseinheit darstellen. Der Landbedarf des Unternehmens wird durch das Enteignungsverfahren festgelegt. Dieser Bedarf ist von den Teilnehmern des daraufhin eröffneten Flurbereinigungsverfahrens nach dem Verhältnis der Werte ihrer Grundstücke zu dem Wert aller beteiligten Grundstücke aufzubringen. Im Flurbereinigungsverfahren wird dieses Land dem Unternehmen zu Eigentum zugeteilt, wogegen das Unternehmen eine Entschädigung in Geld zu leisten hat, deren Höhe sich wiederum nach dem einschlägigen Enteignungsrecht bemißt. Bei Streitigkeiten über das Ausmaß der Entschädigung entscheidet – wiederum entsprechend den Grundsätzen des Enteignungsrechtes – das ordentliche Gericht. Enteignungsverfahren und Flurbereinigung sind also dergestalt verkoppelt, daß die Flurbereinigung die Aufgabe hat, den Akt der Eigentumsverschaffung durchzuführen, während im übrigen das Enteignungsrecht gilt. Bestimmt dies, daß keine Entschädigung in Land statt (wie regelmäßig) in Geld geschuldet sei, so kann im Flurbereinigungsverfahren (gegen die Regel desselben) eine Entschädigung in Geld festgelegt werden, was besondere verfahrensrechtliche Probleme auslöst. Sinngemäß ist dieses besondere Verfahren auch dann anzuwenden, wenn im Gefolge des Bergbaus Eigentumsübertragungen großen Umfanges nötig werden, was sich nach den Berggesetzen bemißt, die grundsätzlich nur eine Überlassung zur Nutzung seitens der Grundeigentümer an den Bergbau vorsehen, ausnahmsweise aber auch die hier angesprochene Überlassung zu Eigentum. Letztere ist im Interesse der Grundeigentümer vorgesehen, weswegen auch eine Flurbereinigung nur beim Vorliegen eines derartigen Interesses stattfinden kann, nicht aber im Interesse des Bergbauunternehmers.

Die bisherige Übersicht über den Gang der Flurbereinigung dürfte klargemacht haben, daß die anfallenden Kosten[4] ganz erheblich sind, zumal dann, wenn umfassende Maßnahmen getroffen werden müssen. Der Kostenfrage kommt deshalb entscheidende Bedeutung zu: Das Gesetz sieht vor, daß alle im Behördenapparat entstehenden Kosten vom Staat, d. h. den einzelnen Ländern getragen werden müssen, dagegen die Ausführungskosten von den Beteiligten (§§ 104, 105). Auch sind alle Rechtsgeschäfte und Verhandlungen von Gebühren, Steuern, Kosten und Abgaben befreit (§ 108). Dieses Prinzip wird modifiziert für den Fall der Landbereitstellung für große Unternehmen und den Bergbau (§§ 88 Nr. 8 und 90), wo auch ein Anteil an den Verfahrenskosten zu zahlen ist. Entscheidend ist aber, daß die nach dem Gesetz den Teilnehmern obliegenden Kosten heute in großem Umfang durch Zuschüsse der öffentlichen Hand aufgefangen werden, also indirekt auch vom Staat getragen werden. Ausnahmsweise können auch Eigentümer zu den Kosten beigezogen werden, die nicht am Flurbereinigungsverfahren beteiligt sind, wenn sie durch die Flurbereinigung wesentliche Vorteile erlangen.

---

[4] Näheres dazu im Anhang V, unten S. 277.

Das Gesetz muß bei der großen Zahl der Beteiligten, bei der Vielfalt der vorzunehmenden Akte und angesichts der Berücksichtigung vielfältiger Interessen dem eigentlichen Verfahren große Aufmerksamkeit schenken, die sich in einer Fülle mehr technischer Regeln niederschlägt, die an sich kein besonderes Interesse für sich beanspruchen können, insgesamt aber doch entscheidend zu einem glatten Ablauf des Verfahrens beitragen. Materielle Bedeutung beanspruchen die Regeln über die Anhörung oder Beteiligung der landwirtschaftlichen Berufsvertretungen, die über das individuelle Interesse hinaus das Gesamtinteresse der Landwirtschaft geltend zu machen haben.

Es liegt auf der Hand, daß im Laufe eines Flurbereinigungsverfahrens bei dem Umfang und der Intensität der Eingriffe in das Privateigentum Streitigkeiten von Gewicht entstehen können. Bereits der geschichtliche Überblick hat aber auch gezeigt, daß die Art der Streiterledigung entscheidenden Einfluß auf die Wirksamkeit der Umlegung haben kann. Deshalb haben die neueren Umlegungsgesetze besondere Einrichtungen zur Entscheidung von Streitigkeiten in Form von Schiedsgerichten oder Spruchstellen (so 1937) vorgesehen, um sowohl den Rechtsschutz als aber auch die schleunige Durchführung des Verfahrens zu sichern. Nachdem nun das Grundgesetz die gerichtliche Kontrolle aller Verwaltungsakte vorgeschrieben hat und nachdem den Spruchstellen trotz sachlicher Unabhängigkeit die Qualifikation als besonderes Verwaltungsgericht bestritten worden ist, mußte ein neuer Weg gefunden werden: die Bildung von Flurbereinigungsgerichten als besondere Verwaltungsgerichte, die als besondere Rechtsprechungskörper als Senat bei den obersten Verwaltungsgerichten der Länder einzurichten sind (§ 138). Die Flurbereinigungssenate sind besetzt mit zwei Richtern (Berufsrichtern) und drei Beisitzern, die nicht notwendig rechtskundig sein müssen. Da es sich um ein Rechtsgebiet handelt, das sehr speziell ist und eine Vielfalt von technischen Kenntnissen verlangt, muß wenigstens einer der Berufsrichter neben seiner Befähigung zum hauptamtlichen Verwaltungsrichter auch zum höheren Dienst in den Flurbereinigungsbehörden befähigt sein. Er soll in diesem Verwaltungszweig mindestens drei Jahre lang beschäftigt gewesen sein. Ein Beisitzer, d. h. ein nicht hauptamtlicher Richter, muß dieselbe fachliche Qualifikation aufweisen, während die übrigen Beisitzer Inhaber eines landwirtschaftlichen Betriebes sein müssen und besondere Erfahrungen in der agrarischen Betriebswirtschaft aufweisen müssen. Dieses Flurbereinigungsgericht entscheidet über die Anfechtung aller Verwaltungsakte, die in Vollzug der Flurbereinigung ergehen, sowie über alle im Laufe eines solchen Verfahrens entstehenden Streitigkeiten. Der Gerichtskontrolle unterliegen also einmal alle das Verfahren in Abschnitte teilende Akte und die Akte, durch die Rechte und Verbindlichkeiten festgelegt werden (wie z. B. der Flurbereinigungsbeschluß § 4, die Feststellung der Schätzergebnisse § 32, der Flurbereinigungsplan

§ 58), ferner Anordnungen, Verfügungen usf., die dem von der Lehre und Rechtsprechung festgelegten Begriff des Verwaltungsaktes entsprechen, wie er im allgemeinen Verwaltungsgerichtsverfahren zur Anwendung gelangt. Es müssen nicht notwendig Verwaltungsakte sein, die von einer Behörde ausgehen; auch die Teilnehmergemeinschaft kann – als öffentlichrechtliche Körperschaft – Verwaltungsakte erlassen. Auch dritte Personen, die von diesen Verwaltungsakten betroffen sind, können sie anfechten, und zwar nach den besonderen Vorschriften des Flurbereinigungsgesetzes, nicht aber auf Grund der Vorschriften des allgemeinen Verwaltungsprozesses. Nicht ganz einfach ist der Begriff der Streitigkeiten zu fassen, weil sich die Begriffe des normalen Verwaltungsprozesses hier nicht ohne weiteres anwenden lassen.

Ein Verwaltungsakt kann bei Gericht erst angefochten werden, wenn zuvor eine Beschwerde bei der obersten Flurbereinigungsbehörde eingelegt worden ist. Daß man hier in Abweichung vom allgemeinen Prozeßrecht statt des Widerspruches (der von der entscheidenden Behörde selbst beschieden wird) die Beschwerde an die höhere Instanz vorgeschaltet hat, beruht auf den besonderen Verhältnissen des Flurbereinigungsverfahrens. Die Unterbehörden haben es hier ja nicht mit isolierten Verwaltungsakten zu tun, wie das in der allgemeinen Verwaltung doch der Idee nach der Fall ist, sondern mit Bestandteilen eines einheitlichen Verfahrens, die auf das engste zusammenhängen. Bei dieser Sachlage kann der Behörde die Unbefangenheit fehlen, die ein Einspruchsverfahren notwendig voraussetzt. Für das eigentliche Gerichtsverfahren ist nur eine Instanz, eben die Entscheidung des Flurbereinigungsgerichts, vorgesehen. Auch diese Abweichung vom normalen Instanzengang in Verwaltungsangelegenheiten dient der Beschleunigung des Flurbereinigungsverfahrens. Rechtliche Bedenken gegen diese Lösung bestehen nicht.

Die Struktur des Flurbereinigungsverfahrens läßt es rätlich erscheinen, das Ende des Verfahrens durch eine besondere Verlautbarung festzustellen, die sog. Schlußfeststellung. Diese Beendigung der gestaltenden Aufgaben bedeutet noch nicht das Ende der Teilnehmergemeinschaft; diese ist vielmehr erst aufzulösen, wenn die Aufgabe dieser Organisation, wenn ihre Rechte und Pflichten vollständig erfüllt sind.

Das Flurbereinigungsgesetz sieht keinen besonderen Schutz des Ergebnisses einer Flurbereinigung in Gestalt eines Teilungsverbots umgelegter Flächen vor. Derartiges war ursprünglich vorgesehen, doch wurde auf eine Regelung verzichtet wegen nicht zu leugnender Bedenken und im Hinblick auf eine geplante Neuregelung des Verkehrs von ländlichen Grundstücken überhaupt, die inzwischen erfolgt ist. Im Grundstücksverkehrsgesetz § 9 ist eine Teilung genehmigungspflichtig, die der durch die Flurbereinigung geschaffenen Agrarstrukturverbesserung widerspricht. Die im gleichen Gesetz getroffenen Maßnahmen zur Verhinderung der Teilung von Betrieben dürften ebenfalls die Erfolge der Flurbereinigung schützen. Im übrigen haben Untersuchungen ergeben, daß die Neigung zur Aufteilung des Grundbesitzes im Erbfall bei Flurbereinigungen auch dann zurückgeht, wenn kein gesetzlicher Zwang besteht.

Die aufgezeigte juristische Struktur der Flurbereinigung stellt, so wichtig sie ist, doch nur ein Rahmenwerk dar, das allerdings kaum Wünsche offen läßt und von vorzüglicher Qualität ist. Es liegt auf der Hand, daß Planungsmaßnahmen vom Recht nur mit allgemeinen Formeln umschrieben werden können, während sie ihren eigentlichen Inhalt erst durch die praktische Verwirklichung empfangen.

Die von der Flurbereinigung angestrebte Veränderung der landwirtschaftlichen Struktur ist nicht zuletzt ein technisches Problem, und zwar in zweifacher Hinsicht: Die Flurbereinigung führt in aller Regel zu umfänglichen Vermessungsarbeiten. Es ist deshalb von ausschlaggebender Bedeutung, daß laufend technische Verbesserungen auf diesem Gebiet eine Steigerung der Arbeitseffektivität bewirkt haben. Technische Hilfe ist wertvoll auch bei der Ausführung des Plans, insonderheit der gemeinsamen Anlagen, um die ständig steigenden Arbeitslöhne aufzufangen, was nur sehr unvollkommen gelungen ist, zumal der Anteil aufwendiger Arbeiten (Wege und Gewässernetz, Windschutz) zumeist im Steigen begriffen ist.

Das Flurbereinigungsverfahren ist in seiner rechtlichen Struktur als ein Instrument der lokalen Planung angelegt, wenn man den Begriff lokal nicht zu eng faßt. Das bedeutet nicht, daß diese lokale Planung ihre Ziele nicht von einer umfassenderen Planung empfangen könnte – einer Planung, die sich über größere Landstriche erstreckt[5]. Solche überregionalen Planungen mit einem deutlichen landwirtschaftlichen Schwerpunkt, d. h. solche, die der lokalen Flurbereinigung vorgeordnet sind, sind bis jetzt selten, nämlich im Emslandgebiet und im Rahmen des sog. Programms Nord im schleswigschen Landesteil des Landes Schleswig-Holstein zu verzeichnen. Hier liegen weitgehend von der Natur vorgezeichnete Gemeinsamkeiten vor, die ein lokales Vorgehen zwar nicht schlechthin verbieten, aber eine Planung in größerem Rahmen als sinnvoll auch für die erfolgreiche lokale Planung erscheinen lassen.

Bei dem schleswig-holsteinischen Programm Nord[6] etwa handelte und handelt es sich um die Aufgabe, die Nachteile des Klimas, der Grenzlandlage und der Küstennähe auszugleichen, was nur durch eine übergreifende Planung der Verkehrswege und der z. T. außerordentlich schwierigen wasserwirtschaftlichen Vorkehrungen sich ermöglichen ließ. Die Aufgabe der Flurbereinigung hat sich im Zusammenhang mit diesen Großplanungen nicht wesentlich geändert; sie vollzieht sich Stück für Stück im lokalen Rahmen, findet aber in der Regel durch die Großplanung bereits geregelte

---

[5] Vgl. Anhang VI, unten S. 278 ff.

[6] Vgl. Anhang VII, unten S. 281 f.

überlokale Verhältnisse vor, die nur noch des Ausbaus im kleinen bedürfen, wobei der Zeitpunkt dieses Ausbaus nur insofern zeitgebunden ist, als er nicht vor den großen Strukturmaßnahmen vollzogen werden kann. Ein Unterschied ist aber doch zu beobachten: Die Flurbereinigung im Raum des Programms Nord ist auch im lokalen Rahmen – also abgesehen vom öffentlichen Verkehrsnetz und den überörtlichen Maßnahmen des Wasserbaus – bedeutend intensiver und kostspieliger als anderwärts, weil die klimatischen Benachteiligungen der Landschaft weitgehend ausgeglichen werden sollen. Ausgedehnte Aufforstungen und Anpflanzungen zum Windschutz wie Maßnahmen wasserwirtschaftlicher Art sind hier meist unerläßlich, und ihnen gegenüber treten die Kosten für die Planausführung, d. h. den eigentlichen Umlegungsakt, auffällig zurück. Derlei Großplanungen wie das Programm Nord könnten auf Gebiete ausgedehnt werden, die vorwiegend von ihrer natürlichen Situation her einheitliche Merkmale aufweisen, die einer Verbesserung in größeren Räumen zugänglich erscheinen. Zu denken wäre an das gesamte Küstengebiet und an gewisse Flußtäler im norddeutschen Raum. Erste Ansätze zeichnen sich auf diesem Gebiet auch ab. Ob sich eine großräumige Planung nach dem Modell des Programms Nord dagegen schlechthin für wirtschaftlich benachteiligte Gebiete empfiehlt, deren Benachteiligung nicht primär natürliche Ursachen hat, scheint zweifelhaft. Damit soll für diese Fälle nichts gegen Planungsmaßnahmen als solche ausgesagt sein und auch nicht die Notwendigkeit einer gewissen Koordination von solchen Maßnahmen mit der Flurbereinigung. Eine andere Lage wird sich auch nicht ergeben, wenn die Landesplanung weiter voranschreiten wird; doch müßte bei einer kommenden übergreifenden Planung des Raumes klarliegen, welches Ausmaß an Raum der landwirtschaftlichen Nutzung vorbehalten bleiben kann und soll.

Die Flurbereinigung wird nach alledem von einer übergreifenden Planung gleich welcher Art in ihrem Eigenwert nicht betroffen. Die Planung in größerem Maßstab schafft lediglich für die Flurbereinigung neue Daten und wird sie so beständiger im Hinblick auf die zukünftige Entwicklung machen.

Bei einem Institut der Planung wie der Flurbereinigung darf die Frage nach der Zukunft nicht ausgeklammert werden. An der rechtlichen Ausformung des Umlegungsgedankens wird sich nicht viel ändern; bemerkenswert ist, daß dieses Rechtsinstitut auch für die städtische Planung eingeführt worden ist. Die Aufgaben, die mit diesem Instrumentarium zu lösen sind, haben ein sehr erhebliches Ausmaß. Es ist zu hoffen, daß Wissenschaft und Technik noch ausgedehntere Hilfe als bisher leihen können. Die Kostensteigerungen für die Strukturmaßnahmen sind ein Phänomen, das die Landwirtschaft mit der Gesamtwirtschaft teilt, ohne freilich dieselben Gegenmaßnahmen zur Hand zu haben wie der industrielle Wirtschaftsbereich. Neben diesen großen Problemen stehen in der Praxis manchmal

Hindernisse, scheinbar klein, aber doch so gewichtig, daß sie eine Umlegung aufzuhalten oder zu hindern vermögen; in Schleswig-Holstein ist es etwa der Befall mit bestimmten Unkräutern, der die Umlegung der damit befallenen Landflächen hindert. Als Hemmnis hat sich auch ein Umstand erwiesen, dem man von der Rechtslage her eine solche Auswirkung nicht zutrauen würde: die Besitzverteilung zwischen Einheimischen und Auswärtigen. Gehört ein erheblicher Bruchteil des umzulegenden Landes Personen, die nicht am Ort wohnen, so stößt die Umlegung auf Schwierigkeiten – ein Zeichen dafür übrigens, daß es entscheidend auf das Interesse der Beteiligten ankommt, gleichgültig, ob das Gesetz diesem Punkte Bedeutung beimißt. Die Flurbereinigung setzt also in diesen Fällen eine Veränderung der Eigentumsverhältnisse voraus und ist hier praktisch mit Maßnahmen der Landbeschaffung gekoppelt – eine Verbindung, die übrigens auch sonst gewählt wird, wo immer die Möglichkeit dazu gegeben ist.

Damit stehen wir an einem Punkt, der für die Zukunft entscheidendere Bedeutung als heute gewinnen wird: Es sind in der Flurbereinigung tunlichst die optimalen Betriebsgrößen anzustreben, und diese optimale Größe ist im Steigen begriffen. Hält dieser Prozeß weiter an, so wird entweder die optimale Betriebsgröße nicht mehr erreichbar sein, oder es tritt ein Landbedarf in größerem Ausmaß auf, der letztlich nur durch eine Verminderung der Zahl der Betriebe zu erreichen sein wird. Die Flurbereinigung könnte mithin in der Zukunft mehr in die agrarpolitische Auseinandersetzung geraten, als dies heute der Fall ist.

Jegliche Planungsmaßnahme muß ein Stück Zukunft vorwegnehmen und diese Zukunft als eine feste Gegebenheit in ihre Überlegungen einstellen. Ob eine solche Sicherheit der Voraussicht unter den heutigen Umständen gegeben sein kann, erscheint unsicher. Es ist Aufgabe der Agrarpolitik, jene Sicherheit zu schaffen, ohne welche die Flurbereinigung zwar die verdienstliche Beseitigung von Schäden aus der Vergangenheit, aber nicht ein wahrhaft die Zukunft sicherndes Werk sein wird.

Anhang I

Übersicht über die Umlegungsgesetze der deutschen Länder

Land	Zusammenlegungsgesetz von	Die zur Einleitung des Verfahrens erforderliche Stimmenzahl	Bemerkungen
Preußen	1821	1 Stimme	i. Verbindg. mit der Gemeinheitstlg.
	1823	$^1/_4$ d. Beteiligten nach Fläche	
	1872	$^1/_2$ d. Bet. n .Kopfz. u. Grundsteuer	
	1920	$^1/_4$ d. Bet. n. Fläche; Einl. d. Beh.	
Sachsen	1834	$^2/_3$ d. Bet. n. Kopfz. u. Fläche	Gemeinheitstlg.
	1861	$^1/_2$ d. Bet. n. Kopfz. u. Fläche	
Oldenburg	1858	$^1/_2$ d. Bet. n. Fl. u. Wert d. Grundst.	
	(1914)		f. Landest. Lübeck
	(1922)		f. Landest. Birkenf.
Braunschweig	1834	$^2/_3$ ($^1/_2$) d. Bet. n. Kopfz.	Gemeinheitstlg.
	1850	$^1/_2$ d. Bet. n. Kopfz. u. Fl.	
Bayern	1861	$^4/_5$ d. Bet. n. Kopfz., Fl. u. Grundst.	Feldweganlage im wesentlichen
	1886	$^3/_5$ ($^1/_2$) d. Bet. n. Kopfz., Fl. u. Grundst.	
	1922	$^1/_3$ d. Bet. u. $^1/_2$ d. Fl.; Einl. d. Beh.	
Baden	1856	$^1/_2$ d. Bet. n. Kopfz. u. Steueraufk.	Feldweganlage
	1886	$^2/_3$ d. Bet. n. Kopfz. u. Steueraufk.	
	1931	Einl. d. Beh., Einst. d. Verf. bei Widerspr. v. $^2/_3$ d. Bet. n. Kopfz. u. Fl.	
Württemberg	1862	$^1/_2$ d. Bet. u. $^2/_3$ d. Steueraufk.	Feldweganlage
	1886	$^1/_2$ d. Bet. n. Kopfz. u. Steueraufk.	
	1931	$^1/_2$ d. Bet. n. Kopfz. u. Fl.	
Hessen	1871	$^1/_2$ d. Bet. n. Kopfz., Fl. u. Grundst.	Feldweganlage
	1923	$^1/_5$ d. Bet. n. Kopfz. u. Fl.	

Abkürzungen: Beh. = Behörde, Bet. = Beteiligten, Einl. = Einleitung, Fl. = Fläche, Kopfz. = Kopfzahl

Anhang II

Übersicht über die Flurbereinigung – Stand um 1930

Gebiet	Landwirtschaftlich genutzte Fläche	ursprünglich zusammenlegungsbedürftige Fläche, zirka		bisher zusammengelegte Fläche, zirka			demnach noch umzulegende Fläche, zirka		
		ha	% d. landw. gen. Fläche	ha	% d. landw. gen. Fläche	% d. zus.-leg.-bed. Fläche	ha	% d. landw. gen. Fläche	% der zus.-leg.-bed. Fläche
Preußen	16 902 000	4 883 000	28	1 941 000	11	40	2 942 000	17	60
Sachsen	918 000	360 000	40	200 000	22	50	160 000	18	50
Oldenburg	423 000	37 000	9	19 000	5	47	18 000	4	53
Braunschweig	204 000)								
Bayern	4 133 000	1 800 000	44	150 000	3	8	1 650 000	41	92
Baden	675 000	550 000	79	100 000	14	17	450 000	65	83
Württemberg	1 074 000	650 000	59	220 000	20	31	430 000	39	69
Hessen	393 000	311 000	78	115 000	29	38	196 000	49	62
Thüringen	2 612 000	403 000	67	107 000	18	27	296 000	49	73
Zusammen	25 334 000	8 994 000	36	2 852 000	11	32	6 142 000	25	68
Deutschland (Altreich ohne Saargeb.)	26 705 000	9 000 000	34	3 000 000	11	33	6 000 000	23	67

Anhang III

Übersicht
über den Stand der Flurbereinigung auf Grund der Untersuchungen über die Dringlichkeit der Flurbereinigung

Bundesgebiet ohne Hamburg und Bremen. Stand: 1. 1. 1964

Lfd. Nr.	Land	Gesamte Wirtsch.-Fl. Sp. 4, 5 u. 8	Nicht bereinigungsbed. u. Fremdfl.	Bereits bereinigte Fläche Sp. 6 u. 7	Endgültig bereinigte Fläche
1	2	3	4	5	6
1	Schleswig-Holstein	1 566 783	331 509	271 370	269 755
2	Niedersachsen	4 731 216	1 174 932	1 808 948	597 873
3	Nordrhein-Westfalen	3 396 296	988 548	1 202 101	507 922
4	Hessen	2 110 105	890 972	1 180 681	484 626
5	Rheinland-Pfalz	1 982 762	622 546	673 539	391 317
6	Baden-Württemberg	3 575 039	1 762 321	729 586	437 356
7	Bayern	6 986 294	3 588 247	1 265 098	1 034 864
8	Saarland	256 740	108 622	20 669	20 669
Summe Bundesgebiet (ohne Hamburg und Bremen)		24 605 235	9 467 697	7 151 992	3 744 382

Erneut zu ber. Fläche – Zweitber. –	Noch erstmals zu ber. Fläche – Erstber. –	Im ganzen noch zu ber. Fläche Sp. 7 u. 8	Landwirtsch. genutzte Fläche	Forstwirtsch. genutzte Fläche	Sonstige Flächen
7	8	9	10	11	12
1 615	963 904	965 519	808 675	29 369	127 475
1 211 075	1 747 336	2 958 411	2 393 586	87 195	477 630
694 179	1 205 647	1 899 826	1 423 310	304 393	172 123
696 055	38 452	734 507	646 366	2 204	85 937
282 222	686 677	968 899	604 260	312 384	52 255
292 230	1 083 132	1 375 362	1 272 210	27 507	75 645
230 234	2 132 949	2 363 183	2 104 764	60 074	198 345
–	127 449	127 449	96 780	4 680	25 989
3 407 610	7 985 546	11 393 156	9 349 951	827 806	1 215 399

Alle Zahlen = ha

Anhang IV

Zur Verdeutlichung der sog. Besitzstruktur in der Gegenwart

1. Der größte Teil der zu bereinigenden Fläche entfällt auf das Gebiet südlich der Linie Köln-Kassel, vor allem auf die Länder Rheinland-Pfalz, Hessen und Baden-Württemberg. Über 50 % aller Betriebe bewirtschafteten hier mehr als 10 voneinander getrennte Feldstücke*, dagegen nördlich der genannten Linie nur 20 %.

Höchste Zahl an Teilstücken bei Höfen von 5–20 ha, nämlich rd. 15 (dagegen Bundesdurchschnitt 10,1; Schleswig-Holstein 4,2).

2. Demgegenüber erzielt die Flurbereinigung bei einer Bereinigung von rd. 175 000 ha eine Verringerung der Flurstücke von 808 148 um 68 % auf 262 254, und eine Verringerung der Besitzstücke um 71 %.

(Zahlen aus dem Bericht über die Verbesserung der Agrarstruktur in der Bundesrepublik Deutschland, hrsg. vom Bundesminister für Ernährung, Landwirtschaft und Forsten für 1963.)

3. Gelegentlich wird die Klage laut, das Bewertungsverfahren werde den tatsächlichen Unterschieden in der Bodenqualität nicht ganz gerecht. Bei beträchtlichen Unterschieden in der Bodenqualität könne die Zuweisung von mehr, aber qualitativ schlechterem Land den Landwirt in wirtschaftliche Schwierigkeiten bringen.

(Eigene Umfragen des Verf. bei kleinbäuerlichen Besitzstrukturen am Ostabhang des Schwarzwaldes, Landkreis Calw, Baden-Württemberg.)

Anhang V

Einige Angaben zu den Kosten

A. Für 1959 im Bundesdurchschnitt 1000 DM pro ha nach Ländern aufgeschlüsselt

Hessen	1200 DM
Saarland	1000 DM
Rheinland-Pfalz	990 DM
Nordrhein-Westfalen	925 DM

B. Für 1960 nach *Verfahren* aufgeschlüsselt (Angaben für Niedersachsen)

Regelmäßige Verfahren	1000 DM/ha
Schwierige Verfahren	1915 DM/ha
Beschleunigte Zusammenlegung	1033 DM/ha

---

* Feldstücke oder Teilstücke umschreiben die räumliche Trennung der zu einem Betrieb gehörigen landwirtschaftlichen Flächen. Mehrere nebeneinanderliegende, wenn auch durch Wege, Gräben, Raine usf. getrennte Felder sind ein Teilstück. Angaben nach dem Referat von Hans Mickley, Die Flurbereinigung ... (Masch.schriftl. Referat im Institut für Agrarpolitik an der Universität Kiel).

Anhang VI

Zum Problem Flurbereinigung und Regionalplanung
aus: Jahresbericht 1960 des Bundesministers
für Ernährung, Landwirtschaft und Forsten
Bonn

Jahresbericht 1960

Niedersachsen

S. 51: Vorschläge für das Programm und die weitere Rationalisierung der Flurbereinigung.

a) Allgemein

„Die Fülle der schon anhängigen Verfahren erlaubt es nicht, etwa nach neuen Flurbereinigungsaufgaben zur Bildung abgerundeter Regionalprogramme zu suchen. Auch wo sich Schwerpunktgebiete der Flurbereinigung ergeben haben, unterscheidet sich doch jedes Einzelobjekt in der Regel durch Dringlichkeit, Förderungswürdigkeit und Laufzeit je nach den natürlichen Verhältnissen und den anzusetzenden Mitteln, so daß eine zusammengefaßte Bearbeitung mit gleichlaufenden Arbeitsstadien selten möglich ist; sie wäre auch arbeitstechnisch nicht immer erwünscht, da sie starke Arbeitsspitzen hervorriefe. Andererseits ist die Bearbeitung von Kleinverfahren unvorteilhaft, da sie oft trotz großen Aufwands keinen durchgreifenden Erfolg erbringt. Nach den neuen technischen Möglichkeiten hat sich die Größe... des übersichtlich, handlich und daher rationell zu bearbeitenden Einzelobjekts zweifellos erhöht und liegt jetzt in der Größenordnung, wie sie für eine integrale Neugestaltung einer ganzen, größeren Gemeindefläche erforderlich ist, auch unter Mitberücksichtigung von Teilen der Nachbargemeinden. Die Entwicklung läuft daher erwünschtermaßen darauf hinaus, die einzelnen Flurbereinigungen auf dieses optimale Maß teils auszudehnen, teils zu beschränken, um einerseits den Erfolg zu vergrößern, andererseits die Bearbeitungsdauer zu verkürzen."

Bericht über die Verbesserung der Agrarstruktur 1963–1964

(Bericht des Bundesministers)

VI a *Bundesgebiet*

S. 12: „Als besonders erfreulich ist die Tatsache einer zunehmenden Einsicht zu verzeichnen, daß die Maßnahmen der Flurbereinigung in der Bundesrepublik Deutschland im Zusammenhang mit Regionalplänen gesehen werden müssen. Als landwirtschaftlicher Beitrag zu diesen Regionalplänen dienen agrarstrukturelle großräumige Vorplanungen. Sie müssen auch eine

Aussage darüber enthalten, ob in einem bestimmten Gebiet das Neuordnungsziel nur mit Flurbereinigung oder beschleunigter Zusammenlegung erreicht werden kann oder versucht werden muß, zunächst mit Einzelmaßnahmen durch Aussiedlung, bauliche Verbesserungen in Altgehöften, Betriebsvergrößerung, freiwilligem Landtausch, Wegebefestigung, forstliche Vorhaben usw. zu helfen."

VI b *Niedersachsen*

S. 38: Allgemeine Planung und Durchführung der Verfahren.

a) Arbeitsprogramm für die Zeit bis 1969

u. a.: „Neue Flurbereinigungen in großem Umfange sind außerdem dann notwendig, wenn bedeutende Erschließungsvorhaben (z. B. im Emsland, im Küstenplanbereich und in Flußtalgebieten) nur durch die Flurbereinigung zu voller Wirkung gebracht werden können. Auch können viele Siedlungsverfahren – z. B. die Besiedlung von Domänenland – nur im Rahmen von Flurbereinigungsverfahren sinnvoll durchgeführt werden. Unter den geschilderten Verhältnissen kann ein langfristig feststehendes Flurbereinigungsprogramm nicht aufgestellt werden."

VI c *Nordrhein-Westfalen*

Dazu S. 22: Zusammenarbeit mit dem Ausland.

„In der Zeit vom 15.–21. September 1963 war der Leiter des Kungl. Lantbruksstyrelsen (Reichslandwirtschaftsamt) in Schweden, Generaldirektören Börje Lundgren, Stockholm, im Bundesgebiet, um Maßnahmen der Flurbereinigung und die mit ihr verbundenen sonstigen Strukturverbesserungen zu studieren. Das Interesse von Herrn Lundgren galt vor allem den mit der Flurbereinigung verbundenen landwirtschaftlich-betriebswirtschaftlichen Fragen und den Aufgaben und Problemen der Planung, die sich sowohl bei der einzelnen Vorplanung *als auch bei der großräumigen Vorplanung ergeben.*"

S. 44: „Bei der Einleitung neuer Verfahren spielt seit langen Jahren die Großräumigkeit und die Bewältigung komplexer Raumordnungsaufgaben eine immer bedeutendere Rolle. Insbesondere sind die Planungen der Wasserwirtschaft und der Straßenbauverwaltungen auch für die Flurbereinigung gewichtig und mitbestimmend. Es zeichnet sich die Tendenz ab, die Dringlichkeit der Flurbereinigung nicht nur unter der Voraussetzung der Merkmale des § 1 Flurbereinigungsgesetz, sondern unter geziemender Berücksichtigung der gesamten Planungsvorhaben in bestimmten Räumen zu beurteilen. Dabei erweist sich die Flurbereinigung immer deutlicher als eine geeignete Verwaltungsmaßnahme, die eine allen Interessen gerechtwerdende Lösung auszuführen vermag."

VI d *Baden-Württemberg*

S. 67: „In Baden-Württemberg haben sich bereits 14 regionale Planungsgemeinschaften gebildet, die mit ihrer Tätigkeit $^2/_3$ der Gebietsfläche des Landes erfassen. Auch sie werden neben den Landesplanungsstellen zu den regelmäßigen Besprechungen über die Arbeitsplanung der Flurbereinigungsämter geladen und gewinnen hier eine Übersicht über die Schwerpunkte der Flurbereinigungsgeschäfte. Auf diese Weise können die Schwerpunkte der Flurbereinigung in den Raumordnungsprogrammen und Entwicklungsplänen rechtzeitig berücksichtigt werden.“

VI e *Hessen*

S. 48: „Soweit bereits Vorstellungen über die zukünftige Raumplanung vorliegen, werden sie in den Flurbereinigungsverfahren verwertet. Durch das Fehlen genehmigter Regionalpläne ist die Arbeit jedoch erschwert. Lediglich für die drei Ballungsräume Kassel, engeres Untermaingebiet und Bergstraße sind z. Z. konkrete Vorstellungen vorhanden.“

VI f *Rheinland-Pfalz*

S. 56: „Der Strukturwandel in der Landwirtschaft mit allen Folgeerscheinungen verlangt eine alle ländlichen Lebensbereiche berührende Planung. – All die vielfältigen Maßnahmen, die den Landwirt, seinen Betrieb, das Dorf und den ländlichen Lebensraum berühren, müssen mit den Zielen der Regional- und Landesplanung abgestimmt werden. Die Planung darf nicht sachgebunden sein, sondern muß integral den ganzen Raum umfassen. Das Koordinieren der Einzelmaßnahmen und deshalb das Wissen um die Zielsetzung aller Stellen ist notwendig. Es kommt vor allem darauf an, alle Stellen zu einem möglichst frühen Zeitpunkt über beabsichtigte Planungen zu unterrichten, damit falsche Vorstellungen rechtzeitig ausgeräumt werden. Die Landeskulturverwaltung, die nunmehr seit 80 Jahren im hiesigen ländlichen Raum arbeitet und seit jeher – besonders aber durch das Flurbereinigungsgesetz – gezwungen ist, die Flurbereinigungsgebiete umfassend neu zu gestalten, Planungen zu koordinieren, gegensätzliche Auffassungen zusammenzuführen und die Interessen abzustimmen, weiß von den vielfältigen Schwierigkeiten während der Arbeit, aber auch von dem Nutzen in dem neu geordneten Raum nach Durchführung der Verfahren. Um die Planungen mit den Flurbereinigungsmaßnahmen zu koordinieren, muß vor Beginn der Flurbereinigung der baureife Entwurf vorliegen, die Finanzierung der Maßnahmen gesichert sein und müssen Änderungen während der Verfahren unterbleiben.“

Anhang VII

a) *Aufgliederung der Maßnahmen im Gefolge einer umfassenden Regionalplanung*

(Programm Nord des Landes Schleswig-Holstein)

A. Flurbereinigung

1) Personal- und Sachausgaben
2) Nebenkosten
3) Planeinrichtung (das sind die Maßnahmen im Rahmen der Vollziehung des Umlegungsplanes, z. B. neue Grenzen usf.)
4) Wirtschaftswege
5) Dränung
6) Landwirtschaft. Folgemaßnahmen
7) Moor- und Ödlandkultivierung
8) Knick und Ortstein
9) Windschutz
10) Aussiedlungen
11) Stall- und Wirtschaftsgebäude
12) Aufsteckung und Landankäufe
13) Schutzmaßnahmen für Halligbewohner

B. Forstwirtschaft

1) Aufforstung
2) Inselschutz

C. Wasserwirtschaft

1) Binnenausbau
2) Regelung der Wasserwirtschaft
3) Wasserversorgung
4) Abwasserbeseitigung
5) Wirtschaftswege

D. Siedlungen

1) Neusiedlung
2) Landankauf
3) Wohnungsbau f. Landarbeiter

E. Verkehrsstraßen und weitere Posten zur Verbesserung der Struktur, Elektrifizierung usw.

b) Kostenrelation der obigen Maßnahmen
(in Prozent des Gesamtvolumens)

A 1–9	ca. 8 %
A 10–13	ca. 9 %
A insges.	ca. 17 %
B	ca. 0,6 %
C	ca. 16 %
D	ca. 8 %
E	ca. 14 %

c) Aufgliederung der Kosten von Flurbereinigungen
(A 1–13)

A 3 Planeinrichtung	ca. 8,3 Mill.
A 4 Wirtschaftswege	ca. 13,9 Mill.
A 5–7 Folgemaßnahmen usf.	ca. 1,7 Mill.
A 10 Aussiedlung	ca. 11,6 Mill.
A 11 Neue Gebäude	ca. 9 Mill.

(Angaben entnommen aus dem Jahresbericht der Schleswig-Holsteinischen Landgewinnungs- und -erschließungs GmbH für das Geschäftsjahr 1963.)

Literatur zur Flurbereinigung: F. BAUR, Der Verkehr mit land- und forstwirtschaftlichen Grundstücken (Schwenningen 1949); W. CHALONS, Das Feldbereinigungsrecht im Rahmen des deutschen Bodenrechtes (Dissertation Gießen 1933); H. DECK, Die Entwicklung der Grundstückszusammenlegung seit der Stein-Hardenbergschen Reform (Rer. pol. Dissertation Breslau, Bleicherode, Harz 1939); E. DEUBEL, Die Umlegung der Grundstücke in Preußen (Berlin 1928); R. GAUPP, Das württembergische Feldbereinigungsgesetz vom 30. März 1886, nebst den in Ausführung desselben erlassenen Ministerial-Verfügungen und anderen dieses Gebiet betreffenden Bestimmungen (Stuttgart 1888); F. HEBERLE, Die Feldbereinigung in Württemberg nach dem Gesetz vom 30. März 1886 (Tübingen 1886); W. HOLZAPFEL, Die Gesetzgebung über Gemeinheitsteilung und Zusammenlegung in der Rheinprovinz mit Ausschluß der vormals landrechtlichen Kreise (Düsseldorf 1914); K. HOPP, Verkehr mit land- und forstwirtschaftlichen Grundstücken (3. Aufl. Berlin 1939); F. JACOBS, Die Flurbereinigung in Westfalen. Eine Darstellung der Gemeinheitsteilungs- und Zusammenlegungs-Gesetzgebung und ihrer Auswirkung daselbst (Leipzig 1930, in: Wirtschaftsstudien mit besonderer Berücksichtigung Bayerns, hrsg. von G. v. Schanz, Heft 65); O. KOLLMANN, Das Recht der Landesvermessung, des Katasterwesens, der Abmarkung und der Flurbereinigung in Bayern (München 1923); R. LAIS, Die landwirtschaftlichen Grundstücksverkehrsgesetze, Grundstücksverkehrsbekanntmachung vom 26. 1. 1937 mit Nebengesetzen (Berlin 1937, in: Stilkes Rechtsbibliothek Nr. 165); R. LANGE, Grundstücksverkehrsgesetz (2. Aufl., München und Berlin 1964); A. LEHMANN, Das Dismembrationswesen in Sachsen unter besonderer Berücksichtigung der Mitwirkung des Grundbuchrichters (Leipzig 1908, in: Juristische Handbibliothek, Hrsg.: Dr. Hallbauer – W. Schelcher, Band 269); J. Peltzer/A. Meimberg, Gesetz über die Umlegung von Grundstücken (Umlegungsordnung) (2. Aufl. Berlin 1932); A. Pikalo, Land- und forstwirtschaftliches Grundstücksverkehrs- und -erbrecht im westlichen Europa – Eine rechtsvergleichende Darstellung (Berlin 1961); A. Pikalo/B. Bendel, Grundstücksverkehrsgesetz (Berlin 1963); H. Richter/H. Steffens, Die Reichsumlegungsordnung (Berlin 1939); H. J. Riecke/Frhr. v. Manteuffel, Der ländliche Grundstücksverkehr, insbes. die Grundstücksverkehrsbekanntmachung vom 26. 1. 1937 (2. Aufl. Berlin 1938); C. Rohleder, Kommentar Lex Adickes, Das Gesetz betreffend die Umlegung von Grundstücken (2. Aufl. Stuttgart 1931); H. H. Scharnberg, Die Rechts- und Ideengeschichte der Umlegung mit besonderer Berücksichtigung ihrer staatlichen Förderung durch Zwang gegen Widerstrebende (Dissertation Kiel 1964); A. W. Seehusen/Th. Schwede/W. Nebe, Flurbereinigungsgesetz vom 14. 7. 1953 (Hamburg 1954); G. Seubelt, Das Bayerische Flurbereinigungs-Gesetz (2. Aufl., München, Berlin und Leipzig 1934); H. Solinus/Th. Strack, Das Verfahren der Baulandumlegung auf der Grundlage der Lex Adickes, mit besonderer Berücksichtigung der Kleinstädte und Landgemeinden (Münster 1930); R. Steuer, Flurbereinigungsgesetz (München und Berlin 1956); G. Treutlein/P. Crusius, Kommentar zum Grundstücksverkehrsgesetz (Neuwied a. Rh., Berlin-Spandau 1963); P. Waldecker/L. Börje, Die Zusammenlegung der Grundstücke sowie Gemeinheitsteilung und Abstellung von Weidegerechtigkeiten in der Provinz Hannover (Göttingen 1887); H. Weitemeyer, Die Grundstückszusammenlegung in der Feldmark Apelern im Kreise Rinteln (2. Aufl., Berlin 1884); A. Wiener, Das badische Gesetz über die Verbesserung der Feldeinteilung (Feldbereinigung) nebst Vollzugsvorschriften (2. Aufl. des II. Teils V. Titel aus Buchenberger, Landwirtschaftsrecht und Landwirtschaftspflege; Karlsruhe 1906).

DIE FLURBEREINIGUNG

Von Dr. KARL KROESCHELL
Professor an der Universität Göttingen

(Generalreferat)

Ein vergleichender Bericht über das Flurbereinigungsrecht hat es mit einer Materie zu tun, in der sich allenthalben durch die ständig fortschreitende Gesetzgebung ein rascher Wandel vollzieht und welche obendrein selbst innerhalb eines jeden Landes nur einem verhältnismäßig kleinen Kreise von Spezialisten wirklich genau bekannt ist. Soweit sich die folgenden Ausführungen nicht auf die eingegangenen Landesreferate[1] stützen können, waren sie deshalb zum Rückgriff auf vergleichende Darstellungen[2] genötigt, die nicht mehr in allen Fällen den gegenwärtigen Rechtszustand wiedergeben. Dennoch lassen diese Materialien es durchaus zu, in die Situation des Flurbereinigungsrechtes innerhalb der gegenwärtigen Rechtsentwicklung interessante Einblicke zu tun.

---

[1] Die eingegangenen Landesreferate seien im folgenden in alphabetischer Reihenfolge der Länder aufgeführt: *Belgien:* JACQUES HOEFFLER, Substitut de l'Auditeur Général au Conseil d'État, Le remembrement rural; *Bundesrepublik Deutschland:* Prof. Dr. ROBERT SCHEYHING, Universität Tübingen, Die Flurbereinigung; *Frankreich:* Prof. Dr. ROGER SAINT ALARY, Universität Paris, Le remembrement rural; *Jugoslawien:* Prof. Dr. DRAGOLJUB STOJANOVIČ, Universität Niš, Le remembrement rural; *Polen:* Prof. Dr. ANDRZEJ STELMACHOWSKI, Universität Breslau, Le remembrement rural; *Spanien:* Prof. Dr. LUIS MARTIN-BALLESTERO Y COSTEA, Universität Zaragoza, La concentración agraria o reagrupación rural; Dr. GABRIEL GARCIA CANTERO, Richter und Professor Adjunto für Zivilrecht, Notas sobre la naturaleza jurídica de la concentración parcelaria. – Keinen unmittelbaren Bezug auf das gestellte Thema hatten die Referate von Professor KENNETH L. KARST, University of California, Los Angeles, The Legal Institutions of Land Reform – Some Comments on the Latin American Experience; und Prof. JOSÉ LUIS DE LOS MOZOS, Universität Valladolid, La aparcería, forma olvidada de la agrupación agrícola.

[2] FRANZ WELLING, Flurzersplitterung und Flurbereinigung im nördlichen und östlichen Europa (Schriftenreihe für Flurbereinigung Heft 6; 1955); HANS GAMPERL, Die Flurbereinigung im westlichen Europa (1955); E. H. JACOBY, Flurbereinigung in Europa (Internat. Institut für Landgewinnung und Kulturtechnik, Publ. 3 D; 1961); P. MORAL-LOPEZ und E. H. JACOBY, Principles of Land

I

In den meisten der Berichtsländer gelten gegenwärtig Flurbereinigungsgesetze, die erst recht jung sind. Zu den ältesten der in Kraft stehenden Regelungen gehört dabei das französische Flurbereinigungsrecht von 1941, welches heute den Titel I des „Code Rural" bildet. Das spanische Flurbereinigungsgesetz von 1952 gilt heute in einer neuen Fassung von 1962, während das Flurbereinigungsgesetz der Bundesrepublik Deutschland aus dem Jahre 1953 stammt. Das geltende niederländische Gesetz stammt von 1954. In Belgien gilt ein Flurbereinigungsgesetz aus dem Jahre 1956, in Jugoslawien ein durch Ausführungsgesetze der einzelnen Republiken ergänztes Bundesgesetz von 1959. In Polen schließlich erhielt ein Gesetz von 1949 im Jahre 1963 eine neue Fassung. In zahlreichen weiteren Ländern bietet sich ein ähnliches Bild, welches zeigt, welch starkes Interesse die moderne Gesetzgebung am Flurbereinigungsrecht nimmt[3]. Dabei stehen allerdings die neueren Flurbereinigungsgesetze auf ganz verschiedenem geschichtlichem Hintergrund. Häufig handelt es sich dabei um die erste Regelung des Flurbereinigungsrechtes in der Rechtsgeschichte des betreffenden Landes, und zwar nicht nur in Entwicklungsländern, sondern auch in hochentwickelten Staaten wie Belgien. Daneben stehen andere Staaten, in denen die moderne Flurbereinigungsgesetzgebung schon viele verschiedenartige Stadien durchlaufen hat; Beispiele hierfür sind die skandinavischen Länder und Deutschland.

Die Bemühungen um die Zusammenlegung zersplitterter Ackerfluren reichen in ihren Anfängen schon recht weit zurück. Es wäre hier zuerst die schwedische „solskipte" zu nennen, die das Uplandslag von 1296 so ausführlich schildert. Auch an das deutsche Spätmittelalter wäre jedoch zu denken, in welchem die Auflösung der grundherrschaftlichen Hofverbände in weiten nord- und mitteldeutschen Gegenden zur Neuvermessung des zersplitterten Bauernlandes und zur Neuausgabe in großen geschlossenen Hufengütern führte. Auch die englischen „Tudor enclosures", seit dem späten 14. Jahrhundert einsetzende Zusammenlegungen zur Schaffung von Schafweiden, sind hier zu erwähnen. Im 17. und 18. Jahrhundert kam es in Süddeutschland, und zwar im Allgäu und in Oberschwaben, zu den sogenannten „Vereinödungen", bei denen die Höfe in die Feldmark hinaus mitten in ihr arrondiertes Acker- und Weideland hinein verlegt wurden[4]. Ähnliche Bestrebungen zeigen sich gleichzeitig auch in England und in den

---

Consolidation Legislation – A Comparative Study (FAO Legislative Series No. 3; 1962); E. F. Meier, Maßnahmen und Problematik bei der Beseitigung der Besitzzersplitterung in den Mitgliedstaaten der EWG (EWG-Kommission, Hausmitteilungen über Landwirtschaft Nr. 8, November 1965). – Die hier angeführten Darstellungen werden in den folgenden Fußnoten abgekürzt zitiert.

[3] Vgl. die Übersichten von Jacoby 125 ff. und Moral Lopez/Jacoby 127 ff.

[4] Vgl. Gamperl 38 ff.

nordischen Ländern. Auf dieser Grundlage gelangte man in England seit Beginn des 18. Jahrhunderts, in Dänemark 1781 und in Schweden 1827 zu außerordentlich wirksamen Flurbereinigungsgesetzgebungen, mit deren Hilfe im Verlauf des 19. Jahrhunderts das Problem der Flurzersplitterung fast gänzlich gelöst wurde – von einer in manchen Gegenden eintretenden Wiederzersplitterung abgesehen. In den deutschen Staaten kam es zu vergleichbaren Gesetzeswerken erst im 19. Jahrhundert, und zwar bei der Aufteilung der alten Gemeindeländereien im Zusammenhang mit der sogenannten Bauernbefreiung, die zum Fortfall vieler alter Trift- und Wegerechte führte und deshalb Umlegungen der Grundstücke nötig machte; auch die Ablösung von Gemeindenutzungsrechten durch Abtretung von Parzellen machte Zusammenlegungen erforderlich. Nach dem Abschluß dieser Maßnahmen wurde dann die Zusammenlegung als selbständiges Institut beibehalten und vor allem im Zusammenhang mit den Eisenbahnbauten des späteren 19. Jahrhunderts vielfach angewendet, bis sie in unserer Zeit moderneren Bestrebungen zur Verbesserung der Agrarstruktur dienstbar gemacht wurde.

Diese Geschichte des Flurbereinigungsrechtes ist ein Spiegelbild der im Agrarrecht jeweils wirksamen Tendenzen. War die Zusammenlegung bis ins 18. Jahrhundert hinein Ausdruck der Bestrebungen der Grundherren, die abhängigen Bauernhöfe leistungsfähig zu erhalten, so hat sich ihre Bedeutung seitdem entschieden gewandelt. Sie bemüht sich nunmehr im öffentlichen Interesse, der Bodenzersplitterung entgegenzuwirken, die sich in weiten Landschaften auf der Grundlage des den Bauern nunmehr zustehenden vollen zivilrechtlichen Eigentums entwickelt hat, ohne daß ihre Auswirkungen auf die Agrarverfassung durch anderweitige Bindungen gemildert würden. Damit berühren wir zugleich den Grund für die Tatsache, daß sich die Flurbereinigung im 19. Jahrhundert praktisch nicht über Deutschland hinaus nach Westen und Süden verbreitet hat. Einerseits hat nämlich die Bodenzersplitterung in den romanischen Ländern Europas nach dem Ende des Ancien Régime weiter zugenommen; der Gedanke der Erbteilung, die eine Hauptursache der Zersplitterung ist, erwies sich aber dort als so eingewurzelt, daß erst unser Jahrhundert wirksame Bemühungen verzeichnen kann, dagegen anzugehen. Andererseits ist aber gerade in diesen Ländern die Auswirkung der Bodenzersplitterung auf die landwirtschaftliche Betriebsverfassung durch die außerordentlich hohe Bedeutung des Pachtwesens eingeschränkt. Während in Deutschland der Bauer seit dem 19. Jahrhundert zumeist nur sein eigenes Land bewirtschaftet (nur 6 % der landwirtschaftlichen Betriebe und 15 % der gesamten landwirtschaftlichen Betriebsfläche sind verpachtet), hat Frankreich einen Pachtlandanteil von 44 %, Spanien von 36 % und Italien von 34 %. Da die Flurbereinigung seit dem 19. Jahrhundert vor allem in einer Zusammenlegung der Eigentumsflächen besteht, kann sie vor allem in solchen Landstrichen, wo die Betriebe aus den Pachtflächen verschiedener Eigentümer bestehen, zur Verbesserung der Betriebsstruktur nicht allzuviel beitragen. Freilich wird sich erweisen, daß die dadurch aufgeworfenen speziellen Probleme heute im Zusammenhang mit einer weiterreichenden Problematik gesehen werden müssen.

II

1. Für unsere vergleichende Übersicht über die Länderberichte ist es zunächst erforderlich, den *Sprachgebrauch* zu fixieren; haben wir bisher die Begriffe Umlegung, Flurbereinigung oder Zusammenlegung ohne nähere Unterscheidung verwendet, so gilt es nun genauer zuzusehen, da sich im wechselnden Sprachgebrauch zugleich ein Wandel der Aufgabenstellung ausdrückt.

Während Begriffe wie „Umlegung" oder „Zusammenlegung", „concentración" oder „remembrement" in erster Linie die für den Eigentümer resultierende Arrondierung seiner Flächen im Auge haben, betont der moderne Ausdruck „Flurbereinigung" eher das öffentliche Interesse an einer zweckmäßigen Neugestaltung der Flur. Dieser verschiedenen Akzentuierung entspricht, ohne daß sich Sprachgebrauch und Sache immer deckten, die Alternative zwischen einer bloßen Zusammenlegung der zersplitterten Parzellen einerseits und einer „Integralmelioration" andererseits, bei der die Zusammenlegung Hand in Hand geht mit wasserwirtschaftlichen und Wegebaumaßnahmen, Bodenverbesserungen, Betriebsvergrößerungen, Aussiedlungen und vielen anderen Verbesserungen der ländlichen Raumstruktur. Beispiele für eine derart weitgehende Zielsetzung des modernen Flurbereinigungsrechts bieten insbesondere die Niederlande, aber auch die Bundesrepublik Deutschland und Belgien, während andererseits in Frankreich ebenso wie in den sozialistischen Ländern Jugoslawien und Polen die Zusammenlegung von der Durchführung anderer Verbesserungen grundsätzlich unterschieden wird, wenn sie auch öfters miteinander verbunden werden. Dabei ist weiter bemerkenswert, daß das polnische Recht offenbar auch in der Terminologie sogar an der traditionellen Vorstellung von der Zusammenlegung als einem Grundstückstausch festhält – eine terminologische Überbewertung der Rolle des Eigentums in diesem Verfahren; sie hat wohl ebenso ideologische Gründe wie die auch sonst in kommunistischen Ländern zu beobachtende ideologische Auffüllung des Eigentumsbegriffs („Arbeitseigentum") gerade in Zeiten, in denen grundsätzlich auf eine stärkere Kollektivierung hingesteuert wird. Dazu fügt es sich gut, daß in den beiden genannten Ländern das Verständnis der Zusammenlegung als einer Umlegung der Eigentumsflächen durchaus aufrechterhalten worden ist. Auch der Umstand, daß es besondere vereinfachte Verfahren zur Arrondierung der Staats- und Genossenschaftsbetriebe gibt, ändert daran nichts, denn auch hier bilden die Eigentumsflächen des Staates bzw. der Genossenschaftsmitglieder die Basis.

Wenn im folgenden von „Flurbereinigung“ die Rede ist, so ist dies als Oberbegriff zu verstehen, meint aber insbesondere auch die Integralmelioration, während mit „Zusammenlegung“ nur die Umlegung der Flurparzellen gemeint ist.

2. Eine entscheidende Frage des Flurbereinigungsrechtes ist die nach dem *Verhältnis der staatlichen Behörden zu den beteiligten Grundeigentümern* und sonstigen Berechtigten, die sich zunächst bei der Einleitung des Flurbereinigungsverfahrens stellt. Dabei ist das Recht, die Eröffnung eines Verfahrens zu beantragen, noch nicht allzu bedeutsam; es pflegt fast überall den staatlichen Behörden zuzustehen, daneben öfters auch einzelnen Beteiligten oder doch einer vorgeschriebenen Mehrheit der Beteiligten sowie gelegentlich auch anderen landwirtschaftlichen Organisationen.

Einem Vorverfahren, in welchem die Zweckmäßigkeit der Flurbereinigung geprüft wird, folgt dann die *Entscheidung über die Einleitung des Verfahrens*[5]. Hierbei kommen zwei verschiedenartige Lösungen vor. In Frankreich, der Bundesrepublik Deutschland und Spanien kann die zuständige staatliche Behörde das Flurbereinigungsverfahren auch gegen den Widerstand der Beteiligten eröffnen. Abgesehen von Spanien, wo das Flurbereinigungsrecht erst wenig mehr als ein Jahrzehnt alt ist, handelt es sich hier um das letzte Stadium einer Entwicklung, welche die Rechte der Beteiligten immer stärker reduziert hat. So sah das französische Gesetz über den Grundstückstausch von 1884 die Zustimmung sämtlicher Beteiligter vor; im Jahre 1918 wurde sie durch das Erfordernis eines Mehrheitsbeschlusses ersetzt, bis dann die heute noch geltende Neuregelung von 1941 die Verfahrenseinleitung ganz in die Hand der staatlichen Behörden legte. Freilich ist festzustellen, daß sich die Behörden, obgleich sie formell darauf nicht angewiesen sind, doch praktisch meist der Bereitschaft und Zustimmung einer großen Mehrheit der Beteiligten zu versichern pflegen. Für die deutsche Flurbereinigungspraxis steht fest, daß die Flurbereinigungsbehörden angesichts der großen Zahl von Flurbereinigungswünschen in absehbarer Zeit gar nicht in die Situation kommen werden, ein Verfahren gegen den Willen der Beteiligten einzuleiten. Selbst bei den von diesen gewünschten Verfahren beschränken sie sich heute auf diejenigen, die über den bloßen Zusammenlegungserfolg hinaus wegen der Kombination mit Aussiedlungen und Betriebsvergrößerungen einen umfassenderen Erfolg versprechen[6]. Immerhin wird es aber durch die Entbehrlichkeit der Zustimmung der Beteiligten ermöglicht, im Zusammenhang mit großen öffentlichen Vorhaben wie Straßen- oder Kanalbauten ohne große Schwierigkeiten auch Flurbereinigungen durchführen.

[5] JACOBY 50 ff.; MORAL LOPEZ/JACOBY 18 ff.

[6] Zu diesen Gesichtspunkten MEIER 41 ff.; auch GAMPERL 230.

Im Gegensatz hierzu ist in anderen Ländern die Einleitung eines Flurbereinigungsverfahrens nur mit Zustimmung eines bestimmten Teiles der Betroffenen möglich. Meist ist, wie in den Niederlanden, aber auch in der Schweiz und Österreich, die Zustimmung der Hälfte der Beteiligten oder der Eigentümer der halben Fläche erforderlich; in Belgien muß noch die Zustimmung der Bewirtschafter des Bodens oder mindestens der Hälfte der Fläche hinzukommen – ein Versuch, auch der dort so bedeutsamen Pacht bei der Flurbereinigung hinlängliche Berücksichtigung zu sichern.

Nicht nur bei der Einleitung, sondern auch bei der *Organisation des Verfahrens* wird die Frage des Verhältnisses von Behörden und Beteiligten unterschiedlich beantwortet[7]. Während in der Schweiz und in der Bundesrepublik Deutschland die Beteiligten zu einer Körperschaft des Öffentlichen Rechts, der Teilnehmergemeinschaft oder -genossenschaft, zusammengeschlossen werden, der die eigentlichen Ausführungsarbeiten übertragen sind, werden die Grundeigentümer in den meisten übrigen Ländern nur dadurch am Verfahrensablauf beteiligt, daß sie in der örtlichen Flurbereinigungskommision vertreten sind. Die Entscheidung für die eine oder die andere dieser Möglichkeiten geht nicht unbedingt konform mit dem größeren oder geringeren Einfluß der Beteiligten auf die Einleitung des Verfahrens; so entscheidet in der Bundesrepublik Deutschland allein die Flurbereinigungsbehörde über die Eröffnung eines Verfahrens, während gleichwohl die Teilnehmergemeinschaft als die eigentliche Trägerin der Flurbereinigung gilt. Die interessante Frage, ob die Beteiligten nicht in zivilrechtlicher Hinsicht unabhängig von der Verfahrensorganisation in jedem Falle eine „communio incidens" bilden, mit der sich der Bericht von GARCIA CANTERO beschäftigt, steht dabei auf einem anderen Blatt.

Wo nicht wie in Deutschland und der Schweiz die Teilnehmergemeinschaft mit ihrem gewählten Vorstand die unmittelbare Ausführung der Flurbereinigung übernimmt, bedienen sich die staatlichen Behörden hierzu einer örtlichen Kommission (so in Spanien, Frankreich, Belgien, den Niederlanden, Polen und Jugoslawien), die oft als Körperschaft des Öffentlichen Rechts organisiert ist und häufig einen Richter zum Vorsitzenden hat. Ob Kommission oder Teilnehmergemeinschaft – die leitende und überwachende Tätigkeit der zuständigen staatlichen Behörden bleibt in jedem Falle von entscheidender Bedeutung, zumal sie es auch in der Regel sind, die das für die Vermessungen und andere technische Arbeiten erforderliche Fachpersonal stellen, das freilich häufig genug durch Heranziehung privater Büros ergänzt wird. In Belgien, in Spanien und im gewissen Umfang auch in der Bundesrepublik Deutschland werden in das Verfahren auch staatliche Körperschaften oder Anstalten für die Siedlung oder Agrarstrukturverbesserung eingeschaltet.

---

[7] JACOBY 53 ff.

Die Frage des *Rechtsschutzes der Beteiligten*[8] ist nicht nur dort wichtig, wo das Verfahren gegen ihren Willen in Gang gebracht werden kann. Durchweg sind ihnen gegen die drei wichtigsten Entscheidungen der Flurbereinigungsbehörde: die Einleitung des Verfahrens, die Schätzungsfeststellung und die Feststellung des endgültigen Flurbereinigungsplans, verwaltungsrechtliche Rechtsbehelfe eingeräumt. Eine verwaltungsgerichtliche Nachprüfung fehlt aber bisweilen offenbar ganz (so in den sozialistischen Ländern), oder sie ist, wie in Frankreich, auf die Nachprüfung des Ermessensmißbrauchs beschränkt. Den weitgehendsten Rechtsschutz kennt das Flurbereinigungsrecht der Bundesrepublik Deutschland, die in der Sache vier Instanzen kennt, während sonst nur zwei (in den Niederlanden drei) gegeben sind.

Eine Rolle spielt das Verhältnis der Beteiligten zum Staat schließlich auch in der Frage der *Kostenverteilung*[9]. Dabei gilt allgemein der Grundsatz, daß die Verwaltungs- und Behördenkosten vom Staat getragen werden und daß auch die Neuvermessung zu seinen Lasten geht. Die Ausführungskosten dagegen werden in den meisten Ländern grundsätzlich den Beteiligten oder ihrer Teilnehmergemeinschaft auferlegt, denen dann der Staat allerdings durch Subventionen zwischen 50 und 90 % dieser Last abzunehmen pflegt. In anderen Staaten wie in Polen werden die gesamten Kosten ohnehin vom Staat getragen. Geht man auch in den westeuropäischen Ländern nicht so weit, so setzt sich doch auch hier immer stärker eine staatliche Vorfinanzierung der Leistungen der Beteiligten[10] durch, die es ihnen erspart, gleichzeitig mit der durch die Flurbereinigung veranlaßten, oft recht kostspieligen Neuordnung ihrer Betriebe noch weitere Leistungen aufzubringen.

3. Ist das Flurbereinigungsverfahren in Gang gesetzt und sind die für seine Durchführung nötigen Einrichtungen geschaffen worden, so vollziehen sich die weiteren Arbeiten vor allem in zwei Etappen. Zunächst werden die bestehenden Eigentumsrechte und sonstige Berechtigungen überprüft und genau festgestellt, um eine zuverlässige *Schätzung*[11] des von jedem Beteiligten eingebrachten Landes vornehmen zu können. Diese Schätzung, teils von einem aus den beteiligten Bauern bestehenden Schätzungsausschuß, teils von Sachverständigen durchgeführt, bewertet den Boden zumeist mit Hilfe einer Einteilung in Bodenklassen; in Deutschland kann sie sich an eine in den Dreißigerjahren durchgeführte Bodenschätzung anlehnen, deren Ergebnisse lediglich einer gewissen Nachprüfung und Verfeinerung bedürfen.

Sodann vollzieht sich als nächstes die eigentliche *Neuverteilung* des Lan-

---

8 Jacoby 68 ff.; Moral Lopez/Jacoby 74 ff.

9 Gamperl 330 ff.; Jacoby 58 ff.; Moral Lopez/Jacoby 78 ff.

10 Meier 44 ff.

11 Gamperl 187 ff.; Jacoby 67 ff.; Moral Lopez/Jacoby 28 ff.

des. Wo die Flurbereinigung wie in der Bundesrepublik Deutschland als Integralmelioration durchgeführt wird, müssen zuvor nach einem besonderen Wege- und Gewässerplan die nötigen Wasser- und Wegebauarbeiten ausgeführt worden sein. Auch die Zusammenlegung der Parzellen selbst beruht auf einem Plan, dem eigentlichen Flurbereinigungsplan, der den Beteiligten bekanntgegeben wird und gegen den sie Rechtsmittel einlegen können[12].

Für die Landzuteilung gilt überall der Grundsatz, daß jeder Beteiligte mit einer *gleichwertigen Bodenfläche*[13] abzufinden ist, die möglichst arrondiert sein soll; gelegentlich ist die Höchstzahl der Parzellen festgelegt, aus denen die Landzuweisung bestehen darf, oder es ist bestimmt, daß die neue Fläche rechteckig sein soll und daß ihre Länge und Breite in einem bestimmten Verhältnis zueinander stehen soll. Ein *Geldausgleich* kann im allgemeinen nur bei denjenigen Mehr- oder Minderzuweisungen vorgenommen werden, die wegen der gegebenen Wegverhältnisse vermessungstechnisch unvermeidlich sind, oder bei denjenigen Landabzügen, die wegen des höheren Bodenbedarfs für neue Wege, Wasserläufe und andere gemeinschaftliche Anlagen erforderlich wurden und an denen alle Eigentümer gleichmäßig beteiligt werden. Nur insoweit enthält die Flurbereinigung ein gewisses Element der Enteignung in sich; in dieser Hinsicht ist ihre Rechtsnatur also nicht mehr streitig. Nur selten ist es auch darüber hinaus möglich, beteiligte Eigentümer gegen ihren Willen mit Geld abzufinden, wie etwa in Jugoslawien, wo Nichtlandwirte zur Annahme einer Geldentschädigung gezwungen werden können.

Bei gewissen *besonderen Verfahrensarten* freilich kann die Geldentschädigung größeren Umfang annehmen. In den sozialistischen Ländern Jugoslawien und Polen ist dies der Fall bei denjenigen Zusammenlegungsverfahren, die im Interesse der *Arrondierung der staatlichen oder genossenschaftlichen Betriebe* durchgeführt werden[14]. Hier verschieben sich auch die Prinzipien der Landzuteilung insofern, als auf die günstige Abrundung der Staatsgüter und der Genossenschaftsbetriebe an der Stelle, wo sie bislang ihren meisten Boden besaßen, in erster Linie Bedacht zu nehmen ist. Die übrigen Landwirte werden auf die verbleibenden Flächen verwiesen. In gewisser Hinsicht bietet sich hier der Vergleich zu einem Sonderverfahren des westdeutschen Flurbereinigungsrechtes an, das auch anderswo nicht unbekannt ist: zu dem Verfahren nämlich, welches die Landverluste, die durch Enteignung *für ein bestimmtes öffentliches Vorhaben* wie einen

---

[12] Über die Planung und ihre einzelnen Phasen GAMPERL 161 ff., 206 ff.; JACOBY 86 ff.; MORAL LOPEZ/JACOBY 32 ff.

[13] Zu diesem Prinzip siehe GAMPERL 228; JACOBY 69; MORAL LOPEZ/JACOBY 35 ff.

[14] Über verwandte Verfahrensarten in westeuropäischen Ländern vgl. MORAL LOPEZ/JACOBY 59 f.

Straßen- oder Flugplatzbau vorgenommen werden, auf eine größere Zahl von Beteiligten verteilen soll. Hier dient das Flurbereinigungsverfahren nur der Milderung der durch die Enteignung entstandenen Härten.

In den Ländern, die die Flurbereinigung als Integralmelioration betreiben, ist daneben durchweg auch ein *vereinfachtes Zusammenlegungsverfahren*[15] vorgesehen, welches im Rahmen des bestehenden Wege- und Gewässernetzes lediglich eine Zusammenlegung der zersplitterten Parzellen bezweckt. Den freiwilligen Landtausch, für den besondere Verfahren meist nicht vorgesehen sind, sucht man allenthalben vor allem durch Subventionen und steuerliche Begünstigungen zu fördern.

4. An die Grenzen, die der Wirksamkeit der Flurbereinigungsverfahren gesetzt sind, führt die Frage heran, welche *Vorkehrungen gegen eine erneute Zersplitterung* des arrondierten Grundbesitzes getroffen worden sind[16]. Lange Zeit hat es an solchen Vorkehrungen in fast allen europäischen Ländern gefehlt, wenn man von den viel zu gering bemessenen Mindestparzellengrößen absieht, die die ältere Landeskulturgesetzgebung vielerorts festgesetzt hatte. So wird man es als einen wesentlichen Fortschritt betrachten, wenn etwa Spanien nach jahrhundertelanger Bodenzersplitterung die durch die Flurbereinigung entstandenen arrondierten bäuerlichen Besitztümer gegen neue Zersplitterung nachdrücklich zu schützen sucht und wenn auch viele andere westeuropäische Länder in ihrer allgemeinen Bodenverkehrsgesetzgebung gerade bei flurbereinigten Grundstücken jede Abveräußerung und Teilung von einer besonderen Genehmigung abhängig machen. Es ergibt sich aber darüber hinaus die Notwendigkeit, nicht nur eine Teilung im Rechtsverkehr unter Lebenden zu unterbinden, sondern auch der Erbteilungssitte als wohl der bedeutsamsten Wurzel der Bodenzersplitterung entgegenzuwirken. Frankreich ist hierin, dem Beispiel des schweizerischen Zuweisungsrechtes folgend, vorausgegangen, und auch das westdeutsche Grundstückverkehrsgesetz hat über die Bereiche des traditionellen Anerbenrechts hinaus die Möglichkeiten einer ungeteilten Vererbung von Grund und Boden zu verbessern gesucht. Wenn man auch in Polen 1963 die ungeteilte Vererbung der Bauernhöfe gesetzlich fixiert hat und in Spanien erwägt, die anerbenrechtlichen Prinzipien des „derecho foral" zum Ausgangspunk für allgemeinere Vorschriften zu machen[17], so zeigt dies, daß das Prinzip der ungeteilten Vererbung allgemein an Boden gewinnt.

So wünschenswert es erscheinen muß, daß die Ergebnisse kostspieliger Flurbereinigungsmaßnahmen nicht alsbald wieder durch neue Bodenzersplitterung zunichte gemacht werden, so deutlich zeigt sich hier doch zugleich auch, daß eine Fixierung einmal geschaffener landwirtschaftlicher

---

15 Gamperl 286 ff.; Jacoby 63 f.; Moral Lopez/Jacoby 48 ff.; Meier 51 ff.

16 Jacoby 77 ff.; Moral Lopez/Jacoby 87 ff.

17 Vgl. das Landesreferat von Martin-Ballestero y Costea.

Eigentumsstruktur auch in Widerstand zur Entwicklung der Agrarverfassung geraten kann. Die gegenwärtigen Umschichtungen der Agrarstruktur erfordern vielfach geradezu eine stärkere Belebung des landwirtschaftlichen Grundstücksmarktes – auch in Gebieten, in denen Flurbereinigungen durchgeführt worden sind. Es ist daher erforderlich, das Flurbereinigungsrecht in den Zusammenhang der gesamten modernen Agrarrechtsentwicklung hineinzustellen, um zu sehen, welche Rolle ihm in Zukunft zukommen mag.

III

Will man sich um eine *kritische Neubewertung des Rechtes der Flurbereinigung* bemühen,so gilt es zunächst die Feststellung zu wiederholen, daß sich die Flurbereinigung grundsätzlich an der bestehenden landwirtschaftlichen Eigentumsverfassung orientiert, ja durch die Zusammenlegung der Parzellen eines Eigentümers entscheidend zu ihrer Festigung beiträgt. Daß auch das Recht der kommunistischen Staaten hier keine neuen Perspektiven eröffnet, wurde bereits ausgesprochen; entweder ist in ihnen, wie in Polen oder Jugoslawien, der „sozialistische Sektor" der Landwirtschaft verhältnismäßig gering [18] und der Staat oder die Genossenschaften nehmen nur die Rolle eines bevorrechtigten Eigentümers neben anderen ein, oder es ist durch die völlige Sozialisierung des Bodens wie in der Sowjetunion das ganze Problem gegenstandslos geworden.

Gerade die grundsätzliche Bindung der Flurbereinigung an die bestehende Eigentumsstruktur nötigt aber zu der Feststellung, daß mit diesem Instrument viele entscheidende Schwierigkeiten der derzeitigen Agrarverfassung nicht zu lösen sind. So wichtig es auch ist, die Bodenzersplitterung zu überwinden und ein ausreichendes Wegenetz zu schaffen, um den Einsatz moderner Maschinen auf großen Flächen zu ermöglichen, und so begrüßenswert auch Bodenverbesserungen, Wasserbaumaßnahmen und vieles andere sein mögen – wenigstens zwei entscheidende Fragen der gegenwärtigen landwirtschaftlichen Entwicklung lassen sich auf diese Weise nicht lösen. Weder hilft die Furbereinigung zu einer Lösung des Betriebsgrößenproblems [19], noch vermag sie die Position der landwirtschaftlichen Produzenten am Markt entscheidend zu verbessern – eine Schwierigkeit, der die Landwirte seit geraumer Zeit durch vielfache Versuche der Kooperation und der Partnerschaft zu begegnen suchen [20]. So läßt sich denn auch

---

[18] In Polen werden 85 % der landwirtschaftlichen Nutzfläche, in Jugoslawien 75 % von bäuerlichen Eigentümern bewirtschaftet.

[19] Hierzu allgemein ABEL, Agrarpolitik (2. Aufl. 1958) 220 ff. Zum Zusammenhang mit der Flurbereinigung GAMPERL 228 f. (mit Hinweis auf den Ausweg der Enteignung; Beispiele bei MORAL LOPEZ/JACOBY 53 f.), und vor allem JACOBY 30 ff.

[20] Diese Fragen sind bislang juristisch so gut wie unbearbeitet geblieben.

unschwer feststellen, daß trotz einer sehr intensiv und unter hohen Geldaufwendungen betriebenen Flurbereinigung die Agrarverfassung wenigstens der westeuropäischen Länder in ständigem weiteren Wandel begriffen ist. Die landwirtschaftlichen Kleinbetriebe verfallen, sobald sie in einen größeren Marktzusammenhang eingetreten sind und nicht mehr nur der Selbstversorgung dienen, in zunehmender Zahl der Auflösung. Die verbleibenden Landwirte, die das Land der meist in die Industrie Abwandernden in verschiedenen Rechtsformen übernehmen, sind trotz aller Preisbindungen und Marktordnungen genötigt, ihre Position zu sichern, indem sie im Rahmen einer horizontalen Integration mannigfache Bindungen eingehen.

Dieser relativen Wirkungslosigkeit der Flurbereinigung gegenüber entscheidenden Veränderungen der landwirtschaftlichen Struktur trägt man in der Bundesrepublik Deutschland schon seit geraumer Zeit in verschiedener Hinsicht Rechnung. In süddeutschen Gebieten, in denen die Grundstücksteilung seit altersher üblich ist, beschränkt man die Bildung großer geschlossener Komplexe oft auf einen Teil des Flurbereinigungsgebietes, um auf der verbleibenden Fläche diejenigen Eigentümer unterzubringen, bei denen man schon jetzt mit weiterer Teilung oder mit Verpachtung an andere Landwirte rechnen kann[21]. Darüber hinaus ist man, wie schon erwähnt, in der Praxis der letzten Jahre allgemein dazu gelangt, Flurbereinigungsverfahren, die lediglich zu einer Zusammenlegung der vorhandenen Parzellen führen, auch dann nicht mehr durchzuführen, wenn dabei bedeutende Verbesserungen des Wege- und Gewässernetzes erzielt werden können. Vielmehr werden Flurbereinigungen vor allem dann vorgenommen, wenn zugleich eine Anzahl von Bauernhöfen in die Feldmark hinaus ausgesiedelt werden kann und dazu unter Verwendung staatlichen oder eigens angekauften Bodens eine Vergrößerung dieser Betriebe erfolgen kann. Der gleichen Ansicht, daß für die Dynamik der künftigen Entwicklung Raum bleiben muß, entspringt wohl auch der niederländische Verzicht auf jegliche Maßnahme zur Verhinderung einer neuen Bodenzersplitterung. Man hat sich hier ebenso wie in manchen deutschen Gegenden damit abgefunden, daß Flurbereinigungen nach einigen Jahrzehnten entsprechend den Erfordernissen der jeweiligen Agrarverfassung wiederholt werden müssen.

Dabei stellt sich die Frage, ob sich – abgesehen von der sicherlich erwünschten Verbesserung der Wege- und Gewässerverhältnisse und sonstigen Meliorationen – nicht weniger kostspielige Möglichkeiten finden lassen, um die Verteilung der landwirtschaftlichen Bodennutzung den jeweiligen Bedürfnissen anzupassen. Es war schon Gelegenheit zu der Feststellung, daß eine Bereinigung auf der Grundlage der bestehenden Eigentumsverteilung dann nicht ausreicht, wenn eben diese Eigentumsverteilung den Er-

[21] Über derart „dynamische" Planungen siehe Jacoby 89 f.

fordernissen rationeller Betriebsgestaltung nicht genügt. Ein Punkt, an dem diese grundsätzliche Unzulänglichkeit der Flurbereinigung schon heute immer wieder sichtbar wird, ist der Konflikt zwischen den Interessen der Grundeigentümer und der Pächter[22]. Es wurde bereits darüber berichtet, daß das belgische Recht bei der Einleitung der Flurbereinigung Vorkehrungen getroffen hat, um auch die Bewirtschafter des Bodens, welche Nichteigentümer sind, zu Worte kommen zu lassen. Bei der Neuverteilung des Landes jedoch gibt es auch in Belgien keine Bestimmung darüber, ob die Parzellen nach den Wünschen ihres Eigentümers oder nach den Wünschen des Pächters, der sie bewirtschaftet, zusammenzulegen sind[23]. Die gleiche Schwierigkeit besteht auch in Deutschland, wo die Pächter nicht einmal in vollem Sinne Teilnehmer des Flurbereinigungsverfahrens sind. Auch in Frankreich erkennt man diesen Mangel des Flurbereinigungsrechtes sehr deutlich, wie gerade der Bericht von Saint Alary zum Ausdruck bringt[24]. Es ist also nicht ausgeschlossen, daß ein Flurbereinigungsverfahren einem ganz oder teilweise auf der Grundlage der Pacht beruhenden gesunden und entwicklungsfähigen landwirtschaftlichen Betrieb schweren Schaden zufügt. Aus Deutschland sind Fälle bekannt, in denen eine Lösung des Konflikts nur dadurch zu erzielen war, daß Pächter und Eigentümer sich die umstrittenen Parzellen gewissermaßen „teilten". Da in Zukunft gerade in den Staaten, in denen die Landwirte bisher vor allem ihr eigenes Land bewirtschafteten, auch die Pacht zunehmende Bedeutung erlangen wird, da sie das einfachste Mittel darstellt, die Betriebe auf den erwünschten Umfang zu erweitern, wird hier das herkömmliche Flurbereinigungsrecht wohl immer häufiger zu Schwierigkeiten führen.

Die Frage, die in dieser Situation zu stellen ist, ist keine geringere als die, ob nicht das Konzept einer Integralmelioration, also einer Verbindung von Wege- und Gewässerbau und anderen Bodenverbesserungen mit einer Zusammenlegung des Bodeneigentums, einer grundsätzlichen Überprüfung bedarf. Möglicherweise wird es künftig erforderlich sein, neben den nach wie vor erwünschten Meliorationen und weiteren Verbesserungen der landwirtschaftlichen Infrastruktur das Augenmerk vor allem auf eine zweckmäßige Gestaltung der landwirtschaftlichen Betriebe, abgesehen von den bestehenden Eigentumsverhältnissen, zu richten. Eine stärkere Berücksichtigung der Pächter und ihrer Interessen im herkömmlichen Flurbereinigungsverfahren könnte ein nützlicher erster Schritt in diese Richtung sein. Die allmählich lebhafter und grundsätzlich werdende, wenn auch bis-

---

[22] Dazu Moral Lopez/Jacoby 41 ff.

[23] Allerdings werden sonst die Belange des Pächters hinsichtlich der Wirtschaftsart und des Ertragswertes weitgehend geschützt; ebenso auch in den Niederlanden.

[24] Über die französische Praxis, die hier manche Mängel ausgleicht, vgl. aber Gamperl 239.

lang kaum literarisch niedergelegte Kritik am bisherigen Flurbereinigungswesen und Flurbereinigungsrecht könnte also wohl als ein neues Indiz dafür angesehen werden, daß die auch sonst zu beobachtende Tendenz, statt des landwirtschaftlichen Eigentums den landwirtschaftlichen Betrieb auch im Agrarrecht in den Vordergrund zu rücken, weiter fortschreitet. Eine solche Entwicklung würde auch die gegenwärtig juristisch recht unergiebige Frage nach der Rechtsnatur der Flurbereinigung wieder interessant werden lassen.

Dritter Teil

HANDELSRECHT

ARBEITSRECHT

LUFTRECHT

HANDELSRECHT

FORMEN DER VERBINDUNG VON GESELLSCHAFTEN

Von Dr. SPIROS SIMITIS

Professor an der Universität Gießen

I

1. Der Gesetzgeber hat die einzelnen Gesellschaften als selbständige, in sich geschlossene rechtliche Gebilde konzipiert. Gewiß, der Grad der Selbständigkeit ist nicht überall der gleiche. Organisationsform und juristische Persönlichkeit verleihen der Aktiengesellschaft etwa ein weit größeres Eigengewicht als der OHG, und auch zwischen der GmbH und einer zu welchen Zwecken auch immer benutzten einfachen Gesellschaft des bürgerlichen Rechts lassen sich die Unterschiede nicht verkennen. Dennoch bleibt die – wenn auch von Typ zu Typ verschiedene – Autonomie ein Merkmal aller Gesellschaften.

Ebensowenig wie sich diese Tendenz in der rechtlichen Regelung der Gesellschaften leugnen läßt, kann aber aus ihr gefolgert werden, Gesellschaften seien darauf bedacht, ihre von der Rechtsordnung unterstrichene Selbständigkeit zu bewahren, jegliche Form der Verbindung also zu vermeiden. Im Gegenteil, Verbindungen einzelner Gesellschaften untereinander gelten keineswegs als außergewöhnlich. Kooperation und Konzentration sind die Schlagworte der Zeit: Sie gaben ebenso Anlaß zu der Einsetzung eines besonderen Untersuchungsausschusses[1] wie zu dem Appell an die Unternehmen, sich zu einem „kooperativen Strukturwettbewerb" zu entschließen[2]. Deshalb verwundert es nicht, wenn der Bundesfinanzhof von einer „nicht mehr wegzudenkenden Entwicklung" spricht[3], das Bundeswirtschaftsministerium eine „Kooperationsfibel" herausgibt[4] und der Bundeswirtschaftsminister zur „wettbewerbsgerechten

---

[1] Vgl. den Bericht über das Ergebnis einer Untersuchung der Konzentration in der Wirtschaft, BTDr. IV/2320.

[2] Vgl. Frankfurter Allgemeine Zeitung vom 23. 11. 1965 Nr. 272 S. 17; aber auch Sölter, Markenartikel 1962, 357; Kröger, Betrieb 1962, 1034; Becker, Der Volkswirt 1962, 1263.

[3] BStBl. 1952 III 236.

[4] Veröffentlichung I B V–81 3350 des Bundesministers für Wirtschaft vom 29. 10. 1963 und dazu Benisch, Kooperationsfibel des Bundesministers für Wirtschaft (1964).

Zusammenarbeit" aufruft[5], das Rationalisierungskuratorium der deutschen Wirtschaft die „zwischenbetriebliche Zusammenarbeit" als eines seiner wichtigsten Ziele ansieht[6].

Daß es sich dabei nicht um abstrakte Spekulationen, sondern um Forderungen handelt, die an alltägliche Erscheinungen anknüpfen, bestätigt die Fülle der Beispiele aus der letzten Zeit. Es genügt an einige wenige zu erinnern:

Um sich an der Suche nach Erdöl in der Nordsee zu beteiligen, gründete eine Reihe von Ölgesellschaften das „Nordseekonsortium". Ähnlich verlief die Entwicklung bei den Bohrungen im Persischen Golf. Drei deutsche Gesellschaften der Flugzeugindustrie beteiligten sich an einem gemeinsamen Unternehmen, das unter der Bezeichnung „Entwicklungsring Nord" u. a. an der Entwicklung der dritten Stufe der geplanten Europasatellitenrakete (ELDO) arbeitet. Mehrere Unternehmen der Kunstfaserindustrie haben sich im „Perlon-Warenzeichenverband" zusammengeschlossen und werben gemeinsam für die Produkte unter dem eingetragenen Warenzeichen „Perlon". Die Firmen Grundig und Krupp gründeten eine „Arbeitsgemeinschaft", um bestimmte Projekte im Ausland zu verwirklichen. Die Badische Anilin- und Sodafabrik AG. erwarb kürzlich die Glasuritwerke in Hamburg, eine der bedeutendsten Lackfabriken des Kontinents, die größtenteils von der BASF hergestellte Rohstoffe weiterverarbeitet. Touropa und Scharnow, die beiden größten deutschen Reiseveranstalter, sicherten sich ihre Beteiligung an den Charterflügen durch den Aufkauf von Anteilen der Südflug GmbH. Die Firmen Daimler-Benz und Volkswagenwerk übernahmen gemeinsam die Auto-Union und vereinigten ihre Kundendienst-Organisation in Österreich.

2. Betrachtet man diese Beispiele, so drängt sich vor jeder weiteren Überlegung ein Schluß förmlich auf: für die eingegangenen Verbindungen ist die Frage, ob es sich bei den Beteiligten um Gesellschaften handelt, von sekundärer Bedeutung. Das Konsortium, die Arbeitsgemeinschaft, der Entwicklungsring richten sich nicht danach, ob die an der Verbindung Interessierten Aktiengesellschaften, Gesellschaften mit beschränkter Haftung, Einzelunternehmen oder was auch immer sind; den Ausschlag geben vielmehr unternehmenspolitische Überlegungen. Kooperation und Konzentration sind deshalb Phänomene, die nur vom Unternehmen her gesehen und erklärt werden können – und zwar zunächst ohne jede Rücksicht auf dessen Rechtsform.

Sicherlich können und werden sich aus der Rechtsform der jeweils in Frage kommenden Unternehmen Konsequenzen für die angestrebte Verbindung ergeben. Vor- und Nachteile einer Verbindung hängen nicht zuletzt

---

[5] Frankfurter Allgemeine Zeitung vom 24. 12. 1965 Nr. 273 S. 25.

[6] Vgl. Rühle von Lilienstern, Betrieb 1962, 609; Der Volkswirt 1962, 1577; Konkurrenzfähigkeit durch zwischenbetriebliche Kooperation (1963).

auch von der Rechtsform ab, die die Beteiligten für ihre wirtschaftliche Betätigung gewählt haben. Doch spielen solche Überlegungen erst im Rahmen einer allgemeinen unternehmenspolitischen Betrachtung eine Rolle. Daran ändert auch die Tatsache nichts, daß die Kollektivunternehmen in Gestalt von Gesellschaften in der Regel zu den wirtschaftlich wichtigsten Unternehmen zählen. Die Verbindung ist keine den Gesellschaften vorbehaltene Erscheinung, sie kann also nicht auf die Gesellschaften beschränkt werden, mögen diese dabei auch eine noch so bedeutsame Rolle spielen. Für Kooperation und Konzentration ist die Gesellschaftsform zunächst lediglich eine der möglichen rechtlichen Hüllen unternehmerischer Betätigung.

Nach den Formen der Verbindung von Gesellschaften fragen, heißt also in Wirklichkeit das Problem der Unternehmensverbindung aufwerfen. Das bestätigt auch die legislative Entwicklung. Längst sind die skeptischen Stimmen gegen eine gesetzliche Regelung der Unternehmensverbindungen verstummt[7]. In zwei Gesetzen – dem Gesetz gegen Wettbewerbsbeschränkungen vom 27. 7. 1957 und dem Aktiengesetz vom 6. 9. 1965 – hat der Gesetzgeber eindeutig erkennen lassen, daß er in der Kooperation und in der Konzentration Probleme sieht, die vom Unternehmen aus betrachtet werden müssen. Deshalb verläßt das Aktiengesetz, sobald es auf die Verbindungen eingeht, den engen Bereich der Gesellschaft und richtet seine Normen am Unternehmen aus, ignoriert also bewußt die Rechtsform; deshalb spricht das GWB durchweg vom Unternehmen und vermeidet jede Beschränkung seiner Bestimmungen auf die Gesellschaften.

Ob und welche Konsequenzen die Rechtsordnung an die Verbindung von Gesellschaften knüpft, läßt sich daher nur aus der Perspektive der Unternehmensverbindungen beantworten. Dennoch erscheint es mit Rücksicht auf die Themenstellung geboten, bei der Analyse der einzelnen Verbindungen besonderes Gewicht auf die Folgen zu legen, die sich aus der Tatsache ergeben könnten, daß die betreffenden Unternehmen sich als Gesellschaften betätigen.

II

1. Jeder Versuch, sich einen möglichst genauen Überblick über die verschiedenen Formen der Verbindung von Gesellschaften zu verschaffen, setzt die Kenntnis der Ursachen voraus, die Kooperation und Konzentration auslösen. Erst anhand der einzelnen Ursachen kann nicht nur die Entscheidung zugunsten einer Verbindung erklärt werden, sondern auch die Form und die Modalitäten der jeweils getroffenen Vereinbarung.

Aus der Tatsache, daß Unternehmensverbindungen bestehen, läßt sich

[7] Vgl. statt aller POHLE, in: Verhandlungen des 42. Deutschen Juristentages (1957) F 44.

freilich noch kein Rückschluß auf ihre Ursachen ziehen oder gar ein einheitliches Motiv herausschälen. Die Skala der Ursachen ist vielmehr unendlich breit. Sie reicht vom bloßen Zufall bis zu präzisen marktstrategischen Absichten. So kann eine Unternehmensverbindung schon durch einen Erbfall entstehen. Dem Erben, der bereits Unternehmensinhaber ist, fällt nunmehr ein weiteres, seiner bisherigen Betätigung vielleicht völlig fremdes Unternehmen zu. Oft bietet die Geschichte moderner Großunternehmen eklatante Beispiele für das Nebeneinander geplanter und weitgehend zufälliger Verbindungen. Erinnert sei an die General Motors, die aus der Verschmelzung der drei großen Automobilwerke Buick, Oldsmobile und Oakland entstanden ist, später 20 weitere Unternehmen der Automobil- und Zubehörindustrie erwarb, um dann ohne jeden zwingenden Grund die Guardian Frigerator Corp. der schon bestehenden Unternehmensverbindung zuzuführen. Gewiß ist daraus später ein eigener, nicht weniger wichtiger Zweig der General Motors entstanden. Zunächst aber hat ein mehr oder weniger zufälliger Erwerb den Anlaß für eine Neuorientierung der Unternehmenspolitik und eine Expansion des Unternehmens gegeben[8].

Nicht selten sind es rein persönliche Motive einzelner Unternehmer, die schließlich zu der Verbindung führen. Es gibt hinreichend Beispiele für Verbindungen, die sich nur aus Prestigegründen erklären lassen. Das Unternehmen erweitert oder verändert sogar seinen Wirkungsbereich, obgleich sich eine objektive Notwendigkeit zu solchen Maßnahmen nicht nachweisen läßt. Der permanente Konkurrenzkampf, die ständige Konfrontation mit der Tätigkeit der Konkurrenten verleitet dazu, auch das eigene Unternehmen durch Leistungen, die zwar nicht erforderlich, aber doch auffällig sind, nach außen hin stärker zur Geltung zu bringen[9].

Mögen derartige Motive immer wieder vorkommen, sie dürfen dennoch nicht überschätzt werden. Sie dokumentieren lediglich, wie verschieden die Beweggründe sind, unterstreichen damit aber auch die Unmöglichkeit, die Ursachen der Unternehmensverbindungen in eindeutig und abschließend formulierte Kategorien zusammenzufassen. Die Frage nach der Ursache muß bei jeder Verbindung neu aufgeworfen werden. Die sich von Fall zu Fall ergebenden Variationen können den einzelnen Motiven einen mehr oder weniger originären und damit nicht wiederholbaren Charakter verleihen. Dennoch bleiben Beweggründe rein persönlicher Art oder der Zufall als Grundlage der Unternehmensverbindung die Ausnahme. In der Regel hängen die Ursachen unmittelbar mit der Tatsache zusammen, daß sich das Unternehmen unter bestimmten erkennbaren Bedingungen in einem ebenso der exakten Analyse zugänglichen Markt betätigt. Aus der jeweiligen

---

[8] Vgl. Edith Tilton Penrose, The Theory of the Growth of the Firm (1959) 195.

[9] Vgl. Schmalenbach, Die Aktiengesellschaft (7. Aufl. 1950) 226; Lenel, Ursachen der Konzentration (1962) 224 ff.

Struktur des Marktes und der Notwendigkeit, sich in diesem zu behaupten, läßt sich in der Mehrzahl aller Fälle die Verbindung erklären.

2. Den Anlaß zu einer Verbindung können zunächst Überlegungen geben, die sich auf die Kosten der Unternehmenstätigkeit beziehen[10]. Bereits bei der Produktionsplanung zeigt sich, welche Auswirkungen eine Kooperation auf die Kosten haben kann. Im Zeichen eines zunehmend forschungsintensiven Wettbewerbs gehören Investitionen für Forschungsaufgaben zu den selbstverständlichen Bestandteilen moderner Unternehmenspolitik. Der Stand der Forschung entscheidet über die Wettbewerbsfähigkeit, ein Vorsprung in der Forschung garantiert zugleich einen Vorsprung auf dem Markt. Die Entwicklung von Wissenschaft und Technik verlangt indes Investitionen von einem Umfang, der den Kreis der Unternehmen, die dazu in der Lage sind, immer kleiner werden läßt. Zudem ist es oft nur möglich entscheidende Fortschritte zu erzielen, wenn die Erfahrungen mehrerer Unternehmen ausgetauscht und abgestimmt werden. Durch eine derartige Koordination der Forschungs- und Entwicklungsprogramme lassen sich doppelte Aufwendungen und doppelte Arbeit vermeiden und nicht zuletzt durch den größeren Erfolg auch die Höhe der erforderlichen Investitionen verringern. Forschungsaufgaben, die für ein einzelnes Unternehmen nicht mehr im Bereich des Vertretbaren und Realisierbaren liegen, erscheinen dank der Unternehmensverbindung möglich und legen diese damit förmlich nahe.

Zugleich wird aber dadurch deutlich, welche Bedeutung der immer wieder angeführten Überlegung zukommt, die technische Entwicklung sei eine, wenn auch nicht die einzige Ursache von Unternehmensverbindungen[11]. Sicherlich sind Hinweise von dieser Allgemeinheit wenig brauchbar. Die technische Entwicklung hat ebenso zu Ergebnissen geführt, die es den einzelnen Unternehmen erst gestatten, von jeder Verbindung abzusehen und ihre Stellung auf dem Markt zu behaupten[12]. Man denke nur an die Konsequenzen der Entdeckung und Verbreitung neuer Energiequellen. Doch umgekehrt ist auch nicht zu übersehen, daß die technische Entwicklung an die einzelnen Unternehmen wachsende Ansprüche stellt. Sie bestimmt damit in entscheidendem Maße die Wettbewerbsfähigkeit und wirkt sich auf Unternehmensstruktur und Unternehmensgröße aus, so daß sie letztlich auch die Gestalt des Marktes beeinflußt.

---

[10] Vgl. Lenel (vorige Note) insb. 40 ff.; Heinen, in: Die Konzentration in der Wirtschaft (1960) III 1633 ff.

[11] Vgl. statt aller den Konzentrationsbericht (oben Note 1) 25: „Die Ermittlungen bestätigen im übrigen die allgemein bekannten Feststellungen über die große und dazu wachsende Bedeutung des technischen Fortschritts für die Konzentration"; sowie Würdinger, Aktienrecht (1959) 189; WuW 1961, 748.

[12] Vgl. Eucken, Ordo 3 (1950) 3 ff.; Lenel (oben N. 9) 21 ff., 241 ff.; Waffenschmidt, in: Die Konzentration (oben N. 10) II 789 ff.; Blair, ebda. 823 ff.

Die kostenmäßigen Konsequenzen einer Verbindung offenbaren sich aber auch in allen übrigen Bereichen der Unternehmenspolitik. Die Kosten für Rohstoffe etwa hängen ganz besonders von der bezogenen Menge ab, nicht nur wegen der Preisvorteile einer mengenmäßig höheren Anschaffung, sondern auch wegen der Frachtraten. Von wesentlicher Bedeutung sind auch die Einsparungen, die durch einen zentralen Beschaffungsapparat erzielt werden können, sei es durch intensivere Ausnutzung der möglichen Vorteile bei der Anschaffung, sei es durch Einsparung von Verwaltungskosten. Deshalb verwundert es nicht, wenn der Wunsch, die Anschaffungspolitik zu koordinieren, besonders häufig zu Unternehmensverbindungen führt.

Ähnlich liegt es im Fertigungsbereich. Hier kann schon dadurch ein beträchtlicher Vorteil entstehen, daß die Alternativ- durch eine Parallelproduktion ersetzt wird. Die einzelnen Programme werden bereinigt und aufeinander abgestimmt. Marktlage und Kapazität der Unternehmen sind weitaus besser auszunutzen. Zudem erlaubt erst die Spezialisierung den einzelnen Unternehmen, Verfahren anzuwenden, die einen weitaus größeren technischen Wert besitzen, sich aber nur in einem größeren Rahmen, wie ihn allein eine Unternehmensverbindung bieten kann, verwenden lassen. Schließlich sei auch noch auf die Kostensenkung hingewiesen, die sich aus einer besseren Ausnutzung und Auslastung der vorhandenen Lager, Transportmöglichkeiten und Energiequellen ergibt.

Kostenvorteile bietet die Unternehmensverbindung ferner im Absatzbereich. Zunächst gilt dies auch hier im Hinblick auf die mögliche Rationalisierung. Besonders bezeichnend dafür ist die Zentralisierung des Absatzes, die freilich homogene Produkte voraussetzt. Mit Hilfe einer einheitlichen Verkaufsorganisation läßt sich der Absatz besser organisieren und kann in hohem Maße gezielt erfolgen. Selbst dort, wo es an homogenen Produkten fehlt, etwa bei der Zusammenfassung verschiedener Produktionsstufen, ergeben sich Vorteile aus der Weiterleitung der einzelnen Erzeugnisse an die in Frage kommenden Produktionsstufen.

Hinzu kommt die für einen optimalen Absatz entscheidende genaue Kenntnis des Marktes. Marktanalyse, Marktstatistik und Werbung treten damit in den Vordergrund, Aufgaben, die längst zur selbstverständlichen Voraussetzung erfolgreicher Unternehmenspolitik geworden sind. Jedes Unternehmen muß bedacht sein, mit Hilfe der bestmöglichen Information über die Marktlage die potentiellen Käufer zu beeinflussen, ja, bei ihrer Kaufentscheidung lenken zu können. Hier wiederholt sich aber die für die Forschung und Entwicklungsarbeit typische Situation. Die Untersuchung und Steuerung des Marktes erfordert Investitionen, die nur von wenigen Unternehmern aufgebracht werden können. Kleinere Unternehmen können sich dauernde Erhebungen über den Markt mit Hilfe einer eigenen

Organisation ebensowenig leisten wie hohe Ausgaben für die Werbung. Als Ausweg bietet sich die Unternehmensverbindung an [13].

3. Kostenvorteile sind aber nicht das einzige Moment, das eine Unternehmensverbindung nahelegt. Ein weiterer Gesichtspunkt hängt unmittelbar mit der bereits erwähnten Koordination der einzelnen Programme zusammen. Den Beteiligten bietet sich auf diese Weise die Möglichkeit, ihr Angebot zu erweitern und damit konkurrenzfähiger zu werden. Der Abnehmer braucht den Bereich der Unternehmensverbindung selbst dann nicht zu verlassen, wenn er seine Ansprüche erweitert oder gar verändert. So konnten die Versicherungsunternehmen mit Hilfe von Verbindungen die Trennung zwischen den einzelnen Versicherungsarten überwinden und dem Versicherungsnehmer neben der Krankenversicherung etwa auch eine Lebens-, Schadens- und Unfallversicherung anbieten. Erinnert sei aber auch an Kooperationsbestrebungen innerhalb der Automobilindustrie, die gerade mit dem Gedanken begründet wurden, dem Benutzer eines Automobils müsse die Möglichkeit gewährt werden, bei steigender Kaufkraft Typen zu wechseln, ohne sich der Leistungen der Konkurrenz zu bedienen [14].

Nicht von ungefähr wird in diesem Zusammenhang oft das Argument eines erhöhten Vertrauens der Abnehmer in Leistungen von Großunternehmen gebraucht [15]. Ihre Bevorzugung beruht nicht zuletzt auf dem differenzierten Angebot, das sie dank ihrer Leistungsfähigkeit und ihres Leistungsumfanges erbringen.

4. In der Tendenz, das Angebot mit Hilfe einer Verbindung möglichst breit zu streuen, manifestiert sich freilich oft auch eine weitere Ursache von Unternehmensverbindungen. Nicht selten soll auf diesem Wege das Risiko der unternehmerischen Tätigkeit verringert werden. Je intensiver der Wettbewerb ist, desto näher liegt das Bestreben, sich gegen seine Gefahren möglichst abzuschirmen. Diesen Schutz bietet zumindest teilweise ein aufgefächertes Angebot. Rückschläge auf einem einzelnen Markt gefährden dann nicht mehr die Existenz des gesamten Unternehmens. Temporäre Verluste müssen zwar in Kauf genommen werden, doch sind derartige Nachteile zeitlich beschränkt und lassen sich durch Erfolge auf anderen Gebieten relativ leicht ausgleichen. Mit Hilfe der Verbindung läßt sich also eine maximale Widerstandsfähigkeit auf dem Markt erzielen.

5. Jede dieser Überlegungen verdeutlicht allerdings zugleich den marktstrategischen Vorteil einer Unternehmensverbindung. Gewiß sind Ratio-

[13] Vgl. Krahe, WuW 1959, 179 f.; Menze, Möglichkeiten unternehmerischer Zusammenarbeit ohne wettbewerbsbeschränkende Bindung (1960) 42.

[14] Vgl. auch den Konzentrationsbericht (oben N. 1) 30. Dort heißt es im Hinblick auf die Stellung der Warenhäuser: „Die großen Vier haben aus der Neigung des Verbrauchers ‚alles unter einem Dach' zu kaufen, und aus der Anpassung des Sortiments an die Käuferansprüche Nutzen gezogen."

[15] Vgl. Braess, in: Die Konzentration (oben N. 10) I 417.

nalisierung, Spezialisierung, Angebots- und Risikostreuung das angestrebte unmittelbare Ziel, doch mittelbar steht immer die Wettbewerbsfähigkeit auf dem Spiele und damit der Wunsch, die eigene Position auf dem Markt nicht nur aufrecht zu erhalten und zu festigen, sondern auch so weit wie möglich auszubauen. Die Verbindung bietet sich damit letztlich als Machtinstrument an. Durch die Kooperation werden die notwendigen organisatorischen Voraussetzungen geschaffen, den Markt möglichst den eigenen Leistungen vorzubehalten und damit letzten Endes die Konkurrenz auszuschalten. Gewiß ist das nicht das Ziel aller Verbindungen, doch enthält jede zumindest den Ansatz für marktstrategische Dispositionen. Wo die Lenkung des Marktes nicht die ausschlaggebende Ursache der Zusammenarbeit ist, kann sie es jederzeit werden; der Übergang von der Intensivierung der Wettbewerbstätigkeit zur Ausschaltung des Wettbewerbs ist fließend.

III

1. Wenn sich einmal die Notwendigkeit oder zumindest die Zweckmäßigkeit einer Verbindung abzeichnet, so stellt sich zwangsläufig die Frage nach der organisatorischen Durchführung, damit aber letztlich nach dem Verhältnis der Rechtsordnung zu den Möglichkeiten einer Unternehmensverbindung. Zunächst einmal gilt auch hierfür der Grundsatz, daß es dem einzelnen freisteht, die eigenen Interessen durch Vereinbarungen, deren Abschluß, Inhalt und Auflösung nur er zu bestimmen hat, in der bestmöglichen Weise zu fördern. Die Vertragsfreiheit ist der rechtliche Kern der wirtschaftlichen Betätigung, damit aber auch der Angelpunkt für die Entstehung und Gestaltung von Unternehmensverbindungen. Gewiß ist diese Freiheit zu keinem Zeitpunkt schrankenlos gewesen, Sittenwidrigkeit und gesetzliche Verbote sind Grenzen, die auch hier beachtet werden müssen. Doch vermögen diese Ausnahmen nichts an dem Prinzip zu ändern, daß die wirtschaftliche Betätigung Sache autonomer Dispositionen des einzelnen ist.

Zu diesem elementaren, für den gesamten Bereich der Rechtsordnung geltenden Grundsatz tritt freilich der für die wirtschaftliche Betätigung entscheidende Umstand hinzu, daß die Rechtsordnung dem einzelnen eine Reihe von Organisationsformen in Gestalt der Gesellschaften zur Verfügung stellt. Nach wie vor bleibt es aber jedem überlassen, die seinen Interessen entsprechende Rechtsform zu wählen. Die Gesellschaftsformen sind nur Instrumente, die es gestatten sollen, sich besser, erfolgreicher im wirtschaftlichen Verkehr zu betätigen.

Die Freiheit der Formenwahl ist aber nicht das einzige Mittel, das die Rechtsordnung enthält, um dem einzelnen zu ermöglichen, seine Absichten zu verwirklichen. Eine freie Formenwahl gestattet nur die Entscheidung für den einen oder anderen Gesellschaftstyp. Sie eignet sich für die Verwirklichung privater Interessen insofern nur bedingt, als sie für sich allein genommen dazu nötigen würde, mit der Entscheidung für eine bestimmte Gesellschaftsform auch die damit verbundene gesetzliche Regelung uneingeschränkt zu akzeptieren. Die Alternative würde dann lauten: entweder Wahl eines bereits in seiner Struktur zwingend und abschließend geregelten Gesellschaftstyps oder Verzicht auf diese Form der wirtschaftlichen Betätigung. Der Gesetzgeber hat aber – um der Ordnungskraft der Privatinitiative willen – eine derartige Alternative von vornherein ausgeschlossen. Neben die Freiheit der Formenwahl tritt die Freiheit der inneren Ausgestaltung des einzelnen Gesellschaftstyps durch eine der jeweiligen Interessenlage entsprechende Ersetzung dispositiver Vorschriften[16].

Der Weg zur Typenvermischung ist damit offen. Unter dem Mantel der klassischen Gesellschaftsformen entstanden auf diese Weise immer mehr Modifikationen, die oft der Schaffung völlig neuer Typen gleichkommen. Mit den Grundsätzen der OHG wurde es etwa für durchaus vereinbar gehalten, auch juristische Personen als Gesellschafter zu beteiligen. So konnte die OHG auch als Instrument der Verbindung mehrerer Unternehmen verwendet werden[17]. Nicht anders verhält es sich mit den gesetzlichen Vorschriften, die innerhalb der KG dem Komplementär den Schwerpunkt der unternehmerischen Tätigkeit zuweisen. Auch hier wurden keine Bedenken gegen eine vollständige Verkehrung des gesetzlichen Leitbildes geltend gemacht. Die Entscheidungsbefugnis verlagerte sich auf den Kommanditisten; der Komplementär war fortan nur noch Angestellter, der die Weisungen von Kommanditisten, die ihrerseits eine Vielzahl von Unternehmen repräsentierten, auszuführen hatte[18]. Ähnliche, nicht minder tiefgreifende Veränderungen lassen sich bei den Kapitalgesellschaften feststellen. Ihrer ursprünglichen Aufgabe nach sollte die AG durch eine maximale Mobilisierung des Kapitalmarktes unter möglichst weitgehender Haftungsbeschränkung die organisatorischen Voraussetzungen für ein außerordentlich kapitalkräftiges Großunternehmen schaffen. Die Existenz von Einmann-Aktiengesellschaften ist ebenso unbestritten wie ihre rechtliche Zulässigkeit[19]. Nicht minder bezeichnend ist ein weiteres Beispiel. Der Gesetzgeber hat es den Gründern und Aktionären überlassen, den Gesellschaftszweck frei zu bestimmen. So verwundert es nicht, wenn daraus die Konsequenz einer Spaltung rechtlicher und wirtschaftlicher Einheit gezogen wurde. Man begnügte sich nicht damit, Aktiengesellschaften auf eigene wirtschaftliche Betätigung auszurichten, sondern nahm in den Gesell-

---

[16] Zur Bedeutung des Gesellschaftsrechts für die Unternehmensverbindungen vgl. BALLERSTEDT, in: Die Konzentration (oben N. 10) II 870 ff.; LENEL (oben N. 9) 151 ff.

[17] RGZ 105, 101; A. HUECK, Das Recht der OHG (3. Aufl. 1964) 16.

[18] BOESEBECK, Die kapitalistische KG (1938); LEHMANN, Gesellschaftsrecht (2. Aufl. 1959) 331 ff.

[19] Vgl. statt aller WÜRDINGER (oben N. 11) 97.

schaftszweck von vornherein die Bindung an andere Unternehmen, ja die Unterordnung unter diese auf[20]. Auf der gleichen Ebene liegt auch die Entwicklung der GmbH. Die Auseinandersetzungen über die Zulässigkeit der Beteiligung juristischer Personen sind längst vergessen. Fest steht, daß jede natürliche oder juristische Person Gesellschafter einer GmbH sein kann und daß diese für jeden beliebigen Zweck, selbst für nur organisatorische Ziele, benutzt werden darf[21].

Die Rechtsordnung stellt es somit dem einzelnen völlig frei, sich im wirtschaftlichen Verkehr als natürliche oder juristische Person zu betätigen, allein oder in Verbindung mit anderen. Darüber entscheiden lediglich seine Interessen. Im Rahmen der Vertrags- und Dispositionsfreiheit vermag er sich der vorhandenen Rechtsformen in der Weise zu bedienen, die ihm die Verwirklichung seiner Ziele zu gewährleisten scheint. Die Unternehmensverbindung erscheint somit als eine der denkbaren Konkretisierungen der Vertragsfreiheit.

2. Vertrags- und Dispositionsfreiheit berühren die organisatorische Seite von Unternehmensverbindungen. Darüber hinaus aber enthält die Rechtsordnung eine Reihe von Vorschriften, die – ohne sich in ähnlich direkter Weise auf die Gestaltung der Verbindung auszuwirken – diese doch mittelbar fördern und aufrechterhalten.

Dafür ist bereits das Patentrecht exemplarisch. Indem es dem Erfinder einen ausschließlichen Schutz gewährt, zementiert es rechtlich den Vorsprung, den der Erfinder vor jedem anderen hat, der auf demselben oder einem ähnlichen Gebiet arbeitet. Vergegenwärtigt man sich aber die bereits erwähnte Bedeutung der Forschung für die Unternehmenspolitik, so liegen die Konsequenzen auf der Hand[22]. Mit Hilfe der Patente sieht sich das Unternehmen in der Lage, den Markt in entscheidendem Maße zu beeinflussen, Neuzugänge ebenso zu kontrollieren, wie die vorhandenen Konkurrenten zurückzudrängen. Zwar enthält das geltende Recht in Gestalt der Zwangslizenz ein Mittel, das sehr wohl dazu dienen könnte, wettbewerbsschädigende Auswirkungen der Patentierung auszuschalten. Doch sind Zwangslizenzen bisher nicht im Interesse einer Aufrechterhaltung des Wettbewerbs erteilt worden[23]. So liegt es nahe, die Vorteile des Patentrechtes auszunutzen, aber oft auch seine Nachteile mit Hilfe einer Unternehmensverbindung zu vermeiden.

Diese Tendenz wurde auch dadurch untermauert, daß die Rechtsprechung ausdrücklich feststellte, die Weiterbenutzung von Patenten sei nach dem

---

[20] Vgl. C. Fischer, AcP 154 (1955) 85 ff.; Ballerstedt (oben N. 16) 876.

[21] Vgl. C. Fischer, Die GmbH. (1948) 74 ff.

[22] Vgl. etwa den Konzentrationsbericht (oben N. 1) 23, sowie die Anlage zu BTDr. IV/2320, 767 ff., 779 f.; Lieberknecht, Patente, Lizenzverträge und Verbot von Wettbewerbsbeschränkungen (1953); Ballerstedt (oben N. 16) 861 ff.; Lenel (oben N. 9) 172 ff.

[23] Vgl. dazu Simitis, Grundfragen der Produzentenhaftung (1965) 59.

Austritt aus einer Unternehmensverbindung, der das Patent zustehe, nicht mehr zulässig. Damit entsteht für die Beteiligten ein regelrechter Zwang, an der Verbindung festzuhalten. Auch hierfür gibt es genügend Beispiele. Zu den bekanntesten gehört das Fortbestehen des Hefeverbandes nach der Kündigung durch die Mitglieder und sogar nach dem Liquidationsbeschluß, gerade weil die Beteiligten den Verlust des durch den Verband erworbenen Patents befürchteten[24].

3. Von ebensolcher Bedeutung, wenn auch auf einem beschränkten Gebiete, ist die Praxis der Aufsichtsbehörden im Versicherungswesen. Sie beruht auf dem Gedanken einer scharfen Trennung zwischen den verschiedenen Sparten der Versicherungswirtschaft. Rechtsschutz- und Kreditversicherung dürfen ebensowenig unternehmensmäßig mit irgendeinem anderen Versicherungszweig verbunden werden wie Lebens- und Schadens-, Kranken- oder Unfallversicherung. Will man wirtschaftliche Überlegungen wie die Streuung von Angebot und Risiko ausnutzen, was gerade hier besonders nahe liegt, so bleibt als Ausweg nur die Unternehmensverbindung. Auf welche Weise diese Verbindung vollzogen wird, ist zunächst gleichgültig. Wichtig ist dabei, daß die Rechtsordnung durch ihre Entscheidung für die organisatorische Trennung der einzelnen Branchen die Unternehmen auf den Weg zur Verbindung bringt.

4. Schließlich darf auch nicht die entscheidende Rolle übersehen werden, die das Steuerrecht in diesem Zusammenhang gespielt hat. Es ist oft genug konstatiert worden, welchen Einfluß steuerrechtliche Fragen auf die Entwicklung des Gesellschaftsrechts gehabt haben. Manche Gesellschaftsform läßt sich nur unter Zuhilfenahme des Steuerrechts erklären[25]. Ähnlich verhält es sich auch im Bereich der Unternehmensverbindungen. Das erweist sich zunächst an der von der Rechtsprechung entwickelten und vom Gesetzgeber akzeptierten Organtheorie[26], die auf dem Grundsatz der wirtschaftlichen Einheit mehrerer rechtlich selbständiger Unternehmen beruht. Demzufolge verlieren Gesellschaften, die juristische Personen sind, ihre steuerrechtliche Selbständigkeit dann, wenn sie sich wirtschaftlich mit einem weiteren Unternehmen so eng verbinden, daß sie nur noch als Organ fungieren,

---

[24] RGZ 114, 212; 125, 114.

[25] Vgl. Konzentrationsbericht (oben N. 1) 52 ff.; C. E. Fischer, Die Unternehmenskonzentration als Gegenstand wirtschaftsordnender und gesellschaftsrechtlicher Gesetzgebung (1960) 32; Pohmer, in: Die Konzentration (oben N. 10) II 1045 ff.; Häuser, ebda. 1097 ff.

[26] Vgl. dazu statt aller Konzentrationsbericht (oben N. 1) Anlage 581 ff., 629 ff.; Rasch, Deutsches Konzernrecht (2. Aufl. 1955) 205 ff.; Bühler, Steuerrecht der Gesellschaften und Konzerne (3. Aufl. 1956) 190 ff.; Schultze-Schlutius, Die Organtheorie (1955); Flume, Die Organschaft im Handels- und Steuerrecht (1959); Mestmäcker, Verwaltung, Konzerngewalt und Rechte der Aktionäre (1959) 287 ff.; Lenel (oben N. 9) 206 ff.; Hoffmann, in: Die Konzentration (oben N. 10) II 1140 ff.

mithin ungeachtet der nach wie vor bestehenden rechtlichen Selbständigkeit eine wirtschaftliche Einheit bilden.

Voraussetzung der Organschaft ist die finanzielle, wirtschaftliche und organisatorische Eingliederung in ein anderes Unternehmen. Dessen Rechtsform ist dabei gleichgültig. In der Regel erfolgt die Eingliederung durch einen besonderen Organschaftsvertrag, der zugleich eine Ergebnisabführung vorsieht. Das übergeordnete Unternehmen kann sich allerdings nicht darauf beschränken, das Vermögen der übrigen zu verwalten. Aus diesem Grunde wird dem Organträger immer wieder eine, wenn auch geringfügige, gewerbliche Tätigkeit übertragen, etwa der Einkauf für kleinere Tochtergesellschaften.

Die Konsequenzen dieser Betrachtung werden zunächst im Umsatzsteuerrecht sichtbar. So sind nach § 1 UStG nur Unternehmer umsatzsteuerpflichtig, was freilich nach § 21 UStG eine selbständige Tätigkeit voraussetzt. Da aber die Organgesellschaft unselbständig ist (§§ 2 II Ziff. 2 UStG, 17 UStDB), erscheint im Sinne des UStG nur der Organträger als selbständig und damit als steuerpflichtig. Die Steuerpflicht umfaßt also nicht Geschäfte der Ober- mit der Untergesellschaft oder dieser mit einer weiteren Untergesellschaft. Auch für die Gewerbesteuer gilt nach § 2 II Ziff. 2 GewStG die Organgesellschaft als Betriebsstätte der Obergesellschaft. Daher wird die Tätigkeit der Organgesellschaft nicht steuerrechtlich selbständig betrachtet, die Rechtsfähigkeit mithin erneut übergangen. Im Rahmen der Körperschaftssteuer setzt die Anerkennung der Organschaft stets auch den bereits erwähnten Ergebnisabführungsvertrag voraus. Die Obergesellschaft muß durch förmliche Vereinbarung Gewinn und Verlust der Untergesellschaft übernommen haben.

Es bedarf keiner besonderen Erörterung, welche Bedeutung einem derartigen steuerlichen Privileg für die Entstehung und Aufrechterhaltung von Unternehmensverbindungen zukommt. Gewiß steht diese Sonderbehandlung nicht jeder Verbindung zu. Sie setzt die Bereitschaft voraus, die Kooperation in einem Maße zu steigern, das in Wirklichkeit einer Aufgabe der eigenen Selbständigkeit gleichkommt. Ist dies aber einmal der Fall, so erklärt sich der Gesetzgeber bereit, die Absicht der Beteiligten, sich wirtschaftlich zu vereinigen, gelten zu lassen, obwohl sich an ihrer äußeren, rechtlichen Erscheinungsform nichts geändert hat. Für Rechtsprechung und Gesetz ist der Anlaß für diese Privilegierung klar: Die Doppelbesteuerung, die notwendigerweise aus der rechtlichen Verschiedenheit der einzelnen Unternehmen folgen müßte, soll vermieden werden. Für die Beteiligten aber tritt dadurch neben die bereits erwähnten sonstigen wirtschaftlichen Vorteile einer Verbindung die Steuerersparnis als neuer zusätzlicher Anreiz. Nachteile, die infolge der Zusammenarbeit in Kauf genommen werden müßten, entfallen. Den Beteiligten steht es frei, die Verbindung in dem gewollten Maße für die verfolgten Ziele einzusetzen;

sie brauchen nicht zu befürchten, daß ihnen dadurch finanzielle Verluste entstehen. Das Steuerrecht könnte eine Schranke der Verbindungen sein, hätte es sich an den sonst für die Rechtsordnung geltenden Grundsatz gehalten, aus der rechtlichen Selbständigkeit sei auch die Unabhängigkeit der einzelnen Rechtssubjekte zu folgern. Indem es dieses Prinzip durchbricht, ebnet es den Weg für eine Verbreitung von Unternehmensverbindungen.

Das Organschaftsprivileg ist allerdings nicht die einzige steuerrechtliche Bevorzugung von Unternehmensverbindungen. Eine weitere findet sich bei der Kapitalertragsteuer in Gestalt des sogenannten Schachtelprivilegs[27]. Ist eine unbeschränkt steuerpflichtige Kapitalgesellschaft seit Beginn des Wirtschaftsjahres an dem Grund- oder Stammkapital einer anderen unbeschränkt steuerpflichtigen Kapitalgesellschaft oder an ihrem Vermögen mindestens zu einem Viertel unmittelbar beteiligt, so bleiben die auf diese Beteiligung entfallenden Gewinne bei der Besteuerung des Kapitalertrages außer Ansatz (§ 9 I KStG). Auch durch diese Vorschrift soll eine doppelte Besteuerung der Gewinne der Untergesellschaft zunächst bei ihr selbst und dann nochmals bei der Obergesellschaft vermieden werden. Genauer gesagt geht man auf diese Weise sogar einer dreifachen Besteuerung aus dem Wege, wenn man nämlich daran denkt, daß die Gewinne, gleichviel in welcher Höhe, letztlich den Aktionären zugute kommen sollen, diese aber ihrerseits steuerpflichtig sind.

Ein ähnliches Ergebnis läßt sich schließlich mit Hilfe einer Treuhandvereinbarung erreichen[28]. Schließen sich etwa mehrere Unternehmen zu einer Einkaufsgemeinschaft zusammen, so müßte normalerweise zweimal Vermögens- und Gewerbesteuer entrichtet werden, nämlich einmal durch die Einkaufsgemeinschaft selbst und zum anderen durch ihre Mitglieder. Dasselbe gilt auch für die Gewinne. Besteht aber zwischen den Mitgliedern der Einkaufsgemeinschaft eine Treuhandvereinbarung, so unterstellen die Steuerbehörden, daß die Einkaufsgemeinschaft nur treuhänderisch für Rechnung ihrer Mitglieder geführt wird. Vermögen und Gewinne sind dann nur bei den Treugebern zu versteuern.

Sobald sich mithin aus unternehmenspolitischen Gründen eine Verbindung als wünschenswert erweist, kommt die Rechtsordnung den Absichten der Beteiligten weitgehend entgegen. Vertrags- und Dispositionsfreiheit liefern die nötigen organisatorischen Ansätze, das Patentrecht verleiht der einmal begonnenen Tätigkeit ein eigenes Gewicht, und das Steuerrecht schafft durch eine finanzielle Vergünstigung den Ausgleich für die sonst zu erwartenden Nachteile aus der Selbständigkeit der verbundenen Unternehmen.

---

[27] Vgl. dazu Rasch (vorige Note) 199 ff.; Lenel (oben N. 9) 211 f.; Bühler (vorige Note) 309 f.

[28] Vgl. Rasch (oben N. 26) 253.

IV

1. Die vielfältigen Ursachen von Verbindungen einerseits und die rechtliche Gestaltungsfreiheit andererseits lassen unschwer erkennen, wie verschieden die Verbindungsformen sein können. Je nach dem mit der Zusammenarbeit verfolgten Zweck werden die Beteiligten eine Form zu finden suchen, die ihrer Interessenlage am ehesten entspricht. Sie sind dabei an bestimmte Kategorien ebensowenig gebunden, wie sich die möglichen Zwecke der Zusammenarbeit auf einen einheitlichen Nenner bringen lassen. Will man dennoch versuchen, die benutzten Formen zu kategorisieren, so bietet sich die Intensität der Verbindung als der vielleicht günstigste Ansatzpunkt an. Freilich gestattet auch dieser Ordnungsgesichtspunkt nicht, die benutzten Formen auf wenige, exakt abgrenzbare Typen zu reduzieren. Die Möglichkeiten der Verbindung reichen – unter dem Aspekt der Intensität betrachtet – von der bloß vorübergehenden, formlosen Zusammenarbeit einzelner voneinander unabhängiger Unternehmen über die verschiedenen Stufen einseitiger oder wechselseitiger Abhängigkeit bis zur völligen Eingliederung, die letztlich in der Fusion mündet und damit endgültig die durch die Verbindung vorgespiegelte Verschiedenheit aufhebt. Immerhin kristallisieren sich auf diese Weise doch eine Reihe von Gruppen heraus.

2. a) Verbindungen lassen sich zunächst auch dort feststellen, wo die Beteiligten sowohl ihre rechtliche als auch ihre wirtschaftliche Selbständigkeit voll und ganz aufrechterhalten. Die Kooperation soll in solchen Fällen zwar den gemeinsamen Interessen aller Partner Rechnung tragen, sich aber nicht auf die Autonomie der einzelnen Unternehmen auswirken: Die Beteiligten sind auf Kooperation ebenso bedacht wie auf Wahrung ihrer Selbständigkeit.

Die einfachste Form einer solchen Zusammenarbeit ist ein Vertrag, der das Zusammenwirken auf bestimmten, alle beteiligten Unternehmen interessierenden Gebieten sichert. Die Kooperation erfolgt dann in einem mehr oder weniger losen Rahmen. Beispiele dafür sind außerordentlich häufig. So finden sich z. B. Vereinbarungen, in denen sich die Partner verpflichten, ihre Erfahrungen und Informationen innerhalb gewisser Bereiche regelmäßig auszutauschen [29]. Sie haben dann etwa alle ihre in der Herstellung, im Vertrieb oder im Absatz bestimmter Gegenstände gewonnenen Erkenntnisse einander kostenlos laufend mitzuteilen und zur freien Verfügung zu stellen. Der Erfahrungsaustausch umfaßt oft auch Mitteilungen über geplante Entwicklungsarbeiten, über die Ergebnisse von Marktbeobachtungen oder auch Informationen über fremde Schutzrechte. Häufig sind ferner Vereinbarungen, die der gegenseitigen Nutzung von Produktionsanlagen dienen. Das ist vor allem dann der Fall, wenn die Beteiligten die vorhan-

---

[29] Vgl. etwa WITTMANN, Unternehmung und unvollkommene Information (1959); KRIEGER, WuW 1963, 457.

denen Kapazitäten zur Herstellung bestimmter Produkte besser ausnutzen wollen. Sie sind dann bereit, sich ihre Anlagen gegenseitig zur Verfügung zu stellen, um eine volle Auslastung zu erzielen. Oft gehen damit auch Absprachen einher über eine Koordination der Planung oder eine gemeinsame Lagerhaltung. Ebenso arbeiten einzelne Unternehmen im Bereich des Verkaufs zusammen, indem sie sich wechselseitig ihrer Verkaufsorganisationen bedienen: Jeweils einer der Partner übernimmt den Vertrieb innerhalb eines genau abgegrenzten Gebietes auch für die anderen. Dem Vertretenen bleibt es dabei überlassen, Preise und Verkaufsbedingungen festzusetzen, ebenso wie er für Mängel der Ware haften muß.

b) Freilich, je intensiver die Zusammenarbeit sein soll, desto unumgänglicher erscheint es, eigene rechtliche und organisatorische Formen für die Verbindung zu entwickeln. Das kann schon dadurch erfolgen, daß sich die Beteiligten bereits vorhandener Institutionen bedienen und sie mit der Durchführung einzelner Aufgaben betrauen. So sind etwa einzelne Unternehmen oft bestrebt, sich laufend über die Entwicklung des Marktes zu unterrichten, nicht zuletzt, um sich gegen unwahre Angaben der Abnehmer über Konkurrenzangebote zu schützen. Sie verpflichten sich deshalb, ihre Preis- und Rabattlisten, aber auch die allgemeinen Geschäftsbedingungen bei einer zu diesem Zweck ausgesuchten Stelle zu hinterlegen. Das wird in der Regel der Wirtschaftsverband der betreffenden Branche sein. Die Meldestelle hat den Beteiligten die erforderlichen Auskünfte zu gewähren. Ihr werden darüber hinaus gewisse Prüfungsrechte eingeräumt, um die Wirksamkeit der Vereinbarung zu sichern. Besonders häufig finden sich derartige Abreden bei mittelständischen Betrieben. So hat – um nur dieses Beispiel zu erwähnen – in letzter Zeit eine Entwicklung dieser Art innerhalb der Herrenkonfektion stattgefunden, wobei freilich die Vereinbarung noch wesentlich weiter ging und sich auch auf die gemeinsame Werbung, ein einheitliches Rechnungswesen und den noch zu erwähnenden Betriebsvergleich erstreckt[30].

Die Partner werden sich allerdings in solchen Fällen darüber hinaus zu einer Vereinigung zusammenschließen, die in der Regel drei Organe hat: die Mitgliederversammlung, den Vorstand und einen mit der Verhängung von Vertragsstrafen beauftragten Feststellungsausschuß. Der Zweck der Kooperation wird so durch einen unbeteiligten Dritten erfüllt und überwacht, die organisatorische Zusammenfassung der Beteiligten garantiert eine reibungslose Arbeit des beauftragten Dritten.

Besonders oft wird diese Zweiteilung in der Form verwirklicht, daß zunächst ein Wirtschaftsverband gegründet wird, der anschließend eine Treuhandstelle mit den gewünschten Aufgaben betraut. Treuhandstellen übernehmen etwa die Kontrolle der bereits erwähnten Preis- und Rabattlisten

---

[30] Vgl. Frankfurter Allgemeine Zeitung vom 20. 11. 1965 Nr. 270 S. 7.

(sog. open-price-Abkommen) [31]. Ein weiteres Beispiel sind die sogenannten Betriebsvergleiche [32]. Möglichst viele Daten, die die einzelnen Betriebe betreffen, werden offengelegt, um die Betriebsstrukturen exakt vergleichen zu können. Auf diese Weise werden Abweichungen vom Durchschnitt ermittelt und Vorschläge für eine Rationalisierung ausgearbeitet. Ähnliches gilt für die Vergleiche von Umsatzzahlen [33]. Gemeldet wird hier der Umsatz mit den einzelnen Abnehmern; daraus lassen sich wertvolle Schlüsse für die Kostenkalkulation und damit auch für die Preisgestaltung ziehen. Besondere Bedeutung besitzt dieses Verfahren für kleinere Unternehmen, für die es große Vorteile hat, wenn Vergünstigungen nicht nach der Menge bemessen werden, die der Kunde bei einem einzelnen Unternehmen bezieht, sondern nach der Gesamtabnahmemenge. Der Abnehmer kann sich nach wie vor an jedes ihm erreichbare Unternehmen halten, und zwar vor allem deshalb, weil sämtliche Unternehmen ihm denselben günstigen Preis zubilligen, aber ein kleineres Unternehmen braucht nicht um den Kunden zu bangen, weil er erst durch eine Konzentration der Einkäufe ein Entgegenkommen bei der Festsetzung des Preises erzielen kann. Freilich muß dann auch bei geringen Mengen ein niedrigerer Preis eingeräumt werden. Die Versuchung ist allerdings in solchen Fällen groß, die vorgeschlagenen Preise rechtlich verbindlich festzulegen [34].

In einer Reihe weiterer Fälle ist der Verband nicht nur Zwischenglied, sondern nimmt unmittelbar die Aufgaben der Zusammenarbeit wahr. In diesem Zusammenhang sind vor allem Warenzeichen- und Gütezeichenverbände zu nennen [35]. Mit Hilfe des Warenzeichenverbandes sollen bestimmte Produkte unter einem einheitlichen Warenzeichen vertrieben werden. Gütezeichenverbände haben hingegen die Aufgabe, die Qualität einzelner Waren zu fördern. In beiden Fällen steht der Wunsch nach einer intensiven Werbung durch einen besonders hervorgehobenen qualitativen Anspruch im Vordergrund. Beim Warenzeichenverband ist es freilich so, daß sich die Verbandsmitglieder mit dem gemeinsamen Zeichen begnügen

---

[31] Vgl. BEHRENS, Marktinformation und Wettbewerb (1963); WRP 1960, 57; 1959, 105; MENZE (oben N. 13) 50, WuW 1958, 98 f.; KRAHE, WuW 1959, 615 f.; 1960, 477; 1961, 464. Bereits im Jahre 1961 bestanden weit über 100 Preismeldesysteme, vgl. Blick durch die Wirtschaft vom 20. 12. 1961.

[32] Vgl. MENZE (oben N. 13) 67 f.; RÜHLE VON LILIENSTERN, Betrieb 1962, 610; HERMANN, Betrieb 1963, 421; WESTERMANN, Betriebswirtschaftliche Forschung und Praxis 1962, 227; KUERZDORFER, Das Auswerten von Betriebsvergleichen in Wareneinkaufsgenossenschaften (1961). Das Rationalisierungskuratorium der deutschen Wirtschaft hat bereits über 40 Betriebsvergleiche eingerichtet, die Zahl der bestehenden übersteigt 100. Investiert wurden bisher mehr als 3 Millionen DM.

[33] Vgl. SÖLTER, Das Gesamtumsatzrabattkartell (1958) 8; Betrieb 1958, 1176; MENZE oben N. 13) 64; ROWEDDER, WuW 1959, 15.

[34] Vgl. dazu Konzentrationsbericht (oben N. 1) Anlage 750.

[35] Vgl. etwa KRÖGER, Markenartikel 1963, 496; BORMANN, Markenartikel 1952, 212.

und im übrigen den Schwerpunkt auf die besondere Stellung legen, die der Markenware zukommt. Demgegenüber ist mit dem Gütezeichen eine Garantiefunktion verbunden, zumal es für den Gütezeichenverband darauf ankommt, die festgelegten Qualitätsnormen zu kontrollieren. In beiden Fällen können sich die Zeichen auf einzelne Erzeugnisse, Produktgruppen oder auf das gemeinsam verarbeitete Material beziehen. Der Verbandssatzung wird daher in der Regel auch eine Gütezeichensatzung beigefügt, die nähere Bestimmungen über die Voraussetzungen enthält, unter denen das Gütezeichen geführt werden darf.

Besondere Bedeutung kommt der Verbandsform auch im Hinblick auf die Werbung zu[36]. Durch die Branchenwerbung soll die Öffentlichkeit auf die Erzeugnisse einer bestimmten Sparte aufmerksam gemacht werden. Oft wird eine derartige gemeinschaftliche Werbung mit einem Warenzeichen- oder Gütezeichenverband zusammenhängen, da es naheliegt, für das gemeinsam ausgezeichnete Produkt auch gemeinsam zu werben. Auf Verbandsebene pflegen auch Absprachen über die Aufstellung von Kalkulationsschemata getroffen zu werden. Mit Hilfe derartiger Richtlinien soll die Kalkulation mehrerer Unternehmen vergleichbar gemacht werden, um es den Beteiligten zu ermöglichen, ihre Kosten zu überprüfen und genau zu erfassen.

c) Der weitaus überwiegende Teil der Verbindungen selbständiger Unternehmen bezeichnet sich als „Gemeinschaft". Die Zwecke der Zusammenarbeit sind äußerst unterschiedlich. Es scheint deshalb angebracht, zunächst einmal auf die verschiedenen Aufgaben der „Gemeinschaften" einzugehen.

Die Gemeinschaftsform findet sich schon im Zusammenhang mit Tätigkeiten, die sich auf dem Vorfeld der Produktion abspielen. Entwicklungs- und Forschungsgemeinschaften sind außerordentlich häufig. Den Beteiligten kommt es dabei darauf an, bestimmte Erzeugnisse aus den bereits erwähnten Gründen gemeinsam zu entwickeln. Sie verzichten deshalb – wenn auch innerhalb eines von vornherein genau abgesteckten Rahmens – auf eigene Forschungs- und Entwicklungsarbeit und stellen technische Mittel, ihre bisherigen Erfahrungen und die sonst notwendigen sachlichen Voraussetzungen der Gemeinschaft zur Verfügung. Da es nun sehr oft im Laufe derartiger Arbeiten zu Erfindungen kommt und es sich von selbst versteht, daß diese Erfindungen allen Beteiligten zum Vorteil gereichen sollen, werden sie gemeinschaftlich angemeldet. Neben die Forschungs- und Entwicklungsgemeinschaft tritt dann eine Patentgemeinschaft, es sei denn, die Partner hätten für diese Fälle von vornherein im Rahmen der Forschungs- und Entwicklungsgemeinschaft gesorgt. Häufig werden die Beteiligten ihre bei den Forschungsarbeiten gesammelten Erfahrungen

---

[36] Vgl. FREUDING, Die Gemeinschaftswerbung und die Möglichkeiten einer notwendigen Ausweitung (1962); SPINDLER, Die Problematik der Ausgliederung betrieblicher Teilfunktionen untersucht am Beispiel der Werbefunktion (1963).

auch für eine gemeinsame Konstruktion und Produktion verwerten wollen. Es entstehen dann Produktions- und Konstruktionsgemeinschaften.

Unter den vielen Formen der „Gemeinschaft" spielen die Arbeitsgemeinschaften eine besondere Rolle. Sie sind vor allem im Baugewerbe sehr verbreitet, und zwar ohne Rücksicht auf die Größe der einzelnen Unternehmen. So gehört es zu den durchaus normalen Erscheinungen, wenn 40 bis 50 % der Bauleistungen einer Gesellschaft auf Bauten entfallen, die in Arbeitsgemeinschaften mit anderen Unternehmen errichtet werden, oft erreicht dieser Anteil sogar mehr als 60 %. Die beteiligten Unternehmen stellen Geräte, Personal und Materialien zur Verfügung und vereinbaren eine gemeinsame Leitung des Projektes. Häufig kommt es zu einer Arbeitsgemeinschaft im Zusammenhang mit einer bestimmten Ausschreibung; dadurch soll der Teilnahme ein größeres Gewicht verliehen, mitunter aber auch eine optimale Ausnutzung des Marktes für die beteiligten Firmen erreicht werden. Selbstverständlich gibt es auch Fälle, in denen auf die Arbeitsgemeinschaft deshalb zurückgegriffen wird, weil die Größe des Projektes die Kapazität der einzelnen Beteiligten übersteigt. Arbeitsgemeinschaften sind auch innerhalb anderer wirtschaftlicher Bereiche anzutreffen; sie unterscheiden sich dort allerdings von den im Rahmen des Baugewerbes üblichen dadurch, daß jeder der Partner Leistungen erbringt, die ausschließlich seinem Tätigkeitsgebiet entsprechen. Innerhalb der Arbeitsgemeinschaft besteht mithin Einigkeit über das gemeinsame Ziel, zugleich jedoch eine strenge Arbeitsteilung.

Die Zusammenarbeit kann sich ferner auf einen engen, genau umgrenzten Ausschnitt aus dem Geschäftsablauf beschränken, etwa auf die Zentralisierung des Einkaufs von Rohstoffen oder Materialien oder umgekehrt auf den Absatz einzelner Produkte[37]. Besonders verbreitet ist diese Art von Gemeinschaften in Gestalt der sogenannten Handelsketten. Zunächst bestanden allerdings auf diesem Gebiete nur Einkaufsgenossenschaften. Erst nach 1950 kamen Gemeinschaften in Gestalt der sog. freiwilligen Ketten dazu. Die Initiative zu ihrer Gründung ging von den Großhändlern aus. Durch die Kooperation soll der Wettbewerbsdruck der Großunternehmen besser aufgefangen und abgewehrt werden. Die freiwilligen Ketten umschließen Großhändler und deren Einzelhandelskunden (Systemkunden). Die Organisationsspitze ist im allgemeinen eine GmbH, während die der Kette angeschlossenen Einzelhändler in der Regel in einem eingetragenen Verein zusammengefaßt sind. Den Einzelhändlern werden verschiedene Leistungen angeboten, vor allem aber eine Unterstützung im Rechnungswesen, etwa Kosten- und Rentabilitätsüberwachung, sowie Beratung

---

[37] Vgl. Sölter, Nachfragemacht und Wettbewerbsordnung (1960); Kathrein, Nachfrage im Wettbewerb (1960); Aengeneynth, Die freiwilligen Handelsketten in der Bundesrepublik (1960); Günther, Markenartikel 1957, 35; Konzentrationsbericht (oben N. 1) 32 ff., Anlage 750.

bei der Sortimentsgestaltung, Gemeinschaftswerbung und ein einheitlicher Dekorationsdienst, so daß mit der Zugehörigkeit zur Kette auch eine einheitliche Ladengestaltung und Ladenbezeichnung verbunden ist. Schon 1961 war 1/3 der Lebensmittelhändler des Bundesgebietes in den freiwilligen Ketten organisiert. Man spricht deshalb von einer „Vergruppung" des Lebensmittelhandels.

Derartige Formen der Kooperation finden sich auch in anderen Bereichen, so etwa im Textilhandel[38]. Auch hier vermittelt die Gemeinschaft ihren Mitgliedern Ein- oder Verkäufe. Über die Art und Weise der Vermittlung werden in der Regel mit den einzelnen Beteiligten Agenturverträge abgeschlossen, die auch Abmachungen über den Preis enthalten. Oft weisen derartige Abkommen auch Bestimmungen darüber auf, daß der Ein- oder Verkauf nur über die Gemeinschaft erfolgen darf. Man pflegt dann von einem Syndikat zu sprechen, das in der Regel auch dafür sorgt, daß mit Hilfe einheitlicher Regeln über Preis, Einkauf oder Absatzbedingungen die Position der Beteiligten von einem festen Quotensystem abhängt.

Zu einer Gemeinschaft schließen sich Unternehmen ferner dann zusammen, wenn sie das Inkasso für Verkäufe der von den Beteiligten hergestellten Waren zu zentralisieren wünschen, und zwar mit Hilfe einer eigenen Stelle, die im Auftrage und für Rechnung der Beteiligten das Inkasso übernimmt und den Schuldner überwacht. Der Vorteil dieser Verbindung besteht darin, daß sie als neutrale Stelle keinerlei Rücksicht auf einzelne Kunden zu nehmen braucht. Zudem gestattet die Zentralisierung, die Liquidität der einzelnen Schuldner sehr bald herauszufinden, aber auch den Verwaltungsapparat zu vereinfachen.

Rein finanzielle Aufgaben erfüllen zwei weitere Arten von Gemeinschaften. Zunächst ist auf die Kreditgemeinschaften hinzuweisen, die Bürgschaften übernehmen, um kleineren Unternehmen zu ermöglichen, vor allem den Großbanken die nötige Sicherung für die Inanspruchnahme von Krediten zu gewähren. Ebenfalls für einen begrenzten Kreis von Unternehmen sind die Haftungsgemeinschaften gedacht. Sie finden sich vor allem im Versicherungsgewerbe. In der Regel ändert sich dabei im Verhältnis zum Versicherungsnehmer nichts, während im Innenverhältnis das Risiko vom Pool übernommen wird, wobei jedes Mitglied für eine bestimmte Quote aufkommen muß. Schließlich seien die Verbindungen von Kreditinstituten erwähnt, die den Zweck verfolgen, Wertpapiere, vor allem Aktien, zu übernehmen, die bei der Gründung einer Gesellschaft, bei der Aufstockung des Kapitals oder der Aufnahme einer Anleihe auf dem Effektenmarkt verteilt werden müssen. Man spricht hier von einem Emissions- und Übernahmekonsortium. Die Konsortialleitung liegt gewöhnlich bei einem der Konsorten, der mit der kapitalnehmenden Gesellschaft einen Übernahmevertrag abschließt. Als Konsortien werden allerdings oft auch

[38] Vgl. Konzentrationsbericht (oben N. 1) 34, Anlage 265 ff.

die Organe einzelner Arbeitsgemeinschaften – etwa im Baugewerbe – bezeichnet.

d) Eine besonders intensive Form nimmt die Kooperation in all diesen Fällen immer dann an, wenn sie die Errichtung eines Gemeinschaftsunternehmens zur Folge hat[39]. Von einem Gemeinschaftsunternehmen könnte man freilich schon in Fällen wie denen des Einkaufs- oder Verkaufssyndikates sprechen, da die Beteiligten ihren Zweck nur auf dem Wege über ein vollorganisiertes Unternehmen erreichen können. Ein Gemeinschaftsunternehmen im eigentlichen Sinne liegt allerdings erst vor, wenn die gesamte unternehmerische Tätigkeit, etwa von den Vorbereitungen für die Produktion bis zu der Organisation des Absatzes, auf ein eigens dafür geschaffenes Unternehmen konzentriert wird. In solchen Fällen pflegen sich die Partner zu verpflichten, jegliche Tätigkeit auf einem ähnlichen Gebiete für die Dauer des Gemeinschaftsunternehmens zu unterlassen[40].

Selbst bei dieser Form der Zusammenarbeit mündet aber die Kooperation nicht in eine irgendwie geartete Subordination. Die Koordination der unternehmerischen Tätigkeit umfaßt einzelne Ausschnitte aus der wirtschaftlichen Betätigung der Beteiligten[41], rationalisiert diese und verfolgt letztlich den Zweck, die bestehende Selbständigkeit wirtschaftlich zu untermauern. Die temporäre, partielle Einschränkung der eigenen Aktivität ist nicht das – zumindest bewußte – Vorspiel für eine Aufgabe der wirtschaftlichen oder gar der rechtlichen Autonomie.

e) Keine der erwähnten Verbindungen ist allerdings untrennbar an eine bestimmte Rechtsform geknüpft. Die Beteiligten sind vielmehr immer wieder bestrebt, die ihnen von der Rechtsordnung eingeräumte Freiheit der Formwahl und der organisatorischen Ausgestaltung möglichst weitgehend auszunutzen. So verwundert es nicht, wenn Arbeitsgemeinschaften oder Verbände, Syndikate oder Konsortien ihre Rechtsform von Fall zu Fall verändern. Gemeinschaften sind nahezu ebenso häufig als Gesellschaften mit beschränkter Haftung wie als Gesellschaften des bürgerlichen Rechts anzutreffen. Einkaufsgemeinschaften scheinen die Rechtsform der einfachen Gesellschaft zu bevorzugen, während sich umgekehrt Verkaufssyndikate öfter für die GmbH entscheiden. Warenzeichen- und Gütezeichenverbände sind in der Regel eingetragene Vereine. Demgegenüber beschränken sich Verbindungen, die Kalkulations- und Betriebsvergleiche zum Gegenstand haben, vorwiegend auf den nicht eingetragenen Verein. Deshalb läßt sich höchstens sagen, daß überall dort, wo die Beteiligten es als notwendig

---

[39] Vgl. den Konzentrationsbericht (oben N. 1) 63 f.

[40] Vgl. Menze (oben N. 13) 91 f.; Rheinfels, Handelsblatt vom 20. 10. 1959;

[41] So erscheint es verständlich, wenn man in diesem Zusammenhang oft von Funktions- oder Teilunternehmensgemeinschaften spricht; vgl. Rasch (oben N. 26) 31 f.; Naegeli, Die Doppelgesellschaft I (1936) 102 ff., 242 ff., der auch den Begriff der Zweckgemeinschaft gebraucht.

empfinden, ihrer Zusammenarbeit einen festen institutionellen Rahmen zu geben, die Entscheidung zugunsten einer Rechtsform fällt, die zugleich der Verbindung die Rechtspersönlichkeit verleiht. Wo hingegen nur eine lose Kooperation in Frage kommt, treten die einfache Gesellschaft und der nicht eingetragene Verein in den Vordergrund. Die weitaus größere Elastizität, die diesen Rechtsformen innewohnt, sowie die geringere Bindung an Formen, die sich nicht zuletzt auf Zustandekommen und Auflösung der Verbindung auswirkt, sind entscheidende Vorteile. Häufig wird man versuchen, die Verbindung in mehrere Bereiche aufzuspalten und jeden von ihnen mit der geeignet erscheinenden Rechtsform auszustatten. Schließlich darf nicht übersehen werden, daß für die Wahl der Rechtsform eine Reihe weiterer Gesichtspunkte, vor allem steuerrechtlicher Art, eine nicht zu unterschätzende Rolle spielt. Jeder Versuch einer Kategorisierung der Rechtsformen ist deshalb von vornherein zum Scheitern verurteilt.

3. Sobald freilich das Bestreben, die eigene Selbständigkeit zu erhalten, zurücktritt, ergeben sich neue Varianten von Verbindungen. Auch hier ist allerdings die Skala von der intensiven Koordination der unternehmerischen Tätigkeit bis zur völligen Subordination sehr breit. Im Vordergrund steht jedoch stets die – wenn auch unterschiedlich große – Abhängigkeit. Diese Abhängigkeit kann schon durch eine gegenseitige Beteiligung der einzelnen Unternehmen bewirkt werden, so daß jedes von ihnen genötigt ist, bei seinen Entscheidungen auf die übrigen Rücksicht zu nehmen. Die wechselseitige Abhängigkeit begründet keine Subordination, beseitigt aber die Selbständigkeit weitgehend. Noch intensiver wird die Verbindung von dem Augenblick an, in dem die unternehmerische Tätigkeit einer einheitlichen Leitung unterstellt wird, jener Vorgang also beginnt, den man als Konzernierung bezeichnet. Verbindungen dieser Art vollziehen sich auf der gleichen wirtschaftlichen Stufe ebenso, wie sie sich über verschiedene Produktionsstufen erstrecken können[42].

Welchen Grad der Intensität die Verbindung dabei erreicht, läßt sich aus den jeweils für die Konzernierung benutzten Mitteln entnehmen. Der einfachste und traditionellste Weg ist auch hier die vertragliche Vereinbarung. Mit Hilfe von Verträgen wird die straffe Koordination der Beteiligten angestrebt und eine einheitliche Leitung garantiert. Beispielhaft dafür sind zunächst die Interessengemeinschaften[43]. Ihr elementarer Ansatzpunkt ist eine Gewinngemeinschaft: den beteiligten Unternehmen verbleibt die Freiheit zur unternehmerischen Entscheidung, sie sind aber verpflichtet, den gesamten Gewinn an die Interessengemeinschaft abzuführen, die dann

---

[42] Vgl. die Übersicht bei Rasch (oben N. 26) 40 ff.; Friedländer, Konzernrecht (2. Auflage 1954) 43 ff.

[43] Vgl. Würdinger (oben N. 11) 196 ff.; Mestmäcker (oben N. 26) 321 ff.; Rasch (oben N. 26) 72 ff.; WuW 1962, 233 ff.; Naegeli (oben N. 41) 217 ff.; sowie den Konzentrationsbericht (oben N. 1) Anlage 588 f.

auch über die Verteilung bestimmt. In der Regel wird aber die Gewinngemeinschaft mit einer Verwaltungsgemeinschaft verbunden sein, deren Aufgabe es ist, die Geschäftsführung der Beteiligten aufeinander abzustimmen und an gemeinsamen Richtlinien auszurichten. Dafür bieten sich wiederum verschiedene Wege. Denkbar ist es einmal, ein eigens mit der Geschäftsführung betrautes Organ zu schaffen, das sich aus Vorstandsmitgliedern der Beteiligten zusammensetzt. Ebenso aber kann die Unternehmensleitung auf eine zu diesem Zweck gegründete Dachgesellschaft übertragen werden [44]. Dasselbe Ergebnis läßt sich auch mit Hilfe einer personellen Verflechtung in den Vorständen der Beteiligten erreichen [45]. Erst diese Kombination von Gewinn- und Verwaltungsgemeinschaft gewährleistet eine echte Konzernierung. Die Gewinngemeinschaft allein reicht nicht aus, weil der gesamte Gewinn zwar erfaßt wird, es aber von der Unternehmenspolitik der Beteiligten abhängt, ob ein Gewinn überhaupt erzielt werden kann. Die gemeinsame Verfügung über den Gewinn impliziert auch eine gemeinsame unternehmerische Entscheidung.

Weitere Möglichkeiten einer unternehmerischen Verbindung ergeben sich aus den Betriebspacht-, -führungs-, und -überlassungsverträgen [46]. Verpachtet oder überlassen wird die gesamte geschäftliche Organisation. Werden nur einzelne Teile verpachtet, spricht man von Teilpachtgemeinschaften. Der Pächter betreibt den gepachteten Betrieb im eigenen Namen und für eigene Rechnung. Handelt er im Namen des Verpächters, so liegt eine Innenpacht vor, die immer dann bevorzugt wird, wenn das Pachtverhältnis nicht nach außen hin in Erscheinung treten soll. Oft werden damit Nießbrauchs- und Vorkaufsrechte verbunden, um die Stellung des Unternehmens zu stärken. Stets aber ist der Vertrag auf die Eingliederung des überlassenen Unternehmens in die übernehmende Gesellschaft gerichtet.

So eng die vertragliche Bindung auch immer sein mag, in Wirklichkeit kommt dadurch nur eine zeitlich begrenzte Verbindung zustande, die zudem kaum die Möglichkeit weitgehender organisatorischer Eingriffe gewährt. Diesen Weg eröffnet erst die unmittelbare Beteiligung an einem anderen, in der Rechtsform einer Gesellschaft geführten Unternehmen. An die Stelle eines Vertragskonzerns tritt damit ein Beteiligungskonzern. Die Verflechtung erfolgt dadurch, daß die Anteile einer Gesellschaft teilweise oder ganz von einem anderen Unternehmen erworben werden [47]. Der Begriff der Beteiligung besitzt allerdings in diesem Zusammenhang eine spezifische

---

[44] Vgl. Konzentrationsbericht Anlage 573.

[45] Vgl. Konzentrationsbericht Anlage 346, 574 ff.

[46] Konzentrationsbericht Anlage 587; BFH, BStBl. 1954 III 91; Rasch (oben N. 26) 62 ff.; Würdinger (oben N. 11) 200 ff.

[47] Beispielhaft dafür sind die Bindungen innerhalb des Versicherungsgewerbes, vgl. Konzentrationsbericht 46 f., Anlage 362 f.; Braess (oben N. 15) 407 ff. Über weitere Beteiligungen vgl. den Konzentrationsbericht Anlage 336.

Bedeutung. Eine Konzernierung liegt erst vor, wenn die Beteiligung den Zweck verfolgt und der Höhe nach ausreicht, um auf dem Wege der Unternehmensverbindung die wirtschaftliche Einheit der Beteiligten zu begründen. Diese Verflechtung kommt auch in der terminologischen Umschreibung zum Ausdruck, wenn man von Mutter- und Tochter-, Ober- und Untergesellschaft spricht. Handelt es sich um mehrere Gesellschaften, so ist es durchaus möglich, daß die verschiedenen Anteile in der Hand einer einzigen Holdinggesellschaft vereinigt werden, die dann auch die Unternehmenspolitik bestimmt.

Diese Formen der Konzernierung können indes, trotz ihrer vielfältigen Variationsmöglichkeiten, den Erfordernissen der Verbindung dann nicht in vollem Umfang Rechnung tragen, wenn es darauf ankommt, die verschiedenen Unternehmen nicht nur unter einer einheitlichen Leitung zusammenzufassen, sondern auch sicherzustellen, daß die im Interesse einer einheitlichen Unternehmenspolitik erteilten Weisungen stets befolgt werden, wie auch immer sie sich zu den partikulären Belangen des jeweils betroffenen Unternehmens verhalten. Dieses Ziel ist nur zu erreichen, wenn die herrschende Gesellschaft die Befugnis erhält, die abhängige ausschließlich für die eigenen Zwecke einzusetzen; es setzt mithin die Bereitschaft zu einer völligen Unterwerfung voraus. Das läßt sich nur durch einen unmittelbaren Eingriff in die Organisation der betroffenen Gesellschaft verwirklichen. Was deshalb weder durch einen Vertrags- noch durch einen Beteiligungskonzern realisiert werden kann, wird durch einen Organisationskonzern angestrebt. Mit Hilfe von Organisationsverträgen lenkt man die Gesellschaft nicht mehr von außen her, sondern verpflichtet deren Organe direkt. Die Weisungen erfolgen so aus der Gesellschaft heraus und nicht durch einen gesellschaftsfremden Dritten. Derartige Verträge werden daher mit der Erklärung eingeleitet. daß die Untergesellschaft finanziell, wirtschaftlich und organisatorisch in die Obergesellschaft eingegliedert sei. Daraus folgt auch die Leitungsbefugnis des herrschenden Unternehmens. In der Regel sind solche Verträge mit Abmachungen über die Gewinnabführung verbunden. Die Gewinne fließen der Obergesellschaft zu und verbleiben nicht im Bereich eines ohnehin unselbständigen Unternehmens. Trotz der nach wie vor bestehenden rechtlichen Selbständigkeit der einzelnen Unternehmen wird dadurch im Ergebnis eine fusionsgleiche Wirkung erzielt.

Die Verbindung erreicht damit ihre äußerste Grenze: die betroffenen Unternehmen lassen sich nur noch formal auseinanderhalten. Die wirtschaftliche Einheit ist längst vollzogen, lediglich die Rechtsform bleibt unterschiedlich. Diese Trennung wird so lange aufrechterhalten, wie finanzielle, steuerrechtliche oder wettbewerbspolitische Gründe für die Beibehaltung der rechtlichen Verschiedenheit sprechen und eine Fusion nicht als ratsam erscheinen lassen. Wieder einmal erweist sich, wie groß die Spannweite der Unternehmensverbindungen ist. Sie reicht von der Zusammenarbeit rechtlich und wirtschaftlich selbständiger Unternehmen bis zu Verbindungen, die in Wirklichkeit nichts anderes sind als die organisatorische Aufgliederung ein und desselben Unternehmens. Hinter dem Begriff der Verbindung verbergen sich somit völlig verschiedene Sachverhalte.

V

1. Die mannigfaltigen Verbindungsformen sowie die bereits erwähnten Grundsätze der Vertrags- und Organisationsfreiheit könnten den Eindruck erwecken, die Rechtsordnung beschränke sich auf eine vorbehaltlose Billigung, ja Förderung von Kooperation und Konzentration. In der Tat ließe sich eine derartige These unschwer aus der Entwicklung von Rechtsprechung und Lehre zu den Unternehmensverbindungen belegen. Daß die Kartelle auf das Wohlwollen des Reichsgerichts gestoßen sind, kann ebensowenig bestritten werden, wie daß die Organschaft allein durch die Judikatur konstruiert und durchgesetzt worden ist[48]. Doch sind die meisten dieser Entscheidungen in einer Zeit ergangen, in der man den wirtschaftlichen und gesellschaftlichen Fortschritt bedenkenlos mit der vorbehaltlosen Billigung individueller Initiative identifizierte. Die Unternehmensverbindung konnte unter diesem Aspekt nur als Mittel der Betätigung des einzelnen erscheinen und durfte auch nur an einem einzigen Maßstab gemessen werden, der Förderung seiner Interessen.

Das Bekenntnis zur Wettbewerbsfreiheit ist freilich inzwischen zumindest um die Einsicht ergänzt worden, daß die Freiheit der Konkurrenz nicht auch das Recht einschließt, den Wettbewerb aufzuheben. Der Wettbewerb ist nicht nur ein Instrument der individuellen Betätigung, sondern zugleich auch eine Einrichtung, die um der Interessen aller einzelnen willen besteht. Die Rechtsordnung hat deshalb zwar dafür zu sorgen, daß dem einzelnen die Möglichkeit gegeben wird, frei zu konkurrieren; sie muß aber zugleich den Wettbewerb vor jeglicher Verfälschung bewahren, infolgedessen nicht nur den einzelnen im Wettbewerb, sondern auch den Wettbewerb vor dem einzelnen schützen. Von hier aus erhalten Vertrags- und Organisationsfreiheit eine ganz neue Bedeutung. Die Unternehmensverbindung ist so lange zulässig, wie sie dazu dient, den Wettbewerb zu intensivieren und damit seine ordnungspolitische Funktion aufrechtzuerhalten. Wo hingegen Verbindungen die Position des einzelnen im Wettbewerb zwar stärken, aber die Konkurrenz einschränken oder gar ausschalten, werden Kooperation und Konzentration problematisch. Sie geraten in Gegensatz zu der

[48] Vgl. RGZ 38, 155; Böhm, Ordo 1 (1948) 197 ff.; Röper, Ordo 3 (1950) 238 ff., sowie oben S. 309 ff.

Funktion von Vertragsfreiheit und Wettbewerb. Die Konsequenzen ergeben sich zu einem großen Teil bereits aus der geltenden gesetzlichen Regelung.

2. Von entscheidender Bedeutung ist in diesem Zusammenhang zunächst das Gesetz gegen Wettbewerbsbeschränkungen vom 27. 7. 1957. Freilich kann es hier nicht darum gehen, die rechtliche Regelung der Kartelle in allen Einzelheiten darzustellen. Der Schwerpunkt muß vielmehr bei der Frage liegen, unter welchen Bedingungen Kooperation und Konzentration in den Anwendungsbereich des GWB fallen, von welchem Punkte an also beide Erscheinungsformen der Verbindung mit den Vorschriften des Kartellrechts kollidieren.

Nach § 1 GWB sind Verträge, die Unternehmen oder Unternehmensvereinigungen zu einem gemeinsamen Zweck schließen, dann unwirksam, wenn sie den Wettbewerb beschränken und damit die Produktion oder die Marktverhältnisse im Hinblick auf Waren oder gewerbliche Leistungen beeinflussen. Bei jeder Unternehmensverbindung stellt sich deshalb die Frage, inwieweit der durch die Kooperation angestrebte Zweck den Wettbewerb reduziert und infolgedessen die rechtliche Zulässigkeit der Verbindung aufs Spiel setzt.

Aus der Formulierung des § 1 GWB ergibt sich, daß zunächst nur Absprachen gemeint sind, die mehrere Unternehmen treffen, um bestimmte vom GWB mißbilligte Ziele zu erreichen. Das GWB kann demnach nur zum Zuge kommen, wenn sich rechtlich und wirtschaftlich selbständige Unternehmen verbinden. Betrachtet man unter diesem Gesichtspunkt die dargelegten Verbindungsformen, so fällt auf, daß es an der ersten Voraussetzung des § 1 GWB – der Kooperation autonomer Unternehmen – fehlt, sobald der Prozeß der Konzernierung einsetzt. Der Konzern faßt die beteiligten Unternehmen zu einer wirtschaftlichen Einheit zusammen, die zentral gesteuert wird und die deshalb nur noch mehr oder weniger formal in rechtlich verschiedene Unternehmenseinheiten aufgezweigt ist. Eine Absprache mehrerer Unternehmen kann hier nicht stattfinden, da jede unternehmenspolitische Entscheidung in der zentralen Leitung gefällt und von dort aus diktiert wird. Den einzelnen Beteiligten obliegt es nur noch, bereits feststehende Entscheidungen auszuführen. Zwischen den Konzerngliedern gibt es deshalb keinen Wettbewerb, der durch die erteilten Weisungen gefährdet werden könnte. Die Konkurrenz beginnt erst außerhalb des Konzerns in der Konfrontation mit weiteren Unternehmen, gleichviel ob diese konzerniert sind oder nicht. Die Kompetenzaufteilung innerhalb des Konzerns ist daher im Prinzip für das GWB gleichgültig[49].

[49] Vgl. BGH, Betrieb 1959, 1397; Müller-Henneberg, in: Gemeinschaftskommentar zum GWB (2. Aufl. 1962) § 1 Rdnr. 6; Neumann, WuW 1957, 562; Zeidler, WuW 1959, 621; Ulmer, WuW 1960, 16; Würdinger, WuW 1961, 745 ff.; Rasch, WuW 1962, 237.

Freilich sind auch bei einer Konzernierung Fälle denkbar, für die trotz der bestehenden Unternehmenseinheit § 1 GWB von Bedeutung sein könnte. Selbst bei einer strengen Konzernierung kann es unternehmenspolitisch erwünscht sein, daß Konzernglieder, die etwa gleichartige Produkte auf den Markt bringen, miteinander konkurrieren. Dann aber ist eine Absprache im Hinblick auf den Wettbewerb durchaus denkbar. Damit wäre jedoch der Bereich der inneren organisatorischen Ausgestaltung des Konzerns verlassen und in die Stellung des Unternehmens auf dem Markt eingegriffen. Sobald sich der Konzern gleichsam selbst öffnet, um innerhalb seines Machtbereiches die Konkurrenz zuzulassen, untersteht er dem GWB und ist damit an § 1 GWB gebunden. Derartige Absprachen sind daher ungeachtet der Konzernierung wie alle anderen Vereinbarungen zum Zweck der Wettbewerbsbeschränkung zu beurteilen[50].

Sieht man jedoch von dieser Ausnahme ab, so scheint es, als ob Konzerne nicht unter den Anwendungsbereich des GWB fallen. Dennoch läßt sich nicht leugnen, daß eine Verfälschung des Wettbewerbs ebenso durch eine Konzentration wirtschaftlicher Macht erzielt werden kann wie durch marktbeschränkende Absprachen selbständiger Unternehmen. Die Unternehmensgröße ist kein für den Wettbewerb irrelevanter Faktor, auch wenn die Konsequenzen für die Konkurrenz in anderer Form zutage treten als bei den Vereinbarungen autonomer Unternehmen. Das GWB begnügt sich in den §§ 22 ff. mit einigen wenigen Normen über marktbeherrschende Unternehmen, über Unternehmen also, die für eine bestimmte Art von Waren oder gewerblichen Leistungen dank ihrer Größe nicht oder kaum noch dem Wettbewerb ausgesetzt sind. In solchen Fällen besteht zunächst einmal die Pflicht, die Verbindung der Kartellbehörde anzuzeigen. Der Marktanteil, die Zahl der Beschäftigten und die Höhe der Umsatz- und Bilanzsumme sind die Kriterien, die darüber entscheiden, wann eine Anzeigepflicht entsteht. Ferner ist es nach § 22 GWB der Kartellbehörde gestattet, gegen jede mißbräuchliche Ausnutzung der marktbeherrschenden Stellung vorzugehen, insbesondere etwa Verträge für unwirksam zu erklären, die unter Ausnutzung der wirtschaftlichen Macht zustande gekommen sind. Schließlich obliegen dem marktbeherrschenden Unternehmen eine Reihe weiterer Pflichten. Erwähnt sei lediglich das Diskriminierungs- und Boykottsverbot (§ 26 II GWB).

Sicherlich ist diese Regelung, verglichen mit den übrigen Bestimmungen des GWB, unvollständig[51]. Doch in den wenigen Vorschriften konkretisiert

---

[50] Vgl. FIKENTSCHER, WuW 1961, 792; WÜRDINGER, WuW 1961, 748.

[51] Von Anfang an hatte das Bundeskartellamt Bedenken über die praktische Wirksamkeit der §§ 22 ff. GWG geäußert, vgl. Kartellberichte 1958, 63; 1959, 92. Diese Bedenken haben mit dazu beigetragen, daß durch das Gesetz zur Änderung des GWG vom 15. 9. 1965 auch die Regelung der marktbeherrschenden Unternehmen partiell neu formuliert wurde. Trotzdem sind diese Bestimmungen nur ein Anfang.

sich bereits die Erkenntnis, daß eine Wettbewerbsordnung nicht auf eine Normierung der Konzerne verzichten kann. Der Wettbewerb muß, um existieren zu können, vor jeder einseitigen Veränderung der Marktverhältnisse geschützt werden. Wie sich diese Veränderung vollzieht, ist gleichgültig. Es kommt also nicht darauf an, ob dabei die Selbständigkeit einzelner Unternehmen gewahrt bleibt oder zugunsten einer einheitlichen Organisation geopfert wird. Das Problem liegt in der Bewertung von Macht, die einen Interessenausgleich problematisch werden läßt. Die §§ 22 ff. GWB sind daher nur ein erster Versuch einer rechtlichen Regelung. Daß es nicht dabei bleiben kann, zeigen die Untersuchungen über die Konzentration und die im Zusammenhang damit immer wieder erhobenen Forderungen nach einer legislativen Lösung.

In Anbetracht dieser Situation bleiben in erster Linie Verbindungen zwischen rechtlich und wirtschaftlich selbständigen Unternehmen der Anwendung des GWB vorbehalten. Das Gesetz bezieht sich allerdings nicht auf jede Absprache, sondern nur auf wettbewerbsbezogene Vereinbarungen und auch auf diese nur unter bestimmten Bedingungen. Wettbewerbsneutrale Abmachungen sind infolgedessen wettbewerbsrechtlich ohne Bedeutung. Das trifft in erster Linie auf Vereinbarungen zu, die eine gemeinsame Forschungs- oder Entwicklungsarbeit zum Gegenstand haben. Sicherlich wird dadurch grundsätzlich die Produktion von Erzeugnissen betroffen, die für den Markt bestimmt sind. Aber solange die Unternehmen ihre Bemühungen nur auf dem Felde der Forschung koordinieren und sich aller darüber hinausgehenden Schritte enthalten, wird die Wettbewerbslage zumindest nicht unmittelbar tangiert, auch wenn sich durch die Verbesserung der eigenen Leistungen das Verhalten der Beteiligten langfristig doch auf den Wettbewerb auswirkt[52]. Eine Kooperation dieser Art beginnt vom Standpunkt des GWB aus erst als Produktionsgemeinschaft interessant zu werden, und auch dann nur, wenn die gemeinsame Produktion mit Absprachen über Preise, Rabatte oder Absatzmöglichkeiten gekoppelt wird[53].

Wettbewerbsneutral ist ferner eine unternehmerische Zusammenarbeit mit dem Ziel, die Struktur des Marktes zu untersuchen[54]. Auch hier soll lediglich durch eine gemeinsame Anstrengung die Position der einzelnen Unternehmen verbessert werden, ohne zugleich ihre Verhaltensweise zu präjudizieren[55]. Daran ändert sich auch nichts, wenn die Marktforschung

---

[52] Vgl. Kartellbericht 1961, 10; sowie den Beschluß des BKartA vom 29. 12. 1960, WuW E BKartA 330; Lüdecke, Erfindungsgemeinschaften (1962); Rasch, Wettbewerbsbeschränkungen, Kartell- und Monopolrecht (2. Aufl. 1959) 39; WuW 1961, 84; v. Godin, BB 1958, 64; Sander, WuW 1959, 499.

[53] Vgl. Kröger, Betrieb 1962, 1036; Reimer in: Gemeinschaftskommentar zum GWB, § 20 Rdnr. 19.

[54] Vgl. Kartellbericht 1961, 10.

[55] Vgl. Spengler, Preisschleuderei, Preisdiskriminierung und Wettbewerbsregeln (1959) 25; Müller-Henneberg (oben N. 49) § 1 Rdnr. 40.

zum Ergebnis führen sollte, daß die einzelnen Waren keine oder nur geringe Absatzchancen haben, was unter Umständen zu bestimmten Empfehlungen an die Beteiligten Anlaß geben kann. Solange es sich dabei nur um Hinweise handelt, die lediglich die eigene unternehmerische Entscheidung erleichtern sollen, bleibt der Wettbewerb die Resultante der autonomen Initiative einer Vielzahl von Unternehmen, auch wenn sie ihre Bemühungen in einzelnen Bereichen koordinieren.

Eine mit Prognosen und Empfehlungen über das optimale Verhalten verbundene Marktforschung verleitet freilich leicht zu einem weitgehend uniformen Verhalten. Doch läßt sich diese Konsequenz kaum vermeiden. Sie hängt zwangsläufig mit der Intention zusammen, verläßliche Daten über den Markt zu erhalten, um das eigene Verhalten danach ausrichten zu können[56]. Eine gleichförmige Haltung ist allerdings grundsätzlich erst dann rechtlich relevant, wenn die Empfehlungen den Charakter von Geboten annehmen, die Marktforschung also von vornherein zu dem Zwecke vorgenommen wird, das Verhalten der Beteiligten in bestimmte Bahnen zu lenken[57]. Je genauer die einzelnen Angaben auf die Struktur der beteiligten Unternehmen abgestimmt sind, desto näher liegt die Annahme, daß die Grenze von der unverbindlichen Information zur bindenden Empfehlung bereits überschritten ist. Besonders problematisch sind in diesem Zusammenhang Betriebs-, Branchen- und Umsatzvergleiche sowie Kalkulationsschemata[58]. Werden Durchschnittswerte angegeben, so dient das zwar in optimaler Weise den Interessen der Beteiligten, weil sie eher als bei Grenzwerten erkennen können, wie sie im Vergleich zum Durchschnitt liegen. Doch bleibt in einem solchen Fall dem Unternehmen kaum etwas anderes übrig, als die angegebenen Werte den eigenen Kalkulationen zugrunde zu legen[59]. Das wird sich vor allem dann nicht vermeiden lassen, wenn der Vergleich im Rahmen eines Wirtschaftsverbandes vorgenommen

---

[56] Insofern ist es auch verständlich, wenn Deringer/Tessin, Betrieb 1963, 20, meinen, die Verwertung von Marktdaten, die sich auf künftiges Verhalten beziehen und die dem Abnehmer noch nicht bekannt sind, begründe den Verdacht, es solle eine verbindliche Empfehlung ausgesprochen werden.

[57] Vgl. dazu BGH, Betrieb 1960, 288; Benisch, Betrieb 1957, 789 f.

[58] Vgl. Kartellberichte 1958, 57; 1962, 30, 63. Freilich ist bei Vereinbarungen über die Meldung des Gesamtumsatzes schon die Absprache über eine Preisdifferenzierung ein Gesamtumsatz-Rabattkartell, das nach § 3 GWB der Genehmigung bedarf. Gegen diese Form der Unternehmensverbindung bestehen darüber hinaus deshalb Bedenken, weil sie den großen Abnehmern einen Wettbewerbsvorsprung gewährt und damit das Gleichgewicht des Marktes erheblich stört; vgl. Mestmäcker, Ordo 13 (1962) 256 ff.; Christel, BB 1958, 757; sowie im übrigen Kartellbericht 1959, 17; Müller-Henneberg (oben N. 49) § 1 Rdnr. 42; Kröger, Betrieb 1962, 1036; Menze (oben N. 13) 64; Sölter (oben N. 33) 9.

[59] Vgl. Kartellberichte 1958, 57; 1960, 46; 1961, 49; Tetzner, Kartellrecht (1964) 21 f.; Kröger, Betrieb 1962, 1035; Deringer-Tessin Betrieb 1963, 21; Krahe, WuW 1961, 461; Müller-Henneberg (oben N. 49) § 1 Rdnr. 40.

wird, dessen Einfluß sehr leicht dazu benutzt werden kann, die Kalkulationen durchzusetzen. Einer bindenden Empfehlung oder gar einer Absprache bedarf es dann nicht, die faktische Machtposition reicht aus.

In solchen Situationen erweist sich, daß § 1 GWB – zumindest seinem Wortlaut nach – nur einen Teil der wettbewerbsbeschränkenden Verhaltensweisen erfaßt. Hält man sich an den Gesetzestext, so sind nur Absprachen unwirksam. Ein gleichförmiges Verhalten, das auf keinem Abkommen beruht, müßte sich selbst dann der gesetzlichen Regelung entziehen, wenn es durch die Macht der Unternehmensverbindung bewirkt wird, zumal auch keine Empfehlung vorliegt[60]. Der Unterschied zwischen der Absprache und einem solchen Fall beruht allerdings allein auf dem formalen Element der Vereinbarung. Gewiß liegt es nahe, auf die sattsam bekannte Fiktion einer stillschweigenden Übereinkunft zurückzugreifen. Doch wird dadurch das Problem nicht gelöst, sondern nur verschleiert. Letztlich bleibt nur ein Ausweg: die Konsequenzen des Parallelverhaltens objektiv zu bewerten. Dann muß es aber völlig ausreichen, wenn das Verhalten der Beteiligten zu Wirkungen führt, die den von § 1 GWB mißbilligten Ergebnissen gleichkommen[61].

Unbedenklich sind ferner Preismeldesysteme, solange sie lediglich der Information dienen, die Preisbildung also nach wie vor dem einzelnen Unternehmen vorbehalten bleibt[62], ohne daß es dabei darauf ankommt, ob die Information nur den Konkurrenten zugänglich gemacht wird oder auch den Marktgegnern[63].

Weitaus wichtiger ist die Frage nach den Voraussetzungen für die Anwendung des § 1 GWB bei Verbindungen, die im Gegensatz zu den bisher erwähnten bei ihrer Tätigkeit unmittelbar in den Wettbewerb eingreifen, wie etwa die Ein- oder Verkaufsgemeinschaften. Sie sind mit Rücksicht auf die möglichen Rationalisierungsfolgen besonders beliebt und gelten unter der Bezeichnung Syndikate als eines der klassischen Beispiele für die Kartellierung. Das GWB widmet ihnen in § 5 III eine besondere Bestimmung. Eine Wettbewerbsbeschränkung liegt grundsätzlich so lange nicht vor, wie sich die beteiligten Unternehmen der gemeinsamen Ein- oder Verkaufsstelle bedienen können, ohne hierzu verpflichtet zu sein. Wenn also der Bedarf der Beteiligten nicht ausschließlich über die Gemeinschaft ge-

---

[60] Vgl. Ulmer, WuW 1962, 3; Kröger, Betrieb 1962, 1038; Benisch (oben N. 4) 60; Betrieb 1957, 790; Ewald, WuW 1956, 257, Markenartikel 1958, 231; Benkendorf, WRP 1962, 316; Müller-Henneberg (oben N. 49) § 1 Rdnrn. 12, 31; Baumbach (-Hefermehl), GWB § 1 Anm. 28.

[61] Vgl. dazu Kartellbericht 1959, 15; Fikentscher, WuW 1960, 680 f.; Markert, Betrieb 1963, 1455 ff.

[62] Vgl. Kartellberichte 1959, 16; 1962, 21; Rinck, Betrieb 1962, 107; Deringer/Tessin, Betrieb 1963, 21; Müller-Henneberg (oben N. 49) § 1 Rdnr. 41.

[63] Vgl. Griesbach, Betrieb 1961, 1622; Rinck, Betrieb 1962, 108.

deckt wird, bleibt eine Vereinbarung unbedenklich[64]. Daher geht es erst recht nicht an, einheitliche Verkaufsbedingungen festzulegen oder gar Quoten zu vereinbaren. Jeder der Beteiligten muß in der Lage sein, der Verbindung für den Ein- oder Verkauf die Anweisungen zu erteilen, die vom Standpunkt des eigenen Unternehmens zweckmäßig erscheinen. Die Existenz der Zentralstelle ist mithin solange rechtlich zulässig, wie sie nach individuellen Richtlinien arbeitet[65]. Freilich ist auch hier die Grenze zum rechtlich bedenklichen wettbewerbsbeschränkenden Verhalten nicht leicht zu ziehen. Oft wird die bloße Androhung wirtschaftlicher Nachteile genügen, um jeden der Beteiligten auch ohne verpflichtende Vereinbarung zu veranlassen, seine Geschäfte ausschließlich über die Gemeinschaft abzuwickeln. Daher gilt es wieder von der Vorstellung Abstand zu nehmen, eine Anwendung des GWB käme nur in Frage, wenn die Beteiligten Absprachen in rechtlich verbindlicher Form getroffen hätten. Ihrem Verhalten muß eine ebenso große Bedeutung beigemessen werden wie ihren Vereinbarungen[66].

Die Konsequenzen für den Wettbewerb entscheiden auch über die rechtliche Zulässigkeit der Kooperation bei der Produktion. Die Lage ist dann eindeutig, wenn Unternehmen verschiedener Wirtschaftszweige im Rahmen einer Arbeitsgemeinschaft zusammenarbeiten. In einem solchen Falle fehlt es von vornherein am Wettbewerbsverhältnis. Die Beteiligten verpflichten sich zur Zusammenarbeit, um einen gemeinsamen Erfolg zu erzielen, ohne aber der Struktur ihrer Betriebe nach in der Lage zu sein, sich Konkurrenz zu machen. Demgegenüber wird der Wettbewerb überall dort berührt, wo, wie im Baugewerbe, Unternehmen der gleichen Branche sich zu einer Arbeitsgemeinschaft zusammenschließen. Hier wäre im Prinzip jedes der beteiligten Unternehmen in der Lage, den Auftrag auszuführen, doch erscheint es aus unternehmenspolitischen Gründen im Einzelfall vorteilhafter, auf eine ausschließlich eigene Tätigkeit zugunsten der Kooperation zu verzichten. Dann aber stellt sich in der Tat die Frage, ob der freiwillige Wettbewerbsverzicht nicht einer Wettbewerbsbeschränkung im Sinne des § 1 GWB gleichkommt. Das Bundeskartellamt hat denn auch gemeint, die Arbeitsgemeinschaft sei nur so lange wettbewerbsrechtlich unbedenklich, wie keiner der Beteiligten zum Zeitpunkt ihrer Entstehung den Auftrag selbst überneh-

---

[64] Vgl. Günther, Markenartikel 1957, 35 f.; Kröger, Betrieb 1962, 1038; Benisch, Betrieb 1957, 789; 1959. 451; WuW 1958, 269 f.; Spengler, Betrieb 1960, 903 ff.; Gubrich, WuW 1961, 802; Ruge, WuW 1963, 698.

[65] Vgl. freilich Rasch, WuW 1961, 86, und oben N. 52 § 5 GWB Anhang, der dies nur bei industriellen Ein- und Verkaufssyndikaten für zulässig hält und nicht etwa bei Ein- und Verkaufsgenossenschaften von Handwerkern und Einzelhändlern, eine Überlegung, die vielleicht durch die verschiedene Marktposition der erwähnten Gruppen gerechtfertigt werden könnte, selbst dann aber bedenklich bleibt.

[66] Vgl. Kartellbericht 1960, 17, aber auch 1959, 15.

men konnte[67]. Doch dürfte es sehr schwerfallen, das festzustellen. Die Motivationsskala unternehmerischer Entscheidungen ist viel zu breit, als daß sie sich auf einige wenige allgemeine Kriterien, wie etwa die jeweils gegebene Kapazität, beschränken ließe. Die Auftragslage oder die Einschätzung der Marktlage durch den einzelnen Unternehmer sind nicht minder wichtige Momente[68]. So sehr daher der Versuch einleuchtet, die Arbeitsgemeinschaft mit möglichst strengen Maßstäben zu messen, so schwierig dürfte dies im Einzelfalle sein. Wesentlich anders ist die Situation freilich dann, wenn der Arbeitsgemeinschaft Absprachen zugrunde liegen, die darauf abzielen, bei den Ausschreibungen durch die Zusammenarbeit Bedingungen zu erreichen, die allen Beteiligten als angemessen erscheinen. Solche Regelungen sind letztlich nichts anderes als gegen § 1 GWB verstoßende Submissionskartelle[69].

Die einzelnen Unternehmen können, um im Rahmen der Produktion möglichst intensiv zusammenzuarbeiten, aber auch ein Gemeinschaftsunternehmen errichten. Mit dessen Errichtung geht in nahezu sämtlichen Fällen die Verpflichtung der Beteiligten einher – gleichviel, ob sie ausgesprochen wird oder nicht –, jegliche Konkurrenz zu unterlassen. Die gemeinsame Anstrengung im Rahmen eines von allen Partnern geführten Unternehmens soll ihnen gestatten, sich auf einem besonderen Gebiet erfolgreicher als bisher zu betätigen. Gerade dieser Zweck würde jedoch aufs nachteiligste gefährdet werden, wollte nunmehr jeder der Beteiligten das Gemeinschaftsunternehmen durch Konkurrenz gefährden. Deshalb sind derartige Vereinbarungen rechtlich durchaus zulässig[70]. Zudem handelt es sich dabei in der Regel um Pflichten, die unmittelbar aus dem Gesellschaftsvertrag, auf dem das Gemeinschaftsunternehmen beruht, folgen und die sich schon deshalb weitgehend einer Anwendung des § 1 GWB entziehen[71].

Vielleicht noch deutlicher als bisher tritt die Beziehung zwischen Verbindung und Wettbewerb bei der Gütezeichengemeinschaft hervor. Hier wird durch die Auszeichnung der Ware eine Sonderstellung im Wettbewerb angestrebt, der Markt soll geradezu den Unternehmen vorbehalten

---

[67] Vgl. Kartellbericht 1959, 17, aber auch Tetzner (oben N. 59) 25.

[68] Kritisch deshalb Rasch, WuW 1961, 83; Lutz, NJW 1960, 1833 f.; Kröger, Betrieb 1962, 1037; Müller-Henneberg (oben N. 49) § 1 Rdnr. 45.

[69] Vgl. BGH, GRUR 1962, 479.

[70] Vgl. auch Kartellberichte 1961, 53; 1962, 23; Kröger, Betrieb 1962, 1037; Müller-Henneberg (oben N. 49) § 1 Rdnr. 44; einschränkend wohl Rasch, WuW 1961, 81; 1962, 238.

[71] Vgl. zu dieser außerordentlich umstrittenen Frage insb. BGHZ 38, 306; BGH, Betrieb 1963, 250; Kartellberichte 1959, 17; 1963, 19; 1964, 52, 57; Götz, JuS 1963, 385; Rasch, WuW 1962, 238; Lutz, NJW 1960, 1833 f.; Müller-Henneberg (oben N. 49) § 1 Rdnr. 59; Rittner, Die Ausschließlichkeitsbindungen in dogmatischer und rechtspolitischer Betrachtung (1957) 49; wobei vor allem die Zulässigkeit von Wettbewerbsverboten bei einer nur kapitalmäßigen Beteiligung eines Gesellschafters bestritten wird.

bleiben, die sich an die Bedingungen halten, die für die Verleihung von Gütezeichen gelten. Das Bundeskartellamt hat gemeint, man dürfe die Führung des Gütezeichens nur an Voraussetzungen knüpfen, die jedes durchschnittliche Unternehmen der betreffenden Branche erfüllen könne, wobei die Güte selbstverständlich objektiv beurteilt werden müßte[72]. Solange es freilich ausschließlich der Verbindung obliegt, die Bedingungen zu formulieren, kann es auch nur ihre Sache sein, über die Höhe der Anforderungen zu bestimmen. Aufnahmevoraussetzungen, die einzelne Unternehmen diskriminieren, verstoßen ohnehin gegen § 27 GWB[73]. Ist das aber nicht der Fall, so muß es dem Belieben der Beteiligten überlassen bleiben, über die Verleihung des Gütezeichens zu befinden. Das GWB kann infolgedessen lediglich eingreifen, wenn mit Hilfe der Gütezeichengemeinschaft die Mitglieder verpflichtet werden sollen, nur bestimmte Waren zu vertreiben oder gar nur in von vornherein feststehenden Mengen[74].

Etwas anders gestaltet sich die Lage bei den Warenzeichengemeinschaften. Mit den Warenzeichen ist ohnehin ein Ausschließlichkeitsrecht verbunden, das dem Inhaber die Möglichkeit gewährt, die Benutzung an bestimmte Bedingungen zu knüpfen. Dem GWB widersprechen lediglich Beschränkungen, die über den Inhalt des Schutzrechts hinausgehen (§ 20), also etwa mit Hilfe der Verbindung erzielte Gebietsaufteilungen oder Preisfestsetzungen.

Schließlich sei noch auf die Werbegemeinschaften hingewiesen. Auch hier liegt es nahe, einen Verstoß gegen das GWB dann zu bejahen, wenn die einzelnen Beteiligten darauf verzichten, sich anderer Werbeträger zu bedienen[75]. Interessanterweise ist in diesem Zusammenhang aber immer wieder versucht worden, diese Regel zugunsten der Klein- oder Mittelbetriebe zu durchbrechen, allerdings nur solange, wie eine derartige Maßnahme die Wettbewerbsfähigkeit gegenüber den Großunternehmen zu steigern versprach. Die Wettbewerbsbeschränkung wird also hingenommen, aber nur um einer weitaus größeren Gefährdung der Konkurrenz zuvorzukommen, dem Machtzuwachs der Großunternehmen. Letztlich bleibt es deshalb bei dem Grundsatz, daß Verbindungen, die den Wettbewerb ver-

---

[72] Vgl. Kartellberichte 1959, 16; 1960, 17.

[73] Der Wettbewerb kann auch durch die Art der Bemessung von Beiträgen beschränkt werden; vgl. Kartellbericht 1963, 25.

[74] Vgl. OLG Bremen, Betrieb 1962, 234; Kartellberichte 1959, 16; 1958, 39; Kröger, Betrieb 1962, 1036; Müller-Henneberg (oben N. 49) § 1 Rdnr. 48; Dörinkel, WuW 1958, 565 f.; Menze (oben N. 13) 96 f.; WuW 1951, 57 f.; Benkendorf, GRUR 1952, 3 ff.

[75] Vgl. Kartellbericht 1959, 18; BGH, GRUR 1962, 154; Müller-Henneberg (oben N. 49) § 1 Rdnr. 47; WuW 1962, 722; Rasch, WuW 1961, 85; Tetzner (oben N. 59) 16. Ein Verstoß entsteht auch dadurch, daß die Werbung mit der Angabe von Preisen verbunden wird, was allerdings schon eine ordnungswidrige Empfehlung im Sinne des § 38 II GWB darstellen kann.

fälschen, indem sie die Entscheidungsfreiheit der Partner einchränken, gegen § 1 GWB verstoßen. Jenseits dieser Grenze steht es den Beteiligten frei, sich ihrer Vertrags- oder Organisationsfreiheit zu bedienen, um ihren Interessen Geltung zu verschaffen.

3. Auf die Artikel 85 ff. des EWG-Vertrages braucht hier nicht eingegangen zu werden. Im Gegensatz zum GWB schützen diese Bestimmungen den gemeinsamen und nicht den nationalen Markt. Immer dann freilich, wenn eine Verbindung sowohl gegen die Artikel 85, 86 des EWG-Vertrages als auch gegen das GWB verstößt, sind beide Normenbereiche zu berücksichtigen. Die Mißbilligung durch einen der beiden Bereiche genügt also, um die Unwirksamkeit auszulösen, und umgekehrt bedarf es der Billigung beider für die Wirksamkeit.

4. Spielten die Konzerne im Rahmen der wettbewerbsrechtlichen Regelung nur eine geringe Rolle, so kommt ihnen an anderer Stelle, nämlich im Rahmen des neuen Aktiengesetzes, zentrale Bedeutung zu. Freilich verändert sich mit dem Standort auch die Perspektive. Während es im Rahmen des GWB um den Wettbewerb ging, treten beim Aktiengesetz Fragen wie die Stellung der Minderheit oder der Gläubiger in den Vordergrund. Das Aktiengesetz versucht in erster Linie, der veränderten Interessenlage gegenüber dem Modellfall der Aktiengesellschaft Rechnung zu tragen. Dennoch wirkt sich auch diese Regelung auf den Wettbewerb aus. Indem die Rechtsverhältnisse der miteinander verbundenen Unternehmen besonderen Bestimmungen unterstellt werden, die es nicht zuletzt den Gläubigern und der Minderheit gestatten, einen besseren und zuverlässigeren Einblick zu gewinnen, gestaltet der Gesetzgeber den Markt transparenter und garantiert damit letztlich einen reibungslosen Wettbewerb.

Freilich hätte gerade dieses Ziel nahegelegt, den Rahmen des Aktiengesetzes zu sprengen und eine rechtliche Regelung aller Konzerne anzustreben. Obwohl das Gesetz den Konzern vom Unternehmen aus zu erfassen sucht, die Beziehung zur Aktiengesellschaft also möglichst löst, sind die Schranken, die sich aus der Verbindung mit den aktienrechtlichen Normen ergeben, nicht zu übersehen. Im Prinzip geht es immer nur um Konzerne, an denen eine AG oder eine KommAG beteiligt ist, wenngleich sich Ausnahmen nicht vermeiden ließen. Konzerne, an deren Spitze eine OHG oder KG steht, oder die nur aus Gesellschaften mit beschränkter Haftung bestehen, entziehen sich den gesetzlichen Bestimmungen. Die aktienrechtlichen Normen bedürfen deshalb dringend der Ergänzung. Ein erster Schritt in dieser Richtung wäre die längst fällige Reform des GmbH-Rechts.

Das Aktiengesetz zählt fünf Gruppen von verbundenen Unternehmen auf.

a) Unternehmen, die im Mehrheitsbesitz stehen und die an ihnen mit Mehrheit beteiligten Unternehmen (§ 16). Der Gesetzgeber interessiert sich für die Beteiligung an einem anderen Unternehmen grundsätzlich erst, wenn sie die Mehrheit der Anteile oder der Stimmen verschafft. Bei der Berechnung der Beteiligung ist weder auf die Rechtsform des Unternehmens, dem die Anteile gehören, Rücksicht zu nehmen, noch dürfen Anteile deshalb außer Betracht bleiben, weil sie sich im Besitz abhängiger Unternehmen befinden.

b) Abhängige und herrschende Unternehmen (§ 17). Abhängig sind Unternehmen, deren rechtliche Selbständigkeit zwar feststeht, die aber dem beherrschenden mittelbaren oder unmittelbaren Einfluß eines anderen Unternehmens unterliegen. Eine einheitliche Leitung wird vom Gesetz nicht verlangt, so daß auch kein Konzern vorzuliegen braucht. Die Gründe für die Einflußnahme können sehr verschieden sein, zu den wahrscheinlichsten rechnet der Mehrheitsbesitz. Das Gesetz stellt deshalb die (allerdings widerlegbare) Vermutung auf, daß jede Mehrheitsbeteiligung ein Abhängigkeitsverhältnis begründet.

c) Konzernunternehmen (§ 18). Das Gesetz unterscheidet zwischen Gleichordnungs- und Unterordnungskonzernen. Beide Gruppen setzen zwar eine einheitliche Leitung voraus, doch fehlt beim Gleichordnungskonzern die für den Unterordnungskonzern typische Abhängigkeit. Wo sie besteht, ist die freilich auch hier widerlegbare Vermutung begründet, daß ein Konzern vorliegt. Eine einheitliche Leitung ist überall dort anzunehmen, wo die Subordination mit einer besonderen Vereinbarung oder einem gesellschaftsrechtlichen Akt zusammenhängt. Denkbar sind auch Fälle, in denen ein Unternehmen die Voraussetzungen für beide vom Gesetz erwähnten Konzernformen erfüllt. Das wird vor allem dann zutreffen, wenn herrschende Unternehmen von Unterordnungskonzernen Gleichordnungskonzernen angehören.

d) Wechselseitig beteiligte Unternehmen (§ 19). Oft führt die Verflechtung mehrerer Unternehmen nicht zu der Herrschaft eines einzigen, sondern zu einer durch die wechselseitige Beteiligung bedingten gegenseitigen Abhängigkeit. Herrschaft und Abhängigkeit sind hier so sehr verwoben, daß jedes der in Frage kommenden Unternehmen ständig auf die übrigen Rücksicht nehmen muß[76]. Die Dispositionsfreiheit wird ernstlich gefährdet, zugleich aber Entscheidungen Vorschub geleistet, die weitgehend jeder Kontrolle durch die Anteilseigner entzogen sind. Sobald deshalb inländische Kapitalgesellschaften oder bergrechtliche Gesellschaften mit mehr als einem Viertel der Anteile wechselseitig beteiligt sind, darf jedes der Unternehmen Rechte nur für höchstens 25 % der ihm zustehenden Anteile ausüben. Das gilt für Dividenden- und Bezugsrechte ebenso wie für das

---

[76] Vgl. etwa den Konzentrationsbericht (oben N. 1) 63: „In der Versicherungswirtschaft ist die Verflechtung ineinander so stark, daß sich im Einzelfall meist nicht sagen läßt, welches Unternehmen das andere beherrscht"; sowie die Anlage 364 f.

Stimmrecht (§ 328). Diese Regelung greift allerdings dann nicht mehr ein, wenn keines der Unternehmen einen beherrschenden Einfluß ausüben kann oder die Anteilsmehrheit besitzt. Trifft das zu, so gelten die Vorschriften über den Mehrheitsbesitz und die abhängigen Unternehmen.

e) Unternehmen, die durch Unternehmensverträge verbunden sind (§§ 291, 292). Ein Unternehmensvertrag im Sinne des Aktiengesetzes liegt nur vor, wenn wenigstens eine AG oder KommAG beteiligt ist. Inhaltlich unterscheidet das Gesetz zunächst zwischen Beherrschungs- und Gewinnabführungsverträgen. Beide zielen darauf ab, ein Unternehmen den Interessen eines anderen unterzuordnen. Während man aber im einen Fall die Subordination der Leitung anstrebt, begnügt man sich im anderen damit, den gesamten Gewinn abzuführen. Beide Verträge verändern jedoch die traditionelle Struktur der AG entscheidend. Der Beherrschungsvertrag schließt eine eigenverantwortliche Leitung der Gesellschaft aus; sie befindet nicht mehr selbst über ihre Unternehmenspolitik, sondern führt nur noch fremde Weisungen aus. Durch die Gewinnabführung werden die Aktionärs- und Gläubigerinteressen aufs Spiel gesetzt. Indem sich der Vermögensgegenstand der einen verändert, wird zugleich das Haftungsobjekt der anderen beeinträchtigt.

Das Gesetz führt aber auch drei weitere Vertragstypen an, die allerdings eine geringere praktische Bedeutung besitzen. Gewinngemeinschaftsverträge sind gegeben, wenn sich eine AG oder KommAG verpflichtet, sei es ihren gesamten Gewinn, sei es den Gewinn einzelner ihrer Betriebe mit dem Gewinn eines anderen Unternehmens zusammenzulegen, um den gemeinschaftlichen Gewinn dann aufzuteilen. Bei einem Teilgewinnabführungsvertrag beschränkt sich die Verpflichtung der AG oder KommAG darauf, den vereinbarten Teil ihres Gewinnes an ein bestimmtes Unternehmen abzuführen. Betriebspacht- und Betriebsüberlassungsverträge liegen vor, wenn eine AG oder KommAG den Betrieb ihres Unternehmens einem anderen verpachtet oder sonst überläßt. Alle diese Vereinbarungen binden als obligatorische Verträge nur die Gesellschaften, mit denen sie abgeschlossen werden, als solche. Sie verpflichten nicht die Organe der betroffenen Gesellschaften unmittelbar. Das können nur Abreden über die Beherrschung oder Gewinnabführung, die deshalb auch keine normalen schuldrechtlichen Abmachungen sind, sondern Organisationsverträge.

Eine der größten Gefahren, die mit den erwähnten Unternehmensverbindungen zusammenhängt, ist die Verschleierung der wahren Machtverhältnisse. Jedes Unternehmen muß deshalb, sobald ihm mehr als 25 % der Aktien einer AG gehören, diese davon unverzüglich in Kenntnis setzen (§ 20 I). Aktien abhängiger Unternehmen oder solche, die sonst letztlich auch dem Unternehmen zustehen, sind dabei mitzurechnen. Das gilt ebenso für den Mehrheitsbesitz und für Veränderungen bei wechselseitigen Beteiligungen (§§ 20 IV, 328 III). Die betroffene Gesellschaft hat ihrerseits die ihr zugegangene Mitteilung bekanntzugeben. Besonderen Nachdruck erhält die Mitteilungspflicht dadurch, daß Rechte aus den in Frage kommenden Aktien nicht ausgeübt werden können, solange sie nicht erfüllt worden ist (§§ 20 VII, 21 IV).

Aber auch dort, wo die Verbindung ohne Beteiligung mit Hilfe eines Unternehmensvertrages erfolgt, entstehen für die betroffenen Unternehmen Gefahren, die eine besondere gesetzliche Regelung als erforderlich erscheinen lassen, zumal solche Vereinbarungen strukturelle Veränderungen des Unternehmens nach sich ziehen. Sämtliche Unternehmensverträge bedürfen daher der Zustimmung der Hauptversammlung mit einer Mehrheit von mindestens $^3/_4$ des vertretenen Grundkapitals. Die Hauptversammlung entscheidet auch über alle Veränderungen (§§ 293, 295). In Anbetracht der besonderen Bedeutung derartiger Verträge gewährt das Gesetz jedem Aktionär ein eigens auf diese Situation zugeschnittenes Auskunftsrecht (§ 293 IV). Die betroffenen Gesellschaften sollen darüber hinaus frei entscheiden können, ob sie am Unternehmensvertrag festhalten wollen. Weisungen des einen Unternehmens an das andere, welche die Änderung oder Aufhebung des Unternehmensvertrages betreffen, sind deshalb unzulässig (§ 299).

Die Wirksamkeit des Vertrages hängt ferner von der Eintragung in das Handelsregister ab (§ 294). Damit ist sichergestellt, daß auch Dritte, die sich über die Gesellschaft orientieren wollen, die bestehende Vereinbarung sofort erkennen und auch dementsprechend in ihre Dispositionen einbeziehen können.

Über die gesteigerte Publizität hinaus schreibt das Gesetz zum Schutze der Gläubiger vor, daß die gesetzliche Rücklage aufzufüllen und sicherzustellen ist (§ 300), beschränkt die Gewinnabführung auf den tatsächlich entstandenen Jahresüberschuß (§ 301) und verpflichtet das begünstigte Unternehmen bei Beherrschungs- und Gewinnabführungsverträgen zur Verlustübernahme sowie zum Ausgleich eines Jahresfehlbetrages bei Betriebspacht- und Betriebsüberlassungsverträgen (§ 302).

Die gesetzliche Regelung wäre freilich unvollständig, wollte man sich mit einem wirkungsvolleren Gläubigerschutz begnügen und die zumindest ebenso in Mitleidenschaft gezogenen außenstehenden Aktionäre unberücksichtigt lassen. Gewinnabführungs- und Beherrschungsverträge müssen deshalb für eine wiederkehrende angemessene Ausgleichszahlung sorgen, und zwar in einer Höhe, die mindestens den Betrag erreicht, der nach der bisherigen Ertragslage der AG und ihren künftigen Ertragsaussichten als Dividende ausgeschüttet werden könnte. Verträge, die keinen Ausgleich vorsehen, sind nichtig (§ 304).

Freilich vermag auch eine noch so angemessene Ausgleichszahlung nicht darüber hinwegzutäuschen, daß derartige Vereinbarungen den Aktionär vollends in einen Obligationär verwandeln, dem zwar ein Anspruch auf eine gesetzlich gesicherte Rendite zusteht, aber nicht die Chance, über die Unternehmenspolitik mitzuentscheiden. Die weitere Beteiligung an der Gesellschaft kann für den Aktionär unter solchen Umständen völlig sinnlos sein. Um dieser Situation Rechnung zu tragen, muß ein Beherrschungs- oder ein Gewinnabführungsvertrag auch Bestimmungen über eine mögliche Abfindung enthalten. Bei einer Gesellschaft, die weder abhängig ist, noch im Mehrheitsbesitz steht, muß die Abfindung durch eigene Aktien der Gesellschaft erfolgen. Das gegenstandslos gewordene Herrschaftsrecht wird gegen neue Rechte ausgetauscht, die dem Aktionär zumindest die Möglichkeit der Mitbestimmung gewähren. Wenn dagegen der andere Vertragsteil im Mehrheitsbesitz steht oder abhängig ist, gewährt das Gesetz den außenstehenden Aktionären neben dem Anspruch aus Aktien der herrschenden Gesellschaft die Möglichkeit einer Barabfindung (§ 305).

Schon diese Vorschriften bringen hinreichend zum Ausdruck, wie groß das Interesse des herrschenden Unternehmens ist, sämtliche Konzernglieder so eng wie nur möglich an sich zu binden. So erklärt sich die Leitungsmacht, die das Gesetz bei Beherrschungsverträgen dem herrschenden Unternehmen zugesteht (§ 308). Die abhängige Gesellschaft ist selbst dann weisungsgebunden, wenn die eigenen Belange nicht gewahrt sind, unter der Voraussetzung allerdings, daß den Interessen des herrschenden oder eines der übrigen verbundenen Unternehmen entsprochen wird. Die Weisungen sind auch in Fällen zu beachten, in denen der Vorstand der abhängigen Gesellschaft der Ansicht ist, sie ließen sich mit den Belangen des Konzerns nicht vereinbaren. Die Konsequenz des Weisungsrechts ist allerdings eine erhöhte Verantwortlichkeit der Vorstandsmitglieder des herrschenden Unternehmens (§ 309).

Fehlt es demgegenüber an einem Beherrschungsvertrag, so bleibt es dem herrschenden Unternehmen versagt, die Entscheidungen des abhängigen zu lenken und erst recht es zu zwingen, gegen die eigenen Belange zu handeln (§ 311). Allerdings läßt sich ein derartiges gesetzliches Gebot nur durchführen, wenn dem unmittelbar Interessierten – vor allem also den außenstehenden Aktionären – die Möglichkeit gegeben wird, sich über das Verhältnis zu den übrigen verbundenen Unternehmen zu informieren. Der Vorstand ist deshalb verpflichtet, die bestehenden Beteiligungen in einem ausführlichen Bericht zu offenbaren und vor allem die mit den verbundenen Unternehmen vorgenommenen Rechtsgeschäfte besonders aufzuführen (§ 312) – ein Bericht, der auch den Abschlußprüfern vorzulegen ist (§ 313). Darüber hinaus hat ein herrschendes Unternehmen, das den gesetzlichen Bestimmungen widersprechende Weisungen erteilt, Schadenersatz zu leisten (§ 317).

Die Pflicht, über die einzelnen Rechtsgeschäfte zu berichten, entfällt allerdings dann, wenn ein Gewinnabführungsvertrag besteht – eine durchaus verständliche Regelung, da in solchen Fällen die Interessen der außenstehenden Aktionäre hinreichend durch die Bestimmungen über die Gewinnabführung gewahrt sind.

Die Interessenlage, die den erwähnten Vorschriften zugrunde liegt, verändert sich, sobald es an außenstehenden Aktionären fehlt, weil sich alle Aktien in der Hand einer anderen Gesellschaft befinden. Hier ist die Abhängigkeit kaum noch zu überbieten, die Gesellschaft ist vollends ein Teil des herrschenden Unternehmens. Es ist deshalb nur konsequent, wenn das Gesetz hierfür eine besondere organisatorische Form der Abhängigkeit vorsieht: die Eingliederung (§§ 319 ff.). Durch die Eingliederung, die mit Hilfe eines Beschlusses der Hauptversammlung erfolgt, entsteht eine der Verschmelzung wirtschaftlich gleichkommende organisatorische Verflechtung. Genauso wie beim Beherrschungsvertrag untersteht das eingegliederte Unternehmen voll und ganz dem herrschenden und hat bei seiner Tätigkeit nur dessen Belange wahrzunehmen. Deshalb sind auch Weisungen zulässig, die nicht einmal durch Konzerninteressen legitimiert zu sein brauchen (§ 323). Umgekehrt steht den Aktionären der Haupgesellschaft ein Auskunftsrecht über sämtliche eingegliederte Gesellschaften zu. Eine Eingliederung ist jedoch auch dann zulässig, wenn der Anteil der außenstehenden Aktionäre auf 5 % zusammengeschrumpft ist. Ihre ohnehin bestehende Einflußlosigkeit läßt es als gerechtfertigt erscheinen, die geringe Beteiligung nicht als Hindernis für die organisatorische und wirtschaftliche Verschmelzung der Unternehmen anzusehen. Den außenstehenden Aktionären, deren Aktien durch die Eingliederung auf die Hauptgesellschaft übergehen, ist aber als Ausgleich ein entsprechender Anteil von Aktien dieser Gesellschaft zu geben. In Ausnahmefällen können sie auch mit einer Barabfindung befriedigt werden (§ 320).

Den Belangen der Gläubiger wird nicht nur durch eine gesamtschuldnerische Haftung der Hauptgesellschaft für die vom Zeitpunkt der Eingliederung begründeten Verbindlichkeiten Rechnung getragen (§ 322), sondern auch durch die Verpflichtung der Hauptgesellschaft, für bereits bestehende Forderungen Sicherheit zu leisten (§ 321). So erscheint es auch möglich, von der Anwendung der gesetzlichen Bestimmungen über die Rücklage abzusehen und auf einen besonderen Jahresabschluß sowie auf einen Geschäftsbericht der eingegliederten Gesellschaft zu verzichten. Dabei ist jedoch vorausgesetzt, daß in dem Abschluß der Hauptgesellschaft die eingegliederten Gesellschaften berücksichtigt werden.

Bereits die erwähnten Vorschriften zeigen, wie sehr die Tatsache, daß sich beim Konzern hinter den verschiedenen rechtlichen Subjekten eine wirtschaftliche Einheit verbirgt, dazu zwingt, in zunehmendem Maße Verpflichtungen zu schaffen, die über die bestehenden rechtlichen Grenzen der einzelnen Unternehmen hinaus gemeinsame Bindungen entstehen lassen. Besonders bezeichnend dafür sind die Bilanzvorschriften. Eine auf die Muttergesellschaft allein abgestellte Bilanz ist wertlos. Die wirtschaftliche

Bedeutung jedes einzelnen Konzernunternehmens läßt sich nur unter Berücksichtigung der Beziehung zu den übrigen Konzerngliedern ermitteln. Aus der einheitlichen Leitung folgt auch die zentrale Steuerung der wirtschaftlichen und organisatorischen Kapazitäten der einzelnen Unternehmen. Die Jahresabschlüsse der Konzernglieder gestatten höchstens eine punktuelle Einsicht, vermitteln aber kein zuverlässiges Bild der Konzernlage. Diesem Mangel versucht der Gesetzgeber durch die Verpflichtung zu begegnen, einen Konzernabschluß aufzustellen (§§ 329 ff.).

Davon sind zunächst nur Konzerne betroffen, deren Leitung bei einer AG oder KommAG liegt. § 28 EG zum AktG sieht einen Konzernabschluß auch für Fälle vor, in denen die Obergesellschaft eine GmbH. oder bergrechtliche Gewerkschaft ist, freilich nur dann, wenn zu den Konzernunternehmen wenigstens eine AG oder KommAG zählt. Selbst wenn diese Voraussetzung nicht gegeben ist, die Konzernleitung aber über eine zum Konzern gehörende AG oder KommAG weitere Unternehmen beherrscht, entstehen Pflichten, die allein aus der wirtschaftlichen Einheit des Konzerns zu erklären sind. Der Vorstand der AG oder KommAG muß einen Teilkonzernabschluß und einen Teilkonzernbericht aufstellen (§ 330).

Im Mittelpunkt des Konzernabschlusses steht die Konzernbilanz (§ 331). An die Stelle der Beteiligungen an den einzelnen Unternehmen treten die Aktiva und die Passiva aus den Bilanzen dieser Unternehmen. Gegenseitige Forderungen und Verbindlichkeiten bleiben außer Betracht, Zwischengewinne werden ausgeschaltet. Die Konzernbilanz untersteht den allgemeinen Grundsätzen des Bilanzrechts und wird ergänzt durch die Gewinn- und Verlustrechnung (§§ 332 f.) sowie durch den Konzerngeschäftsbericht (§ 334). Das Gesetz beschränkt sich auch hier auf wenige allgemeine Normen, die der Konzerneinheit Rechnung tragen und orientiert sich im übrigen an den für den Geschäftsbericht der AG geltenden Bestimmungen. Der Obergesellschaft wird ein weitgehendes Auskunftsrecht eingeräumt, das ihr gestatten soll, ihren Pflichten bei der Bilanzierung nachzukommen (§ 335). Der Konzernbeschluß ist durch unabhängige Prüfer zu kontrollieren, wobei freilich auch die Prüfer der Obergesellschaft herangezogen werden dürfen. Weitere Sicherungen für die ordnungsmäßige Aufstellung entstehen dadurch, daß der Bericht nicht nur dem Aufsichtsrat vorgelegt werden muß, sondern auch ein den Konzern unmittelbar betreffendes Auskunftsrecht der Aktionäre auslöst (§ 337).

Eine Reihe weiterer Vorschriften verdeutlicht ebenfalls die Konsequenzen der Unternehmensverbindung. Hingewiesen sei lediglich auf die Regelung des Stimmrechts (§ 136). Das Stimmrecht kann nicht für Aktien ausgeübt werden, die einem abhängigen Unternehmen oder aber einem Dritten, doch für Rechnung der Gesellschaft oder eines von ihr abhängigen Unternehmens, gehören. Ebensowenig ist es zulässig, einen Aktionär zu verpflichten, nach Weisung der Gesellschaft, ihrer Organe, oder eines abhängigen Unternehmens zu stimmen.

5. Die Einheit des Konzernunternehmens wird nicht zuletzt durch die besonderen Vorschriften über die Mitbestimmung der Arbeitnehmer unterstrichen. Nach § 76 IV BetrVerfG steht den Arbeitnehmern der abhängigen Unternehmen ein Stimmrecht bei der Wahl der Arbeinehmervertreter für den Aufsichtsrat des herrschenden Konzernunternehmens zu. Hängt die Beteiligung am Aufsichtsrat von der Zahl der Beschäftigten ab, so sind die Arbeitnehmer der abhängigen Unternehmen mitzuzählen, sofern ein Beherrschungsvertrag vorliegt oder eine Eingliederung erfolgt ist (§ 77 a BetrVerfG).

6. Die Bestimmungen über die verbundenen Unternehmen lassen in besonderem Maße erkennen, wie sehr sich die Haltung der Rechtsordnung gegenüber der juristischen Person geändert hat. Die Rechtspersönlichkeit ist nicht mehr ein völlig in sich geschlossener Bereich, vielmehr wird die juristische Person zunehmend in der ihr eigenen, spezifischen Rolle gesehen und gewertet: Instrument der wirtschaftlichen Betätigung zu sein, zweckmäßige rechtliche Hülle für bestimmte, von Fall zu Fall verschiedene, aber durchaus erkennbare Interessen. Damit leitet man aber eine Relativierung der juristischen Person ein, die notgedrungen die Möglichkeit eines Durchgriffs in sich schließt.

Der Durchgriff bietet sich vor allem dann an, wenn mit Hilfe der Unternehmensverbindung Wettbewerbsverbote oder sonstige vertragliche Verpflichtungen umgangen werden sollen, aber auch bei der generellen Frage nach der Haftung von Obergesellschaften für Verbindlichkeiten der von ihnen abhängigen Gesellschaften, nicht zuletzt bei einer „Aussaugung"[77]. In allen diesen Fällen wird die Grenze der Verwendbarkeit von juristischen Personen deutlich, damit aber auch der Unternehmensverbindung. Insofern ist die Durchgriffsmöglichkeit bei jeder Aussage über die Stellungnahme der Rechtsordnung zu den Verbindungen mitzuberücksichtigen.

7. Der Durchgriff ist freilich nur ein Schritt auf dem Wege, die rechtliche Regelung der wirklichen Lage des Unternehmens anzupassen, also nicht formale, sondern materielle Kriterien entscheiden zu lassen. Noch viel weitgehender wäre es, wenn man das Postulat der Typenfreiheit durch das Gebot der Typenwahrheit einschränken würde. Man könnte und dürfte sich dann eines bestimmten Gesellschaftstyps nur solange bedienen, wie man auch bereit wäre, die gesetzlich festgelegten organisatorischen Voraussetzungen zu beachten. Dieser Pflicht würde aber eine Typenvermischung widersprechen, die einzelnen Vorschläge des Gesetzgebers wären nicht mehr nahezu uneingeschränkt frei vertauschbar. Zu einer solchen Konse-

---

[77] Zum Problem des Durchgriffs vgl. insb. Serick, Rechtsform und Realität juristischer Personen (1955) 32 ff.; Drobnig, Haftungsdurchgriff bei Kapitalgesellschaften (1959) 35 ff.; Müller-Freienfels, AcP 156 (1957) 222 ff.

quenz müßte man sich vor allem dann entschließen, wenn man sich bereit fände, in den verschiedenen Gesellschaftstypen nicht nur Vorschläge an den sich wirtschaftlich betätigenden einzelnen zu erblicken, sondern zugleich Elemente der Wirtschaftsverfassung, an die der einzelne um der Ordnung des wirtschaftlichen Verkehrs willen gebunden wäre[78]. Die Folgen einer derartigen Ansicht für die Verbindungen brauchen nicht im einzelnen ausgeführt zu werden. Eine Vielzahl von Gesellschaftstypen, die heute als organisatorische Hüllen für Verbindungen dienen, könnten dieser Aufgabe nicht mehr nachkommen, es sei denn, die Haftungsverhältnisse würden geändert. Derartige Tendenzen bilden allerdings im Augenblick nur den Gegenstand wissenschaftlicher Erörterung; sie haben noch keinen Eingang in Gesetzgebung und Rechtsprechung gefunden.

---

[78] Vgl. insb. Ballerstedt (oben N. 10) 874 ff.

DIE EINMANN-GESELLSCHAFT

Von Dr. HANS WÜRDINGER
Professor an der Universität Hamburg

Das Problem der Einmann-Gesellschaft stellt sich unter zwei verschiedenen Aspekten. Die erste Frage lautet: Bei welchen Gesellschaften ist eine Einmann-Gesellschaft möglich, und worauf beruht diese Möglichkeit? Diese Frage betrifft die rechtliche Struktur der Gesellschaft. Die zweite Frage lautet: Wird in jenen Fällen, da die Gesellschaftsstruktur die Einmann-Gesellschaft zuläßt, die Verschiedenheit der Rechtssubjekte, nämlich dei Gesellschaft einerseits und des Alleingesellschafters andererseits, in jeder Beziehung anerkannt, oder ist sie in einzelnen Fällen zu ignorieren?

I

1. Bei den *Personengesellschaften,* welche nach deutschem Recht einer eigenen Rechtsfähigkeit entbehren, nämlich bei der Gesellschaft bürgerlichen Rechts (§ 705 BGB), der offenen Handelsgesellschaft (§ 105 HGB) und der Kommanditgesellschaft (§ 161 HGB) scheidet die Möglichkeit einer Einmann-Gesellschaft zwangsläufig aus. Diese Gesellschaften haben einen *obligatorischen* Vertrag zur Grundlage, durch welchen jeder Gesellschafter mit jedem Mitgesellschafter in schuldrechtliche Beziehungen tritt, aus denen sich unter den Gesellschaftern gegenseitige und mittels actio pro socio erzwingbare Forderungen und Verbindlichkeiten ergeben (§§ 705, 241 BGB). Indem das Gesellschaftsverhältnis eben in diesen Rechtsbeziehungen besteht, die Gesellschaft also durch diese gegenseitigen schuldrechtlichen Ansprüche und Verbindlichkeiten der Gesellschafter gebildet wird, solche Rechtsbeziehungen aber nur existieren können, wenn mindestens zwei Personen vorhanden sind, ist hier eine Einmann-Gesellschaft rechtslogisch unmöglich.

2. Anders ist die Struktur bei den *juristischen Personen,* also beim rechtsfähigen Verein (§ 21 BGB), bei der Aktiengesellschaft und bei der Gesellschaft mit beschränkter Haftung. Bei den juristischen Personen stehen die

Mitglieder untereinander nicht in Rechtsbeziehung [1], sondern das Mitgliedschaftsverhältnis stellt lediglich eine Rechtsbeziehung zwischen dem Mitglied und der juristischen Person dar. Es sind also die Mitglieder eines Vereins, die Aktionäre der AG und die Gesellschafter der GmbH kraft ihrer Mitgliedschaft nur mit dem Rechtssubjekt Verein, AG oder GmbH verbunden, während sie untereinander sich wie Dritte gegenüberstehen, weshalb eine actio pro socio nicht gegeben ist [2].

a) Zwar ist auch zur Gründung eines Vereins, einer AG oder einer GmbH ein *Vertrag* erforderlich, und dieser Vertrag wird in § 2 AktG [3] und in § 2 GmbHG „Gesellschaftsvertrag" genannt. Indessen darf aus dieser Bezeichnung weder gefolgert werden, daß auch dieser Vertrag ein obligatorischer Vertrag i. S. des § 705 BGB sei; noch ist es zulässig, auf juristische Personen die Vorschriften über die Gesellschaft bürgerlichen Rechts hilfsweise oder ergänzend anzuwenden [4]. Zwischen dem auf Gründung einer juristischen Person gerichteten Vertrag und dem Gesellschaftsvertrag i. S. des § 705 BGB besteht vielmehr ein tiefgreifender Unterschied. Der bei Gründung einer juristischen Person zu schließende Vertrag ist nicht ein obligatorischer Vertrag [5], welcher unmittelbar zwischen den Vertragsparteien Ansprüche und Verbindlichkeiten erzeugt, sondern er ist ein *Organisationsvertrag,* welcher auf Feststellung der *Satzung* gerichtet ist (§§ 25, 27 BGB; § 2 AktG; § 2 GmbHG), welcher also *objektive Normen* erzeugt. Die Satzung der juristischen Person nämlich enthält gleich dem Gesetz objektive Normen, welche in Ergänzung oder Abänderung des Gesetzes die körperschaftlichen Rechtsverhältnisse regeln [6]. Aus diesen Normen ergeben sich gleichermaßen wie aus dem Gesetz subjektive Rechte und Pflichten für die Beteiligten erst dadurch, daß sie den Tatbestand derselben erfüllen, nämlich den Tatbestand Mitglied des Vereins oder Aktionär oder Mitglied des Vorstands zu sein; und diese so entspringenden subjektiven Rechte und Pflichten bestehen nach dem Inhalt der gesetzlichen und der statutarischen Normen nur gegenüber der juristischen Person. Damit ist auch die Erklärung dessen gegeben, daß die statutarischen Rechte und Pflichten gleichermaßen auch

---

[1] Vgl. RGZ 100, 3; 158, 254; BGHZ 18, 365; A. v. Tuhr, Der Allgemeine Teil des BGB I (1910) 542 Note 1; v. Godin/Wilhelmi, Aktiengesetz (2. Aufl. 1950) § 1 Anm. 2; Würdinger, Aktienrecht (1959) 13; a. A. Schlegelberger/Quassowski, Aktiengesetz (2. Aufl. 1937) § 1 Anm. 4.

[2] Vgl. OLG Köln, GmbH-Rdsch. 1957, 197.

[3] Die Vorschriften des Aktiengesetzes werden nach dem neuen Aktiengesetz vom 11. 9. 1965 zitiert.

[4] Nach BGHZ 14, 53 (55) sind die Bestimmungen über die Prüfungsbefugnisse der Gesellschafter einer bürgerlich-rechtlichen Gesellschaft auf die GmbH nicht anwendbar; vgl. auch v. Godin/Wilhelmi (oben N. 1) § 1 Anm. 1.

[5] Vgl. A. v. Tuhr (oben N. 1) 476 mit weiteren Nachweisen; Enneccerus/Nipperdey, Lehrbuch des BGB, Allgemeiner Teil I/1 (15. Aufl. 1959) 414.

[6] Würdinger (oben N. 1) 30; A. v. Tuhr (oben N. 1) 502 ff.

für künftige Mitglieder gelten, welche am Abschluß des Gesellschaftsvertrages, also an der Feststellung der Satzung, nicht beteiligt waren.

b) Da bei den juristischen Personen Rechtsbeziehungen zwischen den Mitgliedern nicht existieren, die Mitglieder vielmehr nur mit der juristischen Person in Rechtsbeziehungen stehen, entfällt hier jener rechtslogische Gesichtspunkt, welcher, wie vorstehend unter (1) dargelegt, bei den nichtrechtsfähigen Personengesellschaften die Einmann-Gesellschaft unmöglich macht[7]. Hier lautet daher die Frage anders als bei den Personengesellschaften. Hier ist zu prüfen, ob die juristische Person als solche fortbestehen kann, wenn nur noch ein Mitglied vorhanden ist oder wenn gar sämtliche Mitglieder entfallen. Sofern eine gesetzliche Regelung fehlt, ist die Beantwortung dieser Frage aus der besonderen Struktur der juristischen Person abzuleiten. Dabei aber zeigen sich wesentliche Verschiedenheiten zwischen dem rechtsfähigen Verein, der AG und der GmbH.

II

1. Der *Verein* stellt den Zusammenschluß seiner Mitglieder zur Verfolgung eines gemeinsamen Zweckes dar. Da die Mitglieder zum Beitritt durch den Gleichklang ihrer persönlichen Interessen mit den Zielen des Vereins bewogen werden, ist die Mitgliedschaft am Verein höchstpersönlicher Natur, daher gemäß § 38 BGB weder übertragbar noch vererblich. Da das Substrat der Mitgliedschaft demnach in der Zugehörigkeit der Person zum Verein besteht, indem das Mitglied berechtigt wird, an den Veranstaltungen des Vereins teilzunehmen und seine Einrichtungen zu nutzen, ist es logisch undenkbar, daß dieselbe Person mehrfaches Mitglied desselben Vereins sein könnte, wie es auch undenkbar wäre, daß der Verein selbst sein eigenes Mitglied ist. Beruht aber der Verein solchermaßen auf Personen, die ihm als Mitglieder zugehören, dann ist es eine zwangsläufige Folge, daß er erlischt, wenn er alle seine Mitglieder verliert[8]. Dieser Struktur des Vereins, der Zusammenschluß von Personen mit gemeinsamen Interessen zu sein, entspricht es ferner, wenn in § 73 BGB bestimmt ist, daß, falls die Zahl der Vereinsmitglieder unter drei herabsinkt, dem Verein die Rechtsfähigkeit

---

[7] G. Ripert, Les forces créatrices du droit (Paris 1955) erblickt auch in dem der Gründung einer juristischen Person zugrunde liegenden Vertrag einen klassischen Gesellschaftsvertrag und kommt daher zu dem Ergebnis, daß die „effectio societatis" bei Vereinigung aller Anteile in einer Hand zwangsläufig beendet wird; vgl. auch Baudouin-Bugnet/Gravenstein, Das Recht der französischen Aktiengesellschaften (1959) 26.

[8] Ebenso BGHZ 19, 51; die Abwicklung der vermögensrechtlichen Beziehungen erfolgt in diesem Fall durch einen nach § 1913 BGB zu bestellenden Pfleger.

entzogen wird. Der Zwei- oder Einmann-Verein hat mithin, da er seinen Sinn verloren hat, keine Existenzberechtigung mehr[9].

2. a) Grundverschieden von der rechtlichen Struktur des Vereins ist jene der *Aktiengesellschaft*. Wohl wurde im älteren Schrifttum auch die AG als ein Verein der Aktionäre aufgefaßt und die Übertragung der Mitgliedschaft in einen Austritt des bisherigen Aktionärs und den Eintritt eines neuen Aktionärs aufgelöst[10]. Im neuen Schrifttum jedoch, in welchem die rechtliche Struktur der AG aus der wirtschaftlichen Bestimmung dieser Gesellschaft, insbesondere aus der Funktion der Aktie als Finanzierungsinstrument abgeleitet wird, ist diese Vorstellung aufgegeben[11]. Während die Mitgliedschaft beim Verein höchstpersönlich, also unübertragbar und unvererblich ist, weil der Zusammenschluß der Vereinsmitglieder auf der Übereinstimmung ihrer persönlichen Interessen beruht, besteht die Funktion der das Mitgliedschaftsverhältnis verkörpernden Aktie darin, daß die Gesellschaft durch Ausgabe von Aktien Kapital aus dem öffentlichen Kapitalmarkt aufnimmt, um es ihrem wirtschaftlichen Produktionszweck dienstbar zu machen, welches in der Gesellschaft bis zur Liquidation derselben oder bis zur Teilliquidation mittels Kapitalherabsetzung gebunden bleiben muß. Da ein Ausscheiden eines Aktionärs unter Rückzahlung seiner Einlage ausgeschlossen ist, kann die Beendigung der Mitgliedschaft nur durch Veräußerung derselben erfolgen. Die Aktie ist daher notwendig übertragbar, und sie soll jeweils dahin abwandern können, wo im Publikum an wechselnden Stellen jeweils anlagebereites Vermögen zur Verfügung steht. Die Person des Aktionärs ist demnach rechtlich ohne Bedeutung; die Funktion der Aktie allein bestimmt die Struktur der Gesellschaft. Die AG ist daher strukturell aufgebaut auf dem Grundkapital als dem normativen Soll-Betrag des Gesellschaftsvermögens, welcher in Anteile von bestimmtem Nennwert zerlegt wird, wobei jeder Anteil ein Mitgliedschaftsverhältnis darstellt. Diese Struktur kommt auch in der Legaldefinition des § 1 AktG 1965 zum Ausdruck. Die durch Stückelung des Grundkapitals geschaffenen Mitgliedschaftsverhältnisse sind *verselbständigt* oder *versachlicht;* das will besagen, daß ihre rechtliche Existenz unabhängig davon ist, ob dieses Mitgliedschaftsverhältnis eigentumsmäßig einem Aktionär zusteht oder nicht. Wohl bedarf die AG der Aktionäre als der Geldgeber. Indessen würde selbst die Dereliktion einer Aktie das in ihr verbriefte Mitgliedschaftsverhältnis

---

[9] Dem Verein steht in der Struktur gleich die eingetragene Genossenschaft; bei ihr erfolgt gemäß § 80 GenG die gerichtliche Auflösung, wenn die Zahl der Genossen weniger als sieben beträgt.

[10] So z. B. K. LEHMANN, Recht der Aktiengesellschaften II (1904) 2 und 35; FISCHER in EHRENBERGS Handbuch des Handelsrechts III/1 (1916) 149; BRODMANN, Aktienrecht, Kommentar (1928) § 222 Anm. 1 b; über weiteres Schrifttum vgl. FLECHTHEIM in DÜRINGER/HACHENBURG, HGB III/1 (3. Aufl. 1934) Vorbemerkungen vor § 222 Anm. 2.

[11] Vgl. WÜRDINGER (oben N. 1) 1 ff.

nicht zum Erlöschen bringen. Da nämlich infolge der Stückelung des Grundkapitals die Summe der Nennbeträge der Aktien notwendig dem Betrag des Grundkapitals entsprechen muß, würde das Erlöschen des Mitgliedschaftsverhältnisses durch Dereliktion der Aktie eine Herabsetzung des Grundkapitals um den Nennbetrag der derelinquierten Aktie zur Folge haben, wie es bei der *Einziehung* von Aktien (§ 238 AktG) zutrifft.

Wenngleich also die Aktie dazu bestimmt ist, von den Aktionären erworben zu werden, welche durch Leistung der Einlage das Gesellschaftsvermögen aufbringen, beruht strukturell die AG nicht auf den Aktionären, sondern auf den in den Aktien verkörperten versachlichten Mitgliedschaftsverhältnissen [12].

b) Aus der Versachlichung der Mitgliedschaftsverhältnisse folgt, daß ein Aktionär mehrere Mitgliedschaften in seiner Hand vereinigen kann, ohne daß die Mitgliedschaftsverhältnisse dadurch ihre Selbständigkeit verlieren, daß der Aktionär also dadurch mehrfaches Mitglied seiner Gesellschaft wird, was beim Verein undenkbar ist. Aus ihr folgt weiter, daß, wiederum im Gegensatz zum Verein, die Gesellschaft selbst ihre eigenen Mitgliedschaften erwerben kann, ohne daß dadurch der rechtliche Bestand derselben berührt werden würde – daß die Gesellschaft aus eigenen Aktien keine Rechte ausüben darf, steht dem nicht entgegen –. Aus der Versachlichung folgt endlich, daß auch der Ausschluß eines Aktionärs, der seine Einlage nicht geleistet hat (§ 64 AktG), das Mitgliedschaftsverhältnis als solches nicht zum Erlöschen bringt, der Ausschluß vielmehr nur die Entziehung des Mitgliedschaftsverhältnisses durch die Gesellschaft darstellt, welche es anderweitig verwerten kann, während mit dem Ausschluß eines Vereinsmitgliedes die Mitgliedschaft eben beendet ist.

c) Nach der dargestellten Struktur der AG ist es also möglich, daß sämtliche Aktien in der Hand eines einzigen Aktionärs sich vereinigen, ohne daß dadurch der rechtliche Bestand der Mitgliedschaften als solche berührt werden würde; da die AG auf diesen Mitgliedschaften beruht, wird durch die Vereinigung derselben in der Hand eines einzigen Aktionärs auch ihr Bestand in keiner Weise betroffen. Die Einmann-AG widerspricht auch nicht dem wirtschaftlichen Zweck der Aktie; denn der wirtschaftlichen Funktion derselben, dorthin abzuwandern, wo Kapital zur Verfügung steht,

---

[12] In Schlegelberger/Quassowski (oben N. 1) § 203 Anm. 45, ist gesagt, daß der Erwerb sämtlicher Aktien durch die Gesellschaft selbst nichtig sei, weil er etwas rechtlich Unmögliches zum Ziele habe. Es ist jedoch nicht einzusehen, warum ein unentgeltlicher Erwerb volleinbezahlter Aktien durch die Gesellschaft nicht zulässig sein soll. Für die GmbH wird in Schilling/Hachenburg, Kommentar zum GmbH-Gesetz I (6. Aufl. 1956) § 33 Anm. 21, gesagt, daß die Gesellschaft auch dann bestehen bleibe, wenn überhaupt kein Gesellschafter mehr vorhanden sei, etwa deshalb, weil die Gesellschaft alle Geschäftsanteile erworben hat. Es sei wegen dieser Streitfrage auf das dort angeführte Schrifttum verwiesen.

wird gleichermaßen entsprochen, mögen die Aktien im Publikum gestreut sein oder sich bei einem Aktionär ansammeln. Die Einmann-AG ist demgemäß auch in Rechtsprechung und Schrifttum übereinstimmend anerkannt[13].

d) Da die AG auf den versachlichten Mitgliedschaftsverhältnissen beruht, stellt sich die andere Frage, ob zur Existenz der Gesellschaft eine bestimmte Mindestzahl von Mitgliedschaften erforderlich ist. Bei Gründung der Gesellschaft müssen sich gemäß § 2 AktG an der Feststellung der Satzung mindestens fünf Personen beteiligen, welche Aktien zu übernehmen haben. Es muß also ursprünglich die Stückelung des Grundkapitals mindestens in fünf Anteile erfolgen. Sinkt die Zahl der Mitgliedschaften nachträglich durch Einziehung von Aktien (§ 237 AktG) unter drei, dann dürfte eine entsprechende Anwendung des § 51 BGB gerechtfertigt sein. Die Einziehung sämtlicher Aktien aber hat den Untergang der Gesellschaft zur Folge[14]; sie entspricht mithin dem Ausscheiden sämtlicher Mitglieder aus dem Verein.

3. Während für die AG die Zulässigkeit der Einmann-Gesellschaft sich aus ihrer Struktur ableiten läßt, ist dies für die *Gesellschaft mit beschränkter Haftung* nicht möglich; denn die GmbH ist nicht eine Gesellschaftsform, deren rechtliche Organisation sich aus einer bestimmten wirtschaftlichen Funktion historisch entwickelt hätte, wie es sowohl bei den Personengesellschaften als auch bei der Aktiengesellschaft zutrifft. Während die Personengesellschaften zugeschnitten sind auf die individuellen Fähigkeiten der Gesellschafter, woraus sich die Abhängigkeit der Gesellschaft von dem jeweiligen Bestand ihrer Gesellschafter und das Fehlen der Rechtsfähigkeit der Gesellschaft erklärt, und während die AG, wie dargelegt, der Kapitalaufnahme aus dem Kapitalmarkt dient und dies ihre rechtliche Struktur bedingt, ist die GmbH eine künstliche Schöpfung des Gesetzgebers. Er wollte es ermöglichen, daß ein Gemeinschaftsunternehmen mehr individualistisch, jedoch in Haftungsbeschränkung betrieben werden kann. Die GmbH ist daher ein juristischer Hermaphrodit, indem sie individualistische und kapitalistische Elemente in sich vereint, Elemente also, welche ihrem Wesen nach sich gegenseitig ausschließen.

Die kapitalistische Ausgestaltung der GmbH beruht lediglich darauf, daß den Gläubigern nur das Gesellschaftsvermögen, nicht aber die Gesellschafter persönlich haften. Wird bei der AG der Ausschluß der persönlichen

---

[13] Schlegelberger/Quassowski (oben N. 1) § 203 Anm. 45; Barz in: Großkommentar zum Aktiengesetz II (2. Aufl. 1965) § 203 Anm. 50 sub b; v. Godin/Wilhelmi (oben N. 1) § 203 Anm. 7 und § 1 Anm. 3; Würdinger (oben N. 1) 219; Baumbach/Hueck, Aktiengesetz (12. Aufl. 1964) § 203 Anm. 6 C.

Will der Alleinaktionär das Unternehmen fortan als Einzelkaufmann weiterführen, dann muß er die Gesellschaft auflösen und abwickeln, und die Übernahme des Restvermögens ist Ausschüttung des Liquidationsguthabens, nicht dagegen Vermögensübernahme i. S. des § 419 BGB; vgl. RGZ 92, 55.

[14] v. Godin/Wilhelmi (oben N. 1) § 203 Anm. 7; Barz (vorige Note) § 203 Anm. 49.

Haftung der Aktionäre dadurch gerechtfertigt, daß sich mit der einzelnen Mitgliedschaft eine nur geringe Einflußmöglichkeit auf die Gesellschaft verbindet, so ist bei der GmbH die Haftungsbeschränkung gegeben, obgleich die Gesellschafter die Geschäftsführung beherrschen können; bei ihr ist die Beschränkung der Haftung Selbstzweck.

Bei der GmbH ist eine individualistische Ausgestaltung der Gesellschaftsverhältnisse (Mitgliedschaftsverhältnisse) möglich und die Mitgliedschaft dient nicht, wie die Aktie, der Geldaufnahme aus dem Kapitalmarkt. Das Mitgliedschaftsverhältnis der GmbH ist daher nicht in gleicher Weise wie die Aktie versachlicht. Es ist nicht negoziabel. Während die Funktion der Aktie sich auch dann erfüllt, wenn alle Aktien sich in einer Hand vereinigen, entfällt bei der GmbH dieser Rechtfertigungsgrund.

Da andererseits auch bei der GmbH die Gesellschafter nur mit der Gesellschaft in einem Rechtsverhältnis stehen, nicht aber untereinander ein obligatorisches Gesellschaftsverhältnis begründen, entfällt andererseits bei ihr auch jener Gesichtspunkt, welcher bei den Personengesellschaften die Einmann-Gesellschaft unmöglich macht.

Das Problem der Einmann-Gesellschaft ist mithin aus der Struktur dieser Gesellschaft nicht lösbar[15]. Daraus erklärt sich, daß es bis heute noch nicht gelungen ist, die Streitfrage, ob die Einmann-GmbH anzuerkennen sei und ob ihr noch eigene Rechtsfähigkeit zukomme, theoretisch überzeugend zu begründen. Es sei hierwegen auf die Zusammenstellung des gesamten einschlägigen Schrifttums in SCHILLING/HACHENBURG verwiesen[16]. SCHILLING schlägt vor, „das Gesellschaftsvermögen als *gebundenes Sondervermögen* des Alleingesellschafters anzusehen, das nach den Regeln des GmbH- (oder Aktien-) Rechts zu verwalten ist". In der Rechtsprechung jedoch war die Einmann-GmbH schon vom Reichsgericht anerkannt worden[17], und diese Rechtsprechung hat auch der Bundesgerichtshof fort-

---

[15] Vgl. aus dem älteren Schrifttum insbesondere BRODMANN, GmbH-Gesetz (2. Aufl. 1930) § 2 Anm. 8a: „Sie ist an sich ein Unding ... und schlägt der Absicht des Gesetzes in das Gesicht. Die Gesellschaft ist verschwunden, die beschränkte Haftung ist geblieben. Das hat das Gesetz nicht gewollt ..." Dagegen HACHENBURG, GmbH (3. Aufl. 1909) § 60 Anm. 24: „Das Bedürfnis, die Haftung für ein Unternehmen auf eine bestimmte Geldsumme zu beschränken, ist vom Gesetz anerkannt, indem es die GmbH schuf. Es liegt kein Grund vor, dieses für den einzelnen als unerlaubt zu bezeichnen"; vgl. über die widersprüchlichen Auffassungen in den Auslandsrechten insbesondere HALLSTEIN, Die GmbH in den Auslandsrechten: RabelsZ 12 (1938/39) 428 ff. Über die Vereinigung aller Kuxe einer bergrechtlichen Gewerkschaft in einer Hand vgl. RGZ 23, 202.

[16] SCHILLING/HACHENBURG (oben N. 12) Anhang zu § 13 Anm. 1.

[17] In RGZ 129, 53 ist gesagt: „Es ist davon auszugehen, daß eine GmbH trotz Vereinigung aller Geschäftsanteile in einer Hand (sog. Einmann-Gesellschaft) als besondere Rechtspersönlichkeit fortbesteht, also auch im Verkehr mit Dritten ihre Selbständigkeit bewahrt"; vgl. auch RGZ 85, 382; 87, 25; 98, 291; 99, 234; 103, 66; 129, 53; 169, 248.

gesetzt. In BGHZ 21, 383 wird zur Rechtfertigung der Einmann-GmbH folgendes ausgeführt: „Wenn auch eine GmbH nicht als eine Einmann-Gesellschaft gegründet werden kann, weil dazu nach § 2 GmbHG ein Vertrag, ein Gesellschaftsvertrag, gehört, so besteht sie doch als juristische Person fort, wenn sich alle Geschäftsanteile durch Abtretung in einer Hand vereinigen. Die Bedenken, die gegen die Einmann-GmbH erhoben worden sind und der Standpunkt, daß der Einmann-GmbH die eigene Rechtspersönlichkeit fehle und das Gesellschaftsvermögen nur ein gebundenes Sondervermögen des Alleingesellschafters sei, ... wenden sich gegen ein Gebilde, das rechtstheoretisch zwar nicht überzeugend begründbar ist, das aber gewohnheitsrechtlich anerkannt und volkswirtschaftlich unschädlich ist, für das ein praktisches Bedürfnis besteht und gegen das außer begrifflichen Bedenken nichts Durchgreifendes geltend gemacht werden kann". Die Zulässigkeit der Einmann-GmbH ist damit nicht, wie es oben für die Einmann-AG geschehen ist, rechtssystematisch begründet, da sie nicht begründbar ist, sondern die Einmann-GmbH wird in der Rechtsprechung rechtsschöpferisch bejaht.

III

Mit der Anerkennung der Einmann-Gesellschaft sowohl bei der AG wie bei der GmbH verbindet sich nunmehr die Frage, ob die Duplizität der Rechtssubjekte, nämlich des Einmann-Gesellschafters und der Gesellschaft, uneingeschränkt anzuerkennen ist oder ob es Fälle gibt, in denen die beiden Rechtssubjekte zu identifizieren sind (sog. „Durchgriffsprobleme").

Die Rechtsprechung hat in der Tat in einer Reihe von Fällen Gesellschafter und Gesellschaft identifiziert und unmittelbar auf den Alleingesellschafter durchgegriffen, teils die für den Gesellschafter bestehende Rechtslage auch der Gesellschaft zugerechnet[18]. Hierbei werden im bisherigen Schrifttum die Einmann-AG und die Einmann-GmbH grundsätzlich gleich behandelt.

Es hat indessen schon die Analyse der rechtlichen Struktur ergeben, daß zwischen beiden Gesellschaften ein wesentlicher Unterschied besteht, indem die Vereinigung aller Aktien in der Hand eines einzigen Aktionärs mit der Struktur der AG und dem Zweck der Aktie durchaus im Einklang steht, während bei der GmbH eine Rechtfertigung aus diesem Gesichtspunkt fehlt. Es kommt hinzu, daß das neue Aktiengesetz von 1965 Vorschriften enthält, durch welche Überlegungen, die zum früheren Recht angestellt wurden, gegenstandslos geworden sind. Es sollen daher die Einmann-AG und die Einmann-GmbH getrennt erörtert werden.

---

[18] Aus dem Schrifttum seien hervorgehoben SERICK, Rechtsform und Realität juristischer Personen (1955); DROBNIG, Haftungsdurchgriff bei Kapitalgesellschaften (1958). Zur Einmann-AG vgl. insbesondere Großkommentar I (2. Aufl. 1960) § 15 Anm. 8.

1. a) Bei der AG ist die Gefahr einer mißbräuchlichen Verwendung dieser Rechtsform sehr gering. Allein schon die Kostspieligkeit dieser Gesellschaft, aber auch die Publizität, der sie unterworfen ist, sind ein wirksamer Schutz gegen mißbräuchliche Verwendung dieser Gesellschaftsform. Die Rechtsprechung hatte sich daher auch mit der Einmann-AG kaum zu befassen. Die Dreiteilung der Organe in Hauptversammlung der Aktionäre, Aufsichtsrat und Vorstand mit ihren bestimmten Zuständigkeiten, die gesetzliche Vorsorge für vollwertige Aufbringung des Gesellschaftsvermögens und für die Bindung desselben, ferner die Vorschriften über den Jahresabschluß, insbesondere die Bewertungsgrundsätze, die Bilanzprüfung und die Veröffentlichung des Jahresabschlusses, welche uneingeschränkt auch für die Einmann-AG gelten, endlich die Grundsätze des neuen Aktiengesetzes von 1965 über „verbundene Unternehmen" schließen für die AG die Möglichkeit eines Mißbrauchs, wie sie bei der GmbH anzutreffen ist, weitestgehend aus.

Die Einmann-AGn sind in der Praxis wohl nur im Konzernverband anzutreffen [19]. Die Muttergesellschaft ist Alleinaktionärin der Tochtergesellschaft. Als solche ist sie in der Lage, die Tochtergesellschaft völlig zu beherrschen, deren Vorstand trotz seiner rechtlichen Unabhängigkeit vom Aufsichtsrat und von der Hauptversammlung (§§ 76 I, 111 IV, 119 II AktG) faktisch die Stellung eines weisungsgebundenen Angestellten der Muttergesellschaft einnimmt.

Im älteren Schrifttum wurde hieraus mit verschiedenen Begründungen und Modalitäten eine weitgehende Verantwortlichkeit und Haftung der Muttergesellschaft für Maßnahmen der Tochtergesellschaft abgeleitet[20]. Das Aktiengesetz hat jedoch Vorsorge getroffen, daß der Einfluß des herrschenden Unternehmens nicht zu einer Schädigung der Gläubiger der abhängigen Gesellschaft führt. Will das herrschende Unternehmen die Tochtergesellschaft seinen Interessen solchermaßen dienstbar machen, daß es ihr legalerweise auch nachteilige Weisungen soll erteilen können (§ 308 AktG), dann hat es mit ihr einen „Beherrschungsvertrag" zu schließen (§ 291 AktG), mit welchem die in den §§ 300 bis 303 AktG vorgesehenen Sicherungen der beherrschten Gesellschaft und ihrer Gläubiger verbunden sind. Durch diese Vorschriften wird sichergestellt, daß das bilanzmäßige Ver-

---

[19] Sollte es vorkommen, daß eine physische Person alle Aktien der Gesellschaft besitzt, dann liegt es nahe, den Alleinaktionär als „Einzelunternehmer" aufzufassen und auch im Verhältnis zwischen ihm und der Gesellschaft die Vorschriften über abhängige und herrschende Unternehmen zur Anwendung zu bringen; vgl. § 17 AktG.

[20] Vgl. z. B. KRONSTEIN, Die abhängige juristische Person (1931) 72 ff.; HAMBURGER, „Organgesellschaft", in: Gedächtnisschrift Seckel (1927) 261 ff., insbesondere 319 ff.; HAUSSMANN, Die Tochtergesellschaft (1923) 62 ff.; DERS., Grundlegung des Rechts der Unternehmenszusammenfassungen (1926) 59; vgl. auch GRIEBEL, Die Einmanngesellschaft (Diss. Berlin 1933) 103.

mögen der beherrschten Gesellschaft erhalten bleibt, sich sogar um die zu bildende gesetzliche Rücklage vermehrt; und diese Vorschriften gelten uneingeschränkt auch dann, wenn das herrschende Unternehmen sämtliche Aktien der Tochtergesellschaft besitzt.

Ist auch das herrschende Unternehmen eine AG, der sämtliche Aktien der Tochtergesellschaft gehören, dann kann eine „Eingliederung" der Tochtergesellschaft erfolgen, welche wirtschaftlich eine Verschmelzung beider Vermögen, jedoch unter Aufrechterhaltung der Rechtspersönlichkeit der eingegliederten Gesellschaft bewirkt und bei welcher die Obergesellschaft gemäß § 322 AktG für alle Verbindlichkeiten der eingegliederten Gesellschaft gesamtschuldnerisch haftet.

Macht die herrschende Gesellschaft von der Eingliederung ihrer Tochtergesellschaft keinen Gebrauch und schließt sie mit ihr auch keinen Beherrschungsvertrag, dann greifen die in den §§ 311 bis 318 AktG vorgesehenen Maßnahmen Platz, durch welche es verhindert wird, daß der Machteinfluß des herrschenden Unternehmens der beherrschten Gesellschaft zum Nachteil gereicht.

Für einen haftungsrechtlichen Durchgriff auf das herrschende Unternehmen als Alleinaktionär aus dem Gesichtspunkt des Rechtsmißbrauchs bleibt daher wohl kaum noch Raum. Es sollte daher vermieden werden, die für die GmbH ergangenen Entscheidungen mit den ihnen zugrunde liegenden Mißbrauchstatbeständen auch auf die AGn zu übertragen und ihnen damit mögliche Mißbrauchstatbestände anzudichten, die hier sich nicht ereignen.

b) In einigen wenigen Vorschriften jedoch ist das Aktiengesetz Praktiken entgegengetreten, welche in früherer Zeit geübt wurden, zu jener Zeit aber, da sie entwickelt wurden, schwerlich als mißbräuchlich bezeichnet werden konnten, weil sie verständigen wirtschaftlichen Interessen dienten. Die eine Maßnahme betraf die Sicherung der Kontinuität der Unternehmensverwaltung in der Zeit der Inflation von 1923 durch Abschirmung der Hauptversammlung gegenüber fremdem Einfluß mittels des Stimmrechts abhängiger Gesellschaften[21]. Ist die herrschende Gesellschaft als Einmann-Aktionärin selbst eine AG und besitzt auch die Tochtergesellschaft Aktien der herrschenden Gesellschaft, dann wäre erstere in der Lage, mittels der Aktien ihrer Tochtergesellschaft in die eigene Hauptversammlung hineinzuregieren. Dies ist durch § 136 II AktG ausgeschlossen worden.

Die herschende Gesellschaft könnte sodann über ihre Tochtergesellschaft das Verbot des Erwerbs eigener Aktien umgehen. Dem treten im geltenden Recht die §§ 56 II, 71 IV AktG entgegen.

c) Die Rechtsprechung hat auch bei der AG den Grundsatz anerkannt, daß der käufliche Erwerb sämtlicher Aktien durch denselben Käufer nach der Verkehrsauffassung nicht nur Kauf von Aktien, sondern zugleich Kauf

---

[21] Vgl. dazu WÜRDINGER (oben N. 1) 53.

des von der Gesellschaft betriebenen Unternehmens sei, bei dessen Mangelhaftigkeit die Gewährschaftsgrundsätze zur Anwendung kommen, vgl. RG 122, 381; vorausgesetzt jedoch ist, daß es ein und derselbe Käufer ist, der sämtliche Aktien übernimmt. Andererseits ist in RG 118, 385 ausgesprochen, daß der Kauf sämtlicher Anteile einer Gesellschaft auch dann, wenn das Gesellschaftsvermögen nur in Grundstücken besteht, keinen Grundstückserwerb, wenigstens nicht i. S. des § 892 BGB, darstellt.

d) Als eine unzulässige Umgehung der Gründungsvorschriften hat das KG in JW 1924, 1535 Nr. 1, 1925, 635 Nr. 5 den sog. „Mantelkauf" betrachtet, nämlich den Kauf aller Anteile einer vermögenslosen juristischen Person zu dem Zweck, unter Ersparung der Neugründung der gekauften leeren Hülle durch Satzungsänderung neues Leben einzuflößen[22].

e) Wird das Gesellschaftsvermögen von einem Dritten schuldhaft beeinflußt, dann steht der Ersatzanspruch lediglich der Gesellschaft zu, nicht aber dem Alleinaktionär persönlich; denn Eigentümerin des Gesellschaftsvermögens ist die juristische Person, nicht der Alleinaktionär. Er ist durch seine Aktie an diesem Vermögen lediglich beteiligt. Die Beeinträchtigung des Gesellschaftsvermögens kann aber auch nicht als eine unmittelbare Verletzung der Beteiligung i. S. des § 823 I BGB aufgefaßt werden, RGZ 158, 255.

2. a) Bei der GmbH führt die Tatsache, daß die Zulässigkeit der Einmann-Gesellschaft rechtssystematisch nicht begründbar ist, notwendig zu vielen Durchbrechungen und Korrekturen jener rechtlichen Konsequenzen, die sich aus der Anerkennung der Einmann-Gesellschaft ergeben würden. Die Gesichtspunkte, mit denen Durchbrechungen in der Rechtsprechung begründet werden, sind mannigfach. So ist beispielsweise in RGZ 99, 232 und 129, 53 ausgeführt, daß die juristische Person und ihr Alleingesellschafter dann als Einheit behandelt werden müssen, „wenn die Wirklichkeiten des Lebens, die wirtschaftlichen Bedürfnisse und die Macht der Tatsachen es dem Richter gebieten, die personen- und vermögensrechtliche Selbständigkeit der GmbH und ihres alleinigen Gesellschafters hintanzusetzen". In RGZ 169, 248 wurde die Einheit von Gesellschaft und Alleingesellschafter damit begründet, daß „die Berufung auf die formelle Verschiedenheit von Gesellschaft und Gesellschafter gegen Treu und Glauben verstößt". In RGZ 156, 277 ist die Identität von Gesellschaft und Gesellschafter angenommen worden, weil es sich als notwendig erwies, „um einen mit der Gesellschaft in Rechtsbeziehung getretenen Dritten zu der ihm nach Treu und Glauben zukommenden Leistung zu verhelfen". In BGHZ 20, 14 ist gesagt, daß die Rechtsfigur der juristischen Person in dem Umfang keine Beachtung finden kann, „in dem ihre Verwendung dem Zweck der Rechtsordnung widerspricht".

[22] Vgl. darüber v. Godin/Wilhelmi (oben N. 1) § 1 Anm. 6; Serick (oben N. 17) 29 Note 1 mit weiteren Angaben.

b) Formulierungen solcher Art indessen führen zu Rechtsunsicherheit, und gegen den Gesichtspunkt der dem Zweck der Rechtsordnung widersprechenden Verwendung der juristischen Person melden sich schwere Bedenken an. Das Schrifttum ist daher bemüht, die Gründe, welche zu Durchbrechungen in der Anerkennung der Einmann-Gesellschaft führen, systematisch zu ordnen[23]. Diese Systematisierung hat jedoch ergeben, daß die darunterfallenden Tatbestände nicht mehr allein Probleme der Einmann-Gesellschaft sind, sondern die mißbräuchliche Verwendung der juristischen Person ganz allgemein betreffen. Dieser weitergehende Problembereich muß indessen hier unerörtert bleiben.

(aa) Als ein wichtiger Gesichtspunkt ist die *Gesetzesumgehung* mit Hilfe der juristischen Person zu benennen.

Nach § 136 I AktG kann ein Mitglied des Vorstands oder Aufsichtsrats aus Aktien, die ihm gehören, das Stimmrecht nicht ausüben, wenn Beschluß über seine Entlastung gefaßt wird. Überträgt nun das Vorstands- oder Aufsichtsratsmitglied seine Aktien auf eine in seinem Alleinbesitz befindliche GmbH, dann kann die GmbH nicht als eine von dem Alleingesellschafter verschiedene Person anerkannt werden, vgl. RGZ 146, 385.

Als ein weiteres Beispiel diene folgender Fall. Hat die GmbH eine Schadensversicherung abgeschlossen, ihr Alleingesellschafter aber, nachdem er einen fremden Geschäftsführer der GmbH vorgeschoben hat, bewußt den Versicherungsfall herbeigeführt, dann kann die GmbH sich nicht darauf berufen, daß nicht sie, sondern ein Dritter den Schaden verursacht habe.

Auch der sog. Mantelkauf (siehe oben III 1 d) wird von einzelnen Schriftstellern als nichtig angesehen, weil er der Umgehung der Gründungsvorschriften diene.

(bb) Ein weiterer Gesichtspunkt ist das *Rechtsscheinprinzip.*

Wenn der Alleingesellschafter der GmbH, gleichgültig, ob er zugleich Geschäftsführer derselben ist oder nicht, bei Abschluß des Vertrages persönlich in solcher Weise mitwirkt, daß der Vertragsgegner aus diesem Verhalten auf die Bereitschaft zu persönlicher Mithaftung schließen konnte, dann kann sich der Gesellschafter nicht mehr auf die alleinige Haftung des Gesellschaftsvermögens berufen. Ein solcher Rechtsschein wird dann stets anzunehmen sein, wenn solchermaßen eine das Gesellschaftsverhältnis übersteigende Verbindlichkeit eingegangen wird.

(cc) Eine persönliche Haftung des Alleingesellschafters kann sich sodann durch sittenwidriges Verhalten i. S. des § 826 BGB ergeben; so z. B. bei Vermögensvermischung zwecks Benachteiligung der Gläubiger[24].

---

[23] Vgl. Serick (oben N. 17); auch Schilling/Hachenburg (oben N. 12) Anhang zu § 13; Drobnig (oben N. 17).

[24] OLG Karlsruhe, DR 1943, 811; vgl. auch BGHZ 22, 230; BGH 26. 11. 1950, WM 1958 IV 3, 460 (und dazu Drobnig [oben N. 17] 33).

(dd) Endlich kann die Identifizierung von Gesellschaft und Alleingesellschafter nach *Treu und Glauben* geboten sein, indem die Anerkennung der Verschiedenheit der Rechtsperson zu offensichtlicher Unbilligkeit führen würde. Der Gesichtspunkt der Billigkeit, und kein anderer, ist es auch, der die Zulässigkeit der Aufrechnung mit Ansprüchen gegen das Reich aus Rüstungslieferungen gegen Forderungen rechtfertigt, welche die im Alleinbesitz des Reiches befindlichen Reichsgesellschaften geltend gemacht haben, wobei die Aufrechnung dann für zulässig erklärt wurde, wenn die Reichsgesellschaft der Sache nach nur eine Dienststelle des Reiches war[25].

Ebenso entspricht es der Billigkeit, daß die Gesellschaft einen Schuldner, der seine Schuld an den Alleingesellschafter und Geschäftsführer persönlich bezahlt, nicht noch einmal in Anspruch nehmen kann, RG in JW 12, 794.

c) Der käufliche Erwerb sämtlicher Geschäftsanteile einer GmbH durch denselben Käufer ist zugleich als Kauf des Unternehmens anzusehen, so daß bei Mangelhaftigkeit desselben auch die hieraus resultierenden Ansprüche gegeben sind; RGZ 98, 289; 100, 200; 120, 286; 129, 164.

d) Nach BGHZ 21, 378 ist die Gründung einer Einmann-Gesellschaft, welche dadurch erfolgt, daß zwei Mittelsmänner (sog. Strohmänner) für ein und denselben Dritten handeln, zulässig; jedoch ist nach BGHZ 31, 258 derjenige, der zur Gründung einer GmbH einen Strohmann benutzt, hinsichtlich der Aufbringung ausgefallener Einlagen wie ein Gesellschafter zu behandeln.

e) Einem Vertrag, den der Einmann-Gesellschafter als Geschäftsführer der GmbH mit sich selbst schließt, steht mangels besonderer Ermächtigung gemäß § 181 BGB die Unzulässigkeit des Selbstkontrahierens entgegen. Nach BGHZ 33, 189 kann der Alleingesellschafter, der zugleich Geschäftsführer ist, sich die Ermächtigung jedoch nicht durch einfachen Beschluß erteilen, sondern nur durch eine Satzungsänderung.

Vorstehender Überblick läßt ersehen, welche Schranken die Rechtsprechung trotz grundsätzlicher Anerkennung der Einmann-Gesellschaft zieht und welche Korrekturen sie vornimmt, um Mißbrauch zu verhindern, redlichen Geschäftsverkehr zu gewährleisten und dem Prinzip von Treu und Glauben zu entsprechen.

[25] Vgl. BGHZ 3, 316; 10, 207; 15, 25; 17, 19 und das in Schilling/Hachenburg (oben N. 12) Anhang zu § 13 Anm. 5 angeführte Schrifttum.

ARBEITSRECHT

DIE ENTWICKLUNG DES UNTERNEHMENS IN ARBEITSRECHTLICHER SICHT

Von Dr. KURT H. BIEDENKOPF
Professor an der Universität Bochum

I

Der Ort eines Gegenstandes im Raum wird durch drei Parameter bestimmt. Dieser geometrische Satz läßt sich auch für die Ortsbestimmung des Unternehmens nutzbar machen. Sein Ort im „Raum" der Gesamtordnung bestimmt sich durch die Parameter Arbeit, Kapital und Markt. Wer die Stellung des Unternehmens, bezogen auf die Rechts- und Wirtschaftsgemeinschaft, in der es agiert, zutreffend beschreiben will, muß Auskunft geben über die Beziehungen des Unternehmens zu seinen Eigentümern, seinen Arbeitnehmern und zu seinen Lieferanten und Kunden. Dies gilt für die Beschreibung seines augenblicklichen Zustandes ebenso wie für die Darstellung seiner Entwicklung. Auch diese ist determiniert durch die rechtliche und tatsächliche Gestaltung der Arbeits-, Eigentums- und Marktverhältnisse.

Für den rechtlichen Betrachter sind diese Verhältnisse Ordnungsbezüge, gestaltet durch ihre Ordnungsnormen und die Autonomie der Beteiligten: das Arbeitsrecht, Gesellschaftsrecht und Wettbewerbsrecht. Das Unternehmen handelt im Koordinatensystem dieser Ordnungsparameter, nach denen sich Inhalt und Umfang seiner rechtlichen Mittel ebenso bestimmt wie das Maß seiner Handlungsfreiheit.

Für alle Ordnungsbezüge läßt sich feststellen, daß der Handlungsspielraum, den sie dem Unternehmen gewähren, seit der Mitte des 19. Jahrhunderts geringer geworden ist. Im besonderen Maße gilt dies für den arbeitsrechtlichen Bereich, von dem im folgenden die Rede ist.

Konstitutiv für das industrielle Unternehmen neuzeitlicher Prägung ist die Leistung von Arbeit im Dienste anderer und in einem besonderen Abhängigkeitsverhältnis zu jenen. Abhängige Arbeit wird typischerweise im Unternehmen geleistet. Beides sind Produkte der industriellen Revolution und der durch die moderne Technik zur höchsten Verfeinerung entwickelten Arbeitsteilung.

Das moderne Arbeitsrecht ist die Antwort der Rechtsordnung auf das Phänomen der abhängigen Arbeit im Unternehmen. Daraus erklärt sich einmal sein Status als Sonderrecht der unselbständigen Arbeitnehmer[1]. Zugleich reflektiert es die Vorstellung der Rechtsgemeinschaft von der Einordnung dieses wirtschaftlich und sozial so erheblichen Tatbestandes in die allgemeine Rechts- und Wertvorstellung. Die Schilderung der Entwicklung des Arbeitsrechts gibt damit die Stationen einer rechtlichen und sozialpolitischen Bewältigung des Phänomens industrieller Arbeit wieder, jedenfalls insoweit, als die Möglichkeiten einer Bewältigung mit rechtlichen Mitteln reichen. Zugleich bezeichnet sie aber – und darauf kommt es uns im folgenden an – auch die rechtlichen Einwirkungen, denen das Unternehmen im arbeitsrechtlichen Bereich ausgesetzt war und die wiederum seine Entwicklung zum modernen industriellen Sozialverband bestimmend beeinflußt haben.

Ausgangspunkt der Entwicklung war die unhaltbare Lage der Industriearbeiterschaft in der Mitte des letzten Jahrhunderts. Eine Veränderung dieser Situation verlangte nach dem Schutz des Arbeitnehmers vor Fortdauer derjenigen Umstände, auf die seine Lage zurückzuführen war. Das Arbeitsrecht war deshalb zunächst allein Schutzrecht zugunsten der Industriearbeiter. Dieser Charakter als Schutzrecht hat sich im wesentlichen bis heute erhalten. Gleichwohl sind in jüngerer Zeit die ordnungspolitischen Aspekte des Arbeitsrechts, vor allem im Bereich kollektivrechtlicher Regelungen der Arbeitsbedingungen und der rechtlichen Ordnung der Betriebsgemeinschaft stärker in den Vordergrund getreten.

Die Umstände, vor deren fortdauernden nachteiligen Wirkungen das neu entstehende Arbeitsrecht den industriellen Arbeiter schützen wollte, lassen sich, vergröbert ausgedrückt, zwei Bereichen zuordnen, wobei wir uns durchaus der Tatsache bewußt bleiben, daß beide Bereiche durch vielfache Beziehungen von Ursache und Wirkungen miteinander verknüpft sind: den allgemeinen, gesellschaftspolitischen Gegebenheiten und dem Bereich der industriellen Unternehmung.

Soweit das neue Recht seine Normen primär auf die Veränderung der allgemeinen gesellschaftspolitischen Umstände ausrichtete (Krankenversorgung, Altersversorgung, Arbeitslosenunterstützung, Armenfürsorge), haben wir es nach heutiger Begriffsbildung mit dem eigentlichen Sozialrecht zu tun. Seine Adressaten sind zwar ebenfalls vorwiegend die industriellen Arbeitnehmer, so daß der persönliche Geltungsbereich der Sozialgesetze teilweise an diesem Tatbestand anknüpft. Die Schutznorm ist jedoch nicht unmittelbar auf den Tatbestand der abhängigen Arbeit bezogen. Nicht dem Schutz im Bereich des Unternehmens, sondern dem Schutz vor Gefahren dienen die Normen des eigentlichen Sozialrechts, die ihren Grund

[1] Hueck/Nipperdey, Lehrbuch des Arbeitsrechts I (7. Aufl. 1963) 3 (zit. Hueck/Nipperdey).

in der sozialen Stellung des Industriearbeiters, d. h. in der Tatsache haben, daß das Kapital des Arbeitnehmers sich im wesentlichen in seiner Arbeitskraft erschöpft.

Soweit die Rechtsnormen den Schutz des Arbeitnehmers im Unternehmensbereich bezwecken, rechnen wir sie zum eigentlichen Arbeitsrecht. Von ihnen ist im folgenden die Rede. Aufgabe dieser Normen ist nicht primär die Gestaltung der Gesamtordnung, sondern die Ordnung der Bedingungen abhängiger Arbeit im Unternehmen und die Gestaltung des Unternehmens als des „Ortes" abhängiger Arbeit.

In dieser Ordnung und Gestaltung verfolgt das Arbeitsrecht – kodifiziert durch staatliche Rechtsetzung, entwickelt durch Richterspruch und kollektive Rechtsschöpfung durch Tarifvertrag – einen zweifachen Zweck: Eine inhaltliche Bestimmung des Austauschverhältnisses, unselbständige Arbeit gegen Entgelt, und eine rechtliche Veränderung der Bedingungen abhängiger Arbeit mit dem Ziel, die tatsächlich und organisatorisch notwendige Abhängigkeit und Unterordnung der Arbeitnehmer durch Gewährleistung ihrer rechtlichen Ebenbürtigkeit zu neutralisieren und zu bewältigen. Die klassischen Ansatzpunkte dieser Bestrebungen waren diejenigen Rechtspositionen, deren zunächst unbeschränkte Anerkennung zum Credo des klassischen Liberalismus gehörte: Vertragsfreiheit und Eigentum. Das Arbeitsrecht als Schutzrecht vor der Macht des Unternehmens und als Ordnungsrecht der Unternehmung hat auf den vorgegebenen privatrechtlichen Institutionen aufgebaut: Es ist im Sinne der Privatrechtsordnung systemgerecht. Daraus folgt zugleich, daß es im wesentlichen ein „Beschränkungsrecht" ist, das die Berechtigung der eingeschränkten Rechtspositionen dem Grunde nach anerkennt und lediglich die Ausübung dieser Rechte binden will. Von kurzfristigen Nachkriegsentwicklungen abgesehen, hat das Arbeitsrecht in Deutschland die privatrechtliche Legitimationsstruktur unserer Industriegesellschaft nicht ernstlich in Frage gestellt.

Für unser Thema bedeutet dies als erstes Ergebnis: Die von dem Arbeitsrecht hervorgerufenen Veränderungen im Unternehmen haben die klassisch-liberale Legitimationsstruktur des Unternehmens im Grundsatz unangetastet gelassen. Das Arbeitsrecht hat die Zuständigkeiten im Unternehmen nicht von Grund auf neu verteilt, sondern durch Beschränkung und Einführung weiterer Zuständigkeiten lediglich dem Umfange nach verändert. Die klassischen Rechtspositionen wurden entsprechend einer gewandelten Rechtsvorstellung gebunden: Eigentum und Freiheit der Vertragsgestaltung wurden ihrer sozialen Verpflichtung unterworfen.

Wer diese Evolution der klassisch-privatrechtlichen Institutionen – und mit ihnen die Entwicklung des Unternehmens zu seiner heutigen Gestalt – in kurzen Strichen nachzeichnen will, setzt zweckmäßigerweise bei den zentralen Institutionen an: der Freiheit in der Gestaltung des Arbeitsvertrages (Vertragsfreiheit) und in der Ordnung des Unternehmens durch den

Eigentümer (Eigentumsrecht). Ihre Behandlung gibt Gelegenheit, stellvertretend für die Gesamtentwicklung des Unternehmens in arbeitsrechtlicher Sicht, die arbeitsrechtliche Umformung zweier Bereiche zu skizzieren: der des Arbeitsvertrages und der der inneren Ordnung des Betriebes.

Zuvor bedarf es jedoch noch einer begrifflichen Klärung. Das Unternehmen, um dessen Entwicklung in arbeitsrechtlicher Sicht es hier geht, ist kein streng arbeitsrechtlicher Begriff. Im Mittelpunkt arbeitsrechtlicher Betrachtung steht vielmehr der Betrieb, definiert als „die organisatorische Einheit, innerhalb derer ein Unternehmer allein oder in Gemeinschaft mit seinen Mitarbeitern mit Hilfe von sächlichen und immateriellen Mitteln bestimmte arbeitstechnische Zwecke verfolgt"[2]. Zwar ist dem Arbeitsrecht auch das Unternehmen als Gesetzesbegriff nicht fremd[3]. Gleichwohl rechnet dieser Begriff in erster Linie zum Bereich des Gesellschafts- und Wirtschaftsrechts[4].

Diese unterschiedliche Begriffsbildung, die auch in der Unterscheidung zwischen Unternehmer und Arbeitgeber wiederkehrt[5], spiegelt die unterschiedlichen Funktionen des industriellen Verbandes, bezogen auf die arbeitsrechtliche einerseits und die gesellschafts- und wirtschaftsrechtliche Ordnung andererseits. Während Betrieb und Unternehmen dem Substrat nach gleich sind[6], sind ihre Zwecke verschieden: die Verfolgung arbeitstechnischer Zwecke, im wesentlichen also der Produktion, als arbeitsrechtliche Zweckbestimmung; der Ankauf und Absatz von Gütern als wettbewerbsrechtliche und die Erwirtschaftung einer Rendite als gesellschaftsrechtliche Zielsetzungen. Da sie den gleichen Gegenstand haben, stehen die funktionalen Begriffe Betrieb und Unternehmen jedoch in vielfacher Weise in wechselbezüglicher Verbindung. Jede Veränderung der betrieblichen Ordnung, d. h. der Gesetzmäßigkeiten, nach denen die Unternehmung den arbeitsrechtlichen Zweck verwirklicht, wirkt zurück auf die Zweckverwirklichung auf dem Markt und das Verhältnis des Unternehmens zu seinen Eigentümern.

Nun sind diese Auswirkungen in den gesellschafts- und wettbewerbsrechtlichen Bereichen Folgeerscheinungen und nicht unmittelbarer Zweck der Veränderungen im arbeitsrechtlichen Bereich. Sie sind Konsequenzen einer Interdependenz, die durch die Einheitlichkeit der Veranstaltung Unternehmen bedingt ist, die jedoch vielfach bei der Ordnung einer der Bereiche unternehmerischen Handelns übersehen wird. Es ist diese Interdependenz der funktionelle Begriff Betrieb und Unternehmen, die es im

[2] Hueck/Nipperdey I 93 mit weiteren Nachweisen.

[3] Z. B. § 1 Kündigungsschutzgesetz, §§ 46, 67 BetriebsVerfGesetz.

[4] §§ 3, 4 Aktiengesetz vom 6. 9. 1965; §§ 1, 15 Gesetz gegen Wettbewerbsbeschränkungen vom 27. 7. 1957.

[5] Siehe dazu Nikisch, Arbeitsrecht I (3. Aufl. 1961) 142 ff. (zit. Nikisch); Hueck/Nipperdey I 88 ff.

[6] Nikisch I 156.

Rahmen unserer Betrachtungen erlaubt, nach der Entwicklung des Unternehmens zu fragen, auch wenn bei der größeren Zahl arbeitsrechtlicher Fortentwicklungen nicht das Unternehmen im Markt oder der gesellschaftsrechtliche Verband, sondern der Betrieb und sein Arbeitgeber Normadressat waren. Und nur die Berücksichtigung dieser Interdependenz erlaubt es uns, das volle Ausmaß der arbeitsrechtlichen Umgestaltung der industriellen Unternehmung während des Laufes ihrer kurzen Geschichte zutreffend zu würdigen.

II

Durch nichts wird das Ausmaß dieser Umgestaltung besser verdeutlicht, als durch die Wandlung der rechtlichen Beziehungen zwischen dem unselbständigen Arbeitnehmer und seinem Arbeitgeber: durch die Fortentwicklung des Arbeitsvertrages vom individuellen, schuldrechtlichen Austauschvertrag zum gemeinschaftsbezogenen, persönlichrechtlich verstandenen, durch die Normen der Tarifverträge inhaltlich bestimmten Arbeitsverhältnis.

Ein privatrechtlich verfaßtes Arbeitsrecht setzt ein freies Arbeitsverhältnis voraus[7], in das der Arbeitnehmer aus freiem Entschluß eintritt und in dessen Verlauf er seine Arbeitstätigkeit den Weisungen seines Arbeitgebers entsprechend vornimmt. An diesem freiwillig abgeschlossenen und dem Prinzip nach inhaltlich freibestimmten Arbeitsverhältnis hat das moderne Arbeitsrecht stets als Grundsatz festgehalten und sich darauf beschränkt, den rechtlich gesicherten Freiheitsgehalt für beide Parteien des Arbeitsvertrages auch tatsächlich zu gewährleisten.

Ansätze eines modernen Arbeitsrechts finden wir zwar schon in den Bestimmungen über Arbeitslohn- und Arbeitszeit in den Zunftverfassungen des deutschen Mittelalters[8]. Der Beginn des modernen deutschen Arbeitsrechts wird jedoch üblicherweise und zu Recht an den Anfang des 19. Jahrhunderts gelegt. Zu dieser Zeit wurde der Merkantilismus, der die Wirtschaft, einschließlich der unselbständigen Arbeit, als Gegenstand staatlicher Reglementierung angesehen hatte, von den Ideen des wirtschaftlichen Liberalismus verdrängt. Die Bindungen, die das Zunftwesen, die Wirtschaftsordnung des absolutistischen Staates, und die Gutsherrschaft ausgebildet hatten, wurden abgebaut. An ihre Stelle trat die Vorstellung von der Harmonie des Zusammenlebens der von der herkömmlichen Bindung befreiten und auf sich gestellten Persönlichkeit. Die auf den Gedanken der Aufklä-

---

[7] Kaskel/Dersch, Arbeitsrecht (5. Aufl. 1957) 7 (zit. Kaskel/Dersch).

[8] Über die Arbeitsverfassung des Mittelalters vgl. Ebel, Zum Ursprung des Arbeitsvertrages: ZgesStaatsW 96 (1936) 309; Schmieder, Geschichte des Arbeitsrechts im deutschen Mittelalter I (1939).

rung aufbauende klassische Nationalökonomie lehrte, daß der Wettbewerb freier Kräfte und Leistungen zu den bestmöglichen wirtschaftlichen Ergebnissen führe. Die liberale Arbeitslehre[9] sah in der Arbeit die bewußte und finale Betätigung geistiger und körperlicher Kräfte zur Erzielung eines wirtschaftlichen Erfolges und verzichtete auf eine sittliche Wertung der Arbeit. Die Arbeit bekam ein kommerzielles Gesicht: sie wurde zum Produktions- und Erwerbsmittel und stellte den Gegenwert für den durch sie herbeigeführten wirtschaftlichen Erfolg dar. Maßgebend war die persönliche Nützlichkeit der Arbeit als Mittel zur Erhaltung der wirtschaftlichen Existenz des Arbeitenden.

Dementsprechend wurde der Arbeitsvertrag rechtlich als ein Austauschvertrag über die wirtschaftlichen Güter Arbeit und Lohn aufgefaßt. Er wurde damit in das System der schuldrechtlichen Austauschverträge eingeordnet[10] und als solcher vom Bürgerlichen Gesetzbuch von 1900 übernommen[11], obwohl die Gewerbeordnung von 1869 durch die Normierung gewisser Fürsorgepflichten des Unternehmers inzwischen einen persönlichen und sozialen Gehalt des Arbeitsvertrages hatte erkennen lassen. Der Dienstvertrag des BGB, in den §§ 611 ff. geregelt, ist ein schuldrechtlicher gegenseitiger Austauschvertrag, der zur gegenseitigen Gewährung von Arbeit und Entgelt verpflichtet und den lediglich einige personenrechtliche Elemente auszeichnen[12].

Die von der Aufklärung und dem klassischen Liberalismus vollzogene Befreiung des Arbeiters von überkommenden Bindungen, die dem Arbeitnehmer die Verfügungsgewalt über seine Arbeitskraft zurückgewährte, traf zusammen mit der Entwicklung des gewerblichen Handwerksbetriebes zum industriellen Unternehmen. Die Folgen waren soziale Probleme größten Ausmaßes: die soziale Frage. Sie beherrschte die zweite Hälfte des 19. Jahrhunderts.

Die Fabrik des aufkommenden Industrialismus als eine großbetriebliche anonyme Produktionsstätte war geprägt von Mechanisierung und Arbeitsteilung. Der freie Arbeitsvertrag, vereinbart mit Arbeitern, die „nicht nur rechtlich, sondern auch wirtschaftlich genötigt sind, ihre Arbeitskraft auf dem Markt zu verkaufen“ (Max Weber), erlaubte eine Entlohnung, die an der Grenze des physischen Existenzminimums lag und die Mitarbeit der ganzen Familie, einschließlich der Kinder, zur Folge hatte. So brachte die

---

[9] Hierzu vgl. Harms, Art. „Arbeit“, in: Handwörterbuch der Staatswissenschaft I (4. Aufl. 1923) 368.

[10] Siehe dazu Lotmar, Der Arbeitsvertrag I (1902) 32, 43 ff., der auch auf die Abgrenzung des Arbeitsvertrages vom römisch-rechtlichen Begriff der Dienstmiete (locatio conductio operarum) eingeht, S. 47 ff.

[11] Vgl. die Kritik hieran bei O. v. Gierke, Der Entwurf des Bürgerlichen Gesetzbuches und das Deutsche Recht (1889) 191 ff., 247.

[12] Wlotzke/Volze in Soergel/Siebert, BGB II (9. Aufl. 1962) Randziffer 6, 7 zu § 611.

rechtliche Freiheit, an der Ausgestaltung des Arbeitsvertrages in gleicher Weise teilzuhaben wie der Arbeitgeber, dem Arbeitnehmer die wirtschaftliche Unfreiheit. An die Stelle rechtlicher Unfreiheit, aber wirtschaftlicher Fürsorge im patriarchalischen Arbeitsverhältnis des Feudalismus trat die rechtliche Befreiung, aber wirtschaftliche Hilflosigkeit des Industriearbeiters. Er war Kontrahent des Unternehmers, nicht sein Partner. Seine Leistung wurde, getreu liberaler Marktvorstellungen, im Markt zu Grenzkosten angeboten, denn von Anfang an war der Arbeitsmarkt ein Käufermarkt. Der Unternehmer war im Besitz des Betriebes und seiner Produktionsmittel. Er allein verfügte über die Arbeitsplätze, von denen die Existenz der großen Mehrzahl abhing. Seine Vormachtstellung war, wenn auch nicht rechtlich, so doch tatsächlich erhalten geblieben; die patriarchalischen Verpflichtungen waren entfallen.

Dieser Grundtatbestand der sozialen Frage war – von vereinzelten Sozialwerken der Unternehmer, wie Abbé und Krupp, abgesehen – nicht mit individualistischen Mitteln zu lösen. Die Arbeitnehmer bedurften des sozialen Schutzes von außen, der in Deutschland, beginnend mit der Arbeitsschutz- und Sozialgesetzgebung Preußens, auf zweierlei Weise gewährt wurde: mit der Aufbürdung patriarchalischer Fürsorgepflichten auf den Unternehmer durch staatliche Gesetze und durch die Bildung von Schutzkoalitionen. Das gesamte moderne Arbeitsrecht steht so unter dem „Leitgedanken der staatlichen Hilfe und der kollektiven, autonomen Selbsthilfe“ [13], ein Leitgedanke, dessen Verwirklichung nicht nur die liberale Ungebundenheit des Frühindustriellen durch eine umfassende Fürsorgepflicht des Arbeitgebers ersetzte, sondern zugleich die betriebliche Gemeinschaft von Arbeitnehmer und Unternehmer an die Stelle der singulären Auswechselbarkeit des Produktionsfaktors Arbeitnehmer treten ließ.

Dem Staat des 19. Jahrhunderts, der die individualistische Freiheit seiner Bürger auf wirtschaftlichem Gebiet anerkannte und sich deshalb darauf beschränkte, den einzelnen vor Gefahren zu schützen und ihm in Notfällen beizustehen [14], standen bei der Abwehr unerträglicher Arbeitsbedingungen zwei Wege offen: 1. der negative des polizeilichen Verbots besonders ungünstiger Arbeitsbedingung, d. h., der durch Gesetzgebung und Verwaltung durchgeführte Arbeitsschutz, und 2. der positive der Fürsorge für diejenigen Arbeitnehmer und deren Angehörige, die durch Mängel des geltenden Arbeitsrechts, durch Krankheit, Unglück, Invalidität und Arbeitslosigkeit besonders hart betroffen wurden. Den zweiten Weg hat das Deutsche Reich mit seiner Sozialgesetzgebung nach 1870 in vorbildlicher Weise beschritten und damit die Entwicklung des modernen Sozialrechts eingeleitet, auf die wir hier nicht näher eingehen können.

---

[13] So Kaskel/Dersch (oben N. 7) 8.

[14] Im Sinne des § 10 Teil II Tit. 17 prALR von 1794.

Die staatliche Arbeitsschutzgesetzgebung[15] begann mit dem preußischen „Regulativ über die Beschäftigung jugendlicher Arbeiter in Fabriken" vom 9. 3. 1839[16]. Es wurde durch einen Bericht des Generalleutnants von Horn über die Gefahren der Kinderarbeit in den Betrieben des rheinisch-westfälischen Industriegebietes aus dem Jahre 1824 veranlaßt und kam erst nach Überwindung starker Widerstände zustande, obgleich es noch einen recht bescheidenen Anfang darstellte: Jugendliche von 9 bis 16 Jahren durften nur noch bis zu 10 Stunden am Tag, Kinder unter 9 Jahren überhaupt nicht mehr beschäftigt werden. Nachtarbeit der Jugendlichen wurde verboten.

Die Regelung wurde durch ein Gesetz vom 16. 5. 1853 erweitert, das das Mindestalter der arbeitenden Jugendlichen auf 12 Jahre festlegte und weitere Arbeitszeitvergünstigungen anordnete. In den folgenden Jahrzehnten verbesserte sich der Arbeitsschutz allmählich: dem Schutz der arbeitenden Frau folgten ein allgemeiner Arbeitszeitschutz, die Unfallverhütung und die Gewerbehygiene. Mangels ausreichender Kontrolle ihrer Anwendung war der Erfolg dieser Gesetzgebung zunächst gering. Erst die am 21. 6. 1869 erlassene Gewerbeordnung[17] brachte einen festen Grundstock von Arbeitsschutzvorschriften, darunter den Schutz vor Betriebsgefahren und das Verbot des Trucksystems. Der Kontrolle ihrer Anwendung diente die Fabrikaufsicht, für die 1879 sogenannte Gewerbeaufsichtsämter geschaffen wurden.

Die Gewerbeordnungsnovelle vom 1. 1. 1891[18] führte die Schutzgesetzgebung nach einer Pause fort, in der die Reichsregierung die Sozialversicherung in Angriff genommen hatte. Eine weitere Verschärfung des Arbeitsplatzschutzes, Regelungen über die Sonntagsruhe und den Maximalarbeitstag, ein Verbot der Nachtarbeit für Fabrikarbeiterinnen und die Anordnung eines Wöchnerinnenschutzes waren die Folge. Zugleich brachte das Gesetz die ersten Ansätze zu einer rechtlichen Ordnung der Betriebsgemeinschaft. Diese Kodifikationen gewährten einen personell ganz überwiegend auf die Arbeiter in Fabriken und Bergwerken beschränkten Schutz; erst durch eine weitere Novelle zur Gewerbeordnung vom 28. 12. 1908[19] wurden die Schutzvorschriften über den Bereich der Fabrikarbeiter auf alle gewerblichen Arbeitnehmer ausgedehnt.

Parallel zu dieser Kodifikation eines gesetzlichen Arbeitsschutzes entwickelte sich um die Jahrhundertwende die zweite Form einer normativen Regelung des Arbeitsvertrages zum Schutze der Arbeitnehmer: der Tarifvertrag. Ebenso wie die gesetzliche Regelung verdankt er seine Entstehung der Auflösung des patriarchalischen Schutzverhältnisses der handwerk-

[15] Zum Arbeitsschutzrecht ausführlich Hueck/Nipperdey 805 ff.
[16] Preußische Gesetzes-Sammlung S. 156.
[17] Bundes-Gesetzblatt des Norddeutschen Bundes 1869, 245.
[18] RGBl. 18, 261.
[19] RGBl. 63, 667.

lichen Ordnung und der Bewertung des Arbeitsvertrages als normalen Austauschvertrag[20]. Der kollektive Zusammenschluß der Arbeitnehmer, den der Abschluß von Tarifverträgen voraussetzt, sollte die faktische Vormachtstellung des Arbeitsgebers ausgleichen, der der Arbeitnehmer als Folge seiner Vertragsfreiheit ausgeliefert war. Der Kollektivvertrag sollte den Einzelvertrag inhaltlich bestimmen, vor allem die wichtigsten Arbeitsbedingungen einheitlich regeln, ohne den Charakter des Einzelvertrages als schuldrechtlichen, wenn auch dienstrechtlich modifizierten Austauschvertrages zu berühren. Auch der kollektivrechtliche Schutz des Arbeitnehmers im Unternehmen war somit systemgerecht, indem er die privatrechtliche Institution des Arbeitsvertrages anerkannte.

Im Gegensatz zu England[21] und den Vereinigten Staaten[22] entschied sich die deutsche Arbeiterbewegung erst relativ spät für eine tarifvertragliche Regelung der Arbeits- und Wirtschaftsbedingungen. Sieht man vom ersten Buchdruckertarif aus dem Jahre 1873 ab, so begann der eigentliche Aufschwung tarifvertraglicher Regelung nicht vor der Jahrhundertwende. Erst zu dieser Zeit wurde der Tarifvertrag nach und nach zum „deklarierten Gegenstand deutscher Gewerkschaftspolitik“ [23].

Ihren Grund hatte diese Tatsache vor allem in der ungeklärten Stellung der Gewerkschaften innerhalb der deutschen Arbeiterbewegung bis zur Jahrhundertwende. Zunächst allgemein als ein in seinem Wert umstrittener Teil der politischen Bewegung angesehen, gelang es den Gewerkschaften nicht, die Anerkennung der Sozialdemokratischen Partei zu finden. Ziel der Partei war die Herrschaft über den Staat und seine Wandlung zum Wohl der Arbeitnehmerschaft, zunächst auf revolutionärem Wege, dann mit Hilfe der Mehrheit der Arbeiterschaft. Tarifverträge mit dem Unternehmer als Klassenfeind wurden angesichts solcher politischen Ziele nicht nur in Kreisen der Partei, sondern zunächst auch in der Gewerkschaft selbst mißtrauisch als Abkommen gesehen, die von der Idee des Klassenkampfes abwichen[24].

Dieser Vorgang hatte die für die Situation in Deutschland bedeutsame Folge, daß die ersten größeren Tarifverträge in Deutschland bereits auf eine, wenn auch nicht ausgebildete, so doch in ihren Grundzügen vorgezeichnete staatliche Arbeitsschutz- und Sozialgesetzgebung trafen. Nach anfänglichem Zögern akzeptierten die Gewerkschaften diese Gesetzgebung

---

[20] Zur geschichtlichen Entwicklung Hueck/Nipperdey I 6–24; II 81ff. und 158ff.; Nikisch I 13ff. und II 17ff. und 195ff.

[21] Siehe zum Beispiel die Darstellungen von Brentano, Zur Geschichte und zur Kritik der englischen Gewerkvereine (1871/72).

[22] Biedenkopf, Unternehmer und Gewerkschaften im Recht der Vereinigten Staaten von Amerika (1961) 15 ff.

[23] Lotmar (oben N. 10) 758.

[24] Reindl, Die deutsche Gewerkschaftsbewegung (1922) 183 ff.; Braun, Die Gewerkschaften (1914) 312 ff., 330 ff.

und erklärten die Beeinflussung der staatlichen Sozialpolitik zu einer der wichtigsten gewerkschaftlichen Aufgaben. Aufgabe der Gesetzgebung war es nach den Worten eines der bedeutendsten damaligen Gewerkschaftsführer „den Stempel auf bestehende Verhältnisse" zu setzen, die durch Gewerkschaftskampf geschaffen waren[25]. Die gewerkschaftlichen Forderungen an die staatliche Gesetzgebung spielten deshalb im weiteren Verlauf der Entwicklung eine immer größere Rolle.

Die mit dieser Einstellung der Gewerkschaften gegebene Rangordnung zwischen staatlicher Schutzgesetzgebung und kollektiver Selbsthilfe, die durch die ablehnende Haltung des Staates gegenüber dem Tarifvertrag noch zugunsten staatlicher Maßnahmen akzentuiert wurde, ist bis heute für die Verhältnisse in Deutschland bestimmend geblieben. Die deutschen Gewerkschaften sahen es – im Gegensatz zu ihren angelsächsischen Schwesterorganisationen – nicht als eine Bedrohung ihrer Wirksamkeit und Notwendigkeit an, daß der Staat weite Teile des arbeitsrechtlichen Bereichs durch seine Gesetzgebung ordnete; sie fordern vielmehr noch heute in ihren Programmen mit der Schaffung eines Arbeitsgesetzbuches eine umfassende gesetzliche Kodifikation des Rechts der abhängigen Arbeit – obgleich eine solche Kodifikation den Wirkungsbereich der kollektivvertraglichen Regelung beeinträchtigen müßte.

Für das Unternehmen war mit der Arbeiterkoalition und dem Tarifvertrag neben die staatliche Gesetzgebung eine zweite Form der Beschränkung ungebundenen unternehmerischen Handelns getreten. War die staatliche Gesetzgebung zunächst auf den Schutz des Arbeiters vor unmittelbaren Gefahren für Gesundheit und Leben beschränkt – ohne die „Freiheit" der vertraglichen Regelung der Arbeitsbedingungen anzutasten, – so stellte der Tarifvertrag – und der Arbeitskampf der Koalition – diese Freiheit nunmehr in Frage. Neben die gesetzliche Beschränkung der Vormachtstellung des Arbeitgebers trat seine tatsächliche Beschränkung durch das Kollektiv.

Die Auseinandersetzungen um die gesetzliche Garantie der Koalitionsfreiheit und die Anerkennung des Tarifvertrages als rechtswirksame vertragliche „Rechtsquelle" legen ein beredtes Zeugnis von den Abwehrkräften ab, die die zusätzliche Beschränkung des Unternehmens zunächst bei den Eigentümern auslöste. Vor allem die kollektive Arbeitsniederlegung zur Erzwingung besserer Arbeitsbedingungen wurde von den Unternehmern nicht nur als eine Beeinträchtigung in ihrer Kontrahierungsfreiheit, sondern auch als Verletzung ihres Eigentumsrechts am Unternehmen angesehen. Doch das Unternehmen hatte sich inzwischen über den klassischen Eigentumsbegriff hinaus entwickelt. Mit dem Abschluß von Tarifverträgen war der Arbeitnehmerkoalition ein bleibender Einfluß auf die Willens-

---

[25] LEGIEN, Die deutsche Gewerkschaftsbewegung (1911) 15.

bildung der Unternehmung eingeräumt worden. Eine Form der vertraglichen Mitbestimmung hatte sich entwickelt, die – im arbeitsrechtlichen Bereich – neben die „Bestimmung" des Unternehmens durch den Eigentümer trat. Der Produktionsfaktor Arbeit begann sich – soweit der Einfluß der Organisation reichte – zum Partner Arbeit zu wandeln.

III

Für die Entwicklung des Unternehmens im arbeitsrechtlichen Bereich bedeutete das Ende des 1. Weltkrieges und die Ablösung der Monarchie durch die Weimarer Republik den wichtigsten Einschnitt. Die neue politische Ordnung brachte die verfassungsrechtliche Gewährleistung der Aufgaben und der Stellung der Gewerkschaften, die während des Krieges ihre patriotische Gesinnung und ihre Loyalität gegenüber dem Staate unter Beweis gestellt hatten und zum ersten Male gesetzlich anerkannt worden waren. Ihre Anerkennung durch die Unternehmerschaft im Rahmen der am 15. November 1918 beschlossenen Arbeitsgemeinschaft der Spitzenverbände der Arbeitgeber und Arbeitnehmer führte zu einem gewaltigen Aufschwung der Gewerkschaftsbewegung und des Tarifvertragswesens, das in der Tarifvertrags-Verordnung vom 23. 12. 1918 zum ersten Male gesetzlich geregelt wurde[26]. Die Epoche des kollektiven Arbeitsrechts begann. Zwar wurden auch neue staatliche Schutzgesetze erlassen: Die staatliche Gesetzgebung brachte eine unmittelbare materielle Besserstellung der Arbeitnehmer durch Einführung des Achtstundentages (Arbeitszeitverordnung vom 23. 11. 1918 für Arbeiter und vom 18. 3. 1919 für Angestellte) und der Erwerbslosenfürsorge (Verordnung vom 13. 11. 1918). Die Zersplitterung des Arbeitsschutzrechts auf eine fast unübersehbare Zahl von Gesetzen und Verordnungen führte zu einem Entwurf eines Arbeitsschutzgesetzes[27], das den Schutz gegen Betriebsgefahren, den Arbeitszeitschutz und die Arbeitsaufsicht umfassen und neben einem Arbeitsvertragsgesetz Teil eines einheitlichen Arbeitsgesetzbuches sein sollte, ein Vorhaben, das jedoch bis heute nicht verwirklicht ist. Die tarifvertragliche Ordnung der Arbeitsverhältnisse übertraf jedoch den gesetzlichen Schutz des Arbeitnehmers bei weitem an Bedeutung.

Mit dem zahlenmäßigen Aufschwung der Tarifverträge Hand in Hand ging eine Weiterentwicklung und Verbesserung dieses wichtigsten Instruments kollektiver Mitbestimmung der Arbeitnehmer. Doch die ungünstige wirtschaftliche Situation der zwanziger Jahre war der Entwicklung des Tarifvertrages nicht günstig. Zentralisierungsbestrebungen überspannten

---

[26] Hueck/Nipperdey II 161 ff.

[27] Veröffentlicht in der Beilage zu Nr. 45 Reichsarbeitsblatt 1926, spätere Fassungen in der Reichstagsdrucksache 1928 Nr. 753.

durch ihre Schematisierung der Regelungen den Tarifgedanken und führten, zusammen mit der zunehmenden Bedeutung der Zwangsschlichtung[28], zu einer gewissen Tarifmüdigkeit. Trotz seines Aufschwunges reichte der Tarifvertrag selten über die Regelungen der wesentlichsten Arbeits- und Wirtschaftsbedingungen hinaus.

Bedeutsam für die Veränderung des Arbeitsvertrages und des arbeitsrechtlichen Verständnisses des Unternehmens waren deshalb auch zwei weitere Entwicklungslinien, von denen eine auf gesetzlicher Regelung, die andere auf der Rechtsfortentwicklung durch die Rechtsprechung beruhte: die Organisation der Betriebsverfassung und die Entwicklung der arbeitsrechtlichen Fürsorgepflichten im Rahmen der Betriebsgemeinschaft. Beide Phänomene prägen neben dem Tarifvertrag den Charakter der modernen industriellen Unternehmung.

In Ausführung des Artikels 165 der Weimarer Reichsverfassung brachte das Betriebsrätegesetz vom 9. 2. 1920 die erste umfassende Organisation der *betrieblichen* Vertretung der Arbeitnehmer. Sein Erlaß war von heftigen Auseinandersetzungen begleitet, die ihren Grund vor allem in den unterschiedlichen Konzeptionen hatten, die zur inneren Organisation der Unternehmen bestanden und in der Rätebewegung[29] und den Werkvereinen ihren Ausdruck fanden.

Für die Gewerkschaften war die Betriebsvertretung der Arbeitnehmer – das Kernstück jeder Betriebsverfassung – nur als Instrument gewerkschaftlicher Interessenvertretung denkbar. Sie waren es, die die Interessen der Arbeitnehmer zu wahren hatten, die sich im Rahmen von Arbeitsverhältnissen realisierten, welche sich wiederum im Betrieb vollzogen. Die Unternehmer dagegen betrachteten die neue Betriebsverfassung nicht als den verlängerten Arm einer betriebsfremden Massenorganisation, sondern als die rechtliche Ordnung einer geschlossenen, in ihrer arbeitsrechtlich relevanten Organisation nach innen gerichteten Einheit. Für sie war es entscheidend, die klassische Legitimationsstruktur des Unternehmens trotz der gesetzlichen Neuordnung jedenfalls insoweit aufrechtzuerhalten, als die externe Legitimation der Unternehmensführung allein vom Eigentümer ausgeht. Gerade diese Legitimation schien jedoch den Gewerkschaften angesichts der Fortentwicklung der industriellen Unternehmung zum sozialen Verband – „zum Unternehmen an sich" – nicht länger ausreichend. Mit ihrer Forderung nach überbetrieblicher Mitbestimmung durch „Unterwerfung der Wirtschaft unter demokratische Prinzipien" im Rahmen einer „Wirtschaftsdemokratie"[30] begehrte sie die volle Mitbestimmung im Sinne einer Teilnahme an allen wirtschaftlich relevanten Entscheidungsbefugnissen.

---

[28] Hueck/Nipperdey II 533.

[29] Varian, Freie Gewerkschaften, Sozialdemokratie und Staat (1956) 142 ff.

[30] Naphtali, Wirtschaftsdemokratie (3. Aufl. 1928).

Weder die Betriebsverfassung des Betriebsrätegesetzes noch die des Betriebsverfassungsgesetzes von 1952[31] waren jedoch an diesen gewerkschaftlichen Forderungen ausgerichtet. Die rechtliche Ordnung, die das Betriebsverfassungsgesetz für den Betrieb schuf, ist nicht nach außen, sondern nach innen orientiert, es sagt somit nichts zur externen Legitimation der Unternehmensverwaltung. Der Betrieb als abgeschlossene Einheit und die Selbstverwaltung dieser Einheit[32] sind die Leitbilder des Gesetzes. Nur im Rahmen der besonderen, für den Montanbereich durch das Mitbestimmungsgesetz von 1951[33] vorgesehenen sogenannten paritätischen Mitbestimmung haben die Gewerkschaften ihre Forderung nach einer Ergänzung der Legitimationsstruktur des Unternehmens durch den „Faktor Arbeit" verwirklichen können.

Gleichwohl verläßt auch das Betriebsverfassungsgesetz bereits den klassischen arbeitsrechtlichen Bereich des Unternehmens, wenn auch nur im Rahmen des internen Organisationsverbandes. Neben den traditionellen sozialen und personellen Angelegenheiten hat die Arbeitnehmerschaft durch den sogenannten Wirtschaftsausschuß auch ein gesetzliches Recht auf Unterrichtung in wirtschaftlichen Angelegenheiten, soweit das Unternehmen eine gewisse Größe überschreitet (§ 67 BetrVG). Kennzeichnend für die Überschreitung des eigentlichen arbeitsrechtlichen Bereiches ist die Tatsache, daß das Gesetz im Zusammenhang mit der Regelung dieses Rechts auf Unterrichtung nicht vom Arbeitgeber, sondern vom Unternehmer spricht. Um die vertrauensvolle Zusammenarbeit zwischen Betriebsrat und *Unternehmer* zu fördern, soll der Wirtschaftsausschuß über das Produktionsprogramm, die wirtschaftliche Lage des Unternehmens, die Produktions- und Absatzlage und sonstige Vorgänge unterrichtet werden, welche die Interessen der Arbeitnehmer und des Unternehmens wesentlich berühren. Die wirtschaftliche Lage des Unternehmens, seine Absatzprobleme – also die Kunden- und Lieferantenbeziehungen – und der Jahresabschluß – die Rechnungslegung gegenüber dem Eigentümer – sind jedoch keine Gegenstände des arbeitsrechtlichen Bereiches, sondern die beiden anderen Parameter unternehmerischen Handelns, von denen zu Beginn die Rede war. Der Anspruch der Arbeitnehmer auf die Unterrichtung über Fragen aus diesem Bereich macht deutlich, daß der Unternehmer seinen Arbeitnehmern nicht länger nur als Arbeitgeber gegenübersteht. Auch darin kommt die Entwicklung zum sozialen Verband Unternehmung zum Ausdruck, dessen wirtschaftliches Schicksal die Interessen des Eigentümers ebenso berührt wie die seiner Arbeitnehmer.

---

[31] BGBl. 1952 I 681.

[32] GALPERIN/SIEBERT, Betriebsverfassungsgesetz (3. Aufl. 1958) Anm. 36 ff. vor § 1, Anm. 17 b zu § 2.

[33] BGBl. 1951 I 347.

IV

Auf der Idee des sozialen Verbandes und der sozialen Verantwortung des Unternehmers beruht schließlich auch der wichtigste Beitrag, den Rechtsprechung und Arbeitsrechtswissenschaft zur Entwicklung des Unternehmens in arbeitsrechtlicher Sicht beigetragen haben: die arbeitsrechtliche Fürsorgepflicht und der Gedanke der Betriebsgemeinschaft.

Eine Rechtsansicht, die im Arbeitsvertrag einen schuldrechtlichen Austauschvertrag sieht, hat keine Veranlassung, dieses Austauschverhältnis durch besondere Nebenpflichten der Partei zu ergänzen oder zu anderen Austauschverhältnissen in Beziehung zu setzen. So hat sich auch das Bürgerliche Gesetzbuch unter dem Eindruck der „schuldrechtlichen Betrachtungsweise"[34] bei der gesetzlichen Regelung des Dienstvertrages auf die Aufnahme weniger, dem unmittelbaren Schutz des Dienstverpflichteten dienende Bestimmungen (§§ 616 bis 619) beschränkt.

Auch hier brachte das Ende des ersten Weltkrieges die entscheidenden Impulse für eine Fortentwicklung. Das Arbeitsrecht als Recht der abhängigen Arbeit wandelte sich von einem bisher kaum zur Kenntnis genommenen Randgebiet zur selbständigen Disziplin. Es wurde als Sonderrechtsgebiet anerkannt; an den Universitäten wurden arbeitsrechtliche Vorlesungen eingeführt; war die Beschreibung des Arbeitsvertrages bisher einzelnen Monographien überlassen geblieben, wie der bedeutenden Arbeit von Lotmar über den Arbeitsvertrag, so entstand nun ein umfassendes arbeitsrechtliches Schrifttum. Die tiefgreifende Veränderung nach dem verlorenen Krieg, die gewandelten sozialen Anschauungen hatten auch die Rechtswissenschaft von ihrem durch die Nachwirkungen der Pandektenrechtswissenschaft bedingten Desinteresse am Arbeitsvertrag befreit.

Es ist nicht verwunderlich, daß den Gerichten und der Lehre unter diesen Umständen die rechtlichen Besonderheiten der abhängigen Arbeit im Betrieb nicht verborgen bleiben konnten. Bei der rechtlichen Bewertung einer Leistung, die nur in der Weise erbracht werden kann, daß der Verpflichtete seine Person zur Gänze in eine fremdbestimmte organisatorische Einheit, den Betrieb, einordnet, konnte das Recht nicht beim Austausch von Leistung und Gegenleistung stehen bleiben. Der Tatbestand der Einordnung und Unterordnung erforderte offensichtlich auch eine enge rechtliche Bindung der Vertragsparteien zueinander. So gingen Rechtsprechung und Lehre, auch unter dem Eindruck der Langfristigkeit der eingegangenen Verpflichtungen, dazu über, die personenrechtlichen Aspekte des Arbeitsvertrages stärker zu berücksichtigen[35].

---

[34] Hueck/Nipperdey (1/2. Aufl. 1930) 101 ff.

[35] Zur Auseinandersetzung um die personenrechtliche Natur des Arbeitsvertrages siehe Hueck/Nipperdey, vorige Note, und Sinzheimer, Grundzüge des Arbeitsrechts (2. Aufl. 1927) 119, 144.

Zunächst vereinzelt, später immer umfassender, entwickelten Rechtsprechung und Lehre um die Hauptpflichten des Arbeitsvertrages eine Struktur von Nebenpflichten, die durch die Begriffe der allgemeinen Treuepflicht und der Fürsorgepflicht des Arbeitgebers gekennzeichnet sind. Dabei konnte man auch auf wichtige Ansätze zurückgreifen, die das deutschrechtliche Dienstvertragsrecht zur Entwicklung einer personenrechtlichen Treuepflicht lieferte und die die Verfasser des Bürgerlichen Gesetzbuches weitgehend unberücksichtigt gelassen hatten [36].

Das Resultat dieser Entwicklung ist die Anerkennung des Arbeitsverhältnisses als personenrechtliches Gemeinschaftsverhältnis [37]. Nicht der Austausch von Leistung und Gegenleistung, sondern die auf dauerndes, gemeinsames Zusammenwirken gerichtete vertragliche Verbindung von Arbeitgeber und Arbeitnehmer steht im Vordergrund rechtlicher Bewertung. Aus dem Austauschvertrag wurde eine umfangreiche Rechten- und Pflichtenstruktur, um deren Verfeinerung und Vervollkommnung Rechtsprechung und Lehre ständig bemüht sind. Das Recht auf Gleichbehandlung, auf Beschäftigung durch den Arbeitgeber, auf Erholungsurlaub, die Fürsorge des Arbeitgebers für Leben und Gesundheit des Arbeitnehmers und für sein Eigentum sind Ausdruck dieser Pflichtenstruktur und zu den unabdingbaren Grundsätzen des Arbeitsrechts geworden [38]. Aus dem Austauschpartner wurde der Betriebsangehörige.

Diese Ausrichtung der rechtlichen Deutung des Arbeitsvertrages auf die Eingliederung der Person in den Herrschaftsbereich des Betriebes war Ansatzpunkt für die Entwicklung auch der zweiten Kategorie: der Betriebsgemeinschaft. Daß die organisatorische, wenn auch nicht rechtliche Zusammenfassung vieler in eine Einheit zur Erzielung eines wirtschaftlichen Erfolges nicht ohne Auswirkung auf die rechtliche Beziehung unter den Beteiligten bleiben könne, hatte das Reichsgericht bereits im Zusammenhang mit der sachgemäßen Verteilung des Betriebsrisikos erkannt [39]. Die Entwicklung blieb jedoch nicht an diesem Punkt stehen. Aus der funktionellen Verbindung vieler im Rahmen eines arbeitsteiligen Produktionsprozesses wurde eine natürliche Interessengemeinschaft [40]. Die Betriebsgemeinschaft als Haftungsgemeinschaft entwickelte sich zur „Werk- und Betriebsgemeinschaft" als „Leistungsgemeinschaft" und „Fürsorgegemeinschaft". Nicht nur aus der Interessenidentität und Risikoverbundenheit, sondern auch aus der Betriebsverbundenheit wurden rechtliche Konsequenzen gezogen. Wer intensiv mit anderen zusammenarbeite, verbinde sich auch mit ihnen. Aus dieser tatsächlichen Gemeinschaftsbindung folge eine „besonders enge Art des Miteinander, aber auch des Füreinander", die zur

---

[36] O. v. Gierke, Deutsches Privatrecht III (1917) 593 ff.

[37] Nikisch I 445 ff. [38] RGZ 106, 272; 113, 89.

[39] So z. B. für den Urlaubsanspruch BAG 20. 4. 1956, BAGE 3, 23 ff.

[40] Nikisch I 152.

Verantwortung für das Ganze des Betriebes und zugleich einer für den anderen verpflichtet[41].

Diese Gemeinschaft, die die Haftung der Arbeitnehmer gegenüber dem Arbeitgeber und untereinander berührt[42] und die den Boden darstellt, auf dem die Mitwirkungsrechte des Arbeitnehmers an der Betriebsleitung erwachsen[43], ist auch auf das rechtliche Verständnis des Unternehmens nicht ohne Auswirkungen geblieben. Der ehemals auf den Eigentümer bezogene Betrieb, in dem dieser Arbeitnehmer beschäftigte, hat sich zu einer gemeinsamen Veranstaltung aller Beteiligter entwickelt, die allen Interessen in gleicher Weise verbunden ist. Die soziale Bindung, der das Eigentum unterliegt, realisiert sich in der Pflichtenstruktur dieses Gemeinschaftsverbandes auf besondere Weise.

So hat sich, was die Pflichten des Unternehmers als Arbeitgeber anbetrifft, der Kreis geschlossen, der sich vom patriarchalischen Verband über die Dispositionsfreiheit des Frühkapitalismus zur Treue- und Fürsorgepflicht des modernen Unternehmers spannt. Die bindungslose „Freiheit" des Fabrikanten wurde in der sozialen Ordnung der Gegenwart domestiziert. Aus der Produktionsstätte wurde der Betrieb, dessen rechtliche Ordnung nicht länger allein durch seinen wirtschaftlichen Zweck bestimmt ist. Geblieben ist die Freiheit des Arbeitnehmers: das entscheidende Resultat der arbeitsrechtlichen Entwicklung des Unternehmens.

---

[41] Nachweise bei Biedenkopf, Grenzen der Tarifautonomie (1964) 139, Noten 100 a ff.

[42] Nikisch I 491 und BAG GS 25. 9. 1957, BAGE 5, 1.

[43] Nikisch I 152.

ÜBER DIE RECHTSSTELLUNG DER GEWERKSCHAFTEN

Von Dr. TH. MAYER-MALY
Professor an der Universität Köln

I. Die Gewerkschaft: Interessenvertretung von Arbeitnehmern und Ordnungskraft der sozialen Selbstverwaltung

Auch in Deutschland sind die Gewerkschaften als wirtschaftliche Kampforganisation der industriellen und handwerklichen Arbeiterschaft sowie als Interessenvertretung der Angestellten entstanden[1]. Ihre rechtliche Position stand ganz im Zeichen negativer Beurteilung durch die staatliche Autorität: Bewirkte auch die Reichsgewerbeordnung vom 21. 6. 1869 eine merkliche Lockerung der bis dahin wirksamen Koalitionsverbote, so galten Forderungen aus Koalitionsvereinbarungen doch nach wie vor nur als Naturalobligationen. Die Anwendung des Sozialistengesetzes vom 21. 10. 1878 führte zur Auflösung vieler Gewerkschaften[2]. Erst der Weltkrieg 1914–1918 brachte Koalition und Staat einander näher: Die mit dem Kriegsausbruch verbundene Welle nationaler Emotionen erfaßte auch die Gewerkschaften[3]. Kriegswirtschaftliche Notwendigkeiten wurden bald zum Anlaß für den Staat, um die Arbeiterkoalitionen zu werben. Das Hilfsdienstgesetz vom 5. 12. 1916 gab den Berufsvereinen ein Vorschlagsrecht für die Beisitzer von Schlichtungsausschüssen. BRISCH[4] bezeichnet es mit Recht als „Wendepunkt in der Geschichte der Koalitionen"; die Kooperation von Staat und Gewerkschaft hatte begonnen. Eine Verordnung vom 23. 12. 1918 erhob den Tarifvertrag zum Rechtsinstitut und gab dem Prinzip Ausdruck, daß die Ordnung der Arbeitsbedingungen nicht unmittelbar vom Staat gesetzt und auch nicht in streng liberal verstandener Vertragsfreiheit von den individuellen Kontrahenten geschaffen werden solle. Der Staat überließ diese Ordnungsaufgabe den Tarifparteien. Darin lag der

---

[1] Vgl. HERMANN MÜLLER, Geschichte der deutschen Gewerkschaften bis zum Jahre 1878 (1918); C. ZWING, Geschichte der deutschen freien Gewerkschaften (1926).

[2] Dazu BOGS, in: KASKEL, Koalition und Koalitionskampfmittel (1925) 17.

[3] Vgl. W. ABENDROTH, Die deutschen Gewerkschaften (2. Aufl. 1955) 19.

[4] BRISCH, Die Rechtsstellung der deutschen Gewerkschaften (1951) 22.

entscheidende Schritt am Weg von einer einfach der Interessenvertretung und so dem Kampf verschriebenen Gewerkschaftskonzeption zur Ausprägung eines Gewerkschaftsverständnisses, das eine gesellschaftliche Ordnungsaufgabe in Anspruch nimmt. Art. 159 der Weimarer Reichsverfassung [5] gab dem Anspruch der Koalitionen auf Wahrung und Förderung der Arbeits- und Wirtschaftsbedingungen Verfassungsrang. Dem positivrechtlich so rasch vollzogenen Wandel konnte keine ähnlich kurzfristige Veränderung des gewerkschaftlichen Selbstverständnisses und der gesellschaftlichen Einschätzung des gewerkschaftlichen Handelns entsprechen. Inflation und Wirtschaftskrise belasteten das Arbeitsleben und hemmten die Entwicklung zur Einsicht in die Ordnungsfunktion der Koalitionen. Was dennoch an hoffnungsvollen Ansätzen gediehen war, fiel dem Nationalsozialismus zum Opfer.

Nach 1945 gestattete die Kontrollratsdirektive Nr. 31 vom 3. 6. 1946 gewerkschaftliche Zusammenschlüsse innerhalb der einzelnen Besatzungszonen. Für das gesamte Gebiet der Bundesrepublik Deutschland konnte am 12. bis 14. 10. 1949 auf einem Kongreß zu München der DGB (Deutsche Gewerkschaftsbund) gegründet werden. Die Deutsche Angestellengewerkschaft (DAG) hatte sich schon im April 1949 konstituiert. Am 30. 10. 1955 wurde überdies die „Christliche Gewerkschaftsbewegung Deutschlands" (CGD) gegründet, so daß der Gedanke der Richtungsgewerkschaft wieder neben den der Einheitsgewerkschaft trat [6]. Nach einer Reihe von Landesverfassungen (Art. 36 Hessen, Art. 48 Bremen u. a. m.) umriß Art. 9 Abs. 3 GG das Koalitionsrecht so: „Das Recht, zur Wahrung und Förderung der Arbeits- und Wirtschaftsbedingungen Vereinigungen zu bilden, ist für jedermann und für alle Berufe gewährleistet. Abreden, die dieses Recht einschränken oder zu behindern suchen, sind nichtig, hierauf gerichtete Maßnahmen sind rechtswidrig". Das Tarifrecht wurde ausgebaut, der Rechtsnormencharakter des dem Arbeitsverhältnis geltenden Tarifinhalts gesetzlich fixiert [7]. Für sehr viele Verwaltungskörper wurde bestimmt, daß ihnen Gewerkschaftsvertreter angehören sollten [8]. Gewerkschaft und Staat, Koalition und gesellschaftliche Ordnung präsentierten sich vielfach verflochten. Die Analogie

[5] Art. 159: Die Vereinigungsfreiheit zur Wahrung und Förderung der Arbeits- und Wirtschaftsbedingungen ist für jedermann und alle Berufe gewährleistet. Alle Abreden und Maßnahmen, welche diese Freiheit einzuschränken oder zu behindern suchen, sind rechtswidrig.

[6] Dazu Reichel, Die deutsche Einheitsgewerkschaft und ihr geistiger Standort (1952). Das Verhältnis verschiedener Gewerkschaften zueinander ist das der Konkurrenz; kommt es zu Reibungen durch einen als unfair empfundenen Leistungsvergleich, greift aber nicht § 1 des Gesetzes über den unlauteren Wettbewerb ein; die Frage wird vielmehr allein nach Art. 9 III GG und nach den §§ 823 und 824 BGB geprüft: Urteil des BGH vom 6. 10. 1964, NJW 1965, 32 f.

[7] § 1 I des Tarifvertragsgesetzes vom 9. 4. 1949.

[8] Dazu die eindrucksvolle Übersicht von Drewes, Die Gewerkschaften in der Verwaltungsordnung (1958).

zur Gemeinde griff um sich: Wie diese dem Selbstverwaltungsgedanken im territorialen Bereich diente, so nahm es die Koalition für den sozialen Raum in Anspruch. Die Idee einer sozialen Selbstverwaltung durch Verbände gewann Gestalt[9].

Die stets fortschreitende gesetzliche oder sonst positivrechtliche Verankerung einer Ordnungsaufgabe der Gewerkschaften und die verstärkt bewußt vollzogene Entfaltung dieser Konzeption ändern aber nichts an der kraftvollen Fortdauer des Gesetzes, nach dem die Gewerkschaften angetreten waren: der machtstrebenden und machtbewußten Interessenvertretung. Weithin von der Überzeugung unüberwindbarer Schwäche des einzelnen Arbeitnehmers seinem Widerpart gegenüber ausgehend, drangen die Gewerkschaften unausgesetzt auf Vergrößerung des Anteils der Arbeitnehmer am Sozialprodukt und am Unternehmenserfolg, dringen sie zur Zeit immer stärker auf rechtlichen Anreiz zum organisierten Zusammenschluß. Letztes Mittel gegen die als übermächtig angesehenen Arbeitgeber ist nach wie vor der Arbeitskampf, mit Nachdruck postuliert der DGB Kampfbereitschaft als Voraussetzung der Tariffähigkeit[10].

Die Verbindung des Strebens nach machtvoller Vertretung der Interessen einer Bevölkerungsgruppe mit Ordnungsaufgaben von gesamtwirtschaftlicher Dimension begründet ein Spannungsverhältnis, in dessen Zeichen die in neuerer Zeit öfter analysierte Ideologie der Verbände[11] deutlich steht. Hand in Hand damit geht die Diskussion über den legitimen Anteil der Verbände am Staat[12]. Ihr einer Aspekt ergibt sich aus der Besorgnis, die Vereinbarungen der Verbände könnten mehr und mehr die

---

9 Vgl. vor allem Meissinger, ArbuR 1953, 97 ff.; 359 ff; 1954, 65 ff.; 134 ff.; 1955, 1 ff.; 200 ff. und dazu die Kritik von Nikisch, Arbeitsrecht II (2. Aufl. 1959) 43 ff.

10 Vgl. die Wiedergabe seiner Stellungnahme im Urteil des BVerfG vom 6. 5. 1964, SammlgArbE 1964, 138 und dazu Reuss, RdA 1964, 362 ff.; Kunze, BB 1964, 1311 ff.; Ramm, JuS 1966, 223 ff.

11 Aus einer nicht mehr übersehbaren Literatur seien hervorgehoben: Goetz Briefs, Zwischen Kapitalismus und Syndikalismus (1952); ders., Das Gewerkschaftsproblem gestern und heute (1955); W. Hirsch-Weber, Gewerkschaften in der Politik (1959); I. v. Reitzenstein, Solidarität und Gleichheit – Ordnungsvorstellungen im deutschen Gewerkschaftsdenken nach 1945 (1961); K. O. Hondrich, Die Ideologien von Interessenverbänden (1963). Zu den österreichischen Verhältnissen vgl. F. Olah, Die Gewerkschaft in der modernen Gesellschaft (1959).

12 J. H. Kaiser, Die Repräsentation organisierter Interessen (1956); Eschenberg, Herrschaft der Verbände? (1956); H. Huber, Staat und Verbände (1958); für Österreich vgl. Klecatsky in: Floretta / Strasser, Die kollektiven Mächte im Arbeitsleben (1963) 29 ff., ferner Die Verbände und ihr Ordnungsanspruch, Schriftenreihe des Instituts für Sozialpolitik und Sozialreform N. F. 3, hrsg. von Kummer, 1965, sowie Verbände und Wirtschaftspolitik in Österreich, hrsg. von Putz, 1966. Zur Behandlung der Frage durch die Staatsrechtslehrertagung siehe Dagtoglou, Arch. öff. R. 90 (1966) 481 ff.

gesellschaftlich-parlamentarische Willensbildung verdrängen. Ihr anderer Aspekt gilt der Übertragung des Prinzips der demokratischen Rechtfertigung aller Regelung aus dem Wollen der Normadressaten vom staatlichen Raum auf den Verbandsbereich[13]. Insbesondere dann, wenn man die in der staatsrechtlichen Tradition geläufige Figur des beliehenen Verbandes heranzieht[14], eröffnen sich gute Chancen zur institutionell-dogmatischen Bewältigung der Entwicklung der Interessenvertretung durch freie Vereinigungen. Das rechtsideologische Substrat solcher Konzeption liegt wohl in einer Bejahung der Dekonzentration. Damit verbindet sich die juristische Qualifikation der Verbandswirksamkeit dem Autonomiegedanken[15]. Dieser kann freilich nicht in der einfachen Form der Übertragung staatlich-gesellschaftlicher Aufgaben an *einen* Verband zum Tragen kommen, sondern bedarf der Modifikation im Hinblick auf die Kooperation von Arbeitgeber- und Arbeitnehmervereinigung. Der Parität der Sozialpartner kommt ja nach dem Konzept von Art. 9 Abs. 3 GG eminenter Verfassungsbezug zu[16], sie wirkt sich in der gleichberechtigten Regelung von Arbeitsbedingungen ebenso aus wie in der Gestaltung der Sozialversicherungsselbstverwaltung[17]. Daß damit auch der Gedanke der Sozialpartnerschaft selbst bejaht werde oder in Zukunft zu bejahen sei, wird von gewerkschaftlicher Seite als Sozialromantik verworfen[18].

Bei allen Rechtsfragen aus dem Verbandsbereich stößt man immer wieder auf das Problem der normativen Kraft des Faktischen. Nicht dem Verfassungsrecht, sondern der Verfassungswirklichkeit konfrontiert Hoeniger (NJW 1956, 1217 ff.) die Aktivität der Interessenverbände. Für das Verständnis des Arbeitsverhältnisses sucht Reuss[19] nach einer „Auffassung,

---

13 Darüber nun vor allem Biedenkopf, Grenzen der Tarifautonomie (1964) 47 ff.; vgl. aber auch Bötticher, Gestaltungsrecht und Unterwerfung (1964) 29 f.

14 So E. R. Huber, Wirtschaftsverwaltungsrecht II (2. Aufl. 1954) 379 ff.; Galperin, ArbuR 1965, 7; schwache Gegengründe bei Radke, Betrieb 1965, 1180.

15 Vgl. Küchenhoff, ArbuR 1963, 321 ff.

16 Treffend W. Weber, Göttinger Festschrift für das OLG Celle (1961) 249 („... immer auf der Grundlage der Parität"); Biedenkopf (oben N. 13) 149 f.; Galperin, ArbuR 1965, 1 („von der Rechtsordnung gewollte Gleichgewichtslage"); vgl. Mayer-Maly, Betrieb 1966, 823 f.

17 Dazu Eckert-Schraft, Versicherte, Arbeitgeber, Geschäftsführer und Ärzte in der Selbstverwaltung der Sozialversicherung (1952) 10 f.; Scheuner, DÖV 1952, 613. Gewerkschaftliche Stimmen dagegen wenden sich oft leidenschaftlich gegen das Paritätsprinzip des Gesetzes über die Selbstverwaltung und über Änderungen von Vorschriften auf dem Gebiet der Sozialversicherung (Selbstverwaltungsgesetz = GSV) vom 13. 8. 1952 (BGBl. I 427): Preller, Soziale Sicherheit 1952, 226 ff.; Bungert, ebd. 1962, 338; dazu demnächst Mayer-Maly in der Gedächtnisschrift für H. Peters.

18 DGB: ein irrealer Gedanke (SammlgArbE 1964, 138); Farthmann, ArbuR 1963, 359: ein völlig ungeklärtes janusköpfiges Gebilde; skeptisch auch Reuss, RdA 1964, 366.

19 Reuss (vorige Note).

die der modernen Wirklichkeit am ehesten gerecht wird und die auch von den Gewerkschaften, also von der weit überwiegenden Mehrheit der in einem solchen Arbeitsverhältnis Stehenden geteilt wird". Zur Erhärtung seiner (mit dem Koalitionsrecht vielfach verflochtenen) Grundsätze über den Arbeitskampf bringt der große Senat des BAG in seinem Beschluß vom 28. 1. 1955 (AP Nr. 1 zu Art. 9 GG Arbeitskampf) vor, diese Grundsätze würden der Rechtswirklichkeit gerecht. Theoretischen Rang erlangt solche Vorgangsweise bei NIPPERDEY[20], wenn zur Frage der Kampfbereitschaft als Koalitionsmerkmal HUSSERLS phänomenologische Methode angerufen wird, um die juristische Relevanz des Selbstverständnisses der Koalitionen darzutun.

Dem gegenüber scheint es mir geboten, stärker auf die Eigenständigkeit des Normativen zu achten. Die Grenze von Sein und Sollen[21], trotz aller Sozialbezogenheit des Juristischen nicht zu verwischen, ist nicht nur deshalb nötig, weil sonst alle Jurisprudenz in Soziologie aufgehen könnte[22], sondern auch aus einem rechtspolitischen Grund: Der Blick auf konkrete Ordnungen hat schon einmal die Fähigkeit zur Unterscheidung zwischen Recht und Unrecht getrübt; er wird es unausbleiblich wieder tun, wenn es irgendeiner totalitären Konzeption gelingen mag, Wirklichkeit nach ihrer Intention zu prägen. Dann dem Sein das Sollen entgegenzusetzen, ist zwar angesichts der bösen Erfahrungen mit der Manipulierbarkeit von positivem Recht keine voll verläßliche Sicherung, aber doch eine Barriere. So sei das Problem der Rechtsstellung der Gewerkschaften in der Bundesrepublik Deutschland vor allem unter dem Aspekt der Eigenständigkeit des Normativen betrachtet[23]. Damit wird für ein Auswahlkriterium entschieden:

---

[20] NIPPERDEY, RdA 1964, 361.

[21] Dazu MAIHOFER, Recht und Sein (1954); H. HENKEL, Einführung in die Rechtsphilosophie (1964) 8 ff.; bedenklich VOLANTHEN, Zu Hans Kelsens Anschauung über die Rechtsnorm (1965) 92.

[22] Präzise faßbar werden die dabei drohenden Gefahren an den Einbrüchen in die Derogationslehre. So meint HERSCHEL, JZ 1965, 86, „daß eine Wandlung des tatsächlichen Gewerkschaftsbegriffes automatisch auch auf die Rechtslage einwirken würde". SCHNORR v. CAROLSFELD, RdA 1964, 297 ff., geht sogar so weit, daß er ganz allgemein die These aufstellt, im Arbeitsrecht könne es nicht auf die Maxime lex posterior derogat priori ankommen; man habe vielmehr zu versuchen, stets die jeweils maßgeblichen (und etwa aus der Presse erkennbaren!) Rechtsvorstellungen zu ermitteln. Wäre die Derogationslehre bloß formales Instrumentar der Rechtstheorie, so wäre ihre Einschränkung angesichts der Dynamik des Arbeitslebens immerhin erwägenswert. Doch dem ist nicht so: Die Institutionalisierung und partielle Monopolisierung eines Weges der Gesetzgebung zählt zu den Wesensmerkmalen des gewaltenteilenden Rechtsstaates. Die Abwehr der Kritik von TH. RAMM (JZ 1964, 494 ff.; 546 ff.; 582 ff.; vgl. GAMILLSCHEG, JZ 1965, 47 ff., dazu wieder RAMM, JZ 1966, 214 ff.) darf nicht über die Gefahren einer pauschalen Bejahung richterlicher Rechtsfortbildung hinwegtäuschen; vgl. LARENZ, NJW 1965, 1 ff.

[23] Vgl. MAYER-MALY, Betrieb 1966, 824.

Ein Blick in die ebenso verläßliche wie klare Behandlung der Koalitionen durch NIPPERDEY[24] zeigt ja, daß dieses Referat mit dem Umfang der entsprechenden Partien in den führenden Systemwerken[25] gar nicht wetteifern kann, sondern sich auf die Diskussion besonders aktueller Probleme unter dogmatisch besonders wichtigen Gesichtspunkten beschränken muß.

II. Die zivilrechtliche Stellung der Gewerkschaften

Für korporative, in ihrem Bestand vom Wechsel der Mitglieder unabhängige Zusammenschlüsse mit ideellen (und nicht wirtschaftlichen) Zielsetzungen bietet das BGB zwei Rechtsformen an: den eingetragenen und den nicht rechtsfähigen Verein. Die Ausgestaltung dieser Alternative steht mit dem Problem der Rechtsstellung der Gewerkschaften in engstem Zusammenhang. HEINRICH STOLL[26] drückte das mit den Worten aus, „das ganze Vereinsrecht" sei „sozusagen mit einem ständigen mißtrauischen Seitenblick auf die Gewerkschaftsbewegung geschaffen" worden. Zwar hatte der Reichstag des Norddeutschen Bundes schon ein Gesetz beschlossen, Berufsvereinen, deren Bestrebungen auf Hebung und Sicherung des gewerblichen Lebens gerichtet waren, Rechtsfähigkeit zu gewähren[27]; doch der Ausbruch des deutsch-französischen Krieges 1870/71 und die mit seinem Ausgang verknüpften staatsrechtlichen Veränderungen verhinderten den zur Gesetzesgeltung noch notwendigen Beschluß des Bundesrates. Der Reichstag des wilhelminischen Reiches lehnte es dann, immer wieder mit Anträgen und Petitionen konfrontiert, aus politischen Gründen ab, eine Rechtsfähigkeit von Berufsvereinen anzuerkennen. Bei der Arbeit am BGB setzte sich das Prinzip durch, daß Rechts- und damit Vermögensfähigkeit[28] nur jenen Vereinen zukommen solle, die den von § 21 BGB vorgezeichneten Weg der Eintragung in das Vereinsregister beschreiten und sich so der staatlichen Vereinsaufsicht unterwerfen. Die Gewerkschaften wurden derart vor die Wahl zwischen Rechtsfähigkeit und Aufsichtsfreiheit gestellt. Sie haben sich gegen die Rechtsfähigkeit entschieden[29].

Die Gewerkschaften nahmen es also in Kauf, daß sie unter die Maxime des § 54 BGB fielen, nach der auf Vereine, die nicht rechtsfähig sind, die Vor-

---

[24] HUECK/NIPPERDEY, Lehrbuch des Arbeitsrechts II (6. Aufl. 1957; die 7. Auflage erscheint demnächst).

[25] E. R. HUBER (oben N. 14) 355 ff.; NIKISCH (oben N. 9) II, 2 ff.

[26] STOLL, Die gegenwärtige Lage der Vereine ohne Rechtsfähigkeit, in: Die Reichsgerichtspraxis im deutschen Rechtsleben II (1929) 61.

[27] Vgl. die Nachweise bei BRISCH (oben N. 4) 29.

[28] Zu ihrem Zusammenhang mit potentieller Machtentfaltung vgl. die BGB-Motive I 90.

[29] In der Weimarer Republik gab es insgesamt nur 18 rechtsfähig gewordene Arbeitnehmerverbände; siehe HAUSSLEITER, Die Rechtsform der Arbeitnehmergewerkschaften als Gesetzgebungsproblem (1927) 32.

schriften über die Gesellschaft (§§ 705–740 BGB) Anwendung finden. Daraus folgte, daß für das Vereinsvermögen das Gesamthandprinzip zu gelten hatte. Verbücherung unter dem Vereinsnamen war daher ebenso unmöglich[30] wie eine Klage unter dem Gesamtnamen des Vereins[31]. Es fehlte die Wechselfähigkeit[32]. Für den nicht rechtsfähigen Verein rechtsgeschäftlich handelnde Vertreter hafteten persönlich[33] und als Gesamtschuldner. Freilich wurde auch ein Vorteil der Behandlung der Gewerkschaft nach § 54 BGB greifbar: Ihre Organhaftung richtete sich nicht nach § 31 BGB, sondern fiel unter § 831 BGB, so daß die Exkulpationsmöglichkeit offenblieb[34]. Konnte eine Gewerkschaft, die etwa für deliktische Schädigungen durch einen ihrer Streikposten in Anspruch genommen wurde, dartun, daß ihr weder Auswahl- noch Überwachungsverschulden zur Last falle, so entging sie der Schadenersatzpflicht.

Lehre[35] und Rechtsprechung versagten jedoch der vom BGB modellierten Konzeption des nicht rechtsfähigen Vereines in vielen Fragen (und mit zunehmender Entschiedenheit) die Gefolgschaft. So wurden immer öfter Grundsätze des internen Vereinsverfassungsrechts und nicht des Gesellschaftsrechts herangezogen[36]; vor allem aber setzte sich für die Organhaftung doch die Anwendung von § 31 BGB durch[37]. Wie Fabricius[38] treffend sah, besteht zwischen Haftungsregelung und Parteifähigkeit ein sehr enger Zusammenhang. § 50 ZPO jedoch statuierte nur passive Parteifähigkeit des nicht rechtsfähigen Vereins[39]. Seit dem Arbeitsgerichtsgesetz von 1926 hatten Arbeitnehmerkoalitionen für dieses Verfahren ausnahmsweise volle Parteifähigkeit; dies wurde von § 10 ArbGG übernommen. Die

---

30 RGZ 127, 311. 31 RGZ 57, 92. 32 RGZ 112, 124.

33 Vgl. RAG in RABl. 1927, Amtlicher Teil 363 ff. zu § 54 S. 2 BGB; Änderungsvorschläge in: Verhandlungen des 34. Deutschen Juristentages I, 491.

34 RGZ 135, 244. Siehe auch H. Schumann, Zur Haftung der nichtrechtsfähigen Vereine (1956) 33 ff.

35 Vgl. H. Stoll (oben N. 26) 49 ff.; G. Böhmer, Grundlagen der bürgerlichen Rechtsordnung II (2. Aufl. 1952) 167 ff.; H. Schumann (vorige Note); Habscheid, AcP 155 (1956) 375 ff.; Fabricius, Relativität der Rechtsfähigkeit (1963) 186 ff.

36 Zur Überprüfung des Ausschlusses des Mitgliedes eines nicht rechtsfähigen Vereins vgl. BGHZ 13, 5; zur von § 708 BGB abweichenden Haftung des Vereinsmitglieds dem Verein gegenüber RGZ 143, 214; zur Ablehnung eines Auseinandersetzungsanspruchs ausscheidender Mitglieder schon RGZ 113, 135.

37 Aus der Weimarer Republik, in der diese Judikatur stets bestritten blieb: OLG Düsseldorf, JW 1924, 1882 ff.; OLG Hamburg, RABl. 1924, Amtlicher Teil 347; anders aber RG, JW 1933, 423. Nach 1945 wurde vor allem die analoge Anwendung des § 31 BGB durch das LAG Frankfurt (RdA 1950, 427; 1953, 354) beachtet; diesem Ergebnis neigt nun auch der BGH in NJW 1965, 33 zu. Opposition noch beim OLG Schleswig (SchlHA 1953, 200) und bei Palandt(-Danckelmann), BGB (25. Aufl. 1966) Anm. 2 A zu § 54.

38 Fabricius (oben N. 35) 195 ff.

39 Zur Ausnahme für Widerklagen vgl. Habscheid, AcP 155 (1956) 412.

3. Zivilkammer des LG Bonn anerkannte aber schon 1957 die Möglichkeit der Klage unter dem Vereinsnamen, wenn es sich um einen nicht rechtsfähigen Verein mit so vielen Mitgliedern handelt, daß eine Benennung aller Mitglieder praktisch unmöglich ist[40]. Mit Urteil vom 6. 10. 1964 sprach der BGH aus, eine Gewerkschaft, die sich mit der Unterlassungs- und Schadenersatzklage gegen die Propaganda einer rivalisierenden Gewerkschaft wendet, um eine Beeinträchtigung ihres Bestandes und ihrer Betätigung abzuwehren, sei vor den Zivilgerichten *insoweit* aktiv parteifähig[41].

Das Problem der zivilistischen Rechtsposition der Gewerkschaften ist also nach wie vor ungelöst. Ob es ein Gesetz über die Koalition[42] oder – besser noch – eine Arbeitsrechtskodifikation[43] zu lösen vermöchte, steht dahin. In der Bundesrepublik Deutschland setzt man, wie es scheint (und mir nicht glücklich dünkt), bei arbeitsrechtlichen Ordnungsproblemen nicht gern auf den Gesetzgeber. Damit gelangt die Entwicklung der Lehre, damit gelangt aber auch jeder Versuch richterlicher Rechtsfortbildung[44] zu besonderer Bedeutung. Die von der Lehre zur Rechtfertigung der Abkehr von der Konzeption des BGB vorgebrachten Argumente[45] rufen sogleich die im Einleitungskapitel berührte Fragwürdigkeit des Rückgriffs auf die normative Kraft des Faktischen in Erinnerung. Die zivilistische Position der deutschen Gewerkschaften erweist sich als Spiegelbild aller Unsicherheit der Rechtsquellenlehre der Gegenwart.

Gustav Böhmer[46] präsentiert das Thema zur Rubrik „Richterliche Gesetzesberichtigung: Rechtsschöpfung contra legem“ und spricht von „ursprünglichen gesetzlichen Fehlentscheidungen“, die durch richterliche Rechtsschöpfung mit Recht korrigiert wurden. Habscheid[47], der die Behandlung des nicht rechtsfähigen Vereins zum Anlaß von Ausführungen

---

[40] AP Nr. 1 zu § 54 BGB (mit gründlicher Anmerkung von Stahlhacke); zusätzlich wurde damals gefordert, es müsse um ein Recht gehen, das den Vereinsmitgliedern nur in ihrer körperschaftlichen Zusammenfassung zustehen kann; auch müsse das Vereinsvermögen unzweifelhaft zur Deckung der Prozeßkosten ausreichen.

[41] BGH, NJW 1965, 29 ff. = AP Nr. 6 zu § 54 BGB; zur aktiven Parteifähigkeit nicht rechtsfähiger Vereine vgl. auch Wapler, NJW 1961, 439 ff. = BGHZ 42, 210 ff.; vgl. auch BGH vom 24. 2. 1965, AP Nr. 1 zu § 12 BGB, dazu nun Bulla, Betrieb 1965, 620 ff.; Fenn, JuS 1965, 175 ff.; Scheffler, NJW 1965, 849 ff.; Ossenbühl, NJW 1965, 1561 ff.

[42] Zu den Problemen eines umfassenden Gewerkschaftsgesetzes Brisch (oben N. 4) 65 ff.

[43] Über ihre Chancen in der Bundesrepublik Mayer-Maly, RdA 1964, 1 ff.

[44] Eindrucksvoll Larenz, NJW 1965, 1 ff.; zur gesteigerten Anfälligkeit sich emanzipierender Spezialgebiete beachte man Flume, Steuerberater-Jahrbuch 1964/65, 55 ff.

[45] Aus der Judikatur vgl. BGH, NJW 1965, 31: „Angesichts der sozialen Wirklichkeit geht es nicht an ...“

[46] Böhmer (oben N. 35) II 2, 167 ff.

[47] Habscheid, AcP 155 (1956) 379 ff.

über Notwendigkeit und Methode der Rechtsfortbildung nahm, anerkannte zwar nicht ein solches allgemeines Recht zur richterlichen Korrektur gesetzlicher Fehlentscheidungen, billigte und forderte Abhilfe durch die Gerichte aber immer dann, wenn sich der Gesetzgeber „verplant" hat. Auch FABRICIUS[48] gelangt zur Bejahung der Rechtsfortbildung und beruft sogar OTTO V. GIERKE[49], um sich für die Überlegenheit der „Macht des Lebens" über die „formale Gesetzgebungskunst" auszusprechen[50]. Die Distanz zwischen normativem und effektivitätsbezogenem Denken wird ins Bewußtsein gehoben.

Die Polarität von Gesetzestreue und Rechtsfortbildung erfuhr nun aber bei FABRICIUS[51] eine bemerkenswerte Relativierung: Einerseits wird im Anschluß an HABSCHEID[52] derogatorisches Gewohnheitsrecht erwogen, andererseits wird die „Umkehr zu Gesetzestreue" als „möglicher anderer Weg" zur Diskussion gestellt, dann aber doch verworfen; dabei kann FABRICIUS aufzeigen, daß die meisten einleuchtenden Gründe für ein Meiden der Vereinseintragung bereits weggefallen sind. Er lehnt es aber ab, „das Gewohnheitsrecht, das sich gebildet hat und das geltende Recht darstellt"[53], wieder aufzuheben; man dürfe das Gewicht des geschichtlich Gewordenen, das als richtig anerkannt worden ist, nicht unterschätzen.

Sowohl die Behauptung von Gewohnheitsrecht wie die Erwägungen über eine Rückkehr zur Gesetzestreue nähern sich der traditionellen Rechtsquellenlehre. Es geht nicht mehr einfach um Schlüsse aus der sozialen Wirklichkeit. Die Behauptung von Gewohnheitsrecht gerät freilich in Verlegenheit, wenn man die verbliebene Opposition gegen eine analoge Anwendung der Ordnung für rechtsfähige Vereine und überdies die in der Judikatur auch jetzt noch immer angebrachten Vorbehalte[54] bedenkt: Verbreitete Opposition gegen eine gesetzliche Problemlösung ist noch kein derogatorisches Gewohnheitsrecht. Der Opposition gegen die vom BGB geforderte Ordnung gebricht es auch an Einmütigkeit. Manche[55] fordern für alle nicht rechtsfähigen Vereine die entsprechende Anwendung der Sätze über die juristische Person, andere wollen nach der Vereinsgröße differenzieren[56]. Der BGH[57] sah nicht auf den nicht rechtsfähigen Verein als solchen,

---

[48] FABRICIUS (oben N. 35) 216.

[49] O. v. GIERKE, Vereine ohne Rechtsfähigkeit (2. Aufl. 1902) 12.

[50] Auch die „Natur der Sache" wird in diesem Zusammenhang bisweilen geltend gemacht; vgl. H. SCHAMBECK, Der Begriff der „Natur der Sache" (1964) 115 ff.

[51] FABRICIUS (oben N. 35) 214 ff.

[52] HABSCHEID, AcP 155 (1956) 386.

[53] FABRICIUS (oben N. 35) 216.

[54] Vgl. BGH, NJW 1965, 33 („Einer Vertiefung dieser Frage bedarf es an dieser Stelle nicht ...") zur Entscheidung zwischen § 31 und § 831 BGB.

[55] Besonders HABSCHEID, AcP 155 (1956) 388, der die Sonderstellung von Massenorganisationen als nur soziologisch, nicht auch juristisch relevant bezeichnet.

[56] LG Bonn, AP Nr. 1 zu § 54 BGB.

[57] BGH, NJW 1965, 32.

sondern auf die nicht rechtsfähige Koalition im Sinne von Art. 9 Abs. 3 GG. Er führte unter Berufung auf Nikisch[58] und Nipperdey[59] aus: „Sollten die Gewerkschaften hierdurch [d. h.: durch partielle Anerkennung aktiver Parteifähigkeit im Zivilprozeß] gegenüber anderen nicht rechtsfähigen Idealvereinen bevorzugt werden, so wäre zur Rechtfertigung dieser Bevorzugung anzuführen, daß die Gewerkschaften Träger zahlreicher öffentlicher Funktionen sind und eben wegen dieser Funktionen eine Sonderstellung einnehmen, die sie über die sonstigen privaten Vereine hinaushebt".

Wir erkennen derart, daß zwei völlig verschiedenartige Rechtsgedanken wirksam werden, wenn man die Behandlung der Gewerkschaften nach § 54 BGB angreift: Zum einen wird der Vereinscharakter (die körperschaftliche Organisation, die Unabhängigkeit des Vereinsbestandes vom Mitgliederwechsel) auch des nicht rechtsfähigen Vereines geltend gemacht; diese Argumentation zielt auf gesetzeskorrigierende Anerkennung der Rechtspersönlichkeit aller bisher nicht rechtsfähigen Vereine. Zum anderen aber wird die positivrechtlich fundierte Wirksamkeit arbeitsrechtlich ausgerichteter Koalitionen ins Treffen geführt. Diese ist in der Tat, wie schon das Problem der Tariffähigkeit erweist, nicht ohne großzügige entsprechende Anwendung der Grundsätze über juristische Personen möglich.

Da es sich hier aber um Konsequenzen positivrechtlich verankerter Aufgaben an sich nicht rechtsfähiger Koalitionen[60] und vor allem um die Auswirkungen der zuerst in Art. 159 WRV und nun in Art. 9 Abs. 3 GG vollzogenen Verankerung der Verbände im Wirtschaftsverfassungsrecht handelt, *geht es meines Erachtens überhaupt nur um materielle Derogation* und nicht um gesetzeskorrigierende Rechtsfortbildung durch Lehre und Judikatur. Das Problem der Rechtsfähigkeit von Gewerkschaften ist also – sieht man es von der Rechtsquellenlehre her – anders gelagert als die allgemeine Frage der Behandlung nicht rechtsfähiger Vereine. Es geht gerade nicht um die Macht der Wirklichkeit, sondern um die zivilistische Konsequenz wirtschaftsverfassungsrechtlicher Normen. Diese kann meines Erachtens nur mehr in der Anerkennung voller (durch materielle, gesetzliche Teilderogation des § 54 BGB bewirkter) Rechtsfähigkeit aller unter Art. 9 Abs. 3 GG fallenden Vereinigungen bestehen.

Auf die wirtschaftsverfassungsrechtlich-publizistische Position der Gewerkschaften, die sich eben als zivilistisch hochbedeutsam erwiesen hat, wollen wir nun sehen (wobei noch, insbesondere zum Tarifrecht, mancher ins Privatrecht gehörende Satz festzuhalten sein wird).

---

[58] Nikisch (oben N. 9) 71.

[59] Hueck/Nipperdey (oben N. 24) 143.

[60] Reiche Belege bei Drewes (oben N. 8).

III. Die verfassungsrechtlichen Grundlagen des Gewerkschaftswesens

In der Bundesrepublik Deutschland hat das Koalitionsrecht eine vom allgemeinen Vereinigungsrecht unabhängige Position in der Grundrechtsordnung gewonnen[61]. Schon Art. 159 WRV hatte diese Selbständigkeit des Koalitionsrechts zum Ausdruck gebracht[62]. Für Art. 9 Abs. 3 GG stand sie lange außer Zweifel[63], die allgemeine Vereinigungsfreiheit fällt unter Art. 9 Abs. 1 GG. Das Koalitionsrecht umfaßt zum einen das Grundrecht der Individuen, sich zu Verbänden zusammenzuschließen[64], zum anderen das Grundrecht der Verbände[65], sich im Sinn von Art. 9 Abs. 3 GG durch Wahrung und Förderung von Arbeits- und Wirtschaftsbedingungen zu betätigen[66]. Ob überdies ein „Abwehranspruch gegen den Anspruch der Organisation auf Unterwerfung durch Beitritt“[67], ob also die negative Koalitionsfreiheit[68] direkten Grundrechtsschutz aus Art. 9 Abs. 3 GG genießt, ist strittig[69]. Landesverfassungsrechtlich ist die negative Koalitionsfreiheit für Bremen (Art. 48) und Hessen (Art. 36) verankert.

Folgenschwere Unklarheit herrscht über die Frage, ob das Koalitionsrecht des Art. 9 Abs. 3 GG einen weiteren Kreis von Verbänden erfaßt als das Tarifrecht. Häufig begegnet man der Annahme, daß die Rechtsbegriffe „Koalition“, „Gewerkschaft“[70] und „Tarifpartei“ (auf Arbeitnehmerseite)

[61] In Österreich dagegen ist das Koalitionsrecht, obwohl es von Art. 18 V der Verfassung erwähnt wird, bislang in die allgemeine Vereins- und Versammlungsfreiheit eingebettet geblieben; vgl. Martinek-Schwarz, DRdA 1963, 272 f.; Ermacora, Handbuch der Grundfreiheiten und der Menschenrechte (1963) 290 f.

[62] Vgl. Neumann, Koalitionsfreiheit und Reichsverfassung (1932); Bettermann/Nipperdey/Scheuner, Die Grundrechte III (1958) 384 ff.

[63] Hueck/Nipperdey (oben N. 24) 54 f.; Galperin, ArbuR 1965, 1; anders nun Hueck/Nipperdey, Grundriß des Arbeitsrechts[3] (1965) 162 f.

[64] Nur diesen Gehalt anerkennt Herz, Neue Zeitschrift für Arbeitsrecht 1930, 547.

[65] Vgl. Art. 19 III GG; zu seiner Anwendung auf als nicht rechtsfähige Vereine konstituierte Verbände Hueck/Nipperdey (oben N. 24) 107.

[66] BVerfGE 4, 101; stärker auf Selbstverständnis und freie Zielbestimmung der Koalitionen zielt Kastner, ArbuR 1953, 163.

[67] Biedenkopf (oben N. 13) 94.

[68] Zu ihr besonders Biedenkopf, JZ 1961, 346 ff.

[69] Für direkte Ableitung aus Art. 9 III GG Dietz, Die Koalitionsfreiheit, in: Bettermann/Nipperdey/Scheuner (oben N. 62) III/1, 453 ff.; Nikisch (oben N. 9) II, 29 ff.; Wittkämper, Die verfassungsrechtliche Stellung der Interessenverbände nach dem Grundgesetz (1963) 109 ff.; für mittelbaren Außenseiterschutz über Art. 2 Abs. 1 GG Nipperdey in Hueck/Nipperdey (oben N. 24) 114 ff.; gegen jedes Recht auf Fernbleiben von Koalitionen Bogs, AR-Blattei, Vereinigungsfreiheit B I 3. Zur Judikatur vgl. BVerfGE 4, 26; 10, 102. Über den strafrechtlichen Schutz der (meines Erachtens als jedenfalls grundgesetzlich gewährleistet anzusehenden) negativen Koalitionsfreiheit Gester, ArbuR 1963, 108 ff., der (mit nicht überzeugenden Gründen) das Bedürfnis nach solchem Schutz verneint.

[70] Nach Herschel, JZ 1965, 85, keine der Rechtssprache entlehnte Vokabel.

auseinanderfallen können. Dann wird regelmäßig die Ansicht geäußert, der dem „Koalitionsbegriff" gleichkommende Begriff der „Vereinigungen" „zur Wahrung und Förderung der Arbeits- und Wirtschaftsbedingungen" (Art. 9 Abs. 3 GG) sei weiter als der Begriff der Gewerkschaft und insbesondere weiter als der Begriff der Tarifpartei[71]. Diese These wird häufig mit der Meinung verbunden, daß Arbeitnehmervereinigungen, die sich in ihrer Satzung nicht als streikwillig präsentieren, zwar den Grundrechtsschutz aus Art. 9 Abs. 3 GG genießen, aber nicht tariffähig sind.

Die Unterscheidung zwischen verfassungsrechtlichem Koalitions- und tarifrechtlichem Gewerkschaftsbegriff kann sich darauf stützen, daß mehrere Gesetze Gewerkschaften und selbständige Arbeitnehmervereinigungen mit sozial- oder berufspolitischer Zwecksetzung nebeneinander nennen[72]. Neuerdings hat sich jedoch das Bundesverfassungsgericht[73] gegen die Annahme gewandt, diesen selbständigen Arbeitnehmervereinigungen fehle die Gewerkschaftseigenschaft „wegen ihrer etwaigen Kampfunwilligkeit". Gewerkschaften seien diese Vereinigungen „vielmehr aus dem Grunde nicht, weil sie ihre Tätigkeit auf die Rechtsberatung ihrer Mitglieder und ihre Vertretung vor Gerichten beschränken, den Abschluß von Tarifverträgen aber gar nicht erstreben". Das Bundesverfassungsgericht gelangte derart dazu, den Gewerkschaftsbegriff des § 2 Abs. 1 Tarifvertragsgesetz („Tarifvertragsparteien sind Gewerkschaften, ...") so weit zu fassen, daß er alle Koalitionen im Sinne von Art. 9 Abs. 3 GG umspannt, wenn sich diese nur den Tarifabschluß zum Ziel setzen – also tarifwillig sind. Ebenfalls für Konvergenz von Gewerkschafts- und Koalitionsbegriff, aber auf ganz anderer Basis, tritt Nipperdey[74] ein. Nach ihm soll Koalition auf Arbeitnehmerseite deshalb mit Gewerkschaft identisch sein, weil die richtige Methode der Bestimmung des Koalitionsbegriffes vom Selbstverständnis der Koalitionen auszugehen habe. Dann aber (also bei Anwendung von Husserls phänomenologischer Methode) könne „kein Zweifel bestehen, daß der freie Verzicht auf die mögliche Arbeitskampfbereitschaft nach dem derzeitigen Stand der Dinge den Koalitionsbegriff ausschließt"[75].

Weder diese die Kampfbereitschaft als wesentlich postulierende Konvergenz von Koalitions- und Gewerkschaftsbegriff noch die auf die Tarifwilligkeit zielende Konvergenzthese des Bundesverfassungsgerichts hat sich bisher durchgesetzt. Zumeist wird nach wie vor die Ansicht geäußert[76], der Koa-

---

[71] Vgl. zuletzt Reuss, RdA 1964, 362 ff., der nicht nur zwischen Koalitionen schlechthin und tariffähigen Koalitionen unterscheidet, sondern auch arbeitsrechtliche Gewerkschaften von anderen abhebt.

[72] § 1 I ArbGG; § 4 Selbstverwaltungsgesetz.

[73] Urteil vom 6. 5. 1964, SammlgArbE 1964, 141.

[74] Nipperdey, RdA 1964, 361. [75] Nipperdey a.a.O.

[76] Reuss, RdA 1964, 362 ff.; Herschel, JZ 1965, 85 f.; H. Reichel, ArbuR 1965, 82. Basis dieser Ansicht ist das Urteil des BVerfG vom 18. 11. 1954 (AP Nr. 1 zu Art. 9 GG), nach dem es nicht der Sinn des Art. 9 III GG sein kann, daß der

litionsbegriff des Art. 9 Abs. 3 GG sei weiter als der Gewerkschaftsbegriff des Tarifvertragsgesetzes[77]. Meines Erachtens gebührt dem Versuch einer die Konvergenz von Koalitions- und Gewerkschaftsbegriff behauptenden These der Vorzug. Der von NIPPERDEY[78] in diesem Zusammenhang mit Recht angerufene Grundsatz der verfassungskonformen Interpretation spricht klar gegen die Annahme, ein nach Art. 9 Abs. 3 grundrechtsgeschützter Verband werde nur manchmal aus § 2 Abs. 1 TVG berechtigt. Allerdings – und damit kehren wir zu unserem Leitmotiv der Abgrenzung von Sein und Sollen im Verbandsbereich zurück – kann ich NIPPERDEY nicht folgen, wenn er sich vor allem an das Selbstverständnis der Koalition hält. Die meines Erachtens maßgebliche normative Kategorie wird von Art. 9 Abs. 3 GG anders bezeichnet: Sie ist an der objektivierten Zielsetzung der zu betrachtenden Vereinigung orientiert. Ist die Vereinigung zur Wahrung und Förderung von Arbeitsbedingungen gebildet, so ist sie Koalition. Daß sie auch die Gewerkschaften durch § 2 TVG eingeräumten Rechte genießt, ist nicht von zusätzlichen Zielsetzungen – wie der umstrittenen Kampfbereitschaft[79] –, sondern nur von der Arbeitnehmerqualität der potentiell tarifgebundenen Mitglieder abhängig.

Mit dem Tarifrecht ist das Recht der Gewerkschaften als Koalitionen demnach schon von Verfassungs wegen verbunden. Diese Verbindung besteht nicht nur in der Verpflichtung der Gesetzgebung, ein Tarifvertragssystem zur Verfügung zu stellen[80]. Sie erschöpft sich aber auch nicht in der soeben behaupteten Tariffähigkeit aller von Arbeinehmern gebildeten Gewerkschaften. Zusätzliche verfassungsrechtliche Fixierung des Gewerkschaftswesens ergibt sich aus der Frage nach den Grenzen der Tarifautonomie und aus der von Art. 9 Abs. 3 GG modellierten Sozialpartnerparität.

Gesetzgeber schlechthin jede Koalition zum Abschluß von Tarifverträgen zulassen muß. Der Gesamtzweck der Koalitionen werde vielmehr in der Weise geschützt, daß der Staat überhaupt *ein Tarifvertragssystem zur Verfügung zu stellen hat.*

77 Zwischen arbeitsrechtlichen Gewerkschaften (nach § 2 TVG) und Beamtengewerkschaften unterscheidet REUSS, RdA 1964, 363; für den auf einen Beamtenverband angewandten Gewerkschaftsbegriff des österreichischen Arbeitsrechts vgl. das Erkenntnis des österreichischen Verfassungsgerichtshofes vom 9. 3. 1959, VfGH Sammlg. 3496.

78 NIPPERDEY, RdA 1964, 361.

79 Für ihre Erforderlichkeit als Voraussetzung der Tariffähigkeit das BAG, AP Nr. 13 zu § 2 TVG sowie seither KUNZE, BB 1964, 1311 ff.; NIPPERDEY, RdA 1964, 361 f.: REUSS, ArbuR 1964, 279; RdA 1964, 302 ff.; HERSCHEL, JZ 1965, 83 ff.; einschränkend (zur Tariffähigkeit eines nicht deklariert kampfwilligen Hausgehilfinnenverbandes) BVerfG, Sammlg ArbE 1964, 137 ff. und dem im Grundsatz beipflichtend NIKISCH, ebd. 1964, 141 ff.; MAYER-MALY, RdA 1964, 395; BULLA, AR-Blattei: Tarifvertrag II, Entsch. 3 a.

80 Zu dieser Verpflichtung besonders AP Nr. 1 zu Art. 9 GG = BVerfGE 4, 96 ff., und WERNER WEBER, Koalitionsfreiheit und Tarifautonomie als Verfassungsproblem (1965) sowie BULLA, 2. Festschrift für Nipperdey II (1965) 79 ff.

Daneben kann es immer wieder – oft im Zusammenhang mit einer Anrufung des Sozialstaatsprinzips[81] – auch bei anderen Problemkreisen zu mittelbarem Rückgriff auf den Grundrechtsschutz aus Art. 9 Abs. 3 GG kommen[82]. Sogar eine verfassungsrechtliche Garantie des Rechts zum Arbeitskampf oder wenigstens zum Streik wird bisweilen aus Art. 9 Abs. 3 GG abgeleitet[83].

Die Erfassung der Rechtsstellung von Außenseitern durch Tarifverträge und damit durch die Gewerkschaften stellt nicht nur ein Problem der (oben schon behandelten) negativen Koalitionsfreiheit dar. Man stößt vielmehr sogleich auch auf die Frage, in welchen Grenzen der Koalitionsschutz aus Art. 9 Abs. 3 GG zur Rechtfertigung irgendwelcher Außenseiterdiskriminierung angerufen werden kann[84]. Unbestritten ist der Rechtssatz, daß tarifliche Löhne zunächst einmal nur für tarifgebundene Arbeitnehmer (d. h.: nur für Organisierte) gelten und nicht – etwa wegen des Gleichbehandlungsgrundsatzes – auch von Außenseitern gefordert werden können[85]. Nur ein Individualarbeitsvertrag des Außenseiters oder eine Allgemeinverbindlicherklärung kann ihn den Tarifgebundenen gleichstellen. Strittig dagegen ist die Zulässigkeit von Tarifbestimmungen, nach denen die tarifgebundenen Arbeitgeber gehalten sein sollen, Außenseitern bestimmte Tarifbedingungen unter allen Umständen zu versagen. Gegen die Zulässigkeit solcher „Tarifausschlußklauseln" haben sich insbesondere

---

[81] Zu seinem normativen Charakter vgl. die gute Freiburger Dissertation von MECKLINGER, Die normative Kraft der grundgesetzlichen Sozialstaatsklausel (1960).

[82] So bei der Frage, ob kleineren Gewerkschaften, die immer wieder einen Anschlußtarif hinnehmen müssen, ohne ihn im Verhandlungsweg beeinflussen zu können, unter Umständen ein Anspruch auf Zuziehung zu den Verhandlungen über den später zum Anschlußtarif werdenden Haupttarif eingeräumt werden kann vgl. (mit vorzüglichen Argumenten) BÖTTICHER, SammlgArbE 1964, 97 ff.; MAYER-MALY, Anm. zu AP Nr. 5 zu Art. 9 GG, RdA 1966, 201 ff.

[83] Vgl. MEISSINGER, Reliefbild des Arbeitsrechts (1952) 186 ff.; BROX/RÜTHERS, Arbeitskampfrecht (1965) 43; nach REUSS, RdA 1964, 366, ist ein gesetzliches Verbot von Arbeitskämpfen verfassungsrechtlich unmöglich. Diese Ansicht geht jedoch mehr vom Sozialstaatsprinzip als vom Koalitionsrecht als solchem aus. In die Irre führt die Folgerung, das Streikrecht mache Kampfwilligkeit zur Voraussetzung der Tarifhoheit, wenn sie die Figur des „Pflichtrechts" im Sinne „des alten deutschen Rechts" (RdA 1964, 364) anruft. So enge Verknüpfung von Recht und Pflicht ist der Dogmatik des geltenden Rechtes fremd; sie bleibt auch historisch unerweisbar. Das Pflichtrecht gehört meines Erachtens zu den geschichtsromantischen Erfindungen des 19. Jahrhunderts; seine bedenklichen Konsequenzen offenbart RHODE, Die Willenserklärung und der Pflichtgedanke im Rechtsverkehr, 1938.

[84] Zu dieser Frage besonders BIEDENKOPF (oben N. 13) 96 ff.; vgl. aber schon ZÖLLNER, RdA 1962, 453 ff. über Tarifmacht und Außenseiter.

[85] Darüber vor allem G. HUECK, Der Grundsatz der gleichmäßigen Behandlung im Privatrecht (1958) 66.

Dietz[86], Nikisch[87] und Gumpert[88] ausgesprochen; anderer Ansicht aber sind Galperin[89], Reuss[90] und Gerhard Schnorr[91]. Wie einerseits Schnorr, andererseits (nämlich als Anhänger der Unzulässigkeit von Tarifausschlußklauseln) jedoch Stahlhacke[92] treffend sehen, darf gerade diese Frage nicht nur im Zeichen der negativen Koalitionsfreiheit gesehen werden. Es geht vielmehr ebenso, ja noch mehr um den Sinngehalt der Tarifmacht. Diese zielt als Instrument der Förderung von Arbeits- und Wirtschaftsbedingungen auf die Rechtsposition der Mitglieder, nicht auf Außenseiter. Deren rechtliche Stellung muß meines Erachtens irrelevant und ungeregelt bleiben[93]. Auch bloß obligatorisch wirksame Abreden sind meines Erachtens dann unzulässig, wenn sie substantiell auf eine unzulässige Ausweitung der Tarifmacht zielen.

Der die Unzulässigkeit von Tarifausschlußklauseln fordernde Gedanke steht auch der Anerkennung einer tariflichen Vereinbarung von Solidaritätsbeiträgen im Wege. Solche Beiträge wurden von einigen Industriegewerkschaften im DGB gefordert[94]; sie sollen einen Vorteilsausgleich zugunsten der durch ihre Mitgliedsbeiträge Tarifpolitik und Lohnbewegung fördernden Gewerkschaftsmitglieder bewirken und indirekt mit dem Organisationsstand der Gewerkschaften deren Funktionsfähigkeit fördern. Trotz des Beispiels der Schweiz wird aber mit A. Hueck[95] anzunehmen sein, daß Deutschlands geltendes Tarifrecht keine Möglichkeit bietet, für nicht oder anderswo organisierte Arbeitnehmer eine Pflicht zur Zahlung von Solidaritätsbeiträgen zu begründen. § 117 Abs. 2 GewO und Art. 9 Abs. 3 GG stellen aber auch schuldrechtliche Tarifbestimmungen über die Einhebung von Solidaritätsbeiträgen in Frage. Problematisch scheinen mir schließlich die 1965 zu besonderer Aktualität[96] gelangten Versuche, gemeinsame Einrichtungen im Sinn von § 4 Abs. 2 TVG in den Dienst eines

---

86 Dietz (oben N. 69) 458 ff. 87 Nikisch (oben N. 9) 37.

88 Gumpert, BB 1960, 100.

89 Galperin in: Festschrift Bogs (1959) 87.

90 Reuss, ArbuR 1960, 34; vgl. auch Musa, BB 1966, 82 ff.

91 Schnorr in: Festschrift Molitor (1962) 251.

92 Hueck/Nipperdey Stahlhacke, TVG (4. Aufl. 1964) 109 (134 zu § 1).

93 Vgl. soeben Spanner, DÖV 1965, 158 („Die Tarifpartner haben dagegen nach dem klaren Wortlaut des TVG keinen Rechtsanspruch auf ein Normsetzungsrecht gegenüber den Außenseitern ...").

94 Vor allem von der IG-Bau; vgl. Leber, Sozialer Fortschritt 1961, 49.

95 A. Hueck, RdA 1961, 141 ff.

96 Vgl. Welt der Arbeit vom 19. 3. 1965, S. 2, zu einem Arbeitskampfe in der westfälischen Textilindustrie: „Es geht dabei ... ausschließlich um die gewerkschaftliche Forderung nach Errichtung einer Urlaubskasse, aus der Gewerkschaftsmitglieder ein höheres Urlaubsgeld bekommen sollen als Nichtmitglieder." Und weiter: „Mitgliedschaft und Mitarbeit in einer Gewerkschaft kann nicht dadurch bestraft werden, daß die Nichtmitglieder immer wieder die gleichen Vorteile genießen, ohne dafür einen Finger zu rühren."

„mittelbaren Organisationszwanges“ [97] zu stellen. Wie das BAG schon in einem Urteil vom 5. 12. 1958 (AP Nr. 1 zu § 4 TVG Ausgleichskasse)[98] mit vollem Recht betont hat, ist die Unbedenklichkeit der Erfassung von Außenseitern durch gemeinsame Einrichtungen vor allem auf die Gleichstellung von Organisierten und Außenseitern gegründet.

IV. „Gewerkschaft“ als Zentralbegriff des Tarifrechts

§ 2 des Tarifvertragsgesetzes nennt „Gewerkschaften“ neben einzelnen Arbeitgebern und Vereinigungen von Arbeitgebern als „Tarifvertragsparteien“. Damit wird der Gewerkschaftsbegriff zu einem Zentralbegriff des Tarifrechts[99]. Zugleich gewinnt aber das tarifrechtliche Verständnis des Gewerkschaftsbegriffes mehr Gewicht als jedes andere Teilgebiet des Rechts, in dem der Eigenschaft einer Vereinigung, Gewerkschaft zu sein, Bedeutung zukommt. Die Teilnahme der Gewerkschaften an Arbeitsverwaltung, Sozialversicherung, Wirtschafts- und Verkehrsverwaltung, Wohnungs- und Bildungswesen sowie an vielen weiteren Aufgaben der Verwaltungsordnung[100] geht in der Regel[101] von jenem Gewerkschaftsbegriff aus, den das Tarifrecht entwickelt hat. Das TVG hat den Gewerkschaftsbegriff zwar verwendet, aber nicht definiert. So wird immer wieder[102] auf Art. 161 des deutsch-polnischen Abkommens über Oberschlesien vom 15. 5. 1922 (RGBl. II 305) zurückgegriffen, da sich dort eine Umschreibung des Begriffs der Arbeitnehmervereinigungen findet, nach der sich diese „unter Ablehnung politischer Ziele ausschließlich oder überwiegend

---

[97] Biedenkopf (oben N. 13) 96; dazu nun auch Schelp, 2. Festschrift für Nipperdey II (1965) 579 ff.; Mayer-Maly, BB 1965, 364 ff.; Fechner, Rechtsgutachten zur Problematik der gemeinsamen Einrichtungen, 1965; Bötticher, BB 1965, 1077 ff.; ders., Die gemeinsamen Einrichtungen der Tarifvertragsparteien, 1966; Gamillscheg, Die Differenzierung nach der Gewerkschaftszugehörigkeit, 1966. Fechner und Gamillscheg halten die strittigen Differenzierungen für zulässig, Bötticher und ich verfechten die Gegenmeinung; eine Entscheidung des BAG steht bevor.

[98] Dazu die Anmerkung von Tophoven in AP a.a.O. und A. Hueck, AR-Blattei, Tarifvertrag X, Allgemeinverbindlichkeit, Entsch. 4; vgl. auch das Urteil vom 3. 2. 1965, SammlgArbE 1965, 139 ff.

[99] Über den Gewerkschaftsbegriff besonders G. Schnorr, RdA 1953, 377 ff., und Reuss, ArbuR 1963, I ff.

[100] Nachweise bei Drewes (oben N. 8).

[101] Die von Drewes (oben N. 8) 21, dargelegten Ausnahmen resultieren aus der oben berührten Annahme, neben den Gewerkschaften stünden im Sinn von § 10 ArbGG oder § 4 SvG selbständige Vereinigungen von Arbeitnehmern. Diese meines Erachtens gar nicht vom Gewerkschaftsbegriff auszunehmenden Gebilde bilden auch für Drewes nicht genug Anlaß, einen „eigenständigen erweiterten Begriff der Gewerkschaften“ zu behaupten.

[102] Vgl. Hueck/Nipperdey/Stahlhacke (oben N. 92) 9 zu § 2.

mit der Regelung der Arbeitsverhältnisse beschäftigen" und von der Arbeitgeberseite unabhängig sind. Die Gewerkschaft ist als solche tariffähig, nicht etwa kraft Vertretung[103].

Von den Voraussetzungen der Gewerkschaftseigenschaft haben in neuerer Zeit neben der Frage der Kampfwilligkeit vor allem die eng verwandten Anforderungen der Gegnerfreiheit und der Unabhängigkeit Anlaß zu Diskussionen gegeben[104]. Änderungen der wirtschaftlichen und sozialen Verhältnisse haben den gefestigt geglaubten Sachgehalt dieser beiden zur Tradition des Gewerkschaftsbegriffs zählenden Kriterien zweifelhaft werden lassen. Gewerkschaftsfunktionäre sind in öffentliche Funktionen eingerückt und dort zu Organen der öffentlichen Hand als Arbeitgeber geworden[105], die gesetzliche Regelung der Mitbestimmung im Montanbereich hat Gewerkschaftler und „eigentliche" Arbeitgeber zu Partnern in Vorstand und Aufsichtsrat gemacht[106]. Derart wird nicht nur die Gegnerfreiheit der Arbeitgeberseite relativiert[107], auch der Arbeitnehmerverband, dem das Aufsichtsratsmitglied oder der Arbeitsdirektor angehört, ist betroffen. Dennoch wird man in gesetzlich institutionalisierter Mitbestimmung keine Schmälerung der Unabhängigkeit und der Gegnerfreiheit als Voraussetzung der tarifrechtlichen Gewerkschaftsqualität erblicken dürfen[108]: Diese steht ja im Rahmen der Gesetze; was von Gesetzes wegen zu geschehen hat, kann die Tariffähigkeit nicht in Frage stellen.

Etwas anders liegen die Dinge bei der Einbehaltung von Gewerkschaftsbeiträgen durch den Arbeitgeber[109]. Hier fehlt es an Gesetzesrecht, auf das sich der Versuch, die Einschränkung des Unabhängigkeitsprinzips zu legitimieren, stützen könnte. Ja, im Gegenteil: Die §§ 115 und 117 GewO lassen darauf schließen, daß grundsätzlich Barzahlung des vollen Nettolohnes geboten ist[110]. Eine positivrechtliche Ausnahme nach Art des 1954 neu ge-

---

[103] Für die herrschende Verbandstheorie (HUECK/NIPPERDEY/STAHLHACKE [oben N. 92] 39 ff., 17 zu 1) ist das unproblematisch. RAMM, Die Parteien des Tarifvertrages (1961) 69 ff. gelangt durch seine zwischen Arbeitgeber- und Arbeitnehmerseite stärker unterscheidende Differenzierungstheorie zur Annahme, die Gewerkschaft handle für ihre Mitglieder kraft „sozialer Vormundschaft" (S. 90).

[104] Vgl. zuletzt HERSCHEL, JZ 1965, 81 ff. [105] Vgl. HERSCHEL a.a.O. 82.

[106] Vgl. HUECK/NIPPERDEY/STAHLHACKE (oben N. 92) 27 zu § 2.

[107] Über Relativität von Unabhängigkeit allgemeiner HERSCHEL, JZ 1965, 81.

[108] Vgl. G. MÜLLER, RdA 1953, 96; G. SCHNORR, RdA 1954, 166.

[109] Dazu DIETZ/NIPPERDEY, Die Frage der tariflichen Regelung der Einziehung von Gewerkschaftsbeiträgen durch die Betriebe (1963); FARTHMANN, ArbuR 1963, 353 ff.; REUSS, Das Arbeitsrecht der Gegenwart I (1964) 144 ff.; DIEKHOFF, BB 1964, 927 f.; HERSCHEL, JZ 1965, 82 f.; vom DGB wurde zu dieser Frage ein Rechtsgutachten von FECHNER eingeholt.

[110] Zur Frage, ob nicht jede bargeldlose Lohnzahlung gesetzwidrig sei, vgl. noch LANDMANN-ROHMER, GewO (11. Aufl. 1956) 2 h zu § 115. Meines Erachtens ist die bargeldlose Lohnzahlung durch derogatorisches Gewohnheitsrecht zulässig geworden.

stalteten § 4 Abs. 2 des österreichischen Gesetzes zum Schutz der Arbeits- und Versammlungsfreiheit[111] fehlt im deutschen Recht. So steht man vor drei Fragen: (1) Sind einzelvertragliche Vereinbarungen über den Beitragseinzug durch den Arbeitgeber zulässig? (2) Kann der Beitragseinzug auch tarifvertraglich festgelegt werden? (3) Wäre ein unzulässig festgesetzter Beitragseinzug „bloß" nichtig oder nähme er der auf ihn angewiesenen Gewerkschaft auch die Tariffähigkeit?

Ein letztes Mal ist an das eingangs berührte Methodenproblem zu erinnern. Schlüsse aus der faktischen Macht der Verbände oder aus ihrem Bewußtsein, trotz arbeitgeberischem Beitragseinzug nicht abhängig geworden zu sein, stehen auf der einen Seite. Dagegen bleibt die Berufung auf Realitäten[112], auf das Zeitgemäße[113], nicht aus. Normativ relevant ist dies aber meines Erachtens nicht. Es kommt vielmehr darauf an, ob Einzelvertrag und Tarifmacht den Beitragseinzug im Rahmen entweder der individuellen oder der kollektiven Privatautonomie gestalten können. Die Zulässigkeit des einzelvertraglich vereinbarten Beitragseinzugs kann meines Erachtens im Wege einer restriktiven Interpretation der §§ 115 und 117 GewO überzeugend erwiesen werden. Dagegen bleibt zweifelhaft, ob die Tarifmacht eine Lohnverwendungsabrede deshalb ausnahmsweise erfassen kann, weil ein Zusammenhang der Lohnverwendung mit dem Arbeitsverhältnis besteht[114]. Da nur wenige Verwendungen von Lohn ohne alle Beziehung zum Arbeitsverhältnis bleiben, bedarf das von FARTHMANN[115] angerufene Kriterium der Beziehung zum Arbeitsverhältnis noch einer präzisen Begrenzung, ehe die Bedenken gegen eine Erstreckung der Tarifmacht auf den Einzug des Gewerkschaftsbeitrags überwunden werden können. Die Überschreitung von Grenzen der Tarifmacht darf nicht ohne weiteres als Verlust der Unabhängigkeit qualifiziert werden[116]. Wie FARTHMANN[117] richtig gesehen hat, wird das Unabhängigkeitserfordernis durch das ILO-Übereinkommen Nr. 98 final gefaßt: Geldüberweisungen der Arbeitgeber an Arbeitnehmerorganisationen schließen nur (aber auch immer) dann die Unabhängigkeit (und mit ihr die Gewerkschaftsqualität nach § 2 TVG) aus, wenn sie erfolgen, „*um* sie unter den Einfluß eines Arbeitgebers oder einer Organisation von Arbeitgebern zu bringen".

---

[111] „Beiträge zu kollektivvertragsfähigen Berufsvereinigungen dürfen vom Arbeitgeber nur insoweit vom Entgelt des Arbeitnehmers abgezogen oder in Empfang genommen werden, als dies ausdrücklich zwischen dem Arbeitgeber und dem Arbeitnehmer vereinbart wird. Diese Vereinbarung kann vierteljährlich schriftlich gekündigt werden." (Österreichisches BGBl. 1954, Nr. 196.)

[112] FARTHMANN, ArbuR 1963, 360.

[113] HERSCHEL, JZ 1965, 82.

[114] Vgl. dazu nun auch BIEDENKOPF (oben N. 13) 260 f.

[115] FARTHMANN, ArbuR 1963, 357.

[116] HUECK/NIPPERDEY/STAHLHACKE (oben N. 92) 30 zu § 2.

[117] FARTHMANN, ArbuR 1963, 359.

Neben der tarifrechtlichen Bedeutung des Gewerkschaftsbegriffes steht eine betriebsverfassungsrechtliche. Sie geht von einem zusätzlichen Kriterium aus: Es muß sich um eine „im Betrieb vertretene Gewerkschaft" handeln (vgl. § 9 Abs. 2, § 15 Abs. 2, § 17 Abs. 1, § 18, § 23 Abs. 1, § 31, § 45 und § 49 Abs. 1 BetrVG). Deren Position wird neuerdings deshalb lebhaft diskutiert, weil strittig wurde, ob und in welchen Grenzen ein gewerkschaftliches Recht besteht, in Betrieben Plakate anzuschlagen – insbesondere solche, die Mitglieder werben sollen[118].

[118] Vgl. BAG, AP Nr. 6 zu Art. 9 GG; BVerfG, NJW 1966, 491 ff.; HOHN, BB 1965, 545 ff.; REWOLLE, Betrieb 1965, 364 ff.; BROX, BB 1965, 1321 ff.; HIERSEMANN, Betrieb 1966, 702 ff.; SÄCKER, BB 1966, 700 ff.

LUFTRECHT

DIE INTERNATIONALEN ELEMENTE IM LUFTTRANSPORT

Von Dr. GERD RINCK

Professor an der Universität Göttingen

Die Vorzüge des Luftverkehrs entfalten sich erst auf den großen Strecken, also im internationalen Verkehr. Deshalb liegt die Frage nahe, wie weit die Staaten dem grenzüberschreitenden Charakter des Luftverkehrs Rechnung tragen und insbesondere, ob sie für den internationalen Verkehr andere Normen setzen als für den innerstaatlichen Verkehr. Kaum ein Gebiet drängt so stark nach Rechtsvereinheitlichung wie der Luftverkehr.

Der ganz überwiegend internationale Charakter des Luftverkehrs könnte das Recht vor allem in fünf Gebieten durchdringen: im Status der Luftverkehrsunternehmen, in staatlichem Dirigismus (Preise, Zulassungen), in internationalen Kartellen, in staatlichen, bilateralen Abkommen und schließlich im Haftungssystem zwischen Benutzer und Luftverkehrsunternehmen [1].

I. Status der Luftverkehrsunternehmen

Das deutsche Recht schweigt. Weder das Luftverkehrsgesetz [2] (§ 20 I LuftVG) noch die Luftverkehrs-Zulassungs-Ordnung [3] schreiben eine besondere Rechtsform vor. Der Unternehmer, der einen Luftverkehr eröffnen will, muß seine wirtschaftliche Leistungsfähigkeit nachweisen, und die entsprechende Vorschrift (§ 62 I Nr. 6 LuftVZO) legt es darauf an, daß in der Regel eine Handelsgesellschaft das Unternehmen betreiben wird. Der Antragsteller hat vorzulegen:

> den Nachweis der wirtschaftlichen Leistungsfähigkeit des Antragstellers, auf Verlangen der Genehmigungsbehörde den Gesellschaftsvertrag, die letzte Bilanz einschließlich Gewinn- und Verlustrechnung sowie Angaben über die Kapitalzusammensetzung des Unternehmens...

---

[1] Damit folgt der Verf. den Richtlinien des Generalberichterstatters CARL H. FULDA. Die Landesreferate sollen offenbar in einer tour d'horizon im wesentlichen die nationalen Rechtstatsachen darstellen.

[2] Vom 10. 1. 1959 / 26. 11. 1964, BGBl. 1959 I 9; 1964 I 921.

[3] Vom 19. 6. 1964, BGBl. 1964 I 370.

Vorgeschrieben ist aber keineswegs, daß nur Handelsgesellschaften als Luftverkehrsunternehmer zugelassen werden dürften. So ist auch ein Einzelkaufmann (Herfurtner) als Luftfahrtunternehmen tätig gewesen.

Die Luftfahrtunternehmen bedürfen einer Zulassung. Diese muß erteilt werden, wenn nicht „Tatsachen die Annahme rechtfertigen, daß die öffentliche Sicherheit oder Ordnung gefährdet werden kann" (§ 22 II Satz 1 LuftVG). Das ist die übliche, gewissermaßen polizeiliche Generalklausel, die sich überall im deutschen Gewerbe- und Wirtschaftsrecht findet. Die polizeiliche Gefahr kann sich aus technischem oder wirtschaftlichem Ungenügen des Antragstellers ergeben. Liegen hierfür keine Tatsachen vor, so hat der Antragsteller einen Anspruch auf Zulassung. Der Wortlaut des Gesetzes läßt das nicht deutlich erkennen, denn er sagt nur, daß die Genehmigung unter bestimmten Voraussetzungen zu versagen ist, nicht aber, daß sie andernfalls zu erteilen ist. Aus dem verfassungsrechtlichen Grundsatz der Berufsfreiheit folgt aber allgemein, daß ein Anspruch auf Gewerbeerlaubnis besteht, wenn kein Versagungsgrund nachweisbar ist[4]. So hat auch der Luftverkehrsunternehmer einen vom Ermessen der Behörde unabhängigen Anspruch auf Zulassung[5].

In Deutschland hat sich die Auffassung durchgesetzt, der Staat habe dafür zu sorgen, daß dem Bürger hinreichende Verkehrsmöglichkeiten geboten werden. Der Verkehr ist ein Gegenstand der Daseinsvorsorge des Staates. Diese Tendenz ist in allen europäischen Staaten wirksam, und zwar in beinahe gleicher Intensität. Der Luftlinienverkehr liegt deshalb bei allen europäischen Staaten in der öffentlichen Hand, ausgenommen die Swissair, die zu 70 % in privatem Besitz ist, und die SAS zu 50 %[6]. In der Bundesrepublik ist die Lufthansa das einzige Unternehmen, das zum Linienverkehr, und zwar zum innerstaatlichen wie internationalen Linienverkehr, zugelassen ist. Die Lufthansa ist eine Aktiengesellschaft, deren Anteile sich zu 93,1 % im Besitz der öffentlichen Hand befinden, davon allein 85,3 % bei der Bundesregierung. Nur 6,9 % der Aktien befinden sich in privater Hand, bei Banken und Versicherungen. Im Jahre 1965 wurden allerdings Vorbereitungen getroffen, einen Teil der Aktien in privaten Besitz überzuleiten und die Aktien an der Börse einzuführen. Mindestens ein Viertel des Stammkapitals von 400 Millionen DM und junge Aktien aus einer Kapitalerhöhung werden voraussichtlich in privaten Besitz übergehen[7]. Solange der Bund aber Hauptaktionär war, hat er durch Darlehen die Verluste abgedeckt, die der Lufthansa in den ersten 9 Jahren ihres Betriebes entstanden sind. Nachdem die Lufthansa erstmals im Jahre 1964 einen Gewinn erwirtschaftet hat, sind die bisher in Darlehensform gegebenen Zuschüsse

---

[4] BACHOF, Grundrechte III/1 (1958) 164, 222.

[5] GIMBEL, NJW 1963, 19, mit weiteren Nachweisen.

[6] Die Zeit 30. 4. 1965 Nr. 18, S. 33.

[7] Frankfurter Allgemeine Zeitung 30. 9. 1965 Nr. 227, S. 14.

des Bundes in Grundkapital umgewandelt worden[8]. Die Lufthansa ist also eine fast ausschließlich in Staatsbesitz befindliche Aktiengesellschaft, die nach kaufmännischen Gesichtspunkten geführt wird. Im Aufsichtsrat sitzen zu einem großen Anteil Beamte und andere Repräsentanten der öffentlichen Hand. Darüber hinaus hat der Staat aber keine rechtliche Möglichkeit, auf die Geschäftsführung „seiner" Aktiengesellschaft unmittelbar einzuwirken.

Die übrigen 15 Luftfahrtunternehmen[9] in der Bundesrepublik betreiben den Gelegenheits- und Charterverkehr. Die wohl größte von ihnen ist die Condor-Flugdienst GmbH, deren Anteile voll in der Hand der Lufthansa liegen. Insgesamt ist der Lufttransport in der Bundesrepublik also eine Angelegenheit der öffentlichen Hand, der staatlichen Daseinsvorsorge, ausgenommen ein geringer Teil des Gelegenheitsverkehrs.

II. Dirigismus im internationalen Luftverkehr

Die Luftfahrtunternehmen bedürfen für jede Linie, die sie betreiben wollen, einer besonderen Genehmigung (§ 21 I LuftVG). Diese Genehmigung muß zu der generellen Zulassung des Luftfahrtunternehmens noch hinzukommen. Zuständig ist der Bundesminister für Verkehr[10]. Die Genehmigung kann versagt werden, wenn durch den beantragten Fluglinienverkehr „öffentliche Interessen beeinträchtigt werden" (§ 21 I Satz 4 LuftVG). Diese Vorschrift steht in einem sonderbaren Gegensatz zu der Bestimmung über den gewerblichen Gelegenheitsverkehr (§ 22 LuftVG). Dieser bedarf keiner Erlaubnis, er kann aber Bedingungen und Auflagen unterworfen werden, und es können Beförderungen (also nicht der Gelegenheitsverkehr insgesamt) untersagt werden, soweit „die öffentlichen Verkehrsinteressen nachhaltig beeinträchtigt werden". Die Unterscheidung zwischen öffentlichen Interessen (Linienverkehr) und öffentlichen Verkehrsinteressen (Gelegenheitsverkehr) erscheint gekünstelt und hält einer Nachprüfung nicht stand.

1. Zulassung von Linienverkehr

Die Verfassungsmäßigkeit dieser Vorschriften bedarf einiger Überlegung. Nach Art. 12 I GG ist der Zugang zum Beruf, also auch zum Betrieb einer Fluglinie und zum Gelegenheitsverkehr, grundsätzlich frei. Trotzdem wird jeder Linienverkehr von einer vorherigen Genehmigung abhängig gemacht, und die Genehmigung kann versagt werden, wenn durch die beantragte Fluglinie „öffentliche Interessen beeinträchtigt werden". Die Lage der

[8] Frankfurter Allgemeine Zeitung 18. 6. 1965 Nr. 138, S. 26.

[9] Nachweise bei Reuss, Jahrbuch der Luftfahrt 1965, 286–295.

[10] § 31 I LuftVG. Um die bundeseigene Verwaltung im Luftverkehr einzuführen, war eine Ergänzung des Grundgesetzes nötig, Art. 87 d, eingefügt durch Ges. vom 6. 2. 1961.

öffentlichen Interessen ist etwas objektiv Gegebenes, auf das ein Antragsteller keinen Einfluß zu nehmen vermag. Auch bei untadeliger Qualifikation und größter Tüchtigkeit wird ihm der Zugang zum Beruf verwehrt. Das ist eine objektive, weil eben vom Antragsteller unabhängige, Zulassungsvoraussetzung [11], die nach der Rechtsprechung des Bundesverfassungsgerichts [12] nur zulässig ist zur Abwehr höchstwahrscheinlicher schwerer Gefahren für ein überragend wichtiges Gemeinschaftsgut. Diese Auffassung ist heute allgemein anerkannt. Die Bevölkerung hat ein großes Interesse an regelmäßigen Verkehrsverbindungen, das ist für die Bundesbahn und den Personenverkehr in Autobuslinien anerkannt [13] und muß für den Luftverkehr ebenso gelten. Angemessene Verkehrsverbindungen sind also ein überragend wichtiges Gemeinschaftsgut [14], zu dessen Schutz objektive Zulassungsbeschränkungen gerechtfertigt sein können.

Im Verkehr zu Lande ist der Schutz der Bundesbahn ein legitimes Ziel für Zulassungsbeschränkungen. Das ist vom Bundesverfassungsgericht [15], vom Bundesverwaltungsgericht [16] und vom Bundesgerichtshof [17] anerkannt. Im Interesse der Allgemeinheit bedient die Bundesbahn auch unrentable Linien. Als Ausgleich dafür und zur Entlastung des Fiskus, der ja die Verluste letzten Endes zu tragen hat, ist es verfassungsmäßig, auf rentablen Linien den Wettbewerb fern oder klein zu halten. Genau die gleichen Erwägungen treffen auf die Lufthansa zu. Sie fliegt im öffentlichen Interesse, ihre Verluste übernimmt der Staat. Das Interesse der Öffentlichkeit geht weniger dahin, daß die öffentlichen Verkehrsunternehmen rentabel arbeiten, als dahin, daß sie im Verkehr leistungsfähig sind [18]. Beides hängt aber doch zusammen, auch bei der Lufthansa. Es ist deshalb zulässig, daß neue Linien nur genehmigt werden, wenn sie der Lufthansa keinen Abbruch tun, also in diesem Sinne öffentliche Interessen nicht beeinträchtigen [19].

2. *Das öffentliche Verkehrsinteresse*

Als öffentliche Interessen haben zu gelten politische, vor allem verkehrspolitische Erwägungen, Rechtstraditionen, auch sozialpolitische Ziele, wie die Förderung des Mittelstandes [20]. Aus diesem weiten, verfassungsrechtlich

---

[11] Ebenso GIMBEL, NJW 1963, 19. Dagegen nimmt GRAUMANN, NJW 1963, 1487, an, es werde bloß die Ausübung des Berufs geregelt.

[12] Apothekenurteil vom 11. 6. 1958, BVerfGE 7, 377, 408.

[13] BVerfG 8. 6. 1960, BVerfGE 11, 168, 184 – Personenbeförderung.

[14] GIMBEL, NJW 1963, 19 Anm. 13.

[15] BVerfG 8. 6. 1960, BVerfGE 11, 168, 184 – Personenbeförderung; 22. 5. 1963, BVerfGE 16, 147, 168 – Werkfernverkehr.

[16] BVerwG 28. 2. 1964, BVerwGE 18, 113, 115 – Güterfernverkehr.

[17] BGH 12. 11. 1957, BGHZ 26, 42, 46 – Personenbeförderung.

[18] BACHOF (oben N. 4) 245.

[19] ABRAHAM, ZLR 1954, 151; RINCK, ebda. 152; GIMBEL, NJW 1963, 21 Anm. 28.

[20] BVerfG 13. 2. 1964, BVerfGE 17, 232, 243 – Apotheken-Mehrbetrieb. Beson-

zulässigen Bereich hat § 22 LuftVG einen Sektor herausgegriffen und angeordnet, daß staatliche Interventionen im Gelegenheitsverkehr zulässig sind, wenn die „öffentlichen Verkehrsinteressen" nachhaltig beeinträchtigt werden.

Die vom Bundesverfassungsgericht gebilligte Formel vom „öffentlichen Verkehrsinteresse" hat der Gesetzgeber in anderem Zusammenhang, nämlich in § 13 II Nr. 2 des Personenbeförderungsgesetzes[21] eingehend interpretiert. Die öffentlichen Verkehrsinteressen werden danach beeinträchtigt, wenn die vorhandenen Verkehrsmittel den Bedarf befriedigen können (Nr. 2 Buchst. a) oder wenn die bereits vorhandenen Unternehmer bereit sind, in angemessener Frist ihr Verkehrsangebot so auszuweiten, daß die noch vorhandenen Lücken geschlossen werden (Nr. 2 Buchst. c). Das sind konkrete Folgerungen aus dem allgemeinen Begriff des öffentlichen Verkehrsinteresses. Die Verwaltungsgerichte haben weitere Einzelregeln dazu entwickelt[22]. Diese gesetzliche Interpretation von Grundsätzen des Bundesverfassungsgerichts begünstigt in hohem Maße die schon im Geschäft befindlichen, die etablierten Unternehmen. Das liegt aber wohl im Begriff des öffentlichen Verkehrsinteresses und ist bisher nicht in Zweifel gezogen worden[23].

Auf jeden Fall aber ist das „Interesse des öffentlichen Verkehrs" ein unbestimmter Rechtsbegriff, dessen Interpretation von den Gerichten nachgeprüft wird[24]. Ob ein Gelegenheitsverkehr oder eine beantragte neue Luftlinie dem Bestand oder der Rentabilität der Lufthansa Abbruch tut, ist also in jedem Fall exakt zu untersuchen.

3. Gelegenheitsverkehr und Linienverkehr

Wird eine solche nachteilige Wirkung festgestellt, dann ist das öffentliche Verkehrsinteresse beeinträchtigt, und der Gelegenheitsverkehr kann Bedingungen oder Auflagen unterworfen werden[25]. Es können auch Beförderungen untersagt werden. Der Gelegenheitsverkehr ist aber keinem generellen Erlaubniszwang unterworfen, sondern nur individueller Ein-

---

ders weit geht das Handwerksurteil des BVerfG vom 17. 7. 1961, BVerfGE 13, 97, 113.

[21] Vom 21. 3. 1961, ergangen in Ausführung des Beschl. des BVerfG vom 8. 6. 1960, BVerfGE 11, 168, 191 – Personenbeförderung.

[22] Nachweise bei FIELITZ/MEIER/MONTIGEL, Personenbeförderungsgesetz (Loseblattausgabe 1963) § 13 Anm. 9.

[23] Lediglich BIDINGER, Personenbeförderungsgesetz (1961) § 13 Anm. 36, glaubt, das BVerfG sei falsch interpretiert und die Zulassungsschranke sei zu früh gesetzt worden.

[24] BVerfG 8. 6. 1960, BVerfGE 11, 168, 192 – Personenbeförderung.

[25] Ebenso schon ALEX MEYER, ZLR 1954, 248 (auch ZLR 1954, 39, 41, teilweise überholt); RINCK, ZLR 1954, 152; GRAUMANN, NJW 1963, 1488; ABRAHAM, ZLR 1954, 151; a. M. GIMBEL, NJW 1965, 20.

griffsmöglichkeit[26]. Damit ist die Verhältnismäßigkeit zwischen öffentlichem Verkehrsinteresse und Berufsfreiheit gewahrt, denn im allgemeinen wird der Gelegenheitsverkehr den Linienunternehmen wenig Abbruch tun[27].

Ein konkurrierender Linienverkehr wird die Lufthansa eher beeinträchtigen. Es ist deshalb angemessen, für jeden Linienverkehr eine vorherige Erlaubnis zu verlangen (§ 21 I Satz 4). Die sachliche Prüfung ist aber in beiden Fällen die gleiche: Beim Linienverkehr ist eine Zulassungssperre und beim Gelegenheitsverkehr eine Auflage oder Betriebsbeschränkung nur zulässig zur Wahrung des Allgemeininteresses an einem beständigen und rentablen, jedermann zugänglichen Verkehr. Dieses Allgemeininteresse wird bereits beeinträchtigt, wenn der neue Linienverkehr oder ein Gelegenheitsverkehr eine Nachfrage befriedigen will, die von den vorhandenen Linienunternehmen bereits bedient wird oder in Kürze bedient werden wird. Man wird also zu dem Schluß gelangen müssen, daß kein Unterschied besteht zwischen den öffentlichen Interessen des § 20 I und den öffentlichen Verkehrsinteressen des § 22.

Internationale und nationale Luftlinien behandelt das deutsche Gesetz gleich. Auch im Gelegenheitsverkehr wird nicht zwischen innerstaatlichem und grenzüberschreitendem Verkehr unterschieden. Das öffentliche Verkehrsinteresse, das für Zulassung und Interventionen maßgebend ist, gebietet aber, nur die Interessen der deutschen Öffentlichkeit und der (bereits vorhandenen) deutschen Luftfahrtunternehmen zu berücksichtigen. Ausländische Unternehmen haben kein Recht auf Zulassung zum Luftverkehr. Aus der Souveränität der Bundesrepublik und aus ihrer Fürsorgepflicht gegenüber ihren Staatsangehörigen folgt, daß sie deren Wohl ausländischen Interessen überzuordnen hat.

Nur soweit die Bundesrepublik völkerrechtliche Verpflichtungen eingegangen ist, müssen ausländische Interessen berücksichtigt werden. Insbesondere auf Grund der bilateralen Luftverkehrsabkommen können ausländische Luftfahrtunternehmen einen Anspruch auf Zulassung zum Linienverkehr innerhalb der Bundesrepublik erwerben. Die bilateralen Verträge bedürfen nach Art. 59 II GG der Zustimmung der gesetzgebenden Organe. Liegt diese vor, so hat das Abkommen Gesetzeskraft und geht sowohl als lex specialis wie als lex posterior dem § 21 LuftVG vor. Ist nach dem bilateralen Abkommen ein Anspruch auf Zulassung zum Linienverkehr begründet, so darf die Zulassung nicht deshalb verweigert werden, weil sie öffentliche Interessen beeinträchtigen würde.

---

[26] DARSOW, ZLR 1959, 84.

[27] Im Landverkehr besteht solche Gefahr überhaupt nicht, deswegen hat das Bundesverfassungsgericht jede objektive Beschränkung des Mietwagenverkehrs für unzulässig erklärt; BVerfG 8. 6. 1960, BVerfGE 11, 168, 187 – Personenbeförderung.

Insgesamt ist also festzustellen, daß jede Luftverkehrslinie einer Erlaubnis bedarf. Die Erlaubnis kann nur versagt werden, wenn der neue Fluglinienverkehr öffentliche Interessen beeinträchtigen würde. Das ist der Fall insbesondere, wenn andere Luftfahrtunternehmen die Verkehrsnachfrage bereits befriedigen oder in Kürze befriedigen werden. Gelegenheitsverkehr bedarf keiner vorherigen Genehmigung, er kann aber beschränkt werden, wenn er das – ebenso verstandene – öffentliche Verkehrsinteresse nachhaltig beeinträchtigt. Bei alledem macht das deutsche Recht keinen Unterschied zwischen innerstaatlichem und grenzüberschreitendem Verkehr.

4. *Tarife und Beförderungsbedingungen*

Für jede Fluglinie bedürfen die Entgelte, die Flugpläne und die Beförderungsbedingungen einer ausdrücklichen Genehmigung durch das Bundesverkehrsministerium (§ 22 I Satz 2 LuftVG). Dieser Dirigismus führt aber nicht zu großen Schwierigkeiten, vor allem beengt er den internationalen Verkehr nicht. Die Genehmigung wird nämlich immer erteilt, wenn Tarif, Flugplan und Beförderungsbedingungen den Beschlüssen der IATA entsprechen.

In nahezu allen bilateralen Luftverkehrsabkommen macht die Bundesrepublik die IATA-Beschlüsse zur Grundlage des Genehmigungsverfahrens, – allerdings ohne sich an die Beschlüsse von vornherein zu binden. Mit dieser Praxis folgt die Bundesrepublik dem Vorbild des Bermuda-Abkommens[28] und den Empfehlungen der Straßburger Europäischen Luftverkehrskonferenz von 1959[29]. Für den Gelegenheitsverkehr ist nicht ausdrücklich angeordnet, daß seine Tarife und Bedingungen einer vorherigen Genehmigung bedürften. Insoweit ist dieser Verkehr frei. Wenn er aber die öffentlichen Verkehrsinteressen nachteilig beeinflußt, kann das Bundesverkehrsministerium Bedingungen und Auflagen festsetzen (§ 22 LuftVG). Auf diesem Wege können auch Tarife und Beförderungsbedingungen vorgeschrieben werden[30]. Bisher ist das allerdings noch nicht geschehen[31].

III. Genehmigung von IATA-Beschlüssen

Die International Air Transport Association ist wohl das größte internationale Kartell in der gesamten Wirtschaft. Mehr als 90 Luftlinien-Unternehmen haben sich darin zusammengeschlossen, so daß 95 % des Linienverkehrs in aller Welt den IATA-Bedingungen unterstellt sind[32]. Die IATA

---

[28] Annex Nr. 2, b, d; Abdruck bei ALEX MEYER III 302; BIN CHENG 560.

[29] Art. 7 Nr. 2; BIN CHENG 244.

[30] RINCK, Festschrift 503.

[31] RUDOLF, ZLR 1964, 215.

[32] SCHLEICHER/REYMANN/ABRAHAM I (1960) 414; RINCK, Festschrift 499.

ist eine incorporated association nach kanadischem Recht mit dem Sitz in Montreal[33].

Die IATA bildet besondere Verkehrs- und Tarifkonferenzen, in denen vor allem die Tarifsätze, Flugpläne und Beförderungsbedingungen beschlossen werden. Beschlüsse wie auch Empfehlungen können nur einstimmig gefaßt werden[34]. Empfehlungen sind unverbindlich, Beschlüsse werden durch Vertragsstrafen bis $ 25 000 sanktioniert. Die IATA-Satzungen treffen Vorsorge für den Fall, daß die Luftverkehrsunternehmen nach heimischem Recht gezwungen sind, die IATA-Beschlüsse den nationalen Behörden zur Genehmigung vorzulegen. Das einzelne Luftverkehrsunternehmen hat die Genehmigungsbedürftigkeit allen Konferenzmitgliedern mitzuteilen. Versagt die nationale Behörde ihre Genehmigung, so wird der Beschluß für alle Beteiligten hinfällig. So hatte die IATA im Jahre 1964 ihren Mitgliedsgesellschaften untersagt, während des Fluges Filme vorzuführen. Dies Verbot scheiterte aber an dem Widerspruch des Civil Aeronautic Board der USA. Wird ein IATA-Beschluß von nationalen Behörden nur unter Auflagen oder Einschränkungen genehmigt, so haben die anderen Konferenzmitglieder binnen 30 Tagen zu entscheiden, ob der Beschluß nichtig sein soll oder ob er allgemein und für alle Konferenzmitglieder unter den konkreten Auflagen und Bedingungen gelten soll[35]. Allgemein wird dieser letztgenannte Weg gewählt.

Das deutsche Recht und das IATA-Verfahren fügen sich lückenlos ineinander. Das Kartellrecht der Bundesrepublik findet keine Anwendung, denn § 99 II Nr. 1 des Gesetzes gegen Wettbewerbsbeschränkungen (GWB) erlaubt den Fluglinienunternehmen jede Kartellabsprache für den internationalen Verkehr, und für den nationalen Verkehr gestattet § 99 I kartellmäßige Bindungen, soweit die Entgelte oder Beförderungsbedingungen einer behördlichen Genehmigung bedürfen. Da bereits § 21 I Satz 2 LuftVG alle Entgelte und Beförderungsbedingungen und auch die Flugpläne im Linienverkehr einer Genehmigung unterwirft, entfällt also jede kartellrechtliche Reglementierung oder Genehmigung[36]. Das Bundeskartellamt führt eine Mißbrauchsaufsicht lediglich über den internationalen, nicht den nationalen Luftverkehr (§ 104 GWB). Beanstandungen oder Eingriffe der Kartellbehörden sind bisher nicht bekannt geworden.

Alle Beschlüsse der IATA, die Tarife, Bedingungen oder Flugpläne betreffen, bedürfen also nach deutschem Recht der Zustimmung des Bundesverkehrsministeriums (§ 21 I Satz 2 LuftVG). Durchweg sind die Genehmigungen erteilt worden, so daß die Lufthansa nach Tarifen und Vertrags-

---

[33] IATA, Act 5.

[34] Provisions for ... IATA Traffic Conferences ... (Sixth edition 1964) Art. VII Nr. 1, S. 61.

[35] IATA, Manual of Traffic Conference Resolutions Nr. 001, Ausgabe 1. 3. 1965.

[36] Einzelheiten bei Rinck, Festschrift 502, 506.

bedingungen der IATA[37] fliegt. Der Begriff der Beförderungsbedingungen ist dabei weit auszulegen, er umfaßt auch die Zulassungen von Agenten und von Luftfrachtkontoren. Das Bundesverkehrsministerium hat deshalb die IATA-Beschlüsse, die hierzu in Chandler im Jahre 1962 gefaßt waren, genehmigt und ist in dieser Auffassung durch eine Entscheidung des Verwaltungsgerichts Köln[38] bestätigt worden.

Bei der Genehmigung der IATA-Beschlüsse wie bei jeder Entscheidung über Gebühren und Bedingungen im Luftlinienverkehr hat das Bundesverkehrsministerium sich am Interesse der Allgemeinheit und nur an diesem zu orientieren. Die Genehmigung ist nicht im Interesse der Konkurrenten vorgeschrieben. Die Vorschrift des § 21 I LuftVG ist keine Schutzvorschrift zugunsten einzelner Verkehrsteilnehmer, etwa der Luftfrachtkontore. Diese können deshalb eine der Lufthansa erteilte Genehmigung, einen begünstigenden Verwaltungsakt, nicht vor dem Verwaltungsgericht anfechten. Die Genehmigung eines Tarifs verletzt nicht die Rechte anderer (§ 42 II Verwaltungsgerichtsordnung). Eine Popularklage, mit der jeder Interessent die Genehmigung der IATA-Beschlüsse anfechten könnte, kennt das deutsche Recht nicht[39].

Zweifelhaft kann sein, ob Vorschriften über die Beförderung gefährlicher Güter, etwa nuklearer oder feuergefährlicher Produkte, zu den Beförderungsbedingungen zu zählen sind und deshalb einer Genehmigung durch das Bundesverkehrsministerium bedürfen. Praktische Bedeutung hat diese Zweifelsfrage aber nicht, denn nach § 27 I LuftVG dürfen solche – näher definierten– gefährlichen Güter nur mit behördlicher Erlaubnis befördert werden. Die IATA hat hierzu mehrere Resolutionen gefaßt, vor allem Nr. 618 und 619, verbunden mit einem umfangreichen Handbuch technischer Einzelheiten. Der Bundesverkehrsminister hat diese IATA-Vorschriften insgesamt für allen deutschen Luftverkehr in Kraft gesetzt, also auch für Unternehmen, die nicht der IATA angehören. Diese IATA-Vorschriften sind gewissermaßen mit Allgemeinverbindlichkeit ausgestattet worden[40].

Die Beschlüsse der IATA bedürfen also nach deutschem Recht der Genehmigung durch das Bundesverkehrsministerium und haben sie bisher durchweg erhalten. Der deutsche Luftlinienverkehr ist vollständig in das internationale Kartell der IATA eingefügt.

---

[37] Die wesentlich umfangreicheren conditions of carriage der IATA sind nicht mehr verbindlich, nicht einmal mehr empfohlen; SCHLEICHER/REYMANN/ABRAHAM 417.

[38] VerwG Köln 24. 8. 1964 – 4 K 996/63 – nicht veröffentlicht.

[39] Ebenso VerwG Köln, vorige Note.

[40] Bekanntmachung des BMW vom 21. 3. 1961, Nachr. f. Luftfahrer B 28/61.

IV. Die zweiseitigen und mehrseitigen Luftverkehrsabkommen

Der Dirigismus und die Fürsorge, die jeder Staat gegenüber seinen nationalen Luftverkehrsgesellschaften walten läßt, führen notwendig zu einer Abkapselung gegenüber dem ausländischen Verkehr. Es ist verständlich, daß jeder Staat, und so auch die Bundesrepublik, die subventionierte heimische Gesellschaft vor der ausländischen Konkurrenz schützen will. Fremde Luftverkehrsgesellschaften bedürfen deshalb für jede Linie, die sie einrichten wollen, einer Zulassung durch den angeflogenen Staat. Dieses Prinzip, daß also jeder planmäßige internationale Fluglinienverkehr eine besondere Erlaubnis benötigt, ist in Art. 6 Chic. Abk. niedergelegt.

Alle Bemühungen, diese Zitadelle der Souveränität im Luftraum abzubauen, blieben ohne Erfolg. Eine gewisse Milderung brachte das sogenannte Transitabkommen vom 7. 12. 1944[41]. Es gestattet wenigstens den Durchflug durch den Luftraum aller Vertragsstaaten und gibt das Recht zu technischen Landungen[42], nicht aber das Recht, Passagiere oder Fracht abzusetzen oder aufzunehmen. Diese Rechte sollten den internationalen Luftverkehrslinien durch das sogenannte Transportabkommen, gleichfalls vom 7. 12. 1944, eingeräumt werden[43]. Dieses Abkommen ist aber obsolet geworden, vor allem seit die Vereinigten Staaten es zum 25. 7. 1946 gekündigt haben.

Frei ist also nur der nicht-gewerbliche internationale Flugverkehr, das heißt solcher Verkehr, der nicht entgeltlich und auch nicht mietweise Fluggäste, Fracht oder Post befördert (Art. I Chic. Abk.). Der gewerbliche Luftverkehr ist zu scheiden in den Linienverkehr und den nichtplanmäßigen Verkehr.

1. Gelegenheitsverkehr

Scheinbar räumt Art. 5 II Chic. Abk. dem nichtplanmäßigen gewerblichen Luftverkehr das Recht ein, Fluggäste, Fracht oder Post aufzunehmen oder abzusetzen. In der Praxis machen aber alle Staaten von ihrem Recht Gebrauch, diesem Verkehr Bedingungen oder Beschränkungen aufzuerlegen. Was das Abkommen als Regel ansieht, nämlich die Freiheit des gewerblichen Gelegenheitsverkehrs, wird zur Ausnahme. Kein Staat darf aber so weit gehen, daß er den ausländischen Gelegenheitsverkehr völlig unterbindet. Das wäre mit dem Geist von Art. 5 II nicht zu vereinbaren[44].

---

[41] Von der Bundesrepublik ratifiziert, Bekanntmachung vom 12. 10. 1956, BGBl. 1956 II 934.

[42] Art. I Abschn. 1 des Abk.; Abdruck und Erläuterungen bei Bin Cheng 536; Schleicher/Reymann/Abraham I 81; Alex Meyer III 106, 108.

[43] Abdruck mit Erläuterungen bei: Bin Cheng 539; Schleicher/Reymann/Abraham I 86; Alex Meyer II 102, 104. Von der Bundesrepublik nicht ratifiziert.

[44] Riese 137; Schleicher/Reymann/Abraham I 34, 239; Bin Cheng 197, mit Hinweisen auf einen ICAO-Beschluß vom 10. 5. 1952.

Der Wortlaut scheint eine generelle Sperre zu gestatten, hat aber weniger Gewicht[45]. Immerhin können die Staaten ausländischen Gelegenheitsverkehr nach ihrem Ermessen von einer Erlaubnis abhängig machen.

Abhilfe versucht hier das Abkommen über gewerbliches Recht im nichtplanmäßigen Luftverkehr in Europa vom 30. 4. 1956[46]. Die Bundesrepublik hat dieses Abkommen ratifiziert[47]. Große wirtschaftliche Bedeutung hat es aber nicht erlangt. Läßt man Einzelheiten beiseite, so gestattet das Abkommen in Art. 2 I nur

- Taxiflüge, wenn das Luftfahrzeug höchstens sechs Fluggäste aufnehmen kann,
- Flüge, bei denen eine Person den ganzen Nutzraum chartert und keinen Teil davon weitervermietet,
- sonstige Flüge nur einmal im Monat zwischen den gleichen Verkehrszentren,
- Frachtflüge unter dem Vorbehalt jederzeitigen Widerrufs.

Das Abkommen gilt im wesentlichen zwischen den Mitgliedern der Europäischen Zivilluftfahrt-Konferenz (European Civil Aviation Conference ECAC), die mit den Vertragsstaaten des Straßburger Europarates identisch sind.

2. Linienverkehr

Der weitaus bedeutendste Teil des Luftverkehrs, der zwischenstaatliche Linienverkehr, ist also ohne internationale Regelung geblieben. Nur das Recht zum Durchflug und zu technischen Landungen besteht nach der Transit-Vereinbarung. Das Recht zu kommerziellen Landungen muß für jede Linie von allen angeflogenen Staaten erbeten und ausgehandelt werden. Hier, wo die protektionistischen Interessen und das Prestigebedürfnis der Staaten hart aufeinander treffen, hat sich das dichte und beinahe systemlose Netz der bilateralen Verträge gesponnen[48]. Diese Praxis ist zeitraubend, begünstigt den Linienschacher und führt zu einer nahezu unübersehbaren Rechtszersplitterung[49].

Das erste bilaterale Abkommen, das – soweit feststellbar – überhaupt geschlossen wurde, kam am 14. 9. 1920 zwischen der Schweiz und Deutschland zustande[50]. In dem „Vertrag zur Regelung aus Krieg und Besatzung

---

[45] A. M. Alex Meyer, Luftrecht in Fünf Jahrzehnten (1961) 300 (ZLR 1954, 223) mit weiteren Nachweisen.

[46] Abdruck und Erläuterungen bei Bin Cheng 214, 549; Schleicher/Reymann/Abraham I 238, 241; Alex Meyer IV 13, 26; eine Gesamtdarstellung gibt Riese, Heft 5 der Schriftenreihe des Luftfahrtbeirats (1959) und ZLR 1959, 127.

[47] BGBl. 1959 II 821; 1960 II 146.

[48] Klaus-P. Schmidt, Die wirtschaftlich-politische Ordnung des internationalen Luftlinienverkehrs (Diss. München 1965), analysiert die Interessengegensätze und Lösungsmöglichkeiten im allgemeinen.

[49] Riese 149.

[50] Forschungsstelle für Völkerrecht, Hamburg, Dokumente II (o. J. [1951]) 3.

entstandener Fragen" vom 26. 5. 1952/23. 10. 1954[51] verpflichtete sich die Bundesrepublik den Vereinigten Staaten, England und Frankreich gegenüber, „in ihren zweiseitigen Luftverkehrsabkommen und -vereinbarungen, eine liberale Politik ohne Diskriminierungen zu verfolgen". In den folgenden Jahren bis zum 1. 7. 1965 hat dann die Bundesrepublik insgesamt 35 Luftverkehrsabkommen abgeschlossen und im Bundesgesetzblatt Teil II veröffentlicht.

In der Staatenpraxis haben sich drei Modelle von bilateralen Abkommen herausgebildet.

a) *Der ICAO-Standard.* – Dies ist ein verhältnismäßig kurz gefaßtes Modell, das auf englische Bemühungen in die Schlußakte der Chicagoer Konferenz als Empfehlung Nr. VIII aufgenommen wurde[52]. Es umschreibt die Verkehrsrechte nicht des näheren, gewährt Zollbefreiung und gegenseitige Anerkennung der Lufttüchtigkeitszeugnisse sowie der Erlaubnisscheine. Es unterwirft die Luftfahrzeuge den Rechtsvorschriften des Landestaats.

b) *Das Bermuda-Modell.* – Die schwierigen und wirtschaftlich bedeutsamen Punkte beim Aushandeln eines bilateralen Luftverkehrsabkommens sind im ICAO-Modell nicht angesprochen. Sie betreffen vor allem den Umfang des Transportangebots, die Flugtarife und den Verkehr zwischen einem der Vertragsstaaten und dritten Ländern. Diese Fragen wurden erstmals in dem Bermuda-Abkommen vom 11. 2. 1946 zwischen den Vereinigten Staaten und Großbritannien einer Lösung nähergeführt[53]. Danach soll das Beförderungsangebot der Nachfrage zwischen dem Heimatstaat und dem letzten Bestimmungsland entsprechen (Final Act Nr. 3 und 6, a), ebenso der Nachfrage in den durchflogenen Gebieten „unter Berücksichtigung" des regionalen Linienverkehrs (Final Act Nr. 6, c). Über die Flugpreise sollen sich die Vertragsstaaten einigen und dabei die IATA-Tarife als unverbindliche Ausgangsbasis nehmen (Annex Nr. 2, b, d).

Dieses Abkommen ist ein echter Kompromiß zwischen den beiden großen Opponenten in der Verkehrspolitik, den Vereinigten Staaten, die freie Zulassung und unbeschränkten Wettbewerb erstrebten, und Großbritannien, das für einen geplanten, protegierten Luftverkehr eintrat[54]. Dieser Kompromiß ist nur mit zahlreichen unbestimmten Billigkeitsklauseln zu formulieren gewesen. Er hat aber ausgesprochen typenbildende Kraft entfaltet und das Muster abgegeben für die Mehrzahl aller nachfolgenden bilateralen Abkommen, auch die der Bundesrepublik.

---

[51] Teil XII, Art. 3; BGBl. 1955 II 405; SARTORIUS II, Europarecht und andere internationale Verträge (2. Aufl. 1961 ff.) Nr. 64 e, S. 45.

[52] Abdruck bei BIN CHENG 504; Statistik dazu ebd. 235.

[53] Abdruck bei ALEX MEYER III, 278, 283; BIN CHENG, 554.

[54] RIESE 147; ALEX MEYER (oben N. 45) 280, 291 (ZLR 1954, 223); BIN CHENG 23, 238.

c) *Die Straßburger Empfehlung.* – Das jüngste Modell für bilaterale Abkommen wurde im Jahre 1959 von der Europäischen Luftfahrtkonferenz (ECAC) empfohlen[55]. Es ist eine Fortbildung des ICAO-Modells aus dem Jahre 1944 und kodifiziert im wesentlichen, was im Laufe der Jahre europäische Übung geworden war. Das Straßburger Modell vermeidet die kontroversen, aber entscheidenden Punkte zum Umfang des Verkehrsangebots. Dem Bermuda-Abkommen folgt es nur soweit, als es eine vorsichtige Empfehlung zugunsten der IATA-Tarife ausspricht (Art. 7 II).

3. *Insbesondere: Die bilateralen Luftverkehrsabkommen der Bundesrepublik*

Bis zum 1. 7. 1965 hat die Bundesrepublik Deutschland 35 bilaterale Luftverkehrsabkommen geschlossen und im Bundesgesetzblatt (Teil II) veröffentlicht. Die Mehrzahl der Abkommen, etwa 25, stimmen in Aufbau, Inhalt und Formulierung weitgehend überein. Sie entsprechen dem Straßburger Modell. Dabei ist nur zu bemerken, daß viele der Abkommen zeitlich vor dem Straßburger Modell liegen, sie haben also das Straßburger Modell beeinflußt, nicht umgekehrt.

Offensichtlich liegt allen deutschen bilateralen Abkommen ein Vertragsmuster zugrunde, das zwar nicht veröffentlicht ist, auf das ABRAHAM aber hinweist[56].

Eine zweite, kleinere Gruppe geht wohl auch noch vom deutschen Vertragsmuster aus, zeigt aber doch von Fall zu Fall erhebliche Abweichungen. Hierher sind zu rechnen die Abkommen der Bundesrepublik mit Australien (22. 5. 1957), Brasilien (29. 9. 1960), Iran (1. 7. 1961), Indien (15. 6. 1964) und Chile (30. 3. 1964). Diese sechs Abkommen folgen aber doch weitgehend dem Straßburger Modell.

Vier Abkommen sind offenbar in jedem Punkt individuell ausgehandelt und können keinem der Vertragstypen untergeordnet werden. Es sind dies die Abkommen mit den Vereinigten Staaten (7. 7. 1955), Großbritannien (22. 7. 1955) und Frankreich (4. 10. 1955). Es sind die drei ältesten Abkommen, die von der Bundesrepublik eingegangen wurden, sie sind wohl zugleich auch die wirtschaftlich bedeutsamsten. Atypisch ist als viertes noch das Abkommen mit Jugoslawien (10. 4. 1957), was sich daraus erklärt, daß Jugoslawien dem westlichen Wirtschaftssystem fernsteht.

Ordnet man die Abkommen nach ihrem sachlichen Inhalt, so ergeben sich viele Überschneidungen und Differenzierungen. Ein zentraler Punkt aller Abkommen ist die Regelung, wieviel Transportraum eine Luftverkehrsgesellschaft im Ausland anbieten darf. Das deutsche Standardmuster folgt hier recht genau dem Bermuda-Abkommen (Final Act Nrn. 3, 6). Ein

---

[55] Abdruck bei BIN CHENG 241.

[56] SCHLEICHER/REYMANN/ABRAHAM I 97; dort sind auch die bis zum 31. 12. 1959 publizierten Abkommen abgedruckt, 96, 632.

deutliches Beispiel hierfür bietet das Luftverkehrsabkommen der Bundesrepublik mit Belgien[57], ein Abkommen, das als erstes und besonders klar nach dem vermutlichen deutschen Vertragsmuster geschlossen wurde. Dem Bermudaschema folgen alle 25 Abkommen der großen Gruppe, ferner von der mittleren Gruppe die Abkommen mit Australien, Brasilien und dem Iran. Von den oben erwähnten vier atypischen Abkommen haben die Vereinigten Staaten, Großbritannien und Jugoslawien die Bermudaregelung über den Verkehrsumfang aufgenommen.

Soweit überhaupt eine summierende Feststellung möglich ist, orientieren sich also die bilateralen Luftverkehrsabkommen der Bundesrepublik an dem Straßburger Modell (dem das deutsche offenbar weithin gefolgt ist) und in Ergänzung dazu fast allgemein an dem Bermuda-Modell[58].

V. Die Haftung des Luftfrachtführers

Im Haftungsrecht hat die Bundesrepublik jeden Unterschied zwischen nationaler und internationaler Beförderung vermieden.

Deutschland hat das Warschauer Abkommen (WA) ratifiziert[59], ebenso das Haager Protokoll[60] und das Abkommen von Guadalajara[61]. Darüber hinaus hat die Bundesrepublik die Regeln dieser drei Abkommen in ihr nationales Recht übernommen, so daß jede Beförderung, die nicht im Geltungsbereich der genannten Abkommen liegt, doch nach den gleichen Regeln zu beurteilen ist. Dies folgt für das Warschauer Abkommen aus den §§ 44 bis 48 des Luftverkehrsgesetzes[62], für das Haager Protokoll aus § 46 und § 48 LuftVG.

Allerdings hat das deutsche Recht die Warschauer Regeln über die Verspätungshaftung (Art. 19) nicht übernommen. Bei Flügen außerhalb des WA kann sich also der Luftfrachtführer von der Verspätungshaftung freizeichnen[63]. Die Vorschriften über die Beförderungsdokumente (Art. 3 bis 16 WA) sind nicht in das nationale Recht übernommen worden. Die zuständige Luftbehörde hat jedoch genehmigt, daß die Lufthansa ihren Beförderungen die Vertragsbedingungen der IATA (Conditions of Contract)[64] zugrunde legt. Danach sind die Beförderungsdokumente genau die gleichen, wie im WA vorgesehen. Schließlich sind die Regeln des Abkommens von

---

[57] Vom 14. 4. 1956, BGBl. 1957 II 45; Art. 9.

[58] Von der Bermuda-Regelung weichen deutlich ab die Abkommen mit: Frankreich (4. 10. 1955), der Verein. Arabischen Rep. (16. 2. 1960), Argentinien (20. 9. 1960), Kanada (22. 12. 1960), Indien (31. 5. 1963), Chile (30. 3. 1964).

[59] RGBl. 1933 II 1039. [60] BGBl. 1958 II 291.

[61] BGBl. 1963 II 1159.

[62] Fassung vom 10. 1. 1959/26. 11. 1964, BGBl. 1959 I 9, BGBl. 1964 I 921.

[63] Einzelheiten bei Rinck, ZLR 1958, 306.

[64] Schleicher/Reymann/Abraham I 416, 460; dazu Alex Meyer II 5.

Guadalajara in § 49 a LuftVG auf alle Flüge, auch außerhalb des eigentlichen Geltungsbereichs des Abkommens, erstreckt worden.

Nur in wenigen Fällen mußten die Regeln des Warschauer Abkommens aus den Grundsätzen des deutschen Rechts ergänzt werden.

1. Grobe oder bewußte Fahrlässigkeit

Die ursprüngliche Fassung des WA ließ den Luftfrachtführer summenmäßig unbeschränkt haften, wenn er oder seine Leute den Schaden vorsätzlich oder durch eine „Fahrlässigkeit herbeigeführt (haben), die nach dem Recht des angerufenen Gerichts dem Vorsatz gleichsteht“ (Art. 25). Diese Formel, die in anderen Rechten sehr umstritten war[65], ist in den deutschen Kommentierungen stets so verstanden worden, daß im Falle „grober Fahrlässigkeit“ die unbeschränkte Haftung eintritt[66]. Auch die deutschen Gerichte sind ausnahmslos dieser Kommentierung gefolgt[67].

Der Artikel 25 in der ursprünglichen Fassung des WA war unbefriedigend, einmal weil er zu verschiedener Interpretation von Land zu Land geführt hat und dann vor allem, weil er auf eine materielle Rechtsvereinheitlichung verzichtete und statt dessen auf nationales Recht verwies. Das Haager Protokoll führt denn auch die neue Formel ein, wonach unbeschränkte Haftung eintritt, wenn der Halter oder seine Leute den Schaden absichtlich oder „leichtfertig und in dem Bewußtsein (herbeigeführt haben) ..., daß ein Schaden mit Wahrscheinlichkeit eintreten werde“ (Art. 25 WA in der Haager Fassung). Damit ist ein Fall bewußter Fahrlässigkeit umschrieben[68]. Als der deutsche Gesetzgeber das Haager Protokoll ratifiziert hatte und nun dessen Grundsätze für alle Beförderungen, auch für solche außerhalb des Abkommens, einführte, beließ er es doch bei grober Fahrlässigkeit und führte nicht statt dessen die bewußte Fahrlässigkeit ein (§ 48 I Satz 2, II Satz 2)[69]. Nun sind ohne Zweifel Fälle denkbar, in denen grobe Fahrlässigkeit vorliegt – etwa krasse Unkenntnis oder Vergeßlichkeit – und doch keine bewußte Fahrlässigkeit. Da nach innerdeutschem Recht die Haftung schon bei grober Fahrlässigkeit unbeschränkt wird, ist die Haftung also nach deutschem Recht etwas strenger als nach dem Haager Protokoll.

---

[65] Schleicher/Reymann/Abraham I 366–369.

[66] Abraham, ZLR 1954, 71; Drion, Limitation of Liabilities (1954) 204; Rinck, J. Air L. 23 (1956) 485.

[67] BGH 17. 4. 1958, BGHZ 27, 101, 106 = ZLR 1958, 421, 424 = VersR 1958, 401, 402 = NJW 1958, 1436, 1437; LG Köln 9. 4. 1964, ZLR 1965, 88, 89; auch schon LG Frankfurt/M. 8. 3. 1939, ArchLuftR 1939, 180.

[68] Denkschrift der Bundesregierung zum Haager Protokoll; Bundestagsdrucksache III/220 vom 20. 2. 1958, S. 32; Rinck, Betrieb 1958, 1236; Schleicher/Reymann/Abraham I 395.

[69] Die Regierungsvorlage, Bundestagsdrucksache IV/1646 vom 18. 11. 1963, S. 10 (Nr. 12), äußert sich nicht dazu.

2. Unfallversicherung zugunsten von Fluggästen

Die in der Bundesrepublik zugelassenen Luftverkehrsunternehmen sind verpflichtet, zugunsten ihrer Fluggäste eine Unfallversicherung in Höhe von 35 000 DM je Person abzuschließen (§ 50 LuftVG). Das bedeutet eine zweifache Besserstellung des Passagiers gegenüber dem WA: Er erhält den Betrag ohne Rücksicht auf die Ursache des Unfalles, also auch wenn der Luftfrachtführer sich exkulpieren könnte. Außerdem wird im Todesfall der Betrag voll ausgezahlt ohne Nachweis, wie hoch der Schaden war.

Die Zulässigkeit dieser obligatorischen Fluggast-Unfallversicherung war lange Zeit umstritten. Vor allem wurde die Meinung vertreten, sie sei mit dem WA unvereinbar, weil sie die Haftung des Luftfrachtführers verschärfe[70]. Diese Bedenken treffen aber nicht zu, denn die obligatorische Versicherung ändert nicht das Haftungsrecht des Abkommens, sondern ist eine Auflage, die anläßlich der Zulassung zum Luftlinienverkehr gemacht wird. Diese Auffassung hatte sich jedenfalls für deutsche Luftverkehrsunternehmen durchgesetzt[71] und ist nunmehr vom Bundesgerichtshof, wenn auch nur in einem kurzen Satz, bestätigt worden[72]. Der eigentliche Gegenstand dieses Urteils war eine andere Frage, die eine Besonderheit der deutschen Sozialversicherung betrifft und im internationalen Verkehr kaum Bedeutung erlangen wird: Leistet ein Träger der Unfallversicherung einem Versicherten Heilungskosten oder Rente, so gehen etwaige Schadensersatzansprüche, die der Verletzte gegen einen Schädiger haben könnte, von Gesetzes wegen auf den Sozialversicherungsträger über (§ 1542 RVO). Verlangt er nun vom Luftfrachtführer Schadensersatz nach dem LuftVG oder dem WA, so muß er sich darauf die (bereits an den Verletzten oder seine Erben ausgezahlte) Unfallversicherungssumme anrechnen lassen. Dies schreibt § 50 Satz 3 LuftVG ausdrücklich vor. Der Bundesgerichtshof hat mit Recht festgestellt, daß diese luftrechtliche Regelung den Vorrang hat, weil die Schadensersatzforderung bei ihrem Übergang auf den Sozialversicherungsträger von vornherein mit diesem gesetzlichen Erlöschungsgrund, also mit Anrechnung der Unfallversicherung belastet war.

Zweifel bestehen aber in der Richtung, ob auch ausländische Luftverkehrsgesellschaften, die in der Bundesrepublik verkehren, verpflichtet sind, eine Fluggast-Unfallversicherung einzugehen[73]. Diese Verpflichtung ließe sich wohl mit Art. 11 des Chic. Abk. vereinbaren, wonach die Bestimmungen des angeflogenen Staates auch für ausländische Luftfahrzeuge gel-

[70] Riese 493; Abraham, Luftbeförderungsvertrag (1955) 77; Zusammenfassung bei Bodenschatz, ZLR 1959, 230, 244; Rinck, Betrieb 1958, 273.

[71] Alex Meyer (oben N. 45) 346, 443; ZLR 1953, 229; Möller, ZLR 1955, 251 (Deutscher Landesbericht 1954); Bodenschatz, ZLR 1959, 247; Entschließung des Rechtsausschusses des Luftfahrtbeirats, WGL 1960, 94.

[72] BGH 14. 5. 1963, ZLR 1963, 296; NJW 1963, 1926.

[73] Bodenschatz, ZLR 1959, 248.

ten. Auch die bilateralen Abkommen der Bundesrepublik dürften nicht entgegenstehen. Immerhin ist der Wortlaut des § 50 LuftVG unbestimmt und erlaubt auch die Interpretation, nur deutsche Luftverkehrsunternehmen seien dieser Versicherungspflicht unterworfen. Die Luftverkehrs-Zulassungsordnung vom 19. 6. 1964 [74] geht einen mittleren Weg. Sie begründet eine Versicherungspflicht für alle Charterflüge ausländischer Unternehmen (§ 95 IV) und für Transporte durch ausländische Luftfahrzeuge zwischen Orten der Bundesrepublik (§ 99 III; Kabotageflüge). Den Schwerpunkt des internationalen Luftverkehrs bilden aber Flüge ins Ausland oder Durchflüge. Diese bleiben von der obligatorischen Fluggast-Unfallversicherung befreit. Insoweit werden ausländische Luftverkehrsunternehmer besser gestellt als deutsche.

3. *Mißbrauch von Rechtsvorschriften*

Niemand darf sich mit seinem eigenen Verhalten in Widerspruch setzen. Tut er dies doch, so ist sein späteres, widersprüchliches Verhalten rechtlich unbeachtlich. Dies ist seit dreißig Jahren eine anerkannte Lehre des deutschen Rechts [75]. Von diesem Grundsatz aus haben Gerichte mehrfach die zweijährige Ausschlußfrist des Art. 29 WA für unbeachtlich erklärt. Versichert der Rechtsanwalt eines Luftfrachtführers dem geschädigten Passagier, aus dem Ablauf der Zweijahresfrist würden keine Einwendungen hergeleitet werden, so kann der Schaden auch noch nach der Frist eingeklagt werden [76]. Auch wenn der Hauptpflichtversicherer der Luftverkehrsgesellschaft derartige Äußerungen tut, entfällt die Ausschlußfrist des Art. 29 WA [77]. Der Bundesgerichtshof hält es sogar für denkbar, daß die Ausschlußfrist unbeachtet bleibt, wenn der Luftfrachtführer dem Geschädigten die Anschriften anderer möglicherweise als Zeugen tauglicher Fluggäste bewußt vorenthält und so die Rechtsverfolgung des Fluggastes verzögert [78].

Damit wird das deutsche Recht zu einer recht weitgehenden Ergänzung, wenn nicht Korrektur des WA herangezogen. Sicher ist, daß nationales Recht in die Lücken des WA eintritt, etwa zur näheren Ausfüllung des Beförderungsvertrages oder zur Bestimmung des Schadens [79]. Die Frage ist aber gerade, ob Art. 29 eine solche Lücke läßt. Die Bestimmung statuiert

---

[74] BGBl. 1964 I 370, Abdruck ZLR 1964, 326.

[75] Enneccerus/Nipperdey, Lehrbuch des Bürgerlichen Rechts I/2 Allgem. Teil (15. Aufl. 1960) § 239 IV 1 c, S. 1444; Soergel/Siebert, BGB II (9. Aufl. 1959) § 242 Rdnr. 141, 170.

[76] BGH 7. 5. 1963, NJW 1963, 1405 = ZLR 1963, 299.

[77] LG Köln 9. 4. 1964, ZLR 1965, 88.

[78] BGH 17. 4. 1958, BGHZ 27, 101 = ZLR 1958, 421, 425; in casu wurde Rechtsmißbrauch verneint.

[79] Riese 423, 468; Schleicher/Reymann/Abraham 254.

ausdrücklich eine Ausschlußfrist, keine Verjährungsfrist, wie sie noch im Vorentwurf der CITEJA enthalten war[80]. Auf Ausübung der Verjährungseinrede können die Beteiligten verzichten, das ist allgemein anerkannt, auf die Folgen einer Ausschlußfrist kann niemand verzichten. Das Gericht berücksichtigt sie von Amts wegen[81]. Alle Gerichte, nicht nur die deutschen, haben die Frist als Ausschlußfrist behandelt und von einer Verjährung unterschieden[82]. Es ist also ohne Zweifel der Sinn des Art. 29, hier eine Frist vorzuschreiben, deren Folgen vom Verhalten der Parteien unabhängig sein sollen. Hinzu kommt, daß Art. 29 Abs. 2 WA für die Berechnung der Frist – aber nicht für ihre Folge – auf die lex fori verweist. Keinesfalls gehört das Institut des Rechtsmißbrauchs dem Verfahrensrecht an[83] und kann deshalb nicht als Teil der lex fori Vorrang vor dem WA beanspruchen. Im angelsächsischen Rechtskreis wären die hier erörterten Tatbestände in die Lehre vom estoppel einzuordnen[84] mit dem Erfolg, daß die Ausschlußfrist unbeachtet bleibt. Da der estoppel prozessualer Herkunft ist, hat er sicherlich Vorrang gegenüber dem Art. 29 WA. Diese Konstruktion ist aber dem deutschen Recht unbekannt.

Die deutschen Gerichte sind gleichwohl sehr weit gegangen in der Interpretation des Art. 29 WA. Sie haben ihn nach deutschen Grundsätzen angelegt und deshalb durch die Mißbrauchslehre eingeschränkt. Es ist aber keineswegs sicher, daß die Gerichte anderer Staaten die Ausschließungsfrist des Art. 29 ebenso restriktiv auslegen würden.

Divergenzen bei der Auslegung internationaler Verträge sind unvermeidlich[85]. Es ist eine allgemein bedauerte, aber feststehende Tatsache, daß die Gerichte jedes Landes ihre eigene Auslegungsmethode anwenden[86]. Es bleibt ihnen aber kein anderer Weg offen, jedenfalls solange ein übergeordnetes, internationales Gericht fehlt. Das WA ist zwar französisch formuliert, jenseits der grammatischen Auslegung ist aber kein Gericht an die französische Dogmatik und Methode gebunden. Die Gerichte sind also darauf angewiesen, das WA nach ihrer jeweiligen heimischen Methode auszulegen[87].

---

80 II. Conférence Internationale de Droit Privé Aérien (Warschau 1930) 173, 143.

81 Soergel/Siebert, BGB I (9. Aufl. 1959) Rdnr. 13 vor § 194; BGB-RGRK I (11. Aufl. 1959) Anm. 4 vor § 186.

82 Tribunal de Grande Instance de la Seine 14. 4. 1961, Rev. fr. dr. aérien 1961, 198; New York County Supreme Court 23. 4. 1956, US & Can. Av. Rev. 1956, 209; Obergericht Zürich 23. 1. 1958, ZLR 1959, 55.

83 Soergel/Siebert (oben N. 75) § 242 Rdnr. 121.

84 Schnitzer, Vergleichende Rechtslehre (1961) 417, 421; Enneccerus/Nipperdey (oben N. 75) § 239 Anm. 14, 35, S. 1440, 1444.

85 Riese, RabelsZ 26 (1961) 609, 613.

86 Anzilotti, Völkerrecht I (1929) 82; Riese 68.

87 New York County Supreme Court und Obergericht des Kantons Zürich (beide oben N. 82).

Die deutschen Gerichte haben also Recht daran getan, den Begriff der Ausschlußfrist so zu verstehen, wie ihn das deutsche Recht behandelt. Es läßt sich aber nicht generell sagen, daß die Lehre vom Rechtsmißbrauch Vorrang habe vor der Institution einer Ausschlußfrist[88]. Vielmehr muß auf den Zweck der Ausschlußfrist abgestellt werden. Dient sie der Rechtssicherheit allein, so wird die Frist gelten müssen, auch wenn ihr Ablauf treuwidrig herbeigeführt wurde. Dient die Frist aber überwiegend dem Interesse des Schuldners, so verdient dieser keinen Schutz, wenn er den Ablauf der Frist wider Treu und Glauben herbeigeführt hat[89]. Die Ausschlußfrist des Art. 29 WA will ohne Zweifel den Luftfrachtführer schützen[90]. Wenn er oder seine Vertreter also dahin wirken, daß der Geschädigte die Frist ungenutzt verstreichen läßt, dann liegt ein Verstoß gegen Treu und Glauben vor, und der Luftfrachtführer verdient keinen Schutz mehr. Er kann sich nicht auf den Fristablauf berufen.

Die Begrenzung des Art. 29 WA durch die deutsche Lehre vom Rechtsmißbrauch beruht also nicht auf einer Höherbewertung einzelner Normen, sondern auf der zwar von Völkerrechtlern mißbilligten, aber unvermeidlichen Einflußnahme innerstaatlicher Dogmatik auf internationale Begriffe. Dieser nationale Einfluß wird immer wirksam werden, solange nicht die Rechtsbegriffe der Abkommen dort bis in die letzte Auswirkung festgelegt werden – ein fast unmögliches Vorhaben.

* *Abgekürzt zitierte Literatur:* Bin Cheng, The Law of International Air Transport (London 1962); IATA, Act of Incorporation, Articles of Association, Rules & Regulations of International Air Transport Association (6th Publication Montreal 1964); Alex Meyer, Internationale Luftfahrtabkommen I – V (Köln usw. 1953–1964); Riese, Luftrecht – Das internationale Recht der zivilen Luftfahrt unter besonderer Berücksichtigung des schweizerischen Rechts (Stuttgart 1949); Rinck, Interessengemeinschaften und Kartelle im Luftverkehr, in: Festschrift Riese (Karlsruhe 1964) 497 ff.; Schleicher/Reymann/Abraham, Das Recht der Luftfahrt, Kommentar und Quellensammlung (3. Aufl., Köln usw. 1960).

Summary

I. The Legal Status of Air Services

Everyone has a right to be admitted as an air carrier provided he complies with the safety standards. It might be a private individual or a company of any kind. It is, however, the policy of the Federal Republic of

[88] So allerdings: Soergel/Siebert (oben N. 75) § 242 Rdnr. 170; und Rdnr. 17 vor § 194; Palandt/Danckelmann, BGB (25. Aufl. 1966) Anm. 4 a vor § 194.

[89] BGH 14. 10. 1959, BGHZ 31, 77, 83; ganz ablehnend BGB-RGRK (oben N. 81) Anm. 5 vor § 186.

[90] Riese 471; BGH 7. 5. 1963, 1405.

Germany, that the state is responsible for adequate transporation facilities in all fields. The only air carrier offering scheduled services is Lufthansa, a company 93 p. c. owned by the government. In 1964, however, a considerable part of the shares was sold to privat holders.

II. Administrative Control in International Air Transport

Scheduled services need a special permission for each line. This must be granted if the new line is not contrary to „public interest". Non-scheduled services do not want such a special permission but may be subjected to conditions or restrictions if the services are contrary to the „public interest in transportation". Both terms mean the same: the state-subsidized airline shall not be disadvantaged. These restrictions on new air lines, and – to a lesser degree – on non-scheduled air services, are in accordance with the constitutional right of free access to trade and profession as interpreted by the German constitutional court. The public interest prevails and gives some protection to the existing air line if this already offers or is ready to offer adequate transportation. Foreign air lines have a right to admission only under bilateral agreements.

Tariffs and conditions of contract need authorisation for each line. In practice the Federal Ministry of Transportation accepts the IATA resolutions, as is laid down – in a non-committal way – in the bilateral agreements. Non-scheduled services are free so far, but may, if the public interest commands, be subjected to tariffs or conditions. This has not yet been done.

III. Approval of IATA-Resolutions

The IATA resolutions on fares, rates, conditions and schedules require unanimity of the members concerned. If a government authority refuses its approval the resolution becomes void. If the authority imposes a condition, this may get incorporated in the resolution.

All the resolutions on fares, rates, conditions and schedules require official approval under German law which is granted as a rule. IATA-regulations on the carriage of restricted articles were made obligatory for all carriers.

The IATA-resolutions must be approved after taking into consideration public and not any individual interest. Therefore no individual can appeal against the approval in court.

IV. The Bilateral and Multilateral Air Transport Agreements

Under Art. 5 and 6 of the Chicago Convention and the Transit Agreement only non-commercial aviation and technical landings of commercial aircraft are free.

The Federal Republic ratified the Paris Agreement of 1956 on commercial non-scheduled Air Services in Europe. This, however, is not of great economic value, allowing amongst other taxi-flights only up to six seats per plane and freight transportation by air until revoked.

Scheduled international air transport is subject to bilateral agreements. Of these are three types: The ICAO Standard Form of Agreement, the Bermuda Model and the Strasbourg Standard Clauses. Of the 35 bilateral agreements entered into by the Federal Republic, 25 follow largely the same pattern combining the Strasbourg Standard Clauses and the Bermuda Model. Four of the agreements, those with the U.S., Great Britain, France and Jugoslavia differ in substance and technique largely from each other as from the rest. The vital point is always to fix the transport capacity which the foreign air line may offer. Here the Bermuda model comes in but it was not followed in the agreements with France and five other states.

V. The Air Carrier's Liability

The Federal Republic of Germany has ratified the Warsaw Convention, the Hague Protocol and the Guadalajara Supplementary Convention. Furthermore the subsantive rules of these conventions were – with minor exceptions – incorporated into German law so as to apply even outside the scope of these three conventions.

Under the Hague Protocol the liability of the carrier becomes unlimited if he or his servants caused damage by a deliberate act done with intent to cause damage. The German law instead made the liability more severe: the limits of liability do not apply in any case of gross negligence.

German carriers are bound to insure all their passengers against accident and death. This additional duty is compatible with the Warsaw Convention, but is not imposed on foreign carriers, except for charter – or cabotage flights.

Under art. 29 of the Warsaw Convention an action must be brought within two years. This is not a prescription properly speaking, but a strict time limit which the parties cannot alter. Nevertheless German courts ignore the time limit if the carrier has been unfair. The German doctrine against the misuse of rights is applied. This may be an unwelcome modification of an international convention, inevitable however, as long as unified law is applied by national courts and construed by national methods.

Vierter Teil

VÖLKERRECHT

VERFASSUNGSRECHT

VERWALTUNGSRECHT

FINANZ- UND STEUERRECHT

VÖLKERRECHT

KONFLIKTE ZWISCHEN DEM NATIONALEN RECHT UND VÖLKERRECHTLICHEN VERTRÄGEN

Von Dr. RUDOLF BERNHARDT

Professor an der Universität Frankfurt

Das Völkerrecht befaßt sich in unserer Zeit in immer stärkerem Maße mit Fragen, die noch vor wenigen Jahrzehnten nach allgemeiner Auffassung der ausschließlichen Entscheidung souveräner Staaten und ihrer innerstaatlichen Ordnung vorbehalten waren. In der Praxis der Vereinten Nationen hat Art. 2 Abs. 7 der Satzung mit dem an die Organisation gerichteten Verbot, in Angelegenheiten „zu intervenieren", die im wesentlichen (essentially) in die nationale Zuständigkeit fallen, keine ins Gewicht fallende Bedeutung mehr[1]. Die vom Ständigen Internationalen Gerichtshof[2] zu Art. 15 Abs. 8 der Völkerbunds-Satzung geäußerte Auffassung, der Bereich der nationalen Zuständigkeit sei keine feste Größe, sondern von der Entwicklung der Rechtsgemeinschaft abhängig, ist dahin denaturiert worden, daß nicht der Stand des Völkerrechts, sondern oft nur der politische Druck ein Problem aus der staatlichen in die internationale Sphäre verlagert. Man mag gegen diese Entwicklung einwenden, sie mißachte das gegenwärtige Völkerrecht, das ändert nichts an der fortschreitenden Konfrontation des nationalen Rechts mit den Maximen und Regeln der internationalen Gemeinschaft. Doch es sind zur Zeit, angesichts der tiefgreifenden Unterschiede und Interessenkonflikte zwischen den Staaten und Staatengruppen, weniger die allgemeinen Prinzipien und die Einzelregeln des Völker*gewohnheitsrechts* als die völkerrechtlichen *Verträge*, die die Verzahnung des staatlichen und des zwischenstaatlichen Rechts offenkundig werden lassen und vorantreiben. Die Abkommen der Internationalen Arbeitsorganisation, zahlreiche Verträge über die Rechtsstellung fremder Staatsangehöriger auf den verschiedensten Gebieten, die Europäische Menschenrechtskonvention und viele andere Vereinbarungen legen Zeugnis da-

---

[1] Vgl. M. S. RAJAN, United Nations and Domestic Jurisdiction (2. Aufl. 1961), mit einer detaillierten Darstellung der Praxis der Weltorganisation in den ersten zehn Jahren ihres Bestehens; inzwischen ist der Respekt vor Art. 2 Abs. 7 nicht gewachsen.

[2] P. C. I. J. Series B, No. 4.

von ab, wie sehr die internationale Rechtsordnung die nationale determiniert oder jedenfalls determinieren will.

Diese Entwicklung macht es unumgänglich, das Verhältnis zwischen Völkerrecht und staatlichem Recht immer wieder zu überprüfen. Dabei zeigt sich auch in diesem Bereich das Zwiespältige der derzeitigen Weltordnung: Zuvor interne Fragen werden mehr und mehr internationalisiert, zugleich aber wird der Souveränitätsanspruch der Staaten aufrecht erhalten oder gar dahin übersteigert, daß er im nationalen Interesse von der Beachtung völkerrechtlicher Verpflichtungen entbinden soll. Übersteigerungen dieser Art sprechen nicht gegen, sondern für die Tatsache, daß die staatliche Souveränität noch immer ein Kennzeichen der heutigen internationalen Ordnung ist. Dem entspricht es, daß die Staaten ungeachtet aller theoretisch-dogmatischen Konstruktionsversuche über das Verhältnis zwischen Völkerrecht und staatlichem Recht weiterhin selbst darüber entscheiden, ob und wie sie die Sätze des Völkerrechts in die innerstaatliche Rechtsordnung einführen. Die staatliche Rechtsordnung entscheidet nicht über die Existenz und den Umfang der völkerrechtlichen Verpflichtungen, wohl aber über ihre Verbindlichkeit und ihren Rang im innerstaatlichen Bereich.

Die gegenwärtige internationale Rechtsordnung überläßt es somit den Staaten, in welcher Weise sie völkerrechtliche Gebote innerstaatlich durchführen. Das macht es erforderlich, die staatlichen Rechtsordnungen danach zu befragen, wie sie Konflikte zwischen dem nationalen Recht und völkerrechtlichen Verträgen lösen. Daß bei einem derartigen Konflikt kein Staat sich völkerrechtlich auf sein entgegenstehendes Recht berufen kann, gehört zu den gesicherten Erkenntnissen der Völkerrechtsgemeinschaft. Trotzdem muß gefragt werden, wie der Konflikt gelöst oder auch nicht gelöst wird. Im Folgenden wird dieser Frage für die deutsche Rechtsordnung nachgegangen. Dabei liegt das Schwergewicht, dem Thema entsprechend, bei der innerstaatlichen Bedeutung völkerrechtlicher *Verträge*. Das Völkergewohnheitsrecht kann nur gestreift werden, für seine innerstaatliche Geltung gelten in Deutschland nach dem Verfassungstext, nach der staatlichen Praxis, nach der Rechtsprechung der Gerichte und nach der vorherrschenden Auffassung in der Literatur andere Regeln als für das Vertragsrecht[3].

I. Die allgemeine Stellung des Völkerrechts in der deutschen Rechtsordnung

Die wissenschaftliche Diskussion des Verhältnisses zwischen Völkerrecht und staatlichem Recht hat in Deutschland in der zweiten Hälfte des vorigen Jahrhunderts stärker eingesetzt[4], und zwar vor allem im Hinblick auf die

[3] Die Gliederung dieses Berichts folgt im wesentlichen dem Schema, das der Rapporteur général für unser Thema vorgezeichnet hat.

[4] Vgl. etwa Ernst Meier, Über den Abschluß von Staatsverträgen (1874).

verfassungsrechtlich vorgeschriebene Mitwirkung des Parlaments beim Abschluß bestimmter Verträge[5]. Hierbei stellte sich die Frage, ob und gegebenenfalls wie mit Zustimmung des Parlaments geschlossene Verträge auch innerstaatlich verbindlich werden. Grundlegend für die weitere Erörterung im deutschen Schrifttum zum Völkerrecht und zum Staatsrecht wurde TRIEPELS Arbeit über „Völkerrecht und Landesrecht" aus dem Jahre 1899. Ihre dualistische Grundkonzeption über die notwendige Trennung der Rechtssätze des Völkerrechts einerseits und des staatlichen Rechts andererseits beherrscht bis heute die deutsche Praxis, auch die Wissenschaft hat sich kaum dem Monismus der Reinen Rechtslehre in seinen verschiedenen Spielarten angeschlossen.

Für die allgemeinen Regeln des Völkerrechts belebte Art. 4 der Weimarer Reichsverfassung[6] von 1919 die Diskussion, sie wurde überwiegend unter staatsrechtlichen Aspekten geführt. Eine größere praktische Bedeutung hat die Vorschrift nicht erlangt. Für das Verhältnis zwischen Völkervertragsrecht und innerstaatlichem Recht gab es weder in der Praxis noch in der Theorie grundlegende Veränderungen gegenüber der Situation unter der alten Reichsverfassung. Art. 45 Abs. 2 und 3 der Verfassung von 1919 schrieb in Anlehnung an Art. 11 der Verfassung von 1871[7] für den Abschluß der wichtigeren Verträge die vorherige Zustimmung des Parlaments vor[8].

Das Grundgesetz für die Bundesrepublik Deutschland von 1949 knüpft hinsichtlich der allgemeinen Regeln des Völkerrechts in Art. 25[9] an Art. 4, hinsichtlich des Abschlusses von Verträgen in Art. 59[10] an Art. 45 der Wei-

---

[5] Die seit der ersten Hälfte des 19. Jahrhunderts geschaffenen Verfassungen der deutschen Staaten sahen regelmäßig eine Mitwirkung des Parlaments beim Abschluß von Verträgen vor. Vgl. allgemein zur geschichtlichen Entwicklung HANS W. BAADE, Das Verhältnis von Parlament und Regierung im Bereich der auswärtigen Gewalt der Bundesrepublik Deutschland (1962) 146 ff.

[6] Art. 4: Die allgemein anerkannten Regeln des Völkerrechts gelten als bindende Bestandteile des deutschen Reichsrechts.

[7] Art. 11 wurde kurz vor dem Ende des Kaiserreichs durch Gesetze vom 28. 10. 1918 geändert.

[8] Die eingehendste Arbeit aus der Zeit bis 1933 ist diejenige von GUSTAV ADOLF WALZ, Völkerrecht und staatliches Recht – Untersuchungen über die Einwirkungen des Völkerrechts auf das innerstaatliche Recht (1933).

[9] Art. 25: Die allgemeinen Regeln des Völkerrechts sind Bestandteil des Bundesrechts. Sie gehen den Gesetzen vor und erzeugen Rechte und Pflichten unmittelbar für die Bewohner des Bundesgebietes.

[10] Art. 59: (1) Der Bundespräsident vertritt den Bund völkerrechtlich. Er schließt im Namen des Bundes die Verträge mit auswärtigen Staaten. Er beglaubigt und empfängt die Gesandten. (2) Verträge, welche die politischen Beziehungen des Bundes regeln oder sich auf Gegenstände der Bundesgesetzgebung beziehen, bedürfen der Zustimmung oder der Mitwirkung der jeweils für die Bundesgesetzgebung zuständigen Körperschaften in der Form eines Bundesgesetzes. Für Verwaltungsabkommen gelten die Vorschriften über die Bundesverwaltung entsprechend.

marer Reichsverfassung an. Mit beiden Komplexen hat sich in jüngster Zeit die wissenschaftliche Diskussion eingehender befaßt[11]. Dabei ist zwar mehrfach eine Modifikation der überkommenen Auffassungen, aber nur selten ihre völlige Aufgabe gefordert worden. Im wesentlichen dominiert in Deutschland weiterhin die dualistische Konzeption des Verhältnisses Völkerrecht – Landesrecht.

Die heutige Rechtslage und Rechtsauffassung über das Verhältnis zwischen Völkerrecht und Landesrecht in der Bundesrepublik wird man – unter Inkaufnahme von Vergröberungen – im wesentlichen folgendermaßen umschreiben können: Art. 25 des Grundgesetzes schreibt eindeutig vor, daß die allgemeinen Regeln des Völkerrechts innerstaatlich zu beachten sind und den Gesetzen vorgehen. Über diesen Grundsatz besteht kein Streit. Zweifelhaft ist lediglich, wann eine zur innerstaatlichen Anwendung geeignete allgemeine Regel des Völkerrechts vorliegt[12] und wie das Verhältnis zwischen diesen Regeln und dem deutschen *Verfassungs*recht ist[13]. Darauf kann hier nicht eingegangen werden[14]. Nach ganz überwiegender Auffassung ist Art. 25 für völkerrechtliche Verträge nicht maßgeblich, auch nicht über den Satz pacta sunt servanda[15]. – Für Verträge, „welche die politischen Beziehungen des Bundes regeln oder sich auf Gegenstände der Bundesgesetzgebung beziehen", fordert Art. 59 Abs. 2 des Grundgesetzes die Zustimmung des Bundesgesetzgebers in der Form eines Bundesgesetzes. Das heißt: Verträge dieser Art sind zwischen Unterzeichnung und Ratifikation dem Parlament vorzulegen, erst nach seiner Zustimmung, die in Gesetzesform erteilt werden muß, darf der Bundespräsident ratifizieren. Das Zustimmungsgesetz wird zusammen mit dem Vertrag im Bundesgesetzblatt (Teil II) veröffentlicht. Die so publizierten und von der Bundesrepublik ratifizierten Verträge sind spätestens mit ihrem

---

[11] Vgl. insbes. Mosler, L'application du Droit international public par les tribunaux nationaux: Rec. des Cours 91 (1957–I) 619 ff.; Pigorsch, Die Einordnung völkerrechtlicher Normen in das Recht der Bundesrepublik Deutschland (1959); Partsch, Die Anwendung des Völkerrechts im innerstaatlichen Recht (Berichte der Deutschen Gesellschaft für Völkerrecht Heft 6; 1964); Boehmer, Der völkerrechtliche Vertrag im deutschen Recht (1965).

[12] Vgl. dazu Doehring, Die allgemeinen Regeln des völkerrechtlichen Fremdenrechts und das deutsche Verfassungsrecht (1963).

[13] Eingehende Darlegung der Ansichten bei Pigorsch (oben N. 11).

[14] Das gilt auch für die Vorschrift des Art. 100 Abs. 2 des Grundgesetzes; danach ist in Zweifelsfällen das Bundesverfassungsgericht zur Entscheidung darüber zuständig, ob eine allgemeine Regel des Völkerrechts im Sinne von Art. 25 vorliegt.

[15] Der Bundesgerichtshof hat gelegentlich (BGHSt 5, 396 [402]) eine andere Ansicht geäußert, die ganz überwiegende Auffassung geht jedoch dahin, daß der Satz pacta sunt servanda nur allgemein die Bindung der Staaten an Verträge proklamiert, aber nichts über ihre innerstaatliche Ausführung besagt und u. a. aus diesem Grund für Artikel 25 keine Bedeutung hat.

völkerrechtlichen Inkrafttreten auch innerstaatlich verbindlich, ebenso wie normale Gesetze. Die überkommene „Transformationslehre" begründet dies damit, daß der Vertragsinhalt durch das Zustimmungsgesetz in innerstaatliches Recht transformiert werde, es handele sich um echte, rein innerstaatliche Rechtsnormen, nur der völkerrechtliche Ausgangspunkt und die äußere Form unterscheide diese Normen von anderen Gesetzen. Die neuerdings vordringende – m. E. richtige – „Vollzugslehre"[16] bringt eine andere Begründung: Der Vertrag sei kraft des Ausspruchs des deutschen Gesetzgebers *als Vertrag* innerstaatlich verbindlich. Nicht ein innerstaatliches Gesetz, sondern der Vertrag selbst gelte innerhalb der staatlichen Rechtsordnung, doch beruhe die Verbindlichkeit auf der Anordnung des deutschen Gesetzgebers. Dabei wird von der innerhalb der Vollzugslehre wohl überwiegenden Auffassung dem Vertrag kein höherer Rang zugebilligt als den Gesetzen, Gesetz und Vertrag stehen innerstaatlich auf einer Stufe.

Die innerstaatliche Bedeutung völkerrechtlicher Abkommen, die nicht der Zustimmung des Parlaments bedürfen, vor allem also von sogenannten Verwaltungs- oder Exekutivabkommen, ist noch nicht hinreichend geklärt. Es spricht viel dafür, daß sie intern nicht unmittelbar maßgeblich sind, sondern daß bei ihnen eine ausdrückliche Anordnung über ihre Durchführung oder Anwendung erforderlich ist.

Besondere Probleme werfen die Verträge über die Gründung zwischen- und überstaatlicher Gemeinschaften auf. Art. 24 des Grundgesetzes enthält dafür eine Sondervorschrift, deren Tragweite jedoch umstritten ist[17]. Zweifellos ist nur, daß derartige Verträge, zur Zeit also der Vertrag über die Europäische Gemeinschaft für Kohle und Stahl, der Vertrag über die Europäische Wirtschaftsgemeinschaft und der EURATOM-Vertrag, innerstaatlich *mindestens* den gleichen Rang wie andere Verträge und Gesetze haben. Es spricht viel dafür, daß die Gemeinschaftsverträge und die auf ihnen beruhenden Akte der Gemeinschaftsorgane sogar einen höheren Rang haben und sowohl früherem als auch späterem nationalen Recht innerstaatlich vorgehen, doch ist dies nach wie vor unsicher und bestritten. Die allgemeinen Regeln über das Verhältnis zwischen Völkerrecht und Landesrecht dürften hier nur begrenzt anwendbar sein. Man wird vielmehr berücksichtigen müssen, daß die Gemeinschaften Rechtsgebilde eigener Art sein und die staatliche Souveränität zurückdrängen wollen. Art. 24 des Grundgesetzes dürfte eine derartige Einbuße an Hoheitsrechten für die Bundesrepublik zulassen, doch bleibt abzuwarten, welche Richtung die hier besonders wichtige Rechtswirklichkeit endgültig einschlägt. – Beson-

---

[16] Vgl. PARTSCH und BOEHMER (oben N. 11).

[17] Vgl. neuerdings insbesondere IPSEN, Das Verhältnis des Rechts der europäischen Gemeinschaften zum nationalen Recht, in: Aktuelle Fragen des europäischen Gemeinschaftsrechts (1965) 1 ff.

ders problematisch ist das Verhältnis zwischen europäischem Gemeinschaftsrecht und nationalem Verfassungsrecht; vielleicht wird in absehbarer Zeit eine Entscheidung des Bundesverfassungsgerichts den Streit für das deutsche Recht klären. Auf die besondere Problematik des Rechts der Europäischen Gemeinschaften kann im folgenden nicht weiter eingegangen werden.

II. Die Anwendung völkerrechtlicher Verträge durch die deutschen Gerichte

Aus der zuvor getroffenen Feststellung, daß vom Parlament durch Gesetz gebilligte Verträge innerstaatlich verbindlich sind, folgt notwendigerweise ihre Maßgeblichkeit auch für die Gerichte. Sie haben alles im Staat geltende Recht zu beachten und anzuwenden, und dazu gehört das Vertragsrecht; das gilt unabhängig davon, ob man der Transformations- oder der Vollzugslehre folgt (s. o.). Der Vertrag und sein Inhalt bedürfen im Prozeß keines Beweises und keines Beweisantrages der Parteien, es gilt der Satz iura novit curia. Innerstaatliche Gesetze und Verträge haben nach herrschender Auffassung grundsätzlich den gleichen Rang. Das bedeutet nach den Grundsätzen der deutschen Rechtsordnung, daß Verträge allem früheren und späteren Recht niedrigeren Ranges vorgehen; so gehen Verträge des Bundes dem Recht der Gliedstaaten ebenso vor wie den von der Exekutive erlassenen Rechtsverordnungen und z. B. auch den Satzungen der Körperschaften des innerstaatlichen Rechts. Es bedeutet weiter, daß späteres Vertragsrecht früheres Gesetzesrecht verdrängt, es gilt der Satz lex posterior derogat legi priori, wobei unter lex sowohl das Gesetz als auch der Vertrag zu verstehen ist. Diese relativ einfache Grundkonzeption wird durch Zweifelsfragen kompliziert.

Von den staatlichen Gerichten können in der Regel nur Vorschriften angewendet werden, die nach ihrer Zielsetzung und ihrer Formulierung die Entscheidung des Einzelfalls bestimmen oder zumindest beeinflussen. Völkerrechtliche Verträge richten sich jedoch nicht selten zunächst nur an die beteiligten Staaten als Einheiten, und sie enthalten oft weite und unpräzise Bestimmungen, die der Konkretisierung bedürfen. Hier liegt ein Problem, das in zahlreichen Staaten eine Rolle spielt und meist mit der aus dem amerikanischen Recht stammenden Unterscheidung von „self-executing" und „non self-executing treaties" umschrieben wird. Die wissenschaftliche Erörterung nimmt sich neuerdings in verstärktem Umfang dieses Fragenkreises an[18], trotzdem ist m. E. noch vieles unsicher. Unter ande-

[18] Vgl. L. Erades, Le problème des dispositions directement applicables (self-executing) des traités internationaux et son application aux traités instituant une Communauté Européenne: Rev. Hell. 17 (1964) 221 ff.; Boehmer (oben N. 11) 8 f.; vgl. auch meine Arbeit: Der Abschluß völkerrechtlicher Verträge im Bundesstaat (1957) 25 f.

rem ist in der deutschen Rechtsprechung und Lehre umstritten, ob eine Vertragsbestimmung nicht nur objektiv zur innerstaatlichen Anwendung geeignet sein muß, um vom Richter berücksichtigt zu werden, sondern ob ein entsprechender Wille der Kontrahenten hinzukommen muß[19]. Das Problem kann hier nicht erschöpfend behandelt werden. Festzuhalten ist, daß die deutschen Gerichte nur solche Verträge anwenden könnnen, die dafür geeignete Bestimmungen enthalten. Ein non self-executing treaty, der Verpflichtungen der Partner enthält, gegen die das vorhandene Gesetzesrecht verstößt, dürfte innerstaatlich dem Gesetz nicht vorgehen, vielmehr muß in diesem Fall der staatliche Gesetzgeber besondere Durchführungsvorschriften erlassen, um den Konflikt zwischen den vertraglichen Verpflichtungen und dem Gesetz zu beseitigen. Jeder deutsche Richter hat selbst darüber zu befinden, ob ältere Gesetze mit einem späteren Vertrag vereinbar sind oder nicht; stellt er einen Widerspruch fest, so hat er den Vertrag als lex posterior anzuwenden. Zweifelhafter ist, wie die Gerichte sich zu verhalten haben, wenn ein Vertrag nicht mit der Verfassung vereinbar ist. Dieses Problem hat im deutschen Recht einen materiellrechtlichen und einen verfahrensrechtlichen Aspekt. Die Frage des materiellen Rechts geht dahin, ob die Verfassung dem Vertrag oder ob der (spätere) Vertrag der Verfassung vorgeht; diese Frage wird – wenn man von der besonderen Problematik der Verträge über die Gründung zwischenstaatlicher Gemeinschaften absieht – in Praxis und Theorie nahezu einhellig dahin beantwortet, daß der Vertrag unter der Verfassung steht und diese (jedenfalls innerstaatlich) dem Vertrag vorgeht. Die verfahrensrechtliche Frage lautet: Darf jeder Richter einem Vertrag, den er für verfassungswidrig hält, die Anwendung versagen, oder muß er jeden Vertrag als gültig hinnehmen, oder muß er den von ihm für verfassungswidrig gehaltenen Vertrag dem Bundesverfassungsgericht zur Beurteilung vorlegen? Die Frage ist im Sinn der letzten Alternative zu beantworten. Für die Transformationstheorie ist diese Antwort einfach, weil sie das Zustimmungsgesetz zusammen mit dem anwendbaren Vertragsinhalt als rein innerstaatliches Gesetzesrecht ansieht, und für dieses schreibt Art. 100 Abs. 1 des Grundgesetzes vor, daß der Richter sich bei einem von ihm angenommenen Konflikt zwischen Gesetz und Verfassung an das Verfassungsgericht wenden muß. Die Vollzugslehre dürfte zumindest in entsprechender Anwendung von Art. 100 Abs. 1 zu demselben Ergebnis gelangen[20]. Das Bundesverfassungsgericht selbst hat sich schon mehrfach für die Möglichkeit der Normenkontrolle bei Verträgen ausgesprochen[21].

---

[19] Vgl. Boehmer (oben N. 11).

[20] Boehmer (oben N. 11) 73; a. A. Erich Kaufmann, Normenkontrollverfahren und völkerrechtliche Verträge, in: Gedächtnisschrift Walter Jellinek (1955) 445 ff.

[21] Vgl. BVerfGE 1, 410; 4, 162; 6, 294 f.; 12, 220; 15, 348.

III. Konflikte zwischen dem nationalen Recht und fortgeltenden Verträgen

Hier ist nur noch zu erörtern, wie der Konflikt zwischen einem älteren, völkerrechtlich weiterhin gültigen Vertrag und späterem nationalen Recht zu lösen ist. Die Antwort ergibt sich im wesentlichen aus dem zuvor Gesagten. Unter den Bundesgesetzen stehende Rechtsvorschriften (alles Recht der Bundesländer, Verordnungen und sonstige nachgeordnete Bestimmungen des Bundesrechts) können nicht wirksam werden, wenn sie vorhandenem Gesetzes- und Vertragsrecht widersprechen. Andererseits kann sich der Verfassungsschöpfer und der verfassungsändernde Gesetzgeber stets mit innerstaatlicher Wirkung über bisher geltende Verträge hinwegsetzen[22]. Problematisch ist im Grunde nur, ob einfache Gesetze vorhandenes Vertragsrecht verdrängen. Auch hier greift grundsätzlich der Satz lex posterior derogat legi priori mit der Folge ein, daß das spätere Gesetz dem früheren Vertrag vorgeht. Diese Ansicht ist gelegentlich in Zweifel gezogen worden[23], unter anderem mit der Begründung, der Satz pacta sunt servanda verhindere als allgemeine Regel des Völkerrechts über Art. 25 des Grundgesetzes den wirksamen Erlaß späterer vertragswidriger Gesetze. Die ganz überwiegende Meinung in Wissenschaft und Praxis nimmt jedoch an, daß der Gesetzgeber durchaus in der Lage ist, sich über vorhandenes Vertragsrecht hinwegzusetzen[24]. Bei einem eindeutigen, unmißverständlichen Konflikt zwischen älterem Vertrags- und jüngerem Gesetzesrecht geht also das Gesetz vor. Diese Ansicht wird wiederum sowohl von Anhängern der traditionellen Transformationslehre als auch von Anhängern der Vollzugslehre vertreten. Hier hilft aber in der Mehrzahl der möglichen Konfliktsfälle die im nächsten Abschnitt zu behandelnde Auslegungsregel, daß das nationale Gesetz im Zweifel das Vertragsrecht nicht beeinträchtigen will.

Am Rande sei noch folgende Frage erwähnt: Nach Art. 25 sind die allgemeinen Regeln des Völkerrechts Bestandteil des Bundesrechts, und sie gehen den Gesetzen vor. Eine zwingende allgemeine Regel des Völkerrechts würde daher (auch) innerstaatlich das Wirksamwerden einer Vertragsbestimmung verhindern, die gegen die Regel verstößt; das ergibt sich wiederum aus dem einfachen Gesetzesrang (bzw. gesetzesgleichen Rang) des Vertragsrechts.

---

[22] Vgl. dazu das sogenannte Konkordatsurteil des Bundesverfassungsgerichts, BVerfGE 6, 309 ff.

[23] Zusammenstellung der einschlägigen Stellungnahmen bei BOEHMER (oben N. 11) 66–68.

[24] Vgl. aus der Rechtsprechung z. B. RGSt. 4, 274; 67, 135 und das oben (N. 22) genannte Urteil des Bundesverfassungsgerichts sowie oben Note 15.

IV. Auslegungsfragen

Nicht anders als die Rechtsprechung vieler fremder Staaten bemüht sich seit langem auch die deutsche Judikatur, mögliche Konflikte zwischen Gesetzen und Verträgen im Wege der Auslegung zu lösen. Hier stehen vor allem zwei Auslegungsregeln zur Verfügung. Einmal wird zuweilen der Vertrag als Spezialregelung angesehen, die von einem späteren allgemeinen Gesetz nicht beeinträchtigt werde (lex posterior generalis non derogat legi priori speciali). Diese Situation kommt vor allem im Auslieferungsrecht vor, wenn ein älterer Auslieferungsvertrag gegenüber dem Vertragspartner eine andere Regelung trifft als das spätere allgemeine Auslieferungsgesetz. In diesem Fall geht nach der Rechtsprechung regelmäßig der Auslieferungsvertrag vor[25]. Nach der anderen Auslegungsregel ist im Zweifel anzunehmen, daß der Gesetzgeber sich nicht über bestehendes Vertragsrecht hinwegsetzen wollte. Spätere Gesetze sollen, wenn die Unvereinbarkeit mit einem Vertrag nicht offensichtlich ist, „vertragskonform" und allgemein völkerrechtsfreundlich ausgelegt werden[26]. Diese Auslegungsregel war schon unter den früheren deutschen Verfassungen nahezu ausnahmslos anerkannt, angesichts der besonders völkerrechtsfreundlichen Einstellung des Grundgesetzes ist sie heute um so nachdrücklicher zu betonen. Auf diesem Wege lassen sich also Konflikte zwischen früherem Vertragsrecht und späteren Gesetzen weitgehend ausräumen. Es bleiben diejenigen Konfliktsfälle, in denen der Gesetzgeber unmißverständlich ein vertragswidriges Gesetz erläßt; eine solche Entscheidung wäre für die Gerichte nach dem Gesagten verbindlich.

Völkerrechtliche Verträge sind nicht weniger, sondern eher mehr auslegungsbedürftig als andere Rechtsnormen. Soweit der nationale Richter vor der Aufgabe steht, einen Vertrag zu interpretieren, stellt sich die Frage nach den heranzuziehenden Auslegungsregeln: Soll er die innerstaatlichen oder die völkerrechtlichen Interpretationsmaximen anwenden[27]? Die deutsche Wissenschaft und Praxis haben sich ganz überwiegend für die zweite Alternative entschieden, die Auslegungsregeln des Völkerrechts sollen maßgeblich sein[28]. Diese Auffassung war bereits anerkannt, als noch die Trans-

---

[25] Vgl. z. B. RGSt. 67, 221; 70, 78, 304.

[26] Nachweise aus Rechtsprechung und Literatur bei Walz (oben N. 8) 342, 392 ff.; Mosler, Das Völkerrecht in der Praxis der deutschen Gerichte (1957) 26 f.; Boehmer (oben N. 11) 70 f.

[27] Daß sie nicht voll übereinstimmen, muß hier vorausgesetzt werden; vgl. zu den Auslegungsregeln im Völkervertragsrecht die Nachweise in meiner Arbeit: Die Auslegung völkerrechtlicher Verträge insbesondere in der neueren Rechtsprechung internationaler Gerichte (1963).

[28] Zusammenstellung der Nachweise wieder bei Boehmer (oben N. 11) 88 ff. Vgl. insbesondere BVerfGE 4, 168: „Bei der Auslegung des Abkommens sind die für die Auslegung völkerrechtlicher Verträge allgemein entwickelten Grundsätze anzuwenden."

formationstheorie nahezu unangefochten herrschte, die innerstaatliche Verbindlichkeit des Vertrages also auf seine Inkraftsetzung als nationales Gesetz gestützt wurde, sie wird von der Vollzugslehre selbstverständlich gutgeheißen. Von ihr aus sind Wandlungen in der zwischenstaatlichen Auslegung eines Vertrages und entsprechende Entscheidungen internationaler Organe und Gerichte grundsätzlich auch bei der innerstaatlichen Auslegung des Vertragsrechts zu beachten.

Die dargelegten Prinzipien der deutschen Rechtsordnung bemühen sich um eine weitgehende Harmonie zwischen dem internationalen Recht und den vertraglichen Verpflichtungen. Schwerwiegende Konflikte sind nur dann zu erwarten, wenn der Gesetzgeber nicht gewillt ist, sich an die bestehenden Verträge zu halten. Die Errichtung verfassungsrechtlicher Barrieren gegen ein vertragswidriges Verhalten des Gesetzgebers ist m. E. bei dem gegenwärtigen Stand der internationalen Gemeinschaft weder notwendig noch unbedingt erstrebenswert.

VERFASSUNGSRECHT

STAATLICHE PLANUNG IN DEUTSCHLAND

Von Dr. JOSEPH H. KAISER
Professor an der Universität Freiburg i. Br.

Einleitung

Ein Landesbericht* zu diesem Thema hat die Elemente staatlicher Planung in der Bundesrepublik Deutschland und das System der Planung in dem Gebiet der DDR zum Gegenstand. Die tiefgreifenden Unterschiede zwischen den beiden in Deutschland existierenden Wirtschaftsordnungen lassen eine bloß vergleichende Darstellung nicht zu; beide Formen müssen vielmehr getrennt und in sich geschlossen dargestellt werden[1].

Diese Trennung läßt auch eine unterschiedliche Verwendung des Planungsbegriffes zu, die für eine wirklichkeitsnahe Darstellung unumgänglich ist. Es gibt keinen konkreten Begriff der Planung, der beiden Wirtschaftssystemen gemeinsam wäre. Im Rahmen einer marktwirtschaftlichen Ordnung liegt es nahe, Planung als den systematischen „Entwurf einer rationalen Ordnung auf der Grundlage alles verfügbaren einschlägigen Wissens" zu verstehen[2], wobei Planungsziele und -verfahren sich an den Freiheiten der Einzelnen und der Gruppen ebenso orientieren müssen wie an ökonomischen Prinzipien und Möglichkeiten, und sie unterliegen im gewaltenteilenden Rechtsstaat der politischen Kontrolle durch ein pluralistisch zusammengesetztes Parlament und durch die Organe der öffentlichen Meinung sowie der rechtlichen Kontrolle durch unabhängige Gerichte. Die quantitativen Elemente der Planung stehen dabei nicht notwendig so sehr

---

* Erstattet unter Mitarbeit von Dr. HANS GEORG RUPPE.

[1] Da dem Verf. die Anschauung des Planungssystems und der tatsächlichen Wirkungen der Planung in der sog. DDR fehlen und der Einsicht in die Einzelheiten der Programme, des Planungsverfahrens und der Plandurchführung Schwierigkeiten entgegenstehen, wird dieses System hier in Beantwortung und im Rahmen des vom Generalberichterstatter Professor J. PISKOTIN, Moskau, vorgelegten Fragebogens nur in einer zusammenfassenden Übersicht dargestellt. Dabei wird der Selbstdarstellung des Systems der DDR ausgiebig Raum gegeben.

[2] J. H. KAISER, Vorwort in Planung I (Baden-Baden 1965) 7 (künftig zitiert: Planung I).

im Vordergrund, wie in Publikationen der Vereinten Nationen dargestellt wird[3].

Im kommunistischen System werden „das Zusammenfließen der politischen Macht in den Händen der Werktätigen und die Vergesellschaftung der Produktionsmittel“ als Voraussetzungen der Planung angegeben[4], sie ist auf die bewußte Ausnutzung des Wirkens der objektiven ökonomischen „Gesetze“, namentlich des „Gesetzes der planmäßigen, proportionalen Entwicklung der Volkswirtschaft“, in Übereinstimmung mit den materiellen Entwicklungsbedürfnissen der Gesellschaft gerichtet[5].

Gemeinsamkeiten beider Systeme, die sie teilweise vergleichbar machen, treten namentlich in dem allgemeinen Postulat der Rationalität zutage, in dem Erfordernis, „daß die Errungenschaften der Wissenschaften und Technik sowie moderne Arbeitsverfahren allseitig berücksichtigt werden“, in der rationalen Ausnutzung der Ressourcen und der proportionalen Entwicklung von Wirtschaftssektoren und Regionen[6].

A. Planung in der Bundesrepublik Deutschland

I. Planung in der sozialen Marktwirtschaft

Das geltende wirtschaftspolitische Konzept der Bundesrepublik, die „soziale Marktwirtschaft“, hat in der Vergangenheit eine Auseinandersetzung mit Fragen zentraler staatlicher Planung in politisch relevanter Form nicht nahegelegt[7]. Die heute geführte Diskussion über Planungsfragen ist zunächst auch weniger einem innerstaatlichen Wandel der wirtschaftspolitischen Auffassungen entsprungen – wird auf diese aber schließlich nicht ohne Einfluß sein –, als durch Planungstheorien und -erfahrungen anderer Staaten, insbesondere durch die französische planification und durch die

---

[3] Secretariat of the Economic Commission for Europe, Economic Survey of Europe in 1962, Part 2, Economic Planning in Europe (Genf 1965) 2 f.

[4] B. G. Matveev, Organizacija planirovanija narodnogo chozjajstva SSSR (Moskau 1959) 3, angef. nach: E. Klinkmüller, Die gegenwärtige Organisationsstruktur der sowjetischen Wirtschaftsverwaltung, in: Planungsprobleme im sowjetischen Wirtschaftssystem. Ergebnisse einer Fachtagung, hrsg. von E. Boettcher und K. C. Thalheim (Wirtschaftswissenschaftliche Veröffentlichungen des Osteuropa-Instituts an der Freien Universität Berlin, Bd. 22, Berlin 1964) 13.

[5] Ökonomisches Wörterbuch, Übersetzung aus dem Russischen (2. Aufl., Berlin 1961) 232 f., angef. nach E. Klinkmüller (vorige N.) 12.

[6] Ökonomisches Wörterbuch, ebenda.

[7] Vgl. H. P. Ipsen, Fragestellungen zu einem Recht der Wirtschaftsplanung, in: Planung I, 36 f.

Wirtschaftsprogramme der EWG angeregt worden. Hier war es wieder in erster Linie die Auseinandersetzung um das Aktionspogramm der EWG-Kommission für die zweite Stufe der Errichtung des Gemeinsamen Marktes [8]. Zu erinnern ist namentlich an die Konfrontation Erhard-Hallstein vor dem Europäischen Parlament [9].

Trotz voller Aufrechterhaltung der marktwirtschaftlichen Ordnung unter dem speziellen Titel einer „sozialen Marktwirtschaft" ist nicht zu verkennen, daß die wirtschaftspolitischen Anschauungen der Bundesregierung in den letzten Jahren eine gewisse Wandlung durchgemacht haben. Ende 1963 begründeten die Bundesminister für Wirtschaft und für Finanzen die Zielsetzung eines „angemessenen und ausgewogenen wirtschaftlichen Wachstums" mit außenpolitischen Erwägungen [10]. Auch sei die Bundesrepublik durch internationale Abkommen verpflichtet, mit ihrer Wirtschaftspolitik einen Beitrag zur störungsfreien Weiterentwicklung in der freien Welt zu leisten. Weiter wird festgestellt, daß diese Ziele mit den traditionellen Mitteln der Konjunkturpolitik nicht mehr erreicht werden können, da die Geld- und Kreditpolitik der Bundesbank auf die internationalen Verpflichtungen Rücksicht nehmen müsse [11], andererseits der Handelspolitik durch den EWG-Vertrag und den gemeinsamen Zolltarif Grenzen gesetzt seien [12].

---

[8] In der wissenschaftlichen Diskussion standen in Übereinstimmung mit der staatlichen Wirtschaftspolitik zunächst lediglich Fragen der Verwaltungplanung auf der Tagesordnung (so z. B. Rechtsfragen der Raumordnung, der Bauplanung und dgl.); vgl. dazu: Veröffentlichungen der Vereinigung der Deutschen Staatsrechtslehrer, Heft 18 (Berlin 1960). – Die Frage der staatlichen Wirtschaftsplanung wurde von der List-Gesellschaft in „Planung ohne Planwirtschaft", hrsg. von A. Plitzko (Basel-Tübingen 1964) aufgeworfen. – Von Recht und Politik der Planung handeln die von J. H. Kaiser in „Planung I" herausgegebenen Referate. – Dem Recht der Wirtschaftsplanung widmete sich schließlich die Kieler Tagung der Gesellschaft für Rechtsvergleichung in der Abteilung „Öffentliches Recht" (September 1965), deren Ergebnisse in „Planung II" veröffentlicht werden.

[9] Europäisches Parlament, Verhandlungen, Sitzungen vom 19. bis 23. November 1962, III/63, Nr. 60.

[10] Nachtrag zum Wirtschaftsbericht 1964, Anlage 1, Bundestagsdrucksache (BT) IV/1752, 14.

[11] Nach 1960 hat die Bundesbank den Diskontsatz stufenweise auf 3 % zurückgenommen und ihn bis 1964 nicht mehr konjunkturpolitisch eingesetzt (Jahresgutachten 1964 des Sachverständigenrates zur Begutachtung der wirtschaftlichen Entwicklung, BT IV/2890, 83). Falls diese Diskontsatzpolitik wirklich auf außenwirtschaftliche Rücksichten zurückzuführen war, so verhielt sich die Bundesrepublik hier bei weitem rücksichtsvoller als andere Staaten. Ob tatsächlich alle traditionellen konjunkturpolitischen Mittel ausgeschöpft sind, scheint demnach fraglich. – Auch der Sachverständigenrat übt Kritik an einer zu weitgehenden Rücksichtnahme auf ausländische und insbesondere EWG-Konjunkturpolitik; er hält dabei innerwirtschaftliche Ziele, vor allem die angemessene Wachstumspolitik, für gefährdet (a.aO. 103).

[12] BT IV/1752, 14.

Die Begründung scheint ausreichend, um – im Anschluß daran – eine Erweiterung des konjunkturpolitischen Instrumentariums zu fordern, das durch besondere Elastizität gekennzeichnet sein soll. Gedacht ist an eine bewußt konjunkturpolitisch orientierte Finanzpolitik (Mehrjahresprogramme für öffentliche Investitionen, vorbereitete Sofortprogramme; bzw. begrenzte Variierung von Steuersätzen, Variierung der steuerlich zulässigen Abschreibungen).

Diesem wirtschaftspolitischen Stilwandel stehen keine verfassungsrechtlichen Bedenken entgegen. Grundlegend dazu ist noch heute die Stellungnahme des Bundesverfassungsgerichts im sog. Investitionshilfeurteil vom 20. 7. 1954 [13], nach dem das Grundgesetz ein bestimmtes Wirtschaftssystem nicht gewährleistet. Vielmehr ist der Bund im Rahmen seiner Kompetenz nach Art. 74 Nr. 11 GG auch befugt, Gesetze zu erlassen, die ordnend und lenkend in das Wirtschaftsleben eingreifen. Auf Marktkonformität kommt es verfassungsrechtlich nicht an. Ausdrücklich wird festgestellt: „Das Grundgesetz garantiert weder die wirtschaftspolitische Neutralität der Regierungs- und Gesetzgebungsgewalt noch eine mit marktkonformen Mitteln zu steuernde ‚soziale Marktwirtschaft'" [14]. Der Gesetzgeber habe dadurch die Möglichkeit, die ihm jeweils sachgemäß erscheinende Wirtschaftspolitik zu verfolgen. Nach Ansicht des BVerfG kann ein Gesetz auch nicht deshalb verfassungswidrig sein, weil es der sonstigen Wirtschaftspolitik oder den ihr zugrunde liegenden volkswirtschaftlichen Lehrmeinungen widerspricht [15].

Das Grundgesetz schließt daher Planung nicht aus. Sie wird natürlich die Grundrechte respektieren müssen. Planzwang dürfte den Wesensgehalt der Wirtschaftsfreiheit, wie er aus Art. 2 I GG resultiert, nicht antasten und würde natürlich auch an der Eigentumsgarantie des Art. 14 GG eine Grenze finden.

II. Organisatorische Probleme der Planung

Geltendes Verfassungsrecht und Dogmatik kennen keinen rechtlichen Gestaltungstyp, der den spezifischen Zwecken einer Wirtschaftsplanung adäquat wäre [16], planende Eingriffe in den Wirtschaftsablauf lassen sich daher den verschiedensten Kategorien zuordnen [17]. Planung kann in der Form von Bundesgesetzen oder in der Form ihrer Vollziehung erfolgen, sie kann sich darstellen als staatsleitender Gesamtakt oder in einem Verwaltungs-

---

[13] BVerfGE 4, 7 ff.

[14] Ebenda, 17.

[15] Urteil vom 11. 6. 1958, BVerfGE 7, 400.

[16] H. P. Ipsen (oben N. 7) 54 f.

[17] Eine derartige Zuordnung unternimmt J. Kölble, Pläne im Bundesmaßstab und auf bundesrechtlicher Grundlage, in: Planung I, 91 ff.

abkommen zwischen Bund und Ländern ihren Ausdruck finden[18]. Schließlich kommen noch kontraktuelle Planungsinstrumente in Betracht, sei es, daß es sich um Verträge zwischen der öffentlichen Gewalt (Regierung, Verwaltung oder Kommunen) und Verbänden der Wirtschaft oder um Verträge innerhalb eines Verbandes oder zwischen Verbänden handelt, die von der öffentlichen Hand angeregt werden und deren Erfüllung von ihr beobachtet wird.

Die Bundesrepublik besitzt auch keine eigenen Planungsbehörden. Die wirtschafts- und sozialpolitischen Kompetenzen sind heute auf elf Ressorts aufgeteilt[19]. Planvolle Leitung und Koordinierung ist also schon im interministeriellen Bereich erforderlich. Die Abstimmung der einzelnen Maßnahmen sollte im Bundeskanzleramt und im Kabinett erfolgen, die diese Aufgabe gegenwärtig jedoch nicht voll erfüllen[20]. Für bestimmte Probleme bestehen interministerielle Ausschüsse.

Planvolle Förderung bestimmter Sachbereiche ist nur bei Kenntnis der Auswirkungen und Interdependenzen möglich. Zur Gewährleistung sachgerechter Entscheidungen auf den Gebieten der Wirtschafts- und Sozialpolitik sowie der Forschungsförderung besitzt die Bundesrepublik daher seit einigen Jahren unabhängige Sachverständigengremien.

Mit Gesetz vom 14. 8. 1963[21] wurde ein *Sachverständigenrat* für wirtschaftliche Fragen geschaffen, dem fünf politisch und interessenmäßig unabhängige, einschlägig qualifizierte Sachverständige angehören. Seine Aufgabe ist die Begutachtung der gesamtwirtschaftlichen Entwicklung, um sämtlichen damit befaßten staatlichen Instanzen die Urteilsbildung bei wirtschaftspolitischen Entscheidungen zu erleichtern. Nach § 2 des Gesetzes hat er zu untersuchen, wie im Rahmen der marktwirtschaftlichen Ordnung gleichzeitig Stabilität des Preisniveaus, hoher Beschäftigungsgrad und außenwirtschaftliches Gleichgewicht bei stetigem und angemessenem Wachstum gewährleistet werden können. Er ist für sich genommen keine Planungsinstanz, denn er soll nicht einmal Empfehlungen für bestimmte wirtschaftspolitische Maßnahmen abgeben; die politische Verantwortung der Regierung und des Parlaments soll nicht geschmälert werden.

Unverkennbar entspringt die Aufgabenstellung für den Sachverständigenrat einer idealen Vorstellung. Auf die Frage, ob und wie Geldwertstabilität, Vollbeschäftigung und Außenhandelsgleichgewicht (sog. magisches Dreieck) miteinander vereinbar sind, hat die Nationalökonomie bisher nicht befriedigend antworten können. Die weitere Einengung des Spielraums durch die Begriffe „im Rahmen der marktwirtschaftlichen Ord-

---

18 Bundesbericht Forschung I, BT IV/2963, S. 34: Das Rechtsinstitut des Verwaltungsabkommens zwischen Bund und Ländern hat sich besonders bewährt bei Raumordnung, Straßenbau, Wasserwirtschaft und Forschungsförderung.

19 H. P. Ipsen (oben N. 7) 56.

20 J. H. Kaiser (oben N. 2) 12 f.

21 BGBl. 1963 I 685.

nung“ und unter Sicherung eines „stetigen und angemessenen Wachstums“ komplizieren die Aufgabe. Immerhin ist hier der Übergang von einer Konjunkturpolitik alten Stils zu bewußter Wachstumspolitik m. W. zum erstenmal gesetzlich fixiert worden. Es ist eine offene Frage, ob sie ohne Modifikation des Begriffs der „marktwirtschaftlichen Ordnung“ erfolgreich vollzogen werden kann.

Im Jahresgutachten 1964 des Sachverständigenrates[22] kommen diese Diskrepanzen deutlich zum Ausdruck. Daß die Bundesregierung dennoch versucht, marktwirtschaftliche Ordnung als *politisches* Ziel zu konfrontieren mit wirtschaftswissenschaftlichen Erkenntnissen, zeigt ihre Stellungnahme dazu[23]: Sie „zögert nicht“, Ansichten des Sachverständigenrates abzulehnen, die eine Erhöhung des Preisniveaus vorhersagen (S.V) oder einen Übergang zu flexiblen Wechselkursen befürworten (S. III), allerdings ohne nähere wissenschaftliche Begründung. – Nach dem zweiten Jahresgutachten des Sachverständigenrates (1965/66)[24] dürfte sich seine Position bedeutend gefestigt haben. Das geht nicht nur aus der Stellungnahme der Bundesregierung hervor[25], sondern auch aus der Reaktion der Öffentlichkeit und insbesondere der Sozialpartner.

Zur Beratung bei bestimmten sozialpolitischen Entscheidungen steht seit 1958 ein *Sozialbeirat* zur Verfügung. Er hat die Zusammenhänge zwischen Konjunktur (gesamtwirtschaftlicher Lage) und der Entwicklung bei bestimmten Sozialversicherungsträgern (Renten- und Unfallversicherung) zu beobachten. Nach den Ergebnissen der „Sozialberichte“[26] wird im Rahmen der dynamischen Rente das mögliche und zweckmäßige Ausmaß der Rentenerhöhung festgelegt.

Sachverständige beraten die Bundesregierung auch bei der planmäßigen Förderung von Wissenschaft und Forschung. Durch Verwaltungsabkommen zwischen Bund und Ländern vom 5. 9. 1957 wurde ein *Wissenschaftsrat* errichtet. Ihm ist die Aufgabe zugewiesen, auf der Grundlage der von Bund und Ländern im Rahmen ihrer Zuständigkeit aufgestellten Pläne einen Gesamtplan für die Förderung der Wissenschaften zu erarbeiten und dabei die Pläne des Bundes und der Länder aufeinander abzustimmen. Hier bereitet die durch die föderalistische Struktur der Bundesrepublik

---

[22] BT IV/2890. [23] Ebenda.

[24] Sachverständigenrat zur Begutachtung der gesamtwirtschaftlichen Entwicklung, Jahresgutachten 1965/66, „Stabilisierung ohne Stagnation“ (Mainz 1965); ebenso BT V/123.

[25] Ebenda, Beilage; siehe dazu auch unten III, Z. 1.

[26] Berichte der Bundesregierung über die Entwicklung der wirtschaftlichen Leistungsfähigkeit und der Produktivität sowie die Veränderungen des Volkseinkommens je Erwerbstätigen und über die Finanzlage der gesetzlichen Rentenversicherungen; 1958: BT III/568; 1959: BT III/1255; 1960: BT III/2082; 1961: BT III/3005; 1962: BT IV/641; 1963: BT IV/1486; 1964: BT IV/2566; 1965: BT IV/3795.

bedingte Zuständigkeitsverteilung den Ansätzen zu gezielter Planung erhebliche Schwierigkeiten.

Die Beseitigung der Kompetenzzersplitterung auf Bundesebene bezweckt der Organisationserlaß des Bundeskanzlers vom 10. 5. 1963: Dem Bundesminister für wissenschaftliche Forschung wird die Zuständigkeit „für die Koordination der gesamten Tätigkeit des Bundes auf dem Gebiet der Wissenschaft" übertragen – ein Beispiel für die unerläßliche Planung schon innerhalb der Verwaltung. Auf Regierungsebene bestehen heute für Belange der Wissenschaftsförderung folgende Institutionen: Kabinettsausschuß für wissenschaftliche Forschung, Bildungs- und Ausbildungsforschung; Interministerieller Ausschuß für wissenschaftliche Forschung; Interministerieller Ausschuß für Bildungs- und Ausbildungsfragen[27].

Durch Verwaltungsabkommen zwischen Bund und Ländern vom 15. 7. 1965 wurde ein *Deutscher Bildungsrat* vorgesehen; seine Organisation gleicht in den Grundzügen der des Wissenschaftsrates, trägt aber den umfassenderen Kompetenzen der Länder auf dem Gebiet des Bildungswesens Rechnung. Ein Bericht der Bundesregierung über den Stand der Maßnahmen auf dem Gebiet der Bildungsplanung und Ausbildungsförderung ist zu erwarten.

Planung in der (bescheidenen) Form einer Versachlichung und wissenschaftlichen Fundierung von Entscheidungen findet sich in zunehmendem Maße auch im Bereich der allgemeinen Verwaltung. Ihre fachliche Beratung besorgen heute spezialisierte Dokumentationsdienste, wissenschaftliche Beiräte, Sachverständigengutachten, Forschungsanstalten der Ressorts[28], Auftragsforschung usw.

Keine nennenswerte Rolle spielen die öffentlichen Unternehmen bei der Übernahme und Ausführung wirtschaftsplanender Maßnahmen. Das industrielle Bundesvermögen diente bisher keinerlei wirtschaftslenkenden Zielen. Bescheidene Versuche einer preispolitischen Indienstnahme bestimmter Unternehmen (VW-Werk 1961) scheiterten am Widerstand der Unternehmensleitung. – Bewußte und erfolgreiche Eingriffe erfolgen dagegen auf dem öffentlichen Bankensektor, nicht zuletzt durch die Kreditanstalt für Wiederaufbau, die auch die Vergabe von ERP-Mitteln lenkt. – Der Deutschen Siedlungs- und Landesrentenbank[29] kommen besondere Aufgaben bei der Durchführung des Grünen Plans zu. Gesetzlich festgelegt ist ihre Aufgabe zur Förderung der Neuordnung des ländlichen Raumes. – Planende Eingriffe mit Hilfe öffentlicher Unternehmen finden sich schließlich noch auf dem Wohnungsbausektor. Mit den Beteiligungen an wohnungswirtschaftlichen Unternehmen erstrebt der Bund eine Einflußnahme auf die

---

[27] Vgl. J. Kölble (oben N. 17) 111.

[28] Bundesbericht Forschung I (oben N. 18) 15.

[29] Die Deutsche Landesrentenbank und die Deutsche Siedlungsbank wurden mit Gesetz vom 27. 8. 1965, BGBl. I 1001, zu diesem Institut zusammengefaßt.

Wohnungspolitik der Länder. Insbesondere soll damit die Verwirklichung der im Zweiten Wohnungsbaugesetz verankerten wohnungspolitischen Ziele und die Durchführung überregionaler Sonderbauprogramme verfolgt werden[30].

III. Maßnahmen der Wirtschaftsplanung mit normativem Charakter

1. Allgemeines

Die Bundesrepublik kennt heute weder eine imperative noch eine indikative Planung der Gesamtwirtschaft. Ansätze bestehen einerseits zu einer indikativen Planung in Teilbereichen, anderseits zu einer Art Steuerung durch Information unter Verzicht auf jegliche Sanktion, d. h. zur Beeinflussung mittels staatlicher Datenbereitstellung. Weit verbreitet ist ein Phänomen, das IPSEN als Planulismus bezeichnet[31]: Bestimmte, nicht explizit niedergelegte Planziele der Regierung werden durch verschiedene, ungleichwertige Einzelmaßnahmen zu erreichen versucht, die für sich gesehen nicht auf einen übergeordneten Plan schließen lassen.

Der Erfolg der informativen Planung ist, wie nicht anders zu erwarten, gering. Anderes kann man auch aus dem Wirtschaftsbericht 1964 nicht herauslesen, der dazu bemerkt: „Wenn auch die im letzten Bericht aufgestellten Leitlinien nur teilweise befolgt wurden, so scheint der tatsächliche Wirtschaftsablauf 1963 davon doch nicht unbeeinflußt geblieben zu sein“[32].

Ob es dieser mangelhafte Erfolg informativer Planung war, der die Bundesregierung im gleichen Bericht veranlaßt, eine Erweiterung des konjunkturpolitischen Instrumentariums zu fordern, sei dahingestellt. Neben dem bereits erwähnten Konzept einer elastischen Finanzpolitik beabsichtigt der Bund eine Konjunkturbeeinflussung insbesondere über die Mittelvergabe im Wohnungsbau und über zeitliche Manipulationen des öffentlichen Hochbaus. Die Länder werden gleichzeitig ermahnt, ihre Ausgaben im kommenden Budget nicht mehr als 6 % zu steigern. Die Struktur des Bundesstaates erschwert eine weitergehende, insbesondere eine rechtlich verbindliche Einwirkung auf die Haushalte der Länder[33].

Neue Ansätze finden sich in der Stellungnahme der Bundesregierung zum Jahresgutachten 1965/66 des Sachverständigenrates[34]. Sie spricht hier erstmals aus, daß die Koordinierung aller in die Zukunft wirkenden Entschei-

---

[30] „Beteiligungen des Bundes im Haushaltsjahr 1963“ (Anlage zum Finanzbericht 1965), Bonn, Bundesministerium für Finanzen, S. 167.

[31] IPSEN (oben N. 7) 55. [32] BT IV/1752, 2.

[33] Vgl. dazu A. KÖTTGEN, Zur Diskussion über das konjunkturpolitische Instrumentarium des Bundes gegenüber Ländern und Gemeinden: Archiv für Kommunalwissenschaften 5 (1966) 1. Halbjahresband 1 ff.

[34] Vgl. Sachverständigenrat (oben N. 24) Beilage.

dungen auf wirtschaftlichem Gebiet ein Problem sei, das bisher nicht zufriedenstellend gelöst sei, jedenfalls aber eine „laufende Abstimmung der Verhaltensweisen aller Beteiligten" notwendig mache (S. 5). Keinesfalls will die Bundesregierung in ihren Bemühungen um eine Stabilisierung des Geldwertes alleingelassen werden, sondern erwartet, daß alle Gruppen der Wirtschaft gleichzeitig ihre Beiträge dazu leisten. Dieser Appell wird speziell an die Unternehmer gerichtet[35]. Doch genügt diese offenbar noch unverbindliche Empfehlung nicht. Die Bundesregierung sieht es ausdrücklich als ihre Aufgabe an, die Gewinnentwicklung durch wirtschaftspolitische Maßnahmen so zu regulieren, daß die Investitionsausgaben des Unternehmenssektors eingedämmt werden (S. 8). In Verfolgung dieser Ziele sind Verhandlungen der Bundesregierung mit den Sozialpartnern und den anderen Wirtschaftsgruppen geplant. Ein erstes Gespräch dieser Art hat im Januar 1966 stattgefunden und führte zu der Einigung zwischen der Bundesregierung und den Vertretern der Wirtschafts- und Sozialverbände darüber, daß Währungsstabilität, Vollbeschäftigung und Wirtschaftswachstum nur durch ein gleichzeitiges und gleichmäßiges konjunkturgerechtes Verhalten aller Beteiligten gesichert werden können (S. 10). Künftig sollen zu diesen Besprechungen, die mehrmals im Jahr stattfinden sollen, der Präsident der Deutschen Bundesbank und die Mitglieder des Sachverständigenrates zugezogen werden.

Koordinierung des wirtschaftlichen Verhaltens und Verantwortlichkeit aller am Wirtschaftsleben Beteiligten für die konjunkturelle Entwicklung sind somit Schlagworte, denen in der Wirtschaftspolitik der Bundesrepublik in der nächsten Zeit entscheidende Bedeutung zukommen wird[36].

2. *Traditionelle konjunkturpolitische Maßnahmen*

Alle Formen wirtschaftlicher Planung haben – wenigstens in Westeuropa – ihre Wurzeln in der traditionellen Konjunkturpolitik des Staates. Der heute durchweg angestrebte, wenn auch oft nicht explizit propagierte Übergang zu einer Politik des gleichmäßigen wirtschaftlichen Wachstums macht traditionelle konjunkturpolitische Maßnahmen nicht überflüssig, sondern läßt sie vielmehr als selbstverständlich erscheinen. In Frage kommen in erster Linie die währungspolitischen Instrumente der Notenbank, finanzpolitische Maßnahmen, die den Grundsätzen der Allgemeinheit und

---

[35] „Von den Unternehmern erwartet die Bundesregierung, daß sie keinen Versuch machen, den verengten Selbstfinanzierungsspielraum durch Preiserhöhungen zu erweitern. Auch sie müssen bei allen ihren Dispositionen die allgemeine Politik der Preisstabilisierung unter Verzicht auf die Ausnutzung kurzfristiger Marktchancen und im Interesse der Erhaltung ihrer Wettbewerbsfähigkeit unterstützen", a.a.O. 8.

[36] Vgl. dazu auch J. KÖLBLE, Wirtschaftsplanung und Grundgesetz: NJW 1966, 473 ff.

Einfachheit der Besteuerung nicht widersprechen [37], und Maßnahmen der (Außen-)Handelspolitik.

Der zunehmende Grad wirtschaftlicher Verflechtung im Rahmen der EWG-Integration beschränkt naturgemäß den Spielraum autonomer konjunkturpolitischer Entscheidungen, derzeit am stärksten in der Außenhandelspolitik, am wenigsten noch bei finanzpolitischen Maßnahmen. Die währungspolitischen Instrumente der Notenbank können nur unter Berücksichtigung der Währungspolitik anderer Staaten eingesetzt werden.

Das klassische Mittel der Geldmarktpolitik, die Manipulation des Diskontsatzes, wird heute nur noch zurückhaltend angewendet. Nach der DM-Aufwertung 1960 hat die Bundesbank den Diskontsatz stufenweise auf 3 % zurückgenommen und ihn dann zunächst nicht mehr geändert (siehe auch oben N. 11). Die jüngste, mit Wirkung vom 27. 5. 1966 erfolgte drastische Heraufsetzung des Diskontsatzes von 4 auf 5 % war dagegen vor allem konjunkturpolitisch motiviert [37a].

Konkrete konjunkturpolitische Maßnahmen der Bundesrepublik seit 1964 [38]:

a) Erhöhung der Mindestreservesätze durch die Deutsche Bundesbank für Einlagen Gebietsfremder auf die gesetzlich zulässigen Höchstsätze mit Wirkung vom 1. 4. 1964.
b) Bundestagsbeschluß vom 25. 6. 1964: Umfangreiche Senkungen der Binnenzölle und von über 500 Positionen der Außenzollsätze im Bereich der gewerblichen Wirtschaft und der Ernährungswirtschaft.
c) Erhöhung der Mindestreservesätze für reservepflichtige Verbindlichkeiten gegenüber Gebietsansässigen um 10 % mit Wirkung vom 1. 8. 1964; Kürzung der Rediskontkontingente der Kreditinstitute.
d) Initiative der Bundesregierung zur Senkung des Gemeinsamen EWG-Außentarifs bei gewerblichen Erzeugnissen um 25 % am 25. 9. 1964.
e) Abschaffung der Wertpapiersteuer von 2,5 % des Nennbetrags der Emission.
f) Gründung eines Arbeitsausschusses der Landesfinanzministerien zur Abstimmung finanzpolitischer Maßnahmen zwischen Bund und Ländern.
g) Begrenzung des Ausgabenanstiegs des Bundeshaushalts 1965 auf die voraussichtliche Zunahme des realen Brutto-Sozialprodukts. Zustimmungserfordernis der Bundesminister für Wirtschaft und für Finanzen für den Beginn von Hochbaumaßnahmen. – Gesetz zur Sicherung des

[37] In der Bundesrepublik beispielsweise die §§ 7 ff. EStG sowie andere gezielte Steuervergünstigungen.

[37a] Siehe dazu die vor dem Übersee-Club in Hamburg gehaltene Rede des Bundesbankpräsidenten Blessing, abgedruckt in: Frankfurter Allgemeine Zeitung vom 7. 6. 1966, S. 11.

[38] Vgl. dazu u. a. BT IV/2890, S. IX f.

Haushaltsausgleichs für das Jahr 1966 (Haushaltssicherungsgesetz) vom 20. 12. 1965[39].

h) Gesetz zur Änderung und Ergänzung des Einkommensteuergesetzes, des Körperschaftsteuergesetzes und des Kapitalverkehrsteuergesetzes vom 25. 3. 1965[40]. Einführung einer 25 %igen Kapitalertragsteuer (Kuponsteuer) auf Erträge aus festverzinslichen inländischen Wertpapieren, soweit sie sich im Eigentum Gebietsfremder befinden.

Finanzpolitische Maßnahmen werden in der Konjunkturpolitik der Bundesrepublik in nächster Zeit im Vordergrund stehen. Ein bedeutender Ansatz ist in der Haushaltspolitik festzustellen. Schon 1964 wurde mit mehrjährigen Haushaltsvorausschätzungen begonnen, die nunmehr bis 1970 ausgedehnt und wesentlich verbessert wurden[41]. Wichtiger ist der von der Bundesregierung am 4. 6. 1966 verabschiedete Entwurf eines Gesetzes zur Förderung der wirtschaftlichen Stabilität[41a], der eine konjunkturgerechte Aufstellung und Ausführung des Bundeshaushalts sicherstellen soll und u. a. mehrjährige Finanzpläne vorsieht[41b].

Wenn auch in Regierungskreisen betont wird, daß es sich hier keinesfalls um Wirtschaftsplanung handelt, so dürfen doch gerade die Planungseffekte der intendierten wirtschaftlichen Auswirkungen einer solchen Reform nicht unterschätzt werden. Grundsätzlich bestehen wohl keine finanzwirtschaftlichen Bedenken gegen die Aufhebung des Prinzips der Jährlichkeit des Budgets, da dieses auf Zweckmäßigkeitserwägungen im wesentlichen technischer Art beruht. Der Haushaltsplan, dem Planelemente von jeher immanent sind, ändert seinen Charakter noch nicht durch Verlängerung des Zeitraums, für den er aufgestellt wird. Mehrjährige Budgetierung muß aber in weit höherem Maße mögliche wirtschaftliche Entwicklungen berücksichtigen und vor allem den Einfluß künftiger Staatsausgaben auf sie rechtzeitig antizipieren. Mehrjährige Finanzplanung ist jedenfalls mit einer Verengung des wirtschaftspolitischen Spielraums gleichzusetzen. Es liegt dabei nahe, den Haushaltsplan weniger an der wirtschaftlichen Entwicklung auszurichten und zu versuchen, die wirtschaftliche Entwicklung im Hinblick auf die Ziele des langjährigen Finanzplans zu beeinflussen, wobei die Frage der Instrumente allerdings noch offen ist. Nach den letzten wirtschaftspolitischen Stellungnahmen der Bundesregierung ist diese Möglichkeit jedenfalls auch in der Bundesrepublik nicht auszuschließen[42].

---

[39] BGBl. I 2065. [40] BGBl. I 147; vgl. dazu BVerfGE 19, 119.

[41] Bulletin der Bundesregierung Nr. 30 vom 3. 3. 1966, 236.

[41a] Bulletin der Bundesregierung vom 6. 7. 1966, 705.

[41b] Der Entwurf folgt dem Anfang 1966 erstatteten „Gutachten für die Finanzreform in der Bundesrepublik Deutschland" (Stuttgart 1966). Vgl. A. Köttgen (oben N. 33) 3 ff.

[42] Vgl. oben III, Z. 1, sowie: Finanzplanung ist keine Planwirtschaft, in: Frankfurter Allgemeine Zeitung vom 7. 3. 1966.

3. *Strukturpolitische Maßnahmen*

Geht die Wirtschaftspolitik der Bundesrepublik auch grundsätzlich von einer marktwirtschaftlichen Konzeption aus, so läßt sie doch im Hinblick auf die besonderen Erfordernisse einer *sozialen* Marktwirtschaft Eingriffe zur Behebung von Engpässen, Notlagen und Anpassungsschwierigkeiten zu. Im Regelfall wird aber auch dann die Marktkonformität derartiger Eingriffe gefordert, wenn diese, wie erwähnt, keine verfassungsrechtliche Voraussetzung bildet[43].

Eine bedeutsame Ausnahme vom Grundsatz der Marktkonformität stellt allerdings das ganze Gebiet der *Ernährungswirtschaft* dar. Hier wurden nicht freie Märkte und Preise zugrunde gelegt, sondern eine umfassende Marktordnung, bestehend aus den sog. Marktordnungsgesetzen (1951: Getreidegesetz, Milch- und Fettgesetz, Vieh- und Fleischgesetz, Zuckergesetz; 1955: Fischgesetz; 1961: Weinwirtschaftsgesetz).

Als kennzeichnend für die Marktregelung sei hier das *Getreidegesetz* angeführt[44]. Grundlage der Getreideversorgung ist der Versorgungsplan (§ 2), der jährlich vom Bundesminister für Ernährung, Landwirtschaft und Forsten im Benehmen mit den obersten einschlägigen Landesbehörden aufgestellt wird. Nach ihm richtet sich insbesondere die Importquote. Weiter ist eine Einfuhr- und Vorratsstelle für Getreide und Futtermittel als Anstalt des öffentlichen Rechts errichtet, der insbesondere die Aufgabe zukommt, den Inlandspreis für Getreide auf einer volkswirtschaftlich angemessenen Höhe zu halten. Zu diesem Zweck hat sie folgende Hauptaufgaben (§ 8):

a) Sie kann einen Mengenausgleich durch Einfuhrregelung herbeiführen (gesetzliches Vorkaufsrecht mit Preisfeststellung für sämtliche Importe).
b) Sie kann einen Preisausgleich durch Festsetzung von Übernahme- und Abgabepreisen herbeiführen.
c) Sie hat eine Vorratshaltung durch Übernahme von Importgetreide in die Bundesreserve, durch Auflagen beim Rückverkauf von Importgetreide und durch innerdeutsche Reservekäufe durchzuführen.

Mit diesen Aufgaben und Befugnissen hat die Einfuhr- und Vorratsstelle eine den gesamten Getreidemarkt einschließlich der Nachprodukte ent-

---

[43] Einen gesetzlichen Niederschlag fand die Wirtschaftsform der sozialen Marktwirtschaft in dem (für die amerikanische und britische Besatzungszone gültigen) Gesetz vom 24. 6. 1948 „über die Leitsätze für die Bewirtschaftung und Preispolitik nach der Währungsreform"; Gesetzblatt der Verwaltung des Vereinigten Wirtschaftsgebietes 1947–1949, S. 59; das Gesetz trat automatisch mit dem 31. 12. 1948 außer Kraft. Vgl. dazu G. Rinck, Wirtschaftsrecht (Köln, Berlin, Bonn, München 1963) 11.

[44] Gesetz über den Verkehr mit Getreide und Futtermitteln vom 4. 11. 1951, BGBl. I 901.

scheidend beherrschende Machtstellung erhalten[45]. Dazu kommt noch, daß jährlich durch besonderes Bundesgesetz im voraus die Preise für inländisches Getreide bestimmt werden (Rahmenpreise). Die Preise für Nachprodukte (insbesondere auch den Brotpreis) können die Bundesregierung oder die Bundesminister für Wirtschaft und für Ernährung, Landwirtschaft und Forsten durch Rechtsverordnung festlegen.

Dieser Regelung kommt im Rahmen des europäischen Agrarmarktes jedoch nur mehr beschränkte Bedeutung zu. Das Gesetz vom 26. 7. 1962 „zur Durchführung der Verordnung Nr. 19 (Getreide) des Rates der Europäischen Wirtschaftsgemeinschaft" [46] hat in Übernahme der EWG-Getreidemarktordnung wichtige Änderungen getroffen. Statt der bisherigen Mindest- oder Höchstpreise sind nurmehr unverbindliche Richtpreise und daneben noch Interventionspreise vorgesehen. Sinkt der Preis auf das Interventionsniveau, ist der Staat berechtigt, das Getreide zum Interventionspreis aufzukaufen. Interventionsstelle ist die Einfuhr- und Vorratsstelle nach § 7 Getreidegesetz.

Die anderen angeführten Marktordnungsgesetze unterscheiden sich im Aufbau nicht wesentlich vom Getreidegesetz[47]. Zum Teil sind die Eingriffe in die wirtschaftliche Unternehmerfreiheit tiefgreifend. So verpflichtet das *Milch- und Fettgesetz*[48] die Erzeuger, bestimmte festgelegte Molkereien zu beliefern, die Abnehmer (Handel), nur von diesen Molkereien zu beziehen (§§ 1 und 2). Die Verfassungsmäßigkeit dieser Bestimmungen, insbesondere ihre Vereinbarkeit mit Art. 2 GG, wird von den Verwaltungsgerichten in ständiger Rechtsprechung bejaht[49]. Nach § 12 sind die Landesbehörden verpflichtet, durch ausgleichende Maßnahmen (insbesondere Zuschüsse) dafür zu sorgen, daß die einzelnen Milcherzeuger unabhängig von ihrer örtlichen Lage und den Verwertungsmöglichkeiten einen annähernd gleichen Preis erhalten.

§ 2 des *Vieh- und Fleischgesetzes*[50] ordnet die Aufstellung eines Versorgungsplanes, § 16 die Errichtung einer Einfuhr- und Vorratsstelle für Vieh und Fleisch an.

---

[45] W. Reuss, Wirtschaftsverwaltungsrecht I (M. v. Brauchitsch, Verwaltungsgesetze des Bundes und der Länder, neu hrsg. von C. H. Ule, VIII/1, Köln, Berlin, Bonn, München 1963) 814.

[46] BGBl. 1962 I 455.

[47] Die EWG-Marktordnungen beschränken auch auf den meisten anderen Sektoren der Ernährungswirtschaft die innerstaatliche Regelung. Auf Einzelheiten kann hier nicht eingegangen werden. Als Überblick über die geltenden Marktordnungen vgl.: Europäische Wirtschaftsgemeinschaft – Kommission, Neunter Gesamtbericht über die Tätigkeit der Gemeinschaft, Juni 1966, 176 ff.

[48] Gesetz vom 28. 2. 1951, BGBl. 1951 I 135 in der Fassung vom 2. 8. 1961, BGBl. 1961 I 1108.

[49] W. Reuss (oben N. 45) 871.

[50] Gesetz über den Verkehr mit Vieh und Fleisch vom 25. 4. 1951, BGBl. 1951 I 272.

Die Verabschiedung des *Zuckergesetzes*[51] hat ihren wirtschaftlichen Hintergrund im Wegfall bedeutender Zuckerrübengebiete nach dem zweiten Weltkrieg. Um dennoch eine weitgehende inländische Versorgung sicherzustellen, sieht das Gesetz vor:

a) die Formen von Anbau und Verwertung der Zuckerrüben;
b) die Festsetzung der Zuckermengen, die von den Zuckerfabriken jährlich und monatlich abgegeben werden dürfen;
c) eine straffe Preisregelung für alle Handelsstufen;
d) eine Einfuhrstelle, die ausreichende Versorgung bei angemessenen Preisen sichern soll[52].

Das angestrebte Ziel konnte schon in den fünfziger Jahren erreicht werden: Die inländische Erzeugung deckt seither den Bedarf vollständig.

Ähnlich soll das *Fischgesetz*[53] eine möglichst gleichmäßige Belieferung des Marktes mit möglichst guten Qualitäten zu angemessenen und gleichmäßigen Preisen gewährleisten. Diese Ziele sollen mit Hilfe eines jährlichen Versorgungsplanes, durch Gewährung von Stützungsbeiträgen, durch Beschaffung von Mitteln für die Absatzförderung und durch strenge Qualitätsvorschriften erreicht werden[54]. Die Marktstützung wird seit 1960 von einem privaten Syndikat aller deutschen Fischdampfer-Reedereien, der Seefisch-Absatz GmbH, durchgeführt, das die Auktionen durchführt und die Mindestpreise festsetzt. Das Bundeskartellamt hat das Syndikat nach § 100 I GWB geduldet, weil immer noch ein gewisser Wettbewerb bestehen bleibe[55]. Die Ergebnisse werden bisher nicht durchweg positiv beurteilt.

Die Anpassung des deutschen Weinbaus an die veränderte Marktlage innerhalb der EWG will das *Weinwirtschaftsgesetz*[56] erleichtern. Hier steht daher die gezielte Qualitätsförderung im Vordergrund, die durch Bestimmungen über die Anbauregelung und mit Hilfe eines Stabilisierungsfonds erfolgen soll.

Ebenfalls ein strukturelles Anpassungsgesetz und gleichzeitig eine Form der gesetzlichen Förderung des Mittelstandes stellt das *Mühlengesetz* dar[57]. Es beruht auf einem Ersuchen des Bundestages an die Bundesregierung vom 18. 3. 1955, einen Gesetzentwurf zur Verhinderung einer volkswirtschaftlich unerwünschten Erweiterung der Mühlenkapazität vorzulegen. Die Leistungsfähigkeit der Mühlen überschritt damals den Mehlbedarf bei

---

[51] Gesetz über den Verkehr mit Zucker vom 5. 1. 1951, BGBl. 1951 I 47.

[52] W. Reuss (oben N. 45) 957.

[53] Gesetz über den Verkehr mit Fisch und Fischwaren vom 31. 8. 1955, BGBl. 1955 I 567.

[54] W. Reuss (oben N. 45) 973 ff.

[55] Vgl. G. Rinck (oben N. 43) 125.

[56] Gesetz über Maßnahmen auf dem Gebiet der Weinwirtschaft vom 29. 8. 1961, BGBl. 1961 I 1622.

[57] Gesetz über die Errichtung, Inbetriebnahme, Verlegung, Erweiterung und Finanzierung der Stillegung von Mühlen vom 9. 6. 1959, BGBl. 1959 I 282.

weitem, so daß sich die Gefahr ruinöser Konkurrenz und des Übergangs zu unerwünschten Großmühlen abzeichnete[58]. § 7 des Gesetzes sieht die freiwillige Stillegung von 10000 t Mühlenkapazität gegen Zahlung einer Abfindung vor. Die Abfindung wird zunächst vom Bund vorgeschossen, soll aber durch eine Abgabe von den verbliebenen Mühlen hereingebracht werden. Außerdem besteht eine Genehmigungspflicht für die Neuerrichtung und Erweiterung von Mühlen. – Das gesteckte Ziel wurde inzwischen nahezu erreicht (Stillegung von 9000 t), der Erfolg hat sich aber als noch nicht ausreichend erwiesen. Ein Großteil der Mühlen hat sich daher zu einem Krisenkartell zusammengeschlossen[59].

Ein in seiner Intensität der Wirtschaftslenkung einmaliges Gesetz war das *Investitionshilfegesetz*[60]. Das Gesetz ging davon aus, daß bestimmte Wirtschaftszweige (Kohlenbergbau, eisenschaffende Industrie, Energiewirtschaft) den allgemeinen Aufschwung nach der Währungsreform nicht mitmachen konnten, da sie noch an Höchstpreise gebunden waren. Sowohl der Kapitalmarkt als auch der Staat waren unfähig, den vordringlichen Investitionsbedarf dieser Branchen zu decken. Der *Gemeinschaftsausschuß* der gewerblichen Wirtschaft beschloß daher im April 1951 eine freiwillige Investitionshilfe der gewerblichen Wirtschaft zugunsten der sog. Engpaßindustrien in der Höhe von 1 Mrd. DM. Da die freiwillige Basis sich in der Folge nicht verwirklichen ließ, kam es zu einer gesetzlichen Regelung gleichen Inhalts. Die begünstigten Unternehmen mußten in der Höhe des Nennbetrags der Darlehen, die sie in Anspruch nahmen, Aktien oder Schuldverschreibungen ausgeben, die den aufbringenden Unternehmen zugeteilt wurden.

Das Investitionshilfegesetz stellt zeitlich und wirkungsmäßig eine einmalige Maßnahme dar. Die Intensität der Wirtschaftslenkung, gekennzeichnet auch durch die genaue Fixierung des Planziels, wurde durch das bereits erwähnte Investitionshilfeurteil des BVerfG vom 20. 7. 1954 für verfassungsmäßig erachtet und bildet seither eine Richtschnur für die Beurteilung anderer wirtschaftslenkender Maßnahmen.

4. Vorsorgende Planung für Notfälle

Die Spielregeln der freien Marktwirtschaft gelten uneingeschränkt nur für Friedenszeiten, soweit sie eine normale Versorgung erwarten lassen. Für Notstände sind wirtschaftslenkende Maßnahmen eigener Art vorge-

---

58 Vgl. dazu *W. Reuss* (oben N. 45) 839.

59 Ein ähnliches strukturelles Ziel, aber mit komplizierteren Mitteln, verfolgt auch das Rationalisierungsgesetz für den Steinkohlenbergbau; dieses ist aber im Gesamtzusammenhang aller energiepolitischen Maßnahmen zu sehen. Siehe dazu unten III, Z. 5.

60 Gesetz über die Investitionshilfe der gewerblichen Wirtschaft vom 7. 1. 1952, BGBl. 1952 I 7; vgl. dazu auch H. P. Ipsen, Rechtsfragen der Investitionshilfe: AöR 78 (1952/53) 184 ff.

sehen. Bereits 1951 erging das *Wirtschaftssicherungsgesetz*[61], veranlaßt durch die Korea-Krise im Juni 1950. Als Reaktion auf die Suez-Krise im August 1956 wurde dann das *Sicherstellungsgesetz* 1956 erlassen[62]. 1959 erging das Gesetz über *Sicherstellung von Leistungen auf dem Gebiet der gewerblichen Wirtschaft*[63]. Die Gesetze von 1956 und 1959 wurden bisher nicht angewandt.

Die jüngste Maßnahme in dieser Reihe ist das *„Gesetz über die Sicherstellung von Leistungen auf dem Gebiet der gewerblichen Wirtschaft sowie des Geld- und Kapitalverkehrs"*[64]. Zur gewerblichen Wirtschaft gehören nach dem Gesetz Industrie, Handel, Handwerk und ausdrücklich auch Elektrizitätswirtschaft und Bauleistungsgewerbe. Die Bewirtschaftung ist zulässig im Rahmen der Vorbereitung auf einen Verteidigungsfall oder, „um eine Gefährdung der Versorgung zu beheben oder zu verhindern, wenn dies durch marktgerechte Maßnahmen nicht, nicht rechtzeitig oder nur mit unverhältnismäßigen Mitteln erreicht werden kann" (§ 2). Geregelt werden kann u. a. die Gewinnung und Herstellung, die Bearbeitung, die Verarbeitung, Verpackung, Kennzeichnung, Zuteilung und Lieferung, der Bezug und die Verwendung von Waren der gewerblichen Wirtschaft (§ 1). Auf dem Gebiet des Geld- und Kapitalverkehrs hat die Bundesregierung die Möglichkeit, durch Rechtsverordnung die Vornahme von Bank- und Börsengeschäften durch Kreditinstitute und die Geschäftstätigkeit an den Wertpapierbörsen zu regeln, bzw. Kreditinstitute und Wertpapierbörsen schließen zu lassen (§ 1 II)[65].

Für den freiheitlichen Rechtsstaat *typisch* sind die Grenzen, die selbst für die im Gesetz bezeichneten Notfälle den gesetzlich vorgesehenen Planungsakten gezogen sind: Die Bewirtschaftungsmaßnahmen sind auf das unerläßliche Maß zu beschränken, in die wirtschaftliche Betätigungsfreiheit darf nur so wenig wie möglich eingegriffen werden, und die Leistungsfähigkeit der Gesamtwirtschaft soll möglichst wenig beeinträchtigt werden (§ 2 II). Natürlich findet die Bewirtschaftung allgemein an den Grundrechten eine weitere Grenze[66] und zeitlich darin, daß die Geltung der Rechtsverordnungen mit zunächst zwei Monaten limitiert ist[67].

---

[61] BGBl. 1951 I 163 bzw. 299.

[62] BGBl. 1956 I 1070; vgl. dazu G. Rinck (oben N. 43) 112.

[63] BGBl. 1959 I 785.

[64] BGBl. 1965 I 920.

[65] Diese Eingriffe sind jedoch nur zulässig, um die für Zwecke der Verteidigung erforderliche Versorgung der Zivilbevölkerung und der Streitkräfte mit Geld und Kredit sicherzustellen.

[66] W. Reuss (oben N. 45) 59.

[67] Die tatsächlichen Grenzen dieser vom Gesetzgeber umrissenen Planung im Notfall hängen auch vom Begriff der Versorgungskrise ab: Konform mit den sich steigernden Ansprüchen an Wohlfahrt und Versorgung wird man eine extensive Auslegung zulassen müssen.

Als weitere gesetzliche Vorsorge für den Notstand sind das *Verkehrssicherstellungsgesetz,* das *Ernährungssicherstellungsgesetz* und das *Wassersicherstellungsgesetz* [68] ergangen.

Im zwischenstaatlichen Bereich ist die Bundesrepublik zur Durchführung der im *Montan-Vertrag* vorgesehenen Bewirtschaftungsmaßnahmen (nach Art. 59 des Vertrages) verpflichtet. Die Hohe Behörde kann nach Art. 59 des Vertrages bei einer ernsten Mangellage Bewirtschaftung und Prioritäten vorschreiben bzw. bei offensichtlicher Überproduktion mit Zustimmung des Rates nach Art. 58 Höchstkontingente festlegen. Durch besondere finanzielle Einrichtungen können Gewinne abgeschöpft und Subventionen gewährt werden (Art. 53; die Tätigkeit der jetzt in Liquidation befindlichen Schrottausgleichskasse ist dafür ein Beispiel).

Nicht nur als gesetzliche Maßnahmen der Notstandsvorsorge, sondern auch als wettbewerbspolitisch veranlaßter Eingriff auf dem Energiewirtschaftssektor ist das Gesetz über Mindestvorräte an Erdölerzeugnissen zu werten [69]. Vorratspflichtig ist danach, wer als Unternehmer Erdölprodukte einführt oder sie aus eingeführtem Erdöl herstellt (§ 1). Diese Unternehmer haben auf eigene Kosten ständig von jeder Produktgruppe jene Menge als Vorrat zu halten, die sie im vorangegangenen Jahr im Lauf von 45 Tagen eingeführt oder im Lauf von 65 Tagen aus eingeführtem Erdöl hergestellt haben (§ 2). Die volle Vorratsmenge muß allerdings erst ab 1970 gehalten werden (§ 21).

5. *Energieplanung*

Weder in der Bundesrepublik noch in der Europäischen Gemeinschaft für Kohle und Stahl noch in der EWG gibt es einen Energieplan, obwohl sich dessen Notwendigkeit je länger je mehr aufdrängt. Längerfristige energiepolitische Ziele kommen nur in gezielten Einzelmaßnahmen der verschiedensten Art zum Ausdruck [70].

Hauptprobleme der Energiediskussion sind nach wie vor die Frage nach dem erstrebenswerten Umfang der Kohleförderung und dem zulässigen

---

[68] Gesetz zur Sicherstellung des Verkehrs vom 24. 8. 1965, BGBl. 1965 I 927; Gesetz über die Sicherstellung der Versorgung mit Erzeugnissen der Ernährungs- und Landwirtschaft sowie der Holz- und Forstwirtschaft vom 24. 8. 1965, BGBl. 1965 I 938; Gesetz über die Sicherstellung von Leistungen auf dem Gebiet der Wasserwirtschaft für Zwecke der Verteidigung vom 24. 8. 1965, BGBl. 1965 I 1225.

[69] BGBl. 1965 I 1217; dazu H. P. Ipsen, Gesetzliche Bevorratungspflicht Privater: AöR 90 (1965/66) 393 ff.

[70] Ipsen nennt die Energiepolitik als Hauptbeispiel für den von ihm eingeführten Begriff des Planulismus (Rechtsfragen der Wirtschaftsplanung, Referat auf der Kieler Tagung der Gesellschaft für Rechtsvergleichung, September 1965, demnächst in „Planung II", hrsg. v. J. H. Kaiser).

Ausmaß der Abhängigkeit von Energie im Import. Grundlage der energiepolitischen Konzeption der Regierung war bis vor kurzem eine Zusage an den Steinkohlenbergbau, der Bund werde sich so verhalten, daß eine Förderung von 140 Mill. t pro Jahr möglich sei[71]. Im November 1965 wurde stattdessen der Grundsatz aufgestellt, der deutsche Steinkohlenbergbau müsse seine Förderung der Absatzlage anpassen[72]. Bei einem so simplen Rezept wird es jedoch nicht bleiben. Die Struktur der Energieversorgung und die Logik des bisherigen Verhaltens von Bundesregierung und nordrhein-westfälischer Landesregierung erzwingen ein umfassenderes und planvolles Konzept einer Energiepolitik[73].

Im einzelnen handelt es sich bisher um folgende Maßnahmen:

a) Gesetz zur Förderung der Rationalisierung im Steinkohlenbergbau[74]. Zur Steigerung der Wettbewerbsfähigkeit des Steinkohlenbergbaus, zur Verbesserung seiner Produktionseinrichtungen und -verfahren und zu seiner Anpassung an die Absatzmöglichkeiten wurde ein „Rationalisierungsverband des Steinkohlenbergbaus" als bundesunmittelbare Körperschaft des öffentlichen Rechts errichtet. Der Verband soll auf Feldbereinigung und Schaffung wirtschaftlich arbeitender Förderungseinrichtungen hinwirken bzw. bei notwendigen Stillegungen nachteilige Auswirkungen soweit wie möglich auszugleichen suchen. Nach Maßgabe des Gesetzes gewährt er dafür Darlehen, Bürgschaften und Prämien. Pflichtmitglieder des Verbandes sind Bergbaugesellschaften mit einer Jahreskapazität über 100 000 t.

Die Grundprämie, die das Gesetz für die Stillegung eines Bergwerks vorsieht, trägt der Bund zur Hälfte. Außerdem sieht das Gesetz umfangreiche steuerliche Maßnahmen für Zwecke der Rationalisierung

---

[71] Vgl. z. B. die Energiedebatte im Bundestag vom 13. 11. 1964, Stenographische Berichte Bd. 56, S. 7243, 7250.

[72] Vgl. dazu Frankfurter Allgemeine Zeitung vom 24. 11. 1965, 17.

[73] Aus der Sicht der EWG nimmt sich die Energiepolitik der Bundesrepublik folgendermaßen aus: „Ein prohibitiver Kohlenzoll auf Einfuhren aus Drittländern und die Heizölsteuer stellen eine recht erhebliche allgemeine Protektion für den Bergbau dar. Der Absatz der Kohle wird gefördert durch Zuschüsse oder Steuererleichterungen für die Errichtung von Elektrizitäts- und Fernheizwerken auf Kohlenbasis. Schließlich erhält der Bergbau Beihilfen für die negative und positive Rationalisierung sowie Subventionen im Sozialbereich. – Die Bundesregierung nimmt auch in wachsendem Maße Einfluß auf die Vorgänge in der Mineralölwirtschaft, und zwar durch ein automatisches Lizenzverfahren für die Einfuhr von Rohöl und Heizöl, durch die Einführung einer Meldepflicht für Rohrleitungs- und Raffineriebauten sowie durch eine ‚Selbstbeschränkung' der Unternehmen der Mineralölindustrie bei der Ausweitung ihres Heizölabsatzes. Schließlich erhalten deutsche Erdölproduzenten noch bis zum Jahre 1970 massive staatliche Beihilfen." (H. von der Groeben auf der Energiekonferenz der Europäischen Bewegung der Niederlande: VWD Nr. 181 vom 16. 9. 1965, II/3.)

[74] BGBl. 1963 I 549.

(§§ 30–36), bzw. Finanzierungshilfen für die Entrichtung der Lastenausgleichsabgaben vor. Der Rationalisierungsverband darf bis zu einem Betrag von insgesamt 1,5 Mrd. DM Darlehen gewähren und Bürgschaften übernehmen, für die der Bund die Garantie bzw. die Rückbürgschaft übernehmen wird.

b) Der Zoll auf die Kohleneinfuhr aus Drittländern beträgt heute 20 DM je Tonne; den Zustrom billiger amerikanischer oder polnischer Kohle kann er nicht mehr verhindern [75].

c) Die Zuschüsse zur bergbaulichen Sozialversicherung (Knappschaftsversicherung) dürften gegenwärtig jährlich ca. 2 Mrd. DM betragen [76]. Die Sozialsubventionen im Bergbau belaufen sich in der Bundesrepublik nach Berechnungen der Hohen Behörde auf 4,6 Dollar pro Tonne der Förderung [77].

d) Ein Planungsinstrument besonderer Art sind die kartellartigen *Selbstbeschränkungsabkommen* der Mineralölindustrie, die auf Anregung des Bundeswirtschaftsministers abgeschlossen wurden und auf eine Zurückhaltung der Expansion in der Mineralölwirtschaft hinauslaufen. Dieses Ziel suchte zuerst eine Absprache von Anfang 1965 zu erreichen, die dem Ausbau der Raffineriekapazitäten und dem Angebot von Heizöl Grenzen setzen sollte [78]. Die für 1965 im Ergebnis nicht sehr wirksame Beschränkung soll auch 1966 fortgeführt werden, wobei grundsätzlich eine Zuwachsrate von 8 % festgelegt wurde. Demgemäß haben sich die großen Erdölimporteure auf gewisse Empfehlungen geeinigt, die eine interne Aufteilung des Angebots vorsehen [79]. Die Selbstbeschränkung steht insofern unter einer Art Sanktion, als die Regierung mit Importkontingentierungen und Quotenfestlegungen eingreifen kann.

Die Einfuhr von Rohöl, Heizölen und Dieselkraftstoffen ist schon seit dem 9. 12. 1964 von einer Genehmigung abhängig; dieses Instrument für die Durchsetzung eines Energieplans wird jedoch in Reserve gehalten, da die Genehmigungen einstweilen automatisch erteilt werden.

---

[75] R. Regul, Allgemeine Ziele für Energie und die Koordinierung der Energiepolitik in der Europäischen Wirtschaftsgemeinschaft, in: Planung I, 303.

[76] R. Regul a.a.O. 302.

[77] VWD vom 16. 9. 1965, II/1.

[78] Die von der Absprache nicht erfaßten Unternehmen (freie Importeure) kontrollieren einen Importanteil von nur 1 % bei schwerem, jedoch von 30 % bei leichtem Heizöl.

[79] Vgl. dazu FAZ vom 30. 11. 1965, 7. 12. 1965 und 5. 1. 1966. – Ein ähnliches Selbstbeschränkungsabkommen wurde mit den Warenhauskonzernen geschlossen. Die Großunternehmen des Einzelhandels verpflichteten sich dem Wirtschaftsministerium gegenüber, bis zum 1. 1. 1968 ihre Geschäftstätigkeit grundsätzlich nicht auf neue Plätze unter 200 000 Einwohner auszudehnen. Vgl. FAZ vom 27. 8. 1965.

e) Gesetz vom 9. 6. 1965 über die Anzeige der Kapazitäten von Erdöl-Raffinerien und von Erdöl-Rohrleitungen[80]. Nach § 3 des Gesetzes darf Baumaßnahmen zur Errichtung, wesentlichen Veränderungen oder Erweiterung von Raffinerie- und Erdöl-Rohrleitungsanlagen nur beginnen, wer die örtliche Lage und die Verarbeitungs- oder Beförderungskapazität der geplanten Anlage mindestens 12 Monate vor Beginn der Baumaßnahmen dem Bundesamt für gewerbliche Wirtschaft angezeigt hat. Eine Verkürzung der Frist kann das Bundesamt gestatten, wenn die Anlagen von geringer wirtschaftlicher Bedeutung sind[81].

f) Die allmähliche Bereitstellung von energiepolitischen Eingriffsmitteln erfährt in dem Gesetzentwurf über die Genehmigung von Pipelineneubauten eine systematische Fortsetzung.

g) Schließlich sind als Maßnahmen der Kohlenabsatzförderung noch anzuführen: das vom Bundestag am 30. 6. 1966 verabschiedete „Gesetz zur Sicherung des Kohleeinsatzes in der Elektrizitätswirtschaft" zur Sicherung eines Anteils der Kohle von 50 %, ferner die staatlichen Maßnahmen zur Finanzierung der Verlagerung von Halden, die Feierschichtfinanzierung, Kohlenfrachtsubventionen, steuerliche Begünstigung von Rationalisierungsmaßnahmen und dergleichen.

6. Regionalpläne

Planende Gestaltung der Raumordnung ist in Deutschland eine der ältesten Formen der öffentlichen Planung überhaupt. Einzelne Räume, deren Struktur eine sozio-ökonomische Einheit bildet, werden jeweils über die Grenzen politischer Gebietskörperschaften (Gemeinden, Landkreise, Länder) hinweg unter Berücksichtigung der Gegebenheiten und Erfordernisse der Nachbarräume nach einem einheitlichen Raumordnungsbild gestaltet[82], ausnahmsweise sogar über die Staatsgrenzen hinweg, wofür der Raum Freiburg – Basel – Mühlhausen (Elsaß) ein Beispiel ist[83].

---

[80] BGBl. 1965 I 473.

[81] Die Verordnung vom 28. 7. 1965 (Anzeigepflichtverordnung, BGBl. 1965 I 644) bestimmt dazu ergänzend, welche Anlagen einer Anzeigepflicht nicht unterliegen.

[82] Vgl. den nicht ganz überzeugenden Versuch einer Begriffsabgrenzung in dem Kommentar von Zinkahn und Bielenberg, Raumordnungsgesetz des Bundes (Berlin 1965) 11 f.

Zu den damit aufgeworfenen Rechtsfragen vgl. vor allem Werner Weber, Entspricht die gegenwärtige kommunale Struktur den Anforderungen der Raumordnung? Gutachten für den 45. Deutschen Juristentag (Verhandlungen Teil I, Bd. 5, München, Berlin 1964); ferner Verfassungs- und Verwaltungsprobleme der Raumordnung und Landesplanung, Vorträge und Diskussionsbeiträge des 33. Staatswissenschaftlichen Fortbildungskursus der Hochschule für Verwaltungswissenschaften Speyer 1965 (Berlin 1965).

[83] Die Initiative dazu ist nicht von den drei Staaten, sondern von den drei Städten und der privaten Wirtschaft dieses Raumes ausgegangen.

Die notwendige Zusammenarbeit zwischen Bund und Ländern wurde zunächst durch das „Verwaltungsabkommen über die Zusammenarbeit auf dem Gebiet der Raumordnung" vom 16. 12. 1957 angestrebt[84]. Inzwischen hat der Bundesgesetzgeber von der Ermächtigung nach Art. 75 Z. 4 GG Gebrauch gemacht und mit dem „Raumordnungsgesetz" vom 8. 4. 1965[85] Rahmenvorschriften auf dem Gebiet der Raumordnung erlassen. Die Länder stehen nunmehr vor der Aufgabe, ihre Landesplanungsgesetze den Grundsätzen des Raumordnungsgesetzes anzupassen[86]. Die Träger der Raumordnung sind vom Raumordnungsgesetz nicht ausdrücklich erwähnt, besondere Bedeutung hat aber die Initiative auf Gemeindeebene: § 5 III sieht den Zusammenschluß von Gemeinden und Gemeindeverbänden zu regionalen Planungsgemeinschaften vor. Eine solche kooperative Nutzung der kommunalen Selbstverwaltungsautonomie zum Zweck der Regionalplanung ist beispielsweise in Baden-Württemberg besonders ausgeprägt. Unter den 3381 Gemeinden des Landes gibt es über 700 Zweckverbände für die verschiedensten Aufgaben (Wasserversorgung, Abwässerbeseitigung, Schulen, Landeskultur, Wegebau, Strom- und Gasversorgung usw.); von den insgesamt 72 Stadt- und Landkreisen dieses Landes haben sich 61 in regionalen Planungsgemeinschaften zusammengeschlossen[87].

Als Beispiel umfassender Planung auf Länderebene ist der *Große Hessenplan* 1965 anzusehen[88]. Auf Bundesebene ist Planung in diesem Maßstab heute schwer vorstellbar[89].

Wirtschaftlichen Schwierigkeiten, die sich im Gefolge der EWG-Integration ergeben werden, will der *EWG-Anpassungsplan für Schleswig-Holstein* begegnen[90].

Für die östlichen Randgebiete der Bundesrepublik wird z.Z. ein Verkehrsplan für das Zonenrandgebiet erarbeitet, die Grundlage für eine enge organische Verbindung des Zonenrandgebietes mit dem übrigen Bundesgebiet und damit Grundlage für seine künftige wirtschaftliche Entwicklung.

---

[84] Vgl. J. Kölble (oben N. 17) 115. [85] BGBl. 1965 I 306.

[86] Landesplanungsgesetze haben bisher erlassen: Baden-Württemberg (1962), Bayern (1957), Hessen (1962), Nordrhein-Westfalen (1962), Saarland (1964) und Schleswig-Holstein (1961); in Niedersachsen und Rheinland-Pfalz liegen Regierungsentwürfe vor; vgl. die Übersicht und die Texte in: G. Müller, Raumordnung in Bund, Ländern und Gemeinden (Mainz 1965) 94 ff.; dazu auch: Raumordnung – Landesplanung – kommunale Selbstverwaltung, in: Der Städtetag, NF 18 (1965) 469 ff.

[87] Vgl. K. Heppner, Die regionalen Planungsgemeinschaften in Baden-Württemberg, in: Deutsche Gemeinden (1965) 156, 160; vgl. auch W. Ernst, Die Gemeinde in der Raumordnung, ebda. 27 ff.

[88] Der Große Hessenplan – ein neuer Weg in die Zukunft, hrsg. vom Hessischen Ministerpräsidenten (Wiesbaden 1965).

[89] J, Kölble (oben N. 17) 118.

[90] Vgl. die „Loccumer Thesen" von Ministerpräsident Lemke (Januar 1964), abgedruckt in: Landesplanung in Schleswig-Holstein, Heft 4 (Kiel 1964) 65 ff.

In Anlehnung daran soll ein Verkehrswegeplan für die Bundesausbaugebiete aufgestellt werden[91].

Schließlich ist in diesem Zusammenhang noch das Berlinhilfegesetz zu erwähnen[92].

IV. Umfassende Pläne ohne normative Außenwirkung

Hierzu zählen alle jene Programme und Leitbilder, die Richtlinien für das Verwaltungshandeln darstellen und den Betroffenen jedenfalls keine normative Bindung auferlegen, auch wenn sie für das private Wirtschaftshandeln Leitbilder und Orientierungspunkte vermitteln. Realistische Leitbilder zu formulieren ist eine vordringliche Aufgabe der Wirtschaftspolitik[93] nicht nur des Bundes, sondern auch der Länder[94].

1. Das älteste Beispiel dieser Art ist der *Grüne Plan,* das Förderungsprogramm für die deutsche Landwirtschaft, zunächst lediglich eine Zusammenfassung verschiedener Titel des Bundeshaushaltsgesetzes. Der haushaltsmäßige Rahmen wird konkretisiert durch die Bundesregierung, die alljährlich den „Grünen Bericht" vorzulegen hat[95], der in Bundestag und Bundesrat diskutiert wird. Die Bundesregierung hat sich auch dazu zu äußern, welche Maßnahmen sie im Bereich der Landwirtschaft getroffen hat oder zu treffen beabsichtigt. Die Durchführung des Grünen Planes obliegt dem Bundesminister für Ernährung, Landwirtschaft und Forsten, der dazu eine große Anzahl von Richtlinien und Zuweisungsbescheiden erlassen hat[96].

In der Form ähnlich, aber noch nicht so weit durchgebildet, sind andere derartige Pläne:

2. Der *Bundesjugendplan,* erstmals am 18. 12. 1950 verkündet, beruht ebenfalls auf einem diese Bezeichnung tragenden Titel des Bundeshaus-

---

91 J. Kölble (oben N. 17) 107.

92 Gesetz vom 19. 8. 1964, BGBl. 1964 I 674, geändert durch Gesetz vom 17. 3. 1965, BGBl. 1965 I 77.

93 R. Blum in seiner fundierten Kritik „Der Wettbewerb im wirtschaftspolitischen Konzept": ZgesStW 121 (1965) 73.

94 Ein instruktives Beispiel sind die „Leitlinien der *Hamburger* Wirtschaftspolitik", hrsg. vom Senat (September 1965). Sie sind eine „grundsätzliche Willenserklärung des Senats" über seine zukünftige Wirtschaftspolitik, die „eine Richtschnur für die Behörden und eine Orientierungshilfe für die Wirtschaft" sein will (S. 5). In dem dadurch gezogenen Rahmen „werden die Behörden konkrete Programme" für die Erweiterung des Hamburger Industriepotentials, zur Energiepolitik, zu Verkehrsfragen etc. aufstellen.

95 Bericht über die Lage der Landwirtschaft gemäß § 4 Landwirtschaftsgesetz vom 5. 9. 1955, BGBl. 1955 I 565. Bisher: 1956: BT II/2100; 1957: BT II/3200; 1958: BT III/200; 1959: BT III/850; 1960: BT III/1600; 1961: BT III/2400; 1962: BT IV/180; 1963: BT IV/940; 1964: BT IV/1860; 1965: BT IV/2990; 1966: BT V/255.

96 Vgl. dazu J. Kölble (oben N. 17) 100 f.

haltsplanes. Die Bundesregierung ist verpflichtet, alle vier Jahre einen „Bericht über die Lage der Jugend und über die Bestrebungen auf dem Gebiet der Jugendhilfe“ zu erstatten[97]. Die Durchführung des Planes obliegt teils dem zuständigen Minister, teils den obersten Landesbehörden.

3. In Entwicklung befindlich ist derzeit der sog. *Blaue Plan,* ein Förderungsprogramm für die deutsche Seeschiffahrt. Dazu beschloß die Bundesregierung am 17. 5. 1965 „Grundsätze für die Förderung der deutschen Seeschiffahrt“. Vorgesehen sind Schiffahrtsbeihilfen zur Verbesserung der Struktur und der Wettbewerbsfähigkeit der deutschen Handelsflotte sowie der Beschäftigungslage in der deutschen Werftindustrie[98].

4. Mehrere Einzelpläne ohne normative Außenwirkung dienen der *Wissenschaftsförderung* und *Bildungsplanung.* Bund und Länder haben dafür in den Verwaltungsabkommen über die Errichtung eines Wissenschaftsrates (1957), über die Förderung von Wissenschaft und Forschung (1964) und über die Errichtung eines deutschen Bildungsrates (Juli 1965) Planungsgrundlagen geschaffen. Der Wissenschaftsrat erarbeitete bisher die „Empfehlungen zum Ausbau der wissenschaftlichen Hochschulen“, Teil I (November 1960): „Wissenschaftliche Hochschulen“; Teil II (Januar 1964): „Wissenschaftliche Bibliotheken“; „Empfehlungen zur Neugliederung des Lehrkörpers der wissenschaftlichen Hochschulen“ (November 1964), „Empfehlungen zur Aufstellung von Raumprogrammen für Bauvorhaben der wissenschaftlichen Hochschulen“ (November 1964). Diese Pläne einer unabhängigen und politisch unkontrollierten Instanz haben eine hohe Autorität erlangt; Parlamente und Regierungen des Bundes und der Länder lassen sich sehr weitgehend davon leiten.

Der Bildungsrat hat seine Tätigkeit am 17. 3. 1966 aufgenommen; zunächst soll er „Empfehlungen für eine langfristige Planung auf den verschiedenen Stufen des Bildungswesens“ aussprechen[99].

Die Deutsche Forschungsgemeinschaft hat als Schwerpunktprogramm für die Förderung wissenschaftlicher Forschung einen eigenen, sog. „Grauen Plan“ veröffentlicht.

Ein Gesamtplan für die Förderung der wissenschaftlichen Forschung wäre wünschenswert. Als sehr nützlich und entwicklungsfähig erweisen sich schon gegenwärtig fünf große Förderungsprogramme für Teilbereiche: Allgemeine Wissenschaftsförderung, Kernforschung und kerntechnische Entwicklung, Weltraumforschung, Verteidigungsforschung und Studienförderung, auf die sich schon 1963 der Bund mit 87 % seiner Gesamtausgaben für Forschung und Entwicklung von 1,62 Mrd. DM konzentrierte.

---

[97] Erstmals am 14. 6. 1965, BT IV/3515.

[98] Bundesanzeiger Nr. 94 vom 20. 5. 1965, S. 1; dazu im einzelnen J. Kölble (oben N. 17) 104 f.

[99] Vgl. J. Kölble (oben N. 17) 114.

B. Planung in der Deutschen Demokratischen Republik

I. Einleitung

Das Wirtschaftssystem der DDR in seiner heutigen Gestalt ist nicht das Ergebnis freier politischer Entscheidung auf Grund einer anerkannten ökonomischen Zweckmäßigkeit, sondern nur ein (wichtiges) Element im Prozeß der Übernahme des sowjetischen Modells für die mitteldeutsche Wirtschafts- und Gesellschaftsordnung[100]. Die enge ideologische Bindung an die UdSSR mußte notwendig auch zur Übernahme der beiden wesentlichen Stützen des sowjetischen Wirtschaftssystems führen: der Vergesellschaftung der Produktionsmittel und des Systems der zentralen staatlichen Wirtschaftsplanung. Die hervorragende Rolle der Wirtschaftsplanung ist aber nicht nur vom Dogma her begründet; sie ist wirtschaftliche Notwendigkeit, sobald der Staat über die Funktion einer wirtschaftslenkenden Kraft hinaus zum ersten oder fast zum alleinigen Produzenten wird[101].

Von den anderen Staaten des Ostblocks, die nach dem zweiten Weltkrieg einen ähnlichen Prozeß durchgemacht haben, unterscheidet sich die DDR vor allem durch die Tatsache, daß hier zum erstenmal das sowjetische Plansystem auf eine hochindustrialisierte, wenn auch durch Reparationen und Demontagen *geschwächte Wirtschaft* übertragen wurde. Nach Erklärungen von östlicher Seite ist die DDR heute die neunt- oder zehntstärkste Industriemacht der Welt (vergleichbar etwa mit Italien), die drittstärkste des Ostblocks (einschließlich China) und nach der UdSSR die stärkste im Bereich des Rates für gegenseitige Wirtschaftshilfe (Comecon)[102].

Der hohe industrielle Standard Mitteldeutschlands hat einer raschen und völligen Übertragung des sowjetischen Wirtschaftssystems anscheinend im Wege gestanden. Daher bestehen in der DDR auch heute noch letzte, wenn auch nicht mehr entscheidende Unterschiede zum sowjetischen Vorbild, vor allem durch die Existenz eines Restbestandes von Privatbetrieben. Wenn sich diese auch nach der Vollkollektivierung der Landwirtschaft im Jahre 1960 im wesentlichen auf die Bereiche des Handwerks und des Einzelhandels beschränken, so unterscheidet ihr Vorhandensein das Wirtschaftssystem der DDR nicht nur von dem der UdSSR, sondern auch von sämtlichen anderen Staaten des Ostblocks[103].

---

[100] Vgl. die ausführliche Beschreibung dieses Prozesses bei K. C. THALHEIM, Die Rezeption des Sowjetmodells in Mitteldeutschland, in: Die Wirtschaftssysteme der Staaten Osteuropas und der Volksrepublik China (Schriften des Vereins für Sozialpolitik NF Bd. 23; Berlin 1961) I, 267 ff.

[101] Vgl. E. RICHERT, Macht ohne Mandat (1. Aufl. Köln und Opladen 1958) 43.

[102] E. RICHERT, Macht ohne Mandat (2. Aufl. Köln und Opladen 1963) 20, 109; vgl. auch Handbuch der Deutschen Demokratischen Republik, hrsg. vom Deutschen Institut für Zeitgeschichte (o. O. [Berlin Ost?] 1963) 353.

[103] K. C. THALHEIM (oben N. 100) 337.

Dieser Eigenart des mitteldeutschen Wirtschaftssystems steht auf der anderen Seite eine besondere politische Bereitschaft zur Übernahme sowjetischer Vorbilder gegenüber; dies gilt gerade auch für die Formen und Methoden *sowjetischer Wirtschaftsplanung*. Während andere Staaten Osteuropas auf diesem Gebiet eigenartige und z. T. recht beträchtlich vom sowjetischen Vorbild abweichende Wege gefunden haben (abgesehen vom Sonderfall Jugoslawien z. B. Polen seit 1956 und seit 1965 die Tschechoslowakei [104]), beschränkt sich die politische Führung der DDR nicht auf die grundsätzliche Übernahme des Planungsgedankens, sondern strebt offenbar eine weitreichende Angleichung an die technischen und organisatorischen Formen sowjetischer Planung an.

II. Rechtliche Grundlagen der Planung

Unabhängig von der offensichtlichen Diskrepanz zwischen Verfassungsnorm und Verfassungswirklichkeit in der DDR [105] seien zunächst die verfassungsrechtlichen Grundlagen der zentralen Planung genannt, wie sie in Art. 19 der Verfassung [106] formuliert sind. Den Grundsätzen der Wirtschaftsordnung [107] soll auch die *staatliche Förderung der privaten Initiative* der Bauern, Handel- und Gewerbetreibenden sowie der genossenschaftlichen Selbsthilfe dienen, die Art. 20 vorsieht [108]. Art. 21 ist Rechtsgrundlage des Volkswirtschaftsplans: „Zur Sicherung der Lebensgrundlagen und zur Steigerung des Wohlstands seiner Bürger stellt der Staat durch die gesetzgebenden Organe, unter unmittelbarer Mitwirkung seiner Bürger, den öffentlichen Wirtschaftsplan auf. Die Überwachung seiner Durchführung ist Aufgabe der Volksvertretungen."

Wesentlicher Bestandteil der Wirtschaftsordnung und notwendiges Korrelat zu den Bestimmungen über den Wirtschaftsplan sind die darauf fol-

---

[104] Der hervorragende Kenner und wissenschaftliche Mitgestalter des tschechoslowakischen Planmodells, VIKTOR KNAPP, hat die „Rechtsfragen der planmäßigen Leitung der Volkswirtschaft in der Tschechoslowakei" dargestellt in Planung I, 209–228.

[105] Vgl. S. MAMPEL, Die Entwicklung der Verfassungsordnung in der sowjetisch besetzten Zone Deutschlands von 1945 bis 1963 (Sonderdruck aus: JböffR 13 [1964] 455 ff.).

[106] Vom 7. 10. 1949 (letzte Fassung von 1960).

[107] Art. 19 lautet: „Die Ordnung des Wirtschaftslebens muß den Grundsätzen sozialer Gerechtigkeit entsprechen; sie muß allen ein menschenwürdiges Dasein sichern. Die Wirtschaft hat dem Wohle des ganzen Volkes und der Deckung seines Bedarfs zu dienen; sie hat jedermann einen seiner Leistung entsprechenden Anteil an dem Ergebnis der Produktion zu sichern."

[108] Vgl. TH. MAUNZ, Deutsches Staatsrecht (12. Aufl., München, Berlin 1963) 351.

genden Artikel 22–28 über die Eigentumsverfassung, die neben mehreren Fällen automatischer Sozialisierung in Art. 27 eine weitgehende Möglichkeit fakultativer Sozialisierung vorsehen[109].

Die einzelnen Rechtsquellen der Planung können hier nicht sämtlich aufgezählt werden. Die wichtigsten Gesetze und Verordnungen sind nachstehend erwähnt; großenteils ist die Rechtslage unübersichtlich und einer stetigen Wandlung unterworfen.

III. Entwicklung der Wirtschaftsplanung seit 1945

Die ersten und sogleich ausschlaggebenden Eingriffe in die mitteldeutsche Wirtschaft erfolgten unmittelbar nach der Errichtung der sowjetischen Militäradministration in Deutschland (SMAD). Neben den Enteignungs- und Umverteilungsmaßnahmen in der Landwirtschaft, die weniger unter planungstechnischen als unter gesellschaftspolitischen Gesichtspunkten zu beurteilen sind, wurden unverzüglich sämtliche Banken und Versicherungsgesellschaften geschlossen und später enteignet[110]. Die *Konzentration der Kreditlenkung* in staatlicher Hand muß für eine Zeit, in der noch keine anderen Planungsformen entwickelt waren, als bedeutsamstes Mittel der Wirtschaftslenkung angesehen werden. Der einstweilige Mangel zentraler staatlicher Planung konnte andererseits nicht durch private Initiative ersetzt werden, da für den Wirtschaftsablauf vorderhand die *Reparationsforderungen* der Besatzungsmacht ausschlaggebend waren. Erst 1947 wurde mit der *Deutschen Wirtschaftskommission* (DWK) eine deutsche Zentralinstanz der Wirtschaftslenkung geschaffen[111]. Nachdem durch den Befehl Nr. 76 der SMAD (1948) die Organisation der volkseigenen Wirtschaft festgelegt worden war, zentralisierte die DWK unverzüglich die Leitung der volkseigenen Betriebe, die nach fachlicher Gliederung zu *Vereinigungen Volkseigener Betriebe* (VVB) zusammengefaßt wurden. Dem Wesen nach waren sie „Verwaltungsorgane im Rahmen der direkten Anleitung der Volkseigenen Betriebe durch die Hauptverwaltung der Deutschen Wirtschaftskommission“ [112]. Durch die Gründung der „Deutschen Emmissions- und Girobank“ (Vorläuferin der „Deutschen Notenbank“) im Mai 1948 wurde die Zentralisierung des Bankapparates vorangetrieben. Die Zentrali-

---

[109] Dazu Th. Maunz (vorige Note) 352.

[110] Befehl der SMA Nr. 1 vom 23. 7. 1945. Vgl. S. Mampel (oben N. 105) 501; K. C. Thalheim (oben N. 100) 274.

[111] K. C. Thalheim (oben N. 100) 276; S. Mampel (oben N. 105) 507.

[112] F. Heller, Die Aufgabenstellung der wirtschaftsleitenden Verwaltung in der Sowjetzone nach dem neuen ökonomischen System der Planung und Leitung der Volkswirtschaft: JbOstR 6 (1965) 1. Halbjahresheft S. 12; vgl. auch S. Mampel (oben N. 105) 507.

sierung der gewerblichen Betriebe der Gemeinden erfolgte im November 1948 (Kommunalwirtschaftsverordnung), die der Energiebetriebe im Juni 1949 (Energiewirtschaftsverordnung)[113].

Der von der DWK aufgestellte Zweijahresplan für die Jahre 1949/50 läßt sich als *Wiederaufbauplan* zur Beseitigung der Kriegsfolgen und Demontageverluste kennzeichnen[114]. In diesen Zeitraum fällt auch der Erlaß der Verfassung am 7. 10. 1949. Die damit gegründete „Deutsche Demokratische Republik" wurde bereits im September 1950 als Mitglied in den (1949 geschaffenen) Rat für gegenseitige Wirtschaftshilfe (COMECON) aufgenommen.

Die inzwischen vorgenommenen weiteren Sozialisierungen und eine organisatorische Zentralisation bildeten die Grundlage für den 1950 verkündeten (1.) *Fünfjahresplan*. Planungsformen und -methoden stimmten in allen wesentlichen Punkten mit dem sowjetischen Planungssystem überein; sowjetische Fachleute waren auch unmittelbar an der Planaufstellung beteiligt[115].

Die bisherige oberste Planungsbehörde, das Ministerium für Planung, wurde 1950 durch die *Staatliche Plankommission* (StPK) abgelöst, die zunächst als StPK „beim Ministerpräsidenten" bestand, seit 1954 aber als StPK „des Ministerrats" bezeichnet wird. Der Vorsitzende der Plankommission gehörte automatisch mit dem Titel eines Stellvertreters des Ministerpräsidenten dem Präsidium des Ministerrates an[116]. Die Leitung der Industrie besorgten damals einzelne Industrieministerien, die hinsichtlich der Planung der StPK unterstanden, ohne daß eindeutige Aussagen über dieses Verhältnis möglich wären[117]. Auf die technische Seite der damaligen Planerstellung, die sich seither gewandelt hat, braucht hier nicht näher eingegangen zu werden.

In der Periode bis 1953 wurde das Planungssystem selbst durch zwei neue Techniken aufgelockert, die eine leichtere Anpassung und Handhabung des schwerfälligen und ungenauen Systems ermöglichen sollten.

Im März 1952 wurde durch Verordnung das *„Prinzip der Wirtschaftlichen Rechnungsführung"* in den volkseigenen Betrieben eingeführt, das eine völlige Neuordnung der volkseigenen Wirtschaft zur Folge hatte[118]. Dieses Prinzip, schon seit den zwanziger Jahren in der Sowjetunion diskutiert und später auch eingeführt, behandelt weniger die Probleme des Rechnungswesens als die organisatorische und finanzielle Verselbständi-

---

113 S. Mampel (oben N. 105) 508.
114 K. C. Thalheim (oben N. 100) 279.
115 K. C. Thalheim (oben N. 100) 281.
116 E. Richert (oben N. 101) 43.
117 F. Heller (oben N. 112) 11 f.; E. Richert (oben N. 101) 44.
118 B. Samson, Grundzüge des mitteldeutschen Wirtschaftsrechts (Frankfurt a. M., Berlin 1960) 79.

gung der Staatsbetriebe und die Ausrichtung der Betriebsführung auf Rentabilität und Kostensenkung[119]. Seine Haupmerkmale sind:

1. Die operative und vermögensrechtliche Selbständigkeit der sozialistischen Betriebe bei der Verwaltung und der Verfügung über die ihnen vom Staat zugewiesenen Mittel;
2. die Verantwortlichkeit des Betriebs für die Ergebnisse seiner wirtschaftlichen Tätigkeit und der Verwaltung seiner Mittel;
3. die Weckung des materiellen Interesses der Arbeiter und Angestellten des Betriebs an den Ergebnissen der Arbeit ihres Betriebes[120].

Bereits im Dezember 1951 erging außerdem die „Verordnung über die Einführung des Allgemeinen Vertragssystems für die Warenlieferungen in der volkseigenen und der ihr gleichgestellten Wirtschaft", später durch das „Gesetz über das Vertragssystem in der sozialistischen Wirtschaft" vom 11. 12. 1957 (Vertragsgesetz) abgelöst[121]. Seit 1965 gilt ein neues Vertragsgesetz, das auf das neue ökonomische System abgestellt ist. Sein wesentlicher Inhalt ist „die Erhöhung der Selbständigkeit und der Verantwortung der Betriebe bei der Planung und Planverwirklichung"[122].

Das Vertragssystem bedeutet allerdings nicht, daß sich die Betriebe nunmehr nach eigener Entscheidung ihre Lieferanten und Warenkontingente aussuchen können. Sein Zweck ist lediglich eine Entlastung der zentralen Planungsbehörden durch Dezentralisierung unwesentlicher Entscheidungen. Ob das neue Vertragsgesetz hier in der Praxis weitergehende Änderungen bringen wird, kann noch nicht beurteilt werden.

Kurzfristig und vorübergehend stand die zentrale Wirtschaftsplanung der DDR unter dem Einfluß des *„Neuen Kurses"* nach dem Tode Stalins 1953. Der Beschluß des Politbüros der SED versprach damals u. a. eine stärkere Berücksichtigung der Belange der Konsumenten in der Wirtschaftsplanung. Die tatsächlichen Auswirkungen waren gering und bis 1955 vollends wieder beseitigt: Als Basis des 2. Fünfjahresplanes 1956–60 bezeichnete Ulbricht bereits wieder die „vordringliche Entwicklung der Schwerindustrie"[123]. Dieser Plan war erstmals auch stärker auf die wirtschaftlichen *Verflechtungen* innerhalb des Ostblocks ausgerichtet und strebte eine Koordinierung mit den Plänen der anderen Mitglieder des Comecon an.

Die mit dem XX. Parteitag der KPdSU eingeleitete politische Wandlung und die Propagierung des Kurses der „aktiven Koexistenz" hat das Verhält-

---

[119] K. C. Thalheim (oben N. 100) 282.

[120] Bönninger/Hochbaum/Lekschas/Schulze, Das Verwaltungsrecht der Deutschen Demokratischen Republik, Allg. Teil, (Berlin [Ost] 1957) 89.

[121] Vgl. dazu B. Samson (oben N. 118) 108 f.

[122] Vgl. dazu die 2. Lesung des Entwurfs in der Volkskammer, abgedruckt in: Staat und Recht (1965) Heft 4, S. 618 ff.

[123] K. C. Thalheim (oben N. 100) 284 f.

nis der Sowjetunion zur DDR im Sinne einer „Aufwertung" entscheidend beeinflußt und damit auch für deren Wirtschaft wichtige Konsequenzen gehabt. Der 2. *Fünfjahresplan* trug dieser geänderten Situation durch die Berücksichtigung des enormen Nachholbedarfs an Investitionen Rechnung.

Eine organisatorische Zäsur im System der Plandurchführung zeichnete sich ab, als Chruschtschew im Februar 1957 elastischere Formen in der Lenkung der Sowjetwirtschaft forderte und diesen Forderungen durch eine regionale *Dezentralisierung* auch entsprochen wurde. Das sowjetische Vorbild wurde durch das „Gesetz über die Vervollkommnung und Vereinfachung der Arbeit des Staatsapparates in der DDR" vom 11. 2. 1958 unmittelbar in Mitteldeutschland übernommen. Im Zuge der damit einsetzenden Reformmaßnahmen wurden die bisherigen zentralen Industrieministerien und andere zentrale Instanzen aufgelöst; die Staatliche Plankommission übernahm zu ihren bisherigen Planungsaufgaben auch noch die Leitungsfunktionen gegenüber der Wirtschaft[124]. In den 14 Bezirken wurden „Wirtschaftsräte" gebildet. Gleichzeitig verstärkte man die Befugnisse der Plankommissionen in den Kreisen[125]. § 6 des Gesetzes sah eine Organisation der VVB vor, die nunmehr als leitende Wirtschaftsorgane für die zentral geleitete volkseigene Wirtschaft fungieren sollten und den zuständigen Abteilungen der StPK unterstellt wurden[126].

Das noch heute gültige Ergebnis dieses Umstellungsprozesses ist der Übergang von der schwerfälligeren zentralen Detailplanung zur elastischeren *Rahmenplanung,* bei der nurmehr ein Netz von Kennziffern zentral geplant wird[127].

Nachdem bereits auf dem V. Parteitag der SED Mitte 1958 ein 3. Fünfjahresplan diskutiert worden war, ließ man den 2. Plan 1959 fallen und ersetzte ihn aufgrund von Vereinbarungen im Comecon durch einen *Siebenjahresplan* (1959–1965). Dieser Plan wurde wiederum 1962 aufgegeben und durch einen *Übergangsplan* für 1963 ersetzt[128].

Durch die Beschlüsse der „Wirtschaftskonferenz des ZK der SED und des Ministerrates" am 24. und 25. 6. 1963 ist schließlich ein *„Neues ökonomisches System der Planung und Leitung der Volkswirtschaft"* in der DDR eingeführt worden, das sich darstellt als „organische Verbindung der wissenschaftlich fundierten Führungstätigkeit in der Wirtschaft und der wissenschaftlich begründeten und auf die Perspektive orientierten zentralen staatlichen Planung"[129]. Die StPK ist nunmehr in der Hauptsache für die Perspektivplanung verantwortlich, die Jahrespläne werden vom Volkwirtschaftsrat aufgestellt, bei dem Industrieabteilungen zur Leitung der Indu-

---

[124] F. Heller (oben N. 112) 12.
[125] K. C. Thalheim (oben N. 100) 289, 320.
[126] B. Samson (oben N. 118) 80. [127] E. Richert (oben N. 102) 130.
[128] E. Richert (oben N. 102) 128.
[129] Zitiert nach: F. Heller (oben N. 112) 7.

strie gebildet werden. Die VVB, die ihnen unmittelbar unterstellt sind, gelten nach dem neuen System als Führungsorgane in den einzelnen Industriezweigen.

Mit dem „Neuen System" ist die wesentliche Grundlage der gegenwärtigen Form der Wirtschaftsplanung in der DDR gelegt worden[129a]; diese ist im nächsten Abschnitt zu behandeln.

IV. Das gegenwärtige System der Planung

1. Grundlagen

Nach wie vor wird in der DDR staatliche Planung der volkswirtschaftlichen und kulturellen Entwicklung als „Hauptmethode des Staates zur Gewährleistung des Aufbaus des Sozialismus und zur ständigen Hebung des materiellen und kulturellen Niveaus der Werktätigen" angesehen[130]. Sie differiert jedoch gegenüber den verschiedenen Eigentumsformen, die in der DDR noch existieren: „Während in den sozialistischen Betrieben die staatliche Planung alle mit der Produktion und Verteilung in Zusammenhang stehenden Fragen erfaßt, erstreckt sie sich bei den Betrieben der kleinen Warenproduzenten und den kapitalistischen Betrieben auf die Nutzbarmachung ihrer Kapazitäten im Interesse der gesamten Volkswirtschaft"[131]. Praktisch läßt sich die Einbeziehung der Privatbetriebe nichtsdestoweniger leicht erreichen, da der Staat sowohl Kredit- wie Rohstoffzuwendung beliebig regeln kann, wobei dem Unternehmer freilich noch ein – mal größerer, mal kleinerer – Rest privater Initiative verbleibt[132].

2. Umfang der Planung

Im sachlichen Bereich ist die Planung *allumfassend.* In der Wirtschaft erfaßt sie nicht nur die Produktion sämtlicher Waren, sondern auch den Transport, den Absatz, den Handel und vor allem die Preise. Diese Planungsmaßnahmen finden ihre notwendige Ergänzung in den staatlichen *Monopolen:* Geld- und Kreditmonopol, Monopol der Preisfestsetzung, Außenhandelsmonopol und Monopol der Materialzuteilung[133]. Die „Deut-

---

[129a] Über die juristischen und ökonomischen Aspekte unterrichten umfassend: O. SPITZNER, Wirtschaftsverträge – sozialistische Wirtschaftsleitung (Berlin-[Ost] 1965); H. SUCH, VVB und wissenschaftlich-technischer Fortschritt (Berlin-[Ost] 1964).

[130] BÖNNINGER u. a. (oben N. 120) 87.

[131] BÖNNINGER u. a., ebda.

[132] E. SCHNEIDER, Das Wirtschaftsrecht im kommunistischen Rechtsdenken (Köln 1964) 55.

[133] E. RICHERT (oben N. 102) 118; zum Umfang der Wirtschaftsplanung vgl.

sche Notenbank" als Staatsbank hat laut Satzung die Aufgabe, „die Wirtschaftsplanung mit den Mitteln der Geld- und Kreditpolitik aktiv zu unterstützen" [134].

Neben der Wirtschaft, die naturgemäß im Mittelpunkt steht, erfaßt der Siebenjahresplan aber auch Kultur und Volksbildung, Sport, Hoch- und Fachschulwesen [135] sowie Gesundheits- und Sozialwesen [136].

Dagegen kann von einer Arbeitskräftelenkung im strengen Sinn nicht die Rede sein. Hier existieren nur gewisse Bedarfspläne und entsprechende numeri clausi. Allgemeiner Arbeitszwang ist unbekannt. Die Wahl des Arbeitsplatzes ist nur für bestimmte Kategorien von Studienabsolventen eingeschränkt, da diese fast ausnahmslos Stipendien erhalten [137]. – Eine bestimmte *„planungsfreie Sphäre"* haben auch die sozialistischen Betriebe und die Gemeinden für einen Bruchteil der Produktion sowie die Mitglieder der landwirtschaftlichen Genossenschaften für den grundsätzlich konzedierten halben Hektar Privateigentum [138].

3. Planungsorganisation und Planerstellung

Grundlage der Planung bilden die für mehrere Jahre aufgestellten *Perspektivpläne* (bisher 5- und 7-Jahrespläne). Ab 1970 ist ein 10-Jahresplan vorgesehen. In diesem Rahmen wird für das einzelne Jahr ein *Volkswirtschaftsplan* aufgestellt: das Kernstück der zentralen Planung. Der Jahresplan legt die Grundproportionen von Produktion, Zirkulation, Lohnvolumen fest. Die einzelnen Größen sind mit Umfang und Sortiment des Außenhandels abzustimmen. Hauptschwierigkeit ist dabei, den größtenteils nicht zentral geplanten Konsum mit den Daten der Rohstoffe und Produktionsgüter unter Vermeidung von Engpässen in Übereinstimmung zu bringen [139].

Die Planungsorganisation beruht heute im wesentlichen auf der Richtlinie vom 11. 7. 1963, mit der das „Neue ökonomische System" gesetzlich verankert wurde. Die Leitung der Volkswirtschaft ist nunmehr die Hauptfunktion des *Ministerrates* und seines Präsidiums, dem dafür verschiedene Organe unterstehen [140]:

a) die *Staatliche Plankommission* ist zentrales Organ des Ministerrates für die Wirtschaftsplanung. Sie hat die Aufgabe, die Perspektivpläne aus-

---

auch: W. BRUNDERT, Das Wirtschaftsrecht der SBZ, in: Die Lage des Rechts in Mitteldeutschland (Karlsruhe 1965) 129.

[134] Vgl. W. BOSCH, Marktwirtschaft – Befehlswirtschaft (Heidelberg 1960) 133.

[135] Zur Bildungsplanung in der DDR vgl. auch: M. BULLINGER, Umbildung des Verwaltungsrechts durch Planung in der DDR, in: Planung I, 197.

[136] E. SCHNEIDER (oben N. 132) 55.

[137] Zu den freien Berufen in der DDR vgl.: W. BOSCH (oben N. 134) 130 ff.

[138] E. RICHERT (oben N. 102) 118. [139] E. RICHERT (oben N. 102) 119.

[140] Vgl. dazu F. HELLER (oben N. 112) 17.

zuarbeiten und „die Gesamtbilanzierung und Zusammenfassung der Jahrespläne“ vorzunehmen[141].

b) Der *Volkswirtschaftsrat* hat auf Grund der Perspektivpläne die Jahrespläne aufzustellen und die Industrie zu leiten. Er gliedert sich in einzelne Industrieabteilungen, die VVB und die Bezirkswirtschaftsräte unterstehen seiner Kontrolle.

c) Für die Planung und Leitung der Landwirtschaft existiert als zentrales Organ des Ministerrates der *Landwirtschaftsrat*. Ihm unterstehen die Bezirkslandwirtschaftsräte, die wiederum die Kreislandwirtschaftsräte anleiten.

d) Den *Vereinigungen Volkseigener Betriebe* kommt in dem neuen System eine Schlüsselposition zu: sie sollen nunmehr „wirtschaftliche Zentren“ sein, die selbst nach dem Prinzip wirtschaftlicher Rechnungsführung arbeiten und die Ergebnisse der wirtschaftlichen Tätigkeit ihrer Betriebe zusammenfassen („sozialistische Konzerne“). Auch die Überwachung der Investitionstätigkeit fällt in ihre Zuständigkeit[142].

e) Die *Bezirkswirtschaftsräte* leiten jene Betriebe, die nicht einer VVB unterstehen, mit Ausnahme der örtlichen Versorgungsbetriebe.

Die *Planaufstellung* beginnt meist etwa fünf Vierteljahre vor der betreffenden Planperiode und stützt sich vor allem auf folgende Daten[143]:

- auf die Ziele des langfristigen Perspektivplanes;
- auf die in internationalen Übereinkommen (im Comecon oder in bilateralen Verträgen) festgelegten Schwerpunkte oder Verpflichtungen;
- auf die jeweils vom Politbüro (häufig aus politischen Gründen) für vordringlich erklärten Aufgaben;
- auf die Ergebnisse der Planstatistik der abgelaufenen Periode, die durch die Zentralverwaltung für Statistik der DDR erarbeitet wurde;
- schließlich spielt noch der Einfluß der wissenschaftlich-technischen Führungsorgane besonders im Hinblick auf Modernisierung eine beträchtliche Rolle.

In der Methode hält sich der Entwurf an sog. Verflechtungsbilanzen, die von folgenden Positionen ausgehen:

Industrie und Handwerk – Bauwirtschaft – Landwirtschaft – Transportwesen – Handel – Kultur, Volksbildung, Gesundheits- und Sozialwesen – Hoch- und Fachschulwesen – Arbeitskräfte und Berufsausbildung – Mate-

[141] Statut der StPK vom 16. 4. 1964.

[142] F. Heller (oben N. 112) 19 f. – Bei Abschluß des Berichts wurden von politischen Kreisen der DDR erneut Umbildungen des Regierungsapparats und damit auch der Planungsbehörden angekündigt, die wiederum zu einer stärkeren Zentralisierung der Wirtschaftsleitung tendieren. Der Volkswirtschaftsrat wurde noch Ende 1965 aufgelöst und neue Industrieministerien gebildet; die relative Selbständigkeit der VVB dürfte damit wieder eingeschränkt worden sein (vgl. Frankfurter Allgemeine Zeitung vom 22. 1. 1965).

[143] Vgl. E. Richert (oben N. 102) 119 f.

rialwirtschaft– Investitionen – Neue Technik – Finanzen – Export- und Importabstimmung – Bilanzierung von Energie und Gas.

Die zur Erfüllung einer Position notwendigen Beiträge der anderen Positionen bilden das Gerüst des Planentwurfs[144].

Dieser Rahmen wird von der StPK erstellt und an sämtliche mit der Planexekutive befaßten Stellen weitergeleitet. Auch die VVB werden damit befaßt. Dieses umfangreiche Verfahren ist straff gelenkt und diszipliniert. Es ermutigt nicht zu spontaner, aktiver Einwirkung der unteren Stufen auf die Planerstellung. Sie haben im „demokratischen Zentralismus" kein eigenes Recht auf Mitbestimmung der ihre Belange betreffenden Planung. Denn jene Befassung soll vornehmlich eine Kontrolle und Spezifizierung der im Entwurf enthaltenen rd. 500 volkswirtschaftlichen Schlüsselziffern ermöglichen, nicht deren Diskussion mit dem Ziel einer Abänderung[145]. Im Endzustand enthält der Plan neben den ursprünglichen rd. 500 „Kontrollziffern" rd. 2000 bis 3000 verbindliche Werteziffern („Kennziffern"). Nach einer abschließenden Koordinierung durch die höheren Planungsorgane wird das Gesamtwerk als „Entwurf des Volkswirtschaftsplanes" über den Ministerrat an die Volkskammer weitergeleitet, die ihn ohne weitere Diskussion zum Gesetz zu erheben pflegt[146]. Der Gesetzescharakter des Planes[147] hindert nicht nachträgliche Änderungen ohne Beteiligung des Gesetzgebers, die oft während des Jahres auf Grund geänderter politischer oder wirtschaftlicher Bedingungen notwendig werden.

Innerhalb des zentralen Rahmenplanes genießt der einzelne Betrieb hinsichtlich seiner Produktion Freiheit, sofern er die direkten Auflagen, die in Form der Staatsplanpositionen vorliegen, eingehalten und wenn er den vorgegebenen Bruttoproduktionswert und den eingeplanten Gewinn erreicht hat. Die Überproduktion steht allerdings nicht im freien Ermessen des Betriebes, sondern darf nur hinsichtlich solcher Güter erfolgen, für die eine vertragliche Bindung an einen Bedarfsträger nachgewiesen ist[148].

4. Zentralisierung und Denzentralisierung

Die Prinzipien des „demokratischen Zentralismus" und der „sozialistischen Gesetzlichkeit" sowie die durchgreifende Staatskontrolle[149] machen das System noch nicht zu einem Beispiel der „Zentralverwaltungswirtschaft"

[144] E. Richert (oben N. 102) 122.

[145] M. Bullinger (oben N. 135) 195 f. mit weiteren Nachweisen; E. Richert (oben N. 102) 122.

[146] E. Richert (oben N. 102) 126.

[147] Vgl. dazu M. Bullinger (oben N. 135) 202 ff.; zur Planänderung siehe auch E. Richert (oben N. 102) 127 f.

[148] E. Richert (oben N. 102) 124 f.

[149] M. Bullinger (oben N. 135) hat diese Grundlagen S. 193 herausgearbeitet. Die beiden erstgenannten Prinzipien sind auslegungsbedürftig, wie Bullinger überzeugend dargestellt hat.

im Sinne der gängigen, aber wenig realistischen Typisierung EUCKENS, vor allem weil diese Wirtschaft nicht durch das Merkmal einer tatsächlich zentralen Leitung bestimmt wird. Die Notwendigkeit elastischer Plananpassung hat zu einer sukzessive fortschreitenden Dezentralisierung von Planzuständigkeiten geführt, die freilich nicht aus eigenem Recht, sondern nur kraft Delegation ausgeübt werden, die erfahrungsgemäß jederzeit zurückgenommen oder eingeschränkt werden kann. Die Dezentralisierung hat im „Neuen ökonomischen System" mit seiner Betonung der Schlüsselposition der VVB einen vorläufigen Abschluß gefunden, von dem aus die künftige Entwicklung jedoch wieder zu einer stärkeren Zusammenfassung von Kompetenzen führen mag.

Als Entwicklungstendenz sind schließlich noch die sich verstärkenden Integrationsbemühungen im Rahmen des Comecon aufzuweisen. Im Gesamtgefüge des Ostblocks werden die Perspektivpläne der Mitgliedstaaten zunehmend und exakter koordiniert, wobei der DDR auf Grund ihrer hochentwickelten Industrie und der geschätzten Qualitätsprodukte heute schon bestimmte Funktionen zugewiesen sind.

Eine Beurteilung unter dem Gesichtspunkt der Effektivität dieses Wirtschaftssystems läge außerhalb des hier gezogenen Rahmens.

C. Zusammenfassung

(anhand des vom Generalberichterstatter Prof. J. PISKOTIN aufgestellten Fragebogens)

1. *Nicht Planung* sondern die *Befreiung* der Wirtschaft und des öffentlichen Lebens von der Planung durch die drei westlichen Siegermächte und deutsche Instanzen schon im Jahre 1948 leitete in der *Bundesrepublik* den Aufschwung der Wirtschaft ein und war dessen Voraussetzung. Seit wenigen Jahren werden jedoch die Antriebskräfte des Marktes und die in den *Unternehmen* der privaten Wirtschaft (und wenigen, privatwirtschaftlich geführten Unternehmen im Eigentum der öffentlichen Hand) selbstverständlich übliche Planung ergänzt durch einzelne Orientierungshilfen und andere Planungsakte der öffentlichen Hand.

In der *DDR* findet sich staatliche Wirtschaftsplanung seit den ersten Nachkriegsjahren. Dabei wurde im wesentlichen das sowjetische Vorbild schrittweise übernommen.

2. Die sich den wirtschaftlichen Gegebenheiten anpassende Doktrin der „sozialen Marktwirtschaft" hat in der *Bundesrepublik* immer eine ordnungspolitische Zuständigkeit des Staates anerkannt (z. B. die Staatsauf-

gabe der Gewährleistung des Wettbewerbs). In der Forderung nach einer Erweiterung des konjunkturpolitischen Instrumentariums hat sich die Tendenz zu einer im Ausbau begriffenen Planungszuständigkeit des Staates angekündigt. Die Verfassung läßt Planung zu. Auseinandersetzungen über das erstrebenswerte Maß an Planung werden in der Öffentlichkeit, im Parlament und in der Wissenschaft in ganz unbeschränkter Freiheit ausgetragen.

Prinzipien wie der „demokratische Zentralismus" und die eine strenge Disziplinierung bewirkende „sozialistische Gesetzlichkeit" determinieren in der *DDR* eine nahezu allumfassende Planzuständigkeit des Staates, die eine gewisse Qualifizierung durch die wenigen Reste privatwirtschaftlicher Unternehmenstätigkeit erfährt. Der Kritik an diesem System sind auf dem Boden der DDR enge, wenn auch nicht völlig starre Grenzen gesetzt.

3. Planende Eingriffe der öffentlichen Hand dienen in der *Bundesrepublik* vor allem dazu, Engpässe, Anpassungschwierigkeiten oder Notlagen zu beheben. Sie werden zunehmend auch als ein Mittel der Sicherung eines angemessenen und stetigen Wirtschaftswachstums zugestanden.

Staatliche Planung der Wirtschaft und anderer Bereiche des öffentlichen Lebens wird in der *DDR* als notwendiges Element des gesellschaftlichen Umwälzungsprozesses angesehen und ist somit bereits durch das Regierungssystem gegeben.

4. Nur in wenigen Branchen und Regionen könnten in der *Bundesrepublik* öffentliche Unternehmen als wirksames Instrument der Wirtschaftsplanung eingesetzt werden; im Ganzen ist dazu der Bestand öffentlicher Unternehmen zu klein. Durch die teilweise *Privatisierung* mehrerer Unternehmen im Bundeseigentum (Volkswagen und VEBA) hat es sich noch verringert. Nicht einmal in dem geringen an sich möglichen Umfang sind öffentliche Unternehmen bisher zu Zwecken der Konjunkturpolitik oder zu noch eingreifenderen Formen der Planung eingesetzt worden.

In der *DDR* ist, abgesehen von wenigen Resten privaten Eigentums (vor allem Handwerk, Einzelhandel), die gesamte Wirtschaft sozialisiert. Die volkseigenen Betriebe sind die Hauptadressaten staatlicher Wirtschaftsplanung. Ihnen entsprechen in der Landwirtschaft die landwirtschaftlichen Produktionsgenossenschaften.

5. In der *Bundesrepublik* bestehen keine eigenen Planungsbehörden.

Die *DDR* besitzt dagegen eine vollständige, hierarchisch aufgebaute Planungsorganisation, die in den einzelnen Stufen verhältnismäßig häufig umgebaut wird.

6. Wissenschaftliche Institutionen werden in der *Bundesrepublik* zur sachverständigen Beratung von Regierung und Verwaltung eingeladen, es werden besondere Gutachtergremien gebildet. Den Ergebnissen ihrer Arbeit gegenüber sind die politischen Instanzen grundsätzlich rechtlich völlig frei. Die hohe Qualität und vor allem die öffentliche Autorität einiger dieser

Gremien (z. B. Sachverständigenrat und Wissenschaftsrat) hat jedoch dazu geführt, daß ihre Empfehlungen nicht nur sorgfältig gewürdigt, sondern teilweise auch befolgt oder als Orientierungspunkte angesehen werden. (Anfang 1966 haben sich auch Gewerkschaften und Arbeitgeberverbände beim Abschluß von Tarifverträgen an Empfehlungen des Sachverständigenrates orientiert.) In dem pluralistischen System der Steuerung wirtschaftlicher Abläufe, des Ausbaus kultureller Einrichtungen usw. (Staat, private Unternehmen, autonome Bildungsanstalten usw.) wächst gegenwärtig der unabhängigen Wissenschaft eine spezielle, versachlichende Funktion und ein eigener Rang zu.

In der *DDR* ist die staatliche Planung eine politisch gegebene Tatsache und als solche der wissenschaftlichen Diskussion offenbar entzogen. In den Planungs*methoden* können natürlich wissenschaftliche Ergebnisse Eingang finden. Inwieweit die wiederholten Änderungen in den Planungsmethoden auf wissenschaftlichen Erkenntnissen beruhen oder aber politisch determiniert sind und etwa die Übernahme auswärtiger Vorbilder und Tendenzen darstellen, läßt sich schwer beurteilen.

7. und 8. Methoden, das Verfahren der Ausarbeitung und der Annahme der Pläne lassen sich summarisch nicht darstellen; vgl. dazu die detaillierte Darstellung unter A, namentlich II sowie B III und IV, 3.

9. Die im ganzen noch verhältnismäßig ephemere Planung der öffentlichen Hand in der *Bundesrepublik* und vor allem die umfassende Staatsplanung in der *DDR* lehren *übereinstimmend,* daß Planungsakte sich der traditionellen rechtsstaatlichen Unterscheidung von Gesetz als allgemeiner Norm und Verwaltungsakt als Regelung eines Einzelfalles entziehen und nur schwer in eine dieser beiden Kategorien eingeordnet werden können. Daraus ergeben sich schwerwiegende Probleme des individuellen Rechtsschutzes, die vor allem in *der Bundesrepublik* als solche empfunden und erörtert werden. Hier kann die Bindungswirkung sich auf nachgeordnete Verwaltungsinstanzen beschränken oder als im Einzelfall näher zu qualifizierende Selbstbindung von Regierung, Verwaltung oder Parlament gegeben sein. Sie kann jedoch auch als eine Bindung der Betroffenen in Erscheinung treten (z. B. kontraktueller Art im Fall der Selbstbeschränkungsabkommen der Mineralölindustrie und der Warenhauskonzerne) oder als eine Bindung des Staates gegenüber den Adressaten wie im Fall der Zusicherung einer Fördermenge von 140 Mio. t. Kohle pro Jahr durch Bundestag und Bundesregierung gegenüber dem Kohlenbergbau; Art und Kraft solcher Bindung ist noch weitgehend unbestimmt.

10. In beiden Teilen Deutschlands werden die Pläne häufig modifiziert, in der *Bundesrepublik* vornehmlich wegen der sich mit der Konjunkturentwicklung oder auch wegen der europäischen Integration ändernden wirtschaftlichen Gegebenheiten, in der *DDR* nicht selten auch aus politischen Gründen.

Die Kontrolle der Plandurchführung liegt bei der planenden oder übergeordneten Instanz, in der *Bundesrepublik* auch bei den Parlamenten in Bund, Ländern und Gemeinden und bei der öffentlichen Meinung; auch die Branchenverbände (z. B. der Bauernverband im Fall des Grünen Plans) partizipieren wirksam an der öffentlichen Kontrolle.

11. Weder für die *Bundesrepublik* noch für die *DDR* kann die Wirksamkeit staatlicher Planung generell und zusammenfassend angegeben werden. Sie ist nach Sektoren und Regionen unterschiedlich.

In der *Bundesrepublik* wäre in verschiedenen Bereichen, z. B. im Energiesektor, eine wesentlich konsequentere Planung des Bundes und der Länder dringend erwünscht; in diesem Bereich entbehrten die punktuellen Interventionen eines grundlegenden Konzepts und waren wenig wirksam. In anderen Bereichen, z. B. in der Planung der Integration der Gesamtwirtschaft in die drei Europäischen Gemeinschaften (EWG, Euratom und Montanunion) war die Planung bisher über Erwarten erfolgreich.

In der *DDR* stehen den bedeutenden Fortschritten in der Industrie gewiß Lücken in der Konsum- und vor allem auch in der Wohnungswirtschaft gegenüber. Die konkreten Planziele der einzelnen Pläne werden zu einem wesentlichen Teil nicht erreicht.

Mängel staatlicher Planung fallen in der *Bundesrepublik* gesamtwirtschaftlich weniger ins Gewicht als in der *DDR*, da in der sozialen Marktwirtschaft die Antriebskräfte des Marktes durch Planung nur ergänzt, korrigiert, stimuliert werden oder ihnen ein rechtlicher oder tatsächlicher Rahmen gegeben wird.

12. In der *Bundesrepublik* können Planungsakte, beispielsweise durch Gesetz oder durch Vertrag, gegenüber der privaten Wirtschaft oder autonomen Körperschaften verbindlich gemacht werden, immer aber nur in den verfassungsrechtlichen Grenzen. Das Vertrauen auf die Durchführung staatlicher Pläne verdient einen im einzelnen näher zu qualifizierenden Schutz.

In der *DDR* kann der noch verbliebene private Sektor mit Hilfe der staatlichen Kredit- und Materialbeschaffungsmonopole ohne Schwierigkeiten zur Planerfüllung angehalten werden.

VERWALTUNGSRECHT

DIE WIRTSCHAFTLICHE BETÄTIGUNG ÖFFENTLICHER VERWALTUNGSTRÄGER IN HANDEL UND INDUSTRIE UND IHRE RECHTLICHE REGELUNG*

Von Dr. KLAUS VOGEL

Professor an der Universität Heidelberg

I

Zum Verständnis der nachfolgenden Ausführungen ist zunächst ein kurzer Überblick über den gegenwärtigen organisatorischen Aufbau der Bundesrepublik Deutschland erforderlich. Zu unterscheiden sind die Bundesrepublik *(„der Bund")* und die in der Bundesrepublik zusammenge-

* *Schrifttum* (Auswahl): FORSTHOFF, Lehrbuch des Verwaltungsrechts I: Allgemeiner Teil (9. Aufl. 1966); HANS J. WOLFF, Verwaltungsrecht I (6. Aufl. 1965), II (1962), III (1966); v. MANGOLDT/KLEIN, Das Bonner Grundgesetz I und II (2. Aufl. 1957 bzw. 1964); MAUNZ/DÜRIG, Grundgesetz (1958 ff.). Ferner: ALBERS, Erwerbseinkünfte, öffentliche, in: Handwörterbuch der Sozialwissenschaften, hrsg. von v. BECKERATH u. a. (HdSW) III (1961); BADURA, Das Verwaltungsmonopol (1963); BALLERSTEDT, Wirtschaftsverfassungsrecht, in: Die Grundrechte, hrsg. von BETTERMANN, NIPPERDEY und SCHEUNER, III/1 (1958); BECKER, Anstalten des öffentlichen Rechts, in: HdSW I (1956); GÖNNENWEIN, Gemeinderecht (1963); HAMANN, Deutsches Wirtschaftsverfassungsrecht (1958); HORAK, Die wirtschaftliche Betätigung der öffentlichen Hand in der Bundesrepublik Deutschland und ihre Probleme (1966); E. R. HUBER, Wirtschaftsverwaltungsrecht I (2. Aufl. 1953), II (2. Aufl. 1954); JECHT, Die öffentliche Anstalt (1963); JOHNS, Betriebe, öffentliche, in: HdSW II (1959); KELLER, Die Eigenwirtschaft öffentlicher Gemeinwesen, in: Handbuch der Finanzwissenschaft, hrsg. von GERLOFF und NEUMARK, II (2. Aufl. 1956); KÖTTGEN, Der heutige Spielraum kommunaler Wirtschaftsförderung (1963); MALLMANN und ZEIDLER, Schranken nichthoheitlicher Verwaltung, in: Veröffentlichungen der Vereinigung der deutschen Staatsrechtslehrer (VVDStRL), Heft 19 (1961); RITSCHL, Unternehmungen, öffentliche, in: HdSW X (1959); SCHEUNER und SCHÜLE, Die staatliche Intervention im Bereich der Wirtschaft, in: VVDStRL, Heft 11 (1953); SIEDENTOPF, Grenzen und Bindungen der Kommunalwirtschaft (1963); STRICKRODT, Die gewerblichen Staatsunternehmungen in ihrer verfassungsrechtlichen und unternehmenswirtschaftlichen Bedeutung (1954); VIALON, Haushaltsrecht (2. Aufl. 1959); K. VOGEL, Öffentliche Wirtschaftseinheiten in privater Hand (1959); ZEISS, Kommunales Wirtschaftsrecht und Wirtschaftspolitik, in: Handbuch der kommunalen Wirtschaft und Praxis, hrsg. von PETERS, III (1959); Handbuch des gesamten Kreditwesens, hrsg. von W. HOFMANN (6. Aufl. 1960).

schlossenen *„Länder"*, die ebenfalls Staatsqualität besitzen und denen durch die Verfassung der Bundesrepublik, das „Grundgesetz" vom 23. 5. 1949 (GG), in erheblichem Umfang eigene Gesetzgebungs- und Verwaltungsbefugnisse zugewiesen worden sind. Unterhalb der Ebene der Länder bestehen als selbständige gebietskörperschaftliche Verwaltungsträger mit universellem Wirkungskreis insbesondere die *Gemeinden*; daneben gibt es Gebietskörperschaften höherer Ordnung, die sog. *„Gemeindeverbände"*. Öffentliche Wirtschaftstätigkeit kann deshalb in der Bundesrepublik heute sowohl durch den Bund wie durch die Länder, Gemeindeverbände und Gemeinden ausgeübt werden.

In ihren ältesten Ursprüngen geht die Wirtschaftstätigkeit öffentlicher Verwaltungsträger in Deutschland bereits auf das Mittelalter, besonders aber auf die Zeit des Merkantilismus zurück. In den deutschen Staaten hat sich aus dieser Zeit auch heute noch ein nicht unerheblicher Besitz an Feldgütern und Forsten (die hier allerdings nicht im engeren Sinne zum Thema gehören), ferner an Salinen, Bergwerken, Bädern, einigen Manufakturen und öffentlichen Kreditinstituten erhalten. Die liberale Wirtschaftsideologie des neunzehnten Jahrhunderts führte zwar vorübergehend zu einem Rückzug des Staates aus der erwerbswirtschaftlichen Betätigung in der Industrie; in der liberalen Theorie lag aber insofern wieder bereits ein wichtiger Ansatz für eine Rückkehr des Staats in die Wirtschaft, als die folgerichtige Ablehnung aller privaten Monopolbildungen zu der Forderung führte, daß, wo derartige Monopole aus sachlichen Gründen unvermeidbar seien, der Staat diese Monopolbetriebe zu führen habe. Bereits im neunzehnten Jahrhundert wurden deshalb in vielen Ländern die Eisenbahnen verstaatlicht, ebenso in den Städten die Versorgungs- und Verkehrsbetriebe kommunalisiert. Die Notwendigkeit der Errichtung großräumiger Energieversorgungsanlagen auf dem Gebiet der Elektrizitäts- und Gaswirtschaft führte, zum Teil schon vor dem ersten Weltkrieg, zu einer stärkeren Einschaltung der Länder auch in diesem Bereich. Auch im Kreditwesen begann sich bereits Ende des neunzehnten Jahrhunderts der Staats- und Gemeindebetrieb wieder auszudehnen: wiederholte Bankzusammenbrüche in den großen Wirtschaftskrisen, das Fehlen billigen Kredits für Kleingewerbe, Kleinhandel und Hausbesitz, die Notwendigkeit, dem kleinen Sparer sichere Anlage seiner Ersparnisse zu gewähren, usw. führten dazu, daß bereits vor dem ersten Weltkrieg das Sparkassengeschäft weitgehend kommunalisiert war. Vor allem die Zwischenkriegszeit hat dann darüber hinaus noch eine weitere erhebliche Einschaltung öffentlicher Verwaltungsträger in die Kreditwirtschaft mit sich gebracht.

Auf dem Gebiet der Industrie führten vor allem die wirtschaftlichen und sozialen Folgen des ersten Weltkriegs zur Ausdehnung der staatlichen Eigenwirtschaftstätigkeit. Es handelte sich hierbei zunächst vorwiegend um ehemalige Heeresbetriebe, die nach dem Kriege auf verschiedenartige

Friedensprodukte umgestellt und in die zu diesem Zweck gegründete Deutsche Werke AG eingebracht wurden. 1923 wurden die industriellen Werke des Reiches in einer Holdinggesellschaft, der Vereinigte Industrieunternehmungen AG (Viag), zusammengefaßt. Dieser reichseigene Industriekonzern wurde ferner durch eine besondere Revisionsgesellschaft, die Deutsche Revisions- und Treuhand AG, und durch eine eigene Konzernbank, die Reichs-Kredit AG, ergänzt. Ähnlich wurden beispielsweise auch im Lande Preußen dessen Beteiligungen an Bergbau-, Energiewirtschafts- und Industrieunternehmungen in vier großen Gesellschaften zusammengefaßt und diese ebenfalls in eine Holdinggesellschaft, die Vereinigte Elektrizitäts- und Bergwerks AG (Veba), eingebracht. 1949 sind diese Beteiligungen des Reiches und Preußens in das Eigentum des Bundes übergegangen. Der Bund verfolgt neuerdings die Tendenz, sich aus jenen Beteiligungen zurückzuziehen und sie zu „privatisieren"; doch hat sich diese Politik bislang auf einzelne Unternehmungen, die Preußische Bergwerks- und Hütten AG (Preussag), das Volkswagenwerk und die Veba beschränkt.

II

Als Organisationsformen öffentlicher Wirtschaftstätigkeit gibt das geltende deutsche Recht nebeneinander Rechtsformen des öffentlichen Rechts und solche des Privatrechts an die Hand.

Ist die öffentliche Wirtschaftstätigkeit öffentlichrechtlich organisiert, so handelt es sich in der Regel um eine „öffentliche Anstalt": einen „Bestand von Mitteln, sächlichen und persönlichen, welche in der Hand eines Trägers öffentlicher Verwaltung einem besonderen öffentlichen Zwecke dauernd zu dienen bestimmt sind" (Otto Mayer). Der verwaltungsrechtliche Begriff der „Anstalt" entspricht damit – für den hier zu erörternden Bereich – etwa dem arbeits- und wirtschaftsrechtlichen Begriff des „Betriebs"; wesentlich für die öffentliche Anstalt ist dabei jedoch, daß sie durch Normen des öffentlichen Rechtes konstituiert wird und insofern unmittelbar ein Bestandteil der öffentlichen Verwaltung ist. Außer als „öffentliche Anstalt" kann die öffentliche Wirtschaftstätigkeit theoretisch ferner auch als „öffentlichrechtliche Körperschaft" oder als „öffentlichrechtliche Stiftung" organisiert sein; doch haben diese letzteren Organisationsformen heute nur sehr geringe Bedeutung.

Die öffentliche Anstalt kann rechtsfähig, teilrechtsfähig oder nichtrechtsfähig sein. Von der Möglichkeit rechtsfähiger Anstalten des öffentlichen Rechts ist u. a. bei den Rundfunkanstalten, auf dem Gebiet des Sparkassen- und Kreditwesens, sodann auch auf dem der Versicherungswirtschaft Gebrauch gemacht worden. Die rechtsfähige öffentliche Anstalt tritt in diesen Fällen sowohl der wirtschaftenden Allgemeinheit wie dem Gemeinwesen, dem sie funktionell zugehört, als selbständige juristische Person gegenüber; die Rechtmäßigkeit und unter Umständen auch die Zweckmäßigkeit ihrer Maßnahmen unterliegen jedoch staatlicher Aufsicht. Als teilrechtsfähige öffentliche Anstalten sind gegenwärtig die Deutsche Bundesbahn und die Deutsche Bundespost organisiert; sie haben zwar im allgemeinen Rechtsverkehr die Stellung einer juristischen Person, nicht aber gegenüber dem Bund als ihrem „Muttergemeinwesen". In der Mehrzahl der Fälle bedient sich indessen die öffentliche Hand, wo sie ihre Wirtschaftstätigkeit öffentlichrechtlich organisiert, heute der Rechtsform der nichtrechtsfähigen öffentlichen Anstalt, und zwar in der Form des sog. *„Regiebetriebs"* oder *„Eigenbetriebs"*.

Von einem „Regiebetrieb" spricht man, wo ein Verwaltungsträger ein Unternehmen errichtet und betreibt, ohne es gegenüber seinen sonstigen Verwaltungsaufgaben organisatorisch zu verselbständigen. Diese Organisationsform ist heute hauptsächlich bei solchen Betrieben erhalten geblieben, die mehr verwaltenden Charakter haben und von denen ein wirtschaftlicher Ertrag nicht ohne weiteres erwartet werden kann; die Gemeindeordnung für Nordrhein-Westfalen (§ 69) nennt in diesem Sinne etwa Einrichtungen des Unterrichts-, Erziehungs- und Bildungswesens, der körperlichen Ertüchtigung, der Kranken-, Gesundheits- und Wohlfahrtspflege (sog. „nichtwirtschaftliche Unternehmen"). Für die wirtschaftlichen Regiebetriebe der *Gemeinden* gelten heute dagegen besondere Regelungen: nach Maßgabe der Eigenbetriebsverordnung vom 21. 11. 1938, die in ihren wesentlichen Grundsätzen in den Ländern auch heute noch fortgilt, sind sie als sog. *„Eigenbetriebe"* zu führen; ihre Leitung ist unter der Bezeichnung „Werkleitung" gegenüber der Gemeindeverwaltung verselbständigt worden; die Gemeindeverwaltung muß für sie eine „Betriebssatzung" erlassen, in der u. a. die Bestellung eines Ersten Werkleiters, der Umfang der Vertretungsbefugnis der Werkleitung, die verbleibenden Entscheidungsbefugnisse der Gemeindevertretung usw. zu regeln sind. Die Gemeinde kann ihre sämtlichen Unternehmungen zu einem einzigen Eigenbetrieb zusammenfassen; insbesondere soll das für die Versorgungsbetriebe der Gemeinde gelten, die die Bezeichnung „Gemeindewerke" bzw. „Stadtwerke" führen sollen. Nach allgemeiner Auffassung hat sich diese Regelung der Eigenbetriebsverordnung bewährt; ihr Hauptmangel liegt einstweilen darin, daß überörtliche Zusammenschlüsse gemeindlicher Unternehmen bei dieser Rechtsform nicht möglich sind.

Vielfach und vielfältig bedient sich die öffentliche Hand jedoch heute für ihre Wirtschaftstätigkeit auch privatrechtlicher Organisationsformen, indem sie sich an einer Kapitalgesellschaft des Handelsrechts, insbesondere einer Aktiengesellschaft (AG) oder einer Gesellschaft mit beschränkter Haftung (GmbH), beteiligt. Der Verwaltungsträger kann dabei als Alleingesellschafter auftreten („öffentliche Kapitalgesellschaft" oder „Eigengesellschaft"), sich an einer Gesellschaft gemeinsam mit anderen Verwaltungsträgern beteiligen („gemischtöffentliche Kapitalgesellschaft") oder sich schließlich zu diesem Zweck auch mit privatrechtlichen Gesellschaftern zusammenschließen („gemischtwirtschaftliches Unternehmen"). Die Vorzüge dieser privatrechtlichen Organisationsform für die öffentliche Hand liegen einerseits darin, daß sie die Rechtslage des Unternehmens auf lange Sicht klarstellt und zugleich dessen Verwaltung zu einer wirtschaftlichen und kaufmännischen Gebarung verpflichtet, andererseits darin, daß sie nach außen hin seine Kreditfähigkeit hebt und es u. U. auch in steuerlicher Hinsicht besser stellt. Die GmbH wird vielfach der AG vorgezogen, weil die gesetzlichen Anforderungen an die Organisation und Publizität der GmbH erheblich geringer sind als bei der AG. Die Beteiligung an Gesellschaftsformen, bei denen die Haftung der Gesellschafter nicht auf einen bestimmten Betrag begrenzt ist (bürgerlichrechtliche Gesellschaft, offene Handelsgesellschaft usw.), ist dagegen heute haushalts- bzw. gemeinderechtlich verboten.

Nach Handelsrecht kann eine GmbH oder AG jeweils nur von mindestens zwei bzw. fünf Personen gegründet werden, so daß also die öffentlichen Verwaltungsträger eine Eigengesellschaft ohne fremde Beteiligung rechtlich nicht errichten können. Doch wird gelegentlich dieses Erfordernis dadurch umgangen, daß Bedienstete oder Funktionsträger des betreffenden öffentlichen Gemeinwesens als Privatpersonen an der Gründung der Gesellschaft mitwirken und ihre Anteile später dem Gemeinwesen übertragen. Für die Umwandlung eines *Eigenbetriebs* in ein rechtlich selbständiges Unternehmen geben die Gemeindeordnungen der einzelnen Länder unterschiedliche Regelungen; in Rheinland-Pfalz (§ 85) und Schleswig-Holstein (§ 89) wird die Genehmigung der Gemeindeaufsichtsbehörde, in Hessen (§ 100) ein Bericht an die Aufsichtsbehörde verlangt; in Niedersachsen (§ 96 II) ist die Umwandlung nur zulässig, wenn sie im öffentlichen Interesse liegt; Baden-Württemberg (§ 87 I Ziff. 2) verbietet den Gemeinden die Beteiligung an einem rechtlich selbständigen Unternehmen, wenn der öffentliche Zweck ebensogut durch einen Eigenbetrieb erfüllt werden kann.

Für den Fall der Beteiligung an einem gemischtwirtschaftlichen Unternehmen werden Bund und Länder durch § 48 der Reichshaushaltsordnung verpflichtet, sich „durch geeignete Abmachungen den nötigen Einfluß auf die Geschäftsführung der Gesellschaft, insbesondere eine angemessene Vertretung im Aufsichtsrate" zu sichern, sowie sich besondere Prüfungsbefugnisse einräumen zu lassen. Auch die Gemeinden sind durch die Gemeindeordnungen gehalten, einen „angemessenen Einfluß" sicherzustellen. Derartige Vereinbarungen werden von der in der Bundesrepublik herrschenden Meinung als rein privatrechtlich angesehen; da in ihnen nicht selten aber auch zwingende Vorschriften des Privatrechts abbedungen werden, derartige Klauseln indessen gewohnheitsrechtlich gleichwohl als gültig betrachtet werden, wird man Bedenken haben müssen, ob es sich nicht doch um Verträge des öffentlichen Rechts handelt. Die Beteiligung einer Gemeinde an einem gemischtwirtschaftlichen Unternehmen ist nur zulässig, wenn der öffentliche Zweck des Unternehmens die Beteiligung rechtfertigt (vgl. unten IV B 1). In Bayern ist darüber hinaus die Beteiligung an einem gemischtwirtschaftlichen Unternehmen genehmigungspflichtig; in Baden-Württemberg gilt die bereits genannte Voraussetzung, daß der öffentliche Zweck nicht ebensogut durch einen Eigenbetrieb erfüllt werden kann.

Zu unterscheiden ist im übrigen zwischen der unmittelbaren und der mittelbaren Beteiligung eines öffentlichen Verwaltungsträgers an einem privatrechtlich organisierten Unternehmen. Von einer unmittelbaren Beteiligung spricht man, wenn der öffentliche Verwaltungsträger als solcher Gesellschafter ist, von einer mittelbaren, wenn sich ein Unternehmen, an dem ein öffentlicher Verwaltungsträger mit mehr als 50 % beteiligt ist, an einem anderen Unternehmen beteiligt. Bei einer mittelbaren Beteiligung müssen die gleichen gesetzlichen Voraussetzungen wie bei einer unmittelbaren vorliegen; in Bayern (Art. 78 I) ist hierfür eine besondere Genehmigung durch die Aufsichtsbehörde notwendig.

III

Soweit die öffentliche Wirtschaftstätigkeit durch rechtsfähige oder teilrechtsfähige öffentliche Anstalten wahrgenommen wird, sind deren Errichtung und Organisation jeweils durch besondere Gesetze geregelt, so etwa für die Deutsche Bundesbahn durch das Bundesbahngesetz vom 13. 12. 1951, für die Deutsche Bundespost durch das Postverwaltungsgesetz vom 24. 7. 1953. Die Organisation der Regiebetriebe ergibt sich aus den allgemeinen verwaltungsrechtlichen Grundsätzen über die nichtrechtsfähigen öffentlichen Anstalten; sie erfolgt in der Regel durch eine Anstaltsordnung, die auch die Zulassung zur „Benutzung“ der Anstalt und das „Benutzungsverhältnis“ regelt. Besondere Vorschriften gelten auch insoweit für die gemeindlichen Eigenbetriebe. Für sie ist, wie bereits unter II. ausgeführt, die Bildung einer „Werkleitung“ vorgesehen, der die laufende Betriebsführung übertragen ist; ist die Werkleitung kollegial gebildet, so muß die Gemeindevertretung einen Werkleiter zum Ersten Werkleiter bestellen, eine Geschäftsordnung regelt dann die Geschäftsverteilung. Über die Grundsätze, nach denen die Eigenbetriebe gestaltet und wirtschaftlich geleitet werden sollen, entscheidet die Gemeindevertretung; ihr sind insbesondere der Erlaß und die Änderung der Betriebssatzung, die Bestellung der Werkleiter, die Feststellung und Änderung des Wirtschaftsplans, die Feststellung des Jahresabschlusses, die Festsetzung der allgemeinen Lieferungsbedingungen und Tarife, die Entscheidung über die Übernahme neuer Aufgaben, die Aufnahme von Darlehen usw. vorbehalten. Ferner ist für die Eigenbetriebe die Bildung von „Werkausschüssen“ teils gestattet, teils vorgesehen; sie sind Ausschüsse der Gemeindevertretung und haben bestimmte vorberatende und beschließende Aufgaben; an ihren Beratungen nimmt die Werkleitung teil. Den Vorsitz im Werkausschuß führen der Bürgermeister, sein Stellvertreter oder ein Mitglied der Gemeindevertretung.

Die Dienstverhältnisse bei den in öffentlichrechtlicher Form errichteten Unternehmungen folgen dem allgemeinen öffentlichen Dienstrecht, d. h. die Bediensteten dieser Unternehmungen stehen teils als Beamte in einem rein öffentlichrechtlichen Dienstverhältnis, teils als Angestellte bzw. Arbeiter „des öffentlichen Dienstes“ in einem privatrechtlichen Arbeitsverhältnis, das aber von gewissen öffentlichrechtlichen Dienst- und Treuepflichten gegenüber dem öffentlichen Dienstherrn überlagert wird. Damit ist insbesondere auch die Besoldung dieser Bediensteten an die allgemeinen Besoldungsskalen des öffentlichen Dienstrechts gebunden, wobei die Ansätze in der Regel wesentlich niedriger als bei vergleichbaren Positionen innerhalb der Privatwirtschaft sind. Besonders den gemeindlichen Regie- und Eigenbetrieben wird dadurch vielfach die Gewinnung geeigneter Persönlichkeiten erschwert.

Für die Organisation der in privater Rechtsform errichteten Unternehmungen gelten dagegen die allgemeinen Vorschriften des Handels- bzw. Gesellschaftsrechts. Der beteiligte öffentliche Verwaltungsträger macht seinen Einfluß teils durch die Ausübung des Stimmrechts in der Gesellschaftsversammlung, teils durch die Entsendung bestimmter Personen in den Vorstand oder Aufsichtsrat geltend. Da allerdings nach allgemeinem Gesellschaftsrecht alle Mitglieder der Gesellschaftsorgane jeweils nur die Interessen der Gesellschaft, nicht dritter Beteiligter wahrnehmen dürfen, ergibt sich die Frage, inwieweit das Gemeinwesen überhaupt in der Lage ist, durch derartige entsandte Vertreter die Wahrnehmung spezieller öffentlicher Interessen durch die Gesellschaftsorgane zu sichern. Man wird annehmen müssen, daß hier ein besonderer Rechtssatz des öffentlichen Rechts, der sich aus den Gemeindeordnungen ableiten läßt, für diese Gesellschaften eine Sonderregelung trifft; doch ist diese Ansicht nicht unumstritten. Auch die Dienstverhältnisse zu jenen in privater Rechtsform errichteten Unternehmungen bestimmen sich nach privatem Dienstvertrags- bzw. Arbeitsrecht; es besteht also die Möglichkeit, die Bezüge der Bediensteten jeweils in freier Vereinbarung den in der Privatwirtschaft üblichen Sätzen anzupassen.

IV

A. Soweit öffentlichwirtschaftliche Unternehmungen als rechtsfähige öffentliche Anstalten errichtet sind, können diese nach außen hin selbständig Verträge schließen und Verbindlichkeiten eingehen; für diese Verbindlichkeiten haftet dann lediglich die öffentliche Anstalt als solche. Auch Bundesbahn und Bundespost können als teilrechtsfähige öffentliche Anstalten unter ihrem Namen selbständig rechtsgeschäftlich tätig werden sowie gerichtlich klagen und verklagt werden. Rechtsträger eines Regiebetriebs ist dagegen allein das Gemeinwesen, dem der Regiebetrieb angehört; es ist Subjekt aller Rechte und haftet für alle Verbindlichkeiten, die im Rahmen des Betriebes entstehen. Der Regiebetrieb selber verfügt über kein eigenes Vermögen und somit auch über keine eigene Kreditfähigkeit; er hat insbesondere nicht die Möglichkeit, seinen Investitionsbedarf durch die Aufnahme eigener Anleihen am Kapitalmarkt zu decken. Entsprechendes gilt auch für die gemeindlichen Eigenbetriebe. Ihre Vertretung nach außen obliegt allerdings nicht, wie bei sonstigen gemeindlichen Angelegenheiten, dem Gemeindevorstand oder dem sonstigen zur rechtsgeschäftlichen Vertretung der Gemeinde bestellten Organ, sondern der Werkleitung. Sind mehrere Werkleiter vorhanden, so sind zwei von ihnen gemeinschaftlich zur Vertretung berechtigt; die Betriebssatzung kann aber abweichendes bestimmen.

Das Verhältnis zu den Benutzern bestimmt sich bei allen öffentlichen Anstalten nach der jeweiligen Anstaltsordnung, die gelegentlich als Rechtsverordnung oder Gemeindesatzung erlassen, sonst als Verwaltungsrichtlinie in vereinfachter Form bekanntgemacht wird. Das Benutzungsverhältnis zur Bundespost wird von der herrschenden Meinung als öffentlichrechtlich, das zur Bundesbahn als zivilrechtlich betrachtet. Im übrigen bestimmt sich auch diese Frage nach der jeweiligen Anstaltsordnung; die Verwaltung hat hier also eine gewisse Dispositionsmöglichkeit, innerhalb deren es ihr möglich ist, das Benutzungsverhältnis sowohl öffentlichrechtlich wie privatrechtlich auszugestalten.

Die in privater Rechtsform errichteten Unternehmungen unterstehen in ihrem Außenverhältnis ausschließlich den Bestimmungen des privaten Gesellschafts- und Handelsrechts. Die Möglichkeit des Konkurses besteht, besitzt jedoch ebenso wie heute selbst bei den privatwirtschaftlichen Unternehmungen von größerer öffentlicher Bedeutung lediglich noch ein theoretisches Interesse, da Bund und Länder bei derartigen Unternehmungen mit Sicherheit zur Abwendung des Konkurses eingreifen würden.

B 1. Besondere Aufmerksamkeit widmet das neuere deutsche Schrifttum der Frage nach der *Zulässigkeit* einer wirtschaftlichen Tätigkeit von Bund, Ländern und Gemeinden, insbesondere nach den Grenzen, welche einer möglichen Konkurrenz zwischen Unternehmungen der öffentlichen Hand und solchen der privaten Wirtschaft gezogen sind.

Man hat zunächst versucht, eine derartige Begrenzung aus dem Verfassungsrecht herzuleiten. Insbesondere wird die Ansicht vertreten, daß sich aus der Gewährleistung der allgemeinen Handlungsfreiheit (und somit auch der Wettbewerbsfreiheit) in Art. 2 I GG sowie der Berufsfreiheit in Art. 12 GG die Folgerung ergäbe, daß der öffentlichen Hand die Errichtung und Erweiterung „erwerbswirtschaftlicher Unternehmungen" nur dann gestattet sei, wenn ein besonderer öffentlicher Zweck diese Maßnahme rechtfertige und die Privatwirtschaft zu entsprechenden Leistungen nicht in der Lage sei; auch das sog. „Subsidiaritätsprinzip" der katholischen Soziallehre wird zur Begründung dieser Ansicht herangezogen. Doch hat sich diese Ansicht bislang nicht durchsetzen können; weit eher ließ sich aus der Entscheidung des GG für den „Sozialstaat" (Art. 20, 28) sowie aus dem Sozialisierungsvorbehalt des Art. 15 die gegenteilige Folgerung ziehen. Ebensowenig lassen sich aus den geltenden Landesverfassungen Regeln über eine Begrenzung der öffentlichwirtschaftlichen Tätigkeit des Staates entnehmen. Zwar wird in diesen Verfassungen verschiedentlich die Freiheit der privaten Wirtschaft betont (Bayern: Art. 151 II; Bremen: Art. 39 II; Hessen: Art. 38 II; Rheinland-Pfalz: Art. 52 II) und es werden die Landesregierungen zur Förderung der heimischen Wirtschaft (Bremen: Art. 39; Rheinland-Pfalz: Art. 51) sowie zum Schutz und zur Förderung der Klein- und Mittelbetriebe verpflichtet (Bayern: Art. 153; Bremen: Art. 40; Rheinland-Pfalz: Art. 65). Aber eine konkrete Bestimmung darüber, in welchem Umfang der Staat wirtschaftliche Unternehmungen errichten darf, seien es solche öffentlichrechtlicher oder auch privatrechtlicher Organisationsform, findet sich hier ebenfalls nicht, sondern allenfalls Vorschriften, in denen die Befugnis des Staates zur Errichtung solcher Unternehmungen indirekt vorausgesetzt wird: so wenn die Landesverfassungen etwa den *Gesetzgeber* ermächtigen, das Finanzwesen öffentlicher Unternehmungen abweichend von den allgemeinen Regelungen des staatlichen Finanzwesens zu normieren (Hessen: Art. 155; Nordrhein-Westfalen: Art. 88), wenn sie ihn verpflichten, für derartige Unternehmungen eine Betriebsordnung aufzustellen (Berlin: Art. 80) oder wenn sie ihm die Zustimmung zur Festsetzung von Tarifen, zur Errichtung und Erweiterung wirtschaftlicher Unternehmungen sowie zur Umwandlung ihrer Rechtsform ausdrücklich vorbehalten (Berlin: Art. 81; Bremen: Art. 101 Nr. 2 bis 4).

Eine wichtige, für die Beteiligungen des Bundes und der Länder geltende Regelung findet sich dagegen in den Wirtschaftsbestimmungen für die Reichsbehörden vom 11. 2. 1929 (§ 60). Nach dieser Bestimmung ist die Beteiligung an Unternehmungen mit eigener Rechtspersönlichkeit, die einen gewerblichen oder sonstigen wirtschaftlichen Betrieb zum Gegenstand haben, nur zulässig, wenn ein wichtiges staatliches Interesse vorliegt, die Inanspruchnahme der staatlichen Mittel für den Staat nicht zu einem Nachteil führt und das angestrebte Ziel sich nicht anders als durch eine solche Beteiligung erreichen läßt. Ähnlich bestimmte für den Bereich des Gemeinderechts die Deutsche Gemeindeordnung von 1935 (DGO) in ihrem § 67, daß eine Neuerrichtung und Erweiterung wirtschaftlicher Unternehmungen durch die Gemeinden nur zulässig sei, wenn ein öffentlicher Zweck das Unternehmen rechtfertige und dieser Zweck nicht besser und wirtschaftlicher durch andere Unternehmungen – seien es auch solche der Privatwirtschaft – erfüllt werden könne. Inzwischen ist freilich diese Deutsche Gemeindeordnung überall durch neue Gemeindeordnungen des Landesrechtes ersetzt worden, welche gerade auch in ihren Vorschriften über die wirtschaftliche Betätigung der Gemeinden nicht unerheblich voneinander abweichen. Es lassen sich hier drei Gruppen unterscheiden:

Auf einer mittleren Linie halten sich die Gemeindeordnungen von Niedersachsen und Rheinland-Pfalz. Nach ihnen darf die Gemeinde wirtschaftliche Unternehmungen errichten, übernehmen oder wesentlich erweitern, wenn (a) der öffentliche Zweck das Unternehmen rechtfertigt, (b) das Unternehmen nach Art und Umfang in einem angemessenen Verhältnis zur Leistungsfähigkeit der Gemeinde und zum voraussichtlichen Bedarf steht und (c) der Zweck der Unternehmung nicht besser durch ein anderes Unternehmen erfüllt wird oder erfüllt werden kann. Gelockert sind demgegenüber die Bestimmungen in den Gemeindeordnungen von Hessen, Schleswig-Holstein und Baden-Württemberg. Daß der mit dem Unternehmen verfolgte Zweck nicht besser und wirtschaftlicher durch einen anderen erfüllt werden könne, wird hier nicht mehr verlangt; allerdings ist, wie schon unter III ausgeführt, für Baden-Württemberg vorgesehen, daß eine Beteiligung der Gemeinde an einem rechtlich selbständigen Unternehmen nur zulässig sei, wenn der öffentliche Zweck nicht ebensogut durch einen Eigenbetrieb erfüllt werden könne: doch wird natürlich durch diese Regelung nur die Beteiligung an Kapitalgesellschaften des Privatrechts, nicht aber die wirtschaftliche Betätigung der Gemeinden schlechthin eingeschränkt. Schärfere Anforderungen stellen auf der anderen Seite die neuen Gemeindeordnungen von Nordrhein-Westfalen und Bayern auf. So verlangt Nordrhein-Westfalen unter Beibehaltung der übrigen Einschränkungen der DGO, daß ein dringender öffentlicher Zweck das Unternehmen *erfordern* (nicht nur rechtfertigen) müsse, und die Bayerische Gemeindeordnung ergänzt diese Voraussetzung noch dadurch, daß sie sie auf alle Erweiterungen bestehender wirtschaftlicher Unternehmungen erstreckt; die Gemeinde ist hier überdies schon dann von der wirtschaftlichen Betätigung ausgeschlossen, wenn ein privatwirtschaftliches Unternehmen den öffentlichen Zweck ebenso gut und ebenso wirtschaftlich wie die Gemeinde (statt: besser als die Gemeinde) erfüllen kann. Allerdings hat hierzu der Bayerische Verfassungsgerichtshof in einer Entscheidung vom 23. 12. 1957 die Meinung vertreten, daß diese strengen Anforderungen nicht auf die gemeindlichen Versorgungs- und Verkehrsbetriebe anzuwenden seien; es wären danach also die in der Praxis bedeutsamsten wirtschaftlichen Unternehmungen der Gemeinden von diesen verschärften Zulässigkeitserfordernissen freigestellt.

2. In einer Reihe von Fällen sind der öffentlichen Hand darüber hinaus bestimmte wirtschaftliche Betätigungen durch Spezialgesetz zur ausschließ-

lichen Ausübung (sog. „Verwaltungsmonopol") zugewiesen worden. So besteht etwa nach Bundesrecht ein staatliches Monopol im Bereich des Post- und Fernmeldewesens. Durch Spezialgesetz ausdrücklich zugewiesen, wenngleich nicht als Monopol, ist dem Bund auch der Eisenbahnbetrieb durch die Bundesbahn. Öffentliche Einrichtungen der Gemeinden haben ein rechtliches Monopol ferner dann, wenn durch Gemeindesatzung ein Anschluß- und Benutzungszwang eingeführt ist. Das Gemeinderecht sieht einen solchen Zwang insbesondere für die Wasserversorgung, Abwässerbeseitigung, Müllabfuhr und ähnliche der Volksgesundheit dienende Einrichtungen, einen bloßen Benutzungszwang ferner für Schlachthöfe, in Baden-Württemberg, Bayern und Niedersachsen auch für Bestattungseinrichtungen vor. Die Ausdehnung des Anschluß- und Benutzungszwanges auf Einrichtungen, die nicht unmittelbar der Volksgesundheit dienen, wie z. B. Gas- und Elektrizitätswerke, Fernheizwerke, öffentliche Bäder usw., ist unzulässig. Für alle leitungsgebundenen Unternehmungen ergibt sich jedoch eine quasi-rechtliche Monopolstellung bereits daraus, daß sie für ihre Leitungen öffentliche Wege in Anspruch nehmen müssen und hierfür einer wegerechtlichen Konzession bedürfen, die jeweils nur einem einzigen Unternehmen gleicher Zweckbestimmung gewährt wird.

Die wirtschaftlichen Unternehmungen der öffentlichen Verwaltungsträger genießen ferner gewisse steuerrechtliche Privilegien. So sind nach § 4 I des Körperschaftsteuergesetzes von der Körperschaftsteuer befreit: die Deutsche Bundespost, die Deutsche Bundesbahn, die staatlichen Lotterieunternehmungen, die Bundesbank, zahlreiche Kreditanstalten der öffentlichen Hand, Staatsbanken, Sparkassen usw. Entsprechende Befreiungen bestehen für die Gewerbesteuer und die Vermögensteuer. Dagegen unterliegen die Versorgungs- und Verkehrsbetriebe der Gebietskörperschaften der Körperschaftsteuer, auch wenn sie keine eigene Rechtspersönlichkeit besitzen, also als Regie- bzw. Eigenbetriebe in die Verwaltung der betreffenden Gebietskörperschaft eingegliedert sind; ob diese Besteuerung sinnvoll ist, kann hier nicht diskutiert werden. Großzügiger ist in dieser Hinsicht das Vermögensteuergesetz, das in seinem § 3 a auch die Verkehrsbetriebe, ferner u. a. öffentlich-rechtliche Feuer- und ähnliche Versicherungsanstalten, Einrichtungen des Unterrichts-, Erziehungs- und Bildungswesens, der körperlichen Ertüchtigung, der Kranken-, Gesundheits-, Wohlfahrts- und Jugendpflege von der Vermögensteuer befreit.

V

Die rechtlich selbständigen Anstalten des Bundes- und Landesrechts stellen nach § 9 b der Reichshaushaltsordnung einen eigenen Haushaltsplan auf, der dem Staatshaushaltsplan lediglich in einer Übersicht als Anlage beigefügt wird. Für die Aufstellung und Ausführung dieser Haushaltspläne, die Kassen- und Buchführung, die Rechnungslegung und Rechnungsprüfung und für die Erteilung der Entlastung finden die Vorschriften des Staatshaushaltsrechts sinngemäß Anwendung. Entsprechendes gilt für die teilrechtsfähige Bundespost, während die Bundesbahn neben einem allgemeinen „Wirtschaftsplan" einen Jahresabschluß nach kaufmännischen Grundsätzen aufstellt. Demgegenüber ist die nichtrechtsfähige Anstalt, also insbesondere auch der Regiebetrieb, als unselbständiges Glied der Verwaltung im Haushaltsplan des Staates bzw. der Gemeinde ausgewiesen, zu der sie (er) gehört. Die „kameralistische", lediglich auf die Ermittlung von Überschuß oder Fehlbetrag abzielende Rechnungsweise, die für die Gebietskörperschaft als solche durchaus angemessen sein mag, kann indes über die Rentabilität eines derartigen Betriebs keine Auskunft geben. Da das dem Betrieb gewidmete Vermögen weder rechtlich noch rechnerisch ausgesondert ist, womöglich nicht einmal in einer „Anlagenrechnung" erfaßt wird, läßt es sich nicht bilanzieren; ebenso gibt es auf der Passivseite keine Kapitalrechnung. Für eine betriebswirtschaftliche Rentabilitätsrechnung fehlen also sämtliche Voraussetzungen. Auch die mit dem Etatprinzip verbundene Einschränkung der finanziellen Bewegungsfreiheit kann die Wirtschaftlichkeit eines unselbständigen Staats- oder Gemeindebetriebs in Frage stellen. Für die gemeindlichen Eigenbetriebe sind deshalb in dieser Hinsicht Sonderregelungen geschaffen worden, die eine nach kaufmännischen Gesichtspunkten orientierte Betriebsführung ermöglichen sollen. Der Eigenbetrieb ist als ein gemeindliches Sondervermögen organisiert; er ist vom übrigen Gemeindevermögen getrennt zu verwalten; in der Betriebssatzung wird für den Eigenbetrieb ein „Stammkapital" von angemessener Höhe ausgeworfen. Die Gemeindevertretung hat für den Eigenbetrieb für jedes Wirtschaftsjahr einen Wirtschaftsplan aufzustellen, der eine Anlage zum Haushaltsplan der Gemeinde bildet, während im Haushaltsplan selber nur der an die Gemeinde abzuführende Jahresgewinn bzw. der aus dem Gemeindehaushalt abzudeckende Jahresverlust ausgewiesen werden. Zur Sicherung der technischen und wirtschaftlichen Fortentwicklung des Eigenbetriebs sollen aus dem Jahresgewinn rechtzeitig und in ausreichender Höhe Rücklagen gebildet werden. Das Fehlen einer eigenen Rechtspersönlichkeit erschwert allerdings auch dem Eigenbetrieb die Kapitalbeschaffung, da die Gläubiger eine in sich geschlossene Vermögensmasse als Haftungssubstrat vorziehen.

Die in privater Rechtsform errichteten Unternehmungen öffentlicher Verwaltungsträger bilanzieren nach allgemeinen handelsrechtlichen Grundsätzen.

VI

Soweit die wirtschaftliche Betätigung der öffentlichen Hand von rechtsfähigen öffentlichen Anstalten wahrgenommen wird, wird die laufende Führung ihrer Geschäfte durchweg durch besondere Beratungs- und Beschlußgremien kontrolliert, die als „Verwaltungsräte" oder in ähnlicher Weise bezeichnet werden; darüber hinaus sind dem zuständigen Landes- und Bundesminister gewisse Aufsichtsbefugnisse eingeräumt. Der Umfang dieser Aufsichtsrechte ebenso wie die Zusammensetzung und die Befugnisse der „Verwaltungsräte" sind jeweils unterschiedlich geregelt; eine eingehendere Darstellung kann hier indes aus räumlichen Gründen nicht gegeben werden. Besonders weit geht heute die Verselbständigung der öffentlichrechtlichen Rundfunkanstalten gegenüber dem Staat: in ihren Verwaltungsräten sind außer den zuständigen Behörden in weitem Umfange auch gesellschaftliche Organisationen, Parteien, Gewerkschaften, Kirchen usw., vertreten; eine staatliche Aufsicht besteht ihnen gegenüber heute de facto nicht mehr. Durch diese Verselbständigung soll für den Bereich des Rundfunkrechts eine größtmögliche Objektivität der Berichterstattung durch die Rundfunkanstalten, insbesondere auch gegenüber der jeweiligen Regierungspartei, herbeigeführt werden. Ähnlich wie die rechtsfähigen öffentlichen Anstalten mit einem Vorstand und einem Verwaltungsrat, dem gewisse Entschlüsse von grundsätzlicher Bedeutung obliegen, ist auch die Deutsche Bundesbahn organisiert; dagegen hat bei der Bundespost der Verwaltungsrat lediglich eine beratende Funktion, die Leitung der Verwaltung obliegt hier unmittelbar dem Bundesminister für das Post- und Fernmeldewesen. – Soweit nach diesen Regelungen im einzelnen einem Bundes- oder Landesminister bestimmte Aufsichts- oder Leitungsbefugnisse eingeräumt sind (aber auch nur insoweit), trägt er für die Wahrnehmung dieser Befugnisse dem Parlament gegenüber die Verantwortlichkeit; für den Bereich der Bundesverfassung ist allerdings heute umstritten, ob diese Verantwortlichkeit der Minister noch unmittelbar vor dem Parlament oder lediglich gegenüber dem Bundeskanzler besteht, der die betreffenden Maßnahmen dann seinerseits vor dem Parlament zu verantworten hätte.

Für die als nichtrechtsfähige Anstalten organisierten öffentlichen Unternehmungen ergibt sich die Leitungsbefugnis der jeweiligen Verwaltungsspitze bereits aus ihrer Eingliederung in die Gesamtorganisation des betreffenden Verwaltungsträgers; eine gewisse Verselbständigung haben jedoch insoweit, wie bereits oben unter III kurz dargestellt worden ist, die gemeindlichen Eigenbetriebe erfahren. Im übrigen erstreckt sich die gegenüber den Gemeinden bestehende staatliche Kommunalaufsicht selbstverständlich auch auf die Ausübung derjenigen Befugnisse, die den Gemeinden mit Bezug auf die Leitung und Kontrolle der Geschäftsführung in ihren unselbständigen Regie- und Eigenbetrieben zustehen; für die Ausübung dieser Aufsicht trägt wiederum der zuständige Minister gegenüber dem Parlament die Verantwortung. Alle in öffentlicher Rechtsform errichteten Unternehmungen unterliegen überdies einer öffentlichen Rechnungsprüfung durch die staatlichen Rechnungshöfe.

Über die Kontrolle der in privater Rechtsform errichteten öffentlichwirtschaftlichen Unternehmungen wurde oben zu III alles Nötige schon gesagt. Eine besondere Bilanzprüfung kann bei ihnen in der Satzung vorgesehen werden; insbesondere sind nach § 48 der Reichshaushaltsordnung Bund und Länder verpflichtet, die Beteiligung an einem privatrechtlich organisierten Unternehmen jeweils davon abhängig zu machen, daß in der Satzung eine Prüfung der Geschäftsführung der Gesellschaft durch einen dem zuständigen Bundes- oder Landesminister genehmen sachverständigen Prüfer vorgesehen wird.

Darüber hinaus existieren für den Bereich der Versorgungs- und Verkehrswirtschaft eine Reihe zusammenfassender Regelungen für einzelne Wirtschaftszweige, die sich in gleicher Weise an Unternehmungen der öffentlichen Verwaltungsträger wie an solche der Privatwirtschaft wenden: so insbesondere das Energiewirtschaftsgesetz (betreffend die Elektrizitäts- und Gasversorgung) vom 13. 12. 1935, das Personenbeförderungsgesetz vom 21. 3. 1961 sowie das Luftverkehrsgesetz vom 10. 1. 1959. Gemeinsam ist diesen Gesetzen vor allem die Einführung einer besonderen Staatsaufsicht über die Unternehmungen der betreffenden Wirtschaftszweige, deren Errichtung durchweg von einer staatlichen Erlaubnis abhängig gemacht wird, denen ferner bestimmte Verpflichtungen, so besonders eine „Betriebspflicht" sowie eine „Kontrahierungspflicht" auferlegt worden sind (d. h. es ist ihnen verboten, ihren Betrieb ohne besondere Genehmigung einzustellen oder einzelne Interessenten willkürlich von ihren Leistungen auszuschließen), und deren Tarife schließlich ebenfalls einer besonderen Genehmigung durch die Aufsichtsbehörde unterworfen werden, soweit sie nicht sogar durch Rechtsverordnung einheitlich festgelegt sind.

VII

Für Rechtstreitigkeiten zwischen den öffentlichen Anstalten und ihren Benutzern sind bei öffentlichrechtlicher Ausgestaltung des Benutzungsverhältnisses die Verwaltungsgerichte, sonst (auf Grund besonderer gesetzlicher Bestimmung auch für die öffentlichrechtlichen Benutzungsverhältnisse im Bereich der Deutschen Bundespost) die Zivilgerichte zuständig. Ob im jeweiligen Einzelfall das Benutzungsverhältnis zivilrechtlich oder öffentlichrechtlich gestaltet ist, bestimmt sich, wie bereits oben zu IV A ausgeführt, jeweils nach der Benutzungsordnung. – Für Rechtstreitigkeiten mit den in privater Rechtsform errichteten Unternehmungen kommt jeweils nur der Zivilrechtsweg in Betracht.

VIII

Öffentliche Entwicklungsaufgaben sind in der Bundesrepublik vor allem einigen *Spezialbanken* übertragen. Diese Bankinstitute sind entweder in der Rechtsform einer Körperschaft oder Anstalt des öffentlichen Rechts errichtet oder sie sind als Körperschaften des privaten Rechts durch Gesetz begründet; sie sind meist durch das Gründungsgesetz in ihrer Geschäftstätigkeit entweder an ein bestimmtes Aufgabengebiet oder an einen bestimmten Kundenkreis gebunden.

Zu nennen sind insbesondere die folgenden Institute:

1. *Die Kreditanstalt für Wiederaufbau* („Wiederaufbaubank"), die eine Körperschaft des öffentlichen Rechts ist. Sie wurde durch Gesetz vom 5. 11. 1948 (Neufassung vom 22. 1. 1952) gegründet und hat zum Zweck des Wiederaufbaus alle Zweige der Wirtschaft mit mittel- und langfristigen Darlehen zu versorgen, soweit andere Kreditinstitute nicht in der Lage sind, hierfür die erforderlichen Mittel aufzubringen. Die Darlehen müssen grundsätzlich durch dingliche Sicherheiten, Pfandbriefe oder Kommunalobilgationen gedeckt sein. Ferner ist der Bank die langfristige Exportfinanzierung übertragen. Andere Geschäfte darf die Bank betreiben, soweit sie mit der Erfüllung ihrer Aufgaben in unmittelbarem Zusammenhang stehen. Das Kapital der Wiederaufbaubank beträgt 1 Million DM, Bund und Länder sind daran je zur Hälfte beteiligt. Ihre Organe sind der Vorstand und der Verwaltungsrat; im Verwaltungsrat sind Bundesregierung, Länder, Kommunen, die Deutsche Bundesbank, Kreditinstitute der einzelnen Sparten, die verschiedenen Wirtschaftszweige und die Gewerkschaften vertreten. Die Bank untersteht der Aufsicht der Bundesregierung, die Ausübung dieser Aufsicht ist dem Bundesminister für Wirtschaft übertragen.

Ursprünglich ausschließlich für Zwecke des eigenen Wiederaufbaus gegründet, wurde die Kreditanstalt für Wiederaufbau durch die Änderung des Gesetzes über die Kreditanstalt für Wiederaufbau vom 16. 8. 1961 (in der Fassung vom 18. 10. 1961) zur Hausbank der Bundesregierung für die Abwicklung der amtlichen Entwicklungshilfe ausgebaut. Als „Entwicklungsbank" führt sie die erforderlichen Vertragsverhandlungen, schließt als Vertragspartner den jeweiligen Darlehensvertrag ab und zahlt die zugesagten Mittel aus. Hierzu gehören vor allem alle öffentlichen Gelder, die für diesen Zweck im Bundeshaushalt und im ERP-Wirtschaftsplan bereitgestellt werden.

2. *Die Landwirtschaftliche Rentenbank, Frankfurt/Main,* wurde durch Gesetz vom 11. 5. 1949 als Zentralbank zum Zwecke der Beschaffung und Gewährung von Krediten für die Land- und Ernährungswirtschaft einschließlich Forstwirtschaft und Fischerei errichtet. Die Notwendigkeit der Gründung ergab sich aus dem erhöhten Kapitalbedarf der Landwirtschaft

zur Beseitigung der Kriegsfolgen und zum Zwecke ihrer Modernisierung. Die Organe der Bank sind der Vorstand, der Verwaltungsrat und die Anstaltsversammlung. Der Vorstand setzt sich aus vier ordentlichen Mitgliedern zusammen, die vom Verwaltungsrat bestellt werden. Dem Verwaltungsrat gehören Vertreter der Land- und Ernährungswirtschaft, der Gewerkschaften, der Bundesländer, der Deutschen Bundesbank, der Kreditanstalt für Wiederaufbau und der Deutschen Genossenschaftskasse, schließlich drei Vertreter landwirtschaftlicher Kreditinstitute an. Die Landwirtschaftliche Rentenbank steht unter Aufsicht eines von der Bundesregierung bestellten Kommissars. Dem Zweck ihrer Gründung entsprechend gewährt sie verzinsliche Darlehen aller Art im Bereich der Agrarwirtschaft. In besonderen Fällen kann sich die Landwirtschaftliche Rentenbank auch an Kreditinstituten und Unternehmungen beteiligen.

3. *Die Industrie-Kreditbank AG, Düsseldorf,* ist eine Spezialbank für den mittel- und langfristigen Industriekredit. Sie wurde Ende März 1949 im Wege der Selbsthilfe von industriellen und gewerblichen Unternehmen gegründet. Durch eine Beteiligung der öffentlichen Hand unter Erhöhung des Kapitals erhielt das Institut den Charakter einer „halböffentlichen" Bank. Sie steht in enger Anlehnung an die Kreditanstalt für Wiederaufbau. Organisatorisch ist die Industrie-Kreditbank die Fortsetzung der Deutschen Industriebank Berlin, die auf Grund des Industriebelastungsgesetzes vom 30. 8. 1924 – ursprünglich mit für die Aufbringung der Reparationsschulden des ersten Weltkrieges bestimmt – gegründet wurde. Ihre Bedeutung beruht heute vor allem darauf, daß für kleine und mittlere industrielle Unternehmungen praktisch die Quellen des organisierten langfristigen Kredits fehlen, da diese Betriebe nicht die Möglichkeit haben, Anleihen und Aktien zur Deckung ihres Kapitalbedarfs am Kapitalmarkt zu emittieren.

4. *Die Lastenausgleichsbank* (Bank für Vertriebene und Geschädigte, Bad Godesberg) wurde durch das Gesetz vom 28. 10. 1954 als Anstalt des öffentlichen Rechts mit eigener Rechtspersönlichkeit errichtet. Als Gründungszweck bezeichnet das Gesetz die wirtschaftliche Eingliederung und Förderung der durch den Krieg und seine Folgen betroffenen Personen, insbesondere der Vertriebenen, Flüchtlinge und Kriegsgeschädigten. Die Mittel werden über Kreditinstitute ausgereicht. Organe der Bank sind der Vorstand, der Verwaltungsrat und die Hauptversammlung.

5. *Die Deutsche Bau- und Bodenbank AG, Frankfurt/Main,* wurde vom Reich unter Mitwirkung öffentlich-rechtlicher Kreditinstitute 1923 in Berlin ins Leben gerufen. Das Unternehmen befaßt sich satzungsgemäß mit der Förderung des Wohnungsbaues durch Gewährung von Bau-Zwischenkrediten. Der Mangel an Zwischenkrediten hemmte nach dem ersten Weltkrieg wie nach dem Zusammenbruch 1945 außerordentlich den Wohnungsbau, insbesondere den sozialen Kleinwohnungsbau. Die Hypothekeninstitute und sonstigen Realkreditgeber pflegten ihre Darlehen im allgemeinen erst

nach Fertigstellung der Bauten zur Verfügung zu stellen, um sich nicht mit Baurisiken zu belasten. Die Deutsche Bau- und Bodenbank gewährt deshalb Betriebskredite an Baufirmen, Bauhandwerker, Baustofflieferanten und Produktionsbetriebe; sie bevorschußt die Eigenkapitalbildung bei den Bauherren, Baugenossenschaften und Bauträgergesellschaften und vorfinanziert Grundstückskäufe oder die Aufschließung und Parzellierung von Grundstücken.

6. *Die Deutsche Pfandbriefanstalt, Wiesbaden-Berlin,* ist ein öffentliches Kreditinstitut zur Förderung des Wohnungsbaus, insbesondere des sozialen Wohnungsbaus. Sie wurde unter Beteiligung des Preußischen Staates 1922 als „Preußische Pfandbriefanstalt" mit den Rechten einer Körperschaft des öffentlichen Rechts in Berlin gegründet. Seit 1932 ist sie Organ der staatlichen Wohnungspolitik. Nach Verlegung der Hauptverwaltung nach Wiesbaden nahm sie 1950 ihre frühere Tätigkeit, die sich jetzt auf das gesamte Bundesgebiet erstreckt, wieder auf. Durch Gesetz vom 16. 12. 1951 ging der Kapitalanteil Preußens auf den Bund über. Die der Aufsicht des Bundeswirtschaftsministeriums unterliegende Anstalt ist damit bundesunmittelbare Körperschaft des öffentlichen Rechts geworden. Die Anstalt ist eine der größten öffentlichen Banken im Bundesgebiet. Mit den bis Ende 1956 abgerechneten Darlehen wurden 195 572 Wohnungen finanziert. Organe der Anstalt sind der Vorstand, der Verwaltungsrat und die Hauptversammlung; die Mitglieder des Verwaltungsrates werden vom Bundesminister für Wirtschaft im Einvernehmen mit den Bundesministern der Finanzen und für Wohnungsbau berufen.

DIE GRENZEN DES ERMESSENSSPIELRAUMES DER VERWALTUNGSBEHÖRDEN

Von Dr. KLAUS OBERMAYER
Professor an der Universität Erlangen-Nürnberg

A. Einleitung

Seitdem es eine deutsche Verwaltungsrechtslehre gibt, ist das Ermessen der Verwaltungsbehörden Gegenstand wissenschaftlicher Erörterungen[1]. Seine Problematik wurde vorwiegend unter dem Gesichtspunkt der „Eigenständigkeit" der Verwaltung gesehen, die vor einer übermäßigen Beschränkung durch Gesetzgebung und Rechtsprechung gesichert werden müsse[2]. „Die Besorgnis vor der Gefährdung" der freiheitlichen Verwaltung „durch juristischen Formalismus" war dafür ebenso entscheidend wie „die Furcht vor Mißgriffen der Verwaltungsgerichtsbarkeit"[3].

Die manchmal allzu vordergründigen Auseinandersetzungen über die Grenzen der Rechtskontrolle von Ermessensakten haben dazu geführt, daß das Wesen des Ermessens und seine Funktion im Rahmen einer vorgegebenen Verfassungsordnung „verdunkelt" wurde[4]. In letzter Zeit hat die Ermessenslehre neue Impulse erhalten[5]. Nachdem das Verwaltungsermessen „mitunter schon totgesagt" war, wird deutlich, daß es „noch ein recht kräftiges Leben" besitzt[6].

---

[1] Zur Geschichte der Ermessenslehre siehe EHMKE, Ermessen und unbestimmter Rechtsbegriff im Verwaltungsrecht (1960) 7 ff. (zit. EHMKE).

[2] Auf den prinzipiellen Zusammenhang der Ermessenslehre mit dem Grundsatz der Gewaltenteilung wird neuerdings wieder hingewiesen von STERN, Ermessen und unzulässige Ermessensausübung (1964) 11 f. (zit. STERN).

[3] TEZNER, Das freie Ermessen der Verwaltungsbehörden (1924) 15.

[4] STERN 10; siehe dazu die dort (Anm. 7 und 8) aufgeführten Gesetzesnachweise.

[5] Vgl. vor allem die oben N. 1 und N. 2 zitierten Schriften von EHMKE und STERN. Einen maßgeblichen Anstoß haben die neueren Lehren zur sogenannten Beurteilungsfreiheit gegeben; siehe vor allem BACHOF, JZ 1955, 97 ff., und ULE, Gedächtnisschrift für Walter Jellinek (1955) 309 ff. Weitere Nachweise aus Schrifttum und Rechtsprechung bei OBERMAYER, Grundzüge des Verwaltungsrechts und des Verwaltungsprozeßrechts (1964) 41 Anm. 2 (zit. OBERMAYER, Grundzüge).

[6] BACHOF, Verfassungsrecht, Verwaltungsrecht, Verfahrensrecht in der Rechtsprechung des Bundesverwaltungsgerichts, Teil 1 und 2 (1963) 223 Nr. 100.

Die Aufgabe dieser Untersuchung ist es, unter Berücksichtigung der in Schrifttum und Rechtsprechung vertretenen, zum Teil immer noch umstrittenen Ansichten einen Überblick über die verschiedenen Fragen zu geben, die mit dem Verwaltungsermessen zusammenhängen. Dabei werden in Übereinstimmung mit dem traditionellen verwaltungsrechtlichen Ermessensbegriff alle Fragen ausgeklammert, die sich auf das Ermessen im Rahmen der Rechtsetzung beziehen[7]. Gegenstand der Betrachtung ist also allein das verwaltungsrechtliche Verhaltensermessen[8] bei der Entscheidung von Einzelfällen.

In einem Hauptteil, der den Grundproblemen der verwaltungsrechtlichen Ermessenslehre gewidmet ist (B), soll zunächst der Begriff des Verhaltensermessens erläutert werden (I). Anschließend ist auf das Wesen der Ermessensnormen einzugehen (II). Einer Betrachtung über den rechtmäßigen Vollzug einer Ermessensnorm (III) folgen Ausführungen über deren fehlerhafte Anwendung (IV) und über die unzweckmäßige Ermessensbetätigung (V). Die Erörterung über die richterliche Überprüfung von Ermessensakten (VI) beendet den Hauptteil. In einer Schlußbemerkung (C) sollen dann noch einige Gedanken über die Zukunft der Ermessenslehre zum Ausdruck gebracht werden.

B. Die Grundprobleme der verwaltungsrechtlichen Ermessenslehre

I. *Begrifflich* ist dem verwaltungsrechtlichen Verhaltensermessen zuzuordnen jede Befugnis eines Verwaltungsorgans, bei der Entscheidung eines Einzelfalls aus mehreren gleichermaßen rechtmäßigen Verhaltensweisen unter dem Gesichtspunkt der Zweckmäßigkeit *ein* bestimmtes Verhalten auszuwählen. So ist einer Behörde ein Ermessen eingeräumt, wenn sie die Möglichkeit hat,

(1) eine bestimmte Maßnahme (z. B. sicherheitsrechtlicher Art) zu unterlassen bzw. zu versagen *oder* zu erlassen,

(2) von mehreren gesetzlich zulässigen Maßnahmen eine bestimmte zu ergreifen (z. B. die Stillegung *oder* die Beseitigung einer gewerblichen Anlage anzuordnen)[9].

---

[7] Nachweise zum legislativen Ermessen siehe bei Stern 12 Anm. 20.

[8] Die noch herrschende Terminologie spricht vom „Handlungs"-ermessen. Dabei ist jedoch unberücksichtigt, daß die Ermessensbetätigung auch in der Unterlassung bzw. in der Versagung eines Handelns bestehen kann; vgl. dazu Obermayer, NJW 1963, 1177.

[9] Man kann auch im ersten Fall von einem sogenannten Entschließungsermessen und im zweiten Fall von einem sogenannten Auswahlermessen sprechen (Stern 22). Zu den verschiedenen Arten des Verhaltensermessens siehe im einzelnen Obermayer, NJW 1963, 1179.

Das Ermessen ist abzugrenzen von der Beurteilungsfreiheit, die dann besteht, wenn über die Verwirklichung unbestimmter Rechts- bzw. Rechtsfolgebegriffe zu befinden ist[10]. Nimmt eine Behörde in sachverständiger bzw. vertretbarer Beurteilung der Fähigkeiten eines Antragstellers an, daß er für die Ausübung eines bestimmten – genehmigungspflichtigen – Gewerbes „geeignet“ ist, so entscheidet sie sich nicht für eine von *mehreren* rechtmäßigen *Verhaltens*weisen; sie ringt sich vielmehr zu einer ihr allein rechtmäßig erscheinenden *Erkenntnis* durch, um damit zunächst nur die Verwirklichung eines rechtserheblichen *Tatbestandes* festzustellen. Die Entscheidung über das als Rechtsfolge in Betracht kommende Verhalten ist zwar an das Subsumtionsergebnis gebunden; sie ist aber ein eigener Erkenntnis- und Willensakt, der mit der Tatbestandsprüfung nichts mehr zu tun hat. Eine Beurteilungsfreiheit besteht ferner, wenn ein unbestimmter Rechtsfolgebegriff zu konkretisieren ist. Hat ein Polizeibeamter im Falle einer Gefährdung der öffentlichen Sicherheit und Ordnung die „nötigen“ Maßnahmen zu treffen, so hat er unter Berücksichtigung von Art und Ausmaß der Gefährdung sachverständig bzw. vertretbar darüber zu urteilen, welche Maßnahme zur Beseitigung der Gefährdung „nötig“ ist. Er bemüht sich um eine Erkenntnis, ohne daß er sich für eine von mehreren zur Wahl gestellten Verhaltensweisen zu entscheiden hätte. Das wäre erst der Fall, wenn er verschiedene Maßnahmen alternativ als „nötige“ Maßnahmen beurteilen würde; dann hätte er aus einer Mehrzahl „nötiger“ (und damit gesetzlich zulässiger) Maßnahmen diejenige auszuwählen, die ihm die zweckmäßigste zu sein scheint.

II. Das verwaltungsrechtliche Verhaltensermessen findet seine Rechtsgrundlage in *Ermessensnormen.*

1. *Zwei Arten* sind einander gegenüberzustellen[11].

a) *Aktuelle* Ermessensnormen räumen den zuständigen Verwaltungsorganen *grundsätzlich* für das als Rechtsfolge[12] in Betracht kommende Verhalten ein Ermessen ein. Die sogenannten Kann-Vorschriften stellen durch ihre Formulierung verschiedene Verhaltensweisen zur Wahl. Sie legen *ausdrücklich* fest, daß ein Handeln unterlassen oder eine bestimmte

---

[10] Siehe die Zitate oben N. 5 sowie OBERMAYER, NJW 1963, 1177 f. ULE, Verwaltungsprozeßrecht (3. Aufl. 1963) 8, hält eine scharfe Trennung von Ermessen und Ausfüllung eines unbestimmten Rechtsbegriffes für unmöglich. Siehe auch RÜDIGER KLEIN, Arch. öff. R. 82 (1957) 75 ff., 103 ff. A. A. EHMKE 45 sowie WALTER JELLINEK, Gesetz, Gesetzesanwendung und Zweckmäßigkeitserwägung (1913) 36 f., 89 und 190 sowie Verwaltungsrecht (3. Aufl. 1958) 32, der das freie Ermessen gerade für die Ausfüllung unbestimmter Begriffe in Anspruch nimmt. Zum Problem der Abgrenzung unbestimmter Rechtsbegriffe von den Ermessensbegriffen siehe noch STERN 20 mit Nachweisen.

[11] Vgl. dazu OBERMAYER, NJW 1963, 1179 f.

[12] Das Ermessen der Verwaltungsbehörden ist stets Rechtsfolgeermessen (OBERMAYER, NJW 1963, 1180); weitere Nachweise bei STERN 21 Anm. 56.

Handlung vorgenommen bzw. daß diese oder jene Maßnahme ergriffen werden kann. Werden die aktuellen Ermessensnormen gegenüber bestimmten Rechtsträgern vollzogen, so kann sich – wie noch zu zeigen sein wird – gleichwohl ausnahmsweise ergeben, daß bei der besonderen Lage des Einzelfalles gar keine Wahlfreiheit mehr besteht. Es ist durchaus möglich, daß sich nur ein einziges Verhalten als rechtmäßig erweist. Dann ist kein Ermessensspielraum vorhanden, so daß eine Ermessensbetätigung ausscheidet[13].

b) *Potentielle* Ermessensnormen sind durch unbestimmte Rechtsfolgebegriffe ausgewiesen. Hat eine Behörde unter bestimmten Voraussetzungen die „nötigen" Maßnahmen zu treffen oder eine „angemessene" Frist zu setzen, so wird in manchen Fällen nur *eine* bestimmte Maßnahme als „nötig" oder *eine* bestimmte Frist als „angemessen" erscheinen mit der Folge, daß für eine Ermessenswahl kein Raum ist. Es können aber im Einzelfalle auch alternativ mehrere Maßnahmen für „nötig" und mehrere Fristen für „angemessen" befunden werden, so daß dann die Möglichkeit besteht, aus mehreren gleichermaßen rechtmäßigen (weil „nötigen" bzw. „angemessenen") Verhaltensweisen nach Zweckmäßigkeitserwägungen eine bestimmte auszuwählen[14].

2. Jede Ermessensnorm knüpft den Eintritt der Rechtsfolge an die *Verwirklichung eines Tatbestandes.* Dieser kann einmal (durch Verweisung auf faktische Rechtsbegriffe wie auf die Vollendung eines bestimmten Lebensalters) präziser und ein anderes Mal (durch Verweisung auf unbestimmte Rechtsbegriffe wie auf das „öffentliche Wohl") unbestimmter gefaßt sein. Manchmal läßt der Wortlaut einer Ermessensnorm eine Tatbestandsseite vermissen. So können z. B. nach § 46 II StVO die zuständigen Behörden Ausnahmen von Vorschriften der Straßenverkehrsordnung genehmigen, ohne daß hierfür besondere Tatbestandsvoraussetzungen (wie etwa die „berechtigten Interessen einzelner") aufgeführt wären. In solchen Fällen muß versucht werden, im Wege der Auslegung den einschlägigen Tatbestand (der unter Umständen nur auf das Vorliegen „besonderer Gründe" abstellt) zu ermitteln. Ist das nicht möglich, so ist die betreffende Ermessensnorm nichtig, weil sie gegen das Prinzip der Gesetzmäßigkeit der Verwaltung verstößt[15]. Die Verwirklichung des gesetzlichen Tatbestandes hat

---

[13] In diesem Falle „verdichtet" sich das formelle subjektive Recht auf fehlerfreie Ermessensbetätigung zu einem materiellen subjektiven öffentlichen Recht auf ein bestimmtes Verhalten; siehe dazu OBERMAYER, NJW 1963, 1183, und JuS 1963, 113.

[14] Das hat die Annahme zur Voraussetzung, daß der Gesetzgeber auch bei der Positivierung unbestimmter Rechtsfolgebegriffe „einen Restraum nicht von ihm im voraus geprägter Eigenentschließung der Verwaltung in Kauf nimmt"; STERN 21.

[15] Der Grundsatz der Gesetzmäßigkeit der Verwaltung verlangt, daß der einzelne wissen kann, unter welchen Voraussetzungen eine Behörde das eine oder

zur Folge, daß grundsätzlich die eine oder die andere als Rechtsfolge zugelassene Verhaltensweise wählbar ist. Kann eine Ausnahmegenehmigung nur erteilt werden, wenn das öffentliche Wohl sie rechtfertigt, so bewirkt die im konkreten Fall gegebene Rechtfertigung durch das öffentliche Wohl nicht, daß die Ermessensbetätigung zur Erteilung der Ausnahmegenehmigung führen muß. Wird die Erteilung der Ausnahmegenehmigung durch das öffentliche Wohl nicht gerechtfertigt, so scheidet eine Ermessensbetätigung aus, weil das zuständige Verwaltungsorgan dann nur untätig bleiben bzw. eine beantragte Ausnahmegenehmigung versagen darf, nicht aber zwischen verschiedenen rechtlich zulässigen Verhaltensweisen wählen kann.

III. Der *rechtmäßige Vollzug einer Ermessensnorm* ist stets – wenn auch in unterschiedlichem Ausmaß – normativ gebunden. Die Bestimmung der Rechtsfolge ist nicht nur von der Erfüllung bestimmter Tatbestandsvoraussetzungen abhängig, sondern auch von der Einhaltung rechtsstaatlicher Entscheidungsgrundsätze, die dem geltenden Recht verpflichtet sind und die Berücksichtigung sachgerechter Abwägungsmaximen verlangen. Verwaltungsvorschriften können – im Rahmen des geltenden Rechts – Richtlinien für die Bestimmung der Rechtsfolge einer Ermessensnorm aufstellen. Sie sind insoweit für das Außenverhältnis rechtserheblich, als sie zu einer „Selbstbindung" der Verwaltung führen, deren Aufgabe einen Verstoß gegen den Gleichheitssatz zur Folge hätte[16].

1. Beim Vollzug einer *aktuellen* Ermessensnorm sind nach Feststellung der Tatbestandsverwirklichung alle (sachlichen) Gründe, die für und gegen die einzelnen gesetzlich vorgesehenen Verhaltensweisen sprechen, zu berücksichtigen. Die verschiedenen Interessen der Beteiligten und der Allgemeinheit sind in ihrem jeweiligen rechtlichen Rang einander gegenüberzustellen und dann gegeneinander abzuwägen. Dazu bedarf es einer Wertung, deren Maßstäbe ebenso in der gesetzlichen wie in der verfassungsgesetzlichen Gesamtregelung der einschlägigen Materie zu suchen sind. Darüber hinaus sind auch die – geschriebenen bzw. ungeschriebenen – Regeln zu berücksichtigen, die die Tätigkeit der Verwaltung ordnen. So kann neben der Haushaltslage die Frage der Verfahrensökonomie eine wichtige Rolle spielen.

a) Zunächst ist zu *klären, ob* überhaupt *eine Wahl* zwischen den gesetzlich vorgesehenen Verhaltensweisen *zulässig* ist. Eine solche entfällt, wenn nach anderen Rechtssätzen bzw. Rechtsgrundsätzen – wie z. B. nach dem Gleichheitssatz oder dem rechtsstaatlichen Prinzip der Verhältnismäßigkeit – wegen der besonderen Umstände des konkreten Falles bestimmte

---

das andere Verhalten wählen kann; zur Verfassungsmäßigkeit der Ermessensnormen siehe BVerfG 3. 2. 1959, BVerfGE 9, 137 ff., 146 ff. sowie H. J. Wolff, Verwaltungsrecht I (6. Aufl. 1965) 151 (zit. H. J. Wolff).

[16] Dazu Mertens, Die Selbstbindung der Verwaltung auf Grund des Gleichheitssatzes (1963) sowie die Hinweise bei Obermayer, NJW 1963, 1182 Anm. 39.

Verhaltensweisen *allein* rechtmäßig bzw. rechtswidrig sind. Hat z. B. eine Behörde in der Vergangenheit regelmäßig unter bestimmten Voraussetzungen eine ihrem Ermessen anheim gegebene Ausnahmegenehmigung erteilt, so kann sie nicht in einem weiteren gleich gelagerten Fall unter Berufung auf das ihr zustehende Ermessen die Ausnahmegenehmigung versagen[17]. Eine Wahl ist weiter ausgeschlossen, wenn eine sinnvolle Auslegung aller einschlägigen Rechtsnormen zu dem Ergebnis führt, daß die für bzw. gegen ein (an sich zulässiges) Verhalten sprechenden Gründe eindeutig überwiegen. Ist z. B. durch die rechtswidrige Errichtung einer baulichen Anlage für die Grundstücksnachbarn eine nur durch den Abbruch des Bauwerks wieder zu beseitigende Gefahrenlage entstanden, so muß die Behörde eine Abbruchsverfügung erlassen, auch wenn die einschlägige gesetzliche Kann-Vorschrift den Erlaß einer solchen Maßnahme in das Ermessen der Baubehörde stellt[18]. Eine solche Verpflichtung ergibt sich zwingend aus den verfassungsrechtlichen Grundentscheidungen, die dem Staat in besonderem Maße den Schutz seiner Bürger zur Pflicht machen (Art. 1, 2, 20 I, 28 I GG).

b) Schließt das geltende Recht für die Entscheidung eines konkreten Falles nicht von vornherein die Wahl zwischen mehreren Verhaltensweisen aus, so steht dem mit der Entscheidung befaßten Verwaltungsorgan ein *Ermessensspielraum* zur Verfügung. Sein Umfang wird einmal bestimmt durch die Zahl der wählbaren Verhaltensweisen. Er hängt weiter davon ab, ob sich jede Verhaltenswahl im allgemeinen ohne weiteres durch sachliche Gründe rechtfertigen läßt oder ob von vornherein die Wahl eines bestimmten Verhaltens nahezuliegen scheint, so daß die Abwahl dieses Verhaltens schon einer besonders stichhaltigen Begründung bedarf. Es wird einer Behörde regelmäßig leichtfallen, sowohl die positive wie auch die negative Bescheidung eines Einbürgerungsantrags sachlich zu begründen. Anders verhält es sich, wenn eine dem Ermessen überlassene Ausnahmegenehmigung bereits an Tatbestandsvoraussetzungen geknüpft ist, deren Erfüllung Einwände *gegen* ihre Erteilung weitgehend entkräftet. So gewährt die Dispensvorschrift des § 31 II BBauG nur einen engen Ermessensspielraum, weil sie die Befreiung von den Festsetzungen des Bebauungsplans davon abhängig macht, daß „die Durchführung des Bebauungsplans im Einzelfall zu einer offenbar nicht beabsichtigten Härte führen würde und die Abweichungen auch unter Würdigung nachbarlicher Interessen mit den öffentlichen Belangen vereinbar ist, oder wenn Gründe des Wohls der Allgemeinheit die Befreiung erfordern". Es lassen sich nur

---

[17] BVerwG 25. 7. 1962, DVerwBl. 1963, 65 f. Ferner BVerwG 12. 7. 1963, BVerwGE 16, 214 ff., 218 und OVG Münster 21. 7. 1960, DÖV 1961, 193 f. sowie Menger, VerwArch. 53 (1962) 391 ff.

[18] Siehe BVerwG 18. 8. 1960, BVerwGE 11, 95–97. Vgl. auch BayVGH 28. 10. 1957, VGH n. F. 10 I 110 ff., und OVG Lüneburg 25. 9. 1958, VerwRspr. 12, 23 ff., 30 f.

verhältnismäßig wenige sachliche Gründe denken, die bei einer Tatbestandsverwirklichung eine Dispensversagung rechfertigen könnten[19].

c) Jeder Ermessensspielraum muß durch eine *Ermessensbetätigung*, die um die „zweckmäßigste" Lösung bemüht ist, ausgefüllt werden. Alle unsachlichen (persönlichen) und sachfremden (d. h. mit der betreffenden Sache in keinem Zusammenhang stehenden) Erwägungen sind auszuscheiden. „Pflichtgemäß" – d. h. mit dem Willen zur Objektivität und unter Ausnutzung des „beruflich vorgebildeten, an Amtserfahrung orientierten" Sachverstandes[20] – hat das zuständige Verwaltungsorgan demjenigen Verhalten den Vorzug zu geben, das den Geboten der Rechtsordnung am meisten zu entsprechen scheint. Im Zweifel ist oberstes Richtmaß der allgemeine Auftrag der Verwaltung, unter Beachtung sämtlicher Individualrechte das einem bestimmten politischen Leitbild zugeordnete öffentliche Wohl zu verwirklichen.

2. Beim Vollzug einer *potentiellen* Ermessensnorm ist zu prüfen, ob im Hinblick auf den konkreten Fall *mehrere* durch den unbestimmten Rechtsfolgebegriff gedeckte („nötige", „angemessene" usw.) Verhaltensweisen in Betracht kommen. Trifft dies zu, so ist – in gleicher Weise wie beim Vollzug einer aktuellen Ermessensnorm – durch eine sachgerechte Ermessensbetätigung das zweckmäßigste Verhalten zu wählen.

IV. Die *fehlerhafte Anwendung* einer Ermessensnorm, die die Rechtswidrigkeit der Entscheidung gegenüber den Betroffenen bewirkt, kann auf allgemeinen Rechtsanwendungsfehlern oder auf Ermessensfehlern beruhen.

1. *Allgemeine Rechtsanwendungsfehler* stehen mit der Ermessensproblematik in keinem Zusammenhang. Zu ihnen zählen ein falscher und unter bestimmten Voraussetzungen auch ein unterlassener Subsumtionsschluß sowie die Entscheidung für ein gesetzlich unzulässiges Verhalten.

a) Der *Subsumtionsschluß* kann *fehlerhaft* sein,

(1) weil der Tatbestand (infolge falscher Interpretation) nicht richtig erkannt ist,

(2) weil der Sachverhalt nicht richtig festgestellt worden ist,

(3) weil der (richtig festgestellte) Sachverhalt zu Unrecht (infolge eines Denkfehlers) als ein Fall des (richtig erkannten) gesetzlichen Tatbestandes beurteilt worden ist. Rechtfertigt das öffentliche Wohl nicht (wie vorgeschrieben) die Erteilung einer Ausnahmegenehmigung, so kann gar nicht zwischen der Erteilung und der Versagung der Ausnahmegenehmigung gewählt werden. Eine dennoch „ermessensweise" erteilte Ausnahmegenehmigung wäre rechtswidrig, weil eine Verwirklichung des gesetzlichen Tatbestandes fehlt.

---

[19] Siehe hierzu BVerwG 29. 4. 1964, NJW 1964, 1973 ff., 1974 f.

[20] Stern 18.

b) Einem fehlerhaften Subsumtionsschluß gleichzustellen ist die *Unterlassung der Subsumtion* für den Fall, daß eine Tatbestandsverwirklichung nicht vorliegt und demnach ein die Anwendung der Rechtsnorm bejahender Subsumtionsschluß gar nicht möglich ist.

c) Auch die *Entscheidung für ein Verhalten, das* in der Rechtsfolgeseite der anzuwendenden Ermessensnorm *keine Rechtsgrundlage findet,* ist kein Ermessensfehler, selbst wenn sie gelegentlich als „Ermessensüberschreitung" bezeichnet wird[21]. Sie ist genauso zu beurteilen wie ein ungesetzliches Verhalten beim Vollzug zwingender Rechtsnormen[22]. Kann die Polizei unter bestimmten Voraussetzungen angemessene Maßnahmen treffen, so wählt sie ein rechtswidriges Verhalten, wenn sie eine unangemessene Verfügung erläßt. Die Entscheidung für eine gesetzlich nicht vorgesehene Rechtsfolge liegt ferner vor, wenn ein Verwaltungsorgan für die Vornahme einer von ihm getroffenen Maßnahme nicht zuständig ist. Sie ist schließlich auch dann gegeben, wenn sich eine Behörde zu einem bestimmten Verhalten entschließt in der irrtümlichen Annahme, sie sei zu diesem Verhalten verpflichtet, während sie tatsächlich (nach der zu vollziehenden Rechtsnorm) nur nach pflichtmäßiger Ermessensbetätigung das betreffende Verhalten hätte wählen dürfen.

2. Als *Ermessensfehler* sind solche Rechtsanwendungsfehler zu beurteilen, die nur dann auftreten, wenn ein Verwaltungsorgan bewußt eine Ermessensnorm vollzieht[23]. Innerhalb der Ermessensfehler sind die objektiven (Ermessensfehler im weiteren Sinne) den subjektiven (Ermessensfehler im engeren Sinne) gegenüberzustellen.

a) Ein *objektiver* Ermessensfehler liegt vor, wenn im konkreten Fall eine Wahl zwischen den gesetzlich vorgesehenen Verhaltensweisen ausscheidet, weil nur *ein* Verhalten rechtmäßig sein kann (vgl. III 1 a)[24]. Ein solcher Ermessensfehler ist allein aus dem geltenden Recht (und damit objektiv) erkennbar. Die angestellten oder unterlassenen (subjektiven) Erwägungen des Vollzugsorgans sind für seine Feststellung ohne jede Bedeutung. Er ist als Ermessensfehler im weiteren Sinne zu betrachten, weil er einerseits an den Vollzug einer *Ermessens*norm gebunden ist, andererseits aber doch nicht auf einer fehlerhaften Ermessensbetätigung im Sinne

---

[21] Siehe § 114 VwGO und dazu Eyermann/Fröhler, Verwaltungsgerichtsordnung (4. Aufl. 1965) § 114 Rdnr. 16 sowie H. J. Wolff 153 f.

[22] Stern 27, hält daher zu Recht die Lehre von den „äußeren" Ermessensfehlern für überflüssig.

[23] Einen umfangreichen Überblick über die typischen Ermessensfehler gibt Stern 33 ff.

[24] Stern 30 ff., unterscheidet in einem anderen Sinn objektive und subjektive Elemente der Ermessensbetätigung. Nach ihm sind objektive Elemente der Ermessensbetätigung die nach außen in Erscheinung getretenen Bestandteile der Ermessensbetätigung, subjektive Elemente dagegen die intern bleibenden Motivationen.

der Ausfüllung eines Ermessens*spielraumes* beruht. Die von einem objektiven Ermessensfehler betroffenen Rechtsträger sind in jenen subjektiven öffentlichen Rechten verletzt, die die betreffende Entscheidung verbieten (Recht auf Gleichbehandlung, Recht auf Verhältnismäßigkeit des Eingriffs usw.).

b) *Subjektive* Ermessensfehler – als Ermessensfehler im engeren Sinne – verletzen die betroffenen Rechtsträger in ihrem formellen subjektiven öffentlichen Recht auf fehlerfreie Ermessensbetätigung, das durch das Rechtsstaatsprinzip und den Grundsatz der Gesetzmäßigkeit der Verwaltung verfassungsrechtlich begründet ist. Sie gehen darauf zurück, daß beim Vorliegen eines Ermessensspielraumes ein Verwaltungsorgan sein Ermessen durch rechtswidrig angestellte oder unterlassene Erwägungen fehlerhaft betätigt hat. Folgende vier Fälle subjektiver Ermessensfehler sind zu unterscheiden: Eine Ermessensbetätigung fehlt (1), die angestellten Ermessenserwägungen sind unvollständig (2), die Ermessensentscheidung beruht auf unzulässigen Erwägungen (3), oder das Ergebnis der Ermessensbetätigung ist nicht vertretbar (4).

(1) Eine *Ermessensbetätigung fehlt,* wenn ein Verwaltungsorgan gar nicht versucht hat, die für bzw. gegen die möglichen Verhaltensweisen sprechenden Gründe zu würdigen und gegeneinander abzuwägen.

(2) Die angestellten *Ermessenserwägungen* sind *unvollständig,* wenn nicht alle für bzw. gegen ein Verhalten sprechenden Gründe berücksichtigt worden sind. Unter diesem Gesichtspunkt kann bei einer Tatbestandsverwirklichung auch eine unterlassene Subsumtion zur Fehlerhaftigkeit einer Ermessensentscheidung führen. Das ist dann der Fall, wenn nur die Vornahme einer bestimmten Handlung (als das *eine* zur Wahl gestellte Verhalten) auf eine Tatbestandsverwirklichung angewiesen ist, während die Unterlassung eines Handelns (als das *andere* zur Wahl gestellte Verhalten) auch ohne Tatbestandsverwirklichung rechtmäßig ist. Gestattet eine Kann-Vorschrift die Vornahme einer bestimmten Handlung im Falle einer Rechtfertigung durch das öffentliche Wohl, so ist zwar erst mit der Tatbestandsverwirklichung die *Wahl* zwischen der Unterlassung (bzw. Versagung) einer Handlung und der Vornahme einer Maßnahme gegeben. Unberücksichtigt ist jedoch, daß das Verwaltungsorgan schon *vor* der Tatbestandsverwirklichung untätig bleiben konnte bzw. mußte. Die Tatbestandsverwirklichung erweist sich demnach als ein wichtiger Grund *zugunsten* eines Handelns. Ist die Tatbestandsverwirklichung zwar vorhanden, aber nicht geprüft, so wird bei der Abwägung der für und gegen die beiden Verhaltensweisen sprechenden Gründe ein wichtiger Grund nicht in Rechnung gestellt.

(3) Die *Ermessensentscheidung beruht auf unzulässigen Erwägungen,* wenn sie entweder durch unsachliche (persönliche) oder durch sachfremde Erwägungen bedingt ist. Unsachliche Erwägungen können bedingt sein durch Sympathie, Antipathie, Voreingenommenheit, Eigennutz, Laune,

Willkür oder Schikane des entscheidenden Amtsträgers. Sachfremde Erwägungen sind Überlegungen, die ein behördliches Verhalten wohl in *anderem* Zusammenhang, aber *gerade nicht* in dem zur *Entscheidung* stehenden Fall bestimmen dürfen. Es spielt keine Rolle, ob die unzulässigen Erwägungen offen vorgebracht oder durch an sich zulässige, aber nur vorgeschobene sachliche Erwägungen verdeckt werden[25].

(4) Das *Ergebnis der Ermessensbetätigung ist nicht vertretbar,* wenn eine verständige Würdigung der Gründe, die für bzw. gegen ein bestimmtes Verhalten sprechen, nicht zu der getroffenen Entscheidung führen kann. Die Subsumtion eines konkreten Lebenssachverhaltes unter einen unbestimmten Rechtsbegriff (z. B. des öffentlichen Wohls) und einer konkreten Maßnahme unter einen unbestimmten Rechtsfolgebegriff (z. B. der zu treffenden „nötigen" Maßnahme) ist nur dann rechtmäßig, wenn sie auf einer sachverständigen, vertretbaren Beurteilung beruht. In gleicher Weise hängt auch die Rechtmäßigkeit einer Ermessenswahl von einer sachverständigen, vertretbaren Beurteilung ab. Der Unterschied besteht nur darin, daß in den beiden erstgenannten Fällen ein („kognitiver") Erkenntnisakt vollzogen wird, während im dritten Falle die („volitive") Beurteilung unmittelbar Anlaß für eine Verhaltensentscheidung ist.

3. Der *Mangel einer Begründung* rechtfertigt nicht die Annahme einer besonderen Kategorie fehlerhafter Ermessensentscheidungen. Ist eine Begründung gesetzlich vorgeschrieben, so ist die Rechtsanwendung schon nach allgemeinen Grundsätzen fehlerhaft vorgenommen, wenn die Begründung unterblieben ist. Im übrigen muß das Fehlen einer Begründung als – freilich widerlegbares – Indiz dafür gewertet werden, daß die Entscheidung wegen eines subjektiven Ermessensfehlers rechtswidrig ist[26].

V. Eine *Ermessensentscheidung,* die keinen Ermessensfehler aufweist, kann dennoch *unzweckmäßig* sein, etwa deshalb, weil sie der angespannten Haushaltslage nicht Rechnung trägt. Ihre Rechtmäßigkeit gegenüber den Betroffenen wird dadurch nicht berührt. Mag sie unter verwaltungsinternen Gesichtspunkten als fehlerhaft („verwaltungswidrig") [27] beurteilt werden, so haftet ihr doch im Außenverhältnis kein Mangel an[28]. Es ist nicht immer einfach, die Grenze zwischen der Ermessensfehlerhaftigkeit – und damit der Rechtswidrigkeit – einer Ermessensentscheidung und ihrer „bloßen" Unzweckmäßigkeit exakt zu bestimmen. So kann es im Einzelfall

---

[25] Vgl. Stern 35 f.

[26] Siehe Obermayer, NJW 1963, 1185 und die Rechtsprechungsnachweise bei Stern 34 Anm. 127.

[27] Peters, Das freie Ermessen und die richterliche Nachprüfung von Verwaltungsakten: Beamtenjahrbuch 22, 484 f. sowie Lehrbuch der Verwaltung (1949) 11.

[28] Vgl. aber die Ausführungen Sterns 13, zum sogenannten „fehlsamen Gebrauch" nach § 70 IV des Gesetzes gegen Wettbewerbsbeschränkungen vom 27. 7. 1957 (BGBl. I 1081).

schwierig sein, darüber Gewißheit zu erhalten, ob eine unzweckmäßige Ermessensentscheidung von sachfremden Beweggründen *maßgeblich* beeinflußt oder nur „am Rande berührt" worden ist. Muß sie im ersten Falle als fehlerhaft und rechtswidrig betrachtet werden, so kann im zweiten Falle ihre Rechtmäßigkeit nicht in Frage gestellt werden. Die hier vorzunehmende Wertung ist einmal ein sachlich-theoretisches Problem. Sie erweist sich aber auch als ein eminent praktisches, soweit die Klärung des Sachverhalts in Betracht kommt.

VI. Unter der Geltung des Art. 19 IV GG können die *Gerichte* Ermessensakte auch daraufhin *überprüfen,* ob die Ermessensbetätigung rechtmäßig oder rechtswidrig war. Nach § 114 der Verwaltungsgerichtsordnung „prüft das Gericht" – „soweit die Verwaltungsbehörde ermächtigt ist, nach ihrem Ermessen zu handeln" – „auch, ob der Verwaltungsakt oder die Ablehnung oder Unterlassung des Verwaltungsaktes rechtswidrig ist, weil die gesetzlichen Grenzen des Ermessens überschritten sind oder von dem Ermessen in einer dem Zwecke der Ermächtigung nicht entsprechenden Weise Gebrauch gemacht ist". Dagegen unterliegt die zweckmäßige (bzw. unzweckmäßige) Ermessensbetätigung keiner gerichtlichen Sanktion. Fraglich ist also nicht der Umfang der richterlichen Prüfungsbefugnis. Schwierigkeiten bereitet nur die Beantwortung der Frage, wie das Gericht eine rechtswidrige Ermessensbetätigung feststellen kann.

Nicht immer wird es auf Grund der vom Kläger vorgetragenen Tatsachen möglich sein, die Rechtmäßigkeit einer Ermessensbetätigung zu prüfen. Da die Rechtmäßigkeit eines Ermessensaktes von subjektiven Erwägungen eines Verwaltungsorgans abhängt, steht der Kläger vor einer schwierigen Beweissituation, aus der ihn auch nicht die Verpflichtung des Gerichtes zu eigener Sachaufklärung gemäß § 86 VwGO befreit. Das gilt vor allem, wenn die Verwaltungsorgane mit sachlichen Erwägungen mühelos das eine wie das andere Verhalten rechtfertigen können. Diejenigen, die von einem versagenden Ermessensakt betroffen sind, werden leicht geneigt sein, für die Rechtswidrigkeit der Versagung schlechthin „unsachliche" Erwägungen des zuständigen Verwaltungsorgans verantwortlich zu machen. Auch bei der gerichtlichen Nachprüfung von Ermessensakten wird man nicht von der allgemeinen verwaltungsprozessualen Regel abgehen können, daß die Unsicherheit in der Feststellung rechtlich relevanter Tatsachen zu Lasten desjenigen Prozeßbeteiligten geht, der eine bestimmte Rechtsfolge für sich in Anspruch nimmt. Die Nichterweislichkeit eines Ermessensfehlers wird daher regelmäßig zu Lasten des Klägers gehen[29].

Ergibt sich, daß für die Ermessensentscheidung keine sachlichen Erwägungen maßgebend waren, so ist sie unheilbar rechtswidrig. Ein „Nachschieben von Gründen" kommt nicht in Betracht, da mit ihm nur die Recht-

---

[29] Dazu Obermayer, NJW 1963, 1185.

mäßigkeit eines Aktes *erwiesen,* nicht aber ein rechtswidriger Akt nachträglich zu einem rechtmäßigen *verwandelt* werden kann[30].

Auf eine Anfechtungsklage hin ist ein ermessensfehlerhafter Verwaltungsakt nach § 113 I Satz 1 VwGO stets aufzuheben. Die gerichtliche Ersetzung des aufgehobenen Verwaltungsaktes ist nach dem Wegfall des Rekurses ausnahmslos unzulässig. Eine auf den Erlaß eines fehlerfreien Verwaltungsakts gerichtete Verpflichtungsklage führt gemäß § 113 IV Satz 1 VwGO dann zum Erfolg, wenn jedes andere Verhalten ermessensfehlerhaft wäre; ist das nicht der Fall, so kann das Gericht nach § 113 IV Satz 2 VwGO nur die Verpflichtung aussprechen, den Kläger unter Beachtung der Rechtsauffassung des Gerichts zu bescheiden.

C. Die Zukunft der Ermessenslehre

Die verwaltungsrechtliche Ermessensproblematik wird auch in Zukunft ihre Aktualität behalten. Die weitere rechtsstaatliche Ausformung der Grundsätze, die das Verhalten aller Staatsorgane bestimmen, wird auf die Ermessensfreiheit der Verwaltungsbehörden beim Gesetzesvollzug im Einzelfall nicht verzichten können. Die ungeheuren Aufgaben, die die öffentliche Gewalt in der Gegenwart zu bewältigen hat, werden zwangsläufig zu einer erheblichen Stärkung der Exekutive führen. Freilich muß der Gesetzgeber, soll die Staatsform der Demokratie nicht zur bloßen Farce werden, seine Prävalenz gegenüber den Organen der vollziehenden Gewalt eindeutig bewahren. Der „Vorrang des Gesetzes“[31], kraft dessen die Legislative alle Angelegenheiten einer normativen Regelung zuführen *kann,* darf nicht preisgegeben werden. Doch werden sich die Parlamente einmal damit begnügen müssen, daß sie den Verwaltungsbehörden auf dem Gebiete der Rechtsetzung durch Aufstellung von Richtlinienprogrammen – und nicht nur eines nach Inhalt, Zweck und Ausmaß *eng* begrenzten Rahmens – größere Kompetenzen einräumen (wozu es freilich notwendig ist, das rechtliche Verhältnis von Legislative und Exekutive neu zu durchdenken sowie wichtige Verfassungsnormen – wie z. B. Art. 80 I Satz 2 GG – neu zu interpretieren). Außerdem werden sowohl Gesetz- wie Verordnungsgeber in ihren Normen für den Verwaltungsvollzug im Einzelfall mehr oder minder weit gesteckte Beurteilungs- und Ermessensspielräume bereithalten müssen, weil in vielen Verwaltungsbereichen *zwingende* Regelungen nur noch in begrenztem Ausmaße den Interessen der Beteiligten und der öffentlichen Gewalt selbst gerecht werden können. Die durch solche Tendenzen begünstigte Auflockerung des „Gesetzesvorbehaltes“ in seinem klassischen

---

[30] Siehe bei OBERMAYER, Grundzüge 79.

[31] Dazu MAUNZ in: MAUNZ/DÜRIG, Grundgesetz (1958 ff.) Art. 20 Rdnr. 127 ff. und JESCH, Gesetz und Verwaltung (1961) 29 f.

Verständnis erscheint unbedenklich, da ihr durch den ausgeprägten materiellen und prozessualen Grundrechtsschutz eine feste Barriere gesetzt ist[32].

Freilich wird sich die verwaltungsrechtliche Ermessenslehre mit den bisherigen dogmatischen Ergebnissen nicht zufrieden geben. In mancher Hinsicht ist eine Vertiefung der Probleme möglich und erforderlich. Das gilt vor allem für die Frage der zweckmäßigen Ermessensbetätigung, die in gleicher Weise an verwaltungstechnischen wie an politischen Maßstäben auszurichten ist. So wäre es wohl angebracht, den verschiedenen zulässigen Zweckmäßigkeitserwägungen – nicht zuletzt im Interesse der rechtsanwendenden Verwaltungsbeamten – größere Aufmerksamkeit zu schenken. Auch wäre es geboten, das Rechtsetzungsermessen, das zu einem erheblichen Teil im Verwaltungsbereich betätigt wird, schärfer in den Griff zu nehmen.

Jedes Bestreben, die Ermessenslehre zeitgemäß aus- oder auch umzuformen, muß freilich von der sach- und rechtsgebundenen Bedeutung des zugrunde liegenden Phänomens ausgehen. Der Sinn des Ermessens ist ein zweifacher: Einmal soll der Verwaltung ein gewisser, dem Zugriff der Gerichte entzogener Raum freier Entscheidung überlassen bleiben, in dem sie nach dem Grundsatz der Effektivität schöpferisch-gestaltende Zweckmäßigkeitsentscheidungen treffen kann. Gleichzeitig ist der Einzelfallgerechtigkeit der erforderliche Tribut zu zollen. Das Verwaltungsorgan, das aus mehreren gesetzlich zulässigen Verhaltensweisen eine bestimmte auswählen darf, verfügt über eine größere Beweglichkeit als jenes, das an striktes Recht gebunden ist. Es muß – gewissermaßen stellvertretend für die nur den „konstanten Typen des sozialen Lebens" verhafteten Rechtsetzungsorgane – innerhalb bestimmter rechtlicher Grenzen die Rechtsfolge selbst bestimmen, indem es seine Entscheidung den besonderen Umständen des Einzelfalles anpaßt. Beide Ermessensziele aber – die Garantie eines richterlich nicht überprüfbaren Aktionsraumes der Verwaltung und die Gewährleistung der Einzelfallgerechtigkeit – stehen in einem unlösbaren Zusammenhang. Denn die Verwaltung ist verpflichtet, mit *jeder* ihr anvertrauten Freiheit das öffentliche Wohl zu fördern und dem einzelnen Gerechtigkeit widerfahren zu lassen.

---

[32] Vgl. zu dieser Problematik Maunz (vorige Note) Rdnr. 130 ff.

FINANZ- UND STEUERRECHT

STEUERLICHE MASSNAHMEN ZUR BEGÜNSTIGUNG VON INVESTITIONEN

Von Dr. GERHARD WACKE

Professor an der Universität Hamburg *

In der Bundesrepublik Deutschland sind zur Förderung der Investitionen verschiedentlich Wege beschritten worden, die bisher unbekannt waren. Einmal wurde freilich auch hier die schon bekannte und praktizierte Möglichkeit genutzt, die Beschaffung von Anlagegütern dadurch zu fördern, daß erhöhte steuerliche Abschreibungen in mannigfaltiger Form zugelassen wurden, wodurch *innerbetriebliche* Investitionen mit Steuererleichterungen begünstigt werden (hier *Eigeninvestitionen* genannt, vgl. unten Teil II); derartige Eigeninvestitionen wurden darüberhinaus auch durch die Zulassung von Rückstellungen und jüngstens in ganz neuartiger Weise durch die steuerfreie Übertragung stiller Reserven auf Neuanschaffungen begünstigt (unten Teil II Ziff. 2 und 3).

Besonderes Interesse aber erwecken die bundesdeutschen Versuche, die Wirtschaft dazu heranzuziehen, betriebseigene Mittel in *fremden* Betrieben zu Investitionszwecken einzusetzen (Förderung *außerbetrieblicher*, betriebsfremder Investitionen, hier *Fremdinvestitionen* genannt, darüber alsbald in Teil I). Derartige Maßnahmen sind einerseits durch *hoheitlichen Zwang* der Wirtschaft auferlegt worden (Investitionshilfegesetz, unten Teil I Ziff. 1); andererseits hat man auch versucht, Fremdinvestitionen freiwillig, durch steuerliche Begünstigungen herbeizuführen, indem Zuschüsse und Darlehen an bestimmte Wirtschaftszweige angeregt wurden (unten Teil I Ziff. 2). Diese Förderung der außerbetrieblichen Fremdinvestitionen erweckt besondere Aufmerksamkeit, weil sie erklärtermaßen ein typisches Beispiel *staatlicher Wirtschaftslenkung* darstellt und zeigt, welche Wege eine derartige wirtschaftslenkende Gesetzgebung beschreiten kann.

---

* Manuskript abgeschlossen am 1. 8. 1965.

I. Begünstigung von Fremdinvestitionen

1. Die Investitionshilfe der deutschen Wirtschaft

Ein großartiges Beispiel einer einmaligen Investitionsförderung gewaltigen Ausmaßes stellt in der Bundesrepublik Deutschland die „Investitionshilfe der deutschen gewerblichen Wirtschaft" dar, die durch Gesetz vom 7. 1 .1952 (BGBl. I 7) mit Änderungsgesetzen vom 22. 8. 1952 (BGBl. I 585) und vom 30. 3. 1953 (BGBl. I 107) durchgeführt wurde. Da sie von den üblichen investitionsfördernden Maßnahmen der Steuergesetzgebung grundverschieden ist, ihr Experiment außerdem als vollauf gelungen bezeichnet werden darf, verdient sie unsere besondere Aufmerksamkeit.

Die Erwägungen, die zu dieser Förderung betriebsfremder Investitionen führten, waren die folgenden: Der Wirtschaftsaufschwung, der in der Bundesrepublik sofort nach der Währungsreform des Sommers 1948 einsetzte, wirkte sich nicht alsbald in allen Wirtschaftszweigen gleichmäßig aus. Weite Teile der gewerblichen Wirtschaft konnten mit Hilfe steuerlicher Vergünstigungen oder durch die Freigabe der Preise in erheblichem Umfange Investitionen vornehmen; dem Kohlenbergbau und der eisenschaffenden Industrie, die beide noch an Höchstpreise gebunden waren und gebunden bleiben mußten, fehlten hingegen die notwendigen Investitionsmittel. Darin lag aber die Gefahr, daß die gesamte Produktion der übrigen Wirtschaftszweige sinken konnte, so daß Überlegungen, wie den sogenannten „Engpaß-Industrien" geholfen werden konnte, angebracht erschienen.

Erwogen wurde zunächst die Möglichkeit, den Konsum zu beschränken, zumal dieser wegen starker Importe die Zahlungsbilanz gefährdete. Dieser Plan, der unter der Bezeichnung des „Sparmarkenprogramms" bereits konkretere Formen angenommen hatte, wurde jedoch nicht weiter verfolgt[1]. Erfolgversprechend erschien nur der Weg, einen Teil der Investitionen in den dazu fähigen Teilen der Wirtschaft – so notwendig sie an sich auch dort sein mochten – vorübergehend zugunsten der Engpaß-Investitionen zurückzustellen. Man war sich klar darüber, daß Investitionen in der übrigen Wirtschaft weitgehend erfolglos werden würden, wenn nicht zusätzliche Kohle, zusätzlicher Stahl und zusätzliche Energie vorhanden wären, um die mit derartigen Investitionen gewonnenen Kapazitäten in Gang zu setzen. Daher bot der „Gemeinschaftsausschuß der gewerblichen Wirtschaft", in dem die Spitzenverbände der gewerblichen Wirtschaft vertreten sind, selbst an (am 27. 4. 1951), die gewerbliche Wirtschaft solle einen Betrag von *einer Milliarde DM* freiwillig als Investitionshilfe

---

[1] Gründe bei Kötter/Ziemer/Siara, Investitionshilfe, Kommentar (2. Aufl. 1952) Einführung 28 (im folgenden abgekürzt zitiert). Vgl. auch die Erläuterungsbücher von Wittneben/Grieger/Drechsler, J. von Spindler, Ganser/Georgi und Wilhelm Rau, sämtlich 1952.

für ein Jahr zur Verfügung stellen. Dieser großzügige Plan ließ sich jedoch nicht als reine Selbsthilfemaßnahme der Wirtschaft verwirklichen, so daß nach langwierigen Verhandlungen schließlich das obengenannte Gesetz über die Investitionshilfe vom 7. 1. 1952 (IHG) zustande kam.

Das Gesetz will die bei der übrigen gewerblichen Wirtschaft vorhandene Liquidität auf einige Zeit stillegen und sie der Grundindustrie zur Verfügung stellen, ein Unternehmen, das in seiner *Zielsetzung völlig neuartig* war und daher zu seiner Verwirklichung auch neuartiger Formen bedurfte. Seinen Gedanken führt das Gesetz auf folgende Weise durch: Als vordringlich wird anerkannt der Investitionsbedarf des *Kohlenbergbaues,* der *eisenschaffenden Industrie* und der *Energiewirtschaft,* ferner auch Investitionen für die *Wasserwirtschaft* und den *Güterwagenbau* der Deutschen Bundesbahn, ohne welche die Kohlenförderung und die Eisen- und Stahlerzeugung nicht gesteigert oder volkswirtschaftlich nutzbar gemacht werden können (§ 1 IHG). Um diesen Investitionsbedarf zu decken, soll „die gewerbliche Wirtschaft" einen *„einmaligen Beitrag* (Investitionshilfe)" in Höhe von einer Milliarde DM leisten. Der Erhebungstechnik nach handelt es sich also um eine zu repartierende, der Gesamthöhe nach durch Gesetz festgelegte *Umlage,* nicht um eine quotitätsmäßige (in Prozentsätzen einer Bemessungsgrundlage) ausgedrückte Belastung, deren Gesamtertrag der Höhe nach ungewiß geblieben wäre.

Um das vorgesehene Aufkommen zu erreichen, werden *alle Gewerbebetriebe* im Sinne des Gewerbesteuerrechts (§ 2), mit gewissen in § 3 des Gesetzes genannten Befreiungen, als aufbringungspflichtig erklärt. Sie haben nach § 5 die öffentlich-rechtliche Verpflichtung, die Beträge an das *„Sondervermögen Investitionshilfe"* bei der Industriekreditbank AG in Düsseldorf („Kreditinstitut") zu zahlen. Dieses Sondervermögen hat eigene Rechtspersönlichkeit (kann also juristisch als eine öffentlichrechtliche Stiftung aufgefaßt werden[2]). Es wird durch das Kreditinstitut als *Vorstand* vertreten; dabei hat aber ein besonders gebildetes, durch mehrere Bundesminister bzw. den Bundesrat bestelltes *Kuratorium* mitzuwirken und steht unter *Aufsicht* der Bundesregierung (§§ 23 ff.). Mit der Verwendung der Mittel erlischt später das Sondervermögen (§ 35).

Als Bemessungsgrundlage für die Höhe der Aufbringungsumlage wird die Summe der Gewinne aus Gewerbebetrieb der Jahre 1950 und 1951 mit gewissen Zuschlägen bestimmt (§ 6), wovon zunächst als Aufbringungssatz $3^1/_2$ v. H. zu zahlen sind, mit der Möglichkeit, diesen Satz später so zu verändern, daß das Aufkommen eine Milliarde Mark erreicht (§ 8). In

---

[2] So Ipsen, Rechtsfragen der Investitionshilfe: AöR 78 (1953) 287 ff., und Wacke, Rechtsgutachten über die Verfassungsmäßigkeit des Gesetzes über die Investitionshilfe der gewerblichen Wirtschaft (1953; im Leihverkehr erhältlich von der Staats- und Universitätsbibliothek Hamburg) 7 ff.; ähnlich auch Kötter/Ziemer/Siara 255.

das Aufbringungsverfahren werden aber *die Finanzämter* eingeschaltet, welche die Erklärungen der Betriebe prüfen und gegebenenfalls ändern; ihre Bescheide können im Rechtsmittelverfahren der Finanzgerichtsbarkeit angefochten werden. Die Vollstreckung nicht gezahlter Beträge wird auf Antrag des Kreditinstituts durch das Finanzamt durchgeführt.

Der zur Aufbringung Verpflichtete erhält für seine Zahlung gewisse *Gegenwerte*. Zunächst wird er nach Maßgabe der geleisteten Zahlungen (§ 5 II) „Erwerbsberechtigter" für Wertpapiere (Näheres § 31), und zwar für Wertpapiere, die das Kreditinstitut entweder bei den durch das Gesetz begünstigten Unternehmen zeichnet, oder die es als eigene Schuldverschreibungen ausgibt. Für die bereits übertragbare Erwerbsberechtigung auf Wertpapiere sieht das Gesetz in § 32 II besondere Zwischenscheine (Zertifikate) vor. Bis zur Zuteilung der Wertpapiere hat der Pflichtige einen Anspruch auf eine 4prozentige, nach 18 Monaten auf eine 5prozentige *Verzinsung*, wobei die Zinsen nicht den Steuern vom Einkommen und Ertrag unterliegen. Daran schließt sich die *Zuteilung der Wertpapiere* (§ 32); die Wertpapiere mußten spätestens bis zum 31. 3. 1955 zum Börsenhandel zugelassen werden.

Das entstandene Sondervermögen wird seinem Bestimmungszweck dadurch zugeführt, daß aus ihm den begünstigten Betrieben *Darlehen zu Investitionszwecken* gewährt werden; als Ausgleich müssen diese Betriebe dem Sondervermögen Aktien oder Schuldverschreibungen im Nennbetrag des Darlehens zur Zeichnung anbieten. Diese Wertpapiere können von den Aufbringungsschuldnern mittels der genannten Erwerbsberechtigung übernommen werden, die sie durch die Zahlung des Aufbringungsbetrages erlangt haben. Wenn die Aufbringungsschuldner von ihrem mit der Erwerbsberechtigung verbundenen Wahlrecht nicht fristgerecht Gebrauch machen, so werden ihnen die zum Ausgleich gedachten Wertpapiere durch das Kreditinstitut zugeteilt.

Über die Bewilligung der Investitionsmittel an die begünstigten Betriebe sowie über die Bedingungen, unter denen sie den Begünstigten zu gewähren sind, beschließt das Kuratorium, das aus 19 Mitgliedern besteht. Die Beschlüsse des Kuratoriums bedürfen, soweit sie die Auswahl der Begünstigten und die Höhe der bewilligten Investitionsmittel betreffen, der Bestätigung des Bundesministers für Wirtschaft. Durch den bestätigten Beschluß wird das begünstigte Unternehmen verpflichtet, über die bewilligten Investitionsmittel hinaus für das begünstigte Vorhaben auch noch *eigene Mittel* in Höhe der dann entfallenden Aufbringungspflicht zu verwenden (§§ 29, 30 IHG).

Im Ganzen versucht das Gesetz in dieser Weise, die bei der aufbringungspflichtigen Wirtschaft vermuteten, für Investitionen an sich zur Verfügung stehenden *liquiden Mittel umzulenken* und auf die an Investitionsbedarf Not leidenden Engpaß-Industrien zu überführen. Den Ausgleich bildete eine sofortige steuerfreie Verzinsung und nachfolgende Zuteilung von Wertpapieren, die zunächst auf einige Zeit nicht börsenmäßig gehandelt werden können. Die ganze Maßnahme läuft also wirtschaftlich auf eine *staatlich verordnete Zeichnung von Wertpapieren* hinaus, wobei bereits die Berechtigung zum Empfang der Wertpapiere übertragbar ist. Hierbei wurde es als besonderer Vorzug der Investitionshilfe bezeichnet, daß diese Umlenkung über das Geld, also auf einen der Marktwirtschaft konformem Wege, nicht aber über Bewirtschaftungsmaßnahmen, erreicht wurde[3].

Die *Rechtsnatur* dieser neuartigen Kapital-Umlenkungs-Maßnahme und die *verfassungsrechtliche Gültigkeit* des Investitionshilfegesetzes waren zweifelhaft. Einer ganzen Reihe von Vertretern des öffentlichen Rechts haben diese Fragen zu denken gegeben[4]. Schon darüber, ob die Zahlungsverpflichtung eine öffentliche Abgabe sei[5], insbesondere eine Steuer[6] oder eine Zwangsanleihe[7], eine enteignungsrechtliche Zwangsumlage[8] oder schließlich, bei Versagen aller dieser Begriffe, eine öffentlichrechtliche Zahlungsverpflichtung eigener Art[9], bestanden große Meinungsverschiedenheiten. Auch viele andere Fragen, wie die verfassungsrechtliche Zu-

---

[3] Kötter/Ziemer/Siara, Wirtschaftspolitische Einführung S. 30.

[4] Friedrich Giese, Investitionshilfe und Grundgesetz: Finanz-Rundschau 1952, 17 ff.; Ipsen (oben N. 2) 284 ff. (das von diesem wiederholt erwähnte „Gutachten Wacke" vom 16. 3. 1952 stellt nur eine kleine Ausarbeitung von 7 Schreibmaschinenseiten dar, mit welcher der Verfasser die Bitte des Verbandes der weiterverarbeitenden Industrie um Erstattung eines Gutachtens gegen die Investitionshilfe abgelehnt hat; siehe jedoch oben N. 2); Ernst Forsthoff, Die Verfassungswidrigkeit des Investitionshilfegesetzes, Rechtsgutachten (Lüdenscheid, Sonderdruck 1953) sowie Zur verfassungsrechtlichen Problematik der Investitionshilfe: BB 1953, 421–423; Wacke, Rechtsgutachten vom 7. 11. 1953, oben N. 2; Hamann, Zweifelsfragen zum Investitionshilfegesetz: NJW 1952, 641 ff.; siehe auch E. R. Huber, Beliehene Verbände: DVerwBl. 1952, 456, 458 Ziff. 7, sowie (eingehende Darstellung) Wirtschaftsverwaltungsrecht II (2. Aufl. 1954) 225 ff., 230 ff.

[5] Ablehnend der offiziöse Kommentar von Kötter/Ziemer/Siara 41 ff. (öffentlichrechtliche Zahlungsverpflichtung eigener Art, aber keine „Abgabe").

[6] Bejahend eingehend Wacke (oben N. 2) 5–21, sowie Meilicke, Der Steuererfindungsgeist von Bund und Ländern, in: Festschrift Bühler, Probleme des Finanz- und Steuerrechts (1954) 93 ff., 96 ff.; ablehnend Bühler/Strickrodt, Steuerrecht I (3. Aufl. 1959) 61.

[7] So eingehend Wacke (oben N. 2) 12 ff. (Zwangsanleihe als Unterart der Vermögenssteuer, einmalige Vermögensabgabe; in der Erhebungstechnik eine sogenannte Repartitionssteuer, d. h. Umlage eines im voraus fest bestimmten Betrages); Heinz Meilicke, Steuerrecht, Allgemeiner Teil (1965) 42 ff.; für Zwangsanleihe auch Forsthoff, Gutachten (oben N. 4) 8, 9; Hamann (oben N. 4) 642; Fischerhoff, Das IHG als Lenkungsgesetz: NJW 1952, 919, 921; Kötter/Ziemer/Siara 42. A. A. Ipsen (oben N. 2) 297.

[8] So eingehend E. R. Huber, Wirtschaftsverwaltungsrecht II (2. Aufl. 1954) 22 ff., 235 ff., 240 ff.; auch Giese (oben N. 2) neigt zu dieser Auffassung.

[9] Kötter/Ziemer/Siara (oben N. 2) 41 ff.; Götz, Wirtschaftsverwaltungsrechtliche Ausgleichsabgaben: AöR 85 (1960) 200 ff.

lässigkeit eines derart strikt die Wirtschaft lenkenden Gesetzes, die Etatisierungspflicht der Investitionshilfe, seine Zulässigkeit als Kreditaufnahmegesetz oder als rückwirkendes Steuergesetz, sein etwaiger Verstoß gegen die Verfassungsgrundrechte der freien Entfaltung der Persönlichkeit, des Gleichheitssatzes, der Vereinigungsfreiheit (wegen der Zwangszuteilung von Aktien), des Eigentums (unzulässige Enteignung? Angemessenheit der Entschädigung?) waren streitig; auch wurde dem Gesetz vorgeworfen, es enthalte eine unzulässige gemeinwirtschaftliche Regelung (Art. 15 des Grundgesetzes).

Über alle diese Bedenken ist das *Bundesverfassungsgericht* hinweggegangen, das sich mehrfach mit dem Gesetz über die Investitionshilfe befaßt und es als verfassungsrechtlich gültig bezeichnet hat[10]. Die Rechtsnatur der Investitionshilfe hat das Gericht dahingestellt gelassen; es gab zwar zu, daß sie einige einer Steuer verwandte Züge trug, sprach ihr aber insgesamt diesen Charakter doch ab[11]. Auch wenn sie eine Zwangsanleihe sein sollte, wäre der Bund zum Erlaß des Gesetzes zuständig gewesen[12]. Verstöße gegen das Grundgesetz, insbesondere die Grundrechte, konnte das Bundesverfassungsgericht nicht erkennen. In einem dem Hauptprozeß vorangehenden Verfahren wegen einstweiliger Aussetzung hatte das BVerfG schon am 1. 8. 1953 festgestellt, daß die Investitionsmittel bereits zu mehr als 80 v. H. aufgebracht und verteilt seien[13]. Im Plenum des Deutschen Bundestages wurde bereits im März 1953 vorgetragen, daß durch die Zuführung von Krediten in Höhe von einer Milliarde DM an die begünstigten Industrien weitere Investitionen in Höhe von viereinhalb Milliarden DM ausgelöst worden seien[14].

Abgeschlossen wurde die Aktion durch das *Investitionshilfe-Schlußgesetz* vom 24. 2. 1955 (BGBl. I 69), das bemerkenswerterweise von sämtlichen Fraktionen des Bundestages als Initiativgesetz eingebracht und mit nur einer Gegenstimme verabschiedet wurde. In der ersten Hälfte des Jahres 1954 ließ sich nämlich übersehen, daß das Aufkommen an Investitionshilfe den geplanten Betrag von einer Milliarde Mark um etwa 130 bis 150 Millionen DM übersteigen würde. Nach ausgiebiger Prüfung der verschiedenen denkbaren Möglichkeiten entschloß man sich, das zu erwartende Mehraufkommen[15] zwar einzuheben, aber zu bestimmen, daß dieser Überhang von der Industriekreditbank als *Kredite,* und zwar wiederum als Investitions-Kredite, an Unternehmen der gewerblichen Wirtschaft zu vergeben

---

[10] BVerfG 20. 7. 1954, BVerfGE 4, 7–27; siehe auch 1. 8. 1953, BVerfGE 3, 34–39 und 5. 3. 1958, BVerfGE 7, 303.

[11] BVerfGE 4, 13 f.

[12] BVerfGE 4, 14 ff.

[13] BVerfGE 3, 35, 38.

[14] Protokoll über die 256. Sitzung des Bundestages (1. Wahlperiode 1949) vom 20. 3. 1953, S. 12370. Nach dem Abschlußbericht (BB 1955, 1085) tatsächlich 4,75 Milliarden DM.

[15] Tatsächlich 160 Millionen DM: BB 1955, 1085.

sei, die *anderen Wirtschaftszweigen* als denen der Grundindustrie angehörten; dabei sollten kleine und mittlere Unternehmen bevorzugt werden (§ 6 III des Gesetzes). Die Aufbringungspflichtigen erhielten dafür Schuldverschreibungen des Kreditinstituts. Nach der Abwicklung erlosch das Sondervermögen (§ 8).

Berechtigterweise wurde sowohl von an der Entstehung des Gesetzes beteiligten Praktikern wie von Vertretern der Wissenschaft gesagt, der Weg, der mit dem Investitionshilfegesetz eingeschlagen wurde, „sei *neuartig und ohne Vorbild*“ [16], „völlig neuartig und bislang ohne Beispiel“ [17] gewesen. Und mit gewisser verständlicher Genugtuung hat die Bundesregierung im Bundestage erklärt, daß nicht nur die mit dem IHG unmittelbar verfolgen Ziele erreicht worden seien, sondern daß sich diese auch in dem erhofften Sinne einer Stärkung und Ausdehnung der Gesamtwirtschaft in der Bundesrepublik ausgewirkt hätten. So sei die gesetzliche Maßnahme durch die erstrebte und auch tatsächlich erreichte Behebung der industriellen Engpässe voll gerechtfertigt worden [18]. Abschließend kann demnach festgestellt werden, daß diesem „in das marktwirtschaftliche System tief eingreifenden Planungs- und Lenkungsakt“ [19] ein voller Erfolg beschieden war.

2. *Steuerliche Begünstigungen zur Förderung von Fremdinvestitionen*

Stellte die Investitionshilfe den Versuch dar, durch staatlichen Zwang liquide Mittel aus einem Teil der Wirtschaft in die besonders notleidende Grundindustrie umzuleiten, so hat man in der Bundesrepublik auch auf vielfältige Weise versucht, durch steuerliche Anreize die Wirtschaft freiwillig zu Investitionen in fremden Wirtschaftszweigen zu veranlassen. Dies lag hier besonders nahe; denn da am Ende des zweiten Weltkrieges in Deutschland die Wohnstätten und Betriebsanlagen in hohem Grade zerstört waren, mußte die staatliche Gesetzgebung sich zum Ziel setzen, auch ihrerseits kräftige Impulse zum Wiederaufbau zu geben. Freilich sind nun, nachdem dieser Wiederaufbau weitgehend durchgeführt werden konnte, derartige Maßnahmen zum großen Teile gegenstandslos geworden; für eine wissenschaftliche Betrachtung ist es aber doch von Wert, sie hier kurz zu vermerken.

---

[16] Ministerialrat WITTNEBEN, Das Investitionshilfe-Schlußgesetz: Deutsche Steuerzeitung 1955, Ausg. A 146 ff.; vgl. auch z. B. GEORGI, Das Investitionshilfe-Schlußgesetz: BB 1955, 157 ff.

[17] IPSEN (oben N. 2) 295.

[18] Staatssekretär HARTMANN in der 49. Sitzung des 2. Deutschen Bundestages vom 15. 10. 1954, stenogr. Berichte 21 (1954) 2445; dort auch nähere Zahlenangaben über die Förderung der einzelnen Wirtschaftszweige bei der Verwendung der aufgekommenen Mittel.

[19] HUBER (oben N. 8) 231.

a) Ein Beispiel besonderer Art stellte die großzügige steuergesetzliche *Förderung des Schiffbaues* dar, die in wenigen Jahren zu dem großartigen Wiederaufbau der deutschen Handelsflotte kräftig beigetragen hat. Sie hatte auch gewisse nicht vorhergesehene Wirkungen; so etwa hat sich, zunächst um die steuerlichen Vorteile auszunutzen, ein bekanntes binnenländisches Unternehmen der Lebensmittelindustrie durch Erwerb mehrerer bedeutender Schiffahrtslinien eines der größten deutschen Reedereiunternehmen angegliedert.

Die steuergesetzlichen Maßnahmen bestanden ursprünglich darin, daß *Zuschüsse* und auch *unverzinsliche Darlehen* zur Förderung des Schiffbaues im Jahr der Hingabe in vollem Umfange (!), ab 1953 dann begrenzt bis zu 50 v. H. bzw. 30 v. H. des Gewinnes, als Betriebsausgaben oder Werbungskosten abgesetzt werden konnten (§ 7 d II und III EStG, fortgefallen Ende 1954) [20]. Ferner war neben der normalen steuerlichen Abschreibung auf Schiffe, die nach dem 31. 12. 1948 angeschafft oder hergestellt worden sind, in den ersten beiden Jahren eine *Sonderabschreibung* von je 15 % zulässig (§ 7 d EStG, fortgefallen 1958).

b) Auch der *Wohnungsbau* wurde – neben der Gewährung staatlicher Darlehen und sonstiger Subventionen mannigfacher Art [21] – von Anfang an durch die Steuergesetzgebung auf zwei Wegen gefördert. Dies geschah einmal durch Zulassung *erhöhter Abschreibungen* für Neubauten und Umbauten (§ 7 b EStG).

Sodann aber wurde der früher nicht praktizierte ungewöhnliche Weg beschritten, daß *Zuschüsse* und unverzinsliche, auf 10 Jahre gegebene *Darlehen* für Zwecke des Wohnungsbaues ursprünglich im Jahre der Hingabe *voll als Betriebsausgaben* oder Werbungskosten abgesetzt werden konnten (der berühmte § 7 c EStG, heute nur noch jährlich 25 v. H.) [22]. Insgesamt haben die deutschen Förderungsmaßnahmen des Wohnungsbaues, und darunter nicht zuletzt die steuerlichen Begünstigungen, bewirkt, daß bereits ein großer Teil der deutschen Städte von der Wohnungszwangswirtschaft befreit ist, die in wenigen Jahren ganz fortfallen wird.

---

[20] Vgl. Bernhard Gübbels, Handbuch der steuerlichen Abschreibung (3. Aufl. 1961) 237 ff.

[21] Über die großzügige Förderung des Wohnungsbaues durch Darlehen des Bundes und der Länder an die Bauherrn vgl. die Zusammenstellung von Heinrich Dittes, Die Finanzierungshilfen des Bundes und der Länder für den Wohnungsbau: Sonderausgabe der Zeitschrift für das gesamte Kreditwesen, Heft 2 (Mai 1965).

[22] Wer die Entwicklung der Förderungsmaßnahmen für Schiffbau und Wohnungsbau durch die *Steuergesetze* anhand der Quellen verfolgen will, sei verwiesen auf die anschaulichen synoptischen Abdrucke der Steuergesetze von Hellmut Heinz und Peter Kehr, Einkommensteuergesetze 1951–1955 (1956) und von Günter Teske und Peter Kehr, Einkommensteuergesetze 1955–1958 sowie 1957–1961/62 (Bonn 1959 und 1963).

c) Auch andere staatspolitische Notwendigkeiten können, wie das Beispiel der Bundesrepublik zeigt, zu solchen steuergesetzlichen Förderungsmaßnahmen für betriebsfremde Investitionen führen. Die Bundesrepublik Deutschland hat die *Wirtschaft von West-Berlin* seit langer Zeit, beginnend mit dem Gesetz zur Förderung der Wirtschaft von Berlin (West) vom 7. 3. 1950, durch gesetzliche Maßnahmen, vorwiegend Steuererleichterungen, gefördert, um der Stadt in ihrer isolierten Lage zu helfen. Diese Gesetze wurden zusammengefaßt in dem *Berlinhilfegesetz* vom 19. 8. 1964, BGBl. I 675 (BHG 1964). Das Gesetz dient dabei auch der Förderung von Investitionen, und zwar auf mehrfache Weise.

Die erste Form stellt gewissermaßen eine Wiederholung der oben geschilderten *Investitionshilfe* in erneuerter und vereinfachter Form dar insofern, als hier die Berliner Industriebank Aktiengesellschaft bzw. die Deutsche Industriebank, Berlin, eingeschaltet sind. Danach *ermäßigt sich* bei Steuerpflichtigen, welche *Darlehen* auf mindestens sechs Jahre an diese Banken – oder unter Überwachung durch diese Banken direkt an Unternehmer – geben, unmittelbar die *Einkommen- oder Körperschaftsteuer* um 10 v. H. des Darlehens (zusammen mit der nachstehend geschilderten Wohnungsbaubegünstigung um höchstens die Hälfte der gesamten Steuern). Die Industriebanken geben diese *Darlehen an Unternehmen* zur Anschaffung oder Herstellung absetzbarer Güter des Anlagevermögens innerhalb Berliner Betriebsstätten weiter (§ 16 BHG). Von der Investitionshilfe des IHG unterscheidet sich diese Maßnahme allerdings durch ihre Freiwilligkeit und dadurch, daß hier Wertpapiere nicht ausgegeben werden. Eine ähnliche Erleichterung bringt § 17 BHG für die Gewährung von *Darlehen,* die zu Zwecken der *Förderung des Wohnungsbaues* an die Wohnungsbaukreditanstalt Berlin (zur Weitergabe an Bauunternehmer) oder an Bauunternehmer direkt gegeben werden: Bei unverzinslichen Darlehen auf mindestens 10 Jahre ermäßigt sich die Einkommensteuer im Jahr der Hingabe um 20 v. H. des Darlehens; gleiches tritt ein bei verzinslichen Darlehen auf mindestens 25 Jahre.

II. Steuerliche Förderung von Eigeninvestitionen

Die steuergesetzlichen Maßnahmen, welche auf Förderung der Eigeninvestitionen abzielen, finden sich in der Bundesrepublik Deutschland wie anderwärts vorwiegend in der Form *erhöhter Abschreibungen* (unten Ziff. 1); dies aber ist in Deutschland nicht der einzige beschrittene Weg geblieben. Man hat nämlich Eigeninvestitionen auch durch Zulassung von *Rückstellungen* und neuestens durch die steuerfreie *Auflösung stiller Reserven* bei Anschaffung neuer Anlagegüter zu fördern gesucht (unten Ziff. 2 und 3).

1. Zulassung erhöhter Abschreibungen

Von den vielfachen Begünstigungen durch Abschreibungen können hier jedoch nur diejenigen betrachtet werden, welche die Förderung eigentlicher Investitionen zum Ziele haben. Unter Investitionen werden wir danach die *Anschaffung von Anlagegütern als Produktionsmittel* eines Betriebes zu verstehen haben[23]. Ferner können wir nur Investitionen privatwirtschaftlicher Betriebe hierher rechnen; Investitionen in Betrieben der öffentlichen Hand fallen aus dem Rahmen heraus[24], ebenso öffentliche Investitionen für Straßenbau, Wohnungsbau und dgl., auch wenn sie aus Steuermitteln finanziert werden[25].

Auch wird man nur die Förderung der *unmittelbaren* Investitionen des begünstigten Betriebes hierher rechnen dürfen. Es scheiden also aus generelle Erleichterungen der betrieblichen Finanzierung durch Verbesserungen der Liquidität, wie sie etwa durch *Steuerkredite* infolge (erheblicher) Zeitdifferenzen zwischen der Entstehung der Steuerschuld und dem erst nach späterer Durchführung der Veranlagung festgesetzten Steuerzahlungstermin gewährt werden[26]. Zu solcher nur mittelbaren Förderung der Investitionen hat man wohl auch die Zulassung von *Rückstellungen für Pensionsanwartschaften* zu rechnen, wie sie das Einkommensteuergesetz in immer differenzierterer Form zuläßt (§ 6 a, in verschiedenen Fassungen)[27]. Derartige Maßnahmen erhalten dem Unternehmen langfristiges Kapital; die Rückstellungen erfolgen praktisch aus steuerlichen Gründen zu Investitionszwecken, stellen aber doch nur eine allgemeine Liquiditätserleichterung dar.

Auch mittelbare Investitionen durch Erwerb von *Beteiligungen im Ausland* wird man nicht hierher rechnen können. Ein Beispiel besonderer Art stellt ferner die Förderung der *Entwicklungshilfe* durch die Steuergesetzgebung dar. Die Bundesrepublik Deutschland hat *Kapitalanlagen* deutscher Firmen in *Entwicklungsländern* seit 1961 gefördert; zunächst durch § 34 d

---

[23] Vgl. im einzelnen Heinen, Artikel Investitionsplanung, in: Handwörterbuch der Betriebswirtschaft II (1957/58) 2876 ff.; Meinhold, Artikel Investitionen, in: Handwörterbuch der Sozialwissenschaften V (1956) 333 ff.; Mahr, Artikel Investitionen, in: Staatslexikon VI (6. Aufl. 1959) Sp. 452 ff.; Günter Wöhe, Betriebswirtschaftliche Steuerlehre II/2 (1965) 173.

[24] Meinhold (vorige Note) 344 ff.

[25] Vgl. Allgemeine Vorbemerkungen zum Entwurf des Bundeshaushaltsplans 1958, Anlage zur Drucksache 300 des Deutschen Bundestages, 3. Wahlperiode, S. 70 ff.

[26] Bernhard Zapf, Steuerliche Finanzierungshilfen (1953) 15 f., 17.

[27] Hierzu Ottmar Bühler / Heinz Paulick, Einkommensteuer, Körperschaftsteuer (1962 ff.) Erläuterungen zu § 6 a EStG; Blümich / Falk, Einkommensteuergesetz I (9. Aufl. 1964) Erläuterungen zu § 6 a, S. 711 (im folgenden abgekürzt Bühler / Paulick bzw. Blümich / Falk); Hans-Helmut Giersch, Investitionsfinanzierung und Besteuerung (1961) 83 ff., 87.

EStG, wonach steuerfreie Rückstellungen bis zur Höhe von einem Drittel dieser Anlagen gebildet werden durften, jetzt durch das besondere „Gesetz über steuerliche Maßnahmen zur Förderung von privaten Kapitalanlagen in Entwicklungsländern" (Entwicklungshilfe-Steuergesetz) vom 23.12.1963 (BGBl. I 1013). Danach kann bei der Bewertung dieser Kapitalanlagen ein Abschlag bis zu 15 v. H. der Anschaffungskosten der Kapitalanlagen gemacht und außerdem eine steuerfreie Rücklage in bestimmter Höhe vorgenommen werden[28].

Nach diesen vielfachen Abgrenzungen bleiben immer noch genügend steuergesetzliche Förderungsmaßnahmen, die sich direkt zugunsten von Investitionen auswirken. Hierbei haben die *Einkommensteuer und Körperschaftsteuer* die größte Bedeutung. Da vergleichbare Regelungen auch in den meisten ausländischen Staaten getroffen sind, sollen hier vor allem diejenigen Umstände betont werden, in denen die deutsche Regelung von entsprechenden ausländischen Steuergesetzen abweicht.

Die normalen steuerrechtlichen *Absetzungen für Abnutzung oder Substanzverringerung* („Afa"), gewöhnlich nur „Abschreibungen" genannt, § 7 EStG, haben zum Ziele, den einmal später eintretenden Aufwand für Investitionen (Anschaffungs- oder Herstellungskosten für Wirtschaftsgüter mit mehr als einjähriger Nutzungsdauer) *auf mehrere Steuerjahre* entsprechend der Nutzungsdauer des Wirtschaftsgutes zu verteilen.

Vorweg ist dabei zu sagen, daß das deutsche Einkommensteuergesetz außer den eigentlichen Abschreibungen auch die *Herabsetzung auf den (niedrigeren) „Teilwert"* kennt, d. h. die Vornahme einer *neuen* effektiv niedrigeren *Bewertung*. Teilwert ist dabei derjenige Betrag, den ein Erwerber des ganzen Betriebes im Rahmen des Gesamtkaufpreises für das einzelne Wirtschaftsgut ansetzen würde, wobei davon auszugehen ist, daß der Erwerber den Betrieb fortführt (§ 6 I Ziff. 1 EStG). Die Unterschiede zur Abschreibung liegen darin, daß Abschreibungen sowohl in Gewinn- wie in Verlustjahren vorgenommen werden müssen, die Herabsetzung auf den Teilwert aber in das Ermessen des Steuerpflichtigen gestellt ist; er hat nur glaubhaft zu machen, daß eine Wertminderung eingetreten ist. Diese Herabsetzung ist ferner im Gegensatz zu den Abschreibungen auch bei nichtabnutzbaren Wirtschaftsgütern möglich; sie ist aber nur bei drei Einkunftsarten des EStG (Land- und Forstwirtschaft, Gewerbebetrieb, selbständige Arbeit) nicht aber bei den übrigen vier Arten zulässig[29]. Insge-

---

[28] Hierzu vgl. Min.Rat Ulrich Börnstein, Entwicklungshilfe-Steuergesetz, Kommentar (1964); Min.Rat Horst Vogel, Zur steuerlichen Behandlung zwischenstaatlicher Kapitalinvestitionen, unter besonderer Berücksichtigung des Außensteuerrechts der Bundesrepublik Deutschland (1964) 30 ff., 57 ff.; Gübbels, Deutscher Nationalbericht über internationale Probleme der ertragsteuerlichen Abschreibung usw., in: Cahiers de droit fiscal international 49 a (1964) 117 ff., 127 ff.

[29] Vgl. Bühler/Paulick § 7 RdZf. 12; Blümich/Falk § 6 Anm. 12, S. 582–603;

samt läuft diese Möglichkeit auf die Vornahme einer *außerordentlichen Abschreibung* wegen technischer oder wirtschaftlicher Abnutzung, gesunkener Nachfrage, gesunkenen Wiederbeschaffungskosten, hinaus.

Abschreibungen, die unterlassen wurden, dürfen in Deutschland *nicht nachgeholt* werden, und zwar weder in Gewinn- noch in Verlustjahren. Dies gilt auch ohne Rücksicht auf die gewählte *Abschreibungsmethode*. Die normale Abschreibungsmethode ist die *lineare* („Absetzung für Abnutzung in gleichen Jahresbeträgen" des § 7 I EStG). Diese ist vorgeschrieben für alle unbeweglichen Anlagegüter.

Jedoch darf der Steuerpflichtige seit 1958 bei „beweglichen Wirtschaftsgütern des Anlagevermögens, bei denen es *wirtschaftlich begründet* ist" die Absetzung auch „*nach Maßgabe der Leistung* des Wirtschaftsgutes" vornehmen, wenn er den jährlich entfallenden Umfang der Leistung nachweist („leistungsabhängige Abschreibung", „Abschreibung nach Leistungseinheiten")[30]. Dies kommt in Betracht bei Maschinen und Fahrzeugen des Betriebes, wenn die Leistung schwankt. Das Gesetz behandelt diese Form als eine Unterart der linearen Abschreibung, was ersichtlich nicht begründet ist. Zutreffend ist es, diese Methode neben die lineare und die sogleich erwähnte degressive Abschreibung als eine *dritte Art* zu stellen.

Bei *beweglichen* Wirtschaftsgütern des Anlagevermögens ist ferner anstelle der linearen die *degressive Abschreibungsmethode* („Absetzung für Abnutzung in fallenden Jahresbeträgen" des § 7 II EStG) in verschiedenen Formen zulässig. Diese wohl immer schon nach dem Gesetz erlaubte, durch die Rechtsprechung anerkannte und nunmehr ausdrücklich gesetzlich vorgesehene Methode trägt dem gewöhnlich am Anfang der Benutzung festzustellenden besonderen Wertverzehr durch erhöhte mechanische Beanspruchung, vor allem aber der vorzeitigen wirtschaftlichen Überalterung Rechnung[31]. Seit 1960 darf sie höchstens das Doppelte der linearen Abschreibung ergeben. Die Regelung ist im einzelnen kompliziert und kann hier nicht dargestellt werden. Es ist dabei zulässig, von der degressiven zur linearen Abschreibung überzugehen, nicht aber umgekehrt. Auch gebraucht erworbene Gegenstände können degressiv abgeschrieben werden. Beide Verfahren der Abschreibung bestehen dabei im einzelnen Betrieb neben-

---

Bernhard Gübbels, Die steuerliche Abschreibung im In- und Ausland (1964; Heft 76 des Instituts Finanzen und Steuern in Bonn) 26 ff.; ders., Handbuch der steuerlichen Abschreibung (3. Aufl. 1961) 41, 43 ff.

[30] Gübbels, Handbuch (vorige Note) 169; Blümich/Falk § 7 Anm. 5 Buchst. d, S. 817 ff.

[31] Blümich/Falk § 7 Anm. 5, S. 811 ff.; Bühler/Paulick § 7 Anm. 7; Gübbels, Handbuch (oben N. 29) 81 ff.; ders., Die steuerliche Abschreibung (oben N. 29) 14 ff.; Heinrich Stutz, Degressive Abschreibungen (4. Aufl. 1963, mit Abdruck von Rechtsquellen, Verwaltungserlassen, Urteilen); Konrad Mellerowicz, Abschreibungen in Erfolgs- und Kostenrechnung (1957) 78 ff. (kritisch).

einander, weil die degressive Abschreibung ja nicht für alle Gegenstände zugelassen ist.

Von den Modalitäten dieser Investitionsförderung durch steuerliche Abschreibung ist hervorzuheben, daß der steuerlich zulässige *Ausgangswert* für die Absetzungen in den Anschaffungs- und Herstellungskosten einschließlich der gezahlten Umsatzsteuer besteht. Die Abschreibungen können ab dem *Zeitpunkt der Lieferung* beginnen; sind die Gegenstände während des Laufes eines Jahres angeschafft, so ist die Abschreibung pro rata temporis zu kürzen, und zwar sowohl bei der linearen, wie bei der degressiven Absetzung. Als Nutzungsdauer ist grundsätzlich die *„betriebsgewöhnliche Nutzungsdauer"* (§ 7 I EStG) anzusetzen, die von der eigentlichen technischen durchschnittlichen Nutzungsdauer abweichen kann. Wird dabei in zwei Schichten gearbeitet, so werden die linearen Abschreibungssätze um 25 v. H., bei drei Schichten um 50 v. H. erhöht.

Zur verwaltungsmäßigen Erleichterung, insbesondere zur Handhabung für die Betriebsprüfer, hat die Finanzverwaltung für einzelne Wirtschaftszweige als Richtschnur *Abschreibungstabellen* aufgestellt. Gegen diese sind Bedenken vorgebracht worden, die hauptsächlich damit begründet werden, daß die Verhältnisse in jedem Betriebe verschieden gelagert sind (Prinzip der Betriebsindividualität), somit durch diese Tabellen eine Beweislastverschiebung zu Lasten des Steuerpflichtigen zu befürchten sei[32].

Das deutsche Einkommensteuerrecht läßt schließlich auch noch *Absetzungen für eine außergewöhnliche technische oder wirtschaftliche Abnutzung* zu (§ 7 I Satz 4 EStG), wobei natürlich im Einzelfalle der Steuerpflichtige die Voraussetzungen einer solchen Abschreibung nachweisen muß. Sie können natürliche Ursachen haben, wie Brand, Katastrophen, plötzlich auftretende Gebäudeschäden, können aber auch auf technischer Überalterung oder Überbeanspruchung (drei Schichten) der Maschinen, allgemeiner Geschmacksänderung usw. beruhen[33]. Hier hat der Steuerpflichtige eine interessante Möglichkeit der Korrektur, wenn die übrigen Abschreibungsmethoden das wirtschaftliche Ergebnis nicht zu treffen scheinen.

Außer diesen Abschreibungen für Abnutzung ist bei Betrieben, die einen *Verbrauch der Substanz* mit sich bringen, insbesondere bei Bergbauunternehmungen, Steinbrüchen, Tongruben, Erdölfeldern und dergl. eine Absetzung nach Maßgabe des Substanzverzehrs der Ausbeute zulässig *(Absetzungen für Substanzverringerung)*, § 7 VI EStG. Hierbei können die ermöglichten Investitionen natürlich nur im Neuerwerb entsprechender Vorkommen liegen.

---

[32] Gübbels, Handbuch (oben N. 29) 44–53; ders., Die steuerliche Abschreibung (oben N. 29) 18 ff.; ders., Nationalbericht (oben N. 28) 119 ff.

[33] Bühler/Paulick § 7 EStG Anm. 10; Blümich/Falk § 7 Anm. 7, S. 833 ff.; Gübbels, Die steuerliche Abschreibung (oben N. 29) 15.

Die *investitionsfördernde Wirkung* der Absetzungen für Abnutzung und Substanzverzehr ist dabei unverkennbar. Denn die Abschreibungen stellen im Ausmaß der verbrauchten Anlagegüter die Mittel zur Ersatzbeschaffung zur Verfügung, und zwar durch rechnerische Minderung des Gewinnes und Freilassung von der Besteuerung, soweit überhaupt ein Gewinn im Betriebe erzielt worden ist[34]. Dabei fehlt freilich ein steuergesetzlicher Zwang zur Verwendung der Mittel in bestimmter Richtung. Bis zum Zeitpunkt der tatsächlichen Ersatzbeschaffung bleiben die Mittel in den Betriebsprozeß eingeschaltet und stehen an sich auch für andere Finanzierungsaufgaben zur Verfügung[35].

2. Zulassung steuerfreier Rücklagen für Investitionen

Wenn die Steuergesetzgebung gewöhnlich Investitionen dadurch fördert, daß sie in erhöhtem Umfange Abschreibungen zuläßt, so liegt der Gedanke zugrunde, daß der Steuerpflichtige auf diese Weise in die Lage versetzt wird, unversteuerte Teile der jährlichen Gewinne für spätere Ersatzbeschaffungen (Investitionen) anzusammeln, also nicht ausgewiesene Rücklagen hierfür zu bilden. In der Bundesrepublik Deutschland ist dieser Gedanke, Investitionen durch steuerfrei aufzulösende *Rücklagen* zu fördern, auch direkt, durch die Zulassung offen ausgewiesener Rücklagen, weiter verfolgt worden.

Der Anfang dieser Entwicklung wurde durch die Rechtsprechung herbeigeführt. Diese ließ zu[36], daß in einigen Fällen (Ausscheiden eines Wirtschaftsgutes infolge *höherer Gewalt,* wie Brand, Diebstahl, oder *behördlichen Eingriffs,* wie Enteignung, Inanspruchnahme für Verteidigungszwecke) *stille Rücklagen,* die zur Ersatzbeschaffung verwendet und dadurch aufgelöst werden, den steuerpflichtigen Gewinn nicht vermehren. Dabei kann, wenn die – ernstlich gewollte – Ersatzbeschaffung nicht im Jahr des Ausscheidens des Wirtschaftsgutes erfolgt, eine steuerfreie „*Rücklage für Ersatzbeschaffung*" in Höhe des Unterschiedes zwischen dem Buchwert des ausgeschiedenen Wirtschaftsgutes und der dafür etwa erzielten Entschädigung gebildet werden; diese ist gesondert auszuweisen und dann im Zeitpunkt der Ersatzbeschaffung durch Übertragung auf die Anschaffungs- oder Herstellungskosten aufzulösen.

Diese aus den Grundgedanken der §§ 5 und 6 EStG von der Rechtsprechung entwickelte Möglichkeit hat bislang keinen *besonderen* Niederschlag

---

[34] Mellerowicz (oben N. 31) 54 ff.; Gübbels, Handbuch (oben N. 29) 41 ff.

[35] Giersch (oben N. 27) 93, 111, 116; Stutz (oben N. 31) 11.

[36] Erstmals RFH 3. 5. 1944, VI 11/44, RStBl. 1944, 619; OFH 13. 7. 1948, RFH 54, 250; BFH 4. 9. 1956, BFH 63, 349 = BStBl. 1956 III 332; 3. 9. 1957, BFH 65, 402 = BStBl. 1957 III 386; vgl. auch BFH 22. 9. 1959, BStBl. 1961 III 1.

im Gesetz gefunden[37]; sie ist auch verwaltungsseitig anerkannt und ausführlich geregelt in Ziffer 35 (zu § 6 EStG) der Einkommensteuerveranlagungsrichtlinien.

3. *Steuerfreie Übertragung stiller Reserven auf Investitionen*

In der gleichen Richtung weiter geht eine neuartige, erst durch das Steueränderungsgesetz 1964 als § 6 b in das Einkommensteuergesetz eingefügte Bestimmung. Sie ermöglicht die *steuerfreie Übertragbarkeit stiller Reserven* weit über den bisherigen Anwendungsbereich hinaus auf Fälle einer *freiwilligen Veräußerung* gewisser Wirtschaftsgüter, die im Gesetz abschließend aufgezählt sind (z. B. Grund und Boden, Gebäude, abnutzbare bewegliche Wirtschaftsgüter mit Nutzungsdauer von mindestens 25 Jahren, Schiffe, Anteile an Kapitalgesellschaften). Der bei ihrer Veräußerung sich zeigende *Gewinn* (die aufgelösten stillen Reserven) darf in der Bilanz von den Anschaffungs- oder Herstellungskosten der neubeschafften Wirtschaftsgüter *abgezogen werden*, so daß diese dann niedriger zu Buche stehen. Die begünstigten Wirtschaftsgüter sind wiederum im Gesetz genau aufgezählt und (z. B. bei Gebäuden, Anteilen an Kapitalgesellschaften) mit gewissen näheren Voraussetzungen bedacht. Wird die Beschaffung nicht im Jahre der Veräußerung vorgenommen, so darf eine *den Gewinn mindernde Rücklage* gebildet werden, die durch Ersatzbeschaffung innerhalb von zwei bzw. vier Jahren aufzulösen ist (§ 6 b III).

Diese neuartige Vorschrift hat betont *wirtschaftspolitischen Charakter*. Sie soll in erster Linie den Unternehmen durch Veräußerung nicht mehr benötigter oder veralteter Anlagegüter *Mittel für dringende Investitionsvorhaben* zur Verfügung stellen[38]. Stille Reserven dieser Art zeigen sich aber heute vor allem bei der Veräußerung von *Grund und Boden* (wegen der gestiegenen Grundstückspreise) und von *Anteilen an Kapitalgesellschaften*. Die Vorschrift will daher gerade besonders die Veräußerung solcher Objekte, speziell des bisher „eingefrorenen" Grund- und Aktienbesitzes, erleichtern. Sie verfolgt nach der Regierungsbegründung ausgesprochen „die ökonomisch sinnvolle Anpassung der Wirtschaft an strukturelle Änderungen produktionstechnischer, verteilungswirtschaftlicher und regionaler Art" und will daher volkswirtschaftlich *gebotene Standortverlagerungen* und die *Änderung von Beteiligungsverhältnissen* bei Kapitalgesellschaften fördern[39]. Die hier oben unter 2. geschilderte Möglichkeit der Rücklagen für Ersatzbeschaffung besteht daneben fort.

---

[37] In den Kommentaren daher erläutert bei §§ 5 oder 6 EStG, z. B. BÜHLER/PAULICK RdZf 30 zu § 5; BLÜMICH / FALK 469 ff., 661 ff.

[38] BÜHLER/PAULICK § 6 b EStG RdZf. 1 a. E. (S. 5); Bericht des Finanzausschusses des Bundestages vom 16. 10. 1964 in Bundestags-Drucksachen IV 2617, S. 4.

[39] BÜHLER/PAULICK a.a.O.; Regierungsbegründung vom 19. 6. 1964 in Bundestags-Drucksachen IV/2400, S. 46.

Diese neue Bestimmung, die im einzelnen recht kompliziert ist, tritt erstmals im Veranlagungszeitraum 1965 in Kraft. Amtliche Veranlagungsrichtlinien dazu liegen noch nicht vor[39a], in den Kommentaren ist sie zumeist noch gar nicht enthalten und erläutert[40]. Sicher aber ist, daß es sich für das Einkommensteuerrecht um eine Maßnahme von *ganz außerordentlicher Tragweite* handelt. Begründetermaßen wird die Auffassung vertreten, daß hier die *bedeutendste Reform* des deutschen Bilanzsteuerrechts vorliegt, die dieses Rechtsgebiet seit Jahrzehnten erlebt hat[41], so daß die neue Vorschrift in den nächsten Jahren das Feld des Gewinnsteuerrechts beherrschen wird[42]. Insgesamt ist die Regelung, trotz unbestreitbarer Schwächen, als ein „entscheidender Schritt auf dem Wege zu einem wirtschaftlich verständigen Steuerrecht zu begrüßen“[43].

4. *Vorsteuerabzug auf Investitionen bei der Umsatzsteuer*

Auch bei anderen Steuern als der Einkommen- und Körperschaftsteuer sind steuerliche Maßnahmen denkbar, die das Ziel verfolgen, Investitionen zu fördern, mögen auch auf diesem Gebiete die einkommensteuerlichen Vorgänge ganz im Vordergrunde stehen. Es sei darauf aufmerksam gemacht, daß für die *Umsatzsteuer* in der neuen Form der *Mehrwertsteuer* eine investitionsfördernde Maßnahme bei der Anschaffung abnutzbaren Anlagevermögens geplant ist. Der deutsche Regierungsentwurf (§ 12 IV)[44] will hier die Anschaffung dadurch erleichtern, daß der *Abzug der Vorsteuer* in jährlichen Teilbeträgen zugelassen wird, die den bei der Einkommensteuer vorgenommenen Abschreibungen entsprechen. Im Schrifttum tritt man demgegenüber für einen sofortigen Abzug der gesamten Vorsteuer auf Investitionen ein[45].

III. Außerordentliche Förderungsmaßnahmen bei Ertragsteuern

Neben den bisher geschilderten allgemeinen Maßnahmen zugunsten von Investitionen gibt es noch eine Reihe außerordentlicher Förderungsmaßnahmen, die zumeist nur für bestimmte Arten von Steuerpflichtigen in Betracht kommen; diese begegnen uns nur im Rahmen der Ertragsteuern

---

[39a] Jetzt BStBl. 1966 I 558 ff.

[40] Außer bei Rudolf Thiel, Übertragung stiller Reserven, Kommentar zu § 6 b EStG (1965), und dem schon angeführten Schrifttum bisher nur erläutert bei Blümich/Falk, Nachtrag 1965 (Steueränderungsgesetze 1964 und 1965) 6 ff.

[41] Thiel (vorige Note) 5.

[42] Bühler/Paulick RdZf. 26 zu § 6 b EStG, S. 23.

[43] Thiel (oben N. 40) 31.

[44] Bundestags-Drucksachen IV/1590 vom 30. 10. 1963.

[45] Rau/Dürrwächter, Die Mehrwertsteuer (4. Aufl. 1963) 23 ff., 28 ff.

(Einkommen-, Körperschaftsteuer und anschließend auch der Gewerbesteuer). Man kann sie gliedern in solche, die einen *endgültigen* (unten Ziff. 1), und andere, die einen *vorläufigen* Steuervorteil (unten Ziff. 2) gewähren. Diese Maßnahmen sind *äußerst vielgestaltig;* sie können hier nicht eingehend dargestellt, sondern nur – und auch dies noch ohne Anspruch auf Vollständigkeit – registriert werden. Schließlich (Ziff. 3) ist noch ein Blick zu werfen auf die Förderung der Investitionen, die mit der *Handhabung des Steuererlasses* durch die Verwaltung betrieben wird.

1. Gewährung endgültiger Steuervorteile

An Maßnahmen, die endgültige Steuervorteile darstellen, wären etwa zu nennen:

a) Die Steuerbegünstigung der nicht entnommenen Gewinne für *vertriebene und politisch Verfolgte Landwirte und Gewerbetreibende* sowie Angehörige *freier Berufe,* § 10 a EStG (bis zu 50 v. H. des nicht entnommenen Gewinns, höchstens 20 000 DM);

b) die Begünstigung bestimmter Investitionen *bei nichtbuchführenden Landwirten,* §§ 77, 78 EStDV[46];

c) die *„Investitionszulage"* des § 19 des *Berlinhilfegesetzes,* eine direkte staatliche Förderung von Investitionen aus Steuermitteln (siehe zu diesem Gesetz schon oben Abschn. I Ziff. 2 Buchst. c).

Berliner Unternehmer, die zwischen dem 30. 6. 1962 und dem 1. 1. 1970 abnutzbare bewegliche Güter des Anlagevermögens anschaffen oder herstellen, erhalten eine „Investitionszulage" in Höhe von 10 v. H. der entstandenen Kosten. Das Finanzamt setzt diese Investitionszulage durch Bescheid fest. Die Investitionszulage gehört bei dem empfangenden Betriebe nicht zu den Einkünften im Sinne des Einkommensteuergesetzes und mindert nicht die steuerlichen Anschaffungs- oder Herstellungskosten. Hier tritt also der Staat selbst als Finanzier für Investitionsvorhaben ein.

2. Gewährung vorläufiger Steuervorteile

Es gibt ferner vielfache Steuervorteile, die zunächst *nur vorübergehend* Investitionsmittel freistellen. Sie bestehen in der Zulassung von *beschleunigten Sonderabschreibungen,* die nur dann investitionsfördernd wirken, wenn der Betrieb Gewinne erzielt. Betrachtet man nur das einzelne Investitionsgut, so wirken sie lediglich wie ein *zeitweiliger Steuerkredit* zugunsten der Investitionen; faßt man jedoch den gesamten kontinuierlichen Investitionsstrom eines größeren Betriebes für längere Dauer ins Auge, so ermöglichen sie doch eine *echte Steuerersparnis.* Infolge der erhöhten

---

[46] Vgl. Blümich/Falk II 1235; Gübbels, Handbuch (oben N. 29) 252 ff.; Willi Felsmann, Einkommensbesteuerung der Land- und Forstwirte (1963) 125 ff.

Abschreibung und des daraus folgenden niedrigeren Buchwertes entsteht ferner bei einer Veräußerung des Anlagegutes schließlich ein höherer *steuerpflichtiger* „Veräußerungsgewinn“ [47].

In dieser Richtung sind zunächst zu nennen die *Bewertungsfreiheit* (Zulassung erhöhter Absetzungen) des § 7 a (bewegliche Wirtschaftsgüter) und des § 7 e EStG (Fabrikgebäude, Lagerhäuser, landwirtschaftliche Betriebsgebäude) *für Vertriebene und Verfolgte* [48] (§ 7 a war von 1949 bis 1951 für alle Betriebe gültig und bildete damals für die kleine und mittlere Wirtschaft ein „sehr mächtiges steuerliches Finanzierungsmittel“ [49]); ferner die erhöhten Absetzungen für Wirtschaftsgüter des Anlagevermögens in *Berliner Betriebsstätten* nach § 14 des Berlinhilfegesetzes.

Sodann hat das Einkommensteuergesetz in § 51 der Bundesregierung zahlreiche *Ermächtigungen zum Erlaß von Rechtsverordnungen* gegeben (die nach Art. 80 des Grundgesetzes im Staatsrecht der Bundesrepublik hinsichtlich des Inhalts, des Zweckes und des Ausmaßes der Ermächtigung genau bestimmt sein müssen). Diese Delegationen zu Rechtsverordnungen umfassen in § 51 I Nr. 2 Buchst. h–w vielseitige Fälle der *Zulassung erhöhter Absetzungen* zur Förderung ganz *bestimmter Wirtschaftszweige* oder *gemeinnütziger Ziele.* In seiner Gesamtheit bietet dieser Katalog ein eindrucksvolles Bild davon, wie *vielseitige wirtschaftspolitische* und *allgemeinpolitische Ziele* heute in der Bundesrepublik durch die steuerliche Begünstigung von Investitionen gefördert werden [50].

Ein großer Teil dieser Verordnungsermächtigungen ist von der Bundesregierung auch bereits in der Einkommensteuer-Durchführungsverordnung (EStDV), §§ 75 ff., ausgewertet worden. Es handelt sich hierbei um die Zulassung erhöhter Absetzungen bei *privaten Krankenanstalten* [51]*;* ferner um die Abschreibungsfreiheit zur Förderung des Baues von *Landarbeiterwohnungen,* weiter für buchführende, nichtbuchführende und nach Durchschnittsätzen veranlagte *Land- und Forstwirte* (für jede der drei Gruppen getrennte Vorschriften); bei der Beschaffung von Anlagen zur Verhinderung von *Abwässerschäden;* bei der Beschaffung bestimmter Wirtschaftsgüter *ausländischer Herkunft;* ferner für Anlagevermögen im *Kohlen- und Erzbergbau,* für Anlagen zur Verhinderung oder Verringerung der *Luftverunreinigung,* bei Aufwendungen für die Modernisierung

---

[47] Vgl. Finanzbericht 1965 (Bonn, hrsg. v. Bundesministerium der Finanzen) 188 ff.; BERNHARD ZAPF (oben N. 26) 18 ff., 39, 46 ff.; LOTHAR WEICHSEL, Beschleunigte Abschreibung, Wachstum und Konjunktur (1964) 22 ff., 38 ff.; GIERSCH (oben N. 27) 96 ff., 99.

[48] GÜBBELS, Handbuch (oben N. 29) 205 ff., 240 ff.

[49] BÜHLER/PAULICK § 7 a EStG Anm. 1.

[50] Hierzu GÜBBELS, Die steuerliche Abschreibung (oben N. 29) 21 ff.

[51] Erläuterung dieser und der nachstehenden Vorschriften bei GÜBBELS, Handbuch (oben N. 29) 245 ff. und in manchen Kommentaren z. B. bei BÜHLER/PAULICK Anhang zu §§ 4–7 e EStG Anm. 3 ff., oder BLÜMICH/FALK 920 ff., 1235 ff.

und größeren Erhaltungsaufwand bei *älteren Wohngebäuden*. In diesen Fällen dürften sich, nach Vornahme der beschleunigten Sonderabschreibung, die weiteren Absetzungen nach dem Normalsatz (§ 7 EStG), nicht nach dem Restbuchwert, bemessen[52].

Ein weiterer Teil dieser Ermächtigungen ist bisher von der Bundesregierung aber noch nicht ausgenutzt worden[53], wiewohl diese ganz *besonders bedeutsam* werden könnten: Zulassung von Sonderabschreibungen bei „einer sich abzeichnenden *gesamtwirtschaftlichen Konjunkturabschwächung,* die eine nachhaltige Verringerung der Umsätze oder der Beschäftigung erwarten läßt" (Buchst. s); Sonderabschreibungen auf Wirtschaftsgüter des Anlagevermögens, die der *Forschung und Entwicklung* dienen (u), ferner für Anlagen, die ausschließlich zur *Verhinderung von Lärm und Erschütterungen* bestimmt sind (v), schließlich bei der *Anschaffung* oder *Herstellung von Handelsschiffen* (w) [53a].

3. Investitionsförderung durch Steuererlaß

Endlich gewährt die Möglichkeit, *Steuererlaß auszusprechen,* der Verwaltung auch die Zuständigkeit, den Betrieben dadurch Mittel für die Vornahme von Investitionen zu erhalten. Die Finanzverwaltung der Bundesrepublik hat diese Gelegenheit großzügig, ja zu großzügig genutzt.

Nach § 131 der Reichsabgabenordnung (AO) können Steuern, deren Einziehung nach Lage des Falles unbillig wäre, erlassen werden; hierbei sieht das Gesetz ausdrücklich vor, daß *einzelne Besteuerungsgrundlagen,* die die Steuer erhöhen, bei der Festsetzung der Steuer *gar nicht* oder erst *zu einem späteren Zeitpunkt* berücksichtigt werden, und daß solche Grundlagen, welche die Steuer mindern, schon *zu einer früheren Zeit* berücksichtigt werden. Ferner ist im Gesetz gesagt, daß für bestimmte Gruppen von gleich gelagerten Fällen auch Richtlinien über die Steuererlaßpraxis aufgestellt werden können (§ 131 II AO), sogenannte *Erlaß-Richtlinien.* Diese Bestimmungen geben damit die Grundlage, Sonderabschreibungen für Investitionen zuzulassen, die für die *Erhaltung der Existenzfähigkeit des Betriebes* notwendig sind. Zur Förderung von *Betriebserweiterungen* (Expansiv-Investitionen) und zur Verfolgung *außersteuerlicher, wirtschaftspolitischer Gesichtspunkte* dürfen die Vorschriften jedoch *nicht* benutzt werden[54].

---

[52] Streitig; die Finanzverwaltung ist anderer Ansicht. Wie hier GÜBBELS, Handbuch (oben N. 29) 247 ff., 258 ff.; dazu BFH 13. 5. 1958, BStBl. 1958 III 317 ff. (zu § 36 IHG).

[53] Vgl. hierzu Finanzbericht 1965 (oben N. 47) 191 ff.

[53a] Die letzten drei Fälle jetzt EStDV 1965, BStBl. 1966 I 280, §§ 82 d–f.

[54] FLUME, Die Billigkeitsmaßnahmen des § 131 AO nach neuem Recht: Steuerberater-Jahrbuch 1953/54, 81 ff., 99 ff.; TIPKE/KRUSE, Reichsabgabenordnung (2. Aufl. 1965 ff.) § 131 RdNr. 11, S. 378 ff.

Die Finanzverwaltung hat nun auf § 131 z. B. ein *Zonengrenzland-Förderungsprogramm* gegründet[55]; sie hat auch Steuerpflichtige zu einem expansiven Verhalten veranlaßt, z. B. sich an einem bestimmten Orte niederzulassen[56], oder Arbeitsplätze zu schaffen, oder Vollblutpferdezucht zu treiben[57] usw.[58]. Hier überall überwiegen die *außersteuerlichen Gesichtspunkte,* so daß diese Praxis im Schrifttum mit Recht scharf angegriffen wird[59]. Eine Anweisung des Bundesministers der Finanzen, in derartigen Fällen Anträge auf Sonderabschreibungen „entgegenkommend" zu behandeln, dürfte wegen Überwiegens nicht steuerlicher Beweggründe durch § 131 AO nicht gedeckt sein.

Anders liegt es jedoch in Fällen von *Naturkatastrophen,* die in ganzen Landstrichen die Lebensfähigkeit der Betriebe gefährdet haben[60]. So sind anläßlich der *Sturmflutkatastrophe* in den deutschen Küstenländern im Februar 1962 durch gleichlautende Erlasse der Länder vom 30. 4. 1962[61] im Einvernehmen mit dem Bundesminister der Finanzen Billigkeitsmaßnahmen getroffen worden, die zum großen Teil in der Zulassung von Abschreibungen und Absetzungen über § 131 AO bestanden.

---

[55] GÜNTER FELIX, Steuererlasse in Karteiform (StEK), § 131 AO Nr. 18, 21, 146.

[56] BVerwG 5. 6. 1959, Steuer und Wirtschaft 1959, Nr. 250 = Deutsche Steuerzeitung E 1959, 452.

[57] Vom BFH mißbilligt, 22. 11. 1951, BStBl. 1952 III 6.

[58] Weitere Beispiele bei TIPKE/KRUSE (oben N. 54).

[59] FLUME (oben Nr. 54) 100 („Rechtsbeugung"); TIPKE/KRUSE (oben N. 54); BRIGITTE GAST, ABC-Kommentar zu § 131 AO (1963) 10.

[60] BRIGITTE GAST (vorige Note) 134 ff.

[61] BStBl. 1962 II 98 ff., 104, 108; FELIX (oben N. 55) § 131 AO Nr. 54.

Fünfter Teil

STRAFRECHT

STRAFRECHT

DER STRAFRECHTLICHE SCHUTZ DER FAMILIE

Von Dr. RUDOLF SCHMITT

Professor an der Universität Freiburg i. Br.

Der folgende Bericht befaßt sich mit den in der Bundesrepublik Deutschland geltenden oder geplanten Straftatbeständen, die zumindest *auch* den Schutz der Familie bezwecken. Diese Tatbestände oder wenigstens die meisten von ihnen sind Gegenstand heftiger Kontroversen. Die eine Richtung hält, wenn nicht eine Verstärkung des strafrechtlichen Schutzes der Familie, so doch jedenfalls die Beibehaltung der heute geltenden Straftatbestände für dringend erforderlich, um den Auflösungstendenzen der modernen Familie[1] entgegenzuwirken, zumal da das Grundgesetz in Art. 6 I dem Staat den besonderen Schutz von Ehe und Familie zur Pflicht macht. Diese Auffassung, die man auch schon als „Dammbruchstheorie" bezeichnet hat[2], ist neuestens wieder in einem Aufsatz von GIESEN vertreten worden[3]. Sie liegt im Prinzip auch dem Entwurf eines neuen Strafgesetzbuchs zugrunde[4]. Die Gegenmeinung ist für eine starke Beschränkung der Familienschutztatbestände. Einmal müsse die Intimsphäre vom Staat respektiert werden, zum anderen seien die Mittel des Strafrechts hier vielfach untauglich und würden eher schaden als Nutzen stiften. Diese Auffassung herrschte bekanntlich auf dem IX. Kongreß der Internationalen Strafrechtsvereinigung vor[5]; sie überwog aber auch deutlich auf der letzten Tagung der Vereinigung der deutschen Strafrechtslehrer, die im Juni 1965 in Freiburg im Breisgau stattfand. Zwar liegen die auf dieser Tagung gehaltenen Referate noch nicht im Druck vor[6], doch habe ich der Tagung

---

[1] Vgl. dazu HANS-JOACHIM SCHNEIDER, Ehe und Familie, in: Handwörterbuch der Kriminologie I (2. Aufl. 1965) 150.

[2] So etwa BECKER, FamRZ 1954, 210, und GIESEN, FamRZ 1965, 256 Anm. 102 Abs. 2.

[3] Vgl. FamRZ 1965, 248 ff.

[4] Entwurf eines Strafgesetzbuchs (E 1962) mit Begründung, §§ 192 ff.

[5] Vgl. dazu die Tagungsberichte von STURM, JZ 1965, 375 f. und von BLAU, FamRZ 1965, 244 ff., ferner den Wortlaut der Entschließungen in ZStW 77 (1965) 682 ff.

[6] Inzwischen doch, vgl. ZStW 77 (1965) 379 ff.

selbst beigewohnt und kann mich zudem auf den ausführlichen Tagungsbericht von WEBER stützen[7].

Das geltende deutsche Strafgesetzbuch enthält in seinem Besonderen Teil einen zwölften Abschnitt über „Straftaten gegen den Personenstand, die Ehe und die Familie" (§§ 169–172). Schon die Überschrift läßt vermuten, daß dieser Abschnitt nicht nur Familiendelikte enthält. Auch ist die Abgrenzung zu dem folgenden Abschnitt über die Sittlichkeitsdelikte keineswegs gesichert[8]. So waren die Straftatbestände der Doppelehe (§ 171 StGB) und des Ehebruchs (§ 172 StGB) ursprünglich als Sittlichkeitsdelikte eingereiht und wurden erst im Jahre 1943 in den damals neugeschaffenen Abschnitt über die Straftaten gegen den Personenstand, die Ehe und die Familie übergeführt. Der Straftatbestand der Blutschande (§ 173 StGB) ist heute noch bei den Sittlichkeitsdelikten untergebracht, der Entwurf übernimmt ihn jedoch in den Titel über Straftaten gegen Ehe, Familie und Personenstand (§ 192 E 1962). Schließlich zeigt eine Durchsicht des geltenden Strafgesetzbuchs, daß es auch außerhalb der beiden erwähnten Abschnitte Straftatbestände zum Schutze der Familie gibt. Folglich kann dieser Bericht nicht auf der Systematik des Gesetzes aufbauen, sondern muß sich um eine eigene Systematik bemühen.

Hierbei ergibt sich zunächst, daß zwischen Straftatbeständen zum Schutze der Ehe und solchen zum Schutze der Familie begrifflich kaum unterschieden werden kann. Ganz abgesehen von den Fällen, in denen die Familie mit der Gemeinschaft der Ehegatten identisch ist, stellt jedenfalls die Beziehung der Ehegatten zueinander immer den tragenden Pfeiler der Familie dar. Wer die konkrete Ehegemeinschaft angreift, wendet sich damit auch gegen die Familie, und deshalb werden im folgenden Ehe- und Familiendelikte nicht weiter unterschieden. Wohl aber erweist es sich als nötig, die einschlägigen Vorschriften nach anderen Kriterien einzuteilen.

Wir finden zunächst eine Reihe von Straftatbeständen, die dem Schutze von Ehe und Familie ausschließlich oder doch ganz vordergründig dienen. Diese wollen wir im folgenden als „eigentliche Familiendelikte" bezeichnen. Andere Straftatbestände dienen zwar ihrem Wortlaut nach *auch* dem Schutze von Ehe und Familie, praktisch werden sie aber meist auf außereheliche Beziehungen angewandt, wie etwa § 170 b StGB auf das Verhältnis des unehelichen Kindes zu seinem Erzeuger oder § 235 StGB auf die Beziehung des Kindes aus geschiedener Ehe zu dem sorgeberechtigten

---

7 JZ 1965, 503 ff. – Auch der von Herrn Ministerialrat Dr. RICHARD STURM für den IX. Kongreß der Internationalen Strafrechtsvereinigung erstattete deutsche Landesbericht über „Die Straftatbestände gegen die Familie und gegen die Sittlichkeit" liegt noch nicht im Druck vor, doch kann ich ihn dank dem Entgegenkommen des Verfassers nach dem Manuskript zitieren.

8 Das betont auch STURM in seinem Landesbericht.

Elternteil. Wir wollen diese Straftatbestände als „uneigentliche Familiendelikte“ bezeichnen. Überraschenderweise wird es schließlich noch erforderlich sein, am Schluß des Berichts einige Straftatbestände aufzuzählen, die *keine* Familiendelikte betreffen, und zwar deshalb, weil schon das geltende Strafgesetzbuch, vor allem aber der Entwurf, in die einschlägigen Abschnitte auch Vorschriften aufgenommen haben, die andere Zwecke verfolgen. Sie betreffen nicht den Schutz von Ehe und Familie, sondern wenden sich gegen die Verletzung von Pflichten, die (vornehmlich) den Eltern in bezug auf ihre Kinder obliegen[9].

A

Wenden wir uns zunächst den *eigentlichen Familiendelikten* zu, so kann man hier wieder unterscheiden zwischen solchen Straftatbeständen, die dem Schutz von Ehe und Familie als solcher (im ganzen) dienen, und anderen Tatbeständen, die Ehe und Familie nur in besonderen Teilbereichen Schutz gewähren wollen. Zur ersten Untergruppe, die wir zunächst behandeln wollen, gehören die §§ 171, 172 und 173 StGB, ferner in § 181 (schwere Kuppelei) die erste Modalität von Abs. 1 Ziff. 2 – ausnahmslos Vorschriften, die, wenn auch zum Teil in veränderter Form, im Entwurf wiederkehren.

I. Beginnen wir mit dem besonders problematischen Tatbestand des *Ehebruchs.* § 172 StGB definiert diesen Begriff nicht, doch besteht Einigkeit darüber, daß das Gesetz nur den ehebrecherischen Beischlaf meint[10]. Andere ehewidrige Handlungen werden also nicht erfaßt, auch nicht beischlafähnliche Handlungen homosexuellen Charakters, vollends nicht die künstliche Übertragung von Samen eines fremden Mannes auf die Ehefrau[11].

Daß Verurteilungen wegen Ehebruchs so selten sind, liegt vornehmlich an zwei Verfolgungsvoraussetzungen, die das Strafgesetzbuch aufgestellt hat. Zunächst ist eine Bestrafung nur möglich, wenn die Ehe gerade wegen dieses Ehebruchs geschieden worden ist. Besteht also die Ehe fort, oder wird sie aus einem anderen Grunde geschieden, weil die Ehegatten, wie häufig, im Scheidungsverfahren den Ehebruch gar nicht zur Sprache gebracht haben, so ist eine Strafverfolgung ausgeschlossen. Aber auch wenn

---

[9] Vgl. dazu MAURACH, Deutsches Strafrecht, Besonderer Teil (4. Aufl. 1964) 385: „Die ... Tatbestände gehen über die Aufgabe des Schutzes der Familie hinaus“; ähnlich S. 386 oben.

[10] Vgl. SCHÖNKE/SCHRÖDER, Strafgesetzbuch, Kommentar (12. Aufl. 1965) Rdz. 2 zu § 172 und MAURACH (vorige Note) 391.

[11] Für das deutsche Strafrecht steht dies außer Zweifel. Anders aber anscheinend die h. L. in Italien (vgl. dazu LUTHER, FamRZ 1960, 430).

jenes Erfordernis erfüllt ist, bedarf es noch eines Strafantrags des verletzten Ehegatten. Dieses Antragserfordernis wird zwar vielfach für unerfreuliche Druckmanöver gegen den schuldigen Ehegatten verwandt[12], tatsächlich gestellt aber werden Strafanträge höchst selten[13]. – Liegen ausnahmsweise einmal beide Verfolgungsvoraussetzungen vor, so pflegen die Gerichte Strafen von geradezu lächerlicher Niedrigkeit auszusprechen[14].

Ob die Strafbarkeit des Ehebruchs beibehalten werden soll, ist in Deutschland schon seit dem Entwurf 1922 umstritten. Die Große Strafrechtskommission hat sich mit sehr knapper Mehrheit dafür ausgesprochen[15]; dementsprechend findet sich der Tatbestand wieder in § 193 des Entwurfs 1962. Auf der Freiburger Strafrechtslehrertagung überwog wohl die Tendenz für die Abschaffung[16]; jedenfalls kann die Weitergeltung der Vorschrift nicht als gesichert angesehen werden[17]. Gegen den Fortbestand spricht m. E. besonders, daß es sich nach dem oben Ausgeführten um eine „tote Vorschrift" handelt. Strafbestimmungen, die trotz zahlreicher tatbestandsmäßiger Handlungen nicht oder kaum angewandt werden, bedeuten aber eher eine Gefährdung als eine Stützung des allgemeinen Rechtsbewußtseins. Die Strafbarkeit des Ehebruchs jedenfalls ist heute in Deutschland weithin unbekannt und zumindest nicht aktuell bewußt[18]. Die Strafandrohung als solche hat also keine Präventivwirkung mehr. Von der Bestrafung im Einzelfalle kann vollends kein Eheschutz erwartet werden, da sie nach der gesetzlichen Regelung erst *nach* Auflösung der Ehe erfolgen darf und, wenn man von dieser Einschränkung absehen wollte, eher zu weiterer Zerrüttung als zur Erhaltung der Ehe beitragen würde.

II. Unangefochten ist hingegen die Strafvorschrift gegen die *Doppelehe* (Bigamie). Tatbestandsmäßig im Sinne des § 171 StGB ist die Eingehung einer Ehe zwischen zwei Personen, von denen mindestens eine (formell gültig) verheiratet ist; denn dadurch wird die erste Ehe noch stärker gefährdet als durch einen Ehebruch[19]. Derartige Vorkommnisse sind in ruhigen und geordneten Zeiten natürlich ziemlich selten. Die starken Bevölkerungsverschiebungen, die Deutschland am und nach dem

---

[12] Das gibt auch die Amtliche Begründung zum Entwurf 1962 auf S. 348 zu.

[13] So zutreffend LACKNER, FamRZ 1962, 412.

[14] Vgl. HELLMUTH MAYER, Strafrechtsreform für heute und morgen (1962) 91; GIESEN, FamRZ 1965, 255 f.

[15] Vgl. LACKNER, FamRZ 1962, 411.

[16] Vgl. LEFERENZ, ARTHUR KAUFMANN und STURM, JZ 1965, 504, 507. Entschieden *für* Strafbarkeit jedoch HELLMUTH MAYER, JZ 1965, 505; so auch schon in „Strafrechtsreform" (oben N. 14) 89 ff.

[17] Gegen die Pönalisierung des Ehebruchs hat sich bekanntlich auch der IX. Internationale Strafrechtskongreß ausgesprochen; vgl. BLAU, FamRZ 1965, 244 f.

[18] Insoweit kann ich den Ausführungen von BECKER, FamRZ 1954, 210, und LACKNER, FamRZ 1962, 413, nicht zustimmen. Wie im Text SIMSON, NJW 1966, 963.

[19] Ähnlich BLEI, FamRZ 1963, 138.

Ende des zweiten Weltkriegs erlebt hat, haben aber die Begehung dieses Delikts erleichtert und damit gefördert. Ein Bedürfnis nach diesem Straftatbestand besteht also, und es wird nirgends beanstandet, daß er als § 194 auch im Entwurf 1962 enthalten ist.

III. Der Straftatbestand der *Blutschande* ist, wie schon erwähnt, heute noch bei den Sittlichkeitsdelikten eingeordnet. Genauere Betrachtung ergibt, daß § 173 StGB zwei verschiedene Tatbestände zusammenfaßt. „Echte Blutschande" liegt vor, wenn der Beischlaf zwischen Verwandten auf- und absteigender Linie oder zwischen Geschwistern ausgeübt wird (Abs. 1 sowie Abs. 2 Satz 1). Von „unechter Blutschande" spricht man hingegen beim Beischlaf zwischen Verschwägerten auf- und absteigender Linie (Abs. 2 Satz 2). Von der Strafbarkeit dieser unechten Form macht das Gesetz wichtige Ausnahmen, zunächst schon in Abs. 2 Satz 2 selbst, dann aber vor allen Dingen in Abs. 5.

Für die Pönalisierung der Blutschande dürften ursprünglich eugenische Gründe maßgebend gewesen sein. Dieser Gesichtspunkt hat aber durch die Ergebnisse der neueren biologischen Forschung an Bedeutung verloren[20], für die unechte Blutschande kann er überhaupt keine Geltung beanspruchen. Der Entwurf 1962 hat daher m.E. recht getan, als er auf die stark familiengefährdende Wirkung der Blutschande abhob und dementsprechend diesen Tatbestand bei den Delikten gegen Ehe und Familie unterbrachte[21]. Der Tatbestand der „unechten Blutschande" wird beseitigt; § 192 des Entwurfs 1962 umfaßt nur noch den Beischlaf zwischen Verwandten auf- und absteigender Linie sowie zwischen Geschwistern. Diese Beschränkung entspricht auch dem Beschluß des IX. Internationalen Strafrechtskongresses[22].

IV. Der letzte der in diesem Zusammenhang zu behandelnden Straftatbestände findet sich wieder bei den Sittlichkeitsdelikten. § 181 StGB faßt als „schwere Kuppelei" zwei Tatbestände zusammen, von denen der zweite (Abs. 1 Ziff. 2) neben anderen Modalitäten auch *die* enthält, daß der Kuppler zu der verkuppelten Person im Verhältnis des Ehemanns zur Ehefrau steht *(Ehegattenkuppelei)*. Nach dieser Vorschrift kann also nur der Ehemann Täter sein[23] (anders künftig nach § 227 I Ziff. 1 E 1962); doch kommt für die Ehefrau Strafbarkeit wegen einfacher Kuppelei (§ 180 StGB) in Frage[24]. Zumindest die Sonderregelung in § 181 kann weder mit

---

[20] Vgl. Mezger, Kriminologie (1951) 56 (anderer Ansicht Blei, FamRZ 1961, 139).

[21] Vgl. die Amtliche Begründung zum Entwurf 1962, S. 347 und 348. Ähnlich schon RGSt. 57, 140.

[22] Vgl. Sturm, JZ 1965, 376 und Blau, FamRZ 1965, 245.

[23] Hierin hat BGHSt. 6, 167 keinen Verstoß gegen den Gleichberechtigungsgrundsatz gefunden.

[24] Vgl. BGH, FamRZ 1956, 81 mit Anmerkung von Bosch.

dem allgemeinen Rechtsgedanken der Kuppelei noch mit dem Gedanken des Mißbrauchs eines Autoritätsverhältnisses erklärt werden; maßgebend ist hierfür vielmehr das Ziel, die eheliche Lebensgemeinschaft zu schützen[25].

Problematisch sind hier nicht die Fälle, in denen die Kuppelei durch positives Handeln begangen wird, sondern diejenigen, in denen ein passives Verhalten des anderen Ehegatten als Kuppelei gewertet wird. Das Reichsgericht hat stets an dem Grundsatz festgehalten, daß der Ehemann verpflichtet ist, der Unzucht seiner Frau entgegenzutreten, und sich andernfalls wegen schwerer Kuppelei strafbar macht[26]. Der Bundesgerichtshof ist noch weiter gegangen und hat auch eine entsprechende Verpflichtung der Ehefrau angenommen, deren Verletzung freilich nach dem oben Ausgeführten nur zur Bestrafung wegen einfacher Kuppelei führen kann[27]. – Diese Judikatur bedarf dringend der Überprüfung. Sie stammt, wie auch die einseitige Regelung des § 181 I Ziff. 2 StGB zeigt, aus einer Zeit, in der einer der Ehegatten, nämlich der Ehemann, eine rechtlich und tatsächlich so hervorgehobene Stellung besaß, daß es ihm möglich war, unzüchtige Handlungen eines anderen Familienangehörigen, auch seiner Ehefrau, zu verhindern. Hier haben sich aber die soziologischen Verhältnisse ganz erheblich geändert. Heute ist es im allgemeinen einem Ehegatten gar nicht möglich, unzüchtige Handlungen des anderen Ehegatten zu verhindern, und deshalb darf auch keine Hinderungspflicht angenommen werden. Mit Recht hat daher HANACK auf der Freiburger Strafrechtslehrertagung verlangt, den Tatbestand der Ehegattenkuppelei im Entwurf (§ 227 I Ziff. 1 E 1962) ausdrücklich auf Täterschaft und Teilnahme durch *aktives Tun* zu beschränken[28]. – Anhangsweise sei vermerkt, daß die Praxis eine entsprechende Hinderungspflicht auch den Eltern im Verhältnis zu ihren Kindern auferlegt[29], was grundsätzlich nicht zu beanstanden ist, da hier, anders als beim Verhältnis der Ehegatten zueinander, von einem Autoritätsverhältnis gesprochen werden kann[30].

V. Für Straftatbestände, die zwar ausschließlich dem Schutz von Ehe und Familie, aber doch nur in einem Teilbereich dienen, finden wir im geltenden Strafrecht der Bundesrepublik nur *ein* Beispiel, und zwar han-

---

25 So zutreffend SCHÖNKE/SCHRÖDER (oben N. 10) Rdz. 8 zu § 181. Ähnlich die Amtliche Begründung zum Entwurf 1962, S. 391.

26 Besonders rigoros RGSt. 72, 19.

27 Vgl. BGH, FamRZ 1956, 81 mit Anmerkung von BOSCH.

28 Vgl. JZ 1965, 505.

29 Vgl. besonders den Beschluß des Großen Strafsenats in BGHSt. 6, 46.

30 Aus diesem Gedanken des Autoritätsverhältnisses folgt allerdings zwingend, daß eine solche Hinderungspflicht der Eltern nur gegenüber ihren *minderjährigen* Kindern bestehen kann (so zutreffend SCHÖNKE/SCHRÖDER [oben N. 10] Rdz. 6 zu § 181, gegen die Rechtsprechung). Dementsprechend sieht auch § 227 I Z. 2 E 1962 eine Altersgrenze von 18 Jahren vor.

delt es sich hier um den Schutz der wirtschaftlichen Grundlage von Ehe und Familie. Das deutsche Strafrecht hat ursprünglich dazu tendiert, sich in innerfamiliäre Vermögensstreitigkeiten nicht einzumischen. Einerseits sollte der innerfamiliäre Bereich von den Strafverfolgungsorganen respektiert werden, andererseits wollte man verhindern, daß jede Ehescheidung durch wechselseitige Anzeigen wegen Vermögensdelikten eingeleitet würde. Deutlichster Ausdruck dieser gesetzgeberischen Tendenz ist die Vorschrift des § 247 II StGB, nach der Diebstähle und Unterschlagungen, die von Eltern gegen ihre Kinder oder von einem Ehegatten gegen den anderen begangen werden, straflos bleiben. Freilich ist dieser Grundsatz von Anfang an nicht konsequent durchgeführt worden. Eine dem § 247 II StGB entsprechende Vorschrift fehlt beispielsweise für die Vermögensdelikte des Betruges (vgl. § 263 V StGB) und der Untreue (vgl. § 266 III StGB) [31]. Eine weitere Durchbrechung des erwähnten Grundsatzes bedeutete dann die Einführung des § 170a StGB im Jahre 1943, demzufolge ein Ehegatte bestraft wird, wenn er „Familienhabe böswillig oder aus grobem Eigennutz veräußert, zerstört oder beiseiteschafft und dadurch den anderen Ehegatten oder einen unterhaltsberechtigten Abkömmling schädigt“. Gleichwohl handelt es sich nicht um ein Vermögensdelikt, sondern um ein Delikt gegen die wirtschaftlichen Grundlagen der Familie [32], was sich schon daraus ergibt, daß der Tatbestand auch in bezug auf Sachen erfüllt wird, die ausschließlich dem Täter gehören [33]. Die Bestimmung wird von den Gerichten kaum angewandt und ist im Entwurf nicht mehr vorgesehen [34]. Freilich hat der Entwurf bei dieser Gelegenheit den eingangs aufgeführten Grundsatz vollends beseitigt. Nach § 241 II und III E 1962 sind Diebstahl und Unterschlagung gegen Kinder oder Ehegatten grundsätzlich strafbar, außer „wenn der Schaden für den Verletzten nicht ins Gewicht fällt“, eine Regelung, die, wenn sie Gesetz werden sollte, der Praxis noch viele Schwierigkeiten bereiten dürfte [35].

B

I. Von den *uneigentlichen Familiendelikten* soll zunächst die *Unterhaltspflichtverletzung* (§ 170b StGB) behandelt werden. Vorläufer war ein im Jahre 1943 beseitigter Übertretungstatbestand (§ 361 Ziff. 10 StGB). Aus der Anhebung zu einem Vergehen schließt die herrschende Meinung, daß der Strafrichter bei seiner Entscheidung nach § 170b StGB auch an rechts-

---

[31] Allerdings muß m. E. § 247 II analog angewandt werden, wenn die Untreuehandlung gerade in der Zueignung einer Sache bestand, die dem anderen Ehegatten gehörte.

[32] Vgl. BayObLG, NJW 1953, 874. [33] Vgl. MAURACH (oben N. 9) 393.

[34] Vgl. die Amtliche Begründung zum Entwurf 1962, S. 347.

[35] Gegen diese Erweiterung der Strafbarkeit hat sich PETERS auf der Freiburger Strafrechtslehrertagung ausgesprochen, vgl. JZ 1965, 506.

kräftige Unterhaltsurteile nicht gebunden ist, sondern selbständig prüfen darf und muß, ob eine Unterhaltspflicht bestand[36].

Die Vorschrift schützt alle gesetzlichen (keine vertraglichen) Unterhaltsansprüche[37], also auch solche innerhalb bestehender Familien. Praktisch aber wird die Vorschrift ganz überwiegend gegen Erzeuger unehelicher Kinder angewandt. Insoweit hat sie eine eminente Bedeutung; ausweislich der Kriminalstatistik betrifft sie das bei weitem am häufigsten abgeurteilte Delikt des 12. Abschnitts[38].

Der Straftatbestand kehrt als § 200 im Entwurf 1962 wieder; lediglich die Versuchsstrafbarkeit des geltenden Rechts ist nicht mehr vorgesehen. – Gegen die Pönalisierung der Unterhaltspflichtverletzung wurden auf der Freiburger Strafrechtslehrertagung heftige Angriffe gerichtet. Insbesondere sprachen sich die Referenten Peters und Blei für die Streichung des § 200 E 1962 aus[39]. Andererseits treten die Jugendämter mit Nachdruck für die Erhaltung dieser Strafvorschrift ein. M. E. ist hier das letzte Wort noch nicht gesprochen. Bezeichnenderweise hat der IX. Internationale Strafrechtskongreß sich damit begnügt, die Einsetzung einer Sonderkommission zur Klärung dieser Frage vorzuschlagen[40].

II. Sehr viel fragwürdiger ist jedenfalls der folgende *§ 170 c StGB.* Nach ihm wird bestraft, „wer einer von ihm Geschwängerten gewissenlos die Hilfe versagt, deren sie wegen der Schwangerschaft oder der Niederkunft bedarf, und dadurch Mutter oder Kind gefährdet“. Die Vorschrift gilt also ohne Rücksicht darauf, ob der Schwängerer und die Geschwängerte miteinander verheiratet sind[41], doch findet sie, soweit überhaupt, fast nur Anwendung bei unehelicher Schwängerung. Hier zeigt sich ihre ganze Problematik. Nach dem Bürgerlichen Recht ist der uneheliche Erzeuger nur verpflichtet, der Mutter die Kosten der Entbindung und die Kosten des Unterhalts für die ersten sechs Wochen nach der Entbindung (§ 1715 BGB) und dem Kinde eine Unterhaltsrente bis zur Vollendung des 18. Lebensjahres (§§ 1708 ff. BGB) zu zahlen. Beschränkt man § 170 c darauf, wie es beispielsweise Maurach will[42], so ist diese Vorschrift überflüssig; der oben erwähnte § 170 b über die Unterhaltspflichtverletzung würde im Wesentlichen genügen[43]. In der Tat wollte aber der Gesetzgeber bei Schaffung des § 170 c auch dem unehelichen Erzeuger *mehr* auferlegen, nämlich auch

---

[36] Vgl. BGHSt. 5, 106, und Hellmer, ZStW 70 (1958) 366 f. Bedenken hiergegen bei Maurach (oben N. 9) 396.

[37] Aber nur diese, nicht etwa „Bande des Blutes und der Familie“; so zutreffend Maurach (oben N. 9) 395.

[38] Vgl. die Anlage zu dem Landesbericht von Sturm.

[39] Vgl. JZ 1965, 506.

[40] Vgl. Sturm, JZ 1965, 376, und Blau, FamRZ 1965, 247.

[41] Vgl. OLG Braunschweig, FamRZ 1960, 414.

[42] Oben N. 9, 398.

[43] Das betont auch die Amtliche Begründung zum Entwurf 1962 auf S. 355.

eine Pflicht zu „seelischem Beistand und Zuspruch“ [44]. Damit sind jedoch die dem Strafrecht gezogenen Grenzen eindeutig überschritten [45]. Es darf nicht rein ethische, der (vorstrafrechtlichen) Rechtsordnung unbekannte Pflichten sanktionieren, umso weniger, als „liebevolles Verhalten“ nun einmal nicht erzwungen werden kann. Hier hat denn auch die Judikatur den gesetzgeberischen Intentionen schlechterdings die Gefolgschaft verweigert. Verurteilungen aus § 170c StGB sind ungewöhnlich selten, im ganzen Jahre 1959 sind beispielsweise nur sechs erfolgt [46]. Es ist daher in hohem Maße zu bedauern, daß der Straftatbestand als § 201 im Entwurf 1962 wiederkehrt, wenn auch in etwas eingeschränkter Form [47]. Auch PETERS und GALLAS haben sich auf der Freiburger Strafrechtslehrertagung für die Streichung des § 201 E 1962 ausgesprochen [48].

III. In diesen Zusammenhang gehören auch die Straftatbestände zum Schutze der Muntgewalt. Systematisch unrichtig enthält der 18. Abschnitt des geltenden Strafgesetzbuchs über „Verbrechen und Vergehen wider die persönliche Freiheit“ auch zwei Straftatbestände, deren nähere Betrachtung ergibt, daß durch sie nicht die Freiheit der entführten minderjährigen Person geschützt werden soll, sondern eine in bezug auf diese Person bestehende familienrechtliche Befugnis, eben die sogenannte Muntgewalt [49]. Von ihr ist die elterliche Gewalt nur ein Unterfall, so daß es sich bei den erwähnten Straftatbeständen nur um uneigentliche Familiendelikte handelt. Gemeint sind die §§ 235 *(Kinderraub)* und 237 *(Entführung)*. Die zweite Vorschrift ist von sehr geringer praktischer Bedeutung, vor allem nachdem die Rechtsprechung des Bundesgerichtshofs ihren Anwendungsbereich sehr stark zugunsten des zu den Freiheitsdelikten gehörenden § 236 (Frauenraub) eingeschränkt hat [50]. Etwas bedeutsamer ist die Vorschrift des § 235 StGB, nach dessen Abs. 1 bestraft wird, „wer eine minderjährige Person durch List, Drohung oder Gewalt ihren Eltern, ihrem Vormund oder ihrem Pfleger entzieht“. Das Delikt wird meist *nach* Trennung der Ehegatten oder Scheidung der Ehe von dem nichtsorgeberechtigten Elternteil gegen den sorgeberechtigten begangen [51]. – Der Entwurf faßt die §§ 235 und 237 des geltenden Rechts in dem neuen Tatbestand des Muntbruchs

---

[44] So BGHSt. 18, 102 und die h. L. (vgl. SCHÖNKE/SCHRÖDER [oben N. 10] Rdz. 4 zu § 170c – mit weiteren Nachweisen).

[45] Übereinstimmend KOHLRAUSCH / LANGE, Strafgesetzbuch (43. Aufl. 1961) Anm. I zu § 170c; ähnlich MAURACH (oben N. 9) 398.

[46] Vgl. die Anlage zu dem Landesbericht von STURM.

[47] Vgl. dazu im einzelnen die Amtliche Begründung zum Entwurf 1962, S. 355.

[48] Vgl. JZ 1965, 506, 507. – BLEI, FamRZ 1961, 146 f., will den Tatbestand in eingeschränkter Fassung beibehalten, aber außerhalb der Familiendelikte unterbringen.

[49] Vgl. WELZEL, Das deutsche Strafrecht (9. Aufl. 1965) 293 f.; einschränkend MAURACH (oben N. 9) 120 (mit weiteren Nachweisen).

[50] Vgl. BGHSt. 1, 199; 18, 29.

[51] Vgl. beispielsweise RGSt. 48, 325.

zusammen (§ 196 E 1962) und ordnet ihn systematisch zutreffend bei den Familienstraftaten ein.

In dem Straftatbestand des „Erpresserischen Kindesraubs" ist die Muntgewalt nur eines von mehreren geschützten Rechtsgütern[52]; diese Bestimmung ist daher sowohl im geltenden Recht (§ 239a StGB) wie auch im Entwurf (§ 165 E 1962) zutreffend bei den Freiheitsdelikten eingeordnet.

IV. Schließlich müssen wir noch einen Straftatbestand erörtern, der sowohl dem geltenden deutschen Recht als auch den ausländischen Rechtsordnungen fremd ist, aber vom Entwurf 1962 bei den Familiendelikten vorgesehen wird. Es handelt sich um den vielumstrittenen § 203 E 1962 über die *„Künstliche Samenübertragung"* (Insemination). Die systematische Einordnung dieser Vorschrift ist deshalb so schwierig, weil die Frage nach dem geschützten Rechtsgut nicht getrennt werden kann von der höchst strittigen Frage nach dem Grund und der Berechtigung der Strafbarkeit überhaupt. Um Klarheit zu gewinnen, empfiehlt es sich, die einigermaßen unproblematischen Fälle vorweg auszusondern. Je nachdem, ob der übertragene Samen von dem Ehemann stammt oder nicht, unterscheidet man homologe und heterologe Insemination. Die homologe Insemination wird allgemein als nicht strafwürdig angesehen; dementsprechend läßt sie § 203 E 1962 wenigstens grundsätzlich straflos, nämlich dann, wenn sie von der Einwilligung beider Ehegatten getragen und durch einen Arzt oder durch die Frau selbst ausgeführt wird. – Umgekehrt wird man die heterologe Insemination jedenfalls dann als strafwürdig ansehen müssen, wenn der „fremde" Samen auf die Frau ohne deren Einwilligung übertragen wird[53]. Fraglich kann hier nur sein, ob derartige Fälle überhaupt vorkommen. – Was nach Abzug der bisher erwähnten Sachverhalte bleibt (und praktisch durchaus im Vordergrund steht), sind die mit Einwilligung der Frau vorgenommenen heterologen Inseminationen. Sie ähneln, unabhängig von der (meist vorliegenden) Einwilligung des Ehemannes, einem Ehebruch und könnten, rein systematisch betrachtet, zu Ehedelikten erklärt werden. Der familiengefährdende Charakter solcher Vorgänge könnte weiter daraus gefolgert werden, daß das Vorhandensein eines nicht vom Ehemann gezeugten Kindes im späteren Verlauf der Ehe immer zu Konflikten führen oder wenigstens zur Vertiefung anders begründeter Konflikte beitragen kann. Damit soll über die Tauglichkeit dieser Gesichtspunkte für die Begründung der Strafbarkeit noch nichts gesagt sein, sondern nur festgestellt werden, daß ein Straftatbestand der künstlichen Samenübertragung, wenn er überhaupt geschaffen wird, seinen Platz bei den Familiendelikten finden kann. Der Plan, in der Bundesrepublik Deutschland einen derartigen

[52] Vgl. BGHSt. 16, 316 (317) und Schönke/Schröder (oben N. 10) Rdz. 1 zu § 239 a.

[53] Für diesen (und *nur* für diesen) Fall hat auch der IX. Internationale Strafrechtskongreß die Strafwürdigkeit bejaht; vgl. Blau, FamRZ 1965, 245.

Straftatbestand einzuführen, ist in ausländischen Juristenkreisen bekanntlich nicht nur auf Ablehnung, sondern geradezu auf Unverständnis gestoßen[54]. Die Frage ist aber auch in der Bundesrepublik heftig umstritten, und zwar nicht nur unter weltanschaulichen, sondern auch unter juristischen Aspekten. Die Gründe für die Pönalisierung sind in einer monographischen Darstellung von GIESEN sowie, natürlich wesentlich kürzer, in der Amtlichen Begründung zum Entwurf 1962 dargestellt[55]. Für die Gegenseite seien Aufsätze von RICHTER und LUTHER genannt[56]. Im Rahmen dieses kurzen Landesberichts ist es schlechterdings unmöglich, zu den zahlreichen pro aut contra vorgebrachten Argumenten Stellung zu nehmen. Mißlich ist es auf alle Fälle, daß wir keinerlei brauchbare Angaben über den gegenwärtigen Umfang der künstlichen Inseminationen in der Bundesrepublik haben[57]. Sollte es sich bei uns um eine seltene Ausnahmeerscheinung handeln, so wäre schon aus diesem Grunde von der Pönalisierung abzuraten; die Schaffung eines Straftatbestandes „auf Vorrat" sollte nicht erwogen werden, zumal da von dem neuen Tatbestand leicht eine propagandistische Wirkung ausgehen könnte.

C

Damit sind wir aber auch bis zur äußersten Grenze dessen gelangt, was man noch zu den Familiendelikten rechnen kann. Die im folgenden kurz aufgeführten Straftatbestände gehören trotz ihrer systematischen Einordnung im geltenden Strafgesetzbuch oder im Entwurf 1962 *nicht* dazu:

I. Das gilt zunächst für die Straftatbestände zum Schutze des „Personenstandes" (besser „Familienstandes"[58]), die ja schon durch die Abschnittsüberschrift im Strafgesetzbuch (und auch im Entwurf) von den Tatbeständen zum Schutze von Ehe und Familie unterschieden werden. Hierher gehört nicht nur die *Personenstandsfälschung* des § 169 StGB (§ 202 E 1962), sondern auch der *Ehebetrug* (§ 170 StGB, § 195 E 1962). Für die zweite Vorschrift könnte das möglicherweise bezweifelt werden. Aber ganz abgesehen davon, daß sie sich bereits vor 1943 in dem damals nur „Verbrechen und Vergehen in Beziehung auf den Personenstand" überschriebenen 12. Abschnitt des Strafgesetzbuchs fand, ist sie zum Schutz von Ehe und

---

[54] Vgl. dazu STURM, JZ 1965, 376; BLAU, FamRZ 1965, 245; GIESEN, FamRZ 1965, 249.

[55] Vgl. GIESEN, Die künstliche Insemination als ethisches und rechtliches Problem (Bielefeld 1962), und die Amtliche Begründung zum Entwurf 1962, S. 356 ff.

[56] Vgl. RICHTER, Künstliche Samenübertragung als Hilfe in unfruchtbaren Ehen, in: Die künstliche Befruchtung beim Menschen (Köln 1960) 75 ff.; LUTHER, Zur künstlichen Insemination: FamRZ 1960, 429 ff.; DERS., Nochmals zur künstlichen Insemination: FamRZ 1961, 160 f.

[57] Das gibt auch die Amtliche Begründung zum Entwurf 1962 auf S. 356 zu.

[58] Vgl. BAUMANN, StAZ 1958, 225 f.; BLEI, FamRZ 1961, 140; MAURACH (oben N. 9) 385 f.

Familie weder tauglich noch bestimmt. Vielmehr soll sie gerade solche Ehen *verhindern,* die dann wegen eines Ehehindernisses doch wieder aufgelöst werden. Zweck der Vorschrift ist die Vermeidung eines der Auflösung ausgesetzten Familienstandes[59].

II. § 179 StGB *(Erschleichung des außerehelichen Beischlafs),* der im Entwurf 1962 ersatzlos weggefallen ist, betrifft nicht nur nach seiner Stellung, sondern auch nach der ratio legis ein Sittlichkeitsdelikt. Zwar kann (nicht muß) die Tatbestandserfüllung auch in eine Ehe eingreifen, doch gilt insoweit nichts anderes als bei § 177 (Notzucht), den auch noch niemand zu den Ehedelikten gerechnet hat.

III. Nicht in unseren Zusammenhang gehört auch, ungeachtet seiner Stellung im Gesetz, der § 170d StGB *(Kindesvernachlässigung),* welcher lautet: „Wer das körperliche oder sittliche Wohl eines Kindes dadurch gefährdet, daß er in gewissenloser Weise seine Fürsorge- oder Erziehungspflichten gröblich vernachlässigt, insbesondere das Kind ohne ausreichende Nahrung oder Wartung läßt, wird mit Gefängnis bestraft, soweit nicht die Tat nach anderen Vorschriften mit schwererer Strafe bedroht ist." – Wie schon der Wortlaut erkennen läßt, wird durch diese Vorschrift nicht die Familie geschützt, sondern das jeweilige Kind[60]. Selbst der Gesichtspunkt der „Verletzung familienrechtlicher Pflichten"[61] erscheint nur bedingt zutreffend; denn als Täter kommen nicht nur die Eltern in Frage, sondern jeder, „der die Sorge für die Person des Kindes hat, oder dem das Kind zur Erziehung oder Pflege ganz oder überwiegend anvertraut ist"[62]. Die Fürsorge- oder Erziehungspflicht kann also sogar auf vertraglicher Grundlage beruhen[63]. Sucht man nach einer inhaltlich verwandten Strafbestimmung, so stößt man auf den (bei den Körperverletzungsdelikten eingeordneten) § 223b StGB über die „Mißhandlung von Abhängigen", insbesondere von Kindern. Bezeichnenderweise hat das Reichsgericht vor Inkrafttreten des § 170d die dritte Modalität des § 223b („Nichtabwendung eines Gesundheitsschadens") so weit ausgelegt, daß es damit auch die Fälle erfassen konnte, die heute ohne Schwierigkeit unter § 170d subsumiert werden[64].

Mit den vorstehenden Ausführungen soll nicht der Abschaffung des § 170d das Wort geredet werden[65]. Die Vorschrift enthält eine kaum ent-

---

[59] Vgl. Olshausen, Kommentar zum Strafgesetzbuch (12. Aufl. 1942) Anm. 1 zu § 170; Schönke/Schröder (oben N. 10) Rdz. 1 zu § 170; Maurach (oben N. 9) 390.

[60] Vgl. dazu Boehmer, Grundlagen der bürgerlichen Rechtsordnung I (1950) 86.

[61] Darauf stellt Sturm in seinem Landesbericht ab; ähnlich schon Blei, FamRZ 1961, 138, 140, 143.

[62] So Schönke/Schröder (oben N. 10) Rdz. 7 zu § 170 d.

[63] Vgl. Maurach (oben N. 9) 399. [64] Vgl. RGSt. 76, 371.

[65] Dafür ist allerdings Peters auf der Freiburger Strafrechtslehrertagung eingetreten, vgl. JZ 1965, 506.

behrliche Ergänzung des § 223b und ist ausweislich der Kriminalstatistik von nicht geringer praktischer Bedeutung [66]. Die heftige Kritik der Wissenschaft an § 170d richtet sich auch weniger gegen die Existenz dieser Vorschrift als vielmehr gegen ihre geradezu exemplarisch verfehlte Fassung [67], die aber im Entwurf erheblich verbessert wird [68]. Doch brauchen wir darauf nicht näher einzugehen, da es sich jedenfalls nicht um ein Familiendelikt handelt.

IV. Dasselbe gilt für den Tatbestand „*Verlassen eines Kindes*“, der dem geltenden deutschen Recht unbekannt, aber im Entwurf vorgesehen und dort als § 197 bei den Familiendelikten eingeordnet ist. Wer das deutsche Recht nicht näher kennt, wird dem Vorhaben, einen solchen Tatbestand zu schaffen, zunächst ohne Verständnis gegenüberstehen, da das deutsche Strafgesetzbuch seit jeher in § 221 die „Aussetzung“ mit Strafe bedroht. Doch entnimmt man der systematischen Stellung dieser Vorschrift, daß zum Tatbestande der Aussetzung der Eintritt einer konkreten Lebensgefahr für das Opfer gehört [69] (so jetzt ausdrücklich § 139 I E 1962). Deshalb kann im allgemeinen nicht wegen Aussetzung bestraft werden, wer sich eines Kindes beispielsweise in einem Warenhaus, in dem Wartesaal eines Bahnhofs, vor einem Krankenhaus oder vor einem Kinderheim entledigt [70]. Dennoch bestehen in der Literatur über die Notwendigkeit der neuen Vorschrift Meinungsverschiedenheiten [71], denen wir jedoch nicht nachzugehen brauchen, da es sich auch hier nicht um ein Familiendelikt, sondern um einen Tatbestand zum Schutze des jeweiligen Kindes handelt [72].

V. Ganz außerhalb des hier behandelten Bereichs steht schließlich der § 199 E 1962 über die „*Verletzung der Aufsichtspflicht*“. Die Vorschrift tritt an die Stelle des heutigen § 143 StGB, der freilich bei den „Verbrechen und Vergehen wider die öffentliche Ordnung“ auch wenig glücklich untergebracht ist. Geschützt werden sollen hier jedenfalls weder die Familie noch ein Kind, sondern vielmehr die Allgemeinheit gegen solche Straftaten, die ein Kind infolge mangelnder Beaufsichtigung begeht [73].

---

[66] Vgl. die Anlage zu dem Landesbericht von STURM sowie HELLMER, ZStW 70 (1958) 370.

[67] Vgl. WELZEL (oben N. 49) 73 und 385; dazu wieder LUTHER, Zur Problematik des § 170 d StGB: NJW 1954, 493 f. Ferner KOHLRAUSCH/LANGE (oben N. 45) Anm. II zu § 170 d (mit weiteren Nachweisen).

[68] Vgl. dazu § 198 E 1962 und die Amtliche Begründung S. 352.

[69] Vgl. MAURACH (oben N. 9) 46. Die Rechtsprechung begnügt sich mit dem Eintritt einer konkreten Gefahr für die Gesundheit, BGHSt. 4, 113 (115).

[70] Vgl. die Amtliche Begründung zum Entwurf 1962, S. 351.

[71] Ablehnend z. B. BLEI, FamRZ 1961, 143 f.

[72] Zutreffend dürfte wohl der von BLEI auf der Freiburger Strafrechtslehrertagung gemachte Vorschlag sein, im Entwurf einen besonderen Abschnitt zum „Schutz des Kindeswohls“ vorzusehen; vgl. JZ 1965, 506.

[73] Das gibt letztlich auch die Amtliche Begründung zum Entwurf 1962 auf S. 353 (rechts) zu.

D

Am Ende unseres notwendig gedrängten Überblicks kommen wir zu dem *Ergebnis,* daß das geltende Strafrecht der Bundesrepublik Deutschland entgegen dem ersten Anschein nur verhältnismäßig wenige Tatbestände zum Schutze der Familie aufweist, und daß von diesen wieder nur ein Teil geeignet ist, die ihm zugedachte Aufgabe auch zu erfüllen. Freilich dürfte das Strafrecht überhaupt für den Schutz von Ehe und Familie nur in sehr geringem Maße tauglich sein[74]; diese Erkenntnis hat sich mir jedenfalls bei Abfassung dieses Berichts immer stärker aufgedrängt.

---

[74] Vgl. schon LACKNER, FamRZ 1962, 411 f.

MAX PLANCK INSTITUT FÜR AUSLÄNDISCHES
UND INTERNATIONALES PRIVATRECHT

Deutsche Landesreferate zum VI. Internationalen Kongreß für Rechtsvergleichung in Hamburg 1962

Herausgegeben von
HANS DÖLLE

Sonderveröffentlichung von Rabels Zeitschrift
für ausländisches und internationales Privatrecht

1962. XII, 438 Seiten. Kart. DM 48.–
für Abonnenten von Rabels Zeitschrift DM 42.50

„Die leider immer noch nicht genügend (jedenfalls in Deutschland) beachteten Landesreferate enthalten auch diesesmal eine Reihe von Beiträgen, die die wissenschaftliche Arbeit auf den Gebieten, mit denen sich diese Zeitschrift befaßt, zu fördern vermögen."

Der Staat. 4/1962

„Angesichts der Fülle der behandelten Themen, die praktisch alle Gebiete der Rechtswissenschaft umfassen und damit den Leser auch an Fragen heranführen, die ihm ansonsten fernliegen mögen, angesichts der wegen der Kürze der Abhandlungen notwendigen Beschränkung auf das Wesentliche und prägnanten Schärfe des Ausdrucks sowie angesichts der Sachkenntnis der Verfasser der einzelnen Beiträge können die Referate auch dem deutschen Juristen neue Erkenntnisse vermitteln und damit befruchtend auf seine Tätigkeit einwirken."

Justizblatt des Saarlandes. 4/1963

„Gerade der Auslandsbeamte, der durch seine Tätigkeit im Ausland mit fremden Rechtskreisen zusammentrifft, und sich oft dienstlich mit fremdem Recht befassen muß, wird auch ein besonderes Interesse für Rechtsvergleichung haben und in der vorliegenden Sammlung manche wertvolle Abhandlung finden."

Monatschrift der Vereinigung Deutscher Auslandsbeamten. 2/1964

„So bunt die Palette der behandelten Themen auch erscheinen mag, der hohe wissenschaftliche Rang der einzelnen Referate wird dem Band eine Verbreitung über den Kreis der speziell an der Rechtsvergleichung Interessierten hinaus sichern."

Hellmut Georg Isele in Archiv für die civilistische Praxis. Band 163, Heft 3

WALTER DE GRUYTER & CO. BERLIN
J. C. B. MOHR (PAUL SIEBECK) TÜBINGEN

FSC
www.fsc.org
MIX
Papier | Fördert
gute Waldnutzung
FSC® C083411

Kolibri 360 GmbH
Ferdinand-Jühlke-Straße 7
99095 Erfurt, Deutschland
produktsicherheit@kolibri360.de